JN093864

スーツアクターの矜持

鈴木美潮

集英社
インターナショナル

スーツアクターの矜持

目次―スーツアクターの矜恃

まえがき

スーツアクターという言葉が生まれる遥か前から、特撮ヒーローの「中の人」が好きだった。

変身前の「カッコいいお兄さん」たちは、もちろん素敵だ。でも、それと同じくらい、変身後のヒーローたちの佇(たたず)まいが、小学生の筆者には魅力的だった。ヒーローの戦闘能力や必殺技に関心を持つのとはちょっと違う。敵を倒した後、仮面ライダーの背中に漂う何とも言えない哀愁や、カメラを見据えて名乗りを挙げるアカレンジャーの「目線」の強さなど、面とスーツの内側からにじみ出てくる「何か」に、心奪われた。

時を経て、一四歳になった筆者は、『仮面ライダー』好きが高じて東京・大泉学園にある東映東京撮影所を訪れ、『仮面ライダー』の殺陣を担当する大野剣友会の面々と知り合う幸運に恵まれた。同じ頃、『スーパー戦隊シリーズ』の撮影現場で、アクションを担当するＪＡＣ（ジャパンアクションクラブ）にも出会う。

知れば知るほど、高度な技能を身につけた彼らがいるからこそ、ヒーロー番組は成立しているという思いを強くした。たとえ、人気絶頂のイケメン俳優を何十人連れてきても、変身後を演じるスーツアクターなしではヒーロー番組は作れない。視野が狭い面と動きにくいスーツを身につけ、激しいアクションと情感豊かな演技を両立させてヒーローを演じるスーツアクターがいてこそ成立するのが特撮ヒーロー番組。スーツアクターこそ、番組の真の主役なのである。

実は、特撮マニアではない多くの人にとっても、スーツアクターは身近な存在である。テレビで一度でもヒーローの姿を見たことがある人ならば、知らぬ間にヒーローを演じたスーツアクターをも見ていることになるからだ。空気とまでは言わないが、スーツアクターは米や味噌くらい、日本に暮らす人にとって近い存在なのだ。影響は、今やネットの普及で海外にも及んでいる。

本書では、日本独自の発達を遂げてきたスーツアクターについて、成り立ちから現代までの歴史を辿り、海外との比較を交えながら説き明かしていく。スーツアクター文化が花開いた昭和後期の撮影現場については、多くの証言をもとに、驚くべき命知らずのアクションが演じられていた事実を提示する。さらに、ロボットや女形（おんながた）を演じるために歴代スーツアクターが編み出してきた技術の一端を紹介。情熱的に作品作りに携わったアクション監督やカメラマンらの役割についても触れながら、スーツアクターという文化の神髄に迫っていく。スーツアクターの生の声も多数収録した。

取材を通じて、「なぜ、そこまで頑張ることができるのか」ということをずっと考えていた。高額の危険手当など出ないのに高い崖から飛び降り、ヘリコプターにぶら下がり、泳げないのに海に飛び込んだスーツアクターたち。何が彼らを衝き動かしたのか。本書を読んで一緒に考えていただければ嬉しい。

同時に、「コスパ（コストパフォーマンス）」や「タイパ（タイムパフォーマンス）」など、効率や利得ばかりが重視される令和の時代に、見返りを求めることなく、難度の高いアクションに挑んでいったスーツアクターたちの真っ直ぐな生き方に触れることには、きっと意味があると考える。

本書がスーツアクターの素晴らしき世界への扉となれば幸いである。

文中、敬称略。＊は故人を表す（原稿作成時に把握できた限り）。

シリーズ作品については、放送時の元号をつけ『昭和〇〇シリーズ』などと表記するほか、作品名は初出以降には正式タイトルやシリーズ名を一部省略して表記することがある。

作品名に付記する年号は、長期シリーズなどを除き、放送開始年、公開年を示す。

写真撮影は編集部による（永徳、宮澤雪は著者撮影）。

第一部
スーツアクターが注目される時代

interview
大瀬康一
古谷敏
藤岡弘、

第1章 もはや「中の人」ではない

「ざわつき」の震源はスーツアクター

日曜夜のツイッター（現・X。以下同）がざわついた。

二〇二三年三月、大河ドラマ『どうする家康』に、徳川方の兵の一人として岡元次郎が登場したのである。第6章で詳述するが、岡元はＪＡＥ（ジャパンアクションエンタープライズ、前身はＪＡＣ＝ジャパンアクションクラブ）所属の俳優で『仮面ライダーＢＬＡＣＫ』（一九八七年）のスーツアクターを務めたことで知られる。今川氏真に矢で射抜かれて絶命する岡元の姿に、「ＢＬＡＣＫのスーツアクターの次郎さん？」「次郎さんの方が強そう！」などと、ツイッターは盛り上がり、翌日にはネットニュースにも取り上げられた。同じような「祭り」は岡元が二一年の大河ドラマ『青天を衝け』に主人公を狙う暗殺者役で出演したときにも発生している。

国民的ドラマとされる大河ゆえ、若手イケメン俳優が予告なく出演すると、俳優のファンは沸く。ただ、岡元の場合はちょっと様相が違った。岡元を「推し」としているディープなファンを超えて、ざわめきの範囲が広かったのだ。俳優としての岡元は知らなくても、以前見た「あの仮面ライダーの中の人」として岡元を認識し、親近感や既視感を覚えている人が結構な数見られたのである。もし、岡元がスーツアクターでない五〇代後半の一俳優だったら、反応はもっと限定的だったのではないか。

この半月ほど後には、ウェブドラマ『グッドモーニング、眠れる獅子2』の製作発表に主演で『平成仮面ライダーシリーズ』のスーツアクター、高岩成二が登壇し、ライダーやスーパー戦隊の名乗りポーズを決めたことがネットニュースを騒がせた。なお、同作には『ウルトラマンシリーズ』のスーツアクター、岩田栄慶も出演しており、ライダーとウルトラ、夢の競演が実現されている。

ネット空間を「スーツアクター」という言葉が自然に飛び交っているのを見ると、時代が急速に変わりつつあることを感じる。

筆者が前著『昭和特撮文化概論　ヒーローたちの戦いは報われたか』（集英社クリエイティブ　二〇一五年）を書いた頃は、スーツアクターという言葉が通じる範囲は特撮愛好家に限られていた。同僚や友人に、いくら説明しても、ヒーローに専門の演じ手がいるということを理解してもらうのが難しかった。それが、二三年のＳＮＳではスーツアクターという言葉が普通に使われているのだ。隔世の感がある。

改めて説明すると、スーツアクターとは、子供たちに人気の特撮ヒーローの番組で、「面」と「衣装＝スーツ」をまとってヒーローや怪人、怪獣などを演じるアクター（役者）のことを指す。カタカナ表記だが、外来語ではなく日本で作られた和製英語だ。海外では着ぐるみの中に入る役者も「スタントマン」か、普通に「アクター」と呼ぶそうだ。

素人にはスーツアクターとスタントマンの線引きが曖昧に感じられるのだが、当事者によると「全く違う」という。この本に関係ある部分に限定して説明するなら、スタントマンとは芝居はほとんどせずに危険なアクションを専門に行う人たちで、スーツアクターはアクションをするが、それだけではなくて、面をつけての芝居まで求められる人たち、ということになるだろう。ちなみに、アクション関係者の話を総合していくと、スタントマンは飛び降りて体を打ったり、壁に激突したり、肉体的に「痛い」と感じるアクションを好物とするタイプの人が多いらしい。

　存在は特撮ヒーローや怪獣の歴史とともにあるから、職業としてのスーツアクターは『ゴジラ』（監督・本多猪四郎* 一九五四年）が誕生した一九五〇年代から成立していた。ただ、当時は特別な呼称がなく、現場では時代劇用語から派生して「カラミ」とか「ぬいぐるみ」「着ぐるみ」と、かなり雑に呼ばれていた。メディアでスポットライトが当てられることも、ほぼないに等しかったので、報じるための言葉をメディア側が作る必要もなかった。

　スーツアクターという言葉が浮上してくるのは、九〇年代も半ば頃からだったように記憶している。九九年になると、自らもスーツアクターとして『平成ゴジラシリーズ』に出演した漫画家の破李拳竜が、タイトルもずばりそのものの『ザ・スーツアクター　特撮ヒーローを演じた男たち』（ソニー・マガジンズ）を著す。当時は特撮ファンの間でも知識に温度差があり、スーツアクターという概念がはっきりとした共通認識にはなっていなかった。このため、破李拳は同書で、変身前の俳優と「変身後のヒーローのヌイグルミを被り演じる俳優」とは別人であると、「多くの書籍で（インタビューなどが）出されているのは、いずれも変身前の素顔を出している主演俳優の方々」なのだと、紙数を割いて、くどいくらいに説明している。

　なお、破李拳は前書きで、正確には「スーツメイション・アクター」という言葉を用いており、「スーツメイション」なる言葉の「言い出しっぺは（ストップモーションアニメーションの大家）レ*

イ・ハリーハウゼンだったと記憶している」と記している（いずれもカッコ内は筆者が補足）。もともとハリーハウゼンは怪物などの動きを表現するために考案した自分の撮影手法を「ダイナメーション」と呼んでおり、同じく異形（いぎょう）のクリーチャーに命を吹き込むための手法として「スーツメイション」という言葉を使ったものと思われる。

同じ「メーション」という言葉ですぐ思いつくのは「アニメーション」という言葉だ。この言葉は、ラテン語で魂、命の意味を持つ「アニマ」を語源としており、「アニメーション」には動かないキャラクターに「命を吹き込む」という意味が込められている。そこから考えると、「スーツメイション」には「スーツに命を吹き込む」ほどの意味があるのではないか。

筆者がスーツアクターという言葉を使うようになったのは二〇〇〇年代初頭だったと思う。和製英語は最初こそ使うとむず痒（がゆ）かったが、この言葉ができたことで、スーツアクターについて人に説明することは格段に簡単になった。それまではどれほど言葉を尽くしても「変身前の人のこと？」「え？変身前の人はヒーローを演じていないの？」「その人たち、普段は何をしているの？」と首を傾（かし）げられていたのが、たった一つ単語ができたおかげで相互理解が成立したのだ。言葉は大事だと思う。

「スーツアクター」という言葉が定着する

二一世紀に入ると「スーツアクター」という言葉は、時代の波に乗って広く世界に広がっていく。

最近の『スーパー戦隊シリーズ』では、放送開始に先立ってキャスト発表を兼ねた制作発表記者会見が行われ、ネットで生配信される。近年は、この発表とほぼ同時にヒーローを演じるスーツアクターの名前も公式ホームページやツイッターで発表されるのが通例だ。

二〇二三年の『王様戦隊キングオージャー』では、制作発表直後には東映公式ツイッターが各色の戦士を演じるスーツアクターの名前を公表した。「スーツアクター解禁」と題したツイートには約一週間で七〇〇〇件の「いいね」がつき、五〇〇〇回近くリツイートされた。これは、同日発表された「変身前」のキャスト一人ずつの紹介についた「いいね」と比べても遜色ない数字で、スーツアクターへの注目度が高いことが示されている。前番組から一新されたスーツアクターの顔ぶれには「今年は伊藤（茂騎）さんがレッドなんだ」「坂梨（由芽）さん、初レギュラーおめでとう」などのコメントがつき、スーツアクターの「推し」を持って番組を視聴するファンも多いことが窺える。

追い風に乗って二三年四月からは特撮ファン向け有料配信サービス「東映特撮ファンクラブ」で、新企画「東映特撮アクションクラブ」がスタートした。放送中の『キングオージャー』のアクション場面がどのようにできあがっていくかを紹介するのが狙いで、同じ役を演じる役者とスーツアクターが同席し、渡辺淳アクション監督を交えて、Vコンテ（アクション監督の構想をスーツアクターが実際に演じたテスト映像、第8章で詳述）と実際に放送された映像を鑑賞しながら、アクションについてのトークを展開している。放送中の番組で、同じヒーローの変身前と後を演じる役者とスーツアクターが同席して、役柄やアクションについて公の場で語るというのは、極めて珍しい企画である。

配信に先立って、YouTubeに公開された「第0回」では、変身前の役者五人がそれぞれのスーツアクターを呼び込み、スーツアクターたちも「クワガタオージャー役の伊藤茂騎です」などと自己紹介した。これまでなかなか表に出なかったスーツアクターの堂々の登場に「声優さんが表舞台で活躍するようになったみたいにスーツアクターの方も活躍する機会があってすごくいい企画！」「スーツアクターあってこその特撮。スポットをあててくれて感謝」「もっとスーツアクターにスポットを当ててほしい」とコメント欄はファンの歓喜の声にあふれた。

ＳＮＳの中だけではない。

これに先立つこと一年前、二二年二月の『機界戦隊ゼンカイジャー』最終回では、エポックメイキングな「事件」も起きた。

エンドロールで、ヒーローの名前とともにスーツアクターの名前がクレジットされたのだ。これまでの『スーパー戦隊シリーズ』（以下『戦隊シリーズ』あるいは『戦隊』と表記）の放映で、役名とリンクしてクレジットされるのは俳優と声優に限られており、スーツアクターは所属事務所「ＪＡＥ（ジャパンアクションエンタープライズ）」でくくられ、名前だけがまとめて掲載されていた。その慣例を破り、同作では最終回に限り、役名とはっきり紐づけてスーツアクターの名前を掲載したのだ。

少し説明すると、『ゼンカイジャー』はシリーズの中でも異色作で、五人のヒーローのうち四人までが「キカイノイド」という機械生命体という設定だった。見た目はロボットだが、中身は極めて人間くさい生命体で、人間は、リーダーの五色田介人（演・駒木根葵汰）だけである。戦いに赴くときには四人も変身するが、変身前のロボット的な体から、さらに戦闘モードの体に変わるのである。「変身前」を演じる役者は存在しないから、アクションはもちろん、それ以上に食事をしたり、悪戯をしたり、街をぶらついたりと、日常の芝居場面が多かった。

こうした冒険的な企画をがっちり受け止め、支えたのがスーツアクターたちだ。ちょっとおっさんぽいジュランを演じたベテランの竹内康博を筆頭に、ハイテンションでかわいいもの好きなガオーンの蔦宗正人（つたむねまさと）、紅一点でオタク気質のマジーヌの下園愛弓（あゆみ）、学級委員のようなブルーンの岡田和也。四人は、それぞれ工夫をこらして無機質な面とスーツに魂を吹き込んだ。

声に浅沼晋太郎（しんたろう）や梶裕貴（ゆうき）といった人気声優を配したのも、人気の理由ではあっただろう。でも、声の演技と同等か、あるいはそれ以上にスーツアクターたちの熱演があればこそ、ゼンカイジャーは視聴者に愛されるキャラクターになった。イケメン俳優の「変身前」がいなくても、物語が紡（つむ）げることを証明してみせたのである。

スーツアクターの力が大きかった証拠に、マジーヌは戦隊史上初、いやおそらく日本特撮史上初めて、面にスーツをつけたキカイノイドの姿のまま、日本を代表する男性向け週刊誌「週刊プレイボーイ」（集英社）の「スーパー戦隊ヒロイン大集結」特集でカラーグラビアを飾っているのだ（二〇二二年四月四日号）。水着姿のスレンダーな女優たちと並んで「身長２０４㎝」と紹介されているのは少しシュールだが、カーネーションを手にうつむくマジーヌからは、はにかむ表情までが伝わってきて、違和感はなかった。

撮影で「ちょっとジャンプして」のオーダーに一メートル近く跳び上がって、カメラマンを驚かせたという下園は、マジーヌ役を「戦隊ヒロインのスーツアクトレスを目指してきた夢の、さらに先にあった夢だった」と表現する。最終回の自分の名前のクレジットにも「放送で見て大号泣でした。ずっと自分たちは表に出ちゃだめだと思っていましたから。私がやったという証（あかし）を出すことができた。ちょっと世界が動いたって感じだった」と、昨日のことのように感動を語る。ツイッターでもその日はずっとファンから祝福の声が寄せられ続けた。

スーツアクター人気を作品のＰＲに生かそうという動きが出てきたのは、数年前からのことだ。『海賊戦隊ゴーカイジャー』（一一年）放映一〇周年を記念したＶシネマ『テン・ゴーカイジャー』（監督・中澤祥次郎）では、変身前の俳優六人に加え、スーツアクターもオリジナルメンバー六人が勢揃いしたことが二一年秋の公開に先立って発表された。ゴーカイレッドの福沢博文はこのときすでにプレイヤーではなくアクション監督の要職についており、ゴーカイブルーの押川善文とシルバーの佐藤太輔（だいすけ）はＪＡＥを辞めていたにもかかわらず、三人ともこのＶシネのために、一時スーツアクターに復帰している。レジェンドたちの再結集はネットニュースとなり、好意的に受け止められた。なお、押川はこれに先立つ二〇年四月から、ローカルヒーローが共演する特撮ドラマ『ドゲンジャーズシリーズ』（九州朝日放送）でスーツアクターとしての活動を再開している。

二三年八月には、九月から放送の新ライダー『仮面ライダーガッチャード』でベテランスーツアクターの永徳（えいとく）が、初めて主役ライダーを演じることがネットメディアで「二〇年来の悲願成就」などと大きく報じられた。

スーツアクターで、新聞業界用語で言うなら「見出しが立つ」（ニュース性がある、の意味）時代が到来したのだ。

声優ブームに通じる動き

スポットライトの外にいたスーツアクターが人気を集めるという現象は、一九七〇年代中盤～後半

『宇宙戦艦ヤマト』（七四年）の爆発的ヒットで声優たちが一気に表舞台に出てきたアニメ声優ブームと共通するところがあるようにも見える。昨今の華やかな声優ブームよりひと昔前の、まだ「芝居ができないから声の仕事をしている」などと陰口を叩かれ、声優が世間に誤解されていた昭和に発生した、最初の声優ブームのことである。表舞台に出てきた声優たちは、芝居はもちろん、歌やトーク、バンド活動までを達者にこなしてみせ、世に蔓延（はびこ）っていた様々な偏見を跳ね飛ばした。現在、声優はアニメ作品をヒットさせるうえで重要な存在であることは言うに及ばず、タレントとしても引っ張りだこだ。ライブを行えばドーム級の会場が満員になり、志望する者が引きも切らない、飛ぶ鳥を落とす勢いの人気稼業となっている。

一方、スーツアクターは、特撮ヒーロー作品を作るうえで絶対不可欠な存在でありながら、これまで黒子の立場に留め置かれてきた。そこに、ここ数年、じわじわと視線が集まってきている様は、特撮界に地殻変動が起き始めていることを感じさせる。下園の言葉を借りるなら「ちょっと世界が動いた」ようでもあるのだ。

筆者が約二〇年前から実施しているトークイベント「３４０（みしお） Ｐｒｅｓｅｎｔｓ」シリーズでも、初期には、スーツアクターたちはみな寡黙で、ほとんど何も話してくれなかった。個々の性格やトーク慣れの問題もあるが、黒子として気軽に裏話はできないという空気が濃厚だった。これも最近では変わってきている。一定の約束事は守ったうえで、雑感を語ってくれるスーツアクターが増えてきている。背景には、二〇一四年に唐沢寿明がスーツアクターを描いた映画『イン・ザ・ヒーロー』（監督・武（たけ）正晴）に主演し、バラエティ番組などで自らのスーツアクター時代のエピソードを赤裸々に語ったこともあるかもしれない。

小学館「週刊少年サンデー」編集部によるWEBマンガサイト「裏サンデー」では、スーツアクターを目指す若者たちの物語『ヒーローは中にいる！』（作・友瀬一樹）が二二年八月から連載され、二三年六月にはコミックス一、二巻が発売されている。

一九七〇年代の声優ブームと違うのは、スーツアクター人気を支えている大きな要素が、二一世紀に急速に普及したインターネットということだろう。

『仮面ライダーシリーズ』の七〇年代も、『宇宙刑事シリーズ』の八〇年代も、スーツアクターの演技や殺陣（たて）に魅せられた人はきっといたはずだ。でも、同好の士をつなぐ手段がほとんどなかった。筆者は殺陣集団・大野剣友会の演じる仮面ライダーが大好きだったのだが、いくら剣友会について熱く語っても「それは何？」とその都度聞き返され、思いを共有できる仲間は周囲に見つからなかった。その後、ファンの手で発足した「仮面ライダーファンクラブ・不死鳥」に入会したことで、ようやく「スーツアクター」に魅力を感じる「仲間」を見つけ、ものすごく感激したものだ。

潜在的な人気は当時からあったものの、水面下に隠れたまま、ファン同士が連帯する機会は乏しく、したがって人気のうねりが作り出されることはなかった。

スーツアクター人気が表面化したのが九〇年代後半の『平成ウルトラマン三部作』（『ウルトラマンティガ』〈九六年〉、『ウルトラマンダイナ』〈九七年〉、『ウルトラマンガイア』〈九八年〉）あたりという肌感覚での分析は、世界を股にかけて活躍する、『スーパー戦隊シリーズ』や『仮面ライダーシリーズ』の監督、坂本浩一によるもので、筆者も同意見だ。坂本は、その頃特撮専門誌でウルトラマンのスーツアクターの特集記事を見たと記憶している。

平成三部作の『ウルトラマンティガ』が始まる前年には「Ｗｉｎｄｏｗｓ95」が発売され、一般家庭へのインターネット普及が爆発的に進んでいる。この時期にスーツアクター人気の萌芽が観測されているというのは、興味深い。

まとめてクレジットされるスーツアクターの名前の、誰がどの役に当たるのか――。それについて多くの人が知識を得るためにも、インターネットは大きな役割を果たした。二〇世紀末、まだ公式からの発表がなかった時代、ファンは名前の並び順や画面に映るスーツアクターの体形や動作から「誰がどの役か」を推測するしかなかった。だが、誰もがお尻の形から、顔の見えないスーツアクターを見分けられる才覚を持っているものではない。その点でネットによる集合知は大いに役立ち、ファンを増やすことにも一役買った。

さらに、なんといっても「スーツアクター」という言葉の普及こそが、人気を高めた最大の理由だろう。言葉がない時代には、自分が何を好きなのかを説明することが難しく、したがって人と概念を共有することもできなかった。声優という存在を、「声優」という単語を使わずに説明することを考えてもらえば、難しさを理解してもらえるだろう。

誰が作った言葉なのか、今となっては、真相は藪の中だ。言葉の是非についてもいったんは保留としておく。それでも「スーツアクター」という言葉が九〇年代に出現したことで、「世界」は変わり始めた。

その役に代理はいない

「カラミ」や「ぬいぐるみ」「着ぐるみ」と呼ばれていた時代には、スーツは当日になるまで誰が入るかわからないことさえあった。もちろん、一定の技量のある人間の中で、という注釈つきではある。七〇年代のアクションチームは少ない人数でたくさんの現場を掛け持ちしていたため、日によって「中の人」が変わるケースが珍しくなかった。だから、ブーツは常に「少し大きめ」が用意されていて、足のサイズが合わなくて苦労したという話もよく聞く。

しかし、二一世紀の今、『ライダー』でも『戦隊』でも『ウルトラマン』でも、スーツアクターはオーディション、あるいはプロデューサーからの指名で選ばれ、全身を細かく採寸したり、ときには顔面の型まで取ったりして、体にあった唯一無二のスーツが作られる。オーダーメイドのスーツは、さながらシンデレラの靴であって、簡単に代役を立てることはできない。現代のスーツアクターは、余人をもって代えがたい仕

必見！瞬間に凝縮された超絶アクション！——No.1

ヒロイン、反動・助走なしでバック宙

『キカイダー01（ゼロワン）』｜第31話｜「哀れ人造人間ビジンダー爆死」より

第32話（1973年12月放送）以降のオープニングにも使われているマリ（演・志穂美悦子）からビジンダーへの変身場面。助走どころか軽く弾みをつけることもなく、突然その場で高く跳び上がり、バック宙を決める志穂美の動きは、人間離れしていて不気味ですらある。これは師である千葉真一*がアクションに取り入れた「シーソー」という器材を使っての撮影。シーソーの片側に志穂美が立ち、反対側に脚立の上からJACの男性二人が飛び下りると、反動で志穂美の体が宙に跳び上がる。ビジンダーの謎めいたイメージ作りに、シーソーを用いた「突然ジャンプ」が果たした役割は大きかった。千葉は愛弟子の同作出演を喜び、初回登場時のアクション場面撮影にも立ち会ったという。01のスーツアクターが大葉健二（当時は高橋）なのも見どころだ。

事となっているのだ。

ただ、スーツアクターという存在が完全に市民権を得たかといえば、そこはまだ足踏み状態が続いている。

『ゼンカイジャー』最終回で役名に紐づけてクレジットされたスーツアクターの名前は、翌二〇二三年の『暴太郎戦隊ドンブラザーズ』最終回では、再びひとまとめのクレジットに戻ってしまった。二三年夏現在、最新の『仮面ライダー』である『仮面ライダーギーツ』や『王様戦隊キングオージャー』でもテレビ放送ではクレジットはこれまで通り、ひとまとめだ。『ウルトラマンシリーズ』は、昭和には「ウルトラマン　古谷敏」のような紐づけ表記が主流だったが、『ティガ』の途中でなぜか「特技アクション」という曖昧な呼称に変わり、『ウルトラマンX』（一五年）で再びキャラクター名とスーツアクター名を併記するスタイルに戻っている。二三年時点での最新作『ウルトラマンブレーザー』でもキャラクター名と並んでスーツアクターの岩田栄慶の名前がクレジットされている。なお、岩田は本作でブレーザーのCV（キャラクターボイス）も担当している。

二一世紀に入ってから劇場公開された『ウルトラ』『ライダー』『戦隊』の映画作品のエンドクレジットも調べてみた。なお、ネット配信のスピンオフなどまで含めると途方もない作品数になるので、あくまで定期的に公開される劇場版映画に限っている。

『仮面ライダーシリーズ』では、一四年までは「紐づけ」表記の方が圧倒的に多い。第6章で詳述する『仮面ライダー電王』（〇七年）のスーツアクター人気も追い風になったのだろう。しかし、なぜか一五年からは「ひとかたまり」表記になっている。

本書の執筆にあたり、約1年にわたって、インタビュー取材などを行った。写真は2022年6月に行われた、高岩成二へのインタビュー時のもの。

一方、『スーパー戦隊シリーズ』の劇場版では、〇六年の『轟轟戦隊ボウケンジャー THE MOVIE 最強のプレシャス』（監督・諸田敏）がヒーロー名とスーツアクター名の紐づけをしているのが突出して目立つ。これは、当時、マニアをざわめかせた「事件」だった。しかし、それ以前も以後も、ほとんど全部が「ひとかたまり」表記である。「紐づけ」を提案してみたものの、取り合ってくれる空気がなかったと明かすスタッフもいる。

「光の国」では、テレビと連動する形なのか、〇六年までは役名とスーツアクター名の紐づけ表記だが、〇八年からは「スーツアクター」「スタント」「特技アクション」などの表記のもとにまとめて並べられるように変わる。それが一六年の『劇場版 ウルトラマンXきたぞ！ われらのウルトラマン』（監督・田口清隆）からは再び紐づけ表記になっている。

ひとかたまりでの表記が悪いとは言わない。フィルム撮影の時代には、ひとかたまりであってもテレビ放送で名前をクレジットしてもらえるのは一〇人に満たず、名前が載ることが、新人時代の目標だったと語る元スーツアクターもいる。それと比べたら、デジタル時代となり、大人数のアクションクルーたちの名前が新人も含めて表記されている現行制度は悪くないかもしれない。

しかし、俳優も声優もきちんと役名でクレジットされているのに、なぜスーツアクターだけが例外なのかという疑問は残る。逆に言うなら、俳優や声優の名前をひとかたまり表記にすることを考える制作サイドは、いないのではないか。

業界のごく一部には、まだ「中の人などいない」論を主張する向きもいる。中の人が表に出ることで「子供の夢が壊れる」とか「中の人が勝手にキャラクターについて語るのは越権行為」というのが理由らしい。はて、本当に子供の夢はそんなことで壊れるのだろうか。無機物のスーツに命を吹き込む重大な役割を担う役者自身が、自らが演じるキャラクターについて発信することの何がそれほど権利の侵害になるのか。はなはだ疑問である。

いずれにしろ、「中の人などいない」論も、ネットによる情報拡散の勢いには勝てないだろう。情報は公開されていくし、番組でヒーローの妙技を見た人たちがスーツアクターという存在に興味を持つのを止めることはできない。

スーツアクターは、もはや「中の人」や「着ぐるみ」などと呼ばれる存在ではない。面をつけての演技とアクションという二つの特殊技能に長けた、日本のエンターテインメント界に絶対不可欠な存在なのである。そして、スーツアクターという仕事は日本で生まれ、独自の花を咲かせてきたこの国固有の文化なのだ。

第2章 ―― ハリウッドでさえ再現不可能

輸出される『戦隊』

海外で放送が続いている『パワーレンジャー（*Power Rangers*）シリーズ』は、日本が海外に「輸出」して成功した優良ソフトコンテンツだ。「北米で最もヒットした日本製コンテンツ」（「パワーレンジャーをヒットさせた男」豊永真美（まみ）／「一橋ビジネスレビュー」二〇一〇年冬号　東洋経済新報社）とも言われる。日本の『戦隊シリーズ』の「海外輸出」を仕掛けたのは、アメリカとイスラエルの二重国籍を持つプロデューサーのハイム・サバン。一九九〇年前後に来日して東映側と交渉し、北米での放送に漕ぎつけた。

九三年の放送開始以来、「サバン・エンターテインメント」から「ディズニー」へ、そして世界的な玩具メーカーの「ハズブロ」へと制作主体は変わりながらも、作り続けられ、二〇二三年で海外放送開始三〇周年を迎えた。「周年」ともなると記念作が作られるのは日本も海の向こうも同じで、四月にはオリジナルキャストの一部が「リユニオン（再会）」を果たした特別番組『*Mighty Morphin Power Rangers: Once & Always*』がネットフリックスで配信された。二三年秋には、初の女性レッドが登場する新たなシリーズが配信される予定だ。

戦後、子供向けのカルチャーは主にアメリカから世界に向けて発信されるのが当たり前だった。そこに登場した『パワーレンジャー』は「一九九〇年代に（中略）世界中の子供たちを熱狂させた娯楽番組が、米国以外の国の制作であったことは歴史上かつてなかった」（『菊とポケモン』著・アン・アリスン　新潮社　二〇一〇年）と驚きをもって受け止められるほどの現象を巻き起こした。アニメ以外でこれほど長きにわたって海外でヒットしている日本のコンテンツは珍しい。

アメリカでの放送にあたっては、当初、ロボットや変身しての戦いなどの映像は日本で作られたものをほぼそのまま使いながら、「変身前」のキャストを外国人に一新し、ローカライズする手法が取られた。人種構成や性別の偏りをなくし、物語も改変する必要があったのだ。

一方、「変身後」のアクションについても、次第にかなりの部分をアメリカ（あるいは近年の撮影場所であるニュージーランド）で新たに撮り直すようになっている。

大きいのは放送コードの問題だ。「顔を殴ってはいけない」「首を絞めてはいけない」「人を踏みつけてはいけない」など基本的な放送コードが日本より厳しく、カメラに向かってキックやパンチをする映像も、最近は規制が少し緩んだものの、アメリカでは最近まではNGだった。これでは日本のアクション場面をそのまま使うことは不可能だ。

「ガッツポーズがNG」や「サムズアップは使わない」など、日本人にはよくわからない禁止事項もある。『パワーレンジャーシリーズ』の監督やプロデューサー、製作総指揮までを歴任した監督の坂本浩一によると、ガッツポーズは、片手を握って突き上げるだけなら問題ないのだが、もう一方の手を、上げた腕の肘あたりに添えると、アメリカでは最もタブーとされる放送禁止用語の意味になってしまうという。ある『戦隊』ではレッドが敵を一人倒すたびにそのポーズを決めていて、日本の映像を見たアメリカ側スタッフは腰を抜かすほど驚いていたそうだ。サムズアップは、とある国ではテロリストのサインに使われているという理由で一時期禁止されていたと坂本は語る。

そうした文化的な違いに加え、最近では現地でオリジナルのアクション場面を作りたいという気運も生まれてきて、アクション場面の新撮が増えてきている。

興味深いのは、『パワーレンジャー』のごく初期を除いて、ヒーローを演じるスーツアクターについては、現地採用せず日本から呼び寄せていることだ。派手なスタントを売りにしたアクション映画をあれほどたくさん世界に送り出しているアメリカが、なぜ予算を組んで日本からスーツアクターを呼ぶのか、不思議に感じる向きもあるかもしれない。

実は、アメリカ人には「ヒーロー芝居」ができないというのだ。坂本の言葉を借りるなら、アメリカ人のスーツアクターは格闘技は堪能でも、「ヒーロー然とした動きや芝居」が苦手だそうだ。「ヒーロー然とした動き」とは、たとえば、カッコよく見得を切ったり、すっと背筋（せすじ）を伸ばして胸を張ったうえで肩をグッと前に押し出すようにして堂々と立ってみせたりする、ヒーローらしい動きのこと。『戦隊シリーズ』のセンターにいるレッドの動きを思い浮かべてもらえればわかるのではないか。こうしたちょっとした動作によって、見映えが格段に良くなるのがヒーローなのだ。しかし、日本では当たり前のようにテレビの中に存在しているヒーローの動きが、アメリカ人スタントマンにとっては未知のもので、教えてもなかなか「ヒーロー」の芝居の域に達しないという。

確かに、初期の『パワーレンジャー』を見ると、日本流を真似てはいても形式的で動きが重い立ち回りが出てくる。戦闘員の動きも、体が大きいことがかえって災いして、間が抜けて見える。何やら武道の練習を見せられているようなのである。表情があればそれでも成立するのだろうが、当然、面で顔は見えない。結果として全体的に大味というか、エキストラに面をかぶせて撮影したような、たどたどしい戦闘場面に仕上がっている。

もちろんアメリカ側のプロデューサーもその違いにすぐに気づいたから、日本からスーツアクターを呼ぶことになった。スタントマン出身の坂本は当初からスーツアクターの招請に関わったほか、一九九四年からは同シリーズにアクション監督として参加した。以後三〇年間、『パワーレンジャー』は日本のスーツアクターが演じることで、番組が作られているのだ。

日本のヒーローの立ち回りのベースには時代劇、さらに元をたどれば歌舞伎がある。主役である「シン」を際立たせるように、斬られ役の「カラミ」が戦う「チャンバラ」で、これが日本独特のアクションを形作っている。たとえば『暴れん坊将軍シリーズ』（一九七八～二〇〇二年）のクライマックスで松平健演じる徳川吉宗が、下級武士らと斬り合うときの、じりじりと間合いを詰めていって刀をふるう、緩急のあるあの立ち回りだ。斬りかかる前の「前心（ぜんしん）」も大切なら、斬った後もすぐに次の動きに移らず、「残心（ざんしん）」を大事にする。不思議なもので、時代劇をほとんど見ていない若い世代のスーツアクターでも、日本育ちであれば、こうした「間」を尊ぶ動きが、ごく当たり前にできるそうだ。

『パワーレンジャーシリーズ』のスーツアクターを長年務め、今も国内外で活躍している岩上弘数（いわがみひろかず）（現・B.O.S-Entertainment代表）はその理由を「若い人たちも五〇年以上連綿と作られてきたヒーロー番組を通じて、時代劇の影響を受けているからではないか」と分析する。そのうえで「世界中の外国人が真似しようとしてできないのが日本のスーツアクターの立ち回り。アクションをしながら芝居もするというのは実は世界でも珍しい。日本人はこのことをもっと知って、誇りに思ってほしい」と力を込める。

ヒーローの立ち回りにとどまらない。敵側の戦闘員たちが一般人を左右から捕まえて拘束しているような、「ヒーロー番組あるある」の場面。捕まった一般人はなんとか逃げ出そうと腕を取られながらも身をよじるのが当然、と思うのだが、これも日本国内での常識にすぎない。この場面を外国人戦闘員で撮影すると、人質含めた三人が腕を組んで仲良く立っているような画(え)になってしまうそうだ。それを目撃したある日本人スタッフは「芝居ができないわけではなくて、向こうにそういう場面が出てくる作品がなかったんだと思う。文化の違いって色々あるんだなと思った」と話していた。

ハリウッドに代表されるアメリカ映画では、お芝居は俳優、アクションはスタントマンの領域とはっきり分けられている。スタントマンは、姿かたちや仕草を本役の俳優に寄せて動くことは必要でも、本格的な芝居を求められることは、ほとんどない。一方、香港映画はジャッキー・チェンや*ブルース・リーに代表されるように俳優本人が鮮やかなカンフーアクションを決めるのが売りだが、アクションをしながらの芝居は、たまに表情が映像として差し挟まれる程度だ。テンポのいいアクションやこちらの度肝をぬくような派手なスタントが続き、芝居は別の場面で改めて演じられる構成が多い。日本のスーツアクターのように、ヒーローだけでなく敵の戦闘員までが、アクションをしながらシリアスに決意表明をしたり、コミカルな演技をしたりするというのは、実は世界のアクション映画界では稀有な存在なのだ。

アメリカでアクションチーム「サムライ・アクション」を率いるスタントコーディネーター兼スタントマンのミチ・ヤマトこと山際道則は、高校時代に大野剣友会の準会員となり、その後、児童誌編集者を経て「剣友会の殺陣を世界に伝えたい」とアメリカに渡った変わり種だ。一九九五年に、パワーレンジャーの派生作品『マスクド・ライダー』（*Saban's Masked Rider* 日本の『仮面ライダーBLACK RX（アールエックス）』〈八八年〉を主にベースとする）で、主役のスーツアクターとアクション監督を務めた。ミチも「アメリカ人には『面芝居』ができない」と断言する。『マスクド・ライダー』のときに自分以外のスーツアクターのオーディションに関わった経験からだ。「アメリカ人は動き過ぎてしまう。じわじわと近づいていった後、いったん止まって、ぐっと溜めて見得を切ることなんて絶対にできないし、『間』が取れない。日本の立ち回りは西洋のフォービートのリズムじゃなく、歌舞伎や能楽を起源とする日本の芸。書き記せないような呼吸で行うものだ。日本文化の権化だと思いますね」とミチは力強く語る。

ミチ・ヤマト　1965年生まれ。大野剣友会の殺陣を伝えるべく、アメリカ、日本を中心に活躍。（2022年7月撮影）

その現場では、ライダーが、逃げ惑う市民を助ける場面で監督から「空中回転してポーズを取れ」というアクションの「文脈」を無視した要求を出されて、「人を救うときに空中回転なんて冗談じゃない」とやめさせたとミチは語る。変身ポーズも当初はなかったが、ミチが絶対に必要だと進言して取り入れさせたそうだ。

ミチは、スーツアクターに限らず、忍者映画でもアメリカ人が演じると「コスプレイヤーが忍者の服を着て動いているだけに見える。やたらと動き回っているだけ」と手厳しい。

なお、同じアジアなら「面芝居」ができるかというと、そういうものでもないようだ。第5章に登場するスーツアクターの柴原孝典（現・オフィスワイルド代表）は二〇〇八年から中国で『鎧甲勇士（カイジャヨンシ）』というヒーロー番組の制作に携わっているが、第一シリーズのときに、中国人スタントマンに面をつけて中国武術をやらせたところ、「ちっともカッコよくならなかった」という。「ジャッキー・チェンもそうだけれど、カンフーの動きは止まらずに立ち回りが続いていく。『ここで一拍置いて』と説明してもわかってもらえなかった」と柴原は苦笑する。カンフーアクション映画でも、前述のように技と技の途中に演者の表情が挿入されることはあるが、ヒーローの面には表情がないため「何のための一拍？　間を取る必要があるのか？」と問い返されたそうだ。結局、同作もシリーズの途中からは日本人スーツアクターを使って制作されている。

「カッコよさ」に国境はない

話を『パワーレンジャー』が初放映された一九九三年頃に戻すと、日本からやってきたスーツアクターたちによって演じられたパワーレンジャーは、大方の大人が「プロットがあまりにもくだらない」「驚くほど馬鹿げた内容」と冷ややかな視線を向ける中（前掲『菊とポケモン』）、放送が始まるやアメリカ中の子供たちのハートを鷲摑みにした。アメリカにそれまでなかった「ヒーロー然とした芝居」を、アメリカの子供たちも熱狂的に支持したのだ。放送開始翌年の九四年には二歳から一一歳の視聴率が九一％という驚異的な数字を弾き出し（前掲「パワーレンジャーをヒットさせた男」）、クリスマスシーズンともなれば玩具が売り切れ、社会現象とまでいわれた（『夢〈スーパーヒーロー〉を追い続ける男』著・鈴木武幸　講談社　二〇一八年）。

太平洋を挟んで、異なる文化や歴史的背景を持つ日米両国で、子供が本能的にカッコいいと感じるヒーローのアクションが同じだったというのは面白い現象だ。坂本は、生まれ育った環境に関係なく、「カッコよさ」は人間の本能レベルのものではないかと見る。その本能のツボをついたのが、日本人による「面芝居」の『パワーレンジャー』だったというわけだ。

「間」や「見得」以外でも、日本のヒーローアクション自体が世界でも独特という見方もある。剣を持って宙返りして斬りつけるとか、空中回転してからキックをするとか、こうした動きは武術とも護身のための戦いとも違う、独創的なアクションなのだ。武器だって、日本刀も中国剣も西洋剣も槍も、しれっと同じ番組の中で使われている。なんでもありで型にとらわれていない。確かに、空中回転をしてから斬りつけたり蹴ったりするアクションを筆者は日本のヒーロー以外で見たことがない。世界中のアクションの「いいとこどり」をして、独自の作品を作り上げていった手法は、車などほかの工業製品が高度経済成長期にやったことにも通じる気がする。思えば、アニメソングも同様に、歌謡曲からポップス、ロック、演歌などあらゆるジャンルの「いいとこどり」をして発展を遂げてきた。ヒーローアクションも、日本流進化の一例と言えるかもしれない。

一方、二〇一七年に約一二〇億円の巨費を投じて作られた二〇年ぶりの劇場版『パワーレンジャー』（監督・ディーン・イズラライト）は全世界公開されたものの、大ヒットには及ばなかった。日本では興行収入が初登場九位で、あっという間に劇場公開も終わってしまったと記憶している。貧困やLGBT、薬物使用など現代的な問題を取り入れ、社会から疎外されているティーンの若者たちがパワーレンジャーに選ばれて戦うという物語は、青春ものとしては悪くなかった。でも、アクションは単調でヒーロー映画としては食い足りなかったと筆者は感じている。

実は本作は、ニュージーランドの『パワーレンジャー』テレビシリーズ制作の本隊とは全く別に、カナダで撮影されたものという。少なくとも、ニュージーランドにいた日本人スーツアクターたちは、映画が作られていることすら聞かされていなかった。したがって、日本人スーツアクターは参加していない。それを知ったから余計に感じるのかもしれないが、変身や名乗りで盛り上げ、ヒーロー然として戦う伝統的な『戦隊シリーズ』のアクションとは趣を異にしている映画だったように思う。

「オタクは、ストーリーじゃなくて、すぐに変身して戦わないとダメなんだろう?」という趣旨のオタク蔑視的な映画擁護論もネット上で拝見したが、社会問題を取り上げたうえで、変身ポーズやアクションでカタルシスをも感じさせてくれる良質なヒーロー番組なら、筆者を含む「オタク」はこれまでに日本で山ほど見てきている。物語としての完成度はともかく、変身と、変身後のカッコいいアクションが絶対不可欠なヒーロー作品の完成度としては、筆者はこの映画には大きなクエスチョンマークをつけざるを得ない。

海外では、面をつけてアクションと芝居を同時にする習慣が根づいていないというのも日本との違いだろう。アメリカのヒーローは、スーパーマンのように顔を出しているパターンが多い。例外に顔の見えないアイアンマンやスパイダーマンなどがいるが、「彼」はフルフェイスの面をつけて戦いはするものの、台詞（せりふ）を言うときは面をオフにしたり、面の中の顔が映し出されたりされる。面をつけたまま墓参りをしたり、涙を流したり、詩を書いたり、教え子たちの「仰げば尊し」を聞きに来たりはしないのだ（『仮面ライダー』第九話「恐怖コブラ男」、『人造人間キカイダー』第一一話「ゴールドウルフが地獄に吠える」、『ロボット刑事』第四話「壁に消えた殺人者」、『ウルトラマンメビウス』第四一話「思い出の先生」）。前出のミチは「アメリカ人の美学で、善行のときには必ず顔を見せる。反対に、顔を隠す奴は信用できないという考えが根底にある」と説明する。

例外といえば一九五四年に映画『ゴジラ』より半年ほど早く公開された『大アマゾンの半魚人』（*Creature from the Black Lagoon* 監督・ジャック・アーノルド*）か。俳優のベン・チャップマン*が怪物ギルマンのスーツアクターを務めている。チャップマンが後年語ったところによると、彼は俳優としてキャスティングされており、水中や炎の中での格闘シーンを演じる彼のスタントダブル（吹き替え）は別にいたそうだ。したがって彼自身の目立ったアクションはないが、身長一九五センチ以上あるチャップマンがスーツを着て演じる半魚人の存在感は圧倒的だ。冒頭、水の中からぬっと手を出すショットなど、いかにもモンスターといった印象的な芝居も多い。ちなみに、チャップマンによると、スーツは「フォームラバー（柔らかくて弾力性に富んだ発泡ゴム）製」で動きにくくはなかったが、屈伸が難しく、休憩で椅子に座ることはできなかったという。さらに、顔、つまり面以外に空気穴がなかったので皮膚呼吸もできず、熱がこもり、体が熱くなると湖に飛び込んでいたそうだ（ベン・チャップマン・ホームページより）。同作はその後二作の続編が作られているが、スーツアクターは別人に変更になっている。晩年はたびたびファンの集いに招かれるなど再評価されたチャップマンだが、スーツアクターがモンスターを演じるシステムは、ハリウッドでは、そのほかに『宇宙水爆戦』（*This Island Earth*　監督・ジョセフ・ニューマン[*]　五五年）のメタルーナ・ミュータントくらいしか見当たらず、その後のアメリカ映画には根づかなかった。

日本のヒーローがハリウッドに影響を及ぼす

バットマンやロボコップにいたっては、面といっても半分顔出しだ。第一、八九年以降の『バットマン（*Batman*）シリーズ』はドラマ重視で、ヒーロー映画を期待して見ていると驚くほどアクション場面がない。

『ロボコップ』（*RoboCop*　監督・ポール・バーホーベン　八七年）が日本の宇宙刑事ギャバンのデザインを参考にして誕生したという話はファンの間ではよく知られている。ギャバンのデザインを担当した村上克司（かつし）によると、『宇宙刑事ギャバン』（八二年）の放送終了から三年後に、ポール・バーホーベン監督から「ギャバンのデザインを引用させてほしい」という手紙が届いたそうだ。当時、日本でバーホーベンは無名に近かったが、村上は無償で許諾したという（『超合金の男』小野塚謙太著　アスキー新書　二〇〇九年）。なお、村上は玩具として二一世紀の今も販売される大ヒット商品「超合金シリーズ」の生みの親である。

さて、そのロボコップのスーツは、口が出ているデザインなのにもかかわらず、主演でスーツアクターも務めたピーター・ウェラーを苦しめたという。一九八七年公開の第一作では「撮影中、重く密閉された鋼鉄ボディによって重度のあせもに苦しめられ」たそうだ。このためパート2製作にあたっては「薄く軽量のファイバーグラスをボディに使」い、さらに「内部のムレを防ぐために、ボディ・スーツ全体に冷たい水を循環する装置も取り入れた」と、『ロボコップ2』（*RoboCop 2*　監督・アーヴィン・カーシュナー*　九〇年）のパンフレットに、これでもかというほどの「苦労話」が記されている。もう一度言う。口は出ているし、さらに言えば鼻のあたりにも隙間があるのに！

もっとも前出の岩上らによると、軽くて動きやすいスーツや怪人の衣装を作る能力についても、日本が圧倒的に優れているという。だから八〇年代のハリウッド作品である『ロボコップ』では、本当に筆者の想像を超えた非人道的なスーツが使われていた可能性が、なくはない。

だが、第6章で触れるが、元ネタであるギャバンのフルフェイスのスーツを着たＪＡＣ（ジャパンアクションクラブ）のスーツアクター、村上潤（じゅん）は、同じように熱を逃がしづらい化学素材のスーツに硬質パーツをかぶせる二重構造の衣装でトランポリンを跳び、岩場で戦い、宙返りをして剣の技まで決めている。日本のスーツアクターの能力が天下一品であることを証明するような『ロボコップ』のエピソードではないだろうか。

なお、「面」については和泉流狂言師だった*五世野村万之丞（まんのじょう）が面白い考察をしている。ギリシャ演劇に登場する仮面は神なので、役者の体が露出しないように丸ごと頭からかぶる形をしていて空いている部分はない。それがギリシャから広く西洋に伝わるとき、まずくり抜かれたのが口の部分、そして次には目の周りが抜かれ、後頭部の覆いも取り払われ、最後は下顎がなくなって「半仮面」になったという。これに対して、東洋の面は目と口は絶対に空けないで発展してきたそうだ（『心を映す仮面たちの世界』河合隼雄との対談。監修・野村万之丞　檜書店　一九九六年）。野村はこの考察から、西洋人は会話によってコミュニケーションを取り、「日本人は眼とか口ではなくて『体』っていうことなんでしょうか」と考えを述べている。もちろん、能や狂言での「面」についての考察ではある。でも、顔を出して喋らずにはいられないアメリカンヒーローと、全身を覆ったスーツでの「面芝居」が発達した日本のヒーローとを比べるとき、この野村の考察は示唆に富んでいる気がする。

　八〇年代の『ロボコップ』に限らず、二一世紀に入ってからのアメリカのヒーロー映画には、日本のヒーロー作品の影響が色濃く反映しているようだ。『平成仮面ライダーシリーズ』でアクション監督を務めた宮崎剛（たけし）は「『アベンジャーズ』（*Marvel's The Avengers*　監督・ジョス・ウェドン　二〇一二年）も、東映の『ライダー大戦』とかを見た後で作っているとしか思えない」と笑う。『ライダー大戦』とは、正式には『スーパーヒーロー大戦』『ＭＯＶＩＥ大戦』などのタイトルのもと、断続的に作られている映画で、仮面ライダーや戦隊、アクマイザー３（スリー）を模した怪人アクマイザー、イナズマンなど、時代も世界観も違う東映ヒーローたちが入り乱れて戦う映画のことだ。最初の公開は二〇〇九年だから、確かに『アベンジャーズ』より先行している。宮崎は「相当日本の作品を研究しているんじゃないか。ハリウッドが日本を真似している、と最近、思うようになった」と話す。『アベンジャーズ』どころか、アメリカには『パワーレンジャー』が始まるまで、実写での変身して戦う集団ヒーローという存在がなかったのだから。コミックではマーベル・コミックの『アベンジャーズ』やＤＣコミックスの『ジャスティス・リーグ』など、後に実写映画化されることになる集団ヒーロー作品は存在していた。

今やアメリカでは「パワレン育ち」の作り手が現場に続々と参入し、アクションの色を塗り替えている。坂本も著書の中で「現在活躍する若手のスタントマンたちはみんな、パワーレンジャー世代。（中略）彼らは子供の頃、僕らがパワーレンジャーでトランポリンやワイヤーを使って表現していた動きを、見よう見まねで一生懸命練習して出来るようになったというトンデモナイ奴らです」と語っている（『映画監督 坂本浩一 全仕事』著・坂本浩一 カンゼン 二〇一八年）。坂本が『パワーレンジャー』に加わる少し前に結成したアクションチーム「アルファスタント（ＡＬＰＨＡ ＳＴＵＮＴＳ）」の影響で、これまで個人プレイヤーばかりだったスタントマンたちがチームを組むようにもなってきた。キアヌ・リーヴス主演の『ジョン・ウィック』（*John Wick* 一四年／日本公開一五年）シリーズの監督、チャド・スタエルスキとデビッド・リーチである。彼らももともとスタントマンであり、同作で協力して監督デビューした。キアヌ自身がサニー千葉（千葉真一）の『激突！ 殺人拳』（監督・小沢茂弘* 一九七四年）にインスパイアされたと語っているのだから、『ジョン・ウィック』は日本の影響を二重三重に受けているといっても過言ではない。思えば、愛犬を殺されたことで復讐に立ち上がるという設定も、仔犬一匹のために体を張る日本のヒーロー作品と通じるものがあるようだ。

アジア圏でも日本がアクションに関わるヒーロー作品は人気だ。中国で前述の『鎧甲勇士シリーズ』が健闘しているほか、『ウルトラマンシリーズ』の人気も高く、スピンオフのウェブドラマの『ウルトラギャラクシーファイトシリーズ』（二〇一九、二〇、二一年）は、最初から海外配信を視野に入れ、一切人間は登場せず、語り手もウルトラマンという設定の仮面劇となっている。

『仮面ライダーBLACK』や続編の『BLACK RX』が熱狂的に支持されているインドネシアでは、特撮ヒーロー番組『ガルーダの戦士ビマ』(*Bima Satria Garuda*)が現地で製作され、一三年から放送された。これは、石森プロと、同国の「メディア王」と呼ばれる、グローバルメディアコムのシニア・バイス・プレジデント、レイノ・バラクが、伊藤忠商事の仲介でタッグを組んだ作品である。同作のアクションにも日本流の動きを教えるために、倉田保昭率いる倉田アクションクラブ(倉田プロモーション)がスーツアクターらを送り込んでいる。

本家を超える日本版『スパイダーマン』

さて、スーツアクターの観点から日米のヒーロー比較をするなら、絶対に外せないのが『スパイダーマン』である。スパイダーマンはマーベルコミックが生みだしたスーパーヒーローで、二〇〇〇年代に入り一〇本以上の冠映画が作られ、二〇二四年にも新作の公開が予定されている。『アベンジャーズ』などでほかのヒーローとの共演も多い人気者だ。

筆者は前著で「『スパイダーマン』なら、断然、東映が手掛けた日本版の勝ちだと思っている」と言い切った。今もその考えに変わりはない。物語はもちろん、スーツアクターの動きについても絶対的に東映版『スパイダーマン』(テレビシリーズと映画)の圧勝と確信している。

それほど一九七八年に作られた東映版『スパイダーマン』(以下『東映スパイダーマン』)は完成度が高い。スーツアクターとしてスパイダーマンを演じたのはJACの古賀弘文だ。当時の東映作品としては異例なことに、第九話からは「スパイダーアクション」として、個人名が単独でクレジットされている。アクション監督は、現在ＪＡＥ（ジャパンアクションエンタープライズ）社長を務める金田治である。変身前は、オタク高校生の「ピーター・パーカー」ではなく日本人のオートレーサー・山城拓也（演・藤堂新二、当時は香山浩介）だった。

現代なら、ビルの壁を登るのも、ビルとビルの間を蜘蛛（くも）の糸を使って飛び移っていくのも、ＣＧ（コンピューターグラフィックス）で容易に表現できる。現に二一世紀の映画のスパイダーマンはＣＧで高層ビル街をすいすいといとも簡単に跳んでいく。しかし、ＣＧがまだなかった一九七〇年代の本作では、基本的にすべてのアクションが古賀の体一つで演じられており、これが驚異的なのだ。

オープニングからして、東京タワーの鉄骨によじ登ってポーズを決めるスパイダーマンから始まる。古賀は「普通に木登りみたいに登っていきました。結構高いところまで行けましたね。命綱？　マット？　ありませんねえ」と笑いながら思い起こす。

さらには、一〇階以上は優にあるビルの外壁に張りついて登っていく。ビルの壁登りは、『東映スパイダーマン』の「お家芸」で、作中でたびたび登場する。こちらはさすがに自力ではなく、スーツ下に縛帯（ばくたい）というものを着用し、胸から出たカラビナに登山用ロープを通して引き上げてもらうのだそうだ。ビルの屋上で滑車に通したロープを引くのは五～六人のＪＡＣの仲間たち。息が合わないとうまく体が移動しないし、引き上げられるスパイダーマンも壁に張りついてよじ登る芝居が必要なので、難易度の高いアクションだという。何より、重力は下に向かっているため、本人と支点の長さが増すほど壁から振り子のように体が離れてしまう。古賀は「だいたい上から一〇メートルの長さが限度でしたね。それを超えると体が浮くから、高い建物のときは（上から）一〇メートルのところに吊ってもらってから登り始めました」と語る。

実は、『東映スパイダーマン』に先立つこと一年前の七七年、アメリカではテレビ版『スパイダーマン』のパイロット版が放送され、翌七八年から『アメイジング・スパイダーマン』（*The Amazing Spider-man*）として連続放送が始まった。それらは後に再編集されて、一部アメリカ国外で劇場公開もされた。時代は同じだからこちらの作品にもCGは使われておらず、スタントマンがスパイダーマンを演じている。このスパイダーマンが、とても、いや、かなり残念なのである。日本版と同じようにビルの外壁を登っていくが、体は外壁より明らかに浮いていて、大きく揺れる。屋上での敵との戦いも、戦いというよりはもみ合いで、日本のヒーローの立ち回りを見慣れた目にはふざけ合っているように写る。スパイダーマンがしゃがんだ姿勢から後ろ足で蹴り上げるキックに至っては、全くヒーローらしくない。アクション以外の芝居はもっぱら変身前のピーター・パーカー（演・ニコラス・ハモンド）で、変身後のスパイダーマンは建物の壁を何度も上下に移動しているだけなのだ。

筆者の底意地の悪い辛口批評とは裏腹に、古賀は「アメリカのスパイダーマンは、すごいと思いました。でも、衣装に合っていただけかもしれませんが、体形は自分の方が勝ったかな、なんて思いましたけれど」と極めて謙虚に語る。アクションだけでなく、人柄もジャパニーズスパイダーマンは優れているのである。

ともあれ、古賀スパイダーマンは、ビルの壁もただ登るだけではない。途中まで登ると、垂直な壁面に手足をつけたままその場で自力でくるりと半回転し、今度は壁を下向きに降りてきて、路上の戦闘員をやっつける。そして、再び登って屋上に着いたら、今度は屋上の縁に沿って横移動までしてみせる。ロープで吊っているとはいえ、本当に蜘蛛のような身軽な動きを見せるのである。劇中、天井に飛びつく場面もよくあるが、これも上からロープで引き上げるだけでなく、タイミングを合わせて古賀がトランポリンを蹴っているそうだ。しかも、こうした古賀のアクションとトリック撮影とを細かいカット割りで撮影し、縦横無尽に組み合わせているから、映像はマジックと驚きに満ちている。

古賀は、六四年の東京オリンピックに触発され高校まで部活動で器械体操をやっていた。だから体が柔らかく、その特性がスパイダーマンには存分に活かされた。演じるにあたってアクション監督の金田からは「人間を忘れろ」と言われたそうだ。両手の指を開いて、広いスタンスで腰を落とした低い構えは実に蜘蛛っぽく、股関節が柔らかい古賀だからこそできたポーズである。ちょっと中腰になり右肩をやや下げた独特

必見！瞬間に凝縮された超絶アクション！――――No.2

設定のおもしろさを生身で具現化する

『スパイダーマン』｜第21話｜「大空に散る父の愛」より

ゲリラ撮影で歌舞伎町のビルの上を駆け抜ける（第23話）など趣向を凝らしたアクション場面が楽しい同作の中でも、必見の一話。前半ではスパイダーマン（演・古賀弘文）が谷間に張られた吊り橋の真裏に張りつき、橋上の敵の目から隠れて移動する。目を凝らしても命綱が見えないのは撮影のマジックか。CMを挟んだ後半では冒頭から敵の戦闘員を川に投げ込み、自分も川に飛び込む涼し気な大立ち回り。川から上がれば、低空飛行のヘリコプターからナパーム弾を撃たれる中を駆け抜け（劇場版を流用）、ヘリからのぶら下がりまで披露する。あげく、走るトロッコ列車の車両から車両へと軽やかに跳び移りながら敵を倒していく。ヒーローアクションがさく裂するだけでなく、父子の愛もしっかり描かれた佳作だ。

な「スパイダー走り」も「金田さんの指示通りにやっただけ」と古賀は控えめだが、相当な筋力を必要としたはずだ。屋上の柵の上（！）に立ったり、幅の狭い塀の上を駆け抜けたり、ナパーム爆破（ガソリンなどを使う、大きな爆炎を上げる爆発表現）の中を走って、低空を飛んでくるヘリコプターにぶら下がったりと、全四一話すべてが見ごたえあるアクションのオンパレードだ。

中でも古賀が大変だったと記憶しているのは、第一一話「モンスター教授のウルトラ毒殺」の吊り橋でのアクションだ。ゆらゆら揺れる高い吊り橋の上の鉄骨を登ったり橋の裏側を這って進んだりする動きもすごいが、出色なのは吊り橋の下にロープを下げてターザンのように滑空していく場面である。勢いをつけないときれいな弧を描いて滑空できないため、鉄骨にぶら下がり、勢いをつけて跳び出した。「高いところは怖くないしターザンもうまくいった。だけど勢いが良過ぎて、正面の森の張り出していた大きな木の中に突っ込みましてね。体中に木の枝が刺さって血だらけになりました」と古賀は苦笑する。全身タイツのスパイダーマンのスーツの下にサポーターなどの防具は一切つけていなかった。無敵のスパイダーマンが、小枝にやられてしまったというわけである。

面も布地だったため、アクションをしていると息で濡れて張りついた。「劇場版では海で泳ぎましたが、顔にぺったりくっついて苦しかったなあ」と古賀は振り返る。

スタントマン志向だったため、芝居は苦手だったという古賀。しかし、スパイダーマンには、スーツ姿のまま悪人を説教したり、子供を諭したりする場面も多かった。「最初は台詞を言うのが嫌で。そこでリハーサルから面をつけるようにした。そうしたら、意外と平気で芝居ができた。僕にとっても、あれは魔法の面でした」と懐かしそうに語る。

『東映スパイダーマン』について原作者のスタン・リー*が語る珍しい映像が、二〇〇五年に発売されたＤＶＤボックスの特典として残っている。スタン・リーは一九七七年のアメリカの『スパイダーマン』を「日本版と比べて派手さはなく現実的だった」と分析し「アメリカと日本のスパイダーマンの共通点はロープを使ってビルを登ったところ。両方ともＣＧなど利用していなかった」と語る。そのうえで、『東映スパイダーマン』のアクションについて「変身後に見せた蜘蛛のような動きがすごく良かった。アクションはワンダフルだ。合成映像でないところがとてもいい。実際に体を張っている。（中略）本当に良くできている」と手放しでほめている。特に「スパイダーマンがジャンプして六人から八人を敵の攻撃をかわすのがとてもいい（後略）」と、日本独自の戦闘員を使う殺陣に着目しているあたり、敵（ではないが）ながらあっぱれ、といったところか。

『スパイダーマン』後、ほどなくＪＡＣを辞めた古賀は、スパイダーマンを演じた七八年を「特別で、濃い一年だった」と振り返る。その古賀が演じたスパイダーマンが時を超え、国境を越え、技術が進んだ二一世紀でもなお、人の心を揺さぶる。結局、どんなに技術が発展しても、人の肉体こそが最も雄弁なのではないか、そんな感想さえ抱かせる古賀スパイダーマンなのである。

スーツアクターによるヒーロー芝居、面芝居は日本が世界に誇る、そして世界広しといえど、右に出る者のいない唯一無二のスゴ技なのだ。日本独自の発展を遂げてきたこの文化を途絶えさせず、守り抜いていくべきではないだろうか。

interview

大瀬康一

Kouichi Ôse

日本特撮史上に燦然と輝く人気特撮ドラマ『月光仮面』（一九五八年）。主人公の祝十郎（いわい・じゅうろう）と、変装後の月光仮面の両方を演じた大瀬は、元祖・等身大スーツアクターでもある。大瀬にヒーローを演じた日々を語ってもらった。

——『月光仮面』の仕事が決まった経緯を教えてください。

大瀬　当時、東映の大部屋におりました。ちょうど*高倉健さんとかが入ってきた時期で、このままでは（役者として）ダメだなあ、と思い始めていた。オーディションがあるから絶対に行けと知人に聞かされて宣弘社に行ったところ、*西村俊一プロデューサーと*船床定男監督に*川内（康範）さんのところに連れていかれ、「大瀬に決めました」と言われた。芸名も本名の一鑁から、川内さんの「康」をいただき「康一」になったのです。

——それ以前も危険なアクションの吹き替えはなさっていましたね。

大瀬　一日に何百円ももらえるからね。そのうえ危険手当としてスターさんが心付をくれる。遊びたいし飲みたい盛りだから、手を挙げてやるわけです。若いから恐怖感がないんです。その経験があったから月光でもアクションができたと思います。

——「月光仮面」に決まったときの心境は？

大瀬　ピンと来なかったんですよ。だってどんなものかわからないでしょ？　そもそも映画には出ているけれど、テレビというもの自体がよくわかっていなかった。

　映画の現場とは何もかも異なっていたけれど、お金が一本七〇〇〇円と言われましてね。下世話な話だけれど、一か月分ではすごい金額になるのです。一万円札が発行されたのが昭和三三年。あのとき内心「一万円札は俺のために出てきた」と思ったくらい嬉しかった。

——毎日何時間くらい撮影していましたか？

大瀬　朝は五時か六時集合で、夜も撮影かアフレコでスタジオに缶詰です。ほかの役者は変わるけれ

おおせ こういち　1937年、神奈川県生まれ。東映東京撮影所の大部屋俳優時代、『月光仮面』の祝十郎役に抜擢される。月光仮面と二役を演じた。(2022年4月撮影)

ど、俺は入りっぱなし。だから本当に大変で遊ぶ暇などなかったです。

それでも休みのときは銀座に行って好きなものをなんでも買えました。亡くなった宣弘社の小林*（利雄社長・当時）さんに料亭に連れて行ってもらったり、ナイトクラブに行ったり。でも、翌日はまた仕事でしょう？　長い台詞があると大変なんです。一生懸命覚えましたが、次第に慣れてくると、月光の覆面をしているときにはマスクの下で「フッフッ」と息を吐くと喋っているように見えるから、そうやって（笑）。相手役の俳優さんには「だいたい何秒くらいフッフッとしたら次、喋ってください」という大変無礼な仕事もしたことを告白しておきます。人気が出て三〇分番組になってから（第二部以降）は本当に大変でしたよ。

――役作りはどのように？

大瀬　もうねえ、役作りなんてそんな余裕がないんですよ。四～五冊の台本（ホン）を並行して撮影するから、何を撮影しているか理解しているのは監督だけ。何話のシーンでどの役者の演技とつながっているかなんてわからないんです。

――しかも二役やっているわけですよね。

大瀬　月光をやって祝十郎をやって……。祝十郎を演じてから月光をやる場合はヘアスタイルも気にしないでいいんですが、逆は大変です。両方を交互にやることもあり、これは辛かった。

人気が出てくると現場にも人が集まる。月光から祝十郎に着替えるにも場所がないんです。バスの横で着替えていると「やっぱり月光仮面は祝十郎じゃないか」と笑われる。仕方ないけれど、恥ずかしかったですね。

――大瀬さんは月光仮面は「変身」ではなく「変装」だとよく言われますね。

大瀬　そう。僕の月光仮面は「変装」で、ほかのヒーローものは皆「変身」です。その違いにはこだわりたいんだよなあ。『月光仮面』のあと、『仮面ライダー』とか『ウルトラマン』などの変身ものが大ヒットして版権ビジネスで利益を上げたでしょう。でも宣弘社はやっていなくて、当時はお面とか羽子板にも「はいどうぞ」と月光仮面を無料で使わせていた。そこがビジネスとしてはちょっともったいなかったし、悔しいという思いがずっとあって。だから「同じヒーローでも俺は変装だよ！　変身とは違うんだよ」とこだわりたい（笑）。

――月光仮面は「おじさん」と呼ばれます。当時二一歳の若さで「おじさん」と言われることに抵抗はありましたか？

大瀬　もうね。売れればいいんです。役者は出演しているドラマが売れてくれさえすればいい。売れさえすれば、おじさんでも、おじいさんと言われても抵抗ないですね（笑）。それに、僕は『鞍馬天狗』もやりましたけれど、鞍馬天狗も「おじさん」と呼ばれていますよね。

――祝十郎と月光仮面の演じ分けはありましたか？

大瀬　ないですね。「おじさん」というか、自分の実年齢よりは上の三〇代の探偵らしさは出そうとしましたが、台本を読んで（話の大筋は）理解していても今撮っているのがどこだかわからないんだから。ある意味、監督の人形でしたよ。でも、人形に徹して素直に演じたのがよかったのかもしれません。理屈っぽい役者だったら「なぜここから出るのか」「こんな出方があるんですか」とか言ってしまって月光仮面はできなかったでしょう。

――『月光仮面』のタイトルバックでは、ほぼ全話、月光仮面は「？」になっています。名前を出してほしいということは？

大瀬　ないです。祝十郎役でクレジットされているからそれでいいんです。あ、ただ、二役ってお金は二倍にならないんだな、とは思ったかな（笑）。『月光仮面』が当たった嬉しさの方が大きかったですね。あの番組で世の中に出て、名前が全国区になれたことが嬉しかったです。

――警視庁や自衛隊の朝霞駐屯地でのロケもありましたね。

大瀬　警視庁の屋上で月光仮面とどくろ仮面でピストルの撃ち合いをやりました。今では看板を撮るのだってうるさいのに、よく貸してくれたものです。朝霞でも隊長が出てきて撮影のために動いてくれた。「本当にこんなことをやっていいの？」みたいなことが平気でやれた。本当に良き時代でした。

――塀や屋根の上に登場する場面が多いですが命綱やマットは……。

大瀬　基本的にマットはないです。毛布を二枚くらい重ねたものをスタッフが持ち、そこに飛び降りるというのはありましたね。「手を離すなよ！」とか言ってね。

――トランポリンは？

大瀬　そんな近代的なものないですよ（笑）。

――擬音もスタジオで入れられていたとか？

大瀬　そうです。台詞だけじゃなく、自動車のドアの音や足音も一緒に録るんです。殴る音も全部自分たちでやりました。擬音担当の助手には後の若松*（孝二）監督もいた。僕たちが台詞を話す傍らで効果音を入れるから狭いスタジオでほこりがたって大変でした。よく体を悪くしなかったなと思います。

――二丁拳銃の決めポーズは？

大瀬　なんとなく正義の味方はこんな感じかなと自分なりに考えました。昔の洋画の二丁拳銃の構え方も頭の中にあったと思います。

むしろ苦労したのはマント捌きですね。自分ではうまくいったと思っても、撮られるアングルによっては全然イメージと違って写るので、なかなか難しかったです。

――拳銃を持っていてもそれでやっつけるより、悪人を諭したり、話し合ったりする場面が多かった気がします。

大瀬　あれは川内さんの哲学ですよね。あの人はどくろ仮面みたいな顔をしていて（笑）、詩人だった。さらに仏教思想とかも入ってくる。ドラマには川内さんの色が出ていますね。「殺しちゃいかん」というのが川内さんの根底にあったんでしょう。詩人だから、言葉遣いも汚くなかった。

僕はこれまでも色々な取材でお話ししていますが、大瀬康一を生んだのは川内康範、育ての親は宣弘社と思って感謝しています。

――月光仮面の人気というのは、いつ頃実感されましたか?

大瀬 初めは、週刊誌の取材で、日曜日の銀座で靴磨きに靴を磨いてもらっている場面を取材してもらったとき。通りかかった人が皆、口々に「あ! 祝十郎の大瀬康一だ!」と叫ぶんです。家族連れが結構多くてね。そのとき、「見ている人がいるんだ」と実感しました。その後、ちょっとしたアイドルみたいに扱われるようになって、そうこうするうちにばーっと人気の波が来た。川内さんが「お前も良かったな」と言ってきたので「オヤジだって良かったでしょ」と返しました。

――その後、子供番組を蔑む「ジャリ番」という言葉が出てくるわけですが、当時も子供番組を下に見る感じはありましたか?

大瀬 ありましたね。まずテレビに対して映画の人は下に見ていた。テレビ映画のことは「あんなおもちゃみたいなカメラで……」と言われてしまう。初めは嫌な思いばかりしていましたよ。でも「視聴率が上がってきた」と聞くともう「今に見てろ。これからは映画の時代じゃないぞ」と思えるようになった。

もっとも、どこかで映画をもう一回やりたいという思いはあったんです。続けて『豹の眼』(五九年)に出演したときの条件で「これが終わったら映画をやらせてください」と言って、大映で映画に出ました。でもまた呼び戻されて今度は『隠密剣士』(六二年)の主演話がきた。「えー」とは思いました。でも育ての親の宣弘社に言われたら出なきゃ、と。でもそれがまた当たったから、たぶん僕は運がいいんです。

――今でも「月光仮面の」という枕言葉が名前の前につくことに抵抗はないですか?

大瀬 ないです。「『月光仮面』の大瀬さん」とか、「『隠密剣士』の大瀬さん」と言われて素直に「はいそうです」と返せます。テレビではほかにも色々やらせていただいたけれど、これほど大ヒットして残ったのはこの二本だけ。むしろ感謝しています。

――月光仮面を演じるうえで、私生活で注意していたことはありますか？

大瀬　泥酔したり、他人様に迷惑をかけたりすることは絶対にしてはいけないと思っていました。そんなことをして活字になったら正義の味方は終わりだとずっと思っていました。だから、誰と銀座で飲んでいても、酒に飲まれないように気をつけていました。今の方がもっと大変かもしれませんね。当時はスマホもSNSもなかったから。

――『月光仮面』は二〇二三年が六五周年です。これだけ長きにわたって愛されているのはなぜだと思われますか？

大瀬　素朴だからでしょう。話も映像も、役者の芝居も。ややこしくないじゃないですか。そして僕も素直に演じていた。ここまでくると「風化しないでもう少し『月光』も『隠密』も頑張って」という気持ちがあります。まだ俺も元気だから、もう少し小さな花でも咲かせたいからちょっと待っていて、みたいな気持ちです。

――月光仮面を演じた時代をどう見ますか？

大瀬　日本もようやく戦後から抜けて上り坂に入るよ、というところ。すごく豊かではないけれど食べることはできる、という時代。東京タワーの前で撮影したときも土台がやっとできたくらいでした。現在の住まいから東京タワーが見えるので、周辺をウォーキングしていて、東京タワーに「お前も頑張っているな。俺も頑張っているぞ」と声をかけています。同志みたいなものです。

『月光仮面』は確かに紙芝居で、おもちゃみたいなものだけれど、そのとき関わっている人たちは精一杯やっていた。一生懸命やっていることは画面に出る。だから、ちゃちでもそれなりの迫力があると思う。それを子供たちは見てくれたと思うし、それが積み重なってヒットしたと思います。日本映画もそうだし、スポーツもそうだけれど、始めはなかなか思い通りにうまくはいかないものなんですよね。

――月光仮面は今、どこで何をしていると思いますか？

大瀬　良い質問ですね。おそらく隠遁生活しているんじゃないかな。それでもまだ何かもうちょっとやりたい、何かを成し遂げないといけないと思っているんじゃないかな。

interview

古谷敏

Bin Furuya

一九六六年、初代ウルトラマンを演じた古谷。宇宙から来た超人は古谷に息を吹き込まれ、日本を代表するパーマネントヒーローとなった。今もウルトラマンであり続ける古谷氏に思いを語ってもらった。

――ウルトラマンのスーツアクターに決まったときは、抵抗感があったそうですね。

古谷　俳優としてあり得ないと思いました。というのも、全国からすごい倍率を勝ち抜き、東宝映画の一五期ニューフェイスに合格したばかり。一期が三船敏郎さんで、六期が宝田明さん。スターを夢見る子供たちにとっては憧れの道ですよ。「映画スターになれる！　宝田明さんを目指して頑張るんだ」と思っていたところでしたから。

最初に来たのが『ウルトラQ』（六六年）のケムール人の役でした。「すごく良い役だから」と言われて衣装合わせに行ったらぬいぐるみだった。抵抗したけれど東宝専属俳優だから社員として断れず、一回きりということで入りました。次には海底原人ラゴンの役が来て、これも断れず……。中に入りました。

しばらくして、同期が「敏ちゃん、主役だよ！」と飛んできた。「何の主役だろう？　相手役の女の子は誰？　監督は？」と色々考えた。ところが、またぬいぐるみだという。「『ウルトラマン』という作品で敏ちゃんにしかできないデザインだ」と言われました。「ええ？　また？」と思ったんですが、（デザインの）成田（亨）さんと（脚本の）金城（哲夫）さんが「どうしても古谷くんに」と三顧の礼で頼んできた。

頼まれて嫌な気はしないけれど葛藤がある。「顔が出ないのは俳優じゃない」と思う自分と「これから映画はテレビに負けるかもしれない。顔は出なくても、画面が小さくても毎週出られる」と思うもう一人の自分の声が聞こえるんです。悩んでいたところ、信頼する「おばあば（祖母）」が「そんなに人から求められているのならやりなさいよ」と言った。その言葉に背中を押されて、やることを決めました。

――当時、ぬいぐるみの中に入るというのは今よりイメージがよくなかった？

古谷　たとえば歌舞伎座では「馬の脚」といったら下の下の下の役で、誰でもできるものとされていた。もちろん、役者の階級としても下の下の下です。そういう思想が歌舞伎から映画界に入ってきていたんですよ。だから、映画でも「ぬいぐるみの役者なんて、あれはダメだよ」という評価しかなかった。そこに風穴をあけたのが『ゴジラ』を演じた名優、中島春雄さん[*]。ぬいぐるみというのはこう演じるんだ、というのを中島さんが見せてから、若干評価が変わりつつはあった。円谷英二さんの、日本特撮の黎明期ですよね。とはいえ、中島さんは僕の役者としての先輩にあたりますが、その中島さんからも「ぬいぐるみは大変だぞ。あれは俳優がやるもんじゃない」と聞かされていたのでね。

ふるや びん　1943年、東京都生まれ。東宝撮影所に第15期ニューフェイスで入社。八頭身の長身を見込まれ、ウルトラマン役に抜擢。(2023年3月撮影)

――ギャラ的には恵まれていたのでしょうか？

古谷　いえ、東宝の社員ですから東宝の月給です。映画やテレビに出ると一本いくら、と料金が加算されますが、月給と一緒なのでどこまでがウルトラマンのお金かわからなかったです。ガソリンや水を使った危険な撮影も色々とありましたが、危険手当はなかったですね。

――初めてウルトラマンの中に入った瞬間の気持ちは？

古谷　苦しかった（笑）。二〜三分で息が上がるくらい苦しい。鼻呼吸も皮膚呼吸もできない。「これは無理だ」と思いました。

interview Bin Furuya

こんな衣装は初めてだから、誰も皮膚呼吸や汗についで考えていない。マスクも二番目に来たマスクは口元があいていなくて、唇のところを切ってもらってそこから空気を入れました。目も何ミリかの穴があるだけです。

やはり、ぬいぐるみには特殊な能力の人しか入れないな、と痛感しました。でも、周りから「敏ちゃんしかいない」と言われるし、撮影も迫っている。今、撮影しないと放映できないという切羽詰まった状況の中で、僕の役者根性が奮い立ちました。俳優として皆に迷惑をかけてはいけない、とね。何しろ現場にはカメラマンから照明部から一〇〇人を超える人がいて、その人たちに僕一人のことで迷惑をかけるなんて、いけないことだと思いました。だから一生懸命やろう、と奮い立つんですが、体が言うことを聞かないんですよ。

――となると、三分しか戦えないことを示すカラータイマーは、もしかしたら古谷さんのためにあったとも言えますか？

古谷　（高価な）フィルムのためでもありましたね（笑）。まだ多くの人が白黒テレビを見ていた時代だから、カラータイマーが見られない人も多かった。当時はまだ皆貧乏ですから、あの頃カラーテレビを持っている人なんてお大尽様ですよ（笑）。

――だから、あえて「カラータイマーが青から赤に変わった」とナレーションが流れる……。

古谷　そうそう。そしてなぜか点滅する。最初は点滅しなかったんですが、それではわからないということで点滅させることになったんです。それから、三分というのは人間が一番感情を入れられる時間なんです。それ以上たつと飽きてしまうそうです。だから、ボクシングの試合も三分なんですよ。ラーメンも三分だしね（笑）。だけど、中に入っていると、その三分が長いんですよ。

――古谷さんの構えは腰が引けていて独特でしたね。

古谷　要するに、ちょっと怖がっている感じなんですよね。『ウルトラマン』ではこちらから攻撃していくのを一切やめる、ということを示しているんです。それで「相手が攻撃してきたら、仕方ないからやるか」という考え方です。それが僕が考えたウルトラマンなんです。

今はそういうのが希薄ですね。『ウルトラマン』も『戦隊』ものも「皆で敵をやっつけるのが正義だ」ということばかり強調されている気がする。何人も束になってひとりの怪獣をやっつけるのは、団結というより「イジメだろ？」と僕は思ってしまいます。

——ウルトラマンは確かに好戦的ではないですね。

古谷　途中で怪獣を倒し続けるのが辛くなり、金城さんに相談したこともあります。「人間に危害を与えない怪獣は殺さず、そのまま宇宙に返してあげませんか」とね。そこからヒドラやウー、シーボーズが出てきた。

——怪獣だから倒すのではなく、怪獣が悪さをするから倒すということですね。

古谷　そうです。そういう台本もできてきて、僕も作品にのめり込んだ。そして面をつけていても素顔で演技しているのと同じだ、という思いに至りました。その頃、同期の女性に「最近のウルトラマンは仮面じゃなくて古谷ちゃんの顔になってきたよ」と言われました。「これで良かったんだ」と嬉しかったですね。

とはいえ、最初の頃は精神的にも肉体的にも辛くて1クール（三か月）で辞めるつもりでした。でも、辞めると言いに円谷プロに向かうバスの中で、子供たちが夢中でウルトラマンの話をしていた。目を輝かせる姿を見て、続けることを決意しました。本当に、子供たちに助けられたわけです。そして今や僕の人生の半分以上をウルトラマンが占めています。

それでも、やっぱりウルトラマンの中は辛かったんですよ（笑）

——中にいるのは一五分が限界だったとか？

古谷　我慢すれば、ですね。

——アクションは得意ではなかった？

古谷　そもそも僕はメロドラマ志向で、アクションができないというのがこの仕事をお断りする一番良い口実だった。でも「そういうのは特撮でやるから立っているだけでいい」と言われました。

——嘘ばっかり、ですね（笑）。

古谷　「でんぐり返しもしなくていい。それが特撮だから」と、本当に嘘ばっかりでした。

——アクションは何を参考にされましたか？

古谷　ふと思い出したのが、大好きなプロレスラーの力道山*が、外国人レスラーにコテンパンにやられて、最後に空手チョップをする姿です。やられまくって最後に必殺技のスペシウム光線を出す。これでいこうと思いました。

――力道山をお手本に？

古谷　構えは『理由なき反抗』（*Rebel Without a Cause*　監督・ニコラス・レイ*　一九五五年／日本公開五六年）のジェームズ・ディーン*からいただき、力道山の空手チョップからスペシウム光線ができたんです。中島春雄さん演じるガボラとかに最初はボコボコにやられる。子供たちの声に助けられて、最終的にスペシウム光線で倒す、という、まさに力道山スタイルです。

――最終回ではゾフィーも演じられました。

古谷　誰も入る人がいないというので。「ウルトラマンを助けに来たM78星雲の人だから、全然違うふうに演じないといけない」と思い、手の動きや頷き方もウルトラマンとは変えました。撮影する側は、俺が中に入るということだけ決めていて、演技をどうするかとか、ゾフィーがどんな人かまでは全然考えていないわけですよ。でもこちらはそういうわけにはいかない。ウルトラマンが死んでいるのを見ながら台詞を言うのは、「俺が死んでいるのに、なんで俺が喋っているんだろう」と複雑な心境でしたね（笑）。

　それに、ゾフィーの面は目の穴をあけてくれていないんです。だから助監督が「敏ちゃん、こっち！」と叫ぶ声の方を向いて、音を出してくれる方を見て台詞を話した。ウルトラマンもゾフィーも結構台詞が長いから大変なんですよ。

　だいぶ時が経ってから、当時の子供たちに「実は僕が入っていた」と明かしましたが、皆「だってウルトラマンは寝ていたじゃん！」と言って信用してくれませんでした（笑）。

――ウルトラマンをやって良かったと思いますか？

古谷　もちろんです。あのとき背中を押してくれた人たちには感謝しています。そして一番感謝しているのは、当時見てくれた子供たちに対してですね。

　もし最初の希望通り、メロドラマに行っていたら今の古谷敏はなかった。当時のスターの宝田さんのことを僕らは知っているけれど、今の若い人はわからない。でもウルトラマンの古谷敏ならどの世代でも通じます。これはすごいことです。アメリカにもサイン会やトークショーに呼ばれてよく行きます。アメリカでもファンが涙を流して握手を求めてくる。「『ウルトラマン』で正義を教わった」「僕はいじめを『ウルトラマン』を見て克服した」と言ってくれる。

——ウルトラマンを演じたからこそ出会えた人たちですね。

古谷　普通の俳優だったら、もう消えていて名前も残りません。『ウルトラマン』や『仮面ライダー』はすごいと思いますね。

——「スーツアクター」という言葉には抵抗がありますか？

古谷　違和感ないですね。ただ、アメリカではスーツアクターと言ってもまだ通じない。向こうではスーツパフォーマーと表現します。でも、僕は日本でできたスーツアクターという言葉の方が素晴らしい言葉だと思います。だから、若い人が海外に行って「スーツアクターです」と言ったときに通じるようにしていきたい。そんな思いもあって、今年の七月で八〇歳になりますが、飛行機に乗って海外に行き、特撮という日本の文化を知らせる活動を続けています。

——日本ではまだスーツアクターの地位は低いですね。

古谷　アメリカでは顔が出ようが出まいが、ヒーローそのものを演じた人、としてちゃんと評価してくれます。日本ではいまだに「影」とか「中」とか言われる……。おかしな話ですよね。

ウルトラマンは決して（ハヤタ隊員役の）黒部（進）さんがやったのではなくて、古谷敏が演じたんです。僕と桜井浩子さんと黒部さんと三人でロサンゼルスにサイン会に行ったときも僕の列が俳優さんより長かった。それは僕が『ウルトラマン』の主役だからです。

アニメが声優の名前をちゃんと表に出すように、スーツアクターの地位を職業として正当に認められるところまで上げていきたい。そして、若い人には大きな夢を持ってスーツアクターを目指してほしい。スーツアクターは子供に夢を与える仕事だということを伝えていきたいです。

interview

藤岡弘、

Hiroshi Fujioka

この人を前にすると、自然と背筋が伸びる。仮面ライダー1号・本郷猛を演じた藤岡弘、は、筆者らの世代にとっては憧れを超え、人生の師のような存在だ。初期にはライダーのスーツアクターも務めた藤岡に、当時の経験や大野剣友会への思いを語ってもらった。

──『仮面ライダー』（一九七一年）の初期にスーツアクターも務められました。どんな感覚でしたか？

藤岡　想像を絶する不自由さでした。視界は悪いし、視覚に限らず聴覚などあらゆる感覚が遮断されてしまう。面が馴染まずゴツゴツ当たるから頭が痛く、汗をかくとレザーのスーツが体を締めつける。そんな状態で、あれほどのアクションを要求されるとは思わなかったので動揺しました。ものすごいプレッシャーがかかる中、「やらねばならない」という強い気持ちだけで立ち向かっていました。

──ブーツも硬そうでしたね。

藤岡　硬いし滑るんです。格闘用に作られていなくてデザイン重視だったから踏みしめられない。面も視界が悪いだけではなく、口元がプラスチックで覆われていたから息が苦しかった。おまけに自分の呼吸で目の部分のプラスチックが曇ってしまう。格闘すればするほど曇って見えなくなるので、スタッフに頼み、網目状に変更してもらいました。

そもそも面をかぶると感覚が鈍る恐怖で、何も見えなくなるんですよ。そして、見えないから余計に恐怖心が募る。今振り返ると、周りの状況も読めないまま必死に動いているだけでした。

──蜘蛛男（くもおとこ）とは崖っぷちで戦っています。

藤岡　恐怖でした。あんなことをよくやったなと思う。でも、新人だし初めての現場だし、言いたいことがあっても言える状況ではない。面の不具合などは少しずつ改良してもらい、だんだん良くなってはいきましたが。

──スーツの中は孤独だと聞きます。

藤岡　そうなんだよ。ひとりぼっちで信じられるのが自分しかいない。孤独の中で不安が大きくなってくると動けなくなってしまう。だから、まずは自分の気持ちと戦って己に勝つことが必要でした。

——大野剣友会の皆さんはどう見えていましたか？

藤岡　彼らは猛訓練をして五感を研ぎ澄ませ、身体機能を鍛え上げていたから、仮面をかぶっても超人的な動きができていた。普通の人なら面をかぶったら普通に歩くこともできないよ。彼らはセンサーを体中に搭載しているようなもの。だからあれだけの動きができたのです。

僕も大野剣友会に初歩の訓練を受けに行きました。皆優しい男たちでね。何より親分である*大野幸太郎さんの見識と存在感には憧れました。戦場の武将のような貫禄があり、大野さんの一言で皆がピシッとなる。ああいう人に育てられたからこそ、あれだけのスタントマンが育ち、アクションの難題もこなしてこられたのでしょう。

——助けられたことも多かった？

藤岡　大野さんが「お前たちは藤岡さんを守るんだ。それがお前たちの役割だ。何があっても藤岡さんを支えろ」とメンバーに命じていたと聞いています。だから、未熟な僕を守りながら戦ってくれました。僕が間合いを取れないときには彼らが黙って間合いを取ってくれたし、「ここまで行ったら当たっちゃうな」と思った瞬間にパッと身を引いてくれる。見事なチームワークでした。鍛え上げられた彼らがいたからこそアクションが成立していました。

——藤岡さんはいつも「一番の功労者は大野剣友会

ふじおか ひろし　1946年、愛媛県生まれ。65年、松竹映画でデビュー、主演多数。1971年、『仮面ライダー』本郷猛役で一躍ヒーローに。（2023年3月撮影）

だ」とおっしゃいますね。

藤岡　彼らあっての僕の存在だということ、彼らが陰になり日向になって支えてくれなければ『仮面ライダー』はやれなかったという思いが常にあります。大野先生はもちろん高橋一俊（かずとし）*さんにも大変お世話になりました。現場で失敗しても、僕に対しては怒らないんです。本当は僕が悪いのに、高橋さんらが怒鳴りつける相手は剣友会の人たちだった。「自分のために怒られて申し訳ない」と胸にずしんと響きましたね。

――藤岡さんはバイクアクションも自ら担当されていて、第一〇話を撮影中に不慮のバイク事故で左足複雑骨折などの大怪我を負われました。その後、九死に一生を得て復帰した際には、変身後のライダーは大野剣友会が演じる体制になっていました。

藤岡　自分がスタントマンもやっていた頃とはだいぶ変わりました。周りも私の事故から色々学習してくれたのだと思います。僕は、あの事故は起こるべくして起きたというか、天の警告だったような気がしているのです。少し何かが違っていたら、即死ですよ。たまたま武道をやっていたことで受け身を取ることができて、首の骨を折らなかったのです。面をつけてのアクションもバイクも、訓練を積んだ者じゃないと、演じるのは難しいのだと痛感しました。あのまま僕がスタントマンもやる体制で撮影が進んでいたら、いずれ死人が出ていたかもしれません。皆があの事故から学んだからこそ、今も『仮面ライダーシリーズ』が続いているのではないか、と思うことすらあります。

――特殊技能が求められる面をつけてのアクションは専門家が行うのが正解のような気がします。

藤岡　正解ですよ。僕の場合、当時は新人でしょう。まだ芝居にも余裕がない。精神的なプレッシャーは大きい。そのうえ体を酷使して肉体的な限界に直面する。未熟といえばそれまでですが、芝居とアクション両方を全力でやるというのは……よほど卓越した人じゃないと難しいですよね。当時はあらゆるものが僕に圧（お）し掛（か）かっていたから、その中の一つが取れたことにはホッとしました。特に事故の後、復帰したときには衰弱して一〇キロ以上痩せていましたから。

――第四〇話の桜島ロケ編で復帰されたときです

ね。

藤岡　足が骨と皮になっていて力が入らないんです。体のバランスが取れないし、少し動いただけで疲れてしまう。さらに、復帰後の撮影で二輪に最初に乗ったときの恐怖といったら……。だって事故を起こして死にかかった奴に、もう一回乗るんですよ。バイクに跨り（またがり）エンジンをかけた瞬間、頭が真っ白になりました。

あのときは足にまだ鉄の棒が入ったままで、医者には「絶対に無茶をするな。動いて棒が曲がったら一生抜けなくなる」と言われていました。撮影が終わってホテルに戻り、ズボンを脱いだら足の傷口から血が流れ、鉄の棒が突き出ていた。「これはまずい」と思ったけれどガムテープを巻いて撮影を続けました。幸い、後日医者に行ったら棒は曲がっていなかった。

――奇跡ですね。

藤岡　本当に。「神様、ありがとう」という思いで感謝しましたよ。嫌な事故でしたが、ある意味では良かったのです。もし何もかも順風満帆だったら、思い上がって天狗状態になっていたかも。その後どうなっていたか……。

――もしかしたら「大野剣友会が功労者だ」という言葉も出なかったかもしれませんね。

藤岡　そうかもしれません（笑）。皆に守られてやっていたら、それが当たり前になってしまいますから。人間ってそういうものですよ。人の痛みや悲しみ、苦しみがわからない傲慢で自己中心的な男になっていたかもしれない。これは私の推測ですが。

番組を支えた真の英雄は大野剣友会の彼らだと思います。むしろ、仮面ライダーの僕がショッカーに守られていた。守られたからあそこまで戦えた。一生彼らのことは忘れないですね。中屋敷（鉄也、現・哲也）さんとか、皆には感謝の気持ちしかありません。

――しかし、日本ではなかなかスーツアクターの功績に光が当たりません。

藤岡　大野剣友会の彼らは仮面をかぶって、命がけで演じてくれた。スーツだって（戦闘員は）タイツですよ。一歩間違えば、大きな石に当たって大怪我をするような場所で転がり回っている。防具もつけず、泣き言一つ言わずに耐えている。彼らが命がけで演じてくれたから『仮面ライダー』という番組は成功した。それをわかってもらえないとしたら悔しいですね。

人間一人の力なんて吹けば飛ぶようなもの。多くの人の支えがあるから、人は何かを成し遂げられる。僕はよく歴史書を読みますが、見えないところで苦労して表の誰かを支えた影の功労者こそが歴史を作っているのです。

影で支えた人たちに対して日本のシステムがあまりに冷たいと感じています。彼らのような立場の人にこそ、相応の待遇をすべきです。これからの日本の課題ですね!! 粗末に扱うなんて、信じられないことですよ。

——影の功労者を邪険に扱う風潮は今の日本社会とも通じるものがあるような気がします。

藤岡 理性と知性だけの、いわゆる西洋的な理論や、合理主義の影響が強過ぎるからだと僕は思う。かつての日本民族はそうではありませんでした。思いやりや労り、感謝などの「気持ち」を大事にした。今の社会にあるのは理性と知性だけで、感性、すなわち思いやり、心、気持ち、精神が劣化し、失われている。でも、ダイナミックに湧き上がる感情や心情や思いがなかったら、未来への夢も希望も愛も勇気も感動も湧いてこない。クールな知性と理性だけでは人間の未来は開けませんよ。つまり感動がない!! 心がない!! 未来もない!!

——今はアクションもCGで表現できますが、『仮面ライダー』のアナログなアクションの魅力は色あせません。

藤岡 人間の本質をそこに見るからですよ。全部がCGの作品では、CGだとわかった瞬間にしらけてしまう。スタントマンが自ら体を張って、自分の可能性を信じて戦う姿。彼らの様々な思いが背中から発散されているから人の心を打つ、感動がある、その姿が人の心を揺り動かす。今の時代は、そういうものが欠落していると思います。

——藤岡さんが主演し、剣劇集団の大野剣友会が参加したことで、『仮面ライダー』には時代劇や武士道の精神が滲み、その後の日本のヒーローにも影響した気がしています。

藤岡 仮面ライダーは世界を滅ぼそうとする強敵に対し、自己犠牲の精神を持って戦う侍、言わば「サムライダー（侍ライダー）」でした。変身ポーズや戦い方にも、自分が幼い頃から学んできた武道の精神、侍スピリッツが集約されています。敵を容赦なく倒して喜ぶのではなく、敗者にも哀れみの心をもって戦う許しの美学、惻隠の情。「未来の者たちのために己の身を犠牲にして戦う」という侍、犠牲的精神で戦う存在なのです。これが日本のヒーロー、僕はそう思って演じてきました。

　そういう背景があって誕生した仮面ライダーや日本のヒーローたちは、アクション一つ取ってもとことん打ちのめす「西洋流」とは違うはずです。日本のアクションを若い殺陣師には学んでほしいし、培ったものを次世代に伝える指導者も出てきてほしい。誇りを持って進んでいけば、日本独自の精神を背負ったアクションは、世界に打ち出せる力になるはずです。

――仮面ライダーは五〇年を超えて愛されるヒーローになりました。

藤岡　ヒーローを演じられて良かったと思っています。ライダーを演じたことで自分を律する気持ちがより強まりました。ヒーローを演じた者は人を裏切ったり失望させたりしてはいけないし、子供たちの夢を壊すようなことをしてはいけない。その思いが僕を支えてくれました。辛いこともあったけれど、無駄なことは何一つなく、失敗ですら自分の糧になった。だから、今は感謝しかないです。今の自分が存在しているのは、（東映プロデューサーの）平山*（亨）先生や石ノ森章太郎*先生、ともに歩んだ大野剣友会の仲間たち、出会ったすべての方のお陰です。多くの方が亡くなりましたが「あの方たちの分まで頑張らねば」「命ある限りできることをやらなきゃ」という思いが、七七歳の私の今の気力のもとになっています。

　自分を律し、毎日筋力トレーニングや武道の稽古を欠かさずに行う。本は何でも読むし、情報を吸収することも怠らない。新聞も毎日四紙読んで、学ぶことも忘れません。心臓が止まる瞬間までは、自分の使命や責任を果たさないといけないと思って精進しています。未来を背負う全世界の子供たちに何を残し、委ね、何を託すのかを真剣に考えながら未来を想像し、真剣に突き進む。それが、仮面ライダーを演じた僕の生き方です。

第二部 スーツアクターの確立

interview

中屋敷哲也

岡田勝

岡元次郎

富永研司

高岩成二

浅井宏輔

縄田雄哉

第3章 ― 着ぐるみアクションの源流

開拓者の模索

一九五四年に公開された『ゴジラ』は、日本特撮映画の代表格であり、特撮の神様、円谷英二*が特殊技術を担当した映画である。日本特撮の力を世界に見せつけ、後の多くのクリエイターたちに影響を与えることになるこの作品こそが、スーツアクターという職業を生み出した源流である。

中島春雄はBホームと呼ばれる東宝の大部屋俳優だった。エキストラや吹き替えなどなんでも担当する俳優のことで、危ない場面も引き受けるので「ケレン師」とも呼ばれたそうだ。特にアクションの訓練を受けたわけではないが、海軍飛行予科練習生だったので体力には自信があり、ゴジラ以前にも戦争映画で火だるまになる役をやったり吹き替えで橋から落ちたりしている。自伝の中で中島は「Bホームの役者の給料は安くて、危ない役をやって手当をもらえるのは大歓迎だった」と語っている（『怪獣人生』著・中島春雄　洋泉社　二〇一〇年）。

当初、ゴジラ役には中島のほかにもう一人、同じくBホーム俳優の手塚勝巳（かつみ）*が選ばれていて、初期には二人が交代で演じていた。一九二九年生まれと、一二年生まれの中島より年長だった手塚は元プロ野球選手であり、やはり体力を重視したキャスティングだったことが窺える。次第に、ゴジラは中島、手塚は対決相手の怪獣とすみ分けていくことになる。

体力重視の人選の理由は、かなり過酷な演技環境が予想されたからだろう。ゴジラの着ぐるみは撮影に際して改良して軽量化をはかってもまだ一〇〇キロ近くあった。そのうえガラスのように硬くて動きづらかった。まだスタジオには空調設備もない時代だから、中に入って少し動くだけで着ぐるみの中の温度は六〇度近くにもなったという。

ゴジラの足元に使われていたのは、なんと下駄だ。まだ長靴の入手が難しく、板の上に下駄の鼻緒を貼りつけ、そこで足を踏ん張る仕組みだった。だから、当時のメイキング写真を見ると、ゴジラを演じる中島や手塚の足元が足袋（たび）であるものが散見される（『ゴジラ　特撮メイキング大寫眞館』講談社　二〇一八年）。敗戦から一〇年経っていない時代の世相を感じさせるエピソードである。もっとも写真集を見る限り、周りのスタッフも圧倒的に裸足に草履の人が多いから、当時としてはさほど違和感がないゴジラの足元だったのかもしれない。ただ、この足元に全身から流れ落ちた汗がたまり、まるで汚泥の中を歩いているような感覚だったと中島は記している（前掲『怪獣人生』）。

一方、上半身も肘は九〇度曲がった形で固められていて、腕を伸ばすことができなかった。そのうえ、左腕は肩から肘までが体にくっついていて、かろうじて右腕だけが動かせたという。

ゴジラの生みの親である円谷英二は当初、ゴジラを「ストップモーションアニメーション」という技法で撮影することを考えていた。数十センチの人形を作り、その手足などをわずかに動かして一コマずつ撮影していく手法である。当時のハリウッドのモンスター映画で主流だった撮影技法であり、『キング・コング』（*King Kong*　監督・[*]メリアン・C・クーパー＆[*]アーネスト・B・シュードサック　一九三三年）や『原子怪獣現わる』（*The Beast from 20,000 Fathoms*　監督・[*]ユージン・ルーリー　五三年／日本公開五四年）など、海外の怪獣映画は、ほとんどがこの手法で撮影されている。スーツアクター方式で撮影されたのは「英国のゴジラ」の異名を取る『怪獣ゴルゴ』（*Gorgo*　監督・ユージン・ルーリー　六一年）があるくらいだ。

今、ストップモーションで撮影された映像を見ると、特に初期のキング・コングは、だいぶカクカクした不自然な動きで違和感があるが、欧米の怪獣映画はその後もこの方式で作られていく。『アルゴ探検隊の大冒険』（*Jason and the Argonauts*　監督・ドン・チャフィ　六三年／日本公開六四年）や『タイタンの戦い』（*Clash of the Titans*　監督・デズモンド・デイヴィス　八一年）など一連のレイ・ハリーハウゼンによる特撮映画はこの技法を発展させた立体的アニメーション（あるいはダイナメーション）という手法で撮影され、一時代を築いている。モンスターと人間の戦いのシーンでは、俳優の演技と背景をそれぞれ撮影し、その一コマずつをバックに、手前の模型を少しずつ動かして撮影していくという気が遠くなるほど手間のかかる撮影方法だ（読売新聞夕刊　一九八一年一一月一三日付）。

ストップモーションアニメに替わって登場したCGが、いともたやすくSF映画の中に「誰も見たことのない画」を描き始めるのは、九〇年代の『ジュラシック・パーク』（*Jurassic Park*　監督・スティーヴン・スピルバーグ　九三年）あたりからである。

ハリウッドでストップモーションアニメが定着したのは、神話をベースにするなど、最初にデザインありきのクリーチャーの立体化で、人が中に入りづらいケースがあったことに加え、コスト面の事情があると言われている。アニメ方式だと、時間は年単位で途方もなくかかるものの、小ぶりな人形を使うためミニチュアセットは小さくてすみ、結果的にコストがかからないのだという（『別冊映画秘宝 世界怪獣映画入門！』編・岸川靖＋STUDIO28 洋泉社MOOK 二〇一三年）。

日本では映画に限らず、長く「舶来品」を珍重する空気が強かったから、映画に関してもこれら欧米流が高い評価を受けていた。読売新聞では『原子怪獣現わる』を「その出来は『ゴジラ』より数段まさる」（読売新聞夕刊 一九五四年一二月一七日付）と激賞している。欧米流信奉という理由だけではないだろうが、『ゴジラ』の企画が立ち上がったとき、当然の流れとして円谷も最初は人形アニメの方法で『ゴジラ』を撮影することを想定していた。彼は三三年の『キング・コング』の公開と同時にフィルムプリントを入手し、以来研究を重ねていた。

しかし、試算の結果、もしこの技法で『ゴジラ』を撮影したら、七年ほどかかることが予想されたという。時間と手間の問題はすなわち予算の問題である。さら

必見！瞬間に凝縮された超絶アクション！——No.3

建物の上、命綱なしで組体操

『超神ビビューン』｜オープニングより

オープニングの最後、建物の上に立つ3人のヒーローが映し出される。並び立つズシーンとバシャーンの肩の上に立ってポーズを決めるのはビビューン(演・春田純一、当時は三三夫(みさお))。カメラが引いてくると建物の高さは低く見積もっても3階建てほどはあるように見える。下の2人の足元まで映っているのは、建物の際(きわ)に立っているから。柵はなく、もし風が吹いたら、と思うと背筋が寒くなる。補助の手を借り、2人の肩の上に立った春田は、グラグラ揺れて「落ちそう」と思ったことを覚えている。ただでさえバランスが取りづらいのに、面で感覚が狂うそうだ。今なら最新の技術だけで作れる映像を、疑いもなくスーツアクターが実演していたのが昭和特撮。もちろん命綱は「なかったよ。だって見えちゃうから」（春田）だそうだ。

に、『ゴジラ』の公開はこの年五四年冬と目の前に迫っていたため、円谷はスーツアクター方式を採用したと聞いた、と中島は自伝に記している。等しく「コストの面」から、太平洋を挟んだ日米両国がそれぞれ正反対の道を選んだというのは、興味深い。そのうえで、七〇年近く前から現在に至るまで、高度成長期もバブル期も、そして失われた三〇年も等しく、日本の特撮作品は海外と比べて時間と金の欠乏する中で作られているという事情は、なんとかならないものなのかと思ってしまう。

暑さや重さもさることながら、中島が困惑したのは、誰も見たことがない「怪獣」という存在をどう演じるか、ということだった。『キング・コング』は見たものの、コマ撮りのキング・コングの動きは人間が演じるための参考にはならない。どうやったらゴジラの途方もない大きさを表現できるか。どう歩けば、どう動けば、体長五〇メートルの怪獣に命を吹き込めるのか。

悩んだ中島が上野動物園に通い、ゾウやクマの動きから、ゴジラの動きを作り上げていったのはよく知られているエピソードだ。なお、よりゴジラに生態が近そうに見えるトカゲやワニなどの爬虫類は動かないので参考にならなかったという（『ゴジラ99の真実（ホント）』著・池田憲章* 徳間書店 二〇一四年）。中島は大きな動物を中心に観察し、ゾウのすり足で歩く姿やクマが振り向くときのポーズなどを観察し、真似していった（同）。獰猛（どうもう）な動物だけを見ていたわけではなく、「キリンみたいな、意外な動物からだってヒントをもらうこともありますよ」と話している（読売新聞 一九六五年一〇月三日付）。

円谷からはゴジラの重量感を表現するため、「足の裏を見せない感じで、すり足気味に歩く」よう指示された。もっとも着ぐるみがあまりに重かったため、言われずとも、すり足でしか歩けなかっただろう。さらに、折に触れて円谷に強調されたのは、自然に演じてほしいということだった（前掲『怪獣人生』）。銀座・和光の時計台を壊すときも、隅田川の勝鬨橋を薙ぎ払うときも、大げさに暴れるのではない。時計の音に驚いたり、行く手を遮る橋が邪魔だったりするから結果的に動いて建造物を壊してしまう、そんな動物くさい芝居が求められ、中島もそれに全力で応えた。中島は「役者としては嬉しい。ぬいぐるみに入って歩くだけなら、体力があれば誰でもできる。でも僕は役者だ。力だけじゃなく芝居を見せたいからだ」と振り返っている（前掲『怪獣人生』）。「見世物映画」などと蔑まれることも多かった怪獣映画の製作現場で、スーツアクターが俳優であるという矜持を持ってゴジラを演じていたことを示す話である。

筆者は東映のプロデューサーだった平山亨のはからいで、二〇〇〇年前後に、中島との宴席に参加させてもらったことがある。ゴジラの人、と思って見るからか、中島は一六八センチの身長よりずっと大きく見えた。中島は興が乗ってくると、座敷で立ち上がりゴジラの動きを再現してくれた。緊張していたこともあって、話したことはほとんど覚えていないのだが、がに股が特徴的な中島の歩き方には、どこかゴジラに通じるなんともいえない大らかさがあったことだけは忘れられない。演じる中島から自然と滲み出るこの雰囲気こそが、ストップモーションアニメのモンスターたちとは一線を画す血の通ったゴジラの魅力となり、ゴジラを人気キャラクターとし、日本に次々と怪獣映画が作られるようにした要因ではないかと筆者は感じている。

ゴジラから受け継ぐ着ぐるみの演技

ゴジラでのスーツアクター方式の成功を受けて、本邦では役者がヒーローを演じる方式が定着していく。

一九五七年にスクリーンに登場した『スーパージャイアンツシリーズ』（全九作）の第一作『鋼鉄の巨人』（監督・石井輝男*）は、エメラルド彗星からやってきた平和の使者が主人公の物語だ。主演は新東宝の若きスター、二五歳の宇津井健*。なんといっても衝撃的なのは、その出で立ちだ。ヒーロー姿になった宇津井は、全身白タイツの顔出しで、タイツの上にはベルトと短めのマントがはためているだけなのだ。前年に日本でもテレビ放送が始まった『スーパーマン』のタイツ姿にインスパイアされたのだろうけれど、宇津井の正統派ハンサムの顔だけがぴちぴちの白タイツの中から覗く姿は、今見るとなかなか衝撃的だ。ストーリーも面白く、飛行シーンや爆発など特撮も素晴らしい工夫に満ちている作品であり、音楽も若き日の渡辺宙明（ちゅうめい）*の意欲作（四作目まで）と見どころ満載のシリーズなのに、作品が語られるとき、話題がどうしても白タイツに集中してしまうのが切ないところである。

宇津井は変身前、というか普通のスーツにソフト帽で地球人に擬態している姿と、戦う際のスーパージャイアンツ姿でのアクションの両方を演じている。河童っぽい姿の敵の異星人（カピア人）の本拠地に乗り込む場面では、マントをつけたボス格のカピア人と、手下の雑魚（ざこ）的なカピア人たちが登場し、スーパージャイアンツとの乱戦を繰り広げており、後の特撮ヒーロー番組での怪人と戦闘員による集団アクションの萌芽を見ることができる。

翌五八年になると、テレビ特撮ヒーロー番組第一号となる『月光仮面』が誕生する。月光仮面と、その正体である探偵・祝十郎を演じたのは東映の大部屋俳優だった二一歳の大瀬康一で、オーディションで選ばれた。ゴジラの中島同様、大瀬もそれまでは端役に甘んじており、船のマストから飛び降りたり橋から落ちたりするスタント的な仕事で危険手当を稼ぐ日々だった。

特にアクションの訓練を受けたことはない。だから、というわけでもないだろうが、撮影では初日にいきなり骨を折った。場所は谷中の墓地。月光仮面が塀から飛び降りて登場する、タイトルバックの場面だった。靴は普通の靴だし、コンクリートの地面上には薄いマットすら敷かれていない。カメラマンからは、画面がぶれないよう着地の瞬間、ピタッと止まるよう指示され、言われた通りに止まったところ、衝撃を吸収しきれず左足のかかとが「グシャッ」とつぶれる音がしたそうだ。

結果は複雑骨折で、即入院となる。それでも病院のベッドの上で月光や祝探偵の扮装をして無理やり撮影を続け、ほどなく現場に復帰、撮影に穴はあけなかったと大瀬は述懐する。

月光仮面は特撮ヒーローらしく、高いところから現れることが多かった。もちろん、命綱などない。高いところに上がるだけならともかく、高所でマントを翻（ひるがえ）すなどのアクションを求められると怖かったそうだ。試行錯誤と体当たりの連続で月光仮面のアクションは作られていく。

月光仮面の衣装もスーパージャイアンツの路線を踏襲したのか、白タイツに白マントである。しかも、生地は薄く、頭にはターバン、顔には覆面とサングラス。衣装合わせで見たときに、大瀬は「ちょっと異常。気持ち悪い」と感じたと話す。それでも、人気が出てくると日本中の子供たちがその姿を真似し始める。お面やおもちゃのサングラス、風呂敷などを使っての、ちび月光仮面が巷（ちまた）にあふれ始めたのだから、人気というのはわからないものだ。

月光のマントの裏は黒。徹底して白と黒で構成された衣装だった。スーパージャイアンツ、月光仮面と続く白タイツ路線は、モノクロの画面に最も映える色を選んだ結果ということなのかもしれない。

なお、『月光仮面』のクレジットには、ヒーロー作品でありながら殺陣師やアクション監督に相当する人が見当たらない。大瀬によると、専門の殺陣師はおらず、アクションが得意だった俳優の赤尾(*あかお)関三蔵(ぜきさんぞう)らが悪役を演じながら、立ち回りもつけていたという。大瀬自身も意見を出したし、監督の船床定男も意見を出して、全員野球で月光仮面のアクション場面は作られた。

大瀬が、マントが一番きれいに翻る角度を探して研究を重ねたという片足を上げるポーズで高所からジャンプし、敵を背負い投げする月光仮面の戦闘場面には、生々しい迫力がある。現在のヒーロー番組と同様の細かいカット割りも臨場感を高めるが、これはきちんとしたカメラを用意できなかったことの思わぬ副産物だ。低予算でワンカット二八秒しか撮影できない手巻きのカメラを使わざるを得なかったため、細かいカットをたくさん撮影して積み上げざるを得なかったのだ。低予算の怪我の功名といえる。

毎日早朝からの撮影では、大瀬は祝探偵と月光仮面の間を行ったり来たりして演じ続けた。衣装替え一つ取っても大変だ。撮影が終われば青山のスタジオにこもってのアフレコが待っている。常に五本くらいのエピソードを並行して撮影していたので、大瀬本人には、どの話のどの場面を撮影しているのかよくわからず、ロングスパンでの役作りをするというよりは「言われるがまま人形のように」演じざるを得なかったと振り返る。

多忙を極めただけのことはあり、ギャラは良かった。第一部は週に六日、毎日一〇分ずつの放映で、この一回分の手取りが七〇〇〇円になった。この年の大卒男子の初任給が一万一七九〇円であることを考えると破格のギャラだった。

テレビが「電気紙芝居」と言われ、映画より下に見られていた時代でもあった。しかも、子供向けの番組は、大人向け番組よりもさらに低く見られていた。これは、当時だから、というより今も変わらない日本社会の風潮かもしれない。大瀬も最初は嫌な思いをずいぶんした。だが、ヒットしたことで、そうした苦労は全部吹っ飛んだ。タイトルバックでの名前は「月光仮面　？」と名前を伏せて表示されていたけれど、祝十郎としてはクレジットされていたので、それも気にならなかった。「二役ってお金は二倍にならないんだな、とは思ったかな」と大瀬は茶目っ気たっぷりに語る。

映画からテレビへとエンターテインメントの舞台が移り変わるまさにそのタイミングで、時代の風をマントに受けて登場した月光仮面。高所からの登場や名乗り、集団での乱戦など、後のスーツアクトにつながるフォーマットの礎（いしずえ）が、ここで築かれている。

初めての巨大ヒーローを演じる

一九六六年七月になると、特撮ブームの先駆けとなる二つの特撮ヒーロー番組がスタートする。『マグマ大使』と『ウルトラマン』だ。『ゴジラ』の成功から考えると遅過ぎた感はある巨大ヒーローの登場だが、まだ人々がテレビというメディアを半信半疑で見ていた時代に、ブラウン管の小さな画面に巨大ヒーローを映し出すというのは、今では想像もつかないほど冒険的な試みだったのではないか。当然、小さい画面での巨大ヒーローというコンセプトで、新しい戦いの形も求められるようになる。

一足先に始まったのは『マグマ大使』だ。科学や未来への素直な憧れを反映した、希望に満ちた作風が特徴のヒーロー作品だ。後に『快傑ライオン丸』（七二年）や『スペクトルマン』（『宇宙猿人ゴリ』『宇宙猿人ゴリ対スペクトルマン』を経て改題　七一年）を手掛けるピー・プロダクションが手＊塚治虫の原作をもとに制作した作品で、ピープロの＊鷺巣（さぎす）富雄（うしおそうじ）が実写化に難色を示す手塚を口説き落として映像化した。

少年に笛で呼ばれたロケットが変形して戦う設定で、ロケット人間、マグマ大使のスーツアクターを務めたのは当時二〇歳の魚澄（うおずみ）鉄也。高校時代はアメリカンフットボールの選手だった。魚澄は、その後登場してくるほかのヒーローのスーツアクターと比べ、格段にどっしりした体つきに見える。これはロケット人間の重量感を出そうと鷺巣がわざと太らせたからという（『マグマ大使パーフェクトブック』監修・鷺巣富雄　白夜書房　一九九九年）。ゴムの中にスポンジが詰め込まれた、いかにも動きにくそうなスーツで宿敵ゴアが送り込む怪獣と戦う姿は重々しく、ほかの特撮ヒーローとは一線を画した存在感がある。マグマ大使は当初は、スーパージャイアンツのように魚澄が顔を出して演じる予定だったが、スポンサーからクレームがつき、ラテックス性の面をつけることになる。面は魚澄の顔をもとに作成されたとのことで、大きな目や雄々しい眉は素顔の魚澄によく似ている（『ぼくらが大好きだった特撮ヒーローBESTマガジンVOL．1』講談社　二〇〇五年）。

敵のゴアは、声を担当した大平＊透（とおる）本人たっての希望で、大平自身が「中の人」も演じた。こちらのマスクも大平の顔から型どりをして作ったもので、そう思って見るからか、大平にどこか似ている。

特撮番組でも滅多に実現しないキャラクターの動きと声の演技との幸福なマリアージュを堪能できる。

白眉は最終回、ゴアが変身した怪獣ゴアゴンゴンを倒した後、無言でたたずむマグマ大使の表情にある。うつむき加減の面が、闘いを終えた喜びだけでなく、戦いのむなしさ、やりきれなさまでをも表しているようだ。経年劣化に弱い素材で塗装されたため、マグマ大使の顔や体はあちこちボロボロになっていたが、それすら美しい。日本の特撮ヒーローここにあり、と言いたくなるスーツアクター魚澄の名演技といえよう。

『マグマ大使』の一週間後に放送が始まったのが、円谷プロが手掛けた巨大ヒーロー『ウルトラマン』だ。ウルトラマンのスーツアクターに抜擢されたのは、東宝第15期ニューフェイスだった俳優の古谷敏である。古谷は円谷プロの前作『ウルトラQ』で、ケムール人のスーツアクターを務めており、引き続きデザインを担当した成田亨からの指名だった。

成田は古谷の体に合わせてウルトラマンの全身を作っていた。八頭身とすらりとした長身でスタイルのいい古谷が、ウルトラマンのマスクをかぶると七頭身になる。「七頭身というのは、人間の体で一番美しいプロポーション。（中略）ギリシャ哲学の時代からもう決まっているんです」と成田は説明している（『特撮と怪獣　増補改訂版』著・成田亨　リットーミュージック　二〇二一年）。

ぬいぐるみの仕事は嫌だと、いったんは断った古谷だが、成田と脚本家の金城哲夫から「あの体形は古谷君にしかできない」と三顧の礼を尽くして頼まれ、結局引き受けることになる。

古谷の悩みは、ゴジラの中島と同じく「お手本」のないウルトラマンの演じ方だった。古谷は金城に相談したが「ロボットじゃない、でも人間でもない」と謎かけのようなことを言われるだけ。混乱して、「じゃあどう演じればいいのか」と尋ねたところ「ぬいぐるみに入って背中のチャック（ファスナー）を閉めて、敏ちゃんが立ったときに、もうそれがウルトラマンなんだ」という「抽象的な言葉」をもらったという。

古谷は「人間じゃない」という言葉を道しるべに、ウルトラマン像を構築していく。過去作品である『ゴジラ』や『キング・コング』、あるいは『スーパーマン』や『月光仮面』なども見てみたが、ウルトラマンのように巨大化して四〇メートルになって怪獣と戦う存在はどこにも見当たらないため、自力で考え抜くしかなかった。

古谷は、子供が見たときに憧れるヒーローになることを目標に、立ち姿をいかにカッコよく見せるかを極めようという考えに至る。正面に立つのではなく、ちょっと斜めに立つのがコツだという。面も、向きによって表情を変えることに気づき、三面鏡で角度を研究した。必殺技のスペシウム光線も数ミリ腕を上下するだけで全く見え方が違ってくる。それも、三面鏡相手に何百回も構えを取って古谷が習得していった原理である。

構え方にも古谷のこだわりが出た。ちょっと腰を引いた、へっぴり腰にも見えるウルトラマンの構えは、ジェームズ・ディーンの『理由なき反抗』（*Rebel Without a Cause*　監督ニコラス・レイ　一九五五年／日本公開五六年）からアイデアを得ている。どちらかというと、あまり強そうに見えない構えなのだが、古谷は、ウルトラマンを好戦的な宇宙人にしたくなかったからと理由を語る。怪獣だからやっつけるのではなく、相手の怪獣が攻撃してくるから、街を壊すから、仕方なく戦うウルトラマンにしたかったというのだ。だからこその、「へっぴり腰」なのだ。

さらに、背中を少し丸めることで、哀愁を表現した。古谷は、宇宙から一人で地球に来て、ひとりぼっちで寂しいウルトラマン、という部分に着目した。友達もいない星に来て一人で戦うウルトラマンを、見ている子供たちが、思わず応援したくなるような「僕ら、私たち」が助けないといけない存在としてのウルトラマンを目指したのである。この古谷の思いは子供たちに届き、日本中の子供たちがテレビの前でウルトラマンに声援を送るようになる。最終回で宇宙に帰っていくウルトラマンに別れを告げようと、多くの子供が窓をあけて夜空に向かって叫んだというエピソードの真偽は、今となっては検証のしようがないが、さもありなんと思われたほど当時の『ウルトラマン』人気はすごかった。

次第に古谷も、あれほど嫌だったぬいぐるみを着て演じることの深さを知り、役作りにのめり込んでいく。そしてついにはウルトラマンの面をつけていても「仮面を取って素顔で演じているのと同じ」という境地に達している。ちょうどその頃、同期の女優に「最近のウルトラマンは古谷ちゃんの顔になってきた」と言われたことが古谷は忘れられない。自分の作ったウルトラマンが正しかったと実感できた瞬間だった。

もっとも、そうした役作りに没頭できるようになったのは、撮影が始まってしばらくしてからだ。最初に「背中のチャック」を閉められて一番に感じたのは、「苦しい」の一語に尽きた。鼻や口での呼吸も苦しいし、体にぴたりと張りつくダイビング用のウェットスーツで皮膚呼吸も妨げられた。どんなに頑張ってもスーツを着ているのは一五分が限界で、カラータイマーが赤だろうと青だろうと「できれば二～三分で出たいほど苦しかった」と古谷は語る。汗はスーツの中を流れて足元にたまった。ウェットスーツに胃のあたりを締めつけられるため苦しくて、撮影が終わるや嘔吐してしまうこともたびたびだった。脱水症状を起こしかけても疲労が限界に達しても、まだスポーツドリンクや栄養ドリンクは存在していない。セットには、塩水と砂糖水、レモンが置かれているだけだった。

そのうえ、目元に数ミリの穴しかあいていないから、視野も極端に狭いのだ。中に入って外界と遮断されてしまうと、思った以上に速く動かないと、イメージ通りのスピード感が出ないというのも悩みの種だったと、当時の取材に古谷は語っている（スポーツニッポン　一九六六年一一月六日付）。

興味深いのは、『ウルトラマン』にも『月光仮面』同様、「技斗」や「殺陣」としてクレジットされているスタッフがいないことだ。

古谷は、そもそもアクションが得意ではない。柔道や剣道などの格闘技の経験もなかったから、最初はそれを理由にウルトラマン役を断ってもいる。しかし、「そういうのは全部特撮でやるから、古谷ちゃんは立っているだけでいいから」という甘言に押し切られて、ウルトラマンに「着任」しているのだ。

ところが、怪獣相手に戦わなくてはいけなくなった。怪獣ネロンガなどに入ったスーツアクターの先輩、中島春雄たちが、自ら怪獣を演じながら、現場で動きをつけたそうだ。中島には「主役は何もしなくていい。ただ形良く立っていろ」と言われた。言葉通りに立っていてちょっと怪獣に触れただけで、中島は投げ飛ばされていってくれた。力を入れずに投げる真似をするだけで済んだから、ここでも力みのないウルトラマンを実現することができたのだ。

古谷は、殺陣師がいなかったからこそウルトラマンはうまくいったと感じている。確かに、力の抜け加減が絶妙な構えで戦う「怪獣退治の専門家」は、当時の専門の殺陣師の発想にはなかっただろう。もし、専門家が等身大ヒーローと同じような殺陣をつけていたら、そこには殺伐とした巨大な生き物たちの宇宙戦争の光景が広がっていたかもしれない。しなやかで大らかなウルトラマンと怪獣との闘いは、これもまた、専門職の不在による怪我の功名だった。

ここまでスーツアクター黎明期の話を書いてきた。

まだ日本が戦争の記憶を引きずっていた一九五〇年代前半に始まり、「もはや戦後ではない」と経済白書が歌い上げ（五六年）、初の東京五輪が開かれ（六四年）、そして公害が発生するなどして日本の高度経済成長路線にぼんやりと薄雲がかかってくる六〇年代後半、そんな一〇年ちょっとの間の映像の世界の片隅でのお話である。

スーツアクターについて語ってはいるが、まだ「スーツアクター」という言葉はこの時代、影も形もない。職業を示す言葉が登場していないのは、まだスーツアクターが、世の中に仕事として認知されていなかったからでもあろう。実際、ここまで見てきたヒーローたちは訓練を受けた専業スーツアクターによって演じられているわけではない。たまたま、指名を受けてしまった俳優たちが、主役に起用され、着ぐるみの中に入ったり、変身後のヒーローをも演じるよう求められている。彼らに立ち回りをつける殺陣師も多くの場合、不在である。

それでも、予算も時間も特殊な技術もなかったが、ヒーロー草創期の現場にはアイデアがあふれていた。「ごっこ遊び」の延長のようにアイデアを出し合ってヒーローや怪獣の物語が紡がれていった。

月光仮面の大瀬は「月光の後、しばらくしてアリだかハチだか、そんなヒーローが出てきた。あれを見たとき（『月光仮面』が）ブームを呼んだんだなと思った」と語っている。間違いなく、それはバッタがモチーフの『仮面ライダー』のことだろう。

いよいよ一九七〇年代、等身大ヒーローのスタンダードとなる『仮面ライダー』が登場し、本格的なスーツアクターによる文化が花開く時代の到来である。

第4章 ―ヒーローの様式を築く大野剣友会

剣劇集団、特撮ブームを巻き起こす

巨大ヒーロー『ウルトラマン』がすっくと立った日本に、もう一つのヒーローの形をもたらしたのが、等身大ヒーロー『仮面ライダー』である。大阪万博（日本万国博覧会）が開催された翌年、一九七一年に放送が始まった。

近未来を予感させる銀色の体のウルトラマンが都会的だとしたら、仮面ライダーからは、どこか懐かしい湿った土の匂いがした。近所の路地の角を曲がったら、そこで仮面ライダーと怪人との戦いが繰り広げられていそうな、そんな「身近な怖さ」も魅力のヒーローだった。撮影所があった生田（いくた）（神奈川県川崎市）周りの山を切り崩した新開地で撮影された映像には、掘り返された赤土が映り込んでいる。そのイメージと仮面ライダーがつながっていて、いまだに筆者は七〇年代の造成地の映像を見ると、胸が高鳴る。

四月三日に放送が始まった『仮面ライダー』のアクションを担当したのが大野剣友会だ。おそらく、一つのチームがヒーロー番組にレギュラーとして参加するというスタイルはこれが初めてではないか。大野剣友会にとっても、第一話から殺陣を担当する連続ドラマは本作が初めてだったから、力が入っていた。

大野剣友会は、大野幸太郎が一九六四年頃に創設した剣劇集団だ。幼い頃からチャンバラ映画が好きだった大野は、長じて殺陣師・大内*龍生（りゅうせい）の弟子となる。同門には後に大河ドラマの殺陣指導で知られることになる林邦史朗（くにしろう）らがいた。大野は危険なスタントも体当たりでこなし、時代劇で主役の周りで斬られるいわゆる「カラミ」として活躍。その後、独立して大野剣友会を東京・中野区鷺宮（さぎのみや）に発足させた。

ヒーロー番組との接点はテレビドラマ『柔道一直線』（六九年）の殺陣を東映から依頼されたことに端を発する。大野はこのドラマの殺陣師に、まだ二十代半ばだった高橋一俊を抜擢した。大野を「オヤジ」、高橋のことを「カシラ」と呼んで心酔する剣友会のメンバーは、一致団結して、この漫画原作のスポ根ドラマに取り組むことになる。

若きカシラは、誰もが不可能と思った「地獄車」や「天地渦巻」「空中二段投げ」などの奇想天外な必殺技を次々と具現化して、視聴者はもちろん、同業者の度肝を抜いた。ちなみに、対戦相手を外側にして回転することで相手の頭部にダメージを与えるのが「地獄車」で、逆立ち状態にした相手を頭上で回転させるのが「天地渦巻」、そして、肩に抱えた相手を投げ出して、さらに空中で相手の両手を掴んで再び投げるのが「空中二段投げ」である。これらの「柔道技」には、後の仮面ライダーの必殺技の片りんもちらほら見える。

『柔道一直線』はスポ根ブームに沸く昭和の時代の波に乗って二年間続き、視聴率二〇％以上という大成功を収めた。

その終盤、東映の制作担当、内田有作*（後の東映生田スタジオ所長）から『仮面ライダー』への参加を求められる。大野は、本業の時代劇に戻れなくなるため一瞬迷ったが、結局は引き受ける。以後、大野剣友会は八四年に特番で作られたテレビスペシャル、仮面ライダーZX（ゼクロス）が登場する『10号誕生！仮面ライダー全員集合!!』までシリーズ八作品を担当することになる。

『仮面ライダー』は第一話冒頭からして衝撃的だ。画面に映る黄色い水仙らしき花。その後ろ、逆光の中からゆっくりと蜘蛛男のシルエットが見えてくる。毛の生えた蜘蛛男の指が、美しい花の間を実に不気味に動く。ヒーローものらしい爽快感が微塵もないイントロダクションなのだ。

映像が切り替わっても、三〇分枠の番組中ずっと、すっきりした青空は映らない。凍てついた曇天（どんてん）の中、気味の悪いペイントを顔にほどこした戦闘員がバイクで現れて主人公・本郷猛を拉致。改造手術を施し、逃げ出した本郷が仮面ライダーとなって蜘蛛男を倒すところまでが描かれていく。その間、殺された人間が泡状になって消えるなどの怪奇色の強い描写が続く。

我が家は子供のテレビ視聴に厳しかったので、筆者は残念ながら第一話「怪奇蜘蛛男」をリアルタイム視聴できていない。だが、もし許されていたとして、六歳の筆者があの映像を見ていたら間違いなくトラウマになったと確信するほど、第一話は暗くて怖い。なんなら、後半、ヒーローとして登場する仮面ライダーすら黒っぽ過ぎて、ちょっと怖い。あの姿を「あの色だから味がある」「デザイン的にあか抜けている」とほめちぎる意見に賛同できるようになったのは、だいぶ大人になってからのことである。

だが、間違いなく、新しかった。

「トウ！」と気合を入れながら、輪になってかかってくる戦闘員との集団戦を戦い抜き、キックやパンチの肉弾戦で蜘蛛男と戦う姿には、怪獣を投げたり大きな空手チョップを当てたりして、最終的には光線技を放つウルトラマンとは全く異なる、地べたに近い魅力があった。リアルという言葉がふさわしいのかは、わからない。でも、泥臭くて、どこか日常に近い空気感のある肉弾戦であった。

そして、剣劇の素養のある「オヤジ」と「カシラ」のもと、大野剣友会が手探りで作り上げていく仮面ライダーが、その後の等身大ヒーローのスタンダードとなり、この国に数多くのヒーローを誕生させる原動力となっていく。大野剣友会の参画は、特撮ヒーローの世界に一石どころか変身ブームという大きな岩を投げ込み、ヒーロー界に地殻変動を起こした。日本の映像史における画期的な出来事だったのだ。

『仮面ライダー』の主役は、若き日の藤岡弘、（当時は藤岡弘）である。番組初期には、ヒーロー界の「先輩」である『月光仮面』と同じように、変身前の本郷猛と変身後の仮面ライダーとを一人で演じていた。

もともと武道の心得がある藤岡なので、変身後のアクションにも迷いはない。隙のない独特の構えは決まっているし、同一人物が変身前後を演じているから、変身した後の戦闘シーンやアフレコでの台詞回しにも不自然さはない。蜘蛛男と崖っぷちギリギリの場所で投げ飛ばし合うなど危険なアクションも本人が体当たりで演じている。顔だけ面を取った状態での藤岡のアクションというレアな映像も初期の作品で見ることができる（第九話「恐怖コブラ男」）。

ただ、「変身後」の藤岡は器用に動いてはいるけれど、内情はギリギリで全く余裕がなかったという。何もかもが初めての経験で勝手がわからないうえに、スーツや面などに不都合な点があっても、当時新人だった藤岡がクレームを言えるような環境ではなかった。息も苦しく、視界もほとんどなかった。覗き穴の位置がずれるからか、当時の映像を見ると、ライダーの顎が正面より少し上向きになっているものも散見される。なお、対する蜘蛛男の面も当初は視界が確保できず、演じた岡田勝（まさる）（現・大野剣友会代表）は目の位置にドライバーで穴をこじあけたとインタビューで明かしている。

さらに、全身全霊を込めてライダーを演じていた藤岡を、とんでもない不幸が襲う。撮影中、バイクアクションによる不慮の事故で、左足の複雑骨折および全身打撲と裂傷の重傷を負ってしまったのだ。咄嗟に受け身を取っていなかったら即死だったと言われたほどの大怪我で、一時は本郷の死亡による主役の交代までが検討されたが、東映プロデューサーの平山亨が「ヒーローを殺してはいけない」と強く訴えたことで、仮面ライダー2号、一文字隼人（いちもんじはやと）（演・佐々木剛（たけし））の登場へとつながっていく。本郷はショッカーを追ってヨーロッパに行ったという設定が作られた。

もし、この事故がなかったら、『仮面ライダー』という番組は一シリーズだけで終わっていたかもしれない。窮余の一策が奇跡的にいい方向に転がったことで『仮面ライダー』は2号が活躍した後、1号が復帰し、ダブルライダーとして空前絶後の人気を獲得するという奇跡を起こす。人気は『仮面ライダーV3（ブイスリー）』（七三年）風見志郎（演・宮内洋）に引き継がれ、昭和、平成、令和と三つの時代を貫く人気シリーズとなっていった。前著『ヒーローたちの戦いは報われたか』で筆者は、それゆえにライダーは「奇跡のヒーローである」という主張を展開した。それについては、ぜひ拙著をお読みいただきたい。

大事故の窮地から逆転する

ここでは、事故がもたらしたもう一つの「奇跡」に注目したい。

藤岡の事故は、第一話が放送される四月三日より前、ちょうど第一〇話「よみがえるコブラ男」の撮影中に起こった。それでも放送は中断されないため、本郷猛の出番はそれまでに撮影したフィルムの流用などを使い、変身後のライダーの場面を増やすよう台本に手が加えられる。自然な流れで、仮面ライダーは大野剣友会が演じることになった。ここから、中村文弥（ぶんや）*、中屋敷鉄也（現・哲也）、岡田勝、大杉雄太郎らがライダー（1号、あるいは2号）を演じることになる。

主役が殺陣場面も演じるのが当たり前の、時代劇から脈々と続いてきた、同一俳優が変身前とヒーローの両方を演じる等身大ヒーロー作品の慣例が、不慮の事故によって突然断ち切られ、「分業体制」が持ち込まれたのだ。

急遽ライダーを演じることになった岡田に当時の感

必見！瞬間に凝縮された超絶アクション！――No.4

目を疑う大野剣友会アクションの極致

『仮面ライダー』｜第60話｜「怪奇フクロウ男の殺人レントゲン」より

「ホホホホホホ」と、こちらをイラッとさせる声を上げるフクロウ男は、滝和也（演・千葉治郎）による小学生の遊びのような体当たりで土手下に落とされる。マジギレして滝を殴りまくるが、今度は仮面ライダーにこん棒で腹を衝かれていったん退場。ヤクザ映画の喧嘩のような立ち回りも出色の出来だが、最後にライダーキックを食らって崖のてっぺんから転がり落ちて爆発する場面には目を疑う。10メートルはある崖を頭から転がり落ちていくフクロウ男の中は、人形ではなく人間なのだ。演じたのは大野剣友会の滑川（なめかわ）広志。滑川は、スーツの背中の羽などが緩衝材になり、怪我こそしなかったが、落ちた後、息もできず動けなかったと『大野剣友会伝 増補新版』（編著・岡田勝　彩流社　2023年）で振り返っている。剣友会魂を感じさせる一場面だ。

想を尋ねると「（藤岡時代に比べて）足が短くなっちゃったよね～」と笑ってはぐらかすのみだが、この分業には様々な利点があった。

たとえ藤岡のようにアクションが得意な役者であっても、視界の悪い面をつけたり、動きに制約をかける衣装を身につけたりして自由に動くことには限界がある。実際、藤岡は、芝居のことを考えるだけで精一杯で、限られた時間の中で高度なアクションと芝居の両方をこなすことは不可能に近かったと証言している。

その点、専門の訓練を受け、場数を踏んだスーツアクターなら、面をつけての動きは格別なものになる。さらに、現場にとっては主役が二人に増えるようなもので、撮影時間の融通も利くし、今までより思い切ったアクションも導入できる。

何より、変身後を身体能力の格段に優れたアクションの専門職が演じることで、変身によって普通の人間がパワーアップするというヒーロー番組の理論に説得力が増すではないか。

主役の負傷という非常事態に混乱していた当時の現場が、どこまでこうした「利点」を理解していたかはわからない。しかし、このときできあがった「分業体制」は、その後のヒーロー番組制作に大きな影響を与えた。

一歩間違えば命に関わる大事故ではあったが、藤岡は一命を取り留め、番組も一命を取り留めた。そして、奇跡的に生まれた分業による新体制で再出発することができたのだ。

もちろん、アクションを役者から切り分けて別に演じる「分業」は日本の発明ではない。ハリウッド映画だって主役級の役者たちには、危険な場面を演じるスタントマン、「スタントダブル」が控えている。

日本のヒーロー番組における「分業体制」すなわちスーツアクターというシステムの特徴は、スーツアクターには変身後の危険なアクションだけでなく、ヒーローや怪人としての芝居をすることも求められ、彼らは見事にそれに応えたということだ。

藤岡の後を引き継いで仮面ライダー2号・一文字隼人を演じた佐々木剛は、実はプロデューサーには内緒でこっそり何回か、面とスーツを身につけてライダーを演じたことがある。藤岡の事故があったため、主役を怪我させてはいけないと、現場には禁止令が出ていたのだ。佐々木は「暑いし動きづらいし見えないし、本当に大変だった」とスーツを着た感想を語る。そのうえで「禁」を破った理由を「自分は『変身』と叫んだら『お疲れさん』と言って次の仕事に行ける。でもそこから一番大変なところを演じるのは大野剣友会の彼ら。命がけで頑張ってくれる彼らにきちんと感謝の気持ちを持つために、自分で経験しておかないといけないと思った」と語っている。ちなみに、佐々木のスーツでのアクションは堂に入っていたそうで、後に岡田勝と映像を見ていて「これは俺だ」「いや俺だ」と言い合うほど、「大野剣友会流」のライダーを演じ切っていた。『柔道一直線』にも風祭右京役で出演していた佐々木は、その一年間で築いた大野剣友会との信頼関係があったからこそ、できたことだったと述べている。

七〇年代初頭のこの時点でも「スーツアクター」という言葉はまだ登場していない。だが、スーツアクターの実質的な仕事の内容は、この時期に固まってくる。

注目したいのは、後に現れる「スーツアクター」という言葉が「スーツでアクションをする人」ではなく、「スーツでアクト（演技）をする人」という意味を内包する造語であることだ。変身前の役者が芝居をして、さらに、変身後のスーツアクターが演じ、激しいアクションまでこなすことで成立するのが日本の特撮ヒーロー番組なのだ。そして、それをやってのけたのが、パイオニアである大野剣友会の面々だった。

『仮面ライダー』への大野剣友会起用は、天の配剤だった。たとえば、仮面ライダー2号のメインのスーツアクターを務めた中村は新劇出身で、殺陣師の高橋は劇団ひまわりの子役出身。中屋敷ら役者志望のものも多く、稽古でも芝居と殺陣の両方に時間を割いていた。剣友会の中に「劇団生（いきる）」を作り、自主公演も行っている。

こうした裏打ちがあったからこそ、ただ戦うだけでなく、仮面ライダーや怪人に豊かな感情を乗せることができた。画面の端の戦闘員に至るまでがしっかりと芝居をしており、映像の隅々まで気が配られている。また、中村が怪人ムカデラスの手下の人間を演じたり、桜島ロケ（第四〇、四一話）では岡田が研究員の白衣を着て登場したりするなど、大野剣友会のメンバーは、顔出しの演技でも番組に多大な貢献をしている。長年のライダーファンとしては大人になってから映像を見直すと「二度おいしい」気持ちを味わえる。

「面芝居」の妙

ライダーや怪人を演じる際には、面をかぶるので顔が出ないとわかっていても、台詞を覚えていかない者はいなかった。中屋敷は、台詞を間違えたり噛んだりしたときには「今噛んじゃったから」

「ごめんなさい」とカメラを止めてもらい、必ずやり直したという。まだ高価なフィルムで撮影していた時代だから、デジタル撮影が主流の昨今よりも役者がNGを言い出すハードルは高かった。「面で隠れていて口元が映るわけじゃないんだから」と難色を示す向きもあった。それでも仮面ライダーを演じる役者のプライドとして、そこは譲れなかった。

剣友会ライダーの神髄を示すものとして語り草になっているのは、『仮面ライダー』第九話「恐怖コブラ男」で中村演じるライダーが犬の墓に花を手向ける場面である。仮面のキャラクターが墓参をするという一歩間違えればジョークになりかねない場面を、中村は形式的に動作をこなすのではなく、全力で演じた。思いを込めて花を手向けて祈る仮面ライダーの背中には、何とも言えない哀愁が漂い、うつむき加減の面には複雑な表情までが滲み出しているように見える。

あるいは第四五話「怪人ナメクジラのガス爆発作戦」。2号ライダー（スーツアクターは中村文弥と思われる）はガスタンクを爆発させようと企んだナメクジラ（演・岡田勝）を死闘の末に倒す。本物の巨大ガスタンクの真ん前での怪人の大爆発という現代ではにわかに信じられない「衝撃映像」の後、煙が薄れていくと、二つのタンクを結ぶ橋の上にライダーの姿が見えてくる。戦い終えたライダーは、子供たちの感謝の声に応えることなく、むしろ、悲壮感さえ漂わせて、すっと静かに画面からフレームアウトしていく。

この話に限らず、戦い終えてライダーが「わーい」「イエーイ」と喜ぶ描写は、一切ない。ライダーも怪人も、元は人間だったのに、拉致されたりそそのかされたり、何らかの事情でショッカーの手によって改造された存在である。もしかしたら仲間だったかもしれない、改造されなければどこかで幸せに暮らしていたかもしれない「元人間」。彼らを、ほかの人々の「幸せ」や「平和」を守るために倒さないといけないのが、仮面ライダーなのだ。ほかの誰にもできないから、一人で背負って戦うのだ。

もちろん台本にはそんなことまで書き込まれてはいない。でも、「行間」の哀愁を読み取り、全身で表現したのが剣友会ライダーたちだった。

筆者が主催するベテランスーツアクターのイベント「還暦祭」に中屋敷を招いた際に、「崖の上、戦い終わって振り向くライダー」を即興で演じてもらったことがある。効果音も特別な照明もなく、豪華でもない新宿ロフトプラスワンのステージ上、肩を少しだけ上下させて振り返る中屋敷の姿に、それまで笑いさざめいていた会場がしんと静まり返った。それほどその姿は、仮面ライダーそのものだった。

中屋敷は『仮面ライダー』以降、『仮面ライダースーパー1(ワン)』（八〇年）までの主だったライダーを演じており、昭和の「ミスター仮面ライダー」とも呼ばれる。

中屋敷の演じるライダーには、とにかく問答無用の格好よさがある。『仮面ライダーストロンガー』（七五年）のジェネラルシャドウなどの悪幹部や怪人、『スカイライダー』（七九年。番組名は『仮面ライダー』。以下、『スカイライダー』と表記）のがんがんじいなどを好演したことで知られる河原崎(かわらざき)洋央(ひろお)（当時は洋夫）は、中屋敷を「生まれながらの仮面ライダー。立った姿がすでにライダーそのもの」と評する。その言葉通り、そこに立って構えるだけ、ふっと息を吐くだけで様になるのだ。

中屋敷ライダーに哀愁とともに備わっていたのが何とも言えない色気である。第2章に登場した元剣友会のミチ・ヤマトは、その色気について「中屋敷さんのライダーはね、いい意味でエッチなんだよ」と昭和風に表現してみせる。「敵と戦っているはずなのに、ぐいぐい攻めていくんじゃなくて、包み込んでくる。あれは中屋敷さんにしか出せない空気だ」と話す。中屋敷に女性ファンが多いのはこの色気も一因だろう。

中屋敷らがヒーローを演じれば、岡田は怪人の持っている特徴を引き出して動きをつけた。ムチがあればそれを巧みに使うし、毒を吐くならそれを取り入れたアクションを作り上げた。だから、ライダーに登場する怪人は個性的で、ある意味人間臭くさえあって、印象に残るのだ。たとえその怪人の行う「作戦」自体は破綻している物語が多くても、そんなことを考える暇（いとま）がないほど、子供たちは魅力的な怪人の一挙手一投足に惹きつけられていた。

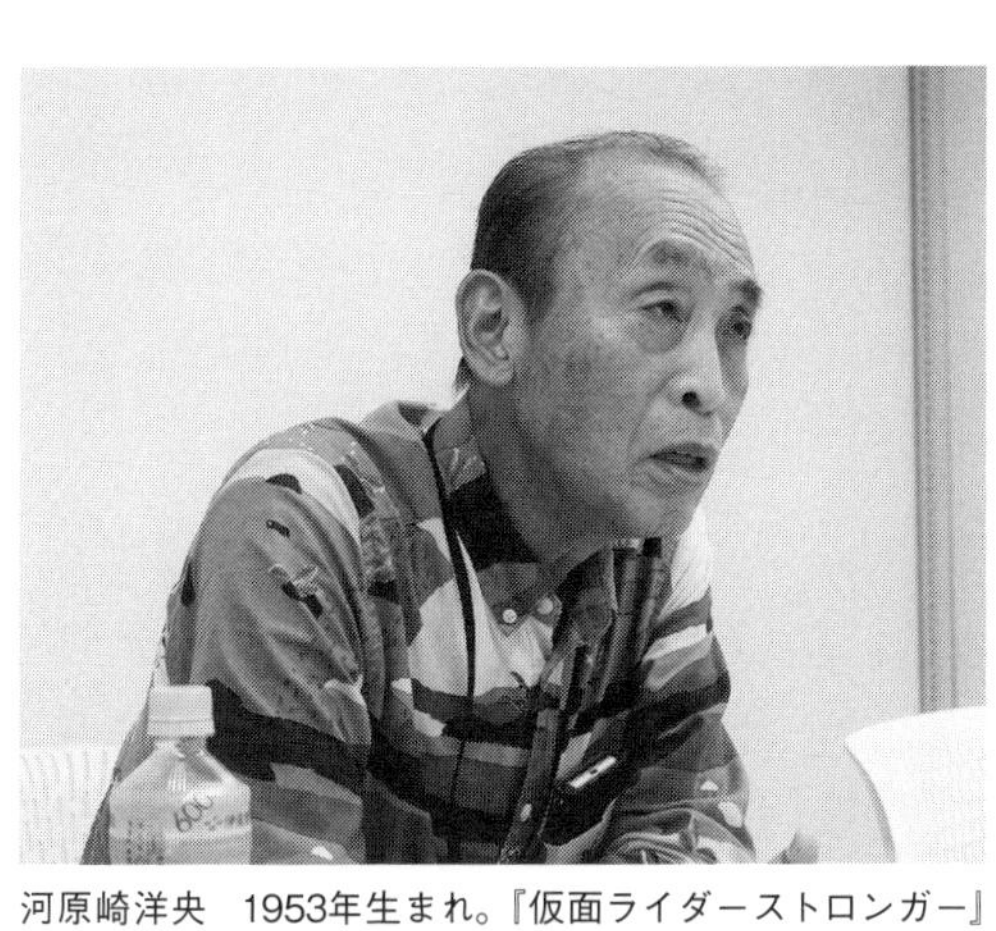

河原崎洋央　1953年生まれ。『仮面ライダーストロンガー』のジェネラルシャドウで存在感を示す。（2022年10月撮影）

怪人を多数演じた河原崎も「同じ悪役でも怖く見せるのか面白く見せるのかで動きが違う。モチーフの違う怪人によって特徴を出すことも必要だし。ただ動ければいいというものではない。芝居心が必要」と力を込める。

その河原崎の演じたジェネラルシャドウは、特撮ヒーロー界きってのマキャベリストでありながら、どこか悪の美学を感じさせる人気悪役である。河原崎は「あまり動き過ぎず、オーバーアクションは控えて演じた」と振り返る。生ゴムの面の上に、さらにプラスチックの面がついているというシャドウの頭部は、熱く、演じているうちに汗で目元のメイクが流れてしまって大変だったそうだ。

大野剣友会が打ち立てた流儀

礼節を重んじるのも大野剣友会の流儀だった。上下関係には厳しく、大野や高橋の言うことには絶対服従だった。クランクイン前に道場の稽古にも参加していた藤岡は、大野のことを貫禄と説得力のある戦場の武将のような存在だったと記憶している。単なるワンマン経営者ではなく、実力と経験を兼ね備えていたからこそ、荒くれ揃いのメンバーも従った。

「礼」は人間に対してだけではなく、ライダーの存在そのものに対しても尽くされた。面は「主役の顔」だからと、現場での撮影の合間には必ず若手が手で持ち、絶対に地面に置かなかった。

大野剣友会の参入は、アクション的にも精神的にも、ヒーロー界に濃厚な時代劇や武道の魂を注入することにつながった。

もともと剣劇から始まった集団だから、当然、動きのルーツは時代劇だ。ライダーにはその特徴が惜しみなく生かされている。

有名な例は変身ポーズだ。変身ポーズは、高橋が「スマートで格好良さが絶対条件」としてと鏡の前で何時間も考えた末に、二刀流と日本舞踊の動きを取り入れて完成させたものだ（『大野剣友会伝』監修・岡田勝　風塵社　一九九九年）。2号ライダーになる一文字が「変身！」と叫びながら両腕を右肩方向に一直線に伸ばし、それからゆっくり半円に回していき力強く止める、というポーズはわかりやすく、子供にも真似しやすいことから大ヒットした。復帰した本郷にも以前はなかった変身ポーズが作られ、日本中に「変身ブーム」を巻き起こしていく。

ヒーローが変身するときに何らかのキーワードを叫びながらポーズを取るのは、今ではヒーロー番組の定番中の定番だ。しかし、当時としては革新的な「発明」であり、プロデューサーの平山は「まるで、時代劇だね」と喜んだという（前掲『大野剣友会伝』）。「変身ポーズ」は『水戸黄門』で繰り出される印籠や『暴れん坊将軍』のクライマックスでの「余の顔、見忘れたか」と同じ、ライダーの見得なのである。

変身ポーズ以外にもライダーの立ち回りには時代劇の要素がふんだんに取り入れられている。登場したライダーがすぐに敵に飛び掛からず、「ピキーン」という効果音とともにポーズを取ってみせるのは、時代劇で主役が「ラス立ち」（クライマックス＝ラストの立ち回りを示す業界用語）前に、くっと刀を構え直す動きに通じるし、戦闘員と間合いを測りながら戦うのは、チャンバラ映画の立ち回りそのものだ。中盤になると、仮面ライダーが戦闘員が持つ棒状の武器を奪い取り、バッタバッタと薙ぎ倒していく剣豪映画を思わせる描写も登場してくる（第七八話「恐怖ウニドグマ＋ゆうれい怪人」ほか）。剣劇集団ゆえだろうか、何の武器も持たない戦いの場面でも手を刀の代わりにしているように見えると分析するアクションマンもいる。

『仮面ライダーストロンガー』では、特撮ヒーロー史上おそらく初めて、歌舞伎における「つらね」のような台詞を言いながら敵と戦う場面が登場した。「つらね」とは韻を踏んだ五七調や韻を踏んだ名調子の台詞のこと（『〈キャラクター〉の大衆文化』編・荒木浩、前川志織、木場貴俊　KADOKAWA　二〇二一年／第10章「時代劇ヒーローキャラクターの芸能史」山口記弘）。ストロンガーは「天が呼ぶ地が呼ぶ人が呼ぶ、悪を倒せと俺を呼ぶ」に始まる口上を述べながら、敵を倒していくのである。こうした歌舞伎風の演出は同年始まる『スーパー戦隊シリーズ』に受け継がれていく。

戦闘員という存在がヒーロー番組に本格的に登場したのも『仮面ライダー』からだ。初期は前述のように黒マスクで個性を押し殺し、怪人の命令一下、ライダーに襲いかかる戦闘員たち。全身黒タイツに顔ペイントにベレー帽という出で立ちだったが、手間がかかるのと、少ない人数で何度も登場するために顔を隠しきれないことから、お馴染みのあの全身黒タイツ姿に統一されるようになった。四方八方から襲いかかる戦闘員たちとの闘いは、メインの怪人との一騎打ちへの興奮や敵をやっつける爽快感をさらに高めてくれた。

戦闘員の先駆け的存在としては、『マグマ大使』にも全身黒タイツの人間モドキが登場している。しかし、彼らは作戦遂行においては人間に擬態しており、戦闘員とは役回りも異なった。特撮トリビア的には、人間モドキに擬態されたカメラマンとしてタレントのイーデス・ハンソンが出演していることは押さえておきたい（『マグマ大使』第九話「謎の空飛ぶ円盤」）。

余談だが、戦闘員の声をアフレコで入れていたのも大野剣友会だった。怪獣造形の専門家として知られる若狭（わかさ）新一（現・モンスターズ代表）は当時、仮面ライダーのアクションへの憧れが高じて大野剣友会に入門していた。若狭は「七〇年代の戦闘員の声はほとんど剣友会。アフレコの達人と言われた石塚信之さんは戦闘員だけじゃなく、ショッカーライダーの声もやっていた」と証言する。

ライダーキックやジャンプなどのトランポリンアクションも、元をたどれば時代劇が発祥だ。一九六〇年の映画『旗本退屈男 謎の暗殺隊』（監督・松田定次）のために東映京都で取り入れられたあたりが起源とみられる（読売新聞大阪本社版夕刊 二〇二〇年一〇月一六日付）。大野剣友会のライダーアクションには随所に時代劇の殺陣や、さらに、その源流となった歌舞伎の立ち回りが垣間見える。日本人の心に直接訴えかけてくるような独自の「面芝居」を大野剣友会は作り上げていく。この「面芝居」は、その後の等身大ヒーローのありようを決定づけ、日本には欧米とは全く違うテイストの、独自のヒーロー文化が育っていく。

岡田がドライバーで穴をあけた「事件」以降、演者の目の位置を計測し、位置に合わせて穴があけられるようになったが、怪人も、そしてライダーも、相変わらず面をつけると「見えにくい」ことに変わりはなかった。時代が下って『スカイライダー』（一九七九年）や『仮面ライダースーパー1』（八〇年）のときにはコスモプロで怪人の造形に携わるようになっていた若狭は、完成した面を納めに撮影所に行くたびに先輩たちから「目が見えない」「顎が痛い」と苦情のオンパレードで「先輩に言われたらその場で切って広げるなどするしかなかった。まだあの頃、自分の半分は大野剣友会の血が流れていたので」と笑う。

何を工夫してもつきまとう視界の不自由を克服する方法は、ただ一つ。「見えなくてもカンでやる」だ。前出の河原崎は「立ち回りの手（段取り）は決まっているから、相手を信じてやればいい。逆に、信頼関係のない相手だったら怖くてできない」と説明する。これを殺陣師の立場から表現すると「見えないからこそ立ち回りが必要なんだ」（岡田）ということになる。

つまり、定められた動きを忠実に守って演じること。それも普段から稽古をともにしている仲間と一緒だから、見えなくても戦うことが可能になるというわけだ。

危険ゆえ惹きつけるアクション

大野剣友会は、危険と隣り合わせのアクションにも果敢に挑んだ。次章以降で紹介するＪＡＣ（ジャパンアクションクラブ）によるアクロバティックなアクションとは全く方向性が違う、土の香りが漂うような、そして現実にも泥だらけになってのスタントである。

たとえば『仮面ライダー』一四話以降のエンディングのタイトルバック。高さ七〜八メートルほどのコンクリートの橋（実際には堤防と思われる）の上でライダーと戦闘員たちが戦う。戦闘員は次々と下の水中に投げ落とされていく。だが、演じた岡田ら数人はカナヅチだった。それでも、殺陣師の高橋が「やれ」と言うのだからやるよりほかに方法はない。思い切って飛んだ岡田は、「この高さならケツ（臀部）から落ちれば案外大丈夫だった」という微妙な感想を述べている。なお、海面は汚れ切っていたそうだ。一人落ちるごとに小気味良く水煙が上がり、これが一発ごとに予算を必要とする爆発の代わりの効果を上げていた。そうした効果を狙ってか、泳げない者が多かったにもかかわらず、ライダーのアクションでは水に落ちる場面が多用されている。小河内（おごうち）ダム（東京都奥多摩町）の中段の橋から飛び降りを命じられた河原崎も、あえて背中から落ちて「盛大に水しぶきを上げるように」と命じられたと述懐している。しかも、真冬に、だ。

ロープウェイのゴンドラの上という命知らずの立ち回りもあった。『仮面ライダー』でゴンドラといえば、藤岡が命綱なしで高さ一三〇メートルのゴンドラから片手宙づりを披露したエピソードが有名だが（第七一話「怪人アブゴメス六甲山大ついせき！」）、変身後のライダーと怪人のゴンドラ上での戦闘もあったのだ。中屋敷の話やミチ・ヤマトの分析を総合すると、おそらく第九七話「本郷猛変身不可能!!」でのアクションと思われる。

もう一度言う。ゴンドラの中ではなく、ゴンドラの上、すなわち天井の上のほんの小さい足場の上である。中屋敷演じるライダーと河原崎演じる怪人ガニコウモルが戦い、ライダーが怪人を肩の上に持ち上げるまでが映っている。戦いの前半では命綱らしきものもチラリと見えるのだが、中屋敷の記憶では途中から邪魔で、外してしまったそうだ。そもそも中屋敷が「命綱」というものを見たのは、全ライダーへの出演を通してこのとき一回きりだというから恐れ入る。

雪山でのロケでは、岡田演じるライダーがスノーモービルに引きずられるという地味に痛そうな場面もある（第四六話「対決!! 雪山怪人ベアーコンガー」）。ライダー姿ではあるが、この時期、ライダーの衣装は鹿革から「改良」されてジャージ生地になっている。動きやすくはなっていた。しかし、不幸なことに、雪山を転がるためにはジャージ生地は、薄過ぎた。雪の上とはいえ、普通のコンクリートの上を引きずられるのと同じ痛みだったと岡田は述懐している。

プロテクターやサポーターは、衣装としてふくらみが必要なとき以外はつけないのも剣友会流。ライダーも怪人も戦闘員もタイツ一枚で砂利道や崖などを転がるから、当然、すり傷が絶えない。手足どころか肋骨あたりをすりむくこともあった。それでも、タイツから浮き上がって見える筋肉の動きをも演技の一部として考えていたと中屋敷は語っている。

もはや「伝説」となっているのは『仮面ライダーV3』第四話「V3の26の秘密!?」でのアクションだろう。このエピソードでV3の中屋敷は、監督の求めに応じて高さ約五〇メートルの煙突に上っている。煙突の上には手すりも柵もなく、かろうじてあったのは風雨にさらされて劣化が著しい避雷針だけ。開口部をまたいでポーズを取った後、ジャンプ場面につながるように腕を上げる芝居を求められ、見事にやり遂げている。

危険なアクションの数々に「危険手当」的なものは発生しなかったと取材に応じてくれた全員が証言する。文字通り、前人未踏の五〇メートルの煙突に上った中屋敷も「日当はいつもと同じ数千円だった」と語る。金銭的な面では『ゴジラ』や『月光仮面』のときよりも世知辛い時代に入ってきたと言えるのかもしれない。

「できません」が許されない現場

もう一つ、大野剣友会の大きな功績の一つとして「ライダーキック」の完成を挙げておかねばなるまい。昭和から平成、そして令和でも受け継がれている必殺技のライダーキック。仮面ライダーの代名詞ともなっているライダーキックを完成させたのは大野剣友会なのだ。

実は、一九七一年という時代にキックを必殺技にしたというのは非常に興味深い。というのも、アクション映画においてそれまで主流だったのは、西部劇に源流を持つパンチ主体の戦いだったからだ。状況を一変させるのは、七三年に封切られたブルース・リーの『燃えよドラゴン』（*Enter the Dragon* 監督・ロバート・クローズ[*]）でブルース・リーが見せたキックを多用した功夫（カンフー）アクションだったと日本俳優連合理事も務めた殺陣師の高瀬将嗣*は解説している（『基礎から始めるアクション技斗・殺陣』著・高瀬将嗣　雷鳥社　二〇一三年）。

同書で高瀬も触れている通り、ブルース・リーが世界的に脚光を浴びる二年も前にライダーキックを必殺技として打ち出したのが『仮面ライダー』であり、第一話の台本に書かれた「空中に高く跳躍8の字を描いてエネルギーを最高に蓄え火の玉のようになって落下する仮面ライダー。蜘蛛男に全体重のキック！」（『仮面ライダー1971～1984』講談社　二〇一四年）というト書をトランポリンで宙に飛び上がっての蹴り技に昇華させたのが大野剣友会だった。「あれはカシラの発案だね。バッタだから高く飛ぶ、という設定から、空中で蹴る技を考えたんだろう」と岡田は推し量る。

もちろん、合成が必要な光線技などより、人間が演じるライダーキックの方が安価だったという予算面の事情が背景にあったのは言うまでもない。それでもウルトラマンの光線技やミニチュア特撮に対して、言わば苦肉の策として生まれたライダーキックは、真似しやすいことから日本中の子供たちを魅了した。ライダーを真似て高所から飛び降りて子供が死亡する事故まで起きて社会問題となり、藤岡が本郷猛として第六八話（「死神博士　恐怖の正体」）の中、子供たちに真似しないよう呼びかけるほどだった。

なお、キックにおいては「先輩格」の仮面ライダーではあったが、「後輩」であるブルース・リーがアクションの世界に持ち込み、一世を風靡した功夫の蹴り技には少々悩まされたようだ。それまで、飛び蹴り以外の蹴りでは、体がT字型になるように上半身を地面と水平に倒して蹴る形が主流だったが、ブルース・リーは上半身を倒さず真っ直ぐに立ったまま素早くコンパクトに蹴った。これを見た殺陣師の高橋がライダーの立ち回りにもこの新技導入を求めたため、剣友会メンバーは道場の窓の枠を摑んで足を上げる、バレエのバーレッスンのような動作を続けることになり、ぎっくり腰になる者まで出る始末だった。

今では当たり前になった、ライダーキックやパンチをカメラに向けて繰り出すカメラワークも『仮面ライダー』で確立された。諸外国では例を見ない、日本独自のアクションの「魅せ方」である。

大野剣友会の面々の活躍を支えたのは、日々の地道な稽古だ。

稽古は毎日、昼と夜に各二～三時間みっちり行われた。休みは大みそかと元日だけ。撮影がある日でも、夜には道場に戻ってきて稽古に出ることが強く推奨されたし、撮影が休みの日は朝から稽古があった。

まず、剣殺陣の型をみっちりさらい、それから現代アクションの基本の殴りや蹴り、足刀、背落ち（背中から着地する飛び方）などを繰り返す。その後、岡田ら殺陣師がつける立ち回りを覚えて何度も稽古した。最初はゆっくりと、次第に早く動き、マックスのスピードが出るまで同じ立ち回りを繰り返すことで体に動きを覚えさせるのだという。中屋敷は、剣友会の古参たちはこうした基礎の稽古を繰り返しやっていたからこそ、現場での指示にも臨機応変に対応できたと話す。逆に言うと、いくら運動神経が優れていて様々な「技」がこなせても、基礎がなければ応用がきかない。稽古は本当の意味でアクションの「基礎」を固める大事な場であった。

文字にすると、稽古の内容はごく常識的に見えるが、経験者は全員口を揃えて「しんどかった」「反吐（へど）が出るほど苦しかった」と語る。

七〇年代は学校の部活動でも「練習途中で水を飲むな」と言われていた時代である。当然、剣友会の稽古は、水分補給も休憩もないまま空調のない道場で延々続く。板張りの道場で裸足での立ち回りが続くので、足の裏がぺろりと剝(む)けて血だらけになり、そのあとにタコができて硬くなっていく。『戦隊シリーズ』で多くのレッドを演じた新堀(にいぼり)和男は、新人時代、稽古のあまりの辛さに二階の道場の窓から道路に向かって吐いてしまい、翌朝「夕べ道路に吐いたのは誰だ！」と大野に怒られた経験を持つ。

それでも誰も稽古をやめようとはしなかった。それどころか、稽古の後も近くの公園で布団をマット代わりにするなどして自主稽古を続けた。なぜなら、稽古して技量が上にならないと撮影現場に出してもらえなかったからだ。現場に入っても、最初は「面持ち」しかやらせてもらえない。「面持ち」とは文字通り、撮影の待ち時間などに先輩スーツアクターが外した面を持っている仕事である。前述した通り、面は「番組の顔」として大切に扱われ、決して地面に置きはしなかった。面持ちから戦闘員へ、そして怪人やライダーへと進むためには、稽古をするしかなかったし、重ねた稽古が現場での自信となった。

スポ根漫画か「虎の穴」（漫画『タイガーマスク』に登場する、悪役レスラー養成機関）を彷彿とさせるような厳しい稽古を乗り越え、切磋琢磨し合った仲間たちの間には、息が合うなどという軽い言葉では表せない信頼関係が育まれた。それこそが、大野剣友会ならではの見ごたえのある立ち回りの基盤にあるものだ。

唯一、仮面ライダーに不可欠なトランポリンアクションは、当初、剣友会ではなく、ＪＡＣの三隅

上田弘司　1952年生まれ。『スカイライダー』などで華麗なトランポリンスタントを見せた。（2022年7月撮影）

修や春田三三夫（現・純一）が担当していた。トランポリン撮影の日が二話につき一日設けられ、ライダーキックやライダージャンプなどの空中アクションのカットを延々と撮影し続けた。朝から晩まで大きなトランポリンで跳び続けるため、新人だった春田によると、一日の撮影が終わると、トランポリンから降りても体がふわふわしていたそうだ。

大トランポリンから弾みをつけて跳び上がり、そこから地上に敷かれたマットに到達するまでの空間を利用して、数々の技が誕生した。ライダーローリング、ライダーきりもみシュート、ライダー月面キック等々。大きなトランポリンはジャンプが高く跳べて滞空時間が長く、空中回転もゆっくり優雅に表現することができた。青空をバックに高く跳び、回転したり、体をひねらせたりするライダーの伸びやかなアクションは、この広い空間から生まれた。ＣＧやワイヤーアクションによるスピード感優先の映像とは異なり、映像はどこか大らかで牧歌的だ。

しばらくすると、学生時代に器械体操をやっていたメンバーの入会もあり、剣友会メンバーがトランポリンアクションもこなすようになる。『秘密戦隊ゴレンジャー』（七五年）や『スカイライダー』、

『仮面ライダースーパー1』でトランポリンアクションを担当した上田弘司（ひろし）は「僕は体を思い切りならせ、手を広げて大きく跳ぶことにはこだわった。キックは怪人を突き抜けるくらいの勢いで、ジャンプは本当に空に向かって飛ぶよ、というくらいの気持ちで大きく跳んだ」と振り返る。

殺陣師の高橋や岡田からは「ジャンプして抱えた怪人を投げながら宙返りしろ」や「きりもみしながらキックして」「崖の上でミニトラ（円形の小さなトランポリン）を踏んで回転しながら崖下に飛び降りろ」と、無茶な注文ばかりが相次いだ。上田は「今ならCGやワイヤーアクションでやるようなことをずいぶんやりました」と苦笑する。怪人のスーツを着て、仮設の鉄棒で体操の大車輪をやったこともあった。仮設というより即席というべきもので「広場に鉄棒を立てた。でも、立てたといってもスタッフが支えているだけ。回るとぐらぐら揺れてすごく怖かった」と上田は振り返る。（『秘密戦隊ゴレンジャー』第二六話「青すじ七変化！ 恐怖の毒薬博士」）。

トランポリンに限らず、「できません」は禁句だった。「できない」といえば、「じゃあ、衣装を脱げ」と言われ、代わりの人間がその衣装を着る。それがわかっているから、殺陣師が「やれ」と言えば、とにかく挑んだ。上田が口にした「僕らに『ノー』という言葉はないんです」という言葉は大野剣友会メンバーの共通認識である。

ヒーローショーも席巻する剣劇集団

令和の今も、休日になると日本全国で行われているヒーローショーのスタンダードも、この時期、大野剣友会によって確立された。それ以前にもゴジラやウルトラ怪獣によるショーは行われていたが、どちらかというとサイン会などのふれあいが中心だった。アクションを伴うショーとなると、等身大ヒーローの独壇場と言えるかもしれない。

日本初の「仮面ライダーショー」は七一年七月二二日から二五日まで大阪のミリカランドで毎日放送主催の「仮面ライダーまつり 仮面ライダーが来た!!」の一環として行われた（『仮面ライダーをつくった男たち1971・2011』取材／脚本・小田克己、漫画・村枝賢一　講談社　二〇一一年）。ショーの演出は大野幸太郎。仮面ライダーを二体用意し、ショッカー怪人が暴れるところへ、隣の建物の屋根の上からライダーが現れるという演出で、子供たちの度肝を抜いた（前掲『大野剣友会伝』）。ライダーを複数使うことで子供たちの視線を動かし、飽きさせないという大野こだわりの演出だった。今書いているだけで、わくわくしてくるから、CGの存在などまだ知る由もない当時の子供たちにとって、目の前にライダーが現れたり消えたりしてアクションをするショーは、どれほどすごいインパクトがあったことだろうか。

人気が沸騰してくると、各地のデパートやスーパーマーケットでのショーも盛んになる。人出は尋常ではなく、デパートの屋上に六〇〇〇人が詰めかけ、開店以来、初めて入場制限した店もあったほどだ（読売新聞朝刊都民版　一九七二年四月三〇日付）。控室からショーのステージまでをも客が埋め尽くし、もみくちゃになってライダーがステージにたどり着けないということも珍しくなかった。

河原崎は、この頃、週末や夏休みシーズンになると全国の商業施設を回る生活を一年以上送った。人気があり過ぎて人手が足らず、剣友会からは河原崎とあと一人くらいしか派遣できないため、ほかの出演者はアルバイトなどでまかなう。

「長崎屋の手」なるものが考案されたのもこの頃だ。長崎屋とはもちろんスーパーマーケットチェーンの長崎屋。どこの地方のどんなアルバイトが参加する現場でも、すぐに覚えて実演できるようにと、わかりやすく、見栄えのいい手（立ち回り）が編み出された。

「客が多過ぎて、ショーの場所が一畳くらいしか確保できず、手を振るだけで終わったこともある。それでも喜ばれたね。そのくらいすごい人気で、やっていて気持ち良かった」と河原崎は思い起こす。ショーの後にはサイン会があり、多い日には一日二〇〇〇枚以上サインを書いた。ショーの後、ライダー姿のまま、色紙に「仮面ライダー」と決められた字体で書いていくのは、想像以上に骨が折れる仕事で「僕は子供の顔を見る余裕もなく、ひたすらサインを書いていた。あのサイン、今でも持っている人はいるのかな」と河原崎は懐かしそうに目を細める。

七二年になると、いよいよ後楽園ゆうえんち（現・東京ドームシティアトラクションズ）の野外劇場でのショーが始まる。ショーの構成や脚本、演出は、すべて大野自ら手掛けた。出演するのもテレビでライダーや怪人を演じている「本物」のメンバーたちだ。週末はアクション部分の撮影を休みにして、撮影が終わった怪人の着ぐるみを使ってショーに出演したのだ。

ショーには大野の「視線を散らす」方針が存分に活かされ、同じ仮面ライダーが二～三人用意されていた。ステージで怪人が暗躍を始めたかと思えば、客席後方から「待て！」とライダーが登場する。戦ったライダーの姿が通路の奥に消える。次の瞬間、ステージの一番上段から飛び降りて空中回転を鮮やかに決める。数体のライダーを使ってのショーは子供たちの視線を釘づけにする内容で、大当たりを取る。後楽園の周りにぐるりと客が列を作り、何千人もの客が押し寄せた。

翁長和男　1951年生まれ。イベント会社を運営し、現役でキャラクターを演じ続ける。（2022年6月撮影）

当時、ステージの真上にはジェットコースターのレールが通っていた。普通に考えれば演出上邪魔でしかないこのジェットコースターを大野は活用し、コースターにヒーローが乗って登場したり、レールの上にライダーが現れて飛び降りたりする演出を考え出す。

二〇二三年現在、『戦隊シリーズ』のショーが行われているシアターGロッソは屋内の劇場で、マットなども備えられている。だが、当時の野外劇場の地面はコンクリートが剥き出しだった。ライダーが飛んで落ちる奈落（舞台の床下）のような場所には一応マットがあったが、お世辞にも立派なものではない。イベント会社、太郎事務所を経営し、七〇歳を過ぎた今でも自らキャラクターを演じる大野剣友会出身の翁長（おなが）和男は『仮面ライダーX（エックス）』（一九七四年）のショーで戦闘員を演じていたときに転倒し、コンクリートの地面で頭を打ち意識を失った。それでも体は知らぬ間に起き上がり、最後までライダーと戦っていたという。「ショーが終わってオヤジ（大野）が帰った途端、倒れて病院に運ばれたらしい。僕はいまだに何も思い出せないんですけれど」と翁長は恐ろしい経験を明るい笑顔でさらりと話す。

人気絶頂期には野外劇場どころか後楽園球場を使っての『仮面ライダー』と『月光仮面』のショー

というものまで開催された。仮面ライダーは中屋敷、月光仮面は新堀が務めた。新堀の記憶によると客の行列が球場を五周したそうだ。

翁長が忘れられないのは、目黒区青葉台の美空ひばり邸[*]の庭で長男、加藤和也（現・ひばりプロダクション社長）の誕生日のために「仮面ライダーショー」を催したこと。怪人に入った翁長は庭の池に頭から突っ込むパフォーマンスを見せた。ショーの後、ひばりから労(ねぎら)いの言葉をかけられたことが忘れられないそうだ。歌謡界の女王がプライベートショーを依頼してきたあたり、当時の『仮面ライダー』人気の過熱ぶりを雄弁に物語っている。筆者は二〇二一年六月、青葉台の自宅での「美空ひばり三十三回忌法要」の司会を務めた際、和也にショーの場所を尋ねたが、すでに池は埋められ、ショーをやった庭には大きな桜の木が植えられていた。

ヒーローショーは現在も東京ドームシティの屋内劇場シアターGロッソでJAE（ジャパンアクションエンタープライズ）が主体となって上演されているほか、各地の遊園地や商業施設で演じられている。その源流にも大野剣友会がいるのだ。

波に乗った大野剣友会は、『仮面ライダーシリーズ』に加え、『超人バロム・1(ワン)』（一九七二年）や時代劇特撮である『変身忍者 嵐』（七二年）、『イナズマン』（七三年）など数多くのヒーロー番組のアクションを担当し、特撮ブームの一翼を担っていく。

日本人の多くはまだ「豊か」だとは実感していなかったが、額に汗して働けば、明日は今日よりいい日になる、と誰もが信じて頑張ることができる時代だった。

剣友会創始者の大野幸太郎は、二〇〇九年に七六歳で世を去った。

草創期の仮面ライダーアクションを作り上げたカシラこと高橋一俊は三三歳のときに大野剣友会と袂を分かち独立。ビッグアクションを創設して『忍者キャプター』（一九七六年）や『快傑ズバット』（七七年）を担当した後、九一年に四八歳の若さで鬼籍に入った。

哀愁ある仮面ライダーを作り上げた名優、中村文弥も二〇〇一年、五五歳で帰らぬ人となった。

『昭和ライダー』の時代は遠くなりにけり、なのである。

第5章 — 主役の集団化とJACの台頭

集団ヒーローの登場とリーダーの立ち位置

男女混合の集団ヒーロー体制を本格的に特撮ジャンルに持ち込み、現在に続く『スーパー戦隊シリーズ』の基礎を固めたのが『秘密戦隊ゴレンジャー』（一九七五年）である。それまでにも『トリプルファイター』（七二年）や『流星人間ゾーン』（七三年）などの集団ヒーロー作品はあったが、これらはメンバーがきょうだいという設定ゆえの「集団」だった。他人同士が集まったチームとしては、『忍者部隊月光』（六四年）や赤白青の色の名を持つ三人の忍者が戦う『仮面の忍者赤影』（六七年）があったくらいではなかろうか。日曜の朝、テレビをつければ五色（以上）の戦士が戦っているのが当たり前の、二一世紀の地平から見ると、男女混合のチーム戦というのは、違和感がない。しかし、七五年においては、それまでの常識を覆す歴史的な出来事だった。『ゴレンジャー』は二年近く放送され、最高視聴率二二％を獲得する快挙を成し遂げる。そして二〇二三年まで四七作も続いている『スーパー戦隊シリーズ』の礎をしっかりと築いたのだ。

筆者はすでに小学校高学年だったが、女子校に通うちょっとませた小学生たちは、新命明（しんめい）（演・宮内洋）のカッコよさにしびれ、「変身前と後って、もしかして別人なのかな」「先週のモモレンジャーの中身……男じゃない？　いやまさか……」などという話で大いに盛り上がったものだ。今思えば、知らぬ間にスーツアクターについて語り合っていたことになる。『ゴレンジャー』という番組にいかにインパクトがあり、ヒーローの「中の人」が当時の子供たちの関心を集めていたかを物語る一つのエピソードと言えないだろうか。

全八四話中、第一話から第六六話までのアクションを担当したのは、『仮面ライダーシリーズ』と同じ大野剣友会だ。剣友会は、ライダーで培った知見を、この集団ヒーローの立ち回りにフルに活用した。

ゴレンジャー最大の特徴は、ライダーからさらに進化した「名乗り」と「見得」だ。五人の戦士が次々にポーズを取りながら「アカレンジャー！」「アオレンジャー！」と名乗りを上げていき、最後に右手をパーの形にして前に突き出して「五人揃って、ゴレンジャー」と叫ぶ「名乗り」と「見得」は、ライダーの変身ポーズと同じく殺陣師の高橋一俊が考えた。元ネタは歌舞伎の『白浪五人男』のクライマックス「稲瀬川勢揃いの場」での見得だ。

場所やストーリー展開に関わらず、名乗りの際にはひとまず戦いをやめて崖やクレーンの上、ビルの屋上の柵の外の縁（へり）（！）、歩道橋の細い手すりの上（！）などの「高い場所」に立つ。そしてしっかり名乗ってから、改めて参戦していくのである。このあたり、時代劇での戦国武将の名乗りのようでもあり、東映娯楽時代劇の影響も色濃く感じられる。

名乗りを強調する演出は、『仮面ライダー』との差別化ともなり、人気に拍車をかけた。名乗りが難しくなく、子供たちが真似しやすかったのも人気の理由だろう。なお、高橋の大野剣友会退会に伴い、番組中盤からの殺陣を担当した岡田勝は、博徒が腰をかがめて「おひけえなすって」と名乗りを上げるポーズを必殺技「ゴレンジャーハリケーン」に取り入れている。

ゴレンジャーのリーダー、アカレンジャーのスーツアクターを務めたのは当時二〇歳になったばかり、剣友会の若手、新堀和男である。アオレンジャーやミドレンジャーを演じていたのが先輩の中屋敷鉄也や河原崎洋夫らだったため、リハーサルで新堀が面の中から「行け!」と命令しても「お前が行けよ~」と返されて、最初はなかなかやりにくかったらしい。

新堀はその後、大野剣友会の『戦隊シリーズ』からの離脱とともにいったん現場を離れるが、『バトルフィーバーJ』(一九七九年)で再び復帰し、『鳥人戦隊ジェットマン』(九一年)まで昭和から平成にわたって一四人のレッドを演じることになる。

キャラクターを演じるために生まれてきた男

「ミスターレッド」の異名を取る新堀は、昭和から平成初期の戦隊のリーダー、レッドのキャラクターを確立させた。足を肩幅ほどに広げてすっくと立った新堀レッドは、ただそこに立っているだけで格好良い。危険なアクションと違って立っているだけなら誰でも同じ、と思うかもしれない。でも、歴戦のツワモノであるベテランスーツアクターたちが口を揃えて「真似しようとしても真似できない」「キャラクターを演じるために生まれてきた人」「スーツアクターの芸術」と絶賛するのが新堀の立ち姿である。揺るぎない、絶対的に頼れるヒーローの存在感がある。

『ゴレンジャー』がスタートしたとき、五人の中でのアカレンジャーの位置づけは、「リーダー格」だった。そして昭和後期のリーダー像とは、頼れる大人であって、決断や判断を任せられる存在だった。変身前の海城剛を演じた誠直也は、容貌からして角刈りに鋭い目と貫禄があったし、誠演じる海城は常に冷静沈着で責任感があり、メンバーを率いる統率力に長けていた。何より、この人についていけば大丈夫だという確実さと安定感に満ちていた。

　前著で筆者はこうした初期のレッドを「おじさんレッド」と称した。ヒーローというものがまだ「イケメンのお兄さん」ではなく、頼れる大人であり、「月光仮面のおじさん」の延長線上にあった時代なのである。余談だが、当時の誠の実年齢は二六歳。二〇二三年現在でいうなら、人気俳優の高杉真宙（『仮面ライダー鎧武／ガイム』〈一三年〉で仮面ライダー龍玄などを演じた）とほぼ同年代だ。現在の高杉と当時の誠を比べると、誠がまとっていた貫禄には、改めて驚かざるを得ない。

　この「おじさんレッド」に求められるものを新堀レッドは見事に表現していた。一七九センチの長身で泰然自若として立ち、伸びやかな動きで名乗りを上げ、悠然と技を繰り出す。その姿は、まさしく昭和が求めた確かなヒーローそのものだった。

　『超電子バイオマン』（一九八四年）でイエローフォーのスーツアクターとして新堀と共演し、近年は大河ドラマ『鎌倉殿の13人』の殺陣武術指導なども担当した辻井啓伺（現・ＳＴＵＮＴ ＪＡＰＡＮ代表）は「決してスタイルがいいわけではないのに、立ち方、構え方で格好良く見せる技がある。形だけじゃなく、本当に気持ちを入れて殴っているし、蹴ってくる。一流の上の超一流」と新堀を評する。『ウルトラマンメビウス』（二〇〇六年）や『非公認戦隊アキバレンジャー』（一二年）などのスーツアクターを務めた和田三四郎も「新堀さんは刀を回すときにも動きに緩急があってスピードが何段階にも変化している。『アキバレンジャー』でご一緒したときに木刀を振っているのを見て、こんなに違うんだと驚いた。ご本人は感覚でやられているからたぶん『そうか？』と言うだけなんでしょうけれど、すごいセンスです」と感嘆する。

『超獣戦隊ライブマン』（一九八八年）から『鳥人戦隊ジェットマン』までの四作品でスーツアクターとして新堀と共演し、『平成仮面ライダーシリーズ』でアクション監督を務めた石垣広文（ひろふみ）は、新堀を「天才」と言い切る。それを実感したのは、爆薬を使った撮影のときだった。敵怪人の体に爆薬入りのカプセルを太刀筋（たちすじ）に沿って線状に並べ、新堀が剣で斬るのと同時にスイッチを入れて太刀筋が爆発したように見せる仕掛けだった。「ところが、リハーサルで軽く動いてもらったら太刀筋が正確過ぎて、カプセルが全部割れてしまった。あんなこと、普通は狙ってもできない」と舌を巻く。

新堀自身が追求していたのは、ヒーローの飛び切りの格好良さだった。なんでもできて、何をやってもカッコいい。たとえやられても、やられ姿までもがカッコいい、そんな存在になろうと努力を重ねた。特に、リーダーとして、選りすぐりの五人の中で最も優れているように演じられなければ納得できなかった。立ち回りでもゴレンジャー全員が一人ずつアクションをするときには、まず、最初にやって、先輩四人が演じるのを見てから改めてもう一回自分の動きを演じてみた。最も優れた動きを身につけるために、誰よりも経験を積もうとしたし、現場にもそれを許す余裕があったのだ。

技術も大切だが、まずは敵を威圧するような迫力を醸（かも）し出さなくてはいけない。新堀は本当に敵の怪人を「ぶっ殺すくらいの気持ち」で戦っていたという。背景にあったのは、殺陣師の高橋の言葉だった。「上辺（うわべ）だけで演じるな。形だけじゃダメなんだ」と何度も言われたという。新堀は、パンチ一発、キック一蹴りにも、どういう気持ちで殴ったり蹴ったりするかを考え抜いて演技した。

そんなある日、新堀のレッドを見ていたスタッフが「面の中からぐわっと新堀ちゃんの顔が浮き出して見えるよ！」と叫んだ。中村文弥や中屋敷がライダーを演じるときの、戦い終わって背中から滲み出る哀愁に憧れていた新堀は、このとき、本当に嬉しかったと述懐している。ようやく追求していた自分のヒーロー像に手が届いたような気持ちだった。第3章でのミスターウルトラマン、古谷敏の話と何やら通じるものが感じられるエピソードだ。極めた人が見る景色は同じなのかもしれない。

意外にも地味にきつい撮影

新堀は、「変身前」の役者の芝居に合わせようと思ったことはほとんどない。むしろ、作品のタイトルは変身後のヒーローなのだから、変身前より変身後の自分が主役だと自負していた。唯一、真似をしたのは、アカレンジャーの誠の独特の走り方だった。ラグビー経験者である誠の、がに股気味で少し肩を振る、ちょっとアウトサイダーっぽい走り方だけは進んで取り入れ、以後もこの走り方を続けている。この「新堀走り」にはファンが多く、台本では「バイクに乗って駆け付ける」と書かれている場面が、走りに変更になったこともある。

新堀レッドの評価は、国境を越えて高い。二〇一九年にフランスのジャパンエキスポに『超電子バイオマン』の変身前のキャストとともに招かれたときには「カズオ、カズオ」のコールが湧き起こり、サイン会では新堀の前に長蛇の列ができた。新堀をイベントにキャスティングした日本在住のフランス人、ピエール・ジネルは「新堀さんにはオーラがある。動かず立っているときもカッコいい。剣術もすごいし、新堀キック、ああ、たまらない」とうっとりと語る。

ブラジル・サンパウロ在住で、日本のアニメソングユニットJAM Projectの準メンバーであるヒカルド・クルーズも新堀の立ち姿に魅入られた一人だ。「面をつけていてもすぐに新堀さんが演じているとわかる。新堀さんの動きにはなんか魔法のようなものがついている気がする」とほめちぎる。

天下無敵に見える新堀にとっての強敵は、水だ。新堀は泳げないのだ。そのうえ、面をつけたまま水中に落ちると、水が呼吸穴などから面の中に入ってくる。じわじわと口や鼻の高さまで達した水は、水中から顔を出しても気圧の関係ですぐには抜けていかない。コップ一杯の水であっても、抜けなければ人は面の中で溺れてしまう。面を外そうとしても動揺していると外すことができない。あるとき、海中でピンチに陥った新堀を救出にきた石垣は、水泳で国体出場経験があるにもかかわらず、パニックになった新堀にしがみつかれてしまい、二人揃って溺れそうになったという。こうしたことから、次第に新堀レッドについては、窮地に陥って水に落ちるときには、なぜか変身が解除され変身前の役者が水に落ちるという不思議な逆転現象が起きるようになった。

地味にきつかったのは、ロボットなど乗り物の操縦席の撮影だった。一九八〇年代中頃までの操縦席のセットは、テレビ画面に収まるサイズにリアルな操縦席が作られ、そこに五人の戦士が詰め込まれていた。戦闘機の二人乗りの操縦席ともなれば、さらに狭いセットの上をシールドが覆う。画面を見ると肩と肩が触れ合うほど近くに並び、前後もほとんど余裕がないのがよくわかる。戦いが長期戦ともなれば、エコノミー症候群になること間違いなしのコンパクトさだ。そこに面をつけた複数の体が大きい男性が入って演じるから、息苦しくなる。苦しくなったほかのメンバーが「新堀さん、いったんＮＧ出していいですか」と尋ねてくるたび、新堀は「ダメだ！　もう一回やらなきゃいけなくなるじゃないか」と言って励ました。操縦席も苦しいが、面を脱いでまたつけ直して最初からやり直すことを考えれば、そのまま我慢する方がマシだったという。

華麗でアクロバティックなアクション

『戦隊』史上、最大の変化は『ゴレンジャー』の放送終盤に訪れた。

七六年一一月放送の第六七話からアクション担当が大野剣友会からＪＡＣ（ジャパンアクションクラブ、二〇〇一年から現・ＪＡＥ〈ジャパンアクションエンタープライズ〉）に代わったのだ。ＪＡＣは当時、前述の『仮面ライダー』でのトランポリンに始まり、『ロボット刑事』（一九七三年）『アクマイザー３』（七五年）『正義のシンボル　コンドールマン』（同年）『超神ビビューン』（七六年）などのアクションを担当していた。

必見！瞬間に凝縮された超絶アクション！――No.5

作品の見応えを支える、戦闘員たちの仕事

『科学戦隊ダイナマン』｜第16話｜「阿蘇山大爆発作戦」ほかより

九州ロケ編。第16話の阿蘇の大地を背景にした5人のヒーローの乱戦は、まるで映画の大画面のような贅沢な構図。第20話「追え！天草の太陽」での天草のロープウェイ（普通に高所を運行している！）の上でもみ合う星川竜（演・春田純一）とシッポ兵（戦闘員）との戦いも手に汗握る名場面である。だが、なんといっても一連の九州ロケ編の殊勲賞は、シッポ兵を演じたJACの面々にさしあげたい。第17話「恐怖！九州大地震」で西部劇風コスプレの変身前のダイナマンたちと洋館前で戦い、次々と銃で撃たれていくシッポ兵のやられっぷりが凄まじいのだ。洋館の高い屋根からバック宙や前宙で落ちる先にはマットなどない。直にコンクリートや土の地面に落ちていく。後半では、馬に乗って星川に襲いかかって手裏剣で返り討ちにされ、見事な落馬も見せている。

大野剣友会からJACへの移行、その背景については諸説あるが、直接関係した者の多くが他界していること、そして何よりスーツアクターの魅力を伝えるという本書の目的とは異なるので、ここでは変更されたという事実のみ記しておく。大野剣友会はこの後も、『宇宙鉄人キョーダイン』（七六年）や『ザ・カゲスター』（同年、ほとんどの回での殺陣は剣友会ではない渡辺安章が担当）、『大鉄人17（ワンセブン）』（七七年）、剣友会がショー用オリジナルヒーローとして考案した『UFO大戦争 戦え！ レッドタイガー』（七八年）などを担当し、七〇年代特撮ブームを支えた。八〇年代以降も円谷プロの『アンドロメロス』（八三年）、『スケバン刑事（デカ）シリーズ』（八五～八七年）のほか、『ペットントン』（八三年）などの『東映不思議コメディーシリーズ』で存在感を見せつけている。

一方、JACは『戦隊シリーズ』第三作『バトルフィーバーJ』の序盤を、大野剣友会を離れた高橋一俊が立ち上げたビッグアクションに譲るが、すぐに再びJAC体制に戻り、以後、現在に至るまでの『戦隊シリーズ』を担当している。

JACへの交代を契機に『戦隊シリーズ』のアクションは大きく変化した。

時代劇の殺陣を担う人材育成を主な目的としていた大野剣友会とは異なり、JACは俳優・千葉真一が、自分のアクションの相手もできる俳優を育成するため、七〇年代に設立したチームだ。異なる出発点を持つ両者の、立ち回りや芝居のテイストの違いは、自ずと画面に現れた。純粋にアクションのタイプが変わったのだ。

戦闘シーンは、軽くスピーディーになり、トランポリンアクションが多用されて、立体的になった。ミニトラをいくつも地面に埋め込んでの連続前宙返りで敵を蹴散らしたり、居並ぶ戦闘員の間を連続バック転で駆け抜けたり、コンテナとコンテナの間を跳び歩きながら敵を倒したりと、この時期、重力から解き放たれたようなアクションが目立つようになる。あるアクションマンの言葉を借りるなら「チャンバラから新体操に変わったみたいな感じ」である。

「デンジタワー」（『電子戦隊デンジマン』〈八〇年〉）に代表される組体操のような技が編み出されたのもこの時期だ。デンジタワーは、横に並んで立った二人のヒーローそれぞれの肩に、さらに二人のヒーローが立ち、下の二人の内側の太ももに足を乗せる形で、中央にもう一人が立つ、やぐらのような構えである。中央に立った新堀によると、乗る方も乗られる方も痛いうえに重心が取りづらく、地味にきついポーズらしい。こうした組体操的な技は戦隊に限らず、『アクマイザー3』や『超神ビビューン』でも多用され、JACの個性を打ち出していく。

戦闘員の乱戦も、趣を異にした。大野剣友会の、それぞれが何らかの事情を抱えていそうなチンピラ風味の「カラミ」から、統制の取れた集団になった。一斉にバック宙をしたり、組体操的なポーズを取ったりする戦闘員たちは、いかにも全体主義に洗脳されているようであり、ショッカー戦闘員とは異質の不気味さを醸し出す。

速くなったのに加え、アクションにはアクロバティックな要素が加味されて、華やかにもなった。変化が顕著に表れているのは名乗りポーズだ。

『ゴレンジャー』ではそれぞれワンポーズだけだった名乗りの時間は伸び、「歌舞伎テイスト」が一層強まる。シリーズ第二作の『ジャッカー電撃隊』（七七年）では名乗り自体はあっさりしていても、戦闘の中で「ジャンプ一閃赤い風、うなって踊る核のムチ」「ひらり一転桃の花、咲かせて散らす磁力盾」など、それぞれの色を織り込んだ七五調の台詞、「つらね」に似たものが唱えられている。

名乗りの一つの美しい完成形を、八一年の『太陽戦隊サンバルカン』に見ることができる。鷲のように大きく羽を羽ばたかせる動きの新堀のバルイーグル、片手を背ビレに見立てた横一直線のポーズでサメを表現する柴原孝典（たかのり）のバルシャーク、身軽さを誇示するようにその場でバック宙を決める伊藤久二康（くにやす）のバルパンサー。それぞれが自分で考えたという名乗りポーズは、軽妙でかつ物語性もあり今見ても「映える」。柴原のバルシャークは令和になっても若い世代の芸能人から注目され、たびたびＳＮＳを賑わせている。

伊藤の宙返りは、名乗りにとどまらず、『サンバルカン』の随所で見ることができる。ワイヤーやピアノ線で補助的に吊られることなく、

柴原孝典（左、1961年生まれ）と伊藤久二康（右、57年生まれ）『太陽戦隊サンバルカン』のバルシャークとバルパンサーは語り種。（2022年6月撮影）

自力で木や壁を駆け上がり、その勢いでくるりと後転して着地する、野生動物さながらの動きは、伊藤が夜の公園で練習して身につけた技だ。劇場版で伊藤が見せた、戦闘員と息を合わせての連続バック転など、見ているこちらの気持ちが高揚する。なお、伊藤はＪＡＣメンバーではなく東映芸能アクターズクラブ（現・ＴＡＣ〈テクニカルアクターズクラブ〉）の所属だったが、技闘担当の山岡淳二*に一本釣りされて『デンジマン』から『戦隊』のスーツアクターとして活躍することになる。山岡は今日に続くＪＡＣのヒーローアクションの礎を築いた鬼才であるが、彼については第8章で詳述したい。

変身後にとどまらず、変身前も演じる

「変身前」をＪＡＣメンバーが演じるケースも出てきた。一見、藤岡弘、の怪我以前の体制に戻っただけに見えるかもしれないが、ちょっと趣が異なる。訓練の有無に関わらず、無理を承知で役者本人に変身後を演じさせていたのが以前のパターンだとしたら、ＪＡＣ参入以降は、アクションの経験を積んだ者の中から変身前も演じられる役者を選抜したのである。面をつけてのアクションはもちろんのこと、彼らは変身前でも泥まみれになって転がり、飛び降り、ぶら下がり、宙返りをし、体を張ったアクションを見せて、ヒーローとは変身しなくても強靭な体と心を持った特別な存在であることを印象づけた。

先陣を切ったのは、大葉（おおば）健二だ。一九七九年の『バトルフィーバーＪ』のバトルケニア・曙（あけぼの）四郎役で戦隊初レギュラーを勝ち取り、翌八〇年の『電子戦隊デンジマン』でもデンジブルー・青梅（おうめ）大五

郎を好演する。

『人造人間キカイダー』（七二年）でもアクションの多くを担当していた大葉（当時は高橋健二）は、体の中にバネを内蔵しているような身軽さと強い筋力を活かして、アクロバティックな技を惜しみなく披露した。連続バック転やジャンプしてのきりもみなどは当たり前。脚力を活かしてワイヤーの補助なく垂直の壁を走りぬけたり、木から木へと飛び移りながら戦ったり、大葉の見せる技はこれまでのヒーロー番組になかったもので、異彩を放った。

それでいて、デンジブルーの姿では戦闘員たちの前にぬっと顔を出して「おジャマ虫」とからかってみたり、「ヘイ！」と叫ぶ戦闘員たちに「ヘイヘイホー！」と返してみせたりするコミカルな芝居も盛り込み、明るくひょうきんな青梅とシンクロするキャラクターを作り上げた。

大葉に続いたのは、ＪＡＣの「０期生」を自認する古参の春田純一だ。春田はスタントをやりたくてＪＡＣ入りし、一九七五年の映画『仁義の墓場』（監督・*深作欣二（ふかさくきんじ））では、主人公の吹き替えで、エアーマットがない時代に、日本で初めて一五メートルの高さからの飛び降りを成功させている（『別冊近代映画　ＪＡＣ特集号』近代映画社　一九八二年）。春田は八二年の『大戦隊ゴーグルＶ（ファイブ）』と八三年の『科学戦隊ダイナマン』で二作続けてブラックを演じた。それまでショッカーの戦闘員に始まり、『キカイダー』における「ハカイダー」のように「悪」側の色に固定されていた黒色を、スタイリッシュでカッコいいヒーローの色のポジションまで引き上げたのは、春田の功績だ。

ゴーグルブラック・黒田官平（かんぺい）のクールなキャラクターも、ダイナブラック・星川竜（ほしかわりゅう）の少し三枚目な性格も、『戦隊シリーズ』を卒業できずにいた十代女子たちのハートを掴み、今でいうイケメンブームの先駆け的な人気を博す。当時女子高生だった筆者は、年に数回、撮影所を見学に訪れていたが、この頃、同年代の女性たちのグループとよく一緒になった。こうした「大人女子」のファンの存在は、後に『電撃戦隊チェンジマン』（八五年）で顕在化し、大人向けのムック本が出版される動きにつながる。この流れの延長上に平成の特撮イケメンブームは誕生しているのだ。

アクション界では、二人を「コンピューターの大葉、野生児の春田」と評するらしい。豪快に見えて蹴る位置や宙返りしての着地の場所を細かく計算して正確な立ち回りをする大葉に対して、本番になると感情がほとばしるのか、本気で摑みかかってくる春田。そんな二人の違いを表現しての言葉で、当時のＪＡＣ若手はどちらの路線を目指すかで「大葉派」と「春田派」に分かれていたと証言する人もいる。

演技でも、二人は対照的に見える。ヒーロー作品にありがちなオーバーアクションを極力排して、変身前も後も同じように、自然な動きを志向した春田に対して、大葉は弟子たちに対して、面をつけたときには「もっと大きく、はっきり」と、どちらかというと「クサい芝居」を求めたという。もっとも大葉の真意は「一〇〇の濃度のクサい芝居ができなかったら、引き算をしてナチュラルな芝居をすることもできない」という意味だったと弟子の武智（たけち）健二は語っているので、二人が求めた先にあったものは同じかもしれない。

余談だが、ほぼ同期の大葉と春田は仲が良く、新人時代は同じ部屋に住み、ＪＡＣの練習に通っていた。春田は、夜中にふと目が覚めたときに、大葉が鏡の前で一心不乱に蹴りの練習をしていたことを覚えているそうだ。もっとも朝起きた大葉は、全くそれを覚えていなかったという。

武智健二　1972年生まれ。同じ愛媛県出身の大葉健二に学び、90年代中盤に『戦隊シリーズ』で活躍。（2022年10月撮影）

エスカレートを続けるアクション

この時期、ＪＡＣのアクションはどんどん激しさを増していく。

春田は、当時のことを「死ぬんじゃないかというくらい、ずっとアクションしていた」と振り返る。その言葉通り、両作品通して変身前も後も、春田のアクションは切れ目なく続いていた。

「ブラック！　大逆転」（『大戦隊ゴーグルＶ』第二六話）のようなアクション編ともなれば、怪人を見つけた変身前の黒田官平が「今行くぞ」と叫んで、なぜか高い屋根の上から飛び降り、バイクとともに崖から転がり落ち、爆破の中を転がり、と、「なぜ突然そんな場所にいるの？」という疑問も挟めない勢いの、息もつかせぬアクションまみれの展開となる。サーカスのような動きを求められることもあった。ミニトラを踏んで、前に一回転しながらドラム缶の上に飛び乗り、その場で続けてもう一回転し、さらにもう一度回って着地して立ち回りを続ける、という文字にすると何が何だかわからないような連続アクションだ。地面はコンクリートで、もちろんマットも敷いておらず、一か所でも間違えたら大怪我の恐れがあった。高所からのジャンプのようなシンプルな大技よりも、よほど怖いアクションだったと春田は思い起こす。

『ゴーグルV』で崖からロープで降りるシーンで両足を捻挫したこともある。変身前の黒田がロッククライミングのように、一五メートルほどの崖に垂らしたロープに掴まり、ポーンポーンと崖の側面を蹴りながらゆっくり降りていく場面だった。ところが、崖の上の滑車にかけられたロープが滑車のサイズに対して細過ぎたらしい。一回蹴った瞬間に一気に滑車が回って春田は一五メートル下の地面にズドンと両足で着地する羽目に（第二九話「眠りの街の恐怖」）。もちろん、というより「なぜか」という言葉が正しい気がするが、地面にはマットは敷かれていなかった。春田は、捻挫した両足をガムテープでぐるぐる巻きにして、数時間後にはバイクの上の戦闘員に飛びかかる場面を撮影したというから仰天である。

『ダイナマン』ではレッド・弾北斗（演・沖田さとし）の乗るバイクの後輪に取りつけられた爆弾を外すために、変身前の星川竜がバイクにしがみついて泥水のたまる砂利道を引きずられる場面を演じた（第九話「決死の爆弾レース」）。画面ではあっさり描かれているが、実際には顔に間断なく泥水がかかるので息ができず、苦しかったそうだ。

余談だが、忍者の末裔という設定だった星川を表現しようと、春田は台詞を時代劇調にアレンジしていた。中盤からは正式に台本でも採用されるようになったその口調とは「〇〇でござるよ」というもの。激しいアクションが話題になった映画『るろうに剣心シリーズ』（監督・大友啓史　二〇一二、一四、二一年）の主役、緋村剣心（ひむら）（演・佐藤健（たける））の口調にそっくりだ。おそらくは放送中だった大人気テレビアニメ『忍者ハットリくん』（八一〜八七年）のハットリくんの口調から着想したものだろうとわかってはいても、春田ブラックは昭和にあれを先取りしていた、と、つい訳知り顔でつぶやきたくなってしまう。

空中を見せ場にする

『ダイナマン』にはＪＡＣからもう一人、卯木浩二もブルーに起用され、変身前後を演じている。卯木はこの後一九八九年に映画『将軍家光の乱心 激突』（監督・＊降旗康男）で＊長門裕之のスタントを務め、「人馬もろとも火だるまになる」という危険極まりないアクションを成功させた男である。

卯木も『ダイナマン』では最強の技として「空中三角跳び」という途方もない技をやらされている。ジャンプした後、三方向にある木などを蹴って宙に三角形を描くという、なぜ最強なのか論理的にはよくわからない技だ。当然、リアルに三角形を描いて宙を飛ぶことはできない。そこで「吊り」が用いられているのだが、この時代の吊りに用いられていたのはワイヤーではなく、細くて画面に映りにくいピアノ線だった。線を消すための合成技術には一本ごとに金がかかる時代だったのだ。だから、これに限らず「吊り橋からぶら下がって空中で戦っている」「五人揃って空中を飛んでアタックする」などの吊りは、すべてピアノ線で行われていた。当然のことながら細いから、切れやすい。

画面の中、前後左右に大きく弧を描いて動く卯木の体を支えたのは、たった一本のピアノ線だった。撮影中に何度か切れて地面に落下したと卯木は事もなげにいう。卯木は「やれと言われてやらない選択肢はなかった。受け身も取れたから怪我もしていません」と笑うのみ。ほかにも、崖から落ちる場面で、ＪＡＣ以外の共演者に演技で突かれてしまい、タイミングが狂って頭から斜面に激突したこともあるが、無事だったと笑う。勇者の体の仕組みは、凡人とは違うのかもしれない。

高所からの飛び降りは、ＪＡＣの戦隊アクションの華でもある。この時代の『戦隊』の映像を見返してみると、本当にこんなアクションを、有料の劇場版ではなく、誰でも無料で見られるお茶の間のテレビで見ていたのか、と信じられない思いを抱く。そのくらい攻めて、いや攻め過ぎているのだ。

剣友会育ちの新堀は、飛び降りのスタントは経験したことがなかった。飛び降りは、自然に飛んでいるように見えて、飛ぶ直前に斜め上に飛び上がるように踏み切らないと危険なスタントだという。特に、当時の面は重かったため、あえて上方を目指さないと頭から落下してしまう危険性があった。リーダーであるレッドとしてＪＡＣメンバーと一緒に飛ぶために、新堀は現場で実地訓練を重ねた。先生役を務めたのは大葉だ。ロケ先で、昼食の弁当を食べ終わると、大葉に飛び方を習った。最初は五メートルほどの崖から始めて、次第に高くしていったという。

特訓の成果が如実に表れているのが『ゴーグルＶ』だ。同作では、毎回のようにヒーロー五人が、崖や橋の上やジェットコースターの線路から、腹落ち（腹からマットに着地する飛び方）で惜しげなく飛び降りる。崖は八・五メートルほど、ジェットコースターは一三メートルほどの高さだったと、前出のバルパンサー（『サンバルカン』）のスーツアクター、伊藤久二康は証言する。本作ではゴーグルイエローを担当していた伊藤は、飛び降りがあるたびに、重りをつけたタコ糸で高さを計測していた。ざっくりアバウトに語られることの多い当時の飛び降りを客観的に裏づける貴重な記録である。

スーツアクターも人間だから、いくらマットが用意されていても恐怖心がないわけではない。上から見れば、命をつなぐための大きなマットもまるでハガキのように小さく見えて恐怖心を煽る。「でもやるしかないし、慣れるしかない。皆プライドがあるから『できません』なんて口が裂けても言えなかったし、言わなかった」と伊藤は語る。

『超電子バイオマン』でブルースリーのスーツアクターを務めた喜多川務（現・喜多川2tom）は、あるとき、飛び降りる際に一瞬だけ、空中で自分の体勢を変えられるポイントがあることに気づいた。喜多川いわく「無重力の場所」があるというのだ。そこでならば、自重に妨げられずに自由に体を回したりひねったりできるそうだ。喜多川は、毎日のように後楽園ゆうえんち野外劇場のステージ上段から飛び降りることで、その技を会得していった。飛んだときにすぐに落ちずに一瞬上にくいっと上がるのがコツというが、おそらく筆者がそれを試す機会は生涯ないし、あってほしくもない。

飛び終わると「また飛びたくなる」と口にするのは新堀だ。飛ぶまでは飛びたくないと思っていても、いざ飛ぶと、次第に加速していく体の動きに伴い、面にあいている穴から空気がシューシュー入ってきて気持ちいいという。それをまた経験したいという魅力をはらんでいるらしい。一方、春田は、自分にはこれだけのことができるという優越感を感じられることが飛び降りの醍醐味だと語る。

飛び降りでは、飛ぶアクターを地上で受け止める側にも熟練の技が必要となる。「補助」と呼ばれる大切な仕事だ。一〇～一五メートル程度の高さからの飛び降りの場合、用意されるのは二〇センチほどの厚さのスポンジが入ったマットになる。高さに応じて、ロープを編んだ網の上に、このマットを乗せて八人くらいで宙に上げ、アクターを受け止める。受け止める腕には衝撃がかかるが、地面に直接マットを置くよりも着地の衝撃が少ないのと、風や踏切のタイミングで落下位置がずれても臨機応変に動いて受け止めることができる利点がある。『戦隊』に携わったスーツアクターは皆「仲間がそこにいるから飛び降りられる」と話す。ゴーグルブルーを担当した前出の柴原は、ＪＡＣのメンバーがいない現場で飛び降りを経験したことがあるが「自分がマットに着いた途端、補助の人たちが重さにびっくりして手を放してしまって、衝撃が吸収されず全身に痛みを感じた」と語る。ともに練習を重ね、飛ぶ側も受け止める側も相手への絶対的な信頼感があればこそできる大技なのだ。

五人が並んで飛ぶときには密かにマットに「格差」がつけられていた。センターを飛ぶ新堀の下にはふかふかの比較的新しいマットが用意されるが、五人の外側に行くにしたがって、劣化してスポンジがスカスカだったり、折癖がついて中央部分に空洞ができたりしている通称「クズマット」へと、レベルが落ちていく。

一番外側を飛んでいたゴーグルピンクのスーツアクター、竹田道弘は、「クズマット」の被害を受けた一人だ。顔が小さく鼻が高い竹田は、大きな面の中で顔が泳ぐため、後頭部にアンコと呼ばれる詰め物をしていた。これも災いして、リハーサルで着地した瞬間に「(面の内側が) バーンと鼻にきて」鼻血を出した。アンコの位置を変えるなどして何度もやってみたが、飛ぶたびに鼻血が噴き出す。撮影が終わって面を取ったところ新堀に「お前、鼻がお茶の水博士みたいになってるぞ」と叫ばれた。鼻が腫れ上がってしまっていたのだ。竹田はその後もゴーグルピンク時代の飛び降りではほぼ一〇〇%、毎回鼻血を出したという。不思議なことに、ほかのキャラクターではこんな経験はないそうだ。「面の形のせいだったのかねえ」と今でも首を傾げている。

飛び降りはセンターにいるレッドの「はい!」の号令に合わせて全員が飛ぶが、五人で爆発の中を走り抜ける場面でもレッドのスピードに合わせるのが決まりだ。ある程度五人が固まって走らないとカメラのフレームに収まらないし、人とかぶると映らなくなるから固まり方も考えないといけない。

竹田道弘　1962年生まれ。80年代後半からアクション監督に転向し、多岐にわたり活躍する。（2022年10月撮影）

『ダイナマン』では、「爆発！」という名乗りの通り毎回の大爆発がお約束だったから、現代では信じられないほどの数と大きさのナパームの爆発の中を五人が走り抜ける場面がたびたび出てきた。

リハーサルでは一定のスピードで走っていても、本番で炎があおられて近くまで来ると、本能的に新堀の速度が上がってしまい、ほかの四人はついていくのに必死だった。逆に、新堀が最初の爆発を急いで駆け抜け過ぎて、次の爆破予定地点の前で、全員が足踏みをして「爆発待ち」をすることもあった。芝居としてでなく、現実にも五人のチームワークが求められる現場だったのだ。

最近は、許可される場所が減ってきたことから、爆発はCGで表現されることも多い。しかし、生の爆発が生み出す迫力に、CGはまだまだ勝てていない。本物の爆発を前にしたときのスーツアクターや役者の緊張感こそが「いい画」作りに一役買っているという事実は否めない。

『サンバルカン』の劇場版ともなれば、ヘリコプターからの飛び降りもあった。前出の竹田が主役（五代高之）の吹き替えで飛び降りている。

両手でヘリからぶら下がったまま、敵の攻撃を食らって背中から落下する、という場面だった。飛び降りる高さは二〇メートルを想定しており、衝撃を吸収できるエアーマットが用意された。素人目には万能に見えるエアーマットだが、決められた通り中央に、確実に背中から落ちないと、かえって弾き飛ばされて地面に落ちたり骨折を招いたりする危険なアイテムなのだという。

竹田が口にくわえたロープを下に垂らし、エアーマットの中央に寝ころぶ先輩の横山稔[*]がその先端を持つ。高さをはかり、マットの中央の位置を確認するためだ。しかし、思いのほかヘリが揺れ、二〇メートルより上昇しそうになる。地上ではフィルムを回しっぱなしにして竹田が飛ぶのを待っている。「プレッシャーだよね。（高額な）フィルムがずっと回っているんだから。そのうち、ヘリの動きが変わったから、もう今しかないと思ってヘリから手を離した」と竹田。「背中から落ちていくと、空がきれいで真っ青だった。不安になり始めた頃、スローモーションみたいにゆっくり遠くに山の稜線も見えてね。ずいぶん長かった。バシンと背中がマットに当たった。真ん中に落ちられなかったから弾かれて転がり落ちたけれど、幸い怪我はしなかった。でも、人生で一番ビビったスタントだった」と竹田は振り返る。

ヒーローショーもＪＡＣに替わり……

なお、『ゴレンジャー』のアクション担当の変更と同時期に、後楽園ゆうえんち野外劇場でのショーも大野剣友会からＪＡＣに移っている。撮影のない休日には、大葉健二ら「本物」も後楽園でキャラクターのスーツの中に入り、飛び降りなどの激しいアクションをやってみせた。大葉はあえて、ステージ上で敵に面を取られる演出を加え、中身も本物であることをアピールした。「本人」による激しいアクションは、子供たちよりも、むしろテレビでのアクションは撮影のトリックにすぎないと思い込んでいた大人たちを驚かせ、どよめきが起きたという。

また、多くの新人が後楽園に派遣され、同所は新人スーツアクターが面をつけてのアクションに慣れるための訓練の場としても機能した。ベテランスーツアクターの今井靖彦は、初めて同所に派遣されたときのことを「出演している先輩が皆、歴戦の勇士といった趣で、鋭いマナコをしていて誰も笑っていない。その中で山岡さん一人だけが笑っていて、それはそれで怖かった」と振り返っている。ジェットコースターに乗って登場してポーズを取る、通称「コースターレッド」も一度やったが、「怖くて怖くて震えてしまって、『ヒーローが震えている』とお客さんから指をさされた。初めの頃はアクションも下手くそだし、よく降板させずにやらせてくれたと思う」と語る。

現在も、シアターGロッソでヒーローショーは続いており、東京ドームシティは特撮ファンの「聖地」となっている。

怪我とは常に隣り合わせ

どんなに備えていても怪我をすることはあった。怪我列伝を書いていくとそれだけで一冊の本になりそうなので、一つだけ驚異的な事例を紹介したい。

伊藤久二康は、『ゴーグルV』のゴーグルイエローのスーツアクターを終盤で交代しているが、これは練習中に首に大怪我を負ったから。体育館でミニトラを使って三回転宙返りの練習をしていたのだという。「JACの中に自分ひとり混じっていて対抗意識があった。JACの子たちもダブル宙返りをし始めたので、じゃあ自分はその上の三回転を、と思った」と笑う。

その日は普段より体が良く動いたそうだ。でも、たぶんそれが災いしたと伊藤本人は思っている。二回転したところで体が水平に開いてしまい、頭からマットに墜落した。たまたま仲間がマットを持ち上げていたことで九死に一生を得たが、首から下が動かなくなり、救急搬送される。頸椎の脱臼骨折で、普通なら即死という大怪我だった。

だが、鍛えた体というのは常識では理解できない反応をするものらしい。翌日レントゲンを撮ったところ、外れた骨が元の位置の近くまで戻っていて医者を驚かせることになる。首を固定しけん引したうえでの手術を経て、四か月で退院。さらにリハビリを経て翌年には、『ダイナマン』で見事に復帰を飾る。

復帰してまずやったのが「ダブル宙返り」というから恐れ入る。「恐怖心を覚えると、トラウマになる。克服するために、一回だけやったらもう二度としない、と心に決めて一度だけ跳んだ。儀式みたいなものですね」と伊藤は回顧する。ダブル宙返りを決め、本当に言葉通り、その後はダブルも三回転も封印した。

「生かしてもらっていると思うようになった」と、現在は後進の指導に当たる伊藤は語る。「あれだけのことをやっても、偶然が重なって生きることができた。すべてに感謝しているし、あれから何十年も経ってアクションを志す子たちを指導しているのには、きっと何か意味があるはず」と噛みしめる。

神妙な表情でそう語った後、一転、悪戯っぽい笑顔を浮かべ「でも一回宙返りやバック転は今でも普通にやりますよ」と笑ってみせた。ちなみに、そんな大怪我を経た伊藤が宙返りよりもずっと怖いのは、「水」という。この人も新堀同様、カナヅチなのだ。

伊藤のほかにも、特別番組の撮影で走行中のジェットコースターから飛び降りてマットから外れ腰椎脱臼と複雑骨折の重傷を負った春田や、雨上がりの崖からの飛び降りで足を滑らせ、マット補助が間に合わず全身打撲の怪我を負った柴原など、怪我の話を上げていったらきりがない。驚くのは、怪我をして医者に「もうこんなアクションはできない」と宣告されても、皆、怪我を克服して再び現場に戻っていることだ。ヒーロー番組の現場には、得体のしれない魅力があるらしい。

保障のない中での無謀にも見えるアクションの数々。それが常態だった昭和の現場を無責任に美化することは筆者にはできない。いわんや、「あの頃は良かった」だけで片づけていい話だとも思わない。それでも、今よりちょっとだけ前の日本で、これほど真摯にアクションに取り組み、「少しでも上達したい」「限界を突破したい」「自分たちの実力を知らしめたい」と情熱を持って生きていた者がいたことは、理屈や正論を超えて、こちらの心を揺さぶる。

どんなにデジタル化が進んでも、結局のところ、人の心を動かすのは、人間の必死な姿なのではないか、と思わされてしまうのだ。

第6章 ― 完成へ向かう特撮アクション

名優の登場、不毛の時代を照らす

一九八〇年代初め、特撮ヒーロー界は「冬の時代」を迎えていた。二回にわたるオイルショックによる製作費高騰の影響もあり、七〇年代前半の「特撮バブル」がウソのように作品数は減少。『ウルトラマンシリーズ』は途絶え、八一年秋には『仮面ライダースーパー1』も放送を終了し、特撮ヒーロー番組が『太陽戦隊サンバルカン』だけという、うすら寒い状況となってしまう。かつて特撮が放送されていた枠にはアニメ番組が取って代わり、巷では第二次アニメブームが起きていた。

作品数の減少以上に、この時期を「冬」にしたのは日本国内の大人たちから向けられた子供番組への冷ややかな視線だったように思う。ちょうど海外からジョージ・ルーカス監督の『スター・ウォーズ』（*Star Wars*）やスティーヴン・スピルバーグ監督の『未知との遭遇』（*Close Encounters of the Third Kind*　ともに七七年／日本公開七八年）、ルーカスとスピルバーグの二人が製作と監督としてタッグを組んだ『レイダース／失われたアーク』（*Raiders of the Lost Ark*　八一年）などの特殊撮影（SFX）を駆使したSF、アドベンチャー大作が入ってきた時期だった。巨額の製作費と年単位の時間をかけ、全世界に向けて作られるハリウッド大作に対して、圧倒的な低予算で毎週一本の作品をお茶の間に送り出さねばならない日本の特撮ヒーロー番組は、訳知り顔で比較され、「ハリウッドはすごい。それに対して日本は……」や「日本のSFは子供だましだ」と不当に見下された。そうした冷笑こそが、この時代を真に凍える特撮の「冬」にしたと、当時、隠れキリシタンみたいにひそやかに特撮愛好活動を続けていた筆者は感じている。「日本では毎週テレビでこんなすごいアクションをやっている」「ハリウッド映画にも負けない」と伝えたくても、まだインターネットもSNSもなかった。あの頃、世間に何かを訴えたかったら新聞に投書するくらいしか方法はなかったのだ。あのときの悔しさが、たぶん今、筆者にこの本を書かせている。

風前の灯のようだった特撮界に、背水の陣で登場したのが、銀色に輝く『宇宙刑事ギャバン』（八二年）である。「単体で、仮面ライダーとは異なるヒーロー」というのがテレビ局とスポンサー、そして東映の要望で、これまでにないメカニカルな銀色のヒーローが生み出された（『宇宙刑事大全』編・安藤幹夫&スタジオ・ハード　双葉社　二〇〇〇年）。東映にとって、『仮面ライダー』と『スーパー戦隊』に続く第三の柱となる『メタルヒーローシリーズ』の始まりである。

放送は一九八二年三月に始まった。ギャバンに変身する一条寺烈（いちじょうじれつ）を演じたのは、バトルケニア、デンジブルーを歴任してきた大葉健二である。重力を置き忘れてきたように空中を自在に動いたかと思えば、人情味あふれる芝居で人の道を説く、大葉という名優を得て、『宇宙刑事シリーズ』は快進撃を始める。思い切った製作費を投入し、金曜夜七時半というゴールデンタイムが用意された。スケールの大きなアクションも取り入れられ、JAC（ジャパンアクションクラブ）のアクションは次なるステージへと昇華していく。

『戦隊シリーズ』では変身前も後も演じた大葉だったが、五人の主役のうちの一人を演じるのと単体

村上潤　1956年生まれ。『宇宙刑事ギャバン』で、メタルヒーローのアクションの礎を築いた。（2022年10月撮影）

ヒーロー作品の主役とでは出番の数からして違う。兼務体制では衣装替えやヘアメイクの時間も必要になる。

そこで、本シリーズでは再び、変身後は専従のスーツアクターが演じる方式に戻っている。担当したのは、『デンジマン』でデンジグリーンなどを演じてきたJACの村上潤である。村上は、かつて東宝の『メガロマン』（七九年）で主役のスーツアクターを担当したことがあり、単体主役の経験があるということも起用の理由となった。アクション監督は、金田治だ。

実は、『戦隊シリーズ』もこの後、八四年の『超電子バイオマン』からは、変身前をJACメンバーが演じていても、変身後はスーツアクターが演じる体制に戻っている。撮影における時間的な制約があったのはもちろんだが、変身前後両方を一人の役者が演じることのハードルは、やはり高かった。変身してヒーローになるのだから、当然素顔のときよりも強くなくてはいけない。しかし、体の動きを縛る面やスーツを身につけたうえで、人間体のとき以上にスリリングなアクションを感情まで乗せて演じるというのは、肉体的にも精神的にもかなり難易度が高い。ヒーローに起用されるのが経験の浅い若手ということもあり、特別な場合以外はスーツアクターが変身後を演じ、役者は変身前のアクションに専念するという以前の分業体制が再び復活した。

分業体制になってもギャバンの魅力は衰えるどころか、さらに輝きを増した。大葉と村上が二人で作り上げたギャバンは、二人合わせて二〇〇％以上の魅力を放ったといっても言い過ぎではない。『ギャバン』は、特撮不毛の時代にあって最高視聴率一八・六％という金字塔を打ち立てた。

アクションはさらに強化された。大葉は、ビルの窓からダイブしたり、高所から落下の途中でロープに掴まりターザンのように滑空したり、走るトラックの幌に飛び乗ったり、建物の屋根をクッションにして高所からマットなしで地面に落ちたりと、どの回でも満遍なく体当たりのアクションを見せた。アクションマンたちの間で、よく「健二さんなら変身しなくても勝てるんじゃないか」と囁かれる所以である。

立ち回りともなれば、二〇手以上もある長いアクションを、最初から最後まで正確にワンカットで演じ切った。ＪＡＣの若手として、大葉の後を継いで二代目宇宙刑事のシャリバン・伊賀電を演じた渡洋史は、当時、大葉の立ち回りのビデオをすり切れるほど見て「とても真似できない」と打ちのめされた。「体形も経験値ももちろん違うけれど、何より、あれほどの立ち回りを全くぶれずに正確にこなせる体幹の強さは大葉さんにしかない」と称賛する。

トランポリンで跳べば、そのジャンプは高く、両腕を開いた姿は大葉を身長一七〇センチよりずっと大きく見せた。かつて雑誌の対談で村上が「滞空時間が長い。空中で止まっているように見える」と言ったのに対し、大葉本人は「あれは、本当に止まっているからね（笑）」と茶化していたが（「東映ヒーローＭＡＸ」二〇一七冬号　辰巳出版）、本当に宇宙空間の中で戦っているとしてもおかしくないようなジャンプなのだ。

中でも『ギャバン』第一七話「走る時限爆弾！　白バイに乗った暗殺者」は、いまだに後輩スーツアクターたちの間で語り草になっている。大葉が運転する車に敵が爆弾を仕掛け、車を止めたら爆発するという設定で、大葉は敵の襲撃をかわしながら車で逃げ惑う。そして迎えたクライマックスには、高い崖の上から車とともに落下する危険なスタントを吹き替えなしで行っているのだ。

子供番組の常識を超えた大仕掛けなスタントやアクションは、子供たちの心を鷲掴みにした。

だが、大葉はサーカスや体操競技のように、奇抜な技を見せていただけではない。第一七話は、ギャバンの相棒であるミミー（演・叶和貴子）を、白バイ警官（演・藤堂新二）に化けた怪人が色仕掛けで騙すというストーリーだった。戦って泥だらけになった一条寺烈が、本性を現した怪人（元白バイ警官）に「よくもミミーの心を踏みにじりやがって」と叫ぶ芝居こそが、大葉の真骨頂である。全身に怒りをたぎらせて「蒸着！」と叫んで変身する烈だからこそ、見ている側は心の底からギャバンを応援したくなる。ほかの回でも、素顔で敵と戦い、弱き者たちを守り、ギリギリまで頑張った末にギャバンへと変わる姿が描かれていた。超人的なアクションだけでなく、「なぜ戦うか」がきちんと表現された芝居。この二つが揃ってこその『ギャバン』の成功だったし、大葉という、アクションに説得力を加味できる才を持った不世出の名優がいればこそ成功した『ギャバン』だった。

熱演が波及する

変身前が熱くした空気は、変身後の村上にも伝播する。実は、村上にとって大葉の変身後を演じることは少々プレッシャーだった。ＪＡＣの後輩にあたる村上は「だって変身前が健二さんですよ。変身して弱くなったとだけは言われたくなかった」と苦笑いする。大葉からは、何の注文も指導もなかった。飲みに行っても演技論をぶつでもなく、ただ楽しく杯を重ねるだけ。だから、とにかく現場では大葉の一挙手一投足に注目した。「健二さんのアクションは精密で絶対に怪我をしない。そして絶対にＮＧを出さない。兵隊（戦闘員）で下手な奴がいたら、そこに合わせてやって一回でＯＫを出す。だから自分もＮＧを出すまいと頑張った」と語る。怪我をしないためには足元が大事という考えから、村上は自前の靴を持ち込み銀色に塗ってもらって使っている。

クライマックスの戦いで発光するギャバンの剣、レーザーブレードの扱いにもちょっとしたコツが必要だった。初期には剣を合成で光らせていたが、合成に金がかかることから、中盤からは、細長い蛍光灯をそのまま剣として使うことになる。剣を持つ腕からスーツの中に配線され、スイッチを押して発光させたという。蛍光灯だから、当然本気で相手の体や武器に当てたら割れてしまう。つばぜり合いをしたり、足元のコードを隠すために体が上下しないようにすり足で動いたりする工夫が必要だった。これには村上が京都で時代劇の仕事をしていたときの時代殺陣の経験が生きた。剣は蛍光灯でも、剣を持つ腕は本場京都仕込みだったのだ。「一回だけ深夜の撮影で割っちゃって。一回割ると撮影再開までに時間がかかるんですよ。翌朝も早いのにね。皆に悪いことしたな。一番気まずかった出来事です」と村上は懐かしそうに語る。

村上は次作の『宇宙刑事シャリバン』（八三年）でも変身後のスーツアクターを引き続き務めた。ちょうどＪＡＣが多忙になった時期でほかの現場に駆り出されることもあり、中盤には主役の渡本人がシャリバンをも演じた回がある。両方演じることについて渡は「本当に本当に大変だった。ドロドロのボロボロ、汗まみれのぐしゃぐしゃで、放心状態でロケ地で子供たちとの記念撮影に応じていた」と当時の苦労を語る。

三作目の『宇宙刑事シャイダー』（八四年）では変身前がＪＡＣ出身者ではない俳優の円谷浩＊となる。変身後のスーツアクターは、バルシャーク（『太陽戦隊サンバルカン』）だった柴原孝典。丸の内のビル街で二〇メートルの高さのビル屋上からダイブを決行する柴原のアクションにも脂が乗り切っている。本作で、もう一つの注目ポイントはＪＡＣの新鋭、森永奈緒美演ずる女宇宙刑事アニーの登場だろう。変身しないアニーがミニスカート姿でシャイダーのスーツを着た柴原とともに崖から飛び降り、子供たちを救い、眦（まなじり）を決して芝浦の倉庫街をロープ一本で滑空していく姿は、四〇年経った今でも目に焼きついている。「女だてらに」や「男勝りの」という表現は、二一世紀の今や死語にしたいが、こんな可憐な女性がこんな力強いアクションを演じるのか、と感動したものだ。

なお、ギャバンを演じた大葉は二〇一八年五月、病に倒れ、現在も故郷・愛媛で療養中である。筆者の主催したイベントに元気に出演してから一か月も経たない時期の突然の発病だった。大葉が、演じたヒーローたちのようにいつか必ず復活を遂げて、私たちの目の前に現れる日が来ることを固く信じ、そして祈っている。

ＪＡＣ人気が沸騰する

『シャイダー』が放送された一九八四年、同じ東映で撮影されていた『バイオマン』でも女性が五人中二人に増えて、森永の同期、田中澄子が二代目イエローフォー・矢吹ジュンを演じている。田中も吊り橋の下をロープ一本で滑空するなど激しいアクションに挑む。中でも、『バイオマン』劇場版では、砕石場の橋の上で戦ったり、飛び降りたり、橋に吊られたり、はたまた高所から砂利の山の中にいる敵目掛けて飛びかかったりと休む間もないアクションを展開している。「あの劇場版ではジュンだけ不自然にたくさん戦っていたような気がする」と、思い起こして苦笑する田中は、アクションの激しさゆえか、撮影が終了する日没直前に数十分間、意識を失ってしまい、周囲をあわてさせたそうだ。田中は「いい画にしなくちゃと思って、一生懸命というより、とにかく必死だった。周りが皆ＪＡＣの先輩、後輩、同期だったからこそできたと思っています」と語っている。八五年の『電撃戦隊チェンジマン』ではさらに少し後輩の大石麻衣がチェンジフェニックス・翼麻衣役に、八六年には吉田真弓が『超新星フラッシュマン』のピンクフラッシュ・ルー役にキャスティングされ、体当たりのアクションを演じている。『戦隊』以外でも八六年の『時空戦士スピルバン』には澄川真琴（別名義・高野槇（こうやまき）じゅん）が主役の相棒のダイアナ役で出演している。

ＪＡＣ女子の活躍が目立つ八〇年代半ばに、日本では男女雇用機会均等法が成立して女性の働き方を大きく変えたことを考えると、彼女らの性差を感じさせない活躍は、時代と歩調を合わせたようでもある。

三作にわたって映画顔負けの贅沢なアクションを見せた『宇宙刑事シリーズ』は、その後の作品につながり、『メタルヒーローシリーズ』と呼ばれるようになる。現在でもブラジルで桁違いの人気を誇る『巨獣特捜ジャスピオン』（八五年）や『世界忍者戦ジライヤ』（八八年）、『特警ウインスペクター』（九〇年）、『特救指令ソルブレイン』（九一年）、『特捜エクシードラフト』（九二年）の『レスキューポリスシリーズ』三部作、『重甲ビーファイター』（九五年）など数々の名作を生み出し、九八年の『テツワン探偵ロボタック』まで続いていく。

　この時期、ＪＡＣ人気は絶頂に達していた。今や国際スターとなった、真田広之の登場である。八〇年代の到来と同時に公開された主演映画『忍者武芸帖 百地三太夫』（監督・*鈴木則文）で、二五メートルの高さからの飛び降りを披露し、世間の度肝を抜いた。真田は同作の主題歌も歌い、甘いルックスも相まって一気にアイドル的な人気を得て大ブレイクする。余勢をかって主演した『吼えろ鉄拳』（監督・同　八一年）では当時大人気だったジャッキー・チェンさながらのカンフーアクションと、東尋坊の崖からの吹き替えなしのダイブなど、目が覚めるようなアクションで男性ファンをも獲得する。以後、『燃える勇者』（監督・土橋亨、アクション監督・千葉真一　八一年）、『伊賀忍法帖』（監督・*斎藤光正　八二年）、『里見八犬伝』（監督・深作欣二　八三年）と相次いで主演したほか『魔界転生』（監督・深作欣二　八一年）のような話題作にも起用され、まさに一世を風靡した。

　人気の波は、当然ＪＡＣ本体にも押し寄せる。入門希望者は激増して一〇〇〇人を超える（前掲『別冊近代映画 ＪＡＣ特集号』）。八〇年代のアイドルブームの影響もあり、バック転などアクロバティックなアクションで戦いながら歌うアイドルユニット、「ＪＡＣブラザーズ」が結成されたのも、この頃だ。

　テレビでは『柳生あばれ旅』（一九八〇年）や『影の軍団シリーズ』（八〇〜八五年）が千葉真一主演で放送され、派手なアクションで人気を博す。真田の主演映画以外にも、千葉主演の『冒険者カミカゼ―ADVENTURER KAMIKAZE―』（監督・鷹森立一(りゅういち)* 八一年）や、この後『巨獣特捜ジャスピオン』で主演する黒崎輝(ひかる)主演の『伊賀野カバ丸』（監督・鈴木則文 八三年）、『コータローまかりとおる！』（監督・同 八四年）といった「JAC映画」が次々と作られた。

こうした映画やテレビドラマには春田や大葉、『ゴーグルV』のデスギラー将軍などの悪役で八〇年代特撮でお馴染みだったベテランの高橋利道ら、JACの特撮経験者が多数参加した。冬の時代の特撮界で培われたアクションの数々が、八〇年代の邦画界をがっちりと支えたのだ。

JACが受け継ぐ三たびの『仮面ライダー』

春の到来を告げるように、八〇年代の終わりには『仮面ライダー』が復活する。昭和と平成に橋をかけるようなタイミングに生まれた『仮面ライダーBLACK』（八七年）と『仮面ライダーBLACK RX』（八八年）である。変身前の南光太郎を演じたのは俳優の倉田てつを。アクションはそれまで昭和ライダーを担当した大野剣友会ではなく、JACが担当した。アクション監督は、『宇宙刑事シリーズ』の担当だった金田が務めた。BLACKのデザインは、これまでのライダーとは違って手袋やブーツ、マフラーが排除されており、「生物的・外骨格的」とも評されるスマートな外見が特徴である。しかもその名の通り、色は漆黒だ。金田は、このスタイリッシュな新時代のライダーに魂を吹き込むスーツアクターとして、身長一八〇センチとすらりとしたスタイルのJACの新人を指名した。

岡元次郎である。高校時代に陸上部に所属していた岡元は、ブルース・リーに憧れてJACに入り、当時、まだ入団三年目だった。
『昭和ライダー』を見て育った世代ではあるが、自分が演じるうえで、大野剣友会が作り上げた昭和のスタイルをなぞろうとは思わなかった。少年時代にカッコいいと感じたイメージだけを心にとどめて、自分なりの感性で虚心坦懐にヒーロー像を探った。

この時期、『戦隊シリーズ』では新堀和男がどっしりしたレッド像をすでに確立。ヒーローについて「こう演じておけば間違いない」というマニュアルに近いものがキャラクターアクションの世界ではできあがりつつあった。「なに！」と言いながら肩から大きな動きで振り向いたり、「おのれ○○！」と相手を指さしたりするような、いわゆる「ヒーロー芝居」を、全国のショーチームがいささかオーバーアクションで真似ていた。

そんな中、余計な動きをそぎ落とし、自然に構え、しゅっと立ってみせた岡元のライダーは、衝撃的なまでに新しかった。元ＪＡＥで岡元の後輩にあたる俳優の中川素州（もとくに）は「全く見たことのないヒーローの表現の仕方だった。『俺はヒーローだ！』と叫んでないライダーには驚かされた」と当時の衝撃を語る。最近では『暴太郎戦隊ドンブラザーズ』のサルブラザーなどを演じたベテランスーツアクターの竹内康博も「次郎さんは動きが人間っぽい。ヒーローヒーローしていないのにカッコいいのがすごい」と称える。

伝説となっているのは、『ＢＬＡＣＫ』のオープニングとエンディングでの、ライダーが歩いてくる姿だ。ほんの数秒、愛機、バトルホッパーのもとに歩み寄ってくるライダーが映るオープニング。エンディングでは、ライダーが陽炎（かげろう）の中をカメラに向かって歩いてくる姿が主題歌のバックに映し出される。ただそれだけだ。敵と戦うわけでも、大仰な構えを取るわけでもないしポーズを決めるわけでもない。それなのに、そこには仮面ライダーが存在している。歩くだけで、仮面ライダーなのだ。岡元本人は、がに股にならないようにつま先を意識して歩いたと語るのみだが、仮面ライダー1号などを演じた中村文弥の「背中が泣いているように見える」や新堀の「立っているだけでカッコいい」に匹敵する匠（たくみ）の技が垣間見えるのだ。ちなみに、ミスター仮面ライダーこと中屋敷哲也も本書の取材で「スタイルが良くて、歩いてくる姿がカッコいいと思わず見ほれた。ほとんどヒーロー番組は見ないけれど、彼だけはよく覚えている」と、岡元をほめちぎっている。

岡元の歩きは好評で、次作『RX』でもエンディングは夜の路上を歩くRXだった。なお、同じ歩きでも『BLACK』では手は開かれており、『RX』では握られている。岡元によると、前者は戦いが終わってリラックスした状態を示し、後者は戦いに向かう心構え

必見！瞬間に凝縮された超絶アクション！————No.6

「特撮冬の時代」を一蹴する見せ場の応酬

『宇宙刑事ギャバン』｜第15話｜「幻？影？魔空都市」より

大葉健二の魅力がさく裂するアクション編。高熱の少女を助けた一条寺烈（演・大葉）が現実世界と、少女の見る悪夢のような幻想との間を行きつ戻りつしながら、アクションしまくる。ビルの屋上からのダイブに、ロープを使ってのターザン。戦闘員を走る車から叩き落とし、ビジネス街では不気味な白装束の男たちと立ち回りを見せる。スタントに次ぐスタント、立ち回りに次ぐ立ち回りを、理屈抜きの場面転換とスピーディーなカット割りで描き切る。ナパームの大爆発の中を走り回った烈が、ギャバン（演・村上潤）に変身（蒸着）する場面は必見。ギャバンになってからの敵との一騎打ちも見事なテンポだ。全編にわたって流れる串田アキラの歌う挿入歌が、雰囲気を盛り上げるのに一役も二役も買っている。

を示しているそうだ。

岡元が本当に「無心」だったかというとそういうわけではない。自然体に見えて、背景には緻密な計算や役作りがあった。普段は力まず普通に立っていても、戦闘が始まる瞬間や名乗りの場面ではくっと力を込めてしっかりポージングを決める。殴ったり敵の攻撃をかわしたりするときも、敵の気配を常に感じているのが伝わってくる。その「間」が実に小気味良く、間があるからこそ、予定調和に見えないのだ。言葉にすると簡単だが、段取りにならない立ち回りは、三年目の新人の誰もができる技ではない。

ジャンプやキックのためにトランポリンを踏むときにも、岡元はバッタの改造人間であることを意識して、実際には二〜三メートルの高さであっても、三〇〜六〇メートルほど跳び上がって着地するイメージを描いていたと語っている。そうした役作りは、岡元演じるライダーの深みを増した。

何より、面の中で本気で芝居をすることを大事にした。たとえば泣く芝居のときには面の中で本当に泣いていないと、見る人には何も伝わらないと岡元は言う。演じるキャラクターにスーツから感情が滲み出して見えると評される理由は、こうした真摯な芝居心と、それをスーツの外にまであふれさせることができる演技力があればこそだ。

アクションの妙技も見逃せない。たとえば、岡元がＲＸキックの前に見せる空中回転は、ただの回転ではなく「逆宙」あるいは「前方バック宙」と呼ばれる非常に難易度の高いものなのだ。無理やり文章で表現するなら「前方向に飛びながら、体は後ろ側に回転する（バック宙をする）」ということになるだろうか。文化系の筆者は、書いているだけで体がねじれてくる。これは高く跳び上がることができないと回り切れない危険な技で、ＲＸのスーツと面をつけてこの技をこなすには相当な脚力が必要と、関係者は口を揃える。

岡元という卓越したスーツアクターを迎えて、ＪＡＣのアクションは新時代に突入していく。

人間離れした身体性はどこから

ところで、こうしたＪＡＣの人間離れしたアクションは、どんな訓練から生まれているのだろうか。ＪＡＣの訓練も、第４章で触れた大野剣友会の稽古に負けず劣らず、激しい。剣殺陣を主軸に据えている剣友会に対し、ＪＡＣではトランポリンを使った空中アクションや飛び降りなどスタントの基礎訓練を行うほか、演技やパントマイム、ダンス、最近では中国拳法などもカリキュラムに入っている。

最も重視されているのは「補強」と呼ばれる筋力トレーニングだ。延々と前転や後転を列になって続けたり、腕立てや腹筋背筋スクワットなどを一〇〇回以上繰り返したり、壁に向かって倒立をしたり、と地味な訓練が続く。この補強のきつさは相当なもののようで「脚の筋肉が張って帰りの駅の階段を登れない」「腕が上がらず頭が洗えなかった」「入団した同期が三日で半分以下に減った」など、経験者からの体験談を紹介していったら枚挙に暇（いとま）がない。だが、この訓練こそが、危険なスタントやアクロバティックな動きにも対応できる筋力を育て上げるのだ。

「練習は裏切らない」と何人もが口にした。地味な訓練を積み重ねて実力をつけ、いざ現場に出たら仲間を信じ、大技を決める。決して「できないかも……」などとは考えない。己を信じ、仲間を信じ

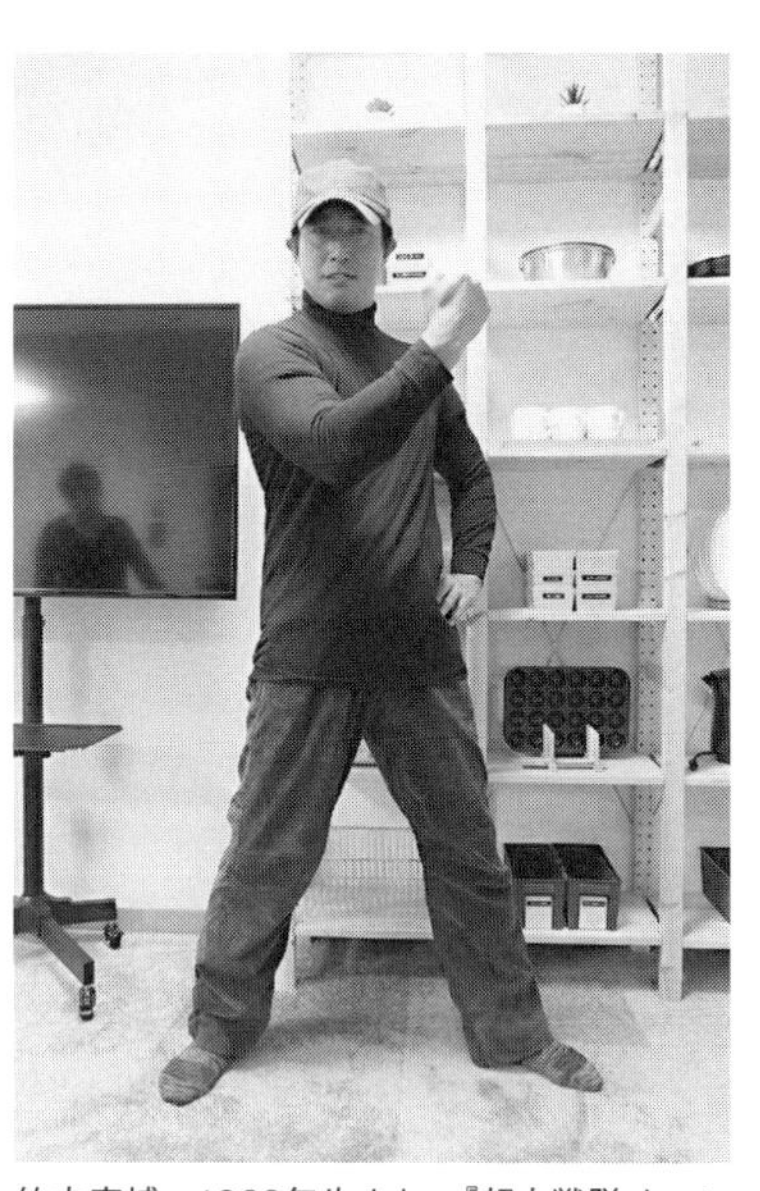

竹内康博　1969年生まれ。『超力戦隊オーレンジャー』から『戦隊シリーズ』でレギュラーキャラクターを演じる。（2022年11月撮影）

る。ヒーローそのものである。いずれにしろ、人目を惹く派手な技に走るのではなく、まずは基礎固めが大事という考え方は、時代が変われど、前述の大野剣友会でもJACでも変わらない。

　スーツアクターたちは、「補強」に近い基礎練習を、多かれ少なかれ現役である間は、ずっと続けている。前出の竹内は昭和末期にこの世界に入ったベテランだが、体力と体形を維持するため、今でも毎朝のランニングを欠かさないという。撮影で午前六時出発なら三時に起きてでも必ず走るというから、鋼の精神力である。

　時代が平成になり、世間がバブル景気に浮かれていても、『戦隊』の現場では泥まみれになって、体を張ったアクションが演じられていた。

　一九九〇年の『地球戦隊ファイブマン』ではファイブイエローの変身前、星川レミ役に、倉田保昭率いる倉田アクションクラブの早瀬恵子（現・成嶋涼）が起用される。早瀬は倉田仕込みのカンフーアクションを戦隊の現場に持ち込んだ。ファイブイエローのスーツアクターを務めた蜂須賀祐一は、JACとは一線を画した早瀬のキレのいいアクションを見て、変身後が負けているわけにはいかないと、これまでよりも活発さを加味したヒロインの役作りを心掛けたという。

面が割れ、腕が燃える

まだCGは戦隊史上に登場していない。そのためアクションはスーツアクターの体一つで行われた。

「だから本当に色々なことがあった」と『超力戦隊オーレンジャー』（九五年）や『激走戦隊カーレンジャー』（九六年）でレッドのスーツアクターを務めた横山一敏は笑いながら思い起こす。オーレンジャーでは役者の吹き替えで、スーツアクター四人で滝に飛び込んだ。季節は真冬。「東洋のナイアガラ」と呼ばれる群馬県の吹割の滝には雪が積もっていた。極寒なうえに、滝の高さは七メートルもある。自身は一緒に飛び込んだスーツアクトレスの村上利恵（現・高岩利恵）を補助しながら岸にたどり着いたが、メンバーの一人が急流に巻き込まれて浮上できず、溺れかけた。幸い、水底を蹴って浮上して九死に一生を得たが、「水は怖い」と横山はしみじみ語る。

横山一敏　1966年生まれ。『機動刑事ジバン』から6年『メタルヒーローシリーズ』の主役も演じた。（2022年10月撮影）

『オーレンジャー』の劇場版（監督・こばやしよしあき 九五年）では、崖から転落していくバスの窓から五人のスーツアクターが飛び出すスタントもあった。バス内部には爆薬が仕掛けられ、車両は後部がワイヤーで吊られている。ワイヤーの操作で落下を加減するのだが、崖の傾斜は急なうえ、ワイヤーも一本だけなので、もし車両がバランスを崩したら車体が横に倒れて、飛び出した後でバスの下敷きになりかねない。オーグリーンを務めた武智健二は後ろの窓から飛び出たが「予想より車両が揺れて、なかなか飛び出せず焦りまくった」と語る。やっと転がり出て自分の全身が無事なことを確認し、顔に手を当てたら、つけていた面が割れていた。オーブルー役の竹内に「武智、面が割れているぞ」と笑いながら指摘されたが、その笑顔が見えたのは、竹内の面も割れていたからだった。

横山は『メタルヒーローシリーズ』の『特捜ロボ ジャンパーソン』（九三年）で「燃えた」経験もある。ラバーセメントという素材を体に塗ってそこに火をつけるので、自身が燃えるわけではないのだが、火がついているからセメント周りがすごく熱くなるそうだ。その日は特に腕が熱く「ちょっと火傷したかな」と両腕を氷水に突っ込み待機していた。撮影の再開とともにジャンパーソンのスーツの手袋に手を突っ込んだところ火傷部分の皮膚が手袋に引っ張られ「きれいに全部ずるっと剝けた」という。「薬塗ってガーゼ貼って撮影は続けた。今はあとも残ってない」と横山は笑うが、身の毛がよだつ体験談である。

派手なスタントでなくても危険とは隣り合わせだ。崖からの「転がり」にも危険は潜む。ヒーローたちが敵にやられて転がっていく、お約束の「あの場面」である。あれも、ただ転がっていくだけではないのだ。カメラのフレームに収まらなくてはいけないから、スーツアクターたちは「やられ」の芝居をしながらも、腕や足でブレーキをかけて角度や距離を調整しながら転がっているという。事前

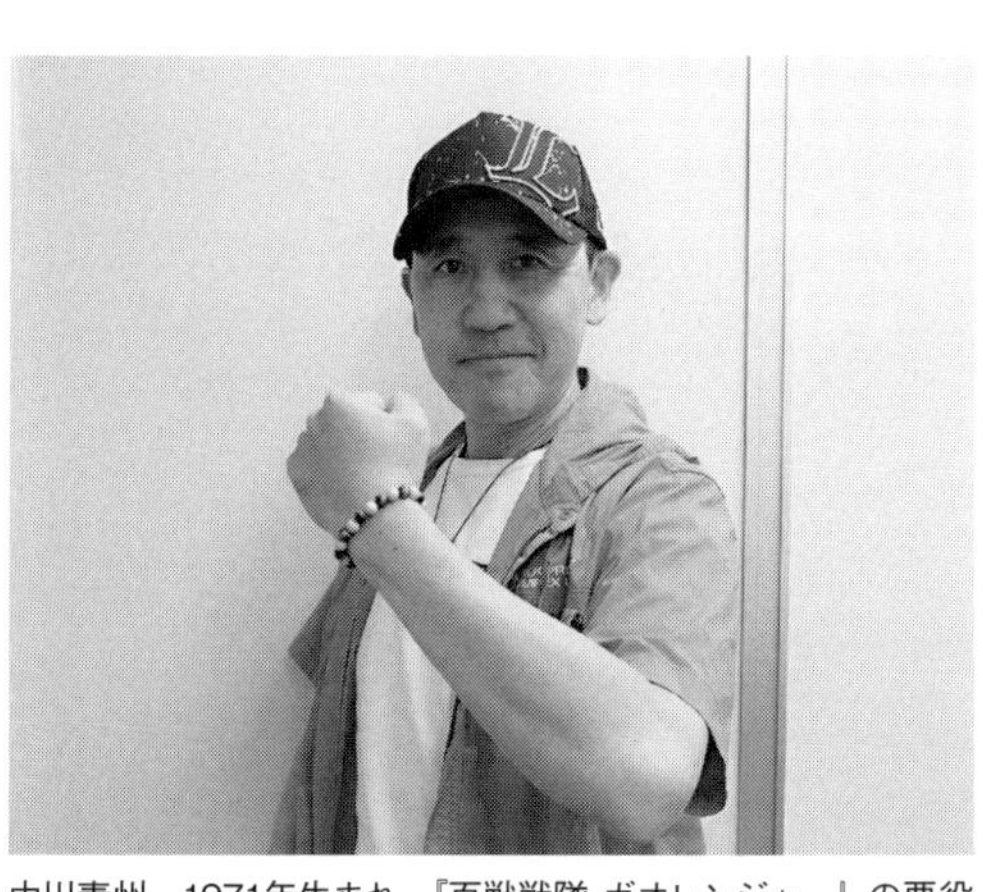

中川素州　1971年生まれ。『百獣戦隊 ガオレンジャー』の悪役ヤバイバなど様々なキャラクターを演じた。(2022年9月撮影)

に、大きな岩の有無程度は確認しても転がりようによっては避けられない。怪我をしないまでも、戦隊の場合は衣装が伸縮性の布地一枚なので、転がりはとにかく痛いそうだ。ちなみに『カーレンジャー』第三三話「おめざめ！　激走ダップ」では五人の戦士がやられて崖から転げ落ちていく凄まじい場面がほんの一瞬映っている。全員が頭から斜面に突っ込んで落ちていっており、竹内演じるブルーに至っては、勢いのあまりフレームアウトしかけている。ピンクを演じていた中川素州は「ＯＫと言われたあと、息ができずしばらく動けなかった。二度とやりたくないと思った」と苦笑しながら振り返っている。

JAC、『ゴジラシリーズ』に進出

暦（こよみ）が二一世紀に変わる少し前、ＪＡＣは『ゴジラ』の世界にも本格的に進出した。きっかけを作ったのが、かつて大野剣友会に所属していた若狭新一だったというのは意外な巡り合わせだ。『モスラ３　キングギドラ来襲』（監督・米田興弘（よねだおきひろ）　一九九八年）でキングギドラに入る小柄なスーツアクターとして、若狭が喜多川務を推薦したのが発端だった。

キングギドラでの勢いのあるアクションが好評を博し、翌年の『ゴジラ２０００　ミレニアム』（監督・大河原孝夫）につながった。喜多川は身長一六一センチと小柄で、東映作品では怪人を演じることもできなかったため、いきなり来た怪獣の話に面くらったが、ゴジラ役を引き受ける。

『戦隊シリーズ』のスーツアクターとしてはすでにベテランの域に達していたが、六〇キロもあるゴジラのスーツの重さは戦隊とは比べものにならない「重い、息ができない、見えない」の三重苦だったという。おまけに、自力では動かせない長くて重い尻尾までついている。尻尾は操演の人が二本のピアノ線をつけて操るので、息も合わせないといけない。最初は数歩歩くのもきつかった。それでも喜多川は懸命に、初代の中島春雄とも、中島の後を継いだ薩摩剣八郎（けんぱちろう）とも違うゴジラ像を作り上げていく。重厚な動きが特徴だったゴジラに軽快なアクションという新味をつけた二〇〇四年の『ゴジラ FINAL WARS』（監督・北村龍平）は喜多川が初めて自分の思い通りに演じられた作品という。同作では、喜多川をゴジラ界に引き込んだ若狭も、軽量化した「動ける」ゴジラのスーツを作り上げ、側面支援した。若狭は「そうは言っても、重くても軽くても、ゴジラは中の人次第。喜多川さんがあれだけカメラ前で演じられたのはそれまでのヒーロー番組での修練があればこそです」と称賛する。

さらに、若狭は『ゴジラ×メカゴジラ』（監督・手塚昌明　〇二年）と『ゴジラ×モスラ×メカゴジラ 東京SOS』（監督・同　〇三年）のメカゴジラ役に、それぞれ石垣広文と中川素州を推薦している。中川はスタッフ、キャストが集まる顔合わせの場で「主役はゴジラとメカゴジラなので、喜多川さんと中川さんを高倉健と吉永小百合と思って接してください」と紹介されたことが、今でも忘れられない。「当時の現場では考えられないこと。カルチャーショックを受けました」と振り返る。

演者が盛り上げる『平成ライダー』

「ミレニアム」という言葉が飛び交っていた二〇〇〇年になると、岡元が演じた『BLACK RX』以来一一年ぶりにテレビシリーズの『仮面ライダー』が復活した。後に『平成ライダー』と呼ばれることになるシリーズの第一作、オダギリジョーが主演した『仮面ライダークウガ』だ。スーツアクターを務めたのは富永研司。富永はそれまで日光江戸村で忍者を演じており、『クウガ』以前にテレビでのヒーロー番組に本格的に携わった経験がない。そのうえ、『仮面ライダーシリーズ』を見た記憶もほとんどなかった。

ヒーロー番組を知らないことが、逆に奏功した。富永が己の感情でのびのびと演じたクウガは、定職につかない冒険家という設定の変身前の五代雄介に、そして演者であるオダギリの個性にぴたりとはまった。力みのない、脱力系とでもいうべき富永ライダーの姿は、「癒し」という言葉が流行語に選ばれる時代にあって、子供ばかりか大人たちも巻き込んで一大ブームを巻き起こした。

本作から撮影にはフィルムに替わり、ハイビジョン対応のビデオ撮影が導入されている。フィルム撮影より「進んだ」ように見えて、まだこの頃の通常のビデオ機材では、アクション場面の撮影でコマ数（フレーム数）を変えて速く見せることができなかった。このため、現場では普通のスピードで撮られるアクションにスピード感を加味しようと、細かくカットを割るなど、試行錯誤が続いた。

〇一年、富永からバトンを引き継いだのが、高岩成二だ。『仮面ライダーアギト』で主役・アギトを演じ、以後一八年の『仮面ライダージオウ』まで、『仮面ライダー響鬼（ヒビキ）』（〇五年）を除く一八作で主役のライダーのスーツアクターを務めた。毎年変わるライダーを唯一無二の存在感で演じる高岩は、ファンからは「ミスター平成ライダー」と呼ばれる。現在もアクション俳優として活躍する高岩の立ち回りには、様々な感情表現がぎっしり詰まっていて「アクションの教科書」とも称される。

ひとくくりに論評するのが乱暴なのは百も承知のうえで、『昭和ライダー』と比較して『平成ライダーシリーズ』の特徴を表現するなら、三〇分の中で人間ドラマが描かれる比重が増え、複雑でやや重めのストーリー展開が多くなった、となるだろうか。高岩も著書で『平成ライダー』の印象を「子供番組にしては重い」と語っている（『時は今――歩み続けるその先へ　ACT:ion　高岩成二』著・高岩成二　講談社　二〇二一年）。

そうした作風もあり、監督の田﨑竜太から求められたのは「動かない芝居」だった。そのうえアギトに変身する津上翔一（演・賀集利樹）は記憶喪失という設定だったから変身後の台詞もほとんどない。

これが大層難しかった。この難しさは、直前まで三年連続で戦隊のレッドを演じていたことと無縁ではない。レッド時代もできるだけ自然な芝居を志向してはいたが、ある程度はわかりやすい芝居が求められていた。これとライダーの動かない芝居では、ベクトルの向きは真逆になる。

初めは、「動くな」と言われて動かないことが怖かった。素顔での芝居なら黙って動かない場面でも表情を変えられる。だが、動くのが仕事のスーツアクターにとって、動きを封じられるのは表現手段を奪われるのも同然だ。「動かない勇気」を出すのには時間が必要だったと高岩は語る。ようやく動かない芝居に慣れたのは一年が経ち、次作『仮面ライダー龍騎』（〇二年）に入る頃。物語の流れに合わせて、戦いの場面以外でも静的な芝居を、どう見られているかとびくびくせずにできるようになったという。

〇三年放送の『仮面ライダー555(ファイズ)』では同じ面とスーツで、複数のキャラクターを演じ分けるという難度の高い芝居にも挑んだ。同作は、主役の乾巧(いぬいたくみ)(演・半田健人(けんと))だけでなくもう一人の主人公である木場勇治(演・泉政行*)ら複数の人間が変身アイテムであるベルトを奪い合い、同じ仮面ライダー555に変身するというストーリーだった。高岩がいくら木場になりきって演じても、監督の石田秀範からは「乾にしか見えない」と言われ続け、撮影は数時間に及んだ。最終的にOKは出たものの、高岩は、『平成ライダー』の中で最も難しく厳しい仕事だったと記憶している。

『電王』で異例の人気

『仮面ライダー電王』(〇七年)は、特撮愛好家の域を超えて、スーツアクターの存在を世間に知らしめた記念すべき作品だ。主人公の野上良太郎(演・佐藤健)がイマジンと呼ばれる怪物に憑依されることで、性格も能力も違う仮面ライダーに変身して戦う物語である。高岩は変身後の電王とイマジンの一人、モモタロスを演じた。ほかのイマジンを演じたのは、力士をイメージしたキンタロスが岡元次郎、気障(きざ)なウラタロスが永徳、子供っぽいリュウタロスがおぐらとしひろという現在のJAEを支える手練(てだ)れたちだ。

さらに、デネブの押川善文とジークの永瀬尚希(なおき)に、仮面ライダーゼロノスの伊藤慎(まこと)の好演も加わった。余談になるが、伊藤は美しいボディラインとジェントルな芝居で熱狂的に支持されたスーツアクターで、〇三年には『仮面ライダー555』の仮面ライダー913(カイザ)を、〇五年には『仮面ライダー

おぐらとしひろ　1971年生まれ。『仮面ライダー電王』のリュウタロスを愛されキャラに底上げした。（2022年10月撮影）

響鬼』の主役ライダーを演じている。

イマジンの顔は、面だけ見ると全員が般若のように怒った顔をしていてちょっと怖いのだが、そこに「薄皮一枚足したように芝居を足した」（おぐら）スーツアクターの力で、タロスたちは愛されキャラに転じた。

当時、まだ若手だった永徳は撮影の初日、モモタロスとのやり取りで、高岩が繰り出したアドリブに舌を巻いた。「動きに合わせて台本にないことを言われて、びっくりして黙っていたら、『あん？　シカトかよ』とモモの口調で切り返された。芝居ならちょっとはできる、と思っていた鼻をへし折られました」と苦笑いする。高岩だけでなく全員が「おとなしくしていたら埋もれてしまう」（おぐら）と、役を掘り下げて小ネタを放り込み合うことで、タロスたちはキャラクターとしての厚みを増していった。

人気は沸騰し、四人のタロスがスーツのまま歌って踊るＭＶまで作られた。『電王』放送終了後には、主役の佐藤健が多忙となって出演しないにもかかわらず、タロスたちが出演して何本もの映画が作られてもいる。

タロス人気を、声を演じた声優たちの人気ゆえ、と解釈する向きもある。もちろん否定はしない。

だが、筆者は声優だけでなく、スーツアクターたちの傑出した演技があったからこそと確信している。番組終盤では、スーツアクターの熱演に、声優たちも「カメラの反対側にいて映っていないタロスもこんな反応をしているはず」と様々なアドリブを入れていたという。スーツアクターと声優の本気の勝負が、タロスたちを『仮面ライダー』史上に残る異色キャラクターの座に導いた。

二一世紀も進化を続ける『戦隊』

二一世紀の『戦隊シリーズ』では、新堀和男の直系の弟子である福沢博文がレッドを継いだ。福沢は、元は大野剣友会所属で、現在は新堀率いるレッド・エンタテインメント・デリヴァー（RED）所属だ。二〇〇一年の『百獣戦隊ガオレンジャー』から一一年の『海賊戦隊ゴーカイジャー』まで、九作品でレッドを演じ、一二年の『特命戦隊ゴーバスターズ』から二二年の『暴太郎戦隊ドンブラザーズ』までの一一作でアクション監督を務めた。二三年には『仮面ライダーギーツ』で本編監督デビューを飾った。なお、監督作品としての実際の撮影は東映特撮ファンクラブ配信の『暴太郎戦隊ドンブラザーズVS暴太郎戦隊ドンブラザーズ』（二三年）が先である。

新堀のレッドが昭和を体現していたとすれば、福沢が演じるレッドには、気負わずに時代と並んで走っていくような自然体の魅力がある。どっしりとはしていないが、臨機応変で新しく、軽やかなのである。実際、二〇〇〇年代以降のレッドは、誠直也が変身前を演じたような「おじさんレッド」とは対照的に、一年かけて視聴者とともに成長していく少年のようなキャラクターに設定されていることが多い。福沢はそうした二一世紀ならではのレッドの表現を追求してきたように見える。同じ根っこから育っても、時代という風雨が土壌を変えれば、自ずと違う花が咲く。師匠、新堀とは全く違うアプローチでレッドを探り続け、福沢は自分なりの唯一無二のレッドを作り上げた。『ガオレンジャー』で初めてレッドを演じたときには、アクションを統括するＪＡＥの名前も、師匠である新堀の名前も傷つけてはいけないというプレッシャーがあったそうだ。幸い、ガオレッドに変身する獅子走（演・金子昇）が、戦士として五人の中で一番の新人という設定にも助けられ、先輩四人と最初の一年を走り抜けた。

変身前の役者とは、映像がつながったときにイメージが崩れない程度のシンクロ感は必要と福沢は考える。重視したのは立ち姿で、ガオレッドではモチーフが動物なので獣のように深く沈んで構えたが、『侍戦隊シンケンジャー』（〇九年）になると、シンケンレッド・志葉丈瑠（演・松坂桃李）のひょうひょうとした、ある種の軽さを出すためにスタンスを狭めにした。苦労したのは、『炎神戦隊ゴーオンジャー』（〇八年）。ゴーオンレッドを演じる古原靖久の「常識にとらわれない自由な動き」についていくのが大変だった。スーツアクターとして、フレームの中にポージングを収めようとすればするほど、超然としてアドリブをさく裂させる古原との乖離が生まれてしまう。「ヒーローであることと古原の個性が乗ったキャラクターを両立させることは難しかった。今でも成功したとは言い難いです」と控えめに語る。

『獣拳戦隊ゲキレンジャー』（〇七年）では、中国武術を主体としたアクションの奥深さに打ちのめされた。ジャッキー・チェンが好きなことから志したアクションの道だったが、いざ自分が撮られる側になったら体が追いつかなかったという。

『特捜戦隊デカレンジャー』（〇四年）では第一話「ファイヤーボール・ニューカマー」で、二丁拳銃を手に一〇メートル以上は優にある建物の壁を駆け降りてくるアクションを披露する。もちろん、本当に壁を走っているわけではなく、ザイルで吊ってはいるのだが、駆け降りているように見えるのは福沢の脚力あればこそだ。

九人ものレッドを演じた精鋭の福沢が、どのレッドについても「あそこはこうできた」「今ならこうできるのに」とため息をつきながら語る。特に、大好きなカンフーがモチーフだったゲキレンジャーには、やり残したことが多いと悔しさを滲ませる。謙虚な人柄と言ってしまえばそれまでだが、自信満々ではないところも、二一世紀のレッドらしいという気がする。

「俺が主役だ」と言い切ることができた新堀レッドの時代は、撮影技術も発展途上で、現場で「できること」の範囲は狭かった。しかし、今や、情報はあふれ、新たな技術が手の届く場所に手の届く値段で存在している。そうした技術をいかに取り込み、昔ながらの肉体表現と融合させて演じる、あるいは演じさせるか。様々な「正解」が目の前を行き交う二一世紀には、自分の正解を一つに絞り込むのは大変なことだ。演じたレッドと同じように、福沢は今も「高みを目指して、学び、変わる」（『ゲキレンジャー』のキャッチコピー）の途上にあるのかもしれない。

一一年には、『パワーレンジャー』の現場など海外で活躍していた坂本浩一が、『仮面ライダーフォーゼ』のメイン監督に就任。坂本は倉田アクションクラブ出身でワイヤーワークを特徴とするアルファスタントの創立メンバーの一人である。『パワーレンジャー』でも活用していたワイヤーアクションを坂本が『ライダー』や『獣電戦隊キョウリュウジャー』（一三年）の現場に本格的に持ち込んだことで、特撮ヒーローのアクションシーンにそれまでとは違う「色」が注入された。

坂本は、一九九〇年代のアメリカのアクション映画で用いられていた「ベビーオイル」や、六〇～七〇年代から香港映画で多用されている「ベビーパウダー」をヒーローの現場に取り入れてもいる。どちらも変身前の役者に使うもので、オイルは肉体美を引き立たせ、パウダーはパンチやキックが当たる部位などに仕込むことで塵が弾け飛ぶような効果を演出し、アクションを浮き立たせて見せる。『戦隊』や『ライダー』のアクションも、日々、進化を遂げ、変わり続けている。

人ならざる存在感、新時代の『ウルトラ』

『ウルトラ』の世界に目を向けると、一九九六年、「ウルトラマン生誕30周年」を記念して『(ウルトラマン)ティガ』『ダイナ』『ガイア』の平成第一期『ウルトラマンシリーズ』が始まった。オーディションで選ばれ、権藤俊輔とともに三作のウルトラマンのスーツアクターを務めた中村浩二は倉田アクションクラブ所属で、『ライダー』の現場も経験している。中村は、最初は、ウェットスーツ素材で作られたウルトラの衣装との戦いだったと話す。特に、同作では権藤と中村のサイズを測り、それぞれの体にぴったり合わせたスーツが作られていた。このため着るだけで一苦労だったのだ。そのくせ、生地は数ミリと薄く、ウルトラマンがビルの上に倒れて建物が崩れる場面などは破片がめり込んできて、痛くてたまらなかったそうだ。

巨大ヒーローを演じた中村が最も意識したのも、また立ち姿だったというのが面白い。中村は「まさに超人というか、神様みたいなものを感じさせる」立ち姿を意識して演じたという。カメラの前に立つと背筋が伸び、「自然と気持ちが上に上がって」ウルトラマンに変化していく自分を感じることができた。そのうえで「しっかりと大きく呼吸しながら構えました。光の巨人が果たして呼吸するのかは僕にはわからないけれど」と白い歯を見せる。自然に気持ちが変化していくということについては、今も『ウルトラマンシリーズ』のスーツアクターを務める円谷プロのアクションチーム、キャスタッフ所属の岩田栄慶も坂本浩一との対談で「心の中にウルトラマンに対する尊敬があり、そのスーツを身に纏う事に対して、非常にありがたい気持ちになります。その気持ちを抱きながら役に入って行く」と、同様の思いを語っている（前掲『映画監督 坂本浩一 全仕事』）。

一〇年後の二〇〇六年に岩田とともにウルトラマンメビウスを演じた和田三四郎も、中村が演じたティガなどと設定は全く違うが、「人にならない動き」を心掛けたという。ゆったり大きな動きで戦い、爆発の大きさにも反応しない。ウルトラマンは超然としていなくてはならず、爆発ごときにいちいち驚いていてはダメなのだ。

人間らしくない動きの代表例としては、光線技も挙げられる。腕をクロスしたり、手で球状の光を形作ったりしても、当然のことながらポストプロダクションの処

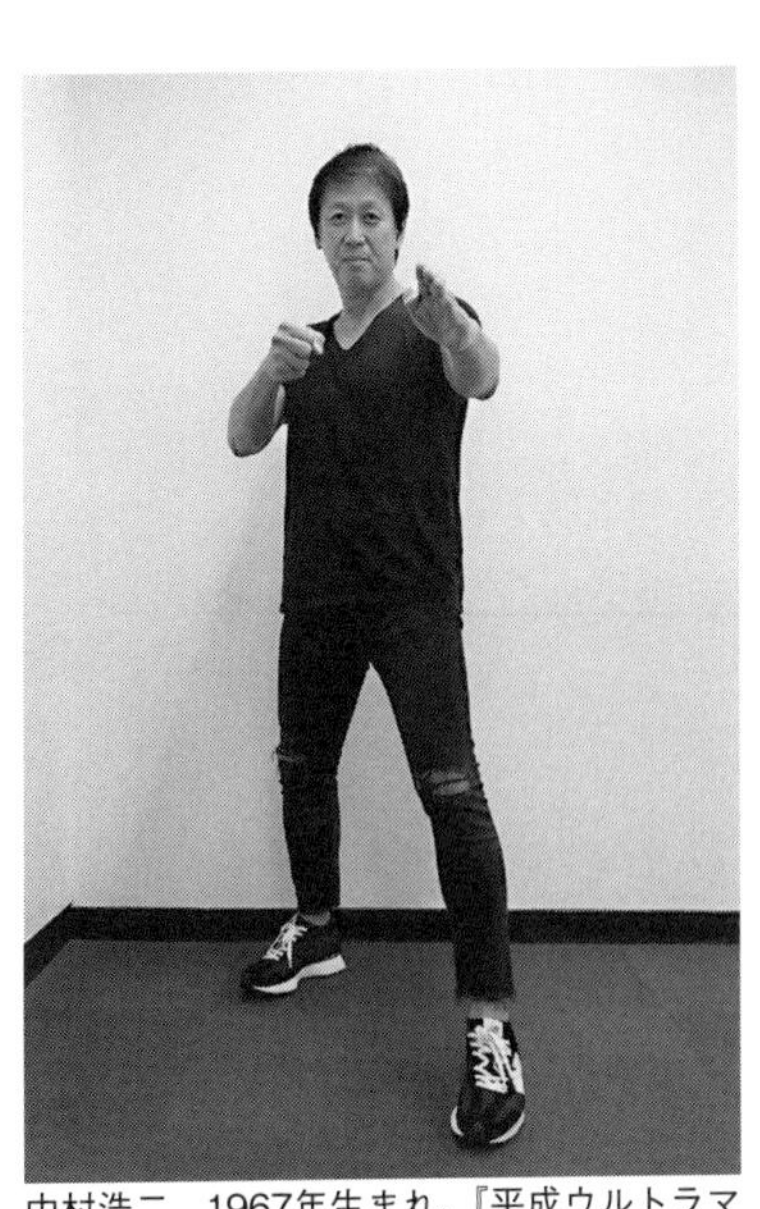
中村浩二　1967年生まれ。『平成ウルトラマン三部作』で、ティガ、ダイナ、ガイアを権藤俊輔とともに演じた。（2022年9月撮影）

理なしに、生身の人間の身体からは光線は放たれない。それでも、スーツアクターがイベントで全身に力を漲らせてポーズを取ると、そこには光線が見えるような気がするから不思議だ。素人が形だけを真似るのとは全く違う、エネルギーの発散がそこにはある。

和田が面の中で人間臭い感情を爆発させたのは最終回、メビウスが宇宙に帰っていく場面の撮影のときだった。ウルトラの撮影現場ではこれほどCGやワイヤーアクションが発達した現代でも、ウルトラマンが飛び立つ際、イントレと呼ばれる金属パイプなどで作った台にウルトラマンを立たせて、その台をスタッフが人力で持ち上げて表現するアナログな手法を取ることがあるそうだ。ともに戦った仲間に別れを告げ、万感の思いで空に飛び立つメビウス。面をつけて台の上に立ったら、メビウスに心が重なり、面の中で涙が流れてきた。必死に嗚咽をこらえようとする和田の感情は、スーツの中、上下する腹筋に滲み出ている。人間が演じていればこその映像なのだ。

最近の日本の映像界では、映画『るろうに剣心』や『銀魂』（監督・福田雄一　二〇一七年）『今日から俺は!!　劇場版』（監督・同　二〇年）、テレビドラマ『精霊の守り人』（一六年）など、アクションがメインの作品が話題になることも多い。こうした作品のクレジットに、特撮のスーツアクターや元スーツアクターの名前を見ることも少なくない。主役とそれを取り巻く敵の下っ端との戦いに、ヒーローものの殺陣を思い浮かべてしまうのは筆者だけだろうか。こうした大ヒット作品にも、知ってか知らずかヒーローアクションのエッセンスが注入されているような気がする。

冬の時代を乗り越えて、復活を果たした特撮ヒーローの物語。お話は形を変えながらも受け継がれ、ブラウン管ではなくなったテレビの中で今も戦いが続いている。五〇年以上の長きにわたってヒーローたちを助け、盛り立ててきたのは、立花藤兵衛（とうべえ）やスナックゴンのマスター、あるいは科学特捜隊やウルトラ警備隊のような組織だけではない。

世間には名前も知られていない数多（あまた）のスーツアクターこそ、ヒーロー番組の最大の立役者なのだ。彼らがいなかったらヒーローたちの物語は紡がれることすらなかった。ことさらに自己を顕示することなく真摯にヒーローという役に向き合い、没入して演じたスーツアクターたちの存在に、もう少しだけ目が向けられたら、と筆者は思っている。

interview

中屋敷哲也

Tetsuya Nakayashiki

『昭和ライダーシリーズ』の功労者の一人である。スーツアクターとして多くの昭和ライダーを演じてきた中屋敷からは、今でも時折「ライダーの気配」がふわりと薫る。面をつけてライダーを演じた日々について聞いた。

――もともとは役者を目指していた？

中屋敷　役者を志して岩手から上京し、知人の紹介で役者の嵐寛童(あらしかんどう)さんにつながり、そこで紹介されたのが大野剣友会でした。

『柔道一直線』（一九六九年）では一日中、神社の境内や林の中で投げられていた。「どうもやりたいことと違う」と感じて剣友会を抜けてバイトをしていましたが『仮面ライダー』（七一年）の仕事ができたときに呼び戻されました。デパート屋上のショーを手伝ううちに「体が大きいから」とライダーに入るようになったんです。

――映像でライダーに入られたのは？

中屋敷　「ベアーコンガー」の回（第四六話）に岡田（勝）とダブりで入りました。オンエアをオヤジ（大野幸太郎）たちと見たけれど、終わる頃には皆の顔が見られなかった。「足も長いし迫力があって格好良い」と言われ続けて自分でも「そうなんだ」と思っていましたが、映像を見たら「スローモーションか？」というくらい、とろかった。当時は「コマ落とし」もしなかったから仕方ない部分もあるけれど、恥ずかしかった。そこで「どうしたらスピード感を出せるのか」と考えるようになった。

自分の映像を見るうちに「見て蹴ったら遅くなる」「見ないで蹴るしかない」という結論にたどり着いたんです。立ち回りの手は決まっているから、一人の相手を殴ったら、次の相手を見たり構えたりする前に、次の相手がいるはずの場所に次の技を繰り出す。見るより先に体を動かし、その分の動きを自分でカットするんです。

もちろんスピードだけではダメです。どこかにふっと抜く「間」がないといけない。無理に作ろうとするとわざとらしくなりますが、気持ちを作れば自然と「間」が生まれます。

――スタント的な動きも求められました。

中屋敷　ＪＡＣはスタントマン養成のためのトレーニングをしています。一方、剣友会は剣劇の稽古はしてもスタントマン的な鍛え方をしていない。高所から飛び降りるのも現場で初めてやりました。せいぜい五～六メートルの高さだったけれど面をつけていると怖いんです。

――面をつけると、普段と違いますか？

中屋敷　面のいいところは転がったり爆発があったりするとき、防具になること。でも前しか見えなくなってしまうのが困りものです。

――高いところや水は大丈夫でしたか？

中屋敷　俺は水は大丈夫。高いところも、いるのは平気だけれど、飛べといわれると嫌だし、トランポリンも苦手です。だから今の時代では俺はライダーになれないんじゃない？

――『Ｖ３』での五〇メートルの煙突は？

中屋敷　飛び降りるわけじゃないから（笑）。カシラ（高橋一俊）は「無理なら煙突のハシゴの途中で」と言ってくれたけれど、上まで登り、言われた通りに動いただけです。奥中*（惇夫）監督には「ちょっとジャンプしてみて」と言われました。さすがにそれは無理なのでポーズだけ取りました（笑）。

――あれはすごい場面でした。

中屋敷　でも、あの場面含めてＶ３の頃の自分は「出来具合はオーバーに言っても五〇％なんだよね」という感じです。今なら、なぜ俺が煙突の上にい

なかやしき てつや　1948年、岩手県生まれ。『仮面ライダー』をはじめ、数々のヒーローを演じた。50mの煙突に命綱なしで立った逸話は語り種に。（2022年7月撮影）

るのか考えて芝居をします。当時の俺にはそういう芝居心がなかったから、言われたままやるだけ。カシラの操り人形でした。

芝居を考えられるようになったのが『スカイライダー』（七九年）と『（仮面ライダー）スーパー1』（八〇年）。だから『スーパー1』が俺の一番気に入っている作品です。

――面をつけての芝居で気をつけたことは？

中屋敷　素顔のときとの違いをつけようとしないこと。むしろ、面をつけているときとつけていないときの違いをなくそうとしました。面を意識してオーバーに動くから、逆に感情が伝わらないと思ったから。人間は普通に話すときでもちょっと動いている。そういう自然な動きが出ればいいと思いました。

大事なのはライダーになりきることです。役作りは、ヒーローも刑事も浪人も同じだと思う。きちんと作ればオーバーな「ヒーロー芝居」をしなくてもヒーローに見えると思います。そういう考えでやってきたし、見た人に「すごく自然になってきたよね」と言われたので、それが正解だったと思います。台詞も、たとえばV3なら宮ちゃん（宮内洋）がどこでブレスを入れるか考えて言う。同じ台詞を同じ間で言えば変な動きを入れなくてもアフレコしやすいはずだと考えた。

――『スカイライダー』では飛ぶシーンのためにピアノ線で吊られましたね。

中屋敷　二時間くらい吊られていたんじゃないかな。背中に女の子を乗せてね。胸のところに鉄板を置いてそれをピアノ線で吊りましたが、腰から下がだら～んとなる。自力で伸ばそうとすると背筋が……（苦笑）。そこでかかとも吊ると今度は膝が落ちる。それで本番は自力で体を全部一直線に伸ばすわけです。二メートルくらいの高さでしたが、もし切れたら、と考えましたよ。特に子供を乗せていたから「俺はいいけど、子供がどうなるの？」と心配だった。歌舞伎の（坂東）玉三郎さんの宙乗りを担当した方が担当でした。トイレ休憩もせず吊られ続けていたので、その方が「この人辛抱強いね。こんな人初めて」と言っていたと後で聞きました。

でもあれは、もう少し考えて撮るべきだったかなと思いますね。あんなに大掛かりな仕掛けで苦労して撮影したのに、映像で見ると人形にしか見えないですものね。両脚のかかとを別々に吊って、左右に曲がるときは俺が足を動かしたり曲げたりして、マフラーもそれに合わせて動かすような仕掛けにすればよかった。ちょっと残念ですね。

――ライダーごとに演じ分けはしましたか？

中屋敷　変えたら俺じゃなくてもいいことになりますよね。変えないからこそ中屋敷（のライダー）です。俺の癖や体形を買ってくれて指名してくれるわけだから変える必要はないと思ってやってきました。

――JACに変わった『BLACK』（八七年）以降のライダーについてどう思われますか？

中屋敷　あまりヒーロー番組を見ないけれど、「BLACK」ではタイトルバックで歩いてくる姿がいいな、と思った記憶があります。彼（岡元次郎）はスタイルがよくて格好いいね。

『アギト』（二〇〇一年）にはバイク屋の親父役で出演しました。台本を読んだが（設定が複雑で）よく意味がわからなかった（苦笑）。オンエアを見ても、ライダーはカッコいいけれど「この人たち、何のために戦っているの？　わからない」という感じでした。

――中屋敷さんにとっての仮面ライダーとはどういう存在ですか？

中屋敷　藤岡弘、さんや佐々木剛さん、宮内洋さんがやったライダーのような、「俺はもう普通の人間ではないんだ」という悲哀を背負った存在ですね。僕が演じたスカイライダーの初期に、湖に自分の姿を映して「これが俺の姿だ……」と噛みしめる場面があった。好きな場面ですし、そういうのが俺の中にある仮面ライダーですね。

――スーツアクターという言葉についてどう思われますか？

中屋敷　俺は好きだよ。着ぐるみの中身というよりは聞こえがいいじゃないですか。実際にスーツを着ていたわけだし。自分からも言いますね。

――多くのアクション関係者が中屋敷さんのことを「天才」と言いますが？

中屋敷　どこが天才なんだろうと思います。天才というのは努力しないでもぱぱっとできる人。俺は努力したから、天才ではなくて、努力の人と言ってほしいですね。自分では「あれだけ努力したから、あのくらいできたんだ」と思っています。

interview

岡田勝

Masaru Okada

ショッカーの第一号怪人、蜘蛛男などのスーツアクターや殺陣師として『昭和ライダーシリーズ』を支えてきた。移り変わる時代の中で、岡田は何にこだわり続けたのか。アクションやヒーローについて語ってもらった。

——アクションの道に入られたきっかけは？

岡田　芸能界に入りたくて日テレのタレント養成所に通っていたところ、大野のオヤジ（大野幸太郎）に声をかけられました。もともと体を動かすことが好きなんです。

——『仮面ライダー』（一九七一年）では初代怪人蜘蛛男を演じられました。

岡田　面をかぶったら見えないから「ドライバー持ってこい」といって目のところに穴をあけた（笑）。だから、その後の怪人は目が出るようになったでしょ。手の動きは監督が「こうすると面白い」と言った通りにやりました。

——アクションも手探りでしたね。

岡田　ライダーは藤岡（弘、）さんがやっていたからね。事故の後は剣友会が担当するようになり、最初にやったのは僕ですが、足が短くなった（笑）。当時の面は外れやすくて。オープニングも面が外れかけたのが使われている。下面（面の下につける衣装）もないから中村（文弥）さんが入ると髪の毛が出た。俺らは中に入っているからわからないけれど、本来は監督がNG出すよね。

——ライダーの面も視界はよくない？

岡田　そうですね。ほとんど見えないから立ち回りの段取りが必要なんです。見えていないまま攻撃したり受けたりして成立させるのにはかなりの技量が要る。日々、皆で稽古をしているからできるんです。知らないチームを応援で頼んだこともありますが、リズムが違う。結局蹴り一発くらいしか使えなかった。応援を頼まないと現場はきついけれど、信頼関係が大事だから。

——トランポリンは最初JACの担当でした。

岡田　うちのメンバーが学生時代にトランポリンを

やったことがあるというので練習してうちでもやるようになった。最初は普通の大きなトランポリンでした。リトル（ミニトランポリン）より空中の画はきれいで優雅に見えます。大きく上がって余裕をもって回れる。滞空時間が長いんです。リトルだと上に上がり切らないからすぐ回転しないと落ちてしまう。ヒーローは余裕がないといけないと思う。

――後楽園のショーも人気でした。

岡田　怪人が出ると子供が「いやだ！」と騒ぐし、ライダーが出ると「うわー」とどよめく。昔の子供の方が素直だった気がします。当時、サイン会で俺がライダーに入っているとき、目元から俺の顔がちらっと見えたんだろうね。子供に「こいつ、ニセモノだ！」と言われて。今思えば大人げないけれど、思わず「誰がニセモノだ！　俺は本物だ！」と怒鳴っちゃった。だって俺、テレビでライダーやっている本物だったもの（笑）。当時は俺も若かったから。あのときの子供には悪いことしたと思っています。

　オヤジには「立ち回りというのは客席の目線を動かすこと」と言われた。舞台だけで演じていると客の目線が動かない。たとえばライダーが客席後ろから出てくると目線が動くでしょ。舞台上でも「下手から出たら上手へ引っ込め」と言われました。

――決めポーズも全部岡田さんが考えた？

岡田　決めポーズは変身ポーズから取っていることが多いですね。『仮面ライダーV３』だけは文弥さ

おかだ まさる　1950年、埼玉県生まれ。67年に大野剣友会へ入会、現・代表。『仮面ライダー』でライダーや怪人役を務め、後に殺陣師としても活躍。（2022年6月撮影）

んと中屋敷（哲也）が、演じていてグローブがずれちゃったのを直すときの、肘のあたりに手をあてたポーズをそのまま使っています。

決めたポーズについては、アレンジせずちゃんとやってもらいたいですね。なぜなら、それが子供の印象に残るから。立ち回りの一つ一つの動きというのは、あまり印象に残らないでしょう？　その分、「これだ」というポーズが、ライダーごとにしっかりある方がいい。中屋敷はどんなポーズでも一回で覚えて自分のものにしてくれた。俺は中屋敷に助けられたなあと思いますよ。

――最近ヒーロー番組でよく使われるワイヤーアクションについてはいかがですか。

岡田　実際にはあり得ない動きになるじゃないですか。それがどうなのかな、と。俺はやるつもりはないです。俺は人間の体一つで表現できるものをやりたいから。できればCGとかも使わずに。面をかぶっていてもその方が必死さ、緊張感みたいなものが出て面白い。合成云々だとやはり必死にならないんですよ。俺は体一つとトランポリン、あとはロープ一本あればいいと思ってやってきました。

爆発も、本物の爆発は怖いから必死になる。合成だと必死にはならない。この違いは画に出てくるんじゃないですかね。

――最近のライダーは変身後に痛めつけられて変身が解けて素面に戻る場面が多い気がします。どう思われますか。

岡田　最近のはあまり見ていないからわからないんだけれど、俺は逆だと思うよ。素面が痛めつけられて、皆に「早く変身して」と思わせておいて、変身したら強くなって攻撃もかわすというのがカッコいいと、俺は思う。面をつけていたら不用意にやられない。中屋敷はやられてバック転一回もしたことないからね。揺るぎない部分がヒーローには必要だと思うんですけれど、どうなんですかね？　今の人と俺らでは見方が違うんですかね。俺は、変身したら強いヒーローでいてほしい。

――ハリウッド映画もCGやワイヤーでの表現が多いです。

岡田　（それだと）「殺陣師が考えること、ないんじゃない？」という感じですよね。監督がいてカット割りだけしていればいい感じで。

――ライダーは背中の芝居も魅力です。

岡田　文弥さんが上手でした。俺はダメダメでした。文弥さんは小劇場出身だし、中屋敷も役者を目指して勉強していた。剣友会で「劇団生（いきる）」というのを作って芝居をしていましたから。高橋一俊さんも劇団ひまわり出身ですし。役者を志してきた人たちが流れ着いた。そういう経験が活きたんでしょうね。

――剣友会の稽古は凄まじかったと聞きます。

岡田　基本のチャンバラをやって現代劇の基本をやり、「今日は時代劇」となったらチャンバラを組み立ててやる。二時間の稽古が毎日です。俺は「まだ撮影が終わらなくて」と言って行かなかったけれど、オヤジにはばれていた（笑）。

正月も稽古をすることになり、オヤジの奥さんの実家の茅ヶ崎（ちがさき）に行った。初日の出を見て、裸足で砂浜を走って帰ってきたら、足袋を履いていたオヤジと高橋さん以外は全員足の裏の皮が剝けていたという思い出があります。

――芸能事務所というより「一家」ですね。

岡田　どちらかというと仁俠映画に出てくるような……。メンバーも太陽族みたいなヤツとか田舎のチンピラとか、そういう奴が集まっていたんですよ。真面目なのは俺くらい（笑）。だから「オヤジに預かってもらった」と恩義を感じていたんじゃないでしょうか。

――一番好きなライダーは？

岡田　中屋敷ともよく話すけれど『スーパー1』だよね。ずっと高橋さんがメインでやってきて、『スカイ（ライダー）』のときも高橋さんの影響が俺の中で大きかった。それが『スーパー1』は「これでライダーは終わりだ」くらいに吹っ切れていた。だから好き勝手やったし、中屋敷も好き勝手にポーズを取った。作品的な善し悪しは別にして、岡田勝と中屋敷の良いところが出ていたのは『スーパー1』だと思う。

――スーツアクターという言葉については？

岡田　抵抗はないです。怪人やライダーを演じたことを何と呼ぶかは世間が決めること。ただ、俺は殺陣師・岡田勝として生きているから、紹介されるときに「殺陣師」という言葉が入っていないと「ちょっと待て」となります。「スーツアクターの岡田」と呼ばれるよりは「殺陣師の岡田」がいいですね。

interview

岡元次郎

Jiro Okamoto

『仮面ライダーBLACK』『BLACK RX』を手始めに多くのヒーローを演じた岡元は平成を代表するスーツアクターの一人である。熱烈なファンも多い岡元に聞いた。

——初めてのキャラクターの現場が『電撃戦隊チェンジマン』（一九八五年）のショーですか？

岡元 そうです。「体が大きいから怪人をやってみろ」と言われました。面をつけると視界も狭く音も聞こえず、圧迫感がある。動きも大きくわかりやすくしないと伝わらないことを学びました。撮影現場も『チェンジマン』が最初です。その後、ショーで『光戦隊マスクマン』のレッドマスクをやって、次が『BLACK』だった。仮面ライダーは子供の頃からの憧れのヒーローだったから嬉しかったです。

——決まったとき、大野剣友会のアクションを意識されましたか？

岡元 中屋敷（哲也）さんはポージングの形がきれいで、立ち回りにもキレがあって素晴らしいですよね。でも『BLACK』を演じるにあたっては意識しなかった。子供の頃見た『（仮面ライダー）ストロンガー』などの格好良さだけを頭の中に置いて、自分なりに演じました。そうしないと自分がこのライダーをやる意味がわからなくなるのでね。

——どう役作りをされたのでしょうか？

岡元 特に意識したのは「バッタ」ということですね。トランポリンで実際に跳ぶのは二〜三メートルでも、三〇〜六〇メートルくらいのイメージを持って跳びました。蹴るところで、膝を曲げてバッタっぽく止まります。BLACKはストップモーションで止まりますが、止まったままセッティングが整うのを待たなくてはいけない。ずっと同じ形で止まっていると脚がもたなくてきつかったです。

名乗りや必殺技を出す前などはしっかりポーズを取って、立ち回りは泥臭く、勢いを出すというのを心掛けましたね。

——『RX』では指先も意識した？

岡元 『RX』の名乗りは『BLACK』とはちょ

っと変えたくて小指と人差し指を立てるようにしました。平和とか愛を意味するサインらしいです。そして大きく腕を回して構えるんですが、手を挙げて太陽を摑んで、捨てる、と金田さんに説明された（笑）。なぜ捨てるのか意味不明だし、たぶん金田さんも覚えていないでしょうが、とにかくあれは「摑んで捨てる」なんです。

――一番怖かったアクションは？

岡元　『ＢＬＡＣＫ』で二〇メートルくらいの崖から人形を抱えてエアーマットに飛んだときですね。途中で体をひねって背中から落ちる形になりますが、もう着くと思って受け身の体勢になっているのになかなかマットに着かない。「あれ？　まだ？　ドン」みたいな感じです。見ている側からすれば一瞬なんでしょうけれど。

『ＢＬＡＣＫ』では崖から落ちてもいます。飛んだのではなく、単に転落です（笑）。転がって攻撃をかわす場面で転がり過ぎて、あると思った地面がなかった。たまたま落ちたところに斜面があったので助かりましたが、自分でも「あ、死んだ」と思いましたよ……。

――「ＲＸ」はフォームチェンジも魅力です。

岡元　基本は一緒だから芝居は同じでいいと言われましたが、バイオライダーは柔らかく、ロボライダーはロボットっぽく演じました。自分の作品としてどんな形でも爪痕を残したかったし、後悔したくなかったので、あの時点で持てる力は全部出しました。

――演じたキャラで異色なものではス

おかもと じろう　1965年、宮崎県生まれ。84年にJACに入団。わずか3年で『仮面ライダーBLACK』の主役を務め、存在感を示す。（2022年9月撮影）

ーツは重いがキャラは軽い、という『超光戦士シャンゼリオン』（九六年）がありますね。

岡元　萩野（崇）君のキャラが軽く見せてくれるので、立ち回りまで軽くする必要はないと思ってやっていました。萩野君に助けられた感じですね。あのスーツは五〇～六〇キロくらいで、面だけで五キロほどあるので首がきつい。その姿でオープニングの撮影では一人だけ砂浜に放置されました（笑）。ヘリからの空撮なので、空を見上げることもできず、ヘリの音を聞いてました。四～五メートル先にあった波が終わる頃にはつま先まで来ていましたよ。

――萩野さんとは、『仮面ライダー龍騎』（二〇〇二年）の王蛇でも変身前後でした。

岡元　凄まじい設定と個性のライダーだったので、「やめろ」と言われない限りめちゃくちゃやって、ライダーとして成立するかは監督の判断に任せようと考えました。

撮影初期に、何もしないでぼーっと座っていた。そうしたら脱力してだらっと座っている姿が、自分の想像の中の王蛇のイメージに近かった。そこで力を抜いてゆらゆら感を出しました。だらけるというよりも「こいつ何をするんだろう」「次にどっちに動くんだろう」という感じを出したかった。

――『仮面ライダー電王』（〇七年）のキンタロスはいかがでしたか？

岡元　先に登場しているモモ（タロス）とかウラ（タロス）と全く違うことをやりたいというのがありました。声を当てた、てらそままさきさんの関西弁や、相撲の技で戦うとかよく寝ているとか、様々な特徴が積み重なって良い方向につながりました。最初はタロスたちはデンライナー（列車型タイムマシン）から出ないはずだったのに、しょっちゅう出て実体化していましたね。しかも映画で何年も続くキャラになるというのは予想していなかったです。

――面をつけてキャラクターを演じる仕事は好きですか？

岡元　毎年やっていて大変なことも、乗り越え方もだいたいわかっているんですが、わかっていても毎年違うことが起きるので、楽ではないですね。いまだに慣れないし、慣れている方がいたら、すごいなと思います。

大昔に比べるとスーツの素材は軽くなっている

し、動きやすくなっているとは思います。でもアクション用のスーツにも、今は細かく色々なパーツをつけられていて、あれを着て実際に戦うのは楽ではないですね。画は一瞬で終わりますが、やっている人間は大変です。

――面をつけて演じるときに大切にしていることは？

岡元　なりきること。そのキャラクターにどうなりきるかということですね。（仮面ライダー）バスターはバスターだし、王蛇は王蛇だし、ＢＬＡＣＫはＢＬＡＣＫです。同じ岡元次郎が演じても、どのキャラクターも違う感じになるようにしています。同じ『戦隊シリーズ』でもギンガマンとメガ（レンジャー）では違うし、シンケンゴールドはまた違うとか、同じ人間が演じているけれど何かが違うということを大事にしたい。だから「え、あれもやってたんですか？」と言われると嬉しいです。全然違うのにあの悪役もこのヒーローもこの人が、と思うと点が線になって面白いじゃないですか。

芝居でも、たとえば泣くシーンなら本当に面の中で泣けば、特に演技として動かなくても泣いているように見えてきます。逆に、泣いているように見せようとするとそうは見えない。やはり、そこに気持ちがないと見ている人にはバレるし、形だけになってしまう。

どう映っているかを気にして演じるのではなく、自分が今やることを信じてやりきることが大事なんじゃないかと僕は思う。そのうえで、それが使えるかどうかは監督やアクション監督が判断することだと思っています。

――スーツアクターという呼び方についてはどう思われますか？

岡元　基本的に呼び名はどうでもいいです。ただ「あのキャラクターをやっているスーツアクターはすごい」と言われるよりは「あのキャラクターをやっている新堀さんや中屋敷さんや次郎さんがすごい」と言われたい。わかりやすくするために、ファンの方が「スーツアクター」と言うとか、記事に書くためにその言葉を使うのが便利というなら、それはそれで良いんじゃないでしょうか。変身前と後の両方を演じている人もいるし、役者とスーツアクターを特に分ける必要も僕はないと思います。

interview

富永研司

Kenji Tominaga

平成テレビシリーズ最初の仮面ライダーであるクウガを演じた富永。新時代のライダーを演じる富永はテレビでヒーローを担当するのがほぼ初だった。取り合わせの妙が奇跡的な化学反応を起こし、唯一無二のヒーローを世に送り出した。

――この世界に入ったきっかけは？

富永　もともと映画俳優になりたかったんです。カンフー映画が流行っていて、それを特集した雑誌でJACの存在を知ってオーディションを受けました。

――『クウガ』（二〇〇〇年）が初めて担当したヒーローですね。

富永　そうです。当時、僕は日光江戸村で忍者をやっていたんです。江戸村から各地の時代村を回って忍者の巡業をしていました。それ以前は『戦隊シリーズ』で兵隊（戦闘員）をやったのと『特捜ロボジャンパーソン』（一九九三年）に参加したくらいです。

江戸村時代はJACの寮暮らしでしたが、近くに食べ放題のステーキ屋がありましてね。僕ら忍者を担当している一〇人くらいで行って、何しろ動いてお腹がすいているから一人七枚から一〇枚くらいステーキを平らげた。お店はびっくりしますよね。「あいつら江戸村の忍者だ」と忍者なのに人定されて、「頼むから手加減してくれ」と懇願されました（苦笑）。

――クウガに入るきっかけは？

富永　後から聞きましたが（金田治）社長が推薦してくれたそうです。僕はちょうど台湾での『パワーレンジャー』ショーに出演していて、帰国してからオーディションに行きました。銀座の（東映）社屋でいきなり上半身脱がされて、立ち回りをやってみせたら決まってしまった。たぶん、スーツに合う体かどうか見ていたのだと思います。

――決まったと聞いて、どうでしたか？

富永　僕は新しいライダーは（岡元）次郎さんがやると思い込んでいたから、むしろ「自分で大丈夫かな」と……。一年間べったり一作品につくのも初めてでしたが、特にプレッシャーとかは感じていませんでしたね。数字が取れなかったら打ち切りだと言われていたけれど、それは俺の責任ではない、と思っていたし（笑）。

――クウガは全く新しい表現だったと思います。

とみなが けんじ　1970年、福岡県生まれ。日光江戸村での忍者ショーなどを経て、『平成ライダーシリーズ』第1作『仮面ライダークウガ』の主役に抜擢。（2022年9月撮影）

富永　特撮の基本や約束事を知らなかったので、普通に演じていました。見せ方とかを考えるのではなく、自分の気持ちでやっていたし、面をつけていることもあまり意識していなかった。だから、最初はクウガが驚く場面でもそれほど大きく動かなかったんです。そうしたら「驚いているように見えない」と現場にいたスタッフ全員から突っ込まれました。今だったら、面をぐっと動かすなどするんですけれど、当時はわからないから、外からは見えない面の中の顔で必死に芝居をしていた。そこから色々表現方法を考えるようにはなりました。

――鏡を見て研究とかは？

富永　ないです。やはり俺は気持ちが大事だと。内側から出てくるものがある、と思うんですよ。動かなくても、怒っているとか悔しがっているとか、そういうのは体から発散しているはずだ、と。だから、そういう気持ちの方を大事にしたかったです。

――構えも独特の低い体勢ですね。

富永　もともと自分の構えが低かったこともあります。一対一で戦いが始まる瞬間って、動物でも低く構えているでしょう。忍者も低く構えますし。

江戸村では京都の撮影所での伝統的な時代劇の立ち回りと違って、リアルなアクションを求められていた。美しいことより、素早く切り返して首を切ってとどめを刺すようなリアルな戦闘の動きなんです。実はそういうリアルな戦いに近い動きは、見せ方が下手だとアクションとしてはつまらないんですよ。それをいかに面白く感じてもらうように演じるか、を忍者では突き詰めていました。その経験がクウガの構えを考えるときに頭にあったのかもしれません。

――変身前の五代雄介は戦いが嫌いな青年でしたが、意識しましたか？

富永　ないですね。どこにも就職していないニートでフーテンということだけ、なんとなく意識しました（笑）。あ、初めの頃、変身したときに思わず頭を触る芝居を入れたらNGになりました。兜(かぶと)なのか角(つの)なのか、雄介なら気になると思ったんですけれど（苦笑）。

――武器の種類も多かったですね。

富永　中でもでっかい剣（タイタンソード）がありまして、あれが使いにくかったなあ。「特撮あるある」なんですけれど、武器は基本、使いやすくないんですよ。「なんでこんなものわざわざ使って戦うんだ」というものばかりです。いっそ素手で戦うか、細い普通の剣の方が実戦なら使いやすいと思うのですが、見栄えが良くないとヒーロー番組としてはいけないということなんでしょうね。

――おぐらとしひろ（当時は小倉敏博）さん演じる怪人ゴ・ジャラジ・ダとの戦いの迫力はすごかったです。

富永　殴り合いで血のりを使いました。迫力を出してほしいという演出サイドの希望でしたが、殴るのが顔ですから、もちろん拳は握らずに、着ぐるみの「前一枚」くらいのところを殴りました。

　二人でもみ合ったままガラス窓を突き破って落ちる場面もあります。このガラスが「飴ガラス」（撮影用の模造ガラス）ではなく本物のガラスだったんです。予算の問題ではなく、本物のガラスの迫力が欲しかったのだと思います。ガラスの破片で切らないように、スーツを着る前に、太い血管が通っている首やわきの下をガムテープで巻きました。窓を突き破ってマットの上に二人で落ちると、当然ガラスが粉々に散っている。自力でゆっくり起き上がればよかったけれど、周りにいる人たちは心配だから引っ張って起こそうとします。そこで引っ張られてしまって、ちょっとだけ指を切りました。それでも映像を見たら確かに飴ガラスでは出せない迫力でしたね。

――平成ライダーのアップ用の面は視界もほとんどないと聞きます。

富永　ほとんど見えないですね。アップ用をつけて走ったこともありますよ。夜間シーンで森の中を走りました。見えないまま全力で走っているから、カットがかかってもすぐには止まれない。補助の子もわかっているから、止めようとタックルしてきます。その結果、俺に吹っ飛ばされてしまいました。

そもそもアップ用の面をつけると音も聞こえない。状況がわからないから面をつけてから「待ち」の時間があるとすごく不安になります。

――最近は『仮面ライダーセイバー』（二〇二〇年）**でカリバーに入られました。**

富永　二〇年経ったらスタッフがほとんど知らない顔ぶれになっていた（苦笑）。スーツはクウガの方が動きやすかったかな。カリバーは視界も悪かったし、パワーアップしたら体中に龍がたくさんついて重くなってしまった。パワーアップすればするほど動きにくくなるという、これも「特撮あるある」です。

――ヒーローを演じる際に大事にしていることはありますか？

富永　特にないです。体形維持くらいでしょうか。若い頃みたいにすぐには体重が落ちず、筋肉ばかり落ちてしまうので。意識してインナーマッスルを鍛えるようにしています。

――クウガを演じてよかったですか？

富永　よかったと思っていますよ。高岩（成二）さんみたいに二〇年もやるのは大変だと思いますけれど。

――スーツアクターという呼称に抵抗はありますか？

富永　僕はそんなに嫌ではないです。演者という点では（役者と）一緒だと思っていますが、でも同じ演者でも違うところはあるし。それほど気にはなりません。

interview

高岩成二

Seiji Takaiwa

平成時代の後半を、仮面ライダーとともに駆け抜けてきた。演じた主役ライダーは実に一八人に上る。「ミスター平成ライダー」の異名を取る高岩にヒーローを演じることについて聞いた。

――初めて演じたキャラクターは?

高岩　後楽園のショーでの『光戦隊マスクマン』(一九八七年)のブラックマスクです。ボツ面(目の部分に小さな覗き穴がたくさんあいている面)は、左右は見えないし遠近もわからない。必死に見ようとすると、外からは首が突き出ているように見えてしまう。演出の山岡(淳二)さんの「面に慣れさせる」という方針で、朝から面をつけてステージを走り回らせられました。

――テレビでは『恐竜戦隊ジュウレンジャー』(九二年)のドラゴンレンジャーですね。

高岩　はい。(黒いシールド部分から外が見える)シールド面はアトラクション用と比べたらサングラスをかけているようなもの。ただ呼吸はしづらかったです。

――『忍者戦隊カクレンジャー』(九四年)でレッドを演じる際に新堀さんの演技は参考にしましたか?

高岩　参考にしようとしてやめました(笑)。新堀さんと飲んだとき、「レッドはドーンとしてなきゃ」と言われてやってみたけれど、しっくり来なかった。新堀さんは十何年もレッドを演じていて重厚感がある。でも当時細かった自分の体形で同じことは表現できない。自分なりに考え、小川(輝晃)の(変身前の)サスケに寄せていこうとしました。

――その後、平成ライダー担当に。

高岩　『アギト』(二〇〇一年)のパイロット版担当の田﨑(竜太)監督に「戦隊の匂いが強い」と言われました。動きがオーバーなのかと思って動きを抑えても「振り返りが戦隊っぽい」と言われる。肩の大げさな動きが原因かと今は思いますが、当時は理由がわからなかった。社長(金田治)組でも同じことを言われ、「じゃあ動かないです」と、じっとしていたら「それでいい！」と言われました。つまり、動かない芝居を求められていたんです。

――『電王』（〇七年）のモモタロスは人気でした。

高岩　あれは楽しかった。一人ずつイマジンが増えていき、最終的に全員揃ってどんちゃん騒ぎ。（デンライナーのオーナー役などの）石丸（謙二郎）さんも乗っかってきた。スーツの中にピンマイクをつけたこともあります。声は声優の関俊彦さんが入れますが、喋るトーンや台詞の間など僕の芝居を伝えたいという柴﨑（貴行）監督のアイデアでした。

四人のタロスにデネブとジークの六人とも性格がバラバラで、キャラ作りもしやすかった。ウラタロスの永徳がほぼ初レギュラーで、いじられる対象となったのも奏功して、モモと正反対のキャラクターとしてぶつかり合えた。そこにキンタロスの（岡元）次郎さんも絡んできて、おぐら（としひろ）が入ってきて収拾がつかなくなった（笑）。早い段階で監督には「好きにしろ」と丸投げされました。

たかいわ せいじ　1968年、埼玉県生まれ。2001年のアギト以降、ほぼすべての主役ライダーを演じ、ミスター平成ライダーの異名を持つ。現在はフリーで活躍。（2022年6月撮影）

――モモの表現の仕方での工夫は？

高岩　悪ふざけなんですけれど、黒いガムテープを眉毛の形にして貼りつけたり、寝ている場面でも瞼（まぶた）がないので赤いテープをもらって瞼を作り、半分目が閉じた状態にしてみたりしました。テストからやると却下されるかな、と思ったので本番でやりました（笑）。カメラを向いたら石田（秀範）監督が「なんだそれ！　いいや！　回せ！」とウケてくれた。スタッフも笑ってくれたので良かったです。

『電王』で、ヒーローは形だけじゃないと感じました。内面から出たものがガワ（スーツ）に出て映像に映り、見る人にも理解してもらえることを確信したんです。振り向くときも、その理由を考えるようになったし、考えている間、監督も待ってくれるようになりました。

――決めポーズは全部ご自身で考える？

高岩　だいたいそうですね。『ジオウ』では時間や時計という抽象的な概念をどう表現するか悩みました。会心の作は『W（ダブル）』（〇九年）かな。変身前の左翔太郎（演・桐山漣（れん））のキャラクターにあわせ、すかした感じを出すことができました。

――実は高所恐怖症と聞きましたが、どう克服して高所からの飛び降りもこなすようになったのですか？

高岩　意地と我慢です（笑）。下で仲間がマットを持っていてくれることへの信頼感はあるんですが、僕自身が自分を信用できないんです。高いところが怖いうえに、面という視界が遮られるものをかぶるので怖さが増す。仕事とはいえ「なんで俺はこんなことをやっているんだろう」と思います。飛ぶときは極力テストはやらず、本番だけでお願いしています。

――高所以外に怖かった経験は？

高岩　モモタロスのとき、砂場に埋められたことですね。逆立ち状態で上半身を四〇～五〇センチ埋められました。顔だけは段ボールで覆って、お面はつけず、万一のときのために鼻まで隠れる水中メガネをつけていました。ところが、埋められて五分くらいしたら鼻呼吸ができなくなり、砂の重みで胸が圧迫され、口呼吸も苦しくなってきた。助監督に「何かあったら足をバタバタさせてください」と言われていたのでバタバタしたんだけれど、掘り返すのに思ったより時間がかかる。生き埋めという言葉が頭をよぎり、プチパニックになりました。これまでアクションをやってきた中で一番怖かった経験です。五〇年生きてきて初めて死を目の前にしました。危険なスタントで怖い目にあったなら、まだカッコいいけれど、公園の砂場に埋められていただけというのが、ちょっとね（笑）。

――『戦隊』、『メタルヒーロー』、『ライダー』と演じてきて違いはありますか？

高岩　ヒーローの種類というより時代で変わるものかなという気がしています。作品も単純な勧善懲悪ではなくドラマ性が強くなった。今の時代に両手を広げて「なにぃ!?」と演じたらたぶん違和感があります。でも『昭和ライダー』や新堀さんらの『戦隊』では、それが成立していた。同じヒーローでも時代や背景が変われば演者の表現も変化するんだと思います。

――スーツもだいぶ変わりましたか？

高岩　少しずつ改良されています。でも、撮影技術の進化で細部まで映るようになったので、アクション用でもチープには作れず、結果的にどんどん重くなっています。ランドセルをパンパンにして背負い、友達のランドセルも抱えているような感じです。特にパワーアップすると重さが増すので、プレイヤーはパワーダウンして動けなくなります（笑）。

――ワイヤーアクションについては？

高岩　主流になってきたのは坂本浩一監督がいらしてからかな。吊り上げられて降りるくらいしか経験がなかったのが、マットなしで飛ばされてそのまま地面に行くようになった。体中にパットを入れますが、コンクリートに落とされる感覚は、吊られているから安全だとわかってはいても怖かったです。

――スーツアクターという言葉については？

高岩　僕は腹は立たないけれど、あまりいい気分ではなかった。スーツアクターも俳優もアクターで良いじゃん、という思いは今でもある。ただ、これまで「中の人」と紹介されていたのが、名称ができたことでメディアに取り上げられやすくなったり、若い子が「スーツアクターになりたい」と言えるようになったりしたのは良かったかもしれません。

――大野剣友会の昭和ライダーについては？

高岩　僕も昭和を見て育ったので頭の中にありますよね。当時の中屋敷（哲也）さんはすごく良いし、カメラの撮影スピードを変えられない中でもあれだけのものを見せたというのはすごい。古き良き昭和の匂いは、自分はどこかで引きずっているし、あの濃さが僕は好きです。若い子がＹｏｕＴｕｂｅを見て、ただ真似ても、あの濃さは出せないんですよ。

――ちなみに好きな昭和ライダーは？

高岩　２号ライダー、一文字隼人です。僕、昭和のヒーローを語ったら長いですよ（笑）。

interview

浅井宏輔

Kosuke Asai

ヒーローに憧れてアクション界に入り、戦隊のレッドと主役ライダーになるという夢を叶えた。自らを「仮面俳優」と定義する浅井に思いを尋ねた。

――幼少期から特撮好きだったそうですね？

浅井　『仮面ライダーBLACK』と『BLACK RX』が大好きでした。小学生からはアニメ『ドラゴンボールZ』に熱中しました。何かを守るために戦うヒーローという存在に憧れました。

――アクションとの関わりは？

浅井　高校時代に『仮面ライダークウガ』（二〇〇〇年）を見たら、のめり込んでしまった。友人が地元にある名古屋アクションクラブというキャラクターショーチームに所属しており、「ここに行けばヒーローになれる」と思ったんです。大学入学と同時にアルバイトとして所属しました。

――最初の仕事は？

浅井　『仮面ライダー龍騎』（〇二年）のショーでのオリジナルの兵隊です。視界も悪く、大変だったけれど面白かった。何よりも「早くうまくなってヒーローになりたい」という気持ちが強まりました。当時、ナゴヤドーム（現・バンテリンドーム ナゴヤ）で毎年大規模なショーがあり、その舞台に立つのを目標に頑張りました。ありがたいことに、二年後に『特捜戦隊デカレンジャー』のデカレッドでステージに立てました。でも、そのときに自分はテレビのデカレッドを真似ているだけなんだと気づいてしまった。「テレビの中の本物になりたい」という気持ちが強まりました。

――そんなとき、JAEと出会ったんですね。

浅井　ショーチーム同士の交流会に（岡元）次郎さんがいらっしゃって、次郎さんがつけた立ち回りを一緒にやらせてもらいました。ゆっくり丁寧にやっているのに、ものすごい迫力というかオーラがあり「これが一流なんだ」と感動しました。あのときの次郎さんの目力は今でも忘れられません。

――そしてJAE入りを決意した？

浅井　実は僕は、JAEなんて体育会系だから怖くて自分には無理だと思っていた。小中学校と野球をやったのに、高校では野球部が怖くて英語部に入ったくらいですから（笑）。でも、名古屋の先輩がＪＡＥに入って、半年後に一緒に稽古をしたら技術がとてつもなく高くなっていた。同じところに行ってみたいと思いました。

――ＪＡＥに入ってからは順調に？

浅井　実は養成所を修了してすぐに体を壊して、ヘルニアで寝たきりに。いきなりつまずきました（苦笑）。幸いその後、（東京ドームシティアトラクションズ）スカイシアターのショーに補助で入ることができて、少し遅れてスタートを切りました。

テレビシリーズの大きな役は『海賊戦隊ゴーカイジャー』（一一年）のバスコ怪人態が最初です。僕は芝居やアクションをしたいという動機ではなく、「ヒーローになりたい」という一念でこの世界を志したので、最初は「演じる」ということの意味がわからなくて悩みました。

――『宇宙刑事ギャバン THE MOVIE』（一二年）ではギャバンという大役に恵まれます。

浅井　生まれる一年前のテレビ作品なのでＤＶＤを見ました。ＪＡＣの東映ヒーローアクションがすべてここに詰まっているのを感じました。ＤＶＤの中で大葉健二さんや村上潤さんの演じるギャバンがすご過ぎて、撮影では毎日落ち込むばかり。共演した大葉さんは普段はスイッチが切れているのに、立ち上がった瞬間に空気が変わる。これが役者か、と思わされました。大葉さんは、僕のナイターでの撮影にも、

あさい こうすけ　1983年、愛知県生まれ。『宇宙刑事ギャバン THE MOVIE』を皮切りに数々の特撮作品の主役、メインキャラクターを務める。（2022年10月撮影）

出番がないのに残ってくださった。感動した一方、すごいプレッシャーでした（笑）。

——『特命戦隊ゴーバスターズ』のニック（主人公の相棒ロボット）を演じられましたね。

浅井　それまで、動くことで芝居から逃げていた部分があったのですが、ニックではレギュラーセットの中でのお芝居がメインでした。初めは撮影前夜、憂鬱で眠れなかった。1クール過ぎたあたりに「わからないなりに、芝居は思ったようにやろう」と思い切ることができて、少し楽しくなりました。今でも答えを出すのは難しいけれど、芝居についてすごく考えるようになりました。

——『手裏剣戦隊ニンニンジャー』（一五年）では念願のレッドになりました。

浅井　でも今度は撮影が始まる前の練習中に骨折しちゃったんです（苦笑）。だから、前半は別の方に演じてもらっています。だからこそ翌年『動物戦隊ジュウオウジャー』の（ジュウオウ）イーグル役が来たときは嬉しかった。ちゃんと一話から取り組めたので、自分にとって初のレッドは『ジュウオウジャー』かなという気がしています。『戦隊シリーズ』通算二〇〇〇回記念で、福沢（博文）さんのゴーカイレッドと一騎打ちをさせていただいたことも忘れられません（『ジュウオウジャー』第二八、二九話）。

——福沢さんのレッドは特別な存在ですか？

浅井　伝統芸能みたいというか、レッドとして新堀（和男）さんからJACの先輩方へと継承されてきたものがあると思う。福沢さんが最後に演じたレッドであるゴーカイレッドは、その究極系です。レッドに憧れていた僕が、レッドになって福沢さんと戦っていると、「本当に継がせていただけた」という思いが込み上げてきて……。つながってきた四〇作二〇〇〇回の重みを感じました。

——継承されてきたものとは何でしょう？

浅井　新堀さんのどっしりしたレッドからバトンを引き継ぐと同時に、平成という時代が求める違うタイプの身軽なレッドを確立したのが福沢さん。でも根底には同じレッドが生きている。うまく説明できませんが、失ってはいけない大切なものが脈々と受け継がれていると思っています。それがなくなったら、戦隊やライダーではなくなる、ヒーローの核みたいなものです。

――『快盗戦隊ルパンレンジャーVS警察戦隊パトレンジャー』（一八年）のルパンレッドも好評でした。

浅井　『仮面ライダーエグゼイド』に行った後、今度は肘の手術をしたんですが（苦笑）、入院先でオファーをいただきました。アクションは、パルクールなど当時流行り出していたものを取り入れていましたね。

――そのままレッド街道を行くかと思いきや『仮面ライダーセイバー』（二〇年）で主役ライダーに。

浅井　仮面ライダーの主役という点では『BLACK』や『RX』で憧れてきた次郎さんの二三歳のときの立ち位置に三七歳になってやっと立てたかなという感慨がありました。果たして次郎さんや諸先輩、中屋敷（哲也）さんのような重みを出せていたのかはわからないですが。

――今後やってみたいことは？

浅井　「ヒーローになりたい」という子供の頃からの夢は変わりません。面をつけて何かを表現することが面白いです。顔出しの演技をするよりは「仮面俳優」、面をかぶった俳優としてやっていきたい。言葉にしないと伝わらないことがある一方、面をつけているからこそ表現できる、伝えられることもある。面をつけて立っているだけでヒーローの気持ちを表現できたらすごいと思うんです。芝居を知らずにこの世界に入ったからかもしれませんが、自分は仮面をかぶることで、俳優にならせてもらっているような気がします。僕は俳優ではないし、スタントマンでもアクションマンでもなく、ヒーローになりたかった人。それが、今はスーツアクターと呼ばれている。

僕は演じたヒーローが自分に見えてしまうのが一番嫌なんです。今では次郎さんが演じていると知っているBLACKだって、次郎さんだと思って見たことは一度もない。それなのに次郎さんにしか演じられないというのはすごいこと。きっと次郎さんが懸けてきた思いが滲み出ているからなんです。そういう思いなしに技術だけになってしまったら、スーツアクターは安っぽいものになってしまう。先輩方が命がけで思いを込めて作り上げたスーツアクターという文化だからこそ、大切に後世に伝えていかないといけないと思っています。

interview

縄田雄哉

Yuya Nawata

令和最初の仮面ライダー、ゼロワンを演じたのが縄田だ。長い手足にすらりとした肢体で演じるライダーは新たな時代を象徴しているようでもある。縄田が語る新時代のライダー像とは？

——JAEに入ろうと思ったきっかけは？

縄田　高校時代にバイトを探していてヒーローショーに行き着きました。部活もやっていなかったので、その代わりみたいにのめり込みました。本当はサッカー部志望だったのに、入学した高校にサッカー部がなかったんですよ（笑）。

僕は真田広之さんをトレンディ俳優だと思っていたので『里見八犬伝』（一九八三年）でのアクションを見てびっくりしたんです。バイトの先輩にJAC出身の方だと教えてもらい、それからJAEを意識し始めました。さらに『仮面ライダーアギト』（二〇〇一年）のDVD特典で、JAEの人がジャージ姿でアクションをしているのを見たんです。衣装を着ているわけでもないのにカッコよかったのが決定打となり、JAEに入ろうと心に決めました。

——JAEに入ってからのお仕事は？

縄田　キャラクターものでは『魔法戦隊マジレンジャー』（〇五年）で冥府十神のトードに入りました。アクションに関してはショーで慣れていたんですが、カメラ位置や映り方はわかっていなかったので戸惑いました。

——ヒーローでは何が最初ですか？

縄田　本役で入ったのは『仮面ライダーエグゼイド』（一六年）のゲンムです。ゲンムの面はちょっと特殊で、人間の黒目に当たる部分が描かれている。だから、いわゆるライダーの複眼と違って、横目で見るときにも顔ごとしっかり向き直らないと伝わらない。難しかったですね。

——次が『仮面ライダージオウ』の二番手のライダー、ゲイツでした。

縄田　ゲイツは変身前を演じる押田（岳）君のエッセンスを変身後も引き継ぐことを大事にして演じました。話し合いをしたというより、現場での変身前の芝居を見てそれを受け継ぐ感じです。一年間通しで一つの役を演じられたのは、とても嬉しかった。最初は不安でしたが、押田君とともに、キャラクターを育てていく、またとない経験をさせてもらいました。

——そして令和最初の『ゼロワン』でライダーのバトンを高岩さんから渡されました。

縄田　実は、少し前に京都の（芸能神社として知られる）車折（くるまざき）神社で「一回主役をしたい」「主役ができるように日々努めます」とお参りをしていたんです。だから嬉しかったです。もちろん、神社にはお礼参りに行きました。

ただ、これまで高岩さんが築いてきたものが偉大過ぎるので、必ず比べられることになるとは思いました。それでも、僕がやるなら僕にしかできないことをやるしかないと決めました。それにゼロワンの面は小ぶりで、僕の顔にすごくフィットしていた。ほかの方には入らないくらいのサイズだったんです。だから、体形的に僕はゼロワンに合っていたという幸運もあったかもしれません。

——アクションはいかがでしたか？

縄田　アクション監督が（渡辺）淳さんになり、「もっと力強く演じてほしい」ということはよく言われました。僕としては力強くやっていたつもりなのですが、もっと躍動感がある感じを要求されました。普通のパンチでも「もっと本気で打て」と言われてしまった……。

——そう言われてどうしました？

縄田　とにかく一生懸命殴りました

なわた ゆうや　1982年、福岡県生まれ。高校時代からヒーローショーのアルバイトで活躍。令和最初のライダー「ゼロワン」を演じて注目される。（2022年10月撮影）

（笑）。僕としては強敵にはフルスイングで殴る一方で、兵隊には軽くバコンと殴るくらいの気持ちでやっていたのですけれど、兵隊相手であっても、もっとしっかり殴って、と要求されました。確かに、言われた通りに一生懸命殴ってみたら躍動感が出て、こういう表現が必要だったのかと感じました。力強く殴るためにはそれに見合った肉体、筋肉を仕上げておかないといけないということにも気づかされました。ゼロワンのスーツは全身が全部つながっているので、動くと少し引っ張られる感じがありましたね。

――動きやすいスーツというのはありますか？

縄田　『仮面ライダーギーツ』（二二年）のバッファのスーツは上下が分かれているので実は動きやすいんです。むしろ、動きやすそうに見えるゼロワンや『仮面ライダーリバイス』（二一年）のリバイはピタッとしているので、動いたときに引っ張られて抵抗があります。

――ライダーの決めポーズは自分で考える？

縄田　基本的にそうです。ゼロワンに関してはゼロワンの「ワン」、つまり「1」を表現しようと考えました。リバイは「沸いてきたぜ」がキメ台詞なので、実は三本指で温泉マークを作っています。わかりにくいかもしれませんが（笑）。バッファは元が建築現場の鳶（とび）じゃないですか。だから金槌を叩いているイメージを入れています。設定の職業などから色々考えていくのは楽しい作業です。

――縄田さんは以前、高岩成二さんとの対談で「動かないでいることが難しい」と言われていましたよね。

縄田　たとえば、普通に話をするときには、特に体を動かさないじゃないですか。でも、面をつけて動かないでいると、ただボーッと立っているように見えてしまうことがあるんです。それでついつい不安になると、今度は動き過ぎてしまうんです。やたらに動くのではなくて、止まっていてもエネルギーを感じさせないといけないわけです。最近ようやく、体が止まっていても、ちゃんと心が動く感じを出せるようになってきました。普通に立ってはいても、全身で感情を伝えるということになるでしょうか。にらむなら全身でにらむ感じです。そういうエネルギーは常に発散させていないといけない。伝わり方が違ってくるんですよね。

——影響を受けた先輩は？

縄田　高岩さんと（岡元）次郎さんは僕にとってはかけがえのない存在です。次郎さんは、エネルギーが本当にすごい。全身から何かを発散して表現されている。アクションの組み立ても一手一手妥協がないんです。

高岩さんは、画角の中に収める技術が見事です。高岩さんのポーズは黄金比に収まっている。ただポーズを決めているだけじゃなく見せ方がうまいんですね。共演するとこちらが全力で行っても全部応えてくれるし、本当にすごいです。

お二人と共演するとひりひりするくらいの刺激を感じる。今、自分は後輩にそういうものを感じさせられているのだろうか、ということを考えさせられます。

——スーツアクターに求められる能力は？

縄田　基本的なアクションの技術があるというのは大前提です。何かを表現することに耐えうる肉体は必要だと思います。

そのうえでエネルギー、かな。気持ちのエネルギーがないとスーツを超えて表に伝わらない。技術も必要ですけれど、日頃の生活でも頑張っている人は輝いて見えるじゃないですか。それと同じで、ポーズや構えなどの型を完成させることよりも、対峙する相手がどんな形でかかってきても戦える状態でいられることが必要なのでは、と思いますね。

——スーツアクターという言葉に抵抗は？

縄田　カテゴリーとして表現しやすいことはわかります。でも、自分でスーツアクターと名乗ることはないですね、アクターと言うことはありますが。スーツアクターだけを専門にやっているわけでもないし、基本的には役者だと思ってやっているから。好きか嫌いかでいったら、あまり好きな言葉ではないかな。

——これからの夢は？

縄田　この仕事をしていると「また次もお願いします」と言われることが大事だと感じます。だから、また主役で「おかわり」していただけるようにしたい。さらに、五〇歳過ぎてもプレイヤーとして活躍する高岩さんや岡元さんの場所にたどり着き、いつかは超えられるように頑張っていきたいです。

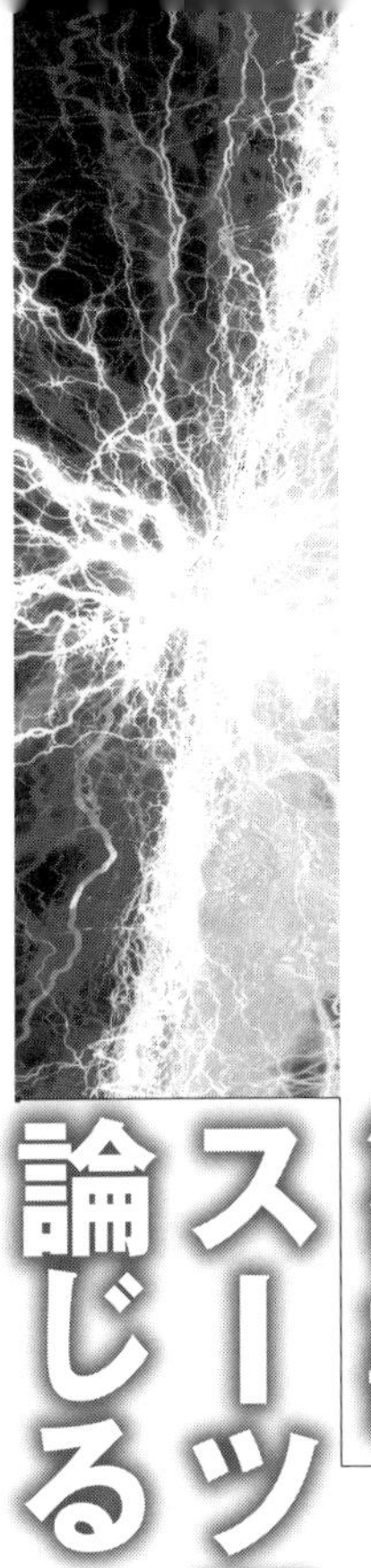

第三部 スーツアクターを論じる

interview

坂本浩一
金田治
春田純一
喜多川 2tom
蜂須賀祐一
福沢博文
和田三四郎
新堀和男

第7章 ― 余人をもって代え難い特殊技能

視覚の制約下でアクションを演じること

特撮ヒーロー番組では、誰がヒーローを演じるのが「正解」なのだろう。二〇二三年春、筆者はずっとそのことを考え続けていた。

ヒーローの誕生以来語られているのが、変身前と変身後を同じ俳優が演じるのが一番いいという理想論に近い考え方だ。役者本人が変身後のアクションまでを演じれば、全編通して作り物ではない「本物」の戦いを見せられるという趣旨になるだろうか。第5章に登場した大葉健二や春田純一のような能力をすべての役者が備えていれば、それは確かに一つの「正解」かもしれない。

でも、現実には大葉や春田のように顔出しの役者としてもスーツアクターとしても、華と能力とを兼ね備えている者は多くない。ヒーロー番組に出演するのに「全く動けない」「アクションをやりたくない」という役者は論外として、面をつけてのアクションや芝居までを求めるのは、いささか酷だし危険過ぎる。やはり、変身後に関しては、プロフェッショナルであるスーツアクターに委ねるのが「正解」ではないだろうか。

実際、藤岡弘、はスーツアクターをも演じた若き日を振り返り、あのままの体制で撮影が進んでいたら死人が出たかもしれないという見解を述べている。そのうえで、藤岡が怪我を負った後、ライダーの面をかぶることになった大野剣友会のメンバーの技能を、大変な訓練の賜物だと高く評価しているのだ。

なお、二〇〇〇年代のいわゆる「イケメン俳優ブーム」の一時期には、役者の所属事務所の多くに「怪我につながるアクションをやらせたくない」という忌避感があった。この場合、動こうとしない変身前とスーツアクターが演じる変身後には違和感が生じることになる。しかし、佐藤健主演の映画『るろうに剣心シリーズ』が大ヒットしたあたりから、状況は急速に変わっている。二・五次元舞台の『刀剣乱舞』のシリーズ（一六年〜）など人気のステージで高度なアクションを求められることも増えたため、むしろ「アクションを仕込んでほしい」という方向性の事務所が増えてきている。前出の監督、坂本浩一は、今ではスーツアクターたちに「変身前に負けるな」と檄を飛ばすこともあるそうだ。

スーツアクターは、ちょっと体が動けば誰にでも務まるような安直な仕事ではない。普通の人に面をかぶらせたら普通に歩くことさえできない。筆者は一度あるヒーローの面をかぶってみたことがあるが、方向感覚も距離感も狂ってしまい、何より普段とは全く違う感覚が恐ろしくて、その場から一歩も動けなかった。

スーツアクターは、心身の自由を奪う面をつけて、危険なアクションを安全にやり遂げるプロフェッショナルである。そのうえ、ヒーローとしての感情までを表現する。全身を覆うスーツに人間の頭部より大きな面をつけるから、バランス上、頭でっかちにならないようにある程度の身長も必要だし、整ったボディラインを求められることは言うまでもない。

長年『戦隊シリーズ』のレッドのスーツアクターを務めた福沢博文は、初めてスーツアクターとして名古屋でのヒーローショーに出演したときに全く動けなかった。ショー前のステージでの告知に際し、先輩の代わりに「立っているだけでいい」と言われてレッドの衣装を着たものの、どうしたらいいかがさっぱりわからなかったのだ。ステージで司会者に問いかけられ、思わずペコペコと会釈してしまい、終わってから「ああいうの、いらないから」と注意された。頭でわかっているつもりでも、レッドとして舞台に立つということが何もわかっていなかった。引き続き行われたショーでは戦闘員になって勢い良くステージに飛び出したものの、今度は張り切り過ぎて面の中で酸欠になりパニック一歩手前だったという。

初舞台や初の撮影現場での苦い思い出は、スーツアクターなら多かれ少なかれ皆が持っている。誰もが「自分ならある程度できるはず」と意気込んでステージやカメラ前に飛び出し、だいたい打ちのめされて戻ってくる。特に、ヒーローの場合、動きはすべて「カッコいい」ことが求められる。こけたり尻餅をついたりが許されないからなおさら難しい。元ＪＡＥのスーツアクトレス野川瑞穂（みずほ）は最初にスーツに入った『魔法戦隊マジレンジャー』のマジブルーでは失敗ばかりで怒られ続けたと筆者主催イベントで述懐している。「早く終われ、と考えていた。マジ、ブルーだった」と振り返る。

何よりも、面をかぶると「見えない」ことが演じるうえでの最大の障壁になる。

ショーや、カメラが引きでのアクション場面で使われることが多いのは、目のあたりに小さな穴がたくさんあいている通称「ボツ面」と呼ばれる面だ。たくさん穴があいてはいるが、人間の目が一度に覗ける穴は一つだけらしい。しかも厚みのある面にあけられた小さな穴から外を見ていると、遠近感がわからなくなってくるそうだ。ボッ面の代表格『仮面ライダーストロンガー』の面に至っては、複眼の部分に一センチ近い厚みがあったから、見えたのは前方の一部だけで大変だったと大野剣友会の猛者たちが口を揃える。あまりの見えにくさに、中屋敷哲也もまた、撮影スタート前に、こっそりドリルを手にして、利き目の右の瞳の位置に穴をあけたと明かしている。

一方、最近の主流は『戦隊シリーズ』でテレビの画面に映っているような黒いシールドが貼られた面だ。ボッ面に比べて視界は断然いい。ただ、呼気や熱気で曇ってしまうのが難点だ。現場では内側に薄くシャンプーを塗ることで曇り止めにしている。市販の曇り止めよりも持久力はあるが、塗り過ぎると面の隙間からカニの泡のようにぶくぶくと出てしまうのが難点。シャンプー塗り一つにもコツがあり、新人はよく塗り過ぎて怒られるという。

平成以降の仮面ライダーの面の視野に至っては、著しく狭い。特に顔を「寄り」で撮影するためのアップ用の面の視界に至っては、ないも同然だ。『仮面ライダーアギト』の後期に、高岩成二の代理でスーツアクターを務めた武智健二は、面からの視野が「幅が数ミリの線状」でしかないことに驚愕したそうだ。当然、密閉度も高いから息も苦しく、さらに熱までこもり、これで日々戦っている高岩の並外れた能力を痛感したという。

見えないことへの処方箋は、残念ながら、二一世紀の今でもない。第4章でも書いたように、見えないことに慣れ、仲間を信頼して動けるようになるしかない。それを可能にするのは、スーツアクターたちの日々のたゆまぬ努力だけだ。慣れてくると面と衣装を身につけた瞬間に、可動域や見え方の癖がわかるようになるそうだ。『仮面ライダーアギト』でアナザーアギトを演じた白井雅士はこの感

白井雅士　1975年生まれ。『戦隊シリーズ』、シアター Gロッソのショーなどで活躍する。（2022年10月撮影）

覚を「車に乗っていて車幅がわかるようになるのと同じ」と表現し、「カッコつけさせてもらうなら、ある日、突然、心眼が開く」と冗談めかして語る。トランポリンを踏む場合にも踏切までの歩数が多いと「ずれ」が生じるので、助走せずに三歩で踏む、などと歩数を決めて各自が訓練するそうだ。

平成以降の仮面ライダーのスーツは、動きにくさもダントツだ。胸に鎧のような立体的な装飾、通称「甲冑」がついているため、上半身の自由がきかない。ただ大きく膨らんでいるだけだった初期から、次第にタイヤやゲームコントローラー、龍の頭、バズーカ砲などがくっつくようになり、動きにくさは倍々ゲームのように増している。おまけに頭にも巨大な角や時計の針が戦国武将の兜のように乗っかっている。アクション用に、柔らかい素材や軽い素材を追求してはいるそうだが、デジタル時代でテレビ画面に微細なところまでが映ってしまうため、以前ほどの軽量化や単純化が図れないという弱点がある。チープに見えてしまうのだ。結果として、ストーリーとしてはライダーがパワーアップしているのに、パワーアップしたスーツによって、ライダーの中のスーツアクターが動けなくなるという逆転現象が生じている。

『戦隊』のスーツは体の部分がタイツのように伸縮性のある布地なので、スーツアクターたちは「動きやすい」と口にする。しかし、この動きやすさは比較の問題であって、「タイツ」の上にベルトやブーツが加わるため、重量感や拘束感は、ジャージ姿でのびのび動くのとは全く違う。面をかぶると違和感はさらに強まり、普段はできる技もなかなか決まらない。『動物戦隊ジュウオウジャー』のジュウオウバードなどを演じたベテランスーツアクターの今井靖彦は、新人時代、初めて面をつけたときに、いつもなら楽勝のバック転ができなくなり驚いた。後ろにくるりと回った途端に面の頭頂部がゴンと地面に当たってしまったそうだ。何度やっても同じなので、先輩に相談したところ「目で見ているからだ」と、剣豪さながらに切り捨てられた。「目をつぶってもできる」つもりではいても、実は視覚に頼っているから、面を制御できていないという指摘だった。

今井は、目をつぶっての自主練を繰り返し、体に感覚を覚え込ませていった。すると、本当に先輩が言った通り、面をつけていても、いつもと同じように動けるようになったそうだ。『燃えよドラゴン』でのブルース・リーの有名な台詞「考えるな、感じろ」を思わせるエピソードだ。

どんなすごいアクションを演じたところで、テレビや映画のフレーム内に収めなくては意味がない。今でこそ計算され尽くした動きを称賛される高岩も、新人時代はフレーム内で動くことができなかった。本番でフレームから飛び出してしまい、監督らに後輩の前で叱責され、あまりの辛さに昼のロケ弁当が食べられないこともあった。まだフィルム撮影で、現場でモニターチェックができなかった時代の話である。

名乗りのポーズにしても、撮る角度によってアクター側で微調整を加えないと、映り方が同じにはならない。平成、令和とライダーのスーツアクターを務める永徳は当初、決まった名乗りポーズを少しでも変更することにものすごく抵抗があった。でも、演じているうちに「カメラや照明に合わせて自分の動きの方を変えていかないと結局カッコよくないとわかった。多くの人に支えられてこそのヒーローのカッコよさだと痛感した」と話している。

大葉健二は、どうしたらカメラのフレームの中に収まるかを、本番前のギリギリまで確認していたと弟子の武智健二は証言する。「JACで千葉（真一）さんの吹き替えをやったときに学んだんでしょう。映像はもちろん、ステージでも、本番前には必ず自分の足で歩いて距離を測っていた。『三歩行ったら落ちる』『これ以上前だと客から見えなくなる』とよく言われた。自分の体で意識しておかないと、面をつけるとわからなくなるから、といつも言っていた」と思い起こす。

今井靖彦　1965年生まれ。『戦隊シリーズ』『仮面ライダーシリーズ』で数々のキャラクターを演じる。（2022年10月撮影）

表情のない面で感情を表現する

アクション以上にスーツアクターに求められるのが、第4章から第6章で触れてきたように、面をつけての芝居である。いかにストーリーを理解して感情を込めて演じるか。そのうえでスーツの内側の情熱を「表の顔」すなわち面に乗せられるかが勝負となる。

まず、表情がない分、動きで演じることが必要だ。言葉でいうと簡単だが、これが意外と難しい。おぐらとしひろは『ビーロボ カブタック』のクワジーロ（ノーマルモード）で初レギュラーの座を射止めた際に、自分の映像を見て「精一杯演じたはずなのに、動けていない。何も感情が伝わらない」とショックを受けた。おぐら同様、多くのスーツアクターたちは「新人時代は、動いたつもりなのに動けていなかった」と語る。

だからといって大げさに動けばいいというものではない。誇張した動きは新人スーツアクターが陥りやすい罠で、それではわざとらしく不自然な「ヒーロー芝居」になってしまう。

ＪＡＥ社長の金田治は、自身も『ロボット刑事』でスーツアクター経験がある。金田は、面をつけているからといって、普段と芝居を作っていくプロセスに大きな違いはないと断言する。感情を込めて芝居をしたうえで、スーツアクターに求められるのは自分の演技を、「外側に置いた自分の目」で客観的に見ること。外から見て「感情が伝わっていない」と思ったら足していけばいいのだと金田は説明する。

「表の顔」に表情を乗せるため、スーツアクターたちは様々な工夫を凝らしている。

たとえば、目線だ。振り向くとき、人間ならまず目線を動かしてから顔を向け、その後、半身で振り向く。前出の永徳によると、面の目を動かすことはできないので、目線が動くリズムで目線と同じ方向へ顔全体を動かし、そこに首の動きをつけ加えて人工的な「目線」を作るという。

『機界戦隊ゼンカイジャー』でゼンカイジュランを演じた竹内康博も「顔ごと振り向くとか、意識して体を動かすようにはしましたね」と振り返る。難しいのは「黙って相手を見つめる」ような「静」の芝居という。「ぼーっと止まっていると、ただの人形になってしまう。面の向きは固定したまま、ときどきちょっとだけ肩をくっと入れるとか、体全体では動きが止まっていないように工夫した」と話す。

同作で紅一点のマジーヌを演じた下園愛弓は、人間に近い愛らしさを出すために「肩を動かさず首だけ動かした」という。「面がないように感じてもらいたかったから、あえて人間に近い動きにした。(マジーヌは)ちょっとオタクっぽい子だったので、頭をポリポリするような人間臭い芝居もつけ加えました」と話す。

感情表現を面の傾きで表現するのは、古くから使われている手法だ。

高岩は「怒って眉をつり上げるときは、アゴでしゃくるように相手を見る。驚く芝居なら面は動かさず、体で表現する。ぷっと噴き出すときは、自分も面の中で噴き出すとちょうどいい動きになる」

下園愛弓　1984年生まれ。『機界戦隊ゼンカイジャー』のマジーヌをはじめ、『戦隊シリーズ』のヒロインたちを演じている。(2022年11月撮影)

と、かつて説明していた（「『能』にも通じる!? 仮面ライダー電王『アクション俳優』のテク」「読売ウイークリー」／二〇〇七年八月一九、二六日号　読売新聞東京本社）。

『仮面ライダー電王』でモモタロスを演じた際は、喧嘩っ早い性格を表現するため、普段から顎を引き気味にして上目遣いに相手をにらむような顔の傾きを心掛けた。前出の今井も「怒るときは正面より斜めに、ちょっと顎が上がる」と話す。今井はそれ以外の表現について「喜びはわりと普通で、面の中で『わーい』と喜べば伝わる。悲しいときはゆっくりとどちらかに面を向ける」と説明する。もっとも同じ「笑い」でも大笑いなら顎が上がるし、こらえるなら下を向くなど、細かく詰めていくと表現方法は限りなくある。

微妙な角度には決まったマニュアルがあるわけではないし、面の形状によっても少しずつ違ってくるから、現場で実際に面をつけて試しながら互いに指摘し合って、身につけていくそうだ。

手の動きも面と同じくらい気持ちを語る。前章に登場した『宇宙刑事シリーズ』のスーツアクター、村上潤は、顔のアップだけで感情を表現しないといけない場面では、顔の横に手を持ってきて、苦しんでいたり闘志を燃やしたりする様を表現した。岡元も、『電王』のキンタロスを演じた際には、イライラと机を叩く指先の動きなどを取り入れたと前掲の「読売ウイークリー」の取材で語っている。

表情が隠れている分、頭の先の角度から指先の動きまで、全身をコントロールして芝居をするのがスーツアクターなのである。

ちょっとした「テクニック」の伝承も、なくはない。

面をつけた初心者は、本章冒頭の福沢のようについつい大きく頷いてしまいがちだ。何かを表現しようと焦る気持ちがあるからだろう。だが、アップで映されている場面で何度も頷くと、むしろ不自然に見える。武智がアクション監督の石垣広文に伝授されたのは、頷く代わりに面の中で「あー」と言う形に口をあけることだった。「顎の動きに面の下側が押されて自然に頷くみたいな角度がつく」と武智は説明してくれた。

変身前の役者に「寄せる」

変身前を演じる役者への「寄せ」方も課題だろう。昭和の時代は、ミスターレッドの新堀和男の例を出すまでもなく、スーツアクター側には、ヒーローを役者に寄せていくという発想はほとんどなかった。「寄せる」ことの重要性がクローズアップされ始めたのは、時代が二一世紀になる頃から。この頃の「変身前」を見ると、アクションのできる、できないにかかわらず、細くてスマートな若者が増えてくる。もはや、『秘密戦隊ゴレンジャー』のキレンジャー（変身前は演・畠山麦（ばく）*、だるま二郎）のような太っちょも、『五星戦隊ダイレンジャー』（一九九三年）のリュウレンジャー（変身前は演・和田圭市）のようなマッチョもいなくなった、とまでは言わないが、ヒーロー界では絶滅危惧種だ。骨格からして昭和男子とは違う彼らに、鍛え上げた「変身後」がある程度寄せる必要が出てきたのかもしれない。

高岩は、撮影が始まってしばらくは役者とよくすり合わせをして、相手の癖を拾っていくという。『仮面ライダー龍騎』の須賀貴匡（たかまさ）の「ジタバタ動き回るところ」や『カブト』（二〇〇六年）の水嶋ヒロの「ゆっくり振り向く芝居」、『ドライブ』（一四年）の竹内涼真（りょうま）の「じっとしていないところ」などを拾っていったと話している。高岩にとって厄介だったのは、意外にも佐藤健（『電王』）と佐野岳（『鎧武／ガイム』）。ダンスが堪能な佐藤と、アクションが堪能な佐野の二人には「俺、それはできないからやめてくれ～」と悲鳴を上げながら演じていたそうだ。

他方、悪側の怪人にも、芝居心は求められる。

前出の今井は『爆竜戦隊アバレンジャー』（〇三年）の現場で、新人がキャスティングされていた怪人、ヤツデンワニのスーツアクターに急遽「代打指名」された。愛嬌ある怪人のヤツデンワニは、ヒロイン、アバレイエロー・樹らんる（演・いとうあいこ）に一目ぼれしてしまうという設定。らんるを追いかけるのだが、その足元だけのカットに監督の坂本太郎が納得できなかったのだ。「脚だけで、らんるが好きな気持ちを表現してほしい」という無理難題にも思える指示に、今井は見事に応えた。今井は「ステップを取り入れながら、たまにいやらしく足をこすったり跳び上がったりして追いかけた。『お前もダメ』と言われたらどうしようかと冷や汗が出た」と笑うが、一発でＯＫをもらう。技の引き出しの多さは、ベテランならでは、である。

『シンケンジャー』の外道衆、腑破十臓や『騎士竜戦隊リュウソウジャー』（一九年）のガイソーグ、二三年現在放送中の『王様戦隊キングオージャー』の奈落王デズナラク8世など悪の幹部を歴任している清家利一は「毎年、衣装を着て最初に言うのは『動けねえよ』という言葉」と笑う。敵の怪人たちは、ウレタンがパンパンに入っているごつい衣装が多いためだ。衣装合わせは、どうやったら動けるか、というよりも、どの部分なら動けるかを探すことから始まる。「目の位置も自分の目とは遠く離れたところにあるし、首と頭が一体化しているものが多いから、頭の傾きで演じることができない。

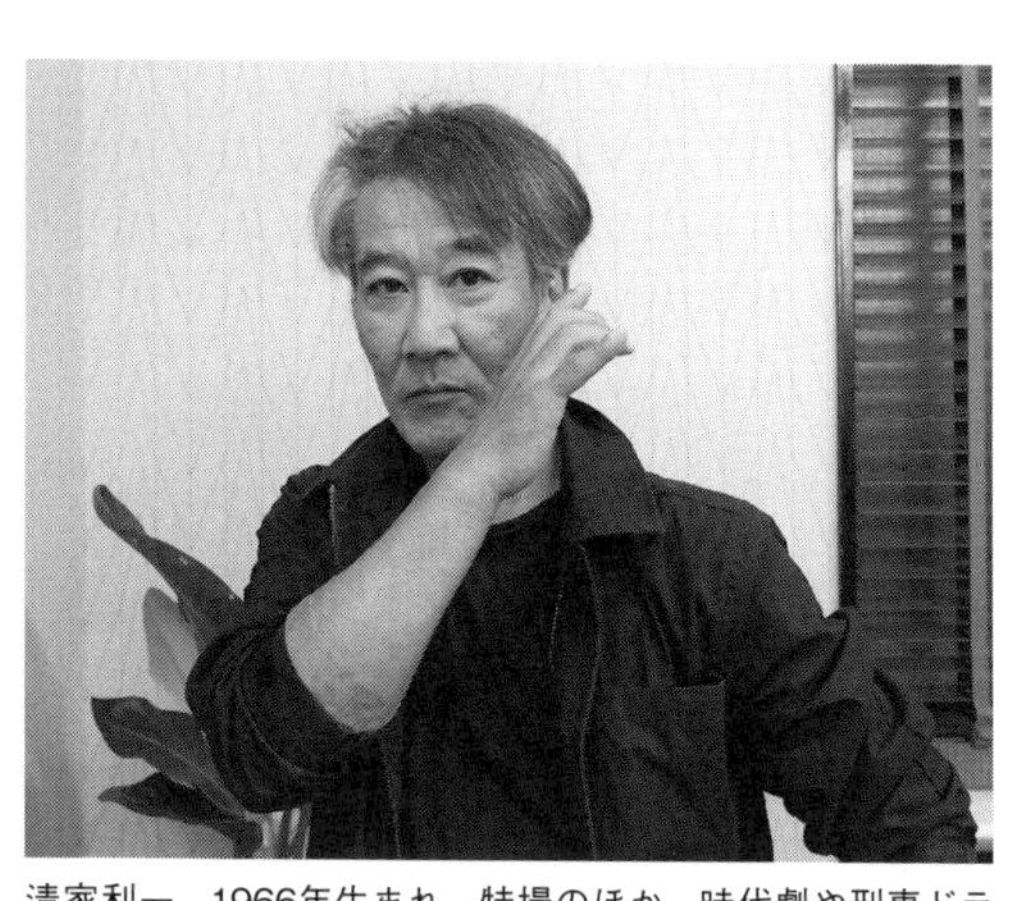
清家利一　1966年生まれ。特撮のほか、時代劇や刑事ドラマ、舞台への出演など幅広く活躍する。（2022年10月撮影）

仕方ないので、手や手首を使って演技をしますね」と清家は話す。首と頭が一体化した多くの怪人のスーツは、走るとスーツがずれるため、視野がなくなり、怪人ならではの大変さがあるそうだ。

さらに、近年清家を悩ませているのが、ストーリーの複雑化だ。「途中まで、善か悪かわからない『ワル』が増えた。本当に悪一本の奴なら好きに演じられるが、一年の途中で変わる可能性があるから、最近は変な癖をつけないように、探り探り演じている」と苦笑する。

ロボットの芝居とアクション

『戦隊シリーズ』で五色のヒーローとともに、ドラマの重要なパートを担うのが、巨大ロボットである。戦隊のロボットは、シリーズ第三作の『バトルフィーバーJ』（一九七九年）から登場し、合体を複雑化させながら今日まで画面を彩っている『戦隊シリーズ』の粋美である。

第四作『電子戦隊デンジマン』から第四二作『快盗戦隊ルパンレンジャーVS警察戦隊パトレンジャー』（二〇一八年）までの戦隊ロボの大半を演じたのが、日下（くさか）秀昭だ。俳優志望だった日下は、身長一八三センチという体の大きさを買われて、デンジマンが搭乗するロボット・ダイデンジン役に「抜擢」された。

子供の頃から体操が苦手でアクション経験もなかったが、撮影所に出向いたところ、ロボを着せられ、初日からいきなり宙に吊られた。渡された剣は木製でずしりと重く、剣殺陣を習ったことがないから振ることすらできない。足元は高下駄の上に足を置いている形なので、普通に歩くことも難しい。「見えない、動けない、息が苦しい、の三重苦。『着地して構えろ』と言われても意味がわからない。朝から晩まで監督に怒鳴られ続けた三日間ですよ」と日下は当時を振り返る。消耗して食事ものどを通らなくなり、降板を申し出るも聞き流され、断れないままに次から次へとロボットを演じ続けることになる。

ロボットの動きで大事なのは、腰を落とした構えから勢い良く敵に突進していくことという。基本的に等身大のヒーローたちよりキレ良く演じないといけないそうだ。なぜならロボットの戦闘場面は、ハイスピード撮影で行われるから。再生した際にスローモーションになる撮影方法で、ロボットの動きに重厚感を持たせると同時に、爆発などを大きく見せる効果がある。そのため、ロボットが普通のスピードで動くと、再生したときにもたもたして見えてしまうそうだ。

ロボットゆえに、胸の前に必ず突起物がついているのも悩ましい。腕の可動域が狭まって剣を握ることができないケースは、剣を「持っているように見せる」方法を考えないといけない。おまけに腕を動かすと、腕のつけ根の肉がロボの突起と鎧との間に挟まって、痛くて痣になる。特に、必殺技の撮影は、特殊効果を重ねたうえで放送期間中に何度も使う「バンクフィルム」となるから、固いアップ用の衣装が使われる。この撮影がきつかったと日下は話す。そのうえ、クリスマスシーズンともなれば、ロボには様々な部品がくっついて、かつての『ＮＨＫ紅白歌合戦』での小林幸子のようになっていく。「特に羽根が嫌だったねえ。風にあおられちゃって動きにくいんですよ。でも『生き物系』の戦隊には必ず鳥がいるからねえ」と日下は苦笑する。

『超新星フラッシュマン』の撮影ではピアノ線で高さ二〇メートルに吊るされた。吊ったロボを振り子のように揺らして、戻ってくるところを撮影するのだ。細いピアノ線はちょっと動くだけでピンピン音がして今にも切れそうになる。おまけに揺らされると振り子の要領で加速がついて、まるで絶叫マシンだ。「ピアノ線が切れたら死ぬ、と本気で思った。怖かった」と今でも恐ろしそうに振り返る。実際、『電撃戦隊チェンジマン』でセット内に吊られた際には、ピアノ線が切れて勢い良くカメラに向かって突っ込んだそうだ。

日下秀昭　1957年生まれ。『電子戦隊デンジマン』から約40年にわたって戦隊ロボ役を熱演した。(2022年12月撮影)

体がごつくて足元が見えないから、狭い平台の上で撮影していて一メートルほどの台から転げ落ちたこともある。「痛いなんてものじゃないよ。リアルに目から星が出て気を失いました。でも撮影は止まらない」と日下は話す。

一方、日下は『太陽戦隊サンバルカン』で悪の幹部ヘルサターン総統を演じたのを皮切りに、『鳥人戦隊ジェットマン』のグレイなどの悪役や、『忍者戦隊カクレンジャー』（九四年）のニンジャマンなどの善悪両方のキャラクターをロボと並行して演じている。『地球戦隊ファイブマン』（九〇年）では素顔で宇宙の暴れウルフ、グンサーを演じ、圧倒的な演技力を印象づけた。

九七年にはアクション監督・竹田道弘の誘いでＪＡＣに入団し、ヒーローのスーツアクターとしても活躍する。日下は「体操が苦手なのに、気がついたらロボットにされ、また気がついたらヒーローになって戦っていた。巻き込まれ型の人生です」と笑うが『特捜戦隊デカレンジャー』で司令官であるデカマスターを好演したほか、『百獣戦隊ガオレンジャー』のガオブラックや、『忍風戦隊ハリケンジャー』（二〇〇二年）のカブトライジャーなどを演じた。余談だが、ガオブラックとカブトライジャーそれぞれの変身前は、歌謡グループ「純烈」で活躍する酒井一圭（かずよし）と白川裕二郎である。

日下は、世界で一番ロボットを演じた男である。ロボットを演じるうえで最も大切にしたのは、ほかのキャラクターと同じで「ロボットになりきること」だ。意思を持つ設定のバイオロボのケースを除き、実際のロボットに感情があるかどうかは別にして、懸命にヒーローを助けたり、怒りを込めて敵にパンチをくれたりする日下ロボには、アニメのロボットとは一味違う血の通った魅力がある。それでいて、生身のヒーローとは一線を画したロボットのポジションを守っている。特撮監督の佛田洋（ぶつだひろし）は日下のロボ芝居を「人間国宝級」と激賞している（『東映ヒーロー仮面俳優列伝』編著・鶯谷五郎　辰巳出版　二〇一四年）。

日下は『快盗戦隊ルパンレンジャーVS警察戦隊パトレンジャー』（一八年）を最後にロボを引退し、

後進に道を譲った。「ぎっくり腰になって最初の突進ができなくなった。構えができなくてはロボットの仕事にならない」と淡々と語る。潔い引き際も含めて、比類のない世界一のロボット演者なのだ。

女性より女性らしい「女形」の極意

『戦隊シリーズ』では、女性ヒーローを男性が演じることが多かった。特に初期にはスーツアクトレス候補が少なかったこともある。志望する女性がいても、身長が足りないなどの理由で起用には至っていない。『秘密戦隊ゴレンジャー』のモモレンジャーの一部を大野剣友会の清田真妃（きよだまき）が演じたほか、『バトルフィーバーJ』のミスアメリカを演じた小野寺えい子と小牧りさ（現・リサ）、『大戦隊ゴーグルV』の後期や『科学戦隊ダイナマン』でダイナピンクを演じた志村忍がいるくらいではないか。

女性は男性に比べて身長が低いため、どうしても当時の大きめな面とのバランスで格好が良くなく、体形的にも細身なので強く見えなかったからだという。ピンクやイエローの女性役を演じるスーツアクターたちは、独自の演技を編み出していく。

竹田道弘はスーツアクターとして『デンジマン』、『ゴーグルV』、『バイオマン』の三作でピンクを演じた。ピンクに指名された当初は「嫌でたまらなかった」というが、試写を見たプロデューサーの吉川進*に自分のピンクを「中途半端だねえ」とけなされたことで発奮。「猛勉強」して女形を極めていく。

女性雑誌を見て女性のポーズを研究し、体のあちこちに詰め物を入れて「曲線」を作った。女言葉の台詞を自然に発するために、リハーサルから面をつけて臨んだ。特に有効だったのは、夜の盛り場での女性たちの観察だ。「お酒を作るときに小指が立つ仕草とか、ホステスさんは物腰が柔らかい。振り向くときも首だけをちょっとひねって色っぽい。なんとか動きを盗もうとずーっと見ていたから下手すりゃ不審者だよね」と竹田は笑う。

熱心な研究の成果が結集した竹田演じるピンクは、華奢で可憐でまるで八〇年代アイドルのように愛らしい。本人は「戦うときはどうしても『女』を忘れてしまう。だからせめてその分、戦いの後の構えでは、力を抜いて柔らかさを出すよう心掛けた。どう頑張ったって本物の女の人の動きにはなれないよ」と言葉少なに語るのみだ。

だが、『バイオマン』のピンクファイブに変身する桂木ひかるを演じた牧野美千子は竹田の功績こそが大きかったと語る。牧野は「柳のようにしなやかで動きにも丸みがある。首の傾げ方、頷き方なんて最高に可愛くて瑞々(みずみず)しい」と竹田ピンクを絶賛したうえで「私の方が竹田さんに寄せて、ひかるという役を作った。ピンクファイブに人気があるとしたら、それは新人女優だった私じゃなく竹田さんの力です」と感謝するのだ。「伝説のピンク」の面目躍如である。

バイオマンでもう一人のヒロイン、イエローフォー(変身前は演・矢島由紀、田中澄子)を演じた前出の辻井啓伺も「女らしさは止まったときの立ち姿に出る。竹田さんは普段から足を揃えて座るほど仕草が女になっていたから、それを見て勉強した」と話す。もっとも当時の辻井は「鍛えまくっていて体が逆三角形。イエローが決まってすぐに腕立て伏せをやめたけど、僕が女形というのは、ちょっと無理があったなあ」と懐かしそうに笑う。

体形に悩まされたのは辻井だけではない。『激走戦隊カーレンジャー』で突然ピンクレーサーに指

辻井啓伺　1963年生まれ。アクション関係者の地位向上のための「JAPAN ACTION GUILD」創設メンバー。(2022年10月撮影)

名された中川素州は一か月半で一〇キロ体重を落としている。もともと広い肩幅を細く見せるため、ポージングでは必ず斜めに立った。中川はカーレンジャーを含め、ピンクを演じた通算五年間は、朝も昼も食べ物を口にせず、昼にゼリー型栄養飲料一本を飲むだけだったと述懐している。

誰もが絶賛するのが、二〇二三年現在も『キングオージャー』のパピヨンオージャーのスーツアクターとして活躍中の蜂須賀祐一だ。なお、二〇二三年八月現在、パピヨンオージャーはジェンダーニュートラルという設定で男とも女とも説明されていない。

蜂須賀は、たまに男性を演じることもあるが、基本的には女形一筋。可憐な少女から妖艶な悪女までを演じ切り、「女性よりずっと女」「本当に美しい」とため息交じりに語られるその姿は「スーツアクター界の坂東玉三郎」と言っても決して大げさではない。なお、蜂須賀は双子の兄で、弟の昭二もスーツアクターとして活躍している。

蜂須賀が演じた最初のヒロインは『電撃戦隊チェンジマン』(一九八五年)のチェンジフェニックス(変身前は演・大石麻衣)。最初は竹田の動きの真似からスタートしたが、先輩に「クネクネするな」と怒られ「俺ってそんなにクネクネしてるかな」と悩んだそうだ。

男が女を演じるためには、どうしても一定のテクニックが必要になってくる。蜂須賀は様々な『戦隊』でピンクやイエローを演じながら、蜂須賀流の作法を作り上げていく。

四〇年近い女形経験から編み出した「企業秘密」を少しだけ開示してもらったところによると、首の後ろに「女形のスイッチ」があるそうだ。筋肉も骨格も違う女性を演じるために、そのスイッチを入れて、胸の真ん中を一センチほど上げる。すると、自然と首が伸びて肩が落ち、女性らしい形の原型ができるという。

次に気を配るのは重心だ。大人っぽいヒロインや年齢が上の悪役を演じるときは、重心の位置を上げる。重心が高ければ高いほど不安定になり、自然に色気が出てくるそうだ。一方、若くて活発な女の子の場合は重心を、男性を演じるときよりもさらに下げていく。ただ、下に落とし過ぎると女っぽさが全くなくなるため、その場合は腰と肩がずれるように体の軸をずらす。そうすることによって気怠さが出て、あだっぽい女らしさが滲んでくるというのだ。

時代によっても「女らしさ」は変わってきている。時代が進むにしたがって女性は強く、生き方も多様になってきており、そんな世相の変化をも演じるうえでは取り入れている。

立ち姿で女性を演じるためには、肩をなで肩にして、胸やお尻の曲線を作り出す。詰め物にも助けてもらうが、斜めに立つことで肩幅を狭く見せ、反り腰にしてS字カーブを描くことで体の曲線を作り出す。逆に、コントで男性が女性を演じるときにやるような内股は取り入れない。「実際に内股になっている女の人はほとんどいないから」と蜂須賀は語る。「相手に必ず触る」ことも心掛けていることの一つだ。何の気なしにふっと触るだけでも男女の違いが表現できるという。

さらに、「自分にとってきつい動きほどきれいに見える」というのが蜂須賀の持論だ。『超獣戦隊ライブマン』のブルードルフィンの、イルカをイメージした、体をひねって振り向く名乗りはきつかったというが、イベントで披露してもらうとファンが沸く人気の名乗りポーズである。先輩に「人が真似できないようなポーズをやれ」と言われて考えたそうだ。演者が辛いほど動きが美しく見えるというこの蜂須賀理論には、一九七〇年代、宝塚歌劇団の『ベルサイユのばら』の演出を担当した名優・長谷川一夫*が「役者が苦労してこそ、観客には美しく見える」という美学のもと、体をひねるラブシーンを作り上げたのと通じる哲学を感じる。

ちなみに、筆者が主催する「特撮微熟女部祭」という変身前の『戦隊』ヒロインを演じた女優たちによるイベントで、蜂須賀の提唱する仕草を試してみたが、筆者含め女性出演者全員が壊れかけの操り人形のようになってしまった。いくら秘密を開示してもらっても、一朝一夕に真似できるような技ではないのである。

二一世紀の『戦隊』では、女形ではなくスーツアクトレスがヒロインに入ることも多い。『令和仮面ライダーシリーズ』では宮澤雪がサーベラ、ジャンヌ、ナーゴと三人の女性ライダーを連続して演じている。放送中の『キングオージャー』でもカマキリオージャーを坂梨由芽が好演している。

カメラに向かって斜めに構えずとも女らしい体の曲線は、それだけで彼女らの武器だ。昭和と比べて面が小ぶりになったせいか、身長が低い女性がスーツを着ても違和感はない。同性ならではの観察眼を活かして、男性とは違う角度からの役作りを模索する者もおり『動物戦隊ジュウオウジャー』でジュウオウタイガーを演じた前出の下園愛弓は「変身前のアムちゃんは女性から見ると、ぶりっ子というより、ちょっとあざとい。『あざと可愛さ』を出そうと斜めに面を傾けるなどしてみた」と語る。

だが、総合すると、女性を演じるために苦労しているスーツアクトレスが多いのだ。宮澤は「女性ライダーをやるときは『自然に演じて』と言われても、自分ではちょっとは女らしく演じることを意識しておかないといけない。普段があまり女らしくないので」と苦笑いする。『海賊戦隊ゴーカイジャー』のゴーカイピンクや『手裏剣戦隊ニンニンジャー』のモモニンジャーや『魔進（マシン）戦隊キラメイジャー』（二〇二〇年）のヒロイン、マブシーナなどを演じた元ＪＡＥの野川瑞穂も、前述のイベントで「敵にやられて大の字に転がったら、カメラの松村（文雄）さんに『足閉じろ』って怒られた。でも女性の皆さん、戦ってるとき、スカートを気にしますか？」と同意を求めていた。

宮澤雪　特撮好きが高じてJAEに入団。『仮面ライダーギーツ』のナーゴなどの女性ライダーを演じる。（2022年11月撮影）

蜂須賀の最初のヒロイン、チェンジフェニックスに変身する翼麻衣を演じた大石も「当時から蜂須賀さんの方が女っぽく見えていてうらやましかった。蜂須賀さんには『弘子（大石の本名）は女性だからそのままでいい。自分は男だから演じないとそう見えないんだよ』と言われた」と話す。

普通のドラマなら、女優が演じるだけで、当たり前だが役としての女性は完成する。しかし、全身をスーツで覆って女性を演じる場合、女性が演じただけでは「女」に見えないのもまた事実。スーツアクター、アクトレス、どちらも女性を演じるには、歌舞伎なみの技が必要となってくる。「彼女」たちは今日も、令和のヒロイン像を作るために戦い続けている。

面をつけるからこそできる芝居

同じスーツアクターであっても、技術的に少し様相が違うのが、ウルトラマンなど巨大ヒーローの演じ方だ。第6章で触れたように、「人間らしさ」を極力排して演じるため、細かい芝居は求められない。むしろ、細かい芝居をすると人間に近づいてしまう。それでも「顎をくっと前に出すことで何かに気づいたことを表現し、怒りは下を向いて上目遣いになることで示す」と前出の中村浩二が語るように、面の角度で表情を加味するところは等身大ヒーローと共通している。

もう一つの共通点は、面に視界がほとんどないことか。いや、むしろ『ウルトラマンシリーズ』のスーツの方が視野は狭いかもしれない。そのうえ面とボディが一体のワンピース方式だから、着用すると面がボディに引っ張られる。すると面に作られた覗き穴が自分の目とずれていってしまう。結果的に自分の足元が見えなくなったり、戦う相手の怪獣も見えなくなったりする。中村は「最初は助監督に手を引かれてスタジオ入りした。戦っている最中に怪獣を見失ったこともある。怪獣の方がウルトラマンよりは視野があるので、いつも怪獣に助けてもらっていました」と話す。スーツアクターたちは、小さな余白を残して黒く塗りつぶした水泳用ゴーグルでウルトラマンの視野を練習して本番に備えるそうだ。

だから、胸のカラータイマーを見てはっとする動作のときも、実はスーツアクター自身にタイマーは全く見えていない。それでも視聴者の子供たちに知らせるために、ウルトラマンの目が胸に向くポーズを大げさに取ってみせるのがシリーズ通してお約束の、いわば「ウルトラマン仕草」なのである。

初代ウルトラマンを演じた古谷は、ほんの数ミリ動かしただけで面の表情が変わることに気づき、自宅に三面鏡を置いて、表情の角度の研究を重ねたという。その癖は八〇歳を過ぎた今も抜けず、電車の窓や出先のトイレでも、自分の顔が映ると、つい様々な角度を試してしまうそうだ。

面は、人の表情を封じる。

芝居をするうえでマイナス要因でしかないような「面」だが、面をつけているからこそ表現できること

必見！瞬間に凝縮された超絶アクション！――No.7

変身前の役者もおののく命知らずのスタント

『忍者戦隊カクレンジャー』｜第20話｜「花のくノ一組!!」より

「花のくノ一組」の策略にはまり、少年とともに逃げ回るサスケ（演・小川輝晃（てるあき））。少年を守るためには、変身アイテムのドロンチェンジャーを捨てねばならない。変身することができなくなり、崖っぷちに追い詰められたサスケは攻撃を受け、崖から派手に転がり落ちる。このサスケのスタントを担当したのがニンジャレッドのスーツアクターだった若き日の高岩成二だ。「スキーの上級者コースみたいに下が全く見えないのに、ためらいもなくミニトランポリンを踏んで前宙しながら落ちていく高岩さんに鳥肌が立った」と小川は振り返る。飛び降りから転がりまでをワンカットで撮影したにもかかわらず、別撮りに見えてしまう使い方がなんとも贅沢というかもったいないというか。すごいアクションがさりげなく展開している好例だ。

永徳　1978年生まれ。2023年の最新作『仮面ライダーガッチャード』で念願の主役、1号ライダーを演じる。（2022年11月撮影）

がある、と逆説的なことを語るスーツアクターもいる。『戦隊シリーズ』のレッド、ルパンレッドやドンモモタロウなどを好演した浅井宏輔はこの世界を志した理由が「ヒーローになりたかった」からだという筋金入りだ。浅井は自分のことを「仮面俳優」と呼ぶ。一枚のスーツを着て、面をつけるからこそ、自分の個性を消しヒーローになりきることができる。面をつけているからこそ思いを伝えられ、面をつけて表現することこそが面白いのだと浅井は力説する。浅井の目標は、素顔で芝居をする役者でも、激しいアクションをやりぬくスタントマンでもなく、面をつけて立っただけでヒーローの思いまでを伝えられる、そんな「仮面俳優」になることなのだ。

永徳も、スーツアクターには素顔で演じる役者とは違う楽しさがあると語る。永徳が二〇二三年に演じた『仮面ライダーギーツ』の仮面ライダータイクーン。変身前を演じる佐藤瑠雅（りゅうが）は二二歳と、四四歳の永徳のちょうど半分の年齢だ。それでも不自然さなく演じられるのは、面をつけるスーツアクターという仕事なればこそで、「寄せていく」芝居を考えるのが面白くてたまらないという。永徳は「六〇歳になってもスーツアクトを続けていきたい」と意気込む。

スーツアクターたちの芝居やアクションには、まさに日本の伝統文化、能の表現の「包み隠す美しさ」（『能面の世界』監修・西野春雄　解説・見市泰男　平凡社　二〇一二年）に通じるものがある。誰でもできるどころか、よほどの覚悟をもって訓練に臨まないと身につかない技術である。

そして、様々な技術はあっても、最後はやはり、技術ではなく、気持ちなのだ。古谷や新堀が語ったように、面から顔が浮き出るほどの気持ちで演じることこそが、無機質の面とスーツを生き生きとしたヒーローに変える。にらむなら「一生懸命にらみつける」、泣くなら「面の中で涙を流す」、殴るなら「なぜ殴るかを徹底的に考えて殴る」ことが、スーツを着て演じるうえでは最も大事なのだ。

竹田道弘が照れ臭そうに「滲み出るから伝わる。アクションって、結局はココ（胸）からくるもんだと思う」と胸を叩いたのが、結局は永遠の真理という気がする。

第8章　アクションを創る人

アクション監督という仕事

スーツアクターのアクションは、打ち合わせ通りに順番を決めて動く「段取り」でもなければ、美しい技を競う「体操」でもない。かといって、感情の赴くままに行われる喧嘩や乱闘、闘志をぶつけ合う格闘技とも、もちろん違う。

担当するヒーローの特性や番組の性格、制作サイドの要望に応じて、アクションの「色」を決め、具体的な立ち回りを設計、構築していくのが「アクション監督」の仕事である。

アクションを司る立場のスタッフは、『戦隊シリーズ』では『太陽戦隊サンバルカン』（一九八一年）、『仮面ライダーシリーズ』では『10号誕生！ 仮面ライダー全員集合!!』（八四年）までは「技斗」あるいは「擬闘」、とクレジットされていたが、以後は「アクション監督」表記に変わっている。『ウルトラマンシリーズ』関連では、「擬闘」や「殺陣」が混在しているが、『ウルトラマンギンガ』（二〇一三年）からは「アクションコーディネート」という名称に統一されている。

名前が変わっただけでなく作品への関わり方も、「技斗」とクレジットされていた時代と比べて、昨今はぐっと深まっている。アクション監督は、単に現場で動きをつけるのではなく、アクション場面の芝居を含めた流れを構築し、カット割りや撮影のアングルなどをメイン監督に提案する。撮影後のアクション場面の編集作業にも監督とともに参加するし、撮影に先立つロケハンにも同行する。

つまり、アクションが重要な要素である特撮ヒーロー番組では、監督とアクション監督、そして特撮（あるいは特技）監督の三人で作品をリードしているのだ。

当たり前過ぎるように聞こえるが、昭和の『仮面ライダー』の現場では、アクション場面になると「後はよろしく」とばかりに消えてしまう監督もいたという。大野剣友会の殺陣師、岡田勝は「今では笑い話だが、『よーい、ハイ』を言ったこともある。信頼されて任されていたということだとは思いますが」と回顧する。その時代と比べると隔世の感があるし、ようやくアクション監督の地位が、名実ともにふさわしいところまで上がってきたという気がする。アクションパートの責任者と監督とのコミュニケーションが密になったことで「一日がかりで撮影したアクション場面が、オンエアでは跡形もなくカットされていた」というような悲劇も最近はごく一部の映画以外では聞かなくなった。

実は、番組オープニングでのクレジットに「アクション監督」が登場するよりだいぶ早く、大野剣友会がヒーロー界を席巻していた時代の読売新聞に「新商売飛び出す　アクション・ディレクター」と題する記事が掲載されている（一九七二年六月七日付）。記事は当時二九歳で『超人バロム・1』を担当していた大野剣友会の高橋一俊にスポットを当て、これまでの殺陣師とアクション・ディレクター（監督）のどこが違うのかを尋ねている。高橋は「殺陣師は部分的な振り付けだけをする仕事、いわば時代劇の伝統を引きついだ職人といえるでしょう。しかしアクション・ディレクターは企画の段階から作品作りに参加し、芝居全体の流れから格闘シーンの演出を考えます」と語っている。そのうえでテレビには映らない「一匹の怪獣」が死んだ後や、なぜ死んだかをも考えるのがアクション・

ディレクターの仕事だと説明している。当時、高橋の番組でのクレジットは「技斗」のままだったが、七〇年代からアクション監督としての心構えをもって仕事に取り組んでいたことが窺える。そんな高橋と、高橋の後継として『仮面ライダーシリーズ』に取り組んだ岡田の二人の殺陣師については、第4章で紹介した。仮面ライダー1号からスーツアクターとしても番組に携わった岡田は、中屋敷哲也とともに、『スカイライダー』（七九年）、『仮面ライダースーパー1』（八〇年）で大野剣友会の集大成ともいえる昭和ライダーの「完成形」を作り上げた俊傑である。

一方、JAC（ジャパンアクションクラブ）の黄金期を作り出したのは、山岡淳二という鬼才である。主に、一九七〇年代後半から八〇年代中盤の『戦隊シリーズ』と九〇年代前半の『メタルヒーローシリーズ』でアクション監督を務め、ヒーローアクション界におけるJACの地位を確固たるものにした。同時代を生きたスーツアクターたちは、自分たちが挑んだ途方もないアクションの数々を振り返るとき、異口同音に「だって山岡さんだもの」と口にする。手と脚しかない人間の体を使って、どうしたら「誰も見たことのないアクション」「インパクトのあるアクション映像」を作り出せるか。山岡はヒーローの体を借りて、そんな画作りを極めようとしたかに見える。

アクション監督・山岡淳二の功績

第5章と第6章で紹介してきた凄まじいアクションの多くが、山岡の手によるものだ。新堀和男が高い崖から飛び降りたのも、武智健二が崖から落ちるバスから飛び出して面を割ったのも、喜多川務が飛び降りながら体をひねったのも、春田純一が泥水の中で走るバイクにしがみついたのも、これらのすべては山岡アクション監督の采配のもと行われた。

「山岡伝説」の代表格が、第6章で紹介した『超力戦隊オーレンジャー』第一話の真冬の滝への飛び込みだ。映像を見返すと、滝の急流に飛び込んでから、川下の陸地での素顔の役者の映像に変わるまでは一〇秒あるかないか。ほんの一瞬で、おそらく人形を放り投げてもわからなかっただろう。だが、山岡は妥協を嫌った。

このとき、滝に飛び込んだ四人のうち、横山一敏と竹内康博の二人は、九六年にも栃木県の龍門(りゅうもん)の滝で、今度はオーレンジャーの面をつけての「滝落ち」を披露している（Vシネマ『超力戦隊オーレンジャー　オーレVSカクレンジャー』九六年）。季節は初夏あたりか、水嵩(みずかさ)を増した滝は濁流のように渦巻き「足元も見えず、飛び込んだ先に岩があるかどうかも確認できなかった。でも山岡さんが行けというから飛んだ」と語る竹内は、何やら楽しそうですらある。命がけの飛び込みの映像は、こちらも特にショーアップされることもなく、横山が二秒、竹内が四秒ほどにすぎない。

横山は「山岡イズムですよ。ＣＧが使えない時代だったし、合成だと（合成したということが）露骨にわかるから、なるべく肉体を使ってやろうとしていた」と山岡のこだわりの理由を説明する。

山岡は、決して無謀なことを適当に命じる「ブラック上司」だったわけではない。たとえ平地での殴り合いでも、自分でスーツアクターを見極めて「できる」と思った人間しか使わなかった。新人は名前すら覚えてもらえず、たまにカメラ前に行こうとしても技量がないと判断されると「君、どいて」とすぐに後ろに下がらされた。

その代わり、「できる」と見込んだスーツアクターには、とことんアクションをやらせた。春田は、自分に化けた怪人タヌキモズーと、本物であることを示すために「飛び降り対決」で勝った方が本物だという、取ってつけたような理由で高いクレーンの上から飛び降りているし（『ゴーグルV』第四五話「二人のブラック！」）、前出の辻井啓伺は『バイオマン』のイエローフォーのスーツアクターとして、伊豆シャボテン公園のシンボル、高原竜（こうげんりゅう）の像の頭上、机の上ほどの面積の場所で戦闘員と立ち回りをしている（第二七話「クモ地獄の女戦士」）。横山が『特警ウインスペクター』第二六話「薄幸少女の旅立ち」で、走る車から車へと飛び移る場面では、迫力を出すために本番で車の時速が一〇キロも加速された。横山は「（やる人間が）スタントができるかどうかをちゃんと見極めていた。そのうえで、『お前らアクションマンだろ』と問いかけるような場を提供してくれた。『それで稼ぎに来たんだろ』ということを教えてくれた」と噛みしめる。実際、これらの危険過ぎるスタントアクションをやった者たちは、大きな怪我は負っていない。

　春田純一は、山岡のことを「ＪＡＣだし、本当にやっているところを見せたい。だからごまかさず本当のアクションをする」と表現する。実際、滝や崖などロケ先での派手なスタントだけでなく、日常の戦いでも山岡は「誰も見たことのないアクション」を目指していた。

　大葉健二や喜多川務が『戦隊』でよくやっていたのが、前に立っている戦闘員の手の上に飛び乗り、そこからきれいにバック宙をして飛び降りたり、戦闘員を飛び越えて宙返りしたうえ、着地後そのまま戦い続けるという軽業のようなアクションだ。戦闘員の手を踏切台に見立てて、戦闘員側は腕の力でヒーローを持ち上げ、勢いを得たヒーローの体が高く宙を舞うのだ。映像を見ると、ワイヤーで吊っているとしか思えないきれいな反転だが、ピアノ線すら使っていない生身と生身による回転なのだ。

喜多川は数十メートルの距離を、バック転で移動したり、狭い路地の下水溝を挟んで連続バック転をしたりするアクションも見せている。喜多川も「山岡さんは自分を使ってくれた。山岡さんと仕事をしていなかったら自分の今はないかもしれない」と語る。

立体的な画作りにもこだわりがあった。山岡時代の『戦隊』を見ていると、たとえば、山の斜面で戦うブルーが遠くに小さく映り、カメラが横に回っていくと隣の斜面ではイエローが戦っており、カメラが一気に引くと、その二つの戦いを遠景として手前でレッドが戦っている、というように広く立体的に組み立てられた映像がとても多い。大作時代劇の合戦シーンのように贅沢な作りであり、誰か一人が失敗したらフィルムが無駄になることを考えたら、挑戦することが恐ろしい大胆な画作りでもあった。こうした立体的な映像こそが、「強大で大勢の敵と戦っているから五人の仲間が必要」という『戦隊シリーズ』の物語に信憑性をもたらしていたように思う。

必見！瞬間に凝縮された超絶アクション！——No.8

同僚さえ感嘆する、仕事師の見せ場

『特捜エクシードラフト』｜第１話｜「死の幼稚園バス」より

乗っ取られた幼稚園バスを追うエクシードラフトたち。クライマックスでは寄居(とりい)の採石場の池に幼稚園バスがスローモーションで落下する。バスにしがみつき、ともに落下して池中に飛び降りる妙技を見せたのは、ドラフトレッダーのスーツアクター・赤田昌人。アップ用のスーツアクターだった横山一敏の証言だと、バスは池の上20メートルの高さに吊られていた。「吊っていても落ちていくバスの傾きは誰にも読めない。どうなるかわからないアクションを見事に決めて、見ていてしびれました」と横山。赤田は興奮することも緊張することもなく淡々とスタントをこなし「仕事人みたいで格好よかった」という。『戦隊シリーズ』でヒロインなどを担当し、ファンも多い赤田は、仕事中の事故で大怪我を負い、現在も療養を続けている。

山岡が作り出した美しい映像もある。『電撃戦隊チェンジマン』第五二話「ブーバ地球に死す」でのチェンジドラゴン（演・新堀和男）と敵の副官ブーバ（演・岡本美登）が夕陽を背景に剣で一騎打ちをする名場面だ。画面いっぱいが朱色に染まった中、映し出される大きく黄色がかった夕陽は特撮ではなく、埼玉県内でカメラがとらえた「リアル夕陽」だという。六〇〇ミリの望遠レンズを使い、ほんの一瞬しかその位置に来ない太陽を待って撮影したという。夕陽の中、二人のシルエットは陽炎のように揺れ、ベートーベンの交響曲第九番第四楽章が流れる中、ブーバを倒して、剣を構え直すポーズを決めるチェンジドラゴンは、なんともいえない美しさに満ちている。「山岡さんは、必ず一本の作品に一つはいい画を撮ろうとしていた」と横山は述懐する。

強くて魅力的な敵なしにはヒーローが引き立たないことを誰よりも理解していたのも山岡だった。毎週作られてくる怪人を物語の主役ととらえ、しっかり演じることをスーツアクターに求めた。『科学戦隊ダイナマン』から怪人を担当した石垣広文は「ダイナマン五人が番組の主役かもしれないが、毎回の主役はお前だからしっかりやれ」と言われたことを覚えている。山岡の薫陶を受けて、石垣は台本を読み込み、怪人ごとに演じ分ける芝居を心掛けるようになったという。

石垣は、怪人役に決まる少し前から毎日二時間、山岡の「個人指導」も受けていた。途中から、そこに次作の『バイオマン』に悪役で出演するという若い女性が加わった。「山岡さんは『この子を育てるんだ』と熱心に指導していました」と石垣。『バイオマン』で悪役ファラキャットを演じた大島ゆかりである。大島は後に香港に渡ってアクション女優として成功、フィリピンでは「シンシア・ラスター」の名前で知られるアジアで人気のアクション女優になっている。

何よりも、山岡ほどヒーロー番組のことを、そしてスーツアクターのことを考えている人間はいなかったと誰もが言う。誰よりも勉強家でもあった。毎年の新しいヒーローのイメージを摑むため、放送に先駆けてどこからか主題歌を入手し、そのイメージをアクションに活かそうと考え抜いていた。スーツアクターの待遇改善を求めて「上」と掛け合って、それまで番組の台本に記載していなかったスーツアクターの個人名を、一九九五年からは掲載するよう改めさせた。

石垣広文　1963年生まれ。1980年代初頭から90年代後半まで、様々なキャラクターを演じた。（2022年7月撮影）

「半分熱病にかかったような情熱で、やる方も大変だったけれど、山ちゃんじゃなければここまでのヒーローものにはなっていない」という春田の言葉に反論するスーツアクターは、いないだろう。筆者は『仮面ライダーシリーズ』のプロデューサー、平山亨のはからいで、後楽園ゆうえんちの野外劇場で山岡に紹介してもらい、以後、東京ドームシティのスカイシアターでも何度か山岡と言葉を交わしたことがある。山岡はいつもその日のショーの感想を求めてきて、頭の中には次のショーのことしかないように見えた。どんなに寒い日でも、屋外ステージの一番後ろの席には、トレードマークのもじゃもじゃの頭が見えた。ヒーローたちを見守るように、次に見せる「もっとすごいアクション」を考えているように——。

山岡は、二〇二一年に亡くなった。一線を退いた後は、親しい後輩とたまに飲みに行くほかは、取材やイベント出演依頼も受けつけなかったから、誰も近況を把握していなかった。誰もが遅れて届いた悲しい知らせに言葉を失った。

新堀和男はその年の八月に筆者が主催したイベント「赤祭(あかまつり)」で、山岡が亡くなったことに触れ「何やっても絶対死なないような奴が、なんでだよ……。あいつと一緒にやってきたことが浮かんできて……」と男泣きに泣き、後は言葉にならなかった。『超新星フラッシュマン』でレッドを演じた俳優の垂水藤太(たるみとうた)が「僕らがアクションをできないのを見越して、できるように見せてくれたのが山岡さんだった。最期を知らせず、一人で逝ってしまうところも山岡さんらしい」と追悼の言葉を述べたのが、居合わせたヒーロー関係者の気持ちを代弁していたと筆者は感じている。

カメラマン・いのくままさおの技巧

一方、その山岡と並んで多くのスーツアクターから名前が挙がるのが、カメラマンのいのくままさお*だ。いのくまは『人造人間キカイダー』(一九七二年)からヒーロー番組の撮影を担当、『戦隊シリーズ』は第三作『バトルフィーバーJ』から一九作と第三六作『特命戦隊ゴーバスターズ』(二〇一二年)の、合わせて二〇作品を担当し、『平成仮面ライダーシリーズ』も第一作『仮面ライダークウガ』からの一五作を連続で担当している。

いのくまは、超人的な技の持ち主だ。山岡が思い描いた独創的な映像の数々はいのくまという優秀なカメラマンがいればこそ実現できたのである。

『大戦隊ゴーグルV』には、そんないのくまの技能が存分に発揮されている。『ゴーグルV』のアクション場面は、一つのカットの中に、普通のスピードとスローモーションが混在しているのが大きな特徴だ。たとえば、レッドがパンチを繰り出す際に、片腕を引いて突き出す途中までは標準速度なのに、突き出しの瞬間にスローモーション（ハイスピード撮影）になり、当たる瞬間にはまたノーマルスピードに戻る、というように緩急のある方法で撮影されている。デジタル撮影の現代なら、撮影後に処理することも可能だ。だが、『戦隊』の現場にフィルム撮影しかなかった一九八〇年代初頭、そんなことができるカメラは、少なくとも東映のヒーロー番組の現場には、一切存在していない。

ではどうやって撮影したかというと、いのくまはリハーサルを見て、ノーマルとスローのバランスを考え、撮影のときに手動でカメラの速度を変えていたというのだ。超高速で展開するアクションをカメラで追えるだけでも驚異的なのに、同時に撮影速度まで自在に操る匠（たくみ）の技は素晴らしい。『仮面ライダーアギト』や『仮面ライダー龍騎』などの『平成仮面ライダーシリーズ』や『特捜戦隊デカレンジャー』で監督を務めた鈴村展弘は「あんな画は当時の技術では撮れないはずで、撮影現場を見に行ったプロデューサーの鈴木武幸さんが驚いたそうです。いのくまさんにしかできない技ですよ」と語る。

遠近両方で複数のヒーローが戦う立体的な構図を撮影できたのも、いのくまがいればこそ。いのくまは「手前にピントを送ってから、後ろにズームして、また手前に戻さないといけないから大変なんだ。どのきっかけで切り替えるかも覚えていないといけないし。でも、うまくいくと本当に気持ち良かった」と繰り返し語っていたと鈴村は証言する。鈴村によると、こうしたいのくまの技術の高さはアメリカの『パワーレンジャー』制作陣から一目も二目も置かれ、彼らが東映東京撮影所に見学に来た際に、半ば本気でいのくまをアメリカに連れ去ろうとして、慌てたプロデューサーが間に入って断ったという逸話まで残している。

いのくまは、危ない撮影にも果敢に挑んだ。

『超力戦隊オーレンジャー』での、怪人の頭上からオーレッド（この場面は演・竹内康博）が剣を手に飛び込むように垂直に突っ込んでいく場面（第一話「襲来!! １９９９」）。もちろんアクション監督は山岡だ。細いピアノ線で五メートル以上の高さに竹内を逆さ吊りにしている時点ですでに常軌を逸しているが、この後、怪人（がいた場所）が大爆発する。ナパームが炎を上げて爆発するその場面を撮影しているのが、いのくまなのだが、なんと彼も真上から「吊られて」いたのだ。どう見ても画面は巻き起こる熱風にあおられているし、爆発の真上にカメラを持って吊られるとは、恐ろしいにもほどがある。

『忍者戦隊カクレンジャー』では、資材置き場を走るトラックを俯瞰で撮りたいと監督の小笠原猛[*]が求めた（第四八話「大雪女の雪合戦」）。しばらくあたりを物色していた、いのくまが「おーい、ここだ！」と助手を呼ぶ声にスタッフが上を見たら、高さ三〇メートルほどの大型クレーンの上で手を振っていた。その後、カメラを担いだ助手がぐらぐらと揺れるクレーンを震えながら上っていき、撮影に臨んだ。映像では、まるで上空から映したように建物脇を曲がっていくトラックが映し出されている。時間にしてほんの二秒ほどか。助監督だった竹本昇（現在は『戦隊シリーズ』監督）は「クレーンの揺れもあって、まるでヘリから空撮したような仕上がりになった」と語り、「その一瞬のために命がけで撮影していたのがいのくまさんだ」と振り返る。当然、まだドローンが登場する前の話である。

これ以外にも「木によじ登って手持ちカメラで撮影していた。落ちたら間違いなく命を落とす高さだった」「スーツアクターでなく、いのくまさんがピアノ線で吊られて撮影していた」など、いのくまの「腕白ぶり」についての証言は枚挙に暇がない。

そして、何よりもスーツアクターにとって、スピード感あふれるアクションをフレームの中にきっちり収めてくれる「腕」があるカメラマンでもあった。ビデオ撮影の今でこそ、撮影した場面をその場で確認できるが、現像しないと結果がわからないフィルム時代は、監督の「OK」と同じくらい、あるいはそれ以上に、いのくまが叫ぶ「OK」の一言は重要だったのだ。スーツアクターたちも変身前の俳優たちも、いのくまに厳しく叱られながら、カメラのフレームに収まるアクションや芝居を身につけていった。

「いのくまさんに『OK』と言ってもらうと監督（に言われる）よりも安心できた」「アクションがぶれてもフォローしてくれた」「この人に認めてもらえるアクターになりたいと思った」などの言葉からは、いのくまが一カメラマンを超えて、現場における父親のような存在、精神的な支えになっていたことが窺える。前出の白井雅士は「僕ら『中身』と同じ気持ちで、痛さや怖さも共有してカメラを覗いてくれていた」と語る。そこには、圧倒的な信頼感があった。

スーツアクターたちから敬愛の念を込めて「アクションカメラマン」と呼ばれたいのくまは、二〇一四年『仮面ライダー鎧武／ガイム』第三三話「ビートライダーズ大集結！」を最後に勇退、二〇年、八一歳でその生涯を閉じた。

蛇足になるが、いのくまと並んで、同じくアクション場面の数々を、体を張って撮影した名カメラマン、瀬尾脩(＊せのおすすむ)（別名義・淨空）や松村文雄への称賛と感謝の言葉が多数のスーツアクターから語られていたことも追記しておく。

テクノロジーかテクニックか

山岡やいのくまの時代からぐっと時代を進めて二一世紀になると、デジタル撮影やCG、リアルタイム合成、LED合成、ワイヤーアクションなど、映像作りのための技術が急速に進み、そうした技術とのつき合い方が、アクション監督にもスーツアクターにも問われるようになる。体を使ったアクションと技術を駆使したデジタルな手法と、どこでバランスを取るべきか。

主に『平成ライダーシリーズ』でアクション監督を務める宮崎剛は「CGでできることを実写でやったらカッコいいと思った」と語る。担当した『仮面ライダーゴースト』（一五年）の終盤エピソードでのライダーキックでは、ゴースト（演・高岩成二）が台詞を言ってから走り出してジャンプ、加速をつけて敵にキックをかますまでを、ワンカットで見せている（第四九話「無限！ 人の力！」）。もちろんワイヤーを使って高岩を吊ってはいるのだが、クレーンの長いアームの下に吊られたゴーストは、アームが右から左へ半円を描いて動くにしたがって遠心力で外側に引っ張られる。だから、映像では真っ直ぐ敵に向かって加速しているように見えるゴーストが描いている軌道は、実はクレーンのアームが描くのと同じ半円状なのだ。クレーンのオペレーターの操作の速度、カメラマンを乗せてゴーストと並走する車のレールの経路、ワイヤーの引手の力加減、演じる高岩の動きと、すべてのタイミングが宮崎の計算通りにピタリと合ったからこその奇跡的な映像なのである。現場では、カットの声とともに拍手が湧き起こったそうだ。

宮崎は当時『アベンジャーズ』を見たばかりで、金と時間をふんだんに注ぎ込んだハリウッドのCGに対抗するには「同じことを人間がやるしかない」と思ったそうだ。キックする足が燃えているようなエフェクト（特殊効果）も「本当はあまり乗せないでほしかった。動き自体がCGと思われてしまうから」と宮崎は語る。生の人間でもここまでの動きができるということを見せつけたいという思いがあった。

宮崎剛　1963年生まれ。スーツアクター経験後、アクション監督に転向し、活躍。（2022年11月撮影）

宮崎は、担当した仮面ライダーのライダーキックの映像も、スーツアクターに実際に飛び蹴りをさせて、その映像の上から加工をするようにしているそうだ。CGでキックの場面を作る場合には、台の上にキックをしたポーズでスーツアクターを固定し、その映像を使うことが多い。しかし、これだとスーツアクターの重心は台の上に乗っているお尻にかかり、伸ばしている足に力は入らず、ただ足をピンと伸ばしているだけになってしまう。宮崎はそれを使った映像を「キックの形をしたシールが画面上を斜めに滑っていく感じ」と表現する。一方、本当にキックをした映像に加工すれば、足先まで力が漲るから迫力が出るわけだ。

二〇年ほど前、『平成ライダー』初期の頃は、カメラの性能が追いつかず、映像がぶれてしまうため、動く体に特殊効果を乗せるのは至難の業だった。しかし、現代では一〇倍のスピードで撮影した映像から、加工の段階で必要な再生速度にすることができる。多いコマ数で普通なら見えない動きまでをとらえているから、ぶれもなく、合成が動く体に対応できるのである。「技術パートに助けられている部分もある。（アクション監督も）そこを全部知っていて撮るのと、自分の思いだけで撮るのとでは、完成するものが全く変わってくる時代になった」と宮崎は語る。日進月歩の技術や機材を熟知することなしには、技術と演じ手がウインウインの関係を築けない時代になっている。

第6章で取り上げた坂本浩一が持ち込んだワイヤーアクションも、画面に映る太いワイヤーを比較的簡単に消すことができるCGの技術の進化とともに普及した。

その技術の恩恵にあずかりながらも、坂本はCG表現については、割合をどのくらいにするかが毎回、一番の悩みどころだと語る。人間にとって難しかったり不自然だったりする動きは、当然CGで表現するのが便利だが、自らもスタントマンである坂本は、どうしても少しでも多く生身のアクションを入れたくなってしまうそうだ。アナログ表現の良さと新技術のさじ加減は、永遠の課題ともいえる問題で、正解がないだけに難しい。

『戦隊シリーズ』でアクション監督を務めた福沢博文は、『快盗戦隊ルパンレンジャーVS警察戦隊パトレンジャー』（一八年）で「三六〇度カメラ」を現場に導入した。文字通り、三六〇度すべてが撮影できるカメラで、あらゆる方向を撮影することができる。アクション場面を理解したうえで機敏にカメラを動かさないといけないので、このカメラはカメラマンではなく福沢自身が操作することが多かった。

全方位が写った映像から、必要な映像だけを切り抜いて使う。すると、空撮かと思ったら急に戦う人物の間に割って入り、ぐるりと回って今度は下からあおる、というような普通のカメラとは異なるアクロバティックな映像を撮ることができる。神出鬼没な映像は、快盗であるルパンレンジャーのイメージ形成には大きな役割を果たした。

だが、福沢も新技術とのつき合いの難しさは実感している。視聴者の視線が、アクションそのものではなく、カメラワークに注がれてしまうからだ。被写体ではなく、カメラワークが主役になってしまう。これまでありとあらゆるアングルからの撮影方法が試し尽くされてきた長寿シリーズであるがゆえに、撮影においても変化球は必要だ。でも、被写体が技術に食われてしまうのでは本末転倒になる。山岡らの時代の「理屈抜きにカッコいいアクション」を再確認しつつ、今の子供たちのために新しい映像を作りたいと福沢は考えている。

二〇二三年放送の『王様戦隊キングオージャー』のアクション監督、渡辺淳は、令和元年の二〇一九年に『仮面ライダーゼロワン』で特撮ヒーローの制作現場に初めてVコンテ（ビデオコンテ）を取り入れた。台本をもとに作ったアクションの流れを、スーツアクターたちが実際に演じて映像の形にした、いわば映像でのアクションの「下書き」だ。撮影が休みの日を利用して、実際に演じるスーツアクターたちがスタジオで一日がかりでアクションを作り上げ、それをスマートフォンで撮影する。

渡辺淳　1982年生まれ。『王様戦隊キングオージャー』でアクション監督として斬新な映像を具現化する。（2023年3月撮影）

拘束時間が増えるためスーツアクターの負担は大きいが「舞台でのリハーサルと同じ。事前にアクションがわかれば演じ方を考えられるし、監督やカメラマンと共有し話し合うことで、より良い表現方法も探れる」と渡辺は語る。

『キングオージャー』ではアニメの手法も大胆に取り入れている。放送開始に先立ち、渡辺は、監督の上堀内佳寿也（かみほりうちかずや）とともにアニメーターのもとを訪れ、アニメのアクションパートについて学んだ。そのときに言われたのが、たとえば剣で斬るシーンなら、アニメでは、斬りつける瞬間と剣が斬り抜けた後だけを映し、斬る過程の映像は「抜く」ことで速さを出し、リズム感をアップするということだった。そこで、『キングオージャー』では「ここを切りましょう」「この二コマはいらない」とコマ（フレーム）単位での編集作業を行って「アニメ的」な映像を目指しているそうだ。いわば究極の「コマ落とし」である。

この話を聞いて筆者はミスター仮面ライダー、中屋敷哲也の話を思い出した。

一九八〇年代以降のヒーロー作品では、アクションが早く見えるように低速度撮影、通称「コマ落とし」という撮影手法が取られている。通常一秒二四コマで撮影するところ、二二コマに落とす。再生するときには普通の速度の二四コマに戻すのでコマ数が少ない分、動きが早く見えるという手法だ。

　だが、中屋敷が活躍し始めた七〇年代前半にはその技法がまだ使われていなかった。初めて見た映像で、自分の動きののろさに愕然とした中屋敷は、毎週のテレビを見て研究を重ね「見る前に次の技に移る」という方法を導き出す。立ち回りの手順は決まっているので、一人を殴ったら、見たり構えたりする前に、次の相手がいるはずの位置にすぐ蹴り技を繰り出すのだ。見てから技を出したのではどうしても一拍遅れるからだ。

　言い換えれば、カメラでコマを落とせない分、自分で自分の動きを「中抜き」して、「コマ落とし」することでアクションの見映えを良くしたのだ。それを段取りに見せない中屋敷の演技力があればこその技であることは言うまでもない。五〇年以上の時を挟んで、令和の時代の新技と昭和に編み出された苦肉の策とが、根底でつながっているように見えるのは、興味深い。

　渡辺は、新しい手法を取り入れていく理由として、これまでの担当作を試写で見たプロデューサーらに「めちゃくちゃカッコいいです。でも、これ、今までにも見たことありますよね」と言われ続けてきたことを挙げる。そんなことを言われない、誰も見たことがないアクション場面を作りたいという思いが、令和の時代の「アニメ風」を取り入れた特撮につながっている。

　なお、余談だが、コマ落としがなかった昭和の現場にも、ハイスピード撮影（再生時にスローモーションになる）はあった。ただし、フィルムを「食う」からそうたびたびは使えない。しかし、藤岡弘、の怪我の後に撮影された*折田至（おりたいたる）の監督回（『仮面ライダー』第一四話「魔人サボテグロンの襲来」、第一五話「逆襲サボテグロン」）は、ライダーと怪人サボテグロンとの二度にわたる戦いが、どちらもスローモーションで撮影されており、映像効果を上げている。幼少期からライダーファンだった鈴村展弘が特撮業界に入ってから聞いた秘話によると、これは撮影が終盤に近づいたタイミングでスクリプター（記録係）に「監督、尺（長さ）が（三〇分番組に）足りません」と指摘されたからだという。ハイスピード撮影にすることで尺調整をしたわけで、鈴村は「異例中の異例でしょう」と苦笑いする。

フィルム撮影だった昭和の時代、アクション監督たちを衝き動かしていたのは「誰も見たことのないアクション場面を作りたい」という熱い思いだった。そしてそれは、デジタル全盛の現代でも変わらない。あの時代の熱を感じつつ、次世代のアクション監督やカメラマンはどんな映像を作っていくのか。思いは引き継がれ、未来へとつながっていく。

第9章―演者たちの意識

なぜ、そこまでするのか

面を外し、これから自分が行うアクションのテストをする。カメラ位置を確認して動く範囲を把握し、足場の障害物もチェックする。「さあ、本番！」という声にスタッフ全員に緊張が走る。後輩が持ってきた面を受け取り、ゆっくりと装着していく。その時間が、素の自分に与えられた「最後の時間」だ。これからやるアクションの手を確認し、「できるかな」「うまくいくだろうか」という弱気を抑え込む。面をかぶったら、もう後戻りはできない。素の自分からヒーローへ。体のどこかでカチッとスイッチが入り、スーツアクターはカメラの前へと飛び出していく。

スーツの中は孤独だと多くのスーツアクターが口にする。面によって視界や音を遮断され、頼れるのは自分しかいないという気持ちがより強まるのだという。与えられたアクションを全うするまでは面を取って自分に戻ることもできない。特に最近の面は精巧で、一人では容易に着脱できないから、なおさらだ。

そんな孤独な状況に自らを追い込んで、ここまでの章で紹介したような危険と隣り合わせのアクションに、スーツアクターたちは挑戦してきた。なぜ、そんなことができたのだろうか。

多くのスーツアクターの言葉から見えてくるのは「仲間」の存在の大きさだ。そもそも、一〇メートルの崖から飛び降りろと言われて、そこにあるのが、安全性が高い「らしい」マット「だけ」だったら、いくら鍛え抜かれた体でも、そう簡単に飛べるだろうか。

スーツアクターたちが大きく両手を広げて中空に蹴り出していけたのは、マットを補助する仲間たちがそこにいて、「お前なら飛べる」と判断して背中を押す殺陣師やアクション監督がいたからだ。飛び降りに限らず、殴る蹴るのアクションも、お互いの動きを信頼しなければ、思い切って技を繰り出すことなどできはしない。訓練をともにし、同じ釜の飯を食った仲間がいるからこそ、ヒーロー番組の妙技の数々は生まれてきた。

アクションの現場で、チームで仕事をするというスタイルは、世界的に見ると珍しいそうだ。海外のアクション映画の現場では、スター級の役者にはそれぞれが契約したスタントダブル（吹き替え）がいるし、それ以外は作品ごとにスタントマンが集まってきて個人で契約を交わして仕事をする。だからこそ、『パワーレンジャー』の現場にチームで現れた坂本浩一のアルファスタントは驚きをもって受け止められ、模倣する者も出てきたのだ。

世界でも珍しいチーム形式で、日頃から互いに強固な信頼感が育まれていることが、日本独自の心震わすヒーローアクションを生み出した一因と言ったら言い過ぎだろうか。少なくとも、海外のような個人形式だったら、ヒーロー番組は良くも悪くも今とは全く違う発展を遂げていたと筆者は考える。

余談だが、第4章から登場したミスターレッドの新堀和男は「崖から飛ぶときに何を考えているのか」という問いに、「そりゃ、『おつかれさ〜ん』だな」とあっさり返し、「覚悟」とか「己を信じる」「仲間との絆」などの答えを期待して姿勢を正していた周囲を拍子抜けさせた逸話を持つ。野暮は承知で新堀の真意を解説するなら、それほどまでにリラックスして飛べるだけの信頼感が現場にはすでに醸成されていたということだろう。

仲間への信頼は、所属チームに対する強い帰属意識と忠誠心にもつながった。スーツアクターたちへの取材で、たびたび聞いたのが「大野剣友会の看板を傷つけるわけにはいかない」「だってＪＡＣだから」という言葉だった。

一九七〇年代から現在に至るまで、日本の、少なくともヒーロー番組の現場に「危険手当」的なものは、ほぼないに等しい。

アメリカやカナダ、イギリスなどではスタントマンが行う危険なアクションには、それぞれ一つやるごとに「アジャスト」と呼ばれる対価が発生し、加算して支払われる。「壁にぶち当たる」程度のアクションでさえ、アメリカではいくばくかの手当が発生することがあるそうだ。翻って日本の場合は、ヘリから飛び降りようが、撮影の不手際で崖から何回も繰り返し飛ぶことになろうが、ほとんど「金」にはならない。今風に考えたなら、スーツアクターの仕事の「コスパ」は全く良くない。

それでも、スーツアクターたちは泳げないのに海に落ち、五〇メートルの煙突の上に立ち、崖から、ヘリから飛び降りてきた。

彼らを衝き動かしていたのは、世間の人が息を飲むような映像を作りたいという一念と、大野剣友会やＪＡＣという所属母体の一員としての誇りだったように見える。宇宙刑事ギャバンのスーツアクター、村上潤の「当時あまり知られていなかったＪＡＣを有名にしたい一心だった。この連中はすごいということを世間に見せつけたかった」という表現が多くのスーツアクターの意見を代弁しているのではないか。ヒーロー番組ではないけれど、春田純一は出演した演劇の舞台で、後ろ向きで階段落ちする際、絶対に振り向かず頭から転がり落ちたという。筆者主催のイベント「還暦祭」で春田は「横向きで転がる方が安全だし、後ろも見たいんだ。でも、我慢する。だってＪＡＣだもの」と語っていた。危険なアクションを安全にやり遂げるＪＡＣメンバーとしてのプライドがあるのだ。

　春田が初めて主演・監督・原案を担当した映画が『カラスの羽を繕う女』だ。津川雅彦[*]の遺作ともなった同作で春田は伝説のスタントマンだった男を演じている。春田をサポートしたのは、『メタルヒーローシリーズ』などに携わった操演の羽鳥博幸と、第５章などに登場したバルシャークの柴原孝典というかつての「戦友」たちだ。春田はこの映画のために、実に六〇歳を超えて、危険なスタントをやりきっている。二三年八月現在、一般公開がまだなので詳述はできないが、『戦隊』から約四〇年の時が過ぎたとは思えぬ春田の

必見！瞬間に凝縮された超絶アクション！——No.9

歴史に残るほどの大技が連鎖する

『大戦隊ゴーグルＶ』｜第26話｜「ブラック！大逆転」より

　日本特撮ヒーロー史に残るであろうアクションの名作である。序盤から敵と対決するためだけに高い屋根の上から飛び降りるブラックの黒田官平（演・春田純一）。ドラム缶の上で妙技を決めた後は、戦闘員を乗せて走るバイクに摑みかかったり、バイクの上を飛び越したり。まだ物語は前半なのに、爆発とともに高い崖から転がり落ちる。ドラマ後半ともなれば、大爆発の中を飛んだり跳ねたりしながら駆け抜け、煙の中から姿を現す。髪も顔も爆破に仕込まれたセメントで真っ白で、吹き替えはいないことを視聴者に確信させる。ハイライトは、高さ15メートルほどの崖からの飛び降り。その後も走るトラックのコンテナの上から飛び降りるなどアクション三昧。あの時代だから作れた作品。初見での衝撃が忘れられない。

アクションである。これもまた「だってＪＡＣだから」なのだ。春田たちの「ＪＡＣ魂」は伊達ではない。なお、同作は「ゆうばり国際ファンタスティック映画祭２０２３」で上映されたほか、「アナトリア映画祭」長編部門で最優秀映画賞、最優秀男優賞、最優秀女優賞を受賞するなど海外の映画祭で高く評価されている。

そんな先輩たちに、後輩は憧れた。ベテランの竹田道弘が「先輩や（金田治）社長、山岡（淳二アクション監督）さんに認めてもらいたい一心でやっていた」と語れば、元ＪＡＥの中川素州も「先輩たちがカッコよくて、ああなりたい一心ですべてを投げ出してやっていた。ひよこが最初に見たものを親と思うみたいなもの」と思い起こす。純粋に少しでもうまくなろうと技を競い、切磋琢磨するからこそ、唯一無二のアクションと味のある芝居を併せ持つスーツアクターたちが生まれてきた。

昭和の現場に目を向ければ、自分を活かせる唯一の道がスーツアクターであり、背水の陣で頑張らざるを得なかったという一面もあった。アメリカで活躍している大野剣友会出身のミチ・ヤマトは「当時の映像を見ると、『この番組が終わったら食っていけない』という先輩たちの必死の思いが匂ってくる」と話し「その必死さがこちらの心を摑んだ」と分析する。先輩たちよりは恵まれた時代に剣友会に入会したミチ自身、知人もいないアメリカに単身乗り込み武者修行をし、辛酸をなめたうえで現在の地位を築き上げた。ミチもまた「剣友会がなかったら俺は野垂れ死んでいた」と語るのだ。

「飽食の時代」の遥か前、コンビニもファストフード店もまだほとんどなかったが、現場に行きさえすれば「食う」ことだけはできた。大野剣友会だった翁長和男は「弁当の白飯に、やかんの無料の麦茶をかけて食べて、それからもう一個余った弁当をもらって食べた」と懐かしそうに語る。特撮ファンの間では有名な「ふくやの赤弁当」のことであろう。

ＪＡＥの蜂須賀祐一は、一九八〇年代のアクションブームの際はスーツアクター間の競争も激しく、もらえる役なら、なんでも突き詰めてやらないと振り落とされたと振り返っている。時代背景は違っても、退路を断ってヒーローに取り組んだスーツアクターたちが、現在の「ニチアサ（日曜朝）」につながる番組を支えてきたのだ。

子供向けのヒーロー番組であっても、手を抜く者などいなかった。それどころか、スーツアクターたちは、最先端の技術を込めた本格アクションを、五〇年以上の長きにわたり、毎週毎週、お茶の間に送り続けてきた。有料の映画や配信でなく、無料のテレビでこれをやり続けているというのは、繰り返しになるが画期的なことである。

影の立役者「兵隊」たち

主役級のヒーローや怪人を担当したスーツアクターだけではない。一人の戦闘員に至るまでがプライドを持って戦っていたからこそ、魅力的なヒーローが生まれた。

ショッカーなどの悪の組織では最下層に属する戦闘員は、現場用語では「兵隊」と呼ばれている。兵隊という言葉からは「大勢の中の一人」「上の命令で動くコマ」「いくらでも代えがきく」などの「その他大勢」感が漂うが、この「兵隊」もまた、誰にでも務まる仕事では決してない。

もとをたどるなら源流は時代劇で確立された剣劇の作法だ。「シン」と呼ばれるヒーローを囲んでいる「カラミ」の戦闘員たちは、映像を見ればわかるように常に動いている。最初の戦闘員が出て行ったら次の戦闘員も一歩にじり寄る。そして最初の一人がやられたら間髪容れずに次の一人がかかっていく。そのときさらに三人目の戦闘員は一歩進めて……と、要は、カメラに映っている限り、戦闘員も全員が動き続けているのだ。しかも、無尽蔵に湧いてくる設定の戦闘員を演じるスーツアクターの数は限られてくるから、「やられ方」にも変化が必要だ。「やられる順番が来たから出て行ってやられる」のは最も悪手であり、じりじりとヒーローを取り囲みながら「隙を見つけて倒してやる」という闘志が戦闘員から滲むから、ヒーローも映像も生きる。

　こうした動きを、現場で一から説明している暇はない。教えなくても体が覚えていて、現場の地形やカメラ位置に合わせて、すぐに応用できるからプロなのだ。

　ＪＡＣでも戦闘員が動き続けるセオリーは同じだ。主に新人が演じる兵隊は、ヒーローが戦う後ろや前で「シャッター」と呼ばれる動きをする。一人ひとりの戦闘員が左右に細かく動き続けることで、あたかもたくさんの戦闘員がヒーローの隙を窺っているように見せるのだ。アドリブで行う動きだが、戦闘員と戦闘員の間の隙間が広いと体操をしているようにしか見えなくなるし、ヒーロー前でのシャッターではヒーローの大事な動きを隠さないようにカメラにも気をつけて動かなくてはいけない。新人に割り振られることが多い役割ではあるものの、新人だけで行うと現場は大混乱するそうだ。

　前出の辻井啓伺は、ＪＡＣ時代のヒーロー番組で徹底的にこうした戦闘員の動きを叩き込まれた。

「だから、その後、時代劇の現場に行っても困ることはなかった」と思い返す。素手でかかってくる戦闘員と、必ず刀を使う時代劇との違いはあっても、「シンを立てるカラミ」という法則に変わりはないからだ。理解したうえで作品ごとの色づけをしていくのと、シャッターの意味や必要性から説明しないといけないのでは、雲泥の差だ。

時代劇でもカッコいい殺陣の場面は「シン」だけでは作れない。たとえば往年の時代劇スター阪東妻三郎[*]には「斬られ十人」と呼ばれる剣劇チームがついていて、立ち回りの場面を演じたという。『殺陣』もまた総合芸術なのである」「スターとからみの持つ身体運用、呼吸、間合いといったリズムがすべて揃い、さらに撮影技術が効果を与え、私たちを魅了する『殺陣』ができあがるのである」という時代殺陣についての考察は、そっくりそのままヒーローのアクションにも当てはまる（『「殺陣」という文化』著・小川順子　世界思想社　二〇〇七年）。

正当に評価されるべき「国宝級」技能

にもかかわらず、日本では最近まで、ヒーロー番組の地位は低かった。「ジャリ番（組）」と呼ばれて蔑まれた昭和の時代に始まり、平成も終盤にさしかかるあたりまでは、出演した俳優が、少し経つと出演歴をプロフィールから消す「ヒーロー歴隠し」があからさまに行われていた。ヒーロー番組に出演していたことが、役者として成功するためには邪魔だといわんばかりの仕打ちが横行していたのだ。「若手俳優の登竜門」ともてはやされるようになったのは、ごく最近のことにすぎない。

顔出しの役者ですらこうなのだから、スーツアクターに向けられる視線はもっと冷ややかだった。「体育大学の学生のバイトでしょ?」や「普段は何をしている人なの?」といったスーツアクターを職業として認めていない人たちからの質問に辟易（へきえき）した経験は、筆者と同年代の特撮ファンなら多かれ少なかれ持っているだろう。

実際、変身前後をあれほど熱演し、特撮界のスターの地位にあった春田は、大人向けドラマのオーディションで「こんなヒーローばかりやっていたんだ」とプロフィールを投げ捨てられた経験を持つ。少し前まで、ヒーロー番組出演歴は、芸能界におけるキャリアとは認めてもらえなかったのだ。

こうした理不尽な蔑視は芸能界の中に限ったことではない。日本の社会全体に子供番組や子供向け映画そのもの、そしてそれに携わった役者を、大人向けのそれより一段下に見る空気が、ついこの間まではあった。「所詮子供が見るもの」「子供だましにすぎない」「いつまでそんなものに夢中になっているんだ」と、筆者は何度も言われたことがあるし、そうした冷笑に近い空気はずっと日本の中に蔓延(はびこ)っていたと感じる。そもそも、そうでなければ「ジャリ番」などという番組を侮蔑する言葉が令和の時代まで残っているはずもない。

スーツアクターたちは、ドラマの中で敵と戦うだけでなく、こうした「ジャリ番」蔑視の風潮とも戦わなくてはいけなかった。前出の村上潤は「今やっている仕事を聞かれて答えると、『ぬいぐるみか』とか『ジャリ番』とか言われてね。なにくそ、と思いましたね」と語っている。

「スーツアクター論争」

一方、「スーツアクター論争」というのがある。スーツアクターという言葉が出てきてしばらくした二〇〇〇年代初頭、肝心のスーツアクターサイドから「その呼び方はいかがなものか」という異議申し立てがなされたのだ。ＳＮＳが今ほど盛んな時代ではなかったから「炎上」こそしなかったものの、特撮ファンの間ではメガトン級の大事件だった。筆者もしばらくは原稿でスーツアクターに触れる際の呼称を「アクション俳優」に変えるなど、腫れ物に触る扱いで臨んだものだ。

当時「反スーアク」の急先鋒だったJAEの今井靖彦に、改めて真意をたずねた。今井は初めてスーツアクターという言葉を知ったときのことを今でもはっきり覚えている。「制作発表の帰りに、ファンの男性に『ブラックの〝エスエー〟の方ですよね』と聞かれた。いや、俺はブラックだけどエスエーって何なの、と混乱した」と今井は語る。仲間に聞いても「エスエー？ サービスエリアか？」と、頓珍漢な意見しか出てこない。しばらくして、エスエー（SA）がスーツアクターを意味すると知ったときに「カチンときた」と今井は言う。名前でなく『SA』と呼びかけられたのも失礼だと思ったし、何よりも「僕らはスタントマンのイメージで仕事をしている。キャラクターの仕事はその中の一つにすぎない。ほかの現場で時代劇や現代アクションもやる。スーツアクターと呼ばれると仕事を限定されているようで抵抗があった」と今井は当時の心境を語る。今井と同じように「専門職に封じ込められる」「それしかできないみたいに聞こえる」「面の中で芝居をしているのに役者と区別されるのは心外」と、その言葉に抵抗があると話すスーツアクターは少なくない。

はっきりと反旗を翻さないまでも、アンビバレントな気持ちを持っている人は多いようだ。まさにこの言葉が誕生したときにウルトラマンティガなどのスーツアクターを務めていた中村浩二も「そこで評価されているのだから嫌だとは言わない。でも、スーツアクターだからといってそれだけでなく、役者をやってもいいだろ、とは思いますね」と、複雑な思いを口にする。

ミスターレッドの新堀は、スーツという言葉と自分たちが成し遂げてきたこととの間には乖離があるので、スーツアクターという言葉は好きになれないと断言する。言葉から受ける印象がどうしても

若狭新一　1960年生まれ。怪獣の造形や特殊メイクなどを専門とするモンスターズを運営。（2022年10月撮影）

「軽過ぎる」というのだ。

現在は造形で特撮に携わる若狭新一は大野剣友会時代に先輩、中屋敷哲也たちの素晴らしさに感銘を受けた。「背が高いだけの人が入ってもヒーローはただの人形になる。面をかぶって芝居をするのは本当に特殊技能。その点、中屋敷さんのライダーは本当にカッコよかった」と顧みる。だからこそ、その中屋敷のことを「スーツアクター」と表現したネット上の書き込みには反感を抱いた。「担当した仕事としてはスーツアクターだけれど、それを中屋敷さんの肩書にされるのは、なんだかもやもやする」と若狭は語る。

面白いのは、「もやもやする」された側の中屋敷に聞いてみたら、あっさり「俺は好きだよ、スーツアクター」と返されたことだ。かつて「着ぐるみ」とか「中の人」と言われていたのと比べると「ずっと聞こえがいいから」というのがその理由だ。中屋敷は、自分からスーツアクターと名乗ることもある。同時代の大野剣友会で活躍した河原崎洋央も「スーツアクターと言われる方が一ランク上がったように見える」と中屋敷と同意見だ。河原崎のもとには今でも新たにファンレターが届くという。「NHKの時代劇にも出たけれど、こんなに長く覚えてもらっているのはライダーだけ。当時は『面もの』

とか、『かぶりもの』と言われていたけれど、やって良かったと思っている」と噛みしめる。春田純一もスーツアクターという言葉こそが、特殊な存在を一番良く表していると肯定的だ。

平成が生んだ二大スターはどうだろう。

ミスター平成ライダーの高岩成二は、当時今井から連絡をもらったことを覚えていた。腹は立たなかったものの、俳優とスーツアクターを分ける考え方には疑問を抱いた。それでも、「中の人」という表現よりは「スーツアクター」の方が、門外漢にもわかりやすいと、今は前向きに受け止めている。

岡元次郎は、呼び方にはこだわらないと切り捨てる。役者とスーツアクターをあえて分けなくてもいいのではないかとも感じるが、それよりも、ヒーローを演じた者がきちんと評価されることが大切だと岡元は話し、「岡元さんの演じたライダーは良かった」と言われたいという。

若い世代になってくると、言葉に対するわだかまりは、あまりない。スーツアクトレスの宮澤雪は「この事務所に入ればスーツアクターになれると思ったのがきっかけ」でＪＡＥの門を叩いているし、同じく下園愛弓も「むしろ、高岩さんや次郎さんら、すごい先輩たちをリスペクトするためにある言葉だと思う」と前向きな受け止めだ。ベテラン側でも蜂須賀祐一は、スーツアクターという言葉ができたことで職業にスポットライトが当たって、志願する者が増えるならいいことだと見ている。

ここで、再び思い出すのは、一昔前の声優をめぐる論争だ。声優側から「顔を出さなくても自分は役者」「声の仕事は役者の仕事の一部にすぎない」として、「声優」と呼ばれることへの反発が、長きにわたってなされていたのだ。背景には、顔出しの役者よりも声優を一段下に扱う風潮があり、声優たちは表記によって声の仕事「だけ」に閉じ込められることを嫌がっていたと記憶している。

この事案は、スーツアクターという言葉をめぐって様々な意見が出る現在のアクション界の姿とそっくりではないだろうか。

今や「声優」と呼ばれることを嫌がる人の方が少数派だろう。「声優」の肩書は、現代では仕事の幅を狭めるどころか、「声の仕事」を超えて様々なジャンルへの仕事の扉を開く魔法の杖のようになり、声優を志望する若者は後を絶たない。ライブにバラエティ番組にテレビドラマに映画に、今や「声優」の活躍を見ない日はない。

筆者は、声優と同じように「スーツアクター」「スーツアクトレス」という言葉も、このまま定着していくだろうと考えている。「中の人」や「着ぐるみ」という言葉と比べたら丁寧だし、「看護師」「運転手」などと同じように言葉から仕事内容がわかる便利な言葉でもある。この論争に火をつけた今井も「今はもう定着しているから。本当はキャラクター・アクターという言葉の方がいいと思うけれどね」と、但し書き付きながら、そう呼ばれることへの抵抗感は、以前よりずっと薄れている。

大事なのは、スーツアクターという言葉が示す仕事への理解とリスペクトがきちんとあることではないか。スーツアクターという特殊技能の持ち主に対する理解がもっと深まることではないか。

俳優が素顔で演じる芝居は、もちろん素晴らしい。でも、この国には五〇年以上にわたって、面をつけることで素顔以上に輝きを増す「スーツアクター」がいて、今も脈々と技術は受け継がれている。スーツアクターという言葉が、但し書きのいらない普通名詞になることを祈らずにはいられない。

第10章 ― 本当の主役は誰か

変わりゆく特撮の現場

スーツアクター志望の若者が増えている。二〇世紀には、この世界に入ってくる若者は時代劇俳優志望者や、ジャッキー・チェンやブルース・リーに憧れてスタントマンを志す者が大半だった。それが、最近では最初から「特撮ヒーローを演じたい」という志望動機でＪＡＥ（ジャパンアクションエンタープライズ）や各地のアクションチームの門を叩く若者が目立つのだという。

スーツアクターの仕事も、一過性のものから一生の仕事へと変わりつつある。昭和にはスーツアクターの仕事をしてもそれは「青春の思い出」として、若いうちにその場を辞して次なる目標に向かっていく者の方が多かった。しかし、最近では、ここまで紹介してきた浅井宏輔や永徳、縄田雄哉のように「一生プレイヤーでいたい」と「生涯一スーツアクター」を目指す者も少なくない。

一方、彼らの「職場」であるヒーロー番組の現場は二一世紀に入って、急激な変化に見舞われている。ＣＧやリアルタイム合成など、デジタル技術の急速な進歩と撮影現場への導入である。

世紀の変わり目から少し後までは、派手な爆発が毎週のように『戦隊』の画面を彩っていた。しかし、ここ数年、リアルな爆発の数は、『仮面ライダー』と『戦隊』両シリーズともに大幅に減ってきている。代わりに使われているのはＣＧによる爆発の合成だ。リアルな飛び降りも、テレビでは目にすることが少なくなった。代わりに、こちらもＣＧ表現を加味した派手なアクションと、ＣＧ技術の発達でワイヤーロープを消すことが以前と比べて容易になったワイヤーアクションが目立つようになっている。

爆発については、許可してくれるロケ地が減っているのだという。特に『仮面ライダーシリーズ』は都市部で物語が進むため、場所の確保が極めて難しくなっている。かといって物語の進行上、爆発のためだけに毎回同じロケ地に行くわけにもいかない。都会で進む物語が、突然採石場に場を移すのが不自然なうえ、毎回同じ風景になってしまっては興ざめだからだ。おまけに予算が右肩下がりなため、撮影日数も以前の「二話で一一日間程度」から近年は「二話で八日から九日」に短縮されており、遠方ロケを行うことも不可能なのだ。かつては『戦隊シリーズ』が年に一回は九州などへ泊まりがけでロケを敢行していたのは、今思うと夢のような話だ。

一九八〇年頃は、東京・大泉学園の東映東京撮影所敷地内のスペースでも爆発場面が撮影されており、爆破に先立って「ただいまから爆発場面の撮影をいたします」という放送を近隣住民向けに流していたのを筆者は覚えている。撮影所の一部だった場所に商業施設ができて、所内の空き地もなくなり、周辺の住宅の数も増えた今となっては、そんなことは当然、不可能である。

飛び降りのような危険なアクションも、ロケ先の許可が下りない。ヘリコプターを借りての撮影も、危険なスタントはＮＧという条件が多く、バレたら二度と貸してもらえなくなる。ぶら下がったり飛び降りたりとやりたい放題の昭和とは様相が違う。さらに撮影日数の問題もあるから、マットなどの準備に時間がかかるアクションが結果的に少なくなっていく。もちろん、「事故」が起こる可能性だってゼロではない。

ＣＧに代表される技術の進歩を否定したいのではない。空中での戦いのようにＣＧでないと作れない場面はたくさんあるし、「ただ宙でくるくる回り続けるだけの場面は、ぜひＣＧに助けていただきたい」と語る『ウルトラマン』や『牙狼(ガロ)〈ＧＡＲＯ〉』（二〇〇五年～）のシリーズのスーツアクター、和田三四郎の意見に頷くスーツアクターは多いだろう。

テクノロジーに頼るばかりで良いのか

コロナ禍で緊急事態宣言が出され、ロケが難しい期間中も、ヒーロー番組を楽しみ続けられたのも、技術の進歩があればこそ。リアルタイム合成は、『暴太郎戦隊ドンブラザーズ』のように、小動物サイズのイヌブラザーや足の長さが人間の肩ほどまでもあるキジブラザーと、等身大のほかのメンバーとのアクションシーンを、ポストプロダクションの複雑な作業を経ることなしに作り上げることを可能にした。さらに、無茶なアクションで不慮の事故が起きかねないことを考えれば、どんな崖でも誰がスーツを着ていても「マット一枚の上に飛び降りる」の一択しかないよりは、「ＣＧを使う」「ワイヤーを使う」など様々な選択肢がある現代の方がいいのはもちろんだ。

「ここ数年で技術が突然進んだ。そのうちスーツアクターもいらなくなるのかも。全部モーションキャプチャーになって、全員（モーションキャプチャー用の）線がついたタイツを着ることになったりしてね」とスーツアクターの清家利一は半分冗談のように口にしたが、その言葉を笑い話にはしていられないかもしれない。二三年に入ってからの「ＣｈａｔＧＰＴ」などの生成ＡＩ（人工知能）の日進月歩どころか「秒進分歩」の進化と浸透を見るとき、今世紀中頃にはスーツアクターという仕事はどうなっていくのだろうと考えずにいられない。

過去のデータを入れれば、「新堀和男流レッド」や「春田純一風味の飛び降り」「大葉健二っぽいジャンプ」のようなヒーローを作り出すことも可能になる日がくるのかもしれない。いや、「AI美空ひばり」の完成度を見る限り、今でも時間と金さえあれば、技術的にはそうしたアクションを机上で作り出すことは可能なのだろう。

筆者はそうしたデジタル技術の長所も理解したうえで、それでも、どうしても昭和のアクション場面が放っていたあの「匂い」を失いたくないと考える。当時のアクションからは、その向こうにある時代までが見えてくるような、なんとも懐かしくて幸せな匂いがするのだ。映像が「手作り」に近かった時代に特有の匂い、ざらっとした手触りがあるといってもいいのかもしれない。

必見！瞬間に凝縮された超絶アクション！――――No.10

本編にはない、予告編だけのシーンがスゴい

『仮面ライダーV3』｜第13話｜「恐怖の大幹部 ドクトル・ゲー!?」より

第13話本編ではなく「次回の予告」映像に注目。『V3』には、命綱なしで50メートルの煙突の上に立つ場面を筆頭に名アクション場面が数々ある。だが、あえてミチ・ヤマトに教えてもらったマニアックなこれを紹介したい。滝の上から5～6メートル下の川に立つガマボイラーにキックを浴びせるV3（演・中屋敷哲也）。水はガマボイラーの足元ほどしかない浅瀬。マットは敷かれておらず、当時の大野剣友会らしい命知らずのアクションだ。トランポリンを使ったキックより何倍も危険であることは言うまでもない。臨場感たっぷりの場面だが、予告編で使われただけ。これに限らず、生田スタジオ時代の予告編は、予算の関係もあり、NGカットを「活用」して作られていた。瞬きしたら見逃す、わずか1秒のアクションをぜひ確認してほしい。

一九七〇年代から九〇年代のヒーローたちのアクションは、生の感動と驚きに満ちていた。両手を広げて崖を蹴って飛び出すゴーグルVの雄姿は一生忘れられないし、怪人が爆発して崖の上まで上がる火柱には理屈抜きの迫力があった。歩道橋の手すりの上に立つゴレンジャーはただそれだけのことで超人に見えたし、滝に飛び込むオーレンジャーには、わずか数秒の映像でも、目が釘づけになった。

びっくりすることは、感動にもつながる。普通の人間が演じているはずなのに、こんなすごいことができるのか。そんな理屈抜きの感動が、スーツアクターの体を張ったアクションにはたくさん詰め込まれていた。演じ手の必死さまでが面をつけたスーツの中から伝わってくる。生身のアクションが揺さぶってくる感情の振れ幅は、デジタルのそれとは質が違うし、桁違いに大きいのだ。

同時に、ヒーローのスーツをまとったスーツアクターたちが説いてくる「人の道」の大切さは心のど真ん中に打ち込まれた。特訓をして困難を乗り越えた昭和ライダーたちが背中で見せた不撓不屈の精神、犯罪者になった若者に「罪を償って新しく生きるんだ」と自首を促すスパイダーマン（第三話「怪盗001vsくも男」）、世界中の子供たちの応援の「光」を浴び、立ち上がったウルトラマンティガが体現したあきらめない気持ちの大切さ（第五二話「輝けるものたちへ」）。もし、こうした映像がCGだけで作られていたら、ヒーローからほとばしる感情までは受け取れなかったと筆者は考える。

これからさらにデジタル化が進む世界になっていったとしても、技術はあくまで、人であるスーツアクターを補完するものであってほしいと願わずにいられない。

一方、生身のアクションかCGかという議論を、答えの出ない「神学論争」に祭り上げているだけでは、何も進まないことも事実だ。前著でも触れたが、もしあの時代にCGがあったら、円谷英二も平山亨も、そして高橋一俊も山岡淳二も、必ず、いや、たぶん多少は、使ったのではないかと感じるからだ。むしろCGなど踏み越えて、もっととんでもない、信じられないような場面を創出していたかもしれない。人間の体で表現することと、CGに代表されるデジタル技術と、その配分を考えるところこそが肝要なのだろう。そして、技術の進化が早過ぎて、その割合がなかなかはっきりとは見えてこないところに難しさがある。

新技術との共存に対する「正解」は、まだ誰も持っていない。

それでも、アニメっぽい演出も昭和風な肉弾戦も、どちらも否定せずに作風に合わせて取り入れていきたいと語る渡辺淳や、昔のアクションの良さを再認識しながら新たな変化球を入れて「もう一回見たい」と思われるアクションを作りたいと語る福沢博文ら、新世代のアクション監督たちの取り組みの中に、正解への萌芽が隠れているような気がする。

一方、最近は「ちゃんと動いたり爆発の前で戦ったりしているのに、『CGでしょ』と言われてしまう」というデジタル時代の思わぬ「弊害」も出てきている。ネット上の情報過多で、「以前なら驚いてくれたようなアクション場面に、『ワイヤーですよね』と冷めた口調で言う人が多い」と嘆くベテランもいる。筆者含め、視聴者側も情報を振りかざすのではなく、感情で作品を受け止めて楽しむ「見巧者」になることが求められていると言えよう。

然るべき「扱い」を

スーツアクターの待遇も、古くて新しい問題だ。スーツアクターという言葉が登場してからでも、すでに四半世紀以上が経過しているのに、いまだに業界の一部には「中の人などいない」論者が跳梁跋扈している。都市伝説かと思っていたが、筆者は実際にその通りのことを言われたこともあるから間違いなく、いるのだ。二〇二三年に入って、第1章で紹介したように東映特撮ファンクラブ内の配信企画「東映特撮アクションクラブ」のような動きも出てきているが、実現までにはそうした「中の人などいない」論者との調整にさぞ苦労されたことと推察している。

　スーツアクターの写真を出版物に掲載することにも厳しい制約が課されている。一九七〇年代には、スーツアクターがヒーローのスーツを着て、面だけを取った写真がメディアに掲載されることもあったし、世紀の変わり目くらいまではそれほど厳密な規制はなかった。だが、二一世紀に入ったあたりから、現在放送中の作品はもちろん、過去作品であっても、「スーツで顔出し」の写真には制作会社からの掲載許可が下りなくなった。少なくとも著者の知る限りは、ない。掲載媒体が子供向けでなく大人向けメディアであっても例外とはされない。それどころか、過去にヒーローを演じたスーツアクターが当時と同じポーズを取って写真に収まることに難色を示す向きすらある。こうした制約が、スーツアクターという職業について広く周知するうえで大きな障害となっていることは言うまでもないだろう。

　第1章でも触れたが、なぜスーツアクターを影の存在に追いやろうとするのだろう。子供の前で面を取るな、とか、面をつけた状態で変身前の役者と並ぶと子供が混乱する、という話ならある程度理解はできる。でも、テレビのオープニングや映画のクレジットに毎年きちんと個別表記されないのはなぜなのか。「中の人」であることを大人向けに堂々と明かしてなぜいけないのか。番組タイトルでもあるヒーローそのものを演じているスーツアクターの存在を消そうとでもするような一派が二一世紀の今も生息していることには、戸惑いを禁じ得ない。

ドラマの番組クレジットで、主だった役名の下に役者の名前が出るのは当たり前だ。アニメ番組の声優も「▽▽の声」として必ず名前が明記される。たまに、キャラクター名とともに名前がきちんと表記されると、ネット上でざわめきが起きるような珍事扱いをされているのは、特撮番組のスーツアクターだけだ。新堀和男は、一昔前には同格だった声優との間に、大きな待遇の差が生まれたことについて「なんで俺らだけ待遇が変わらないんだろう。アクションだけじゃなく芝居だってできるのに」と嘆く。

「ミッキーマウスみたいにしたいらしい」と指摘する関係者もいる。ディズニーランドのように「中の人などいない」ことを貫きたいのだろうという見方だ。しかし、もともとアニメの中でキャラクターとして成立していたミッキーマウスと、スーツアクターが魂を吹き込むことで初めてキャラクターが成立する特撮ヒーローとでは成り立ちも立ち位置も違い過ぎる。同列に考えるというのはそもそも理論として破綻している。

アメリカでパワーレンジャーを演じたことがあるスーツアクターの岩上弘数によると、撮影で面を脱いで休憩していると子供たちに「あなたがレッドレンジャーを演じているの？」と取り囲まれ、サインを求められるそうだ。元スーツアクトレスの大島遥も英国の撮影クルーに「ブルーレンジャーなんでしょ。すごい」と称賛され、「私のことを当然全く知らない『パワーレンジャー』ファンの子供と『FaceTime』（アップルが開発したビデオ通話）で会話をさせられた」と苦笑する。大島は少女時代には体操でオリンピックを目指していた。『非公認戦隊アキバレンジャー』（二〇一二年）のアキバブルーを演じた後、カナダを経て英国に渡り、現在は英国で『007／ノー・タイム・トゥ・ダイ』（*No Time to Die* 監督・キャリー・ジョージ・フクナガ 二一年）や『ワイルド・スピード／ジェットブレイク』（*F9* 監督・ジャスティン・リン 二一年）などにアクションパフォーマーとして参加している。

ウルトラマンの古谷敏もたびたびアメリカのイベントに呼ばれており「アメリカでは（スーツアクターは）完全に表の仕事。（変身前のハヤタ隊員役の）黒部進さんと一緒に行っても僕の列の方が長いくらい。古谷敏がウルトラマンの主役という認識なんですよ」と文化の違いについて語る。こうした話を聞いていると、スーツアクターが顔を出したところで、子供の夢はそう簡単には壊れないし、むしろ「こういう仕事もあるよ」と、将来の職業の選択肢を示すことにもつながると思うのだ。

海外と比べると、アクションに対する対価の低さも気になるところだ。今回、筆者は五〇人以上の現職および元職のスーツアクター、アクトレスたちに取材をしたが、話していると本当に純粋で無欲な人が多い。劇中のヒーローそのままに、真摯に腕を磨き、高みを目指し、一方で対価として受け取るものの額には無頓着な人が多いのだ。結果的に「やりがい搾取」のような状況を招いてしまっているように感じている。

危険と隣り合わせのアクションを生業とするにもかかわらず、スーツアクターのギャランティについては、これまであまり話題に上がることがなかった。お金について語ることを「下品」と見る日本文化の影響も大きい。

もちろん、個人契約のアメリカなどと、事務所が介在する日本のシステムの違いもあるから、簡単に比べられないことは承知している。それでも、海外のそれと比べて、文字通り「桁が違う」というのはいかがなものか。

大島によると、たとえばカナダではアクションに携わる役者は「一日で日本円にして五〇万円とか平気で稼ぐ」という。現在、大島がいる英国はカナダに比べると「安い」そうだが、それでも週に二〇万円程度は稼ぐのが普通であり、週休も二日が当たり前。にわかに信じがたいのだが、ある関係者の証言によると、あの『パワーレンジャー』の映画に出演した外国人スーツアクターのギャラは「二億円」だったという。話半分、いや一〇分の一に考えても、桁が違う金額だ。

大島遥　1991年生まれ。現在はイギリスに渡り、海外のドラマや映画のスタントで活躍する。（2022年12月リモート取材）

現在、ニュージーランドで撮影されている『パワーレンジャーシリーズ』の場合、スーツアクターは渡航費用の一五万円ほどを自分で用立てる必要があるが、それでも「十分もとが取れる」（関係者）そうだ。撮影期間も四話分のアクションパートだけで一か月程度かけられるというから、アクションも芝居もひっくるめて「二本を九日」で撮り切らないといけない日本より格段に余裕がある。

監督の坂本浩一はテレビシリーズの『パワーレンジャー』のスーツアクターをやれば「少なくともちゃんと家が持てて暮らせるだけのギャラが出る」と説明する。さらに、映画のスタントマンともなれば、プールつきの豪邸に住んで高級スポーツカーを乗り回す生活をしている人も少なくないそうだ。

日本のスーツアクターが、実際にいくら稼いでいるか、はっきりした数字を挙げるのは控えたい。所属事務所によっても違うし、キャリアや演じるキャラクターの数によっても変動し「平均値」のようなものを見出しにくいからだ。ただ、筆者はこれまでに、「このままでは生活できない」「家族を養えない」として、スーツアクターの道を途中であきらめた人たちを見てきた。どれほど危険なアクションをやり遂げていても、ベンツに乗っていたり、大豪邸に暮らしていたりしているスーツアクターに出会ったこともない。とても残念なことだと思う。

こうした海外との格差は、大島のように、海外への才能流出も招いている。さらに、坂本によると、金銭的にも待遇面でも恵まれているアメリカで米国人プレイヤーたちが見よう見真似で『パワーレンジャー』のアクションを習得していき「悲しい事に今ではすっかりアジアのスタント技術は、アメリカに追い抜かれてしまいました」という残念な結果までも招いている（前掲『映画監督 坂本浩一 全仕事』）。

世界に誇る、もう一つの文化

色々な問題が複合的にからみ合っているように見える。そもそも、作品にかける予算や時間について言及するなら、少子化が叫ばれて久しい今、スポンサーである玩具メーカーに重心を全部乗せた一本足打法には限界が来ているだろう。実際玩具メーカーの作るベルトや武器の機能が多過ぎて、劇中で紹介するだけで大変だという声は少し前から出ているし、最近では変身ベルトが大きくなり過ぎて、スーツアクターが腰に巻くことができないという本末転倒な事態も起きているそうだ。番組を三〇分間のCMにしないためにも、新たな足場、玩具とは関係ないスポンサーを見つけるべきではないだろうか。結果的にさらに魅力的な物語が紡げるようになれば、玩具の売れ行きだってアップするのではないか。

日本に根強く存在している、アクション映画を文芸作品などよりも下に見る空気、そして子供番組をどことなく蔑む空気も、スーツアクターへのリスペクトの欠如を招いている大きな要因だろう。五〇年以上変わっていない問題ゆえに、根は深い。

「わかる人だけわかっていればいい」という声を当事者であるスーツアクターから、ため息とともに聞いたこともある。しかし、『仮面ライダー電王』主題歌の歌詞ではないが、諦めたらそこが終点である。何度も何度も、声を上げていくことが、少しずつでも必ず状況を変えるはずだ。

経団連は二三年四月にエンターテインメントコンテンツの産業振興を求める提言、「Entertainment Contents∞2023――Last chance to change（変わるための最後の機会）――」（カッコ内は著者）を発表した。日本のエンタメコンテンツを、「国のソフトパワーの源泉であるとともに（中略）極めて高い潜在力を持つ成長産業」と位置づけ、世界での日本発コンテンツの持続的な拡大をはかるため、クリエイターの育成や挑戦の支援、戦略的一体的な海外展開の推進、コンテンツが育つ環境整備などを進めることを「関係各方面」に求めていくとしている。現在四・五兆円の日本発のコンテンツ市場規模を三三年には一五兆～二〇兆円まで引き上げることが目標だ。特に、提言の中で、日本のコンテンツは海外で人気があるにもかかわらず、国家的に文化発信を推進している韓国や中国に対して後れを取っているとして、国に対してコンテンツの育成と発信に力を傾注するよう求めている。

並べられたジャンルは「アニメ、ゲーム、漫画、映画（実写）／ドラマ、音楽」で、相変わらず「特撮」は影も形もないのだが、ソフトコンテンツを「創造性とデジタル時代において高い潜在力を持つ成長産業」と定義して日本発コンテンツのプレゼンスを技術的に拡大することが必要だとしている視点は至極まっとうだ。各国に後れを取っており「今が変革の最後のチャンス」という危機感も的を射ている。さらに、その手助けを国もすべきだという提言の視点には全面的に賛同する。

願わくば、ぜひ、その視線を、特撮ヒーローを五〇年以上にわたって支えてきたスーツアクターにも向けてもらいたい。

何度も言うが、特撮は、アニメやアニメソング、漫画、ゲームなどと並んで、日本が世界に誇る文化である。そして、そのヒーローを演じているのは変身前の役者ではなく、スーツアクターたちなのだ。

世界の文化全体から見たら、小さな日本のサブカルチャーの中に属する、ごくごく小さな存在にすぎないかもしれない。

しかし、面とスーツをつけ感情を乗せたアクションと演技で魅せるというのは、能や歌舞伎から連なる、世界中の誰も真似できない、日本独自の文化なのだ。スーツアクターの妙技に憧れて、日本を訪れる外国人も少なくない。さらに、アニメや漫画、ゲームと違って、まだ、どの国も本格的に手を出していない文化の「フロンティア」でもある。このような文化は、意図して作ろうとして作れるものではないからこそ、大事にしていくべきだと筆者は考える。

歌舞伎や能、時代劇の殺陣の流れをくむスーツアクターという文化に多くの人が目を向けてほしい。そして、一日も早く、スーツアクターが正当な評価を得る世界が到来してほしいと願う。

一八歳で『仮面ライダーZX』テレビスペシャル『10号誕生！仮面ライダー全員集合!!』の撮影に同行させてもらい、連日怪人の背中のファスナー上げを続け、指に「ファスナーだこ」を作った筆者の四〇年越しの願いである。

interview

坂本浩一

Koichi Sakamoto

アメリカの『パワーレンジャーシリーズ』の監督、プロデューサー、制作総指揮を歴任、二〇〇九年以降は『ウルトラマン』、『仮面ライダー』、『スーパー戦隊』の三シリーズで監督として活躍する坂本に聞いた。

――スーツアクターは最近できた言葉ですね。

坂本　存在が確立したのは二〇〇〇年の映画『ウルトラマンティガ THE FINAL ODYSSEY』あたりからではないでしょうか。特撮雑誌に劇中でキャラクターを演じたスーツアクターのグラビアが掲載され、「スーツアクター」という言葉が使われた記憶があります。それ以降、特撮ヒーローを演じるスーツアクターたちが注目され、スーツアクター志望者やスーツアクターファンも増えて、今や一つの文化となっています。

――日本独自の文化でしょうか?

坂本　アメリカでは、日本のように特撮作品がなかったので、スーツアクティングを専門とする職業はありませんでした。基本的にはキャストが芝居部分を演じ、危険なシーンはスタントマンが演じるスタイルでした。一九九〇年代に『パワーレンジャー』が大ヒットし、変身後を演じるアクターの需要が生まれましたが、当時は格闘技道場からの抜擢が多く、日本のヒーロー然とした動きを表現するのに苦戦していました。自分が作品に参加した後に、日本からスタントチームを呼び寄せたんです。

――「ヒーロー然とした動き」とは?

坂本　歌舞伎や時代劇から来た見得を切ったり、肩をグッと入れて立ったりする動きなどです。それをするだけでヒロイックに見えるんです。大袈裟になってもいけなく、なかなか見様見真似ではできない独特の動きですね。

――ヒーローの格好良さは万国共通ですか?

坂本　子供がテレビを見たとき、誰も教えていないのに、本能的に格好良いと感じる動きがあると思います。人間の本能の中に何が格好良いかを感じ取る部分があり、それがヒーローには共通してあるということかもしれませんね。面白いですよね。

アメリカで『パワーレンジャー』の放送が始まった当初、大人たちは幼稚な番組だと見向きもしませんでした。でも子供たちの純粋な心は、ヒーローたちの格好良いポーズに釘づけとなり、大人気となりました。今ではアメコミヒーローも見得を切っていますね（笑）。『パワーレンジャー』を見て育った世代がクリエイターになり、日本産のヒーローの動きに違和感がなくなってきているんだと思います。日本のスーツアクター文化が、ハリウッドの超大作にも影響している証拠ですね。

さかもと こういち　1970年、東京都生まれ。アメリカ国籍。『ウルトラマン』『仮面ライダー』『スーパー戦隊』で監督を務める。アルファスタントの創設メンバー。（2022年12月撮影）

――現地での撮り直しはどのくらい？

坂本　最初の二年半は日本の映像をできるだけ使って、極力撮り直さない方針でした。自分が参加した三年目からは、オリジナリティを出すために、巨大戦以外は可能な範囲で撮り直しました。アメリカは厳しいレーティングがあるので、撮り直す必要が発生する場合もありましたね。

――坂本監督といえばワイヤーアクションです。

坂本　香港映画で培われたワイヤーの技術を『パワーレンジャー』に取り入れました。一緒に参加していたAAC STUNTSの横山（誠）さんが帰国した後、『仮面ライダー THE FIRST』『THE NEXT』でワイヤーを使ったアクションを披露していましたね。その後、自分が『大怪獣バトル ウルトラ銀河伝説 THE MOVIE』でウルトラマンの飛行能力をワイヤーで表現しました。それまで日本では操演部がピアノ線を使って人を吊っていたのを、香港やハリウッドのように、アクション部主体で行うようになった現場が増えましたね。

――ワイヤーアクションの長所は？

坂本　たとえば大きなジャンプを表現するとき、走ってジャンプするカットや、飛び上がる足の寄りを撮り、トランポリンで空中のカットを撮り……などとカット割りするところを、1カットで表現することができます。ラチェットという器材を使って、空気圧で一気に人間を飛ばすこともありますね。

――やる人は楽どころか大変そうですね。

坂本　タイミングがずれると怪我をすることもありますし、吊られる方も慣れていないとうまく表現できません。自分が監督をするときは、ほとんどの場合、自分がセッティングしています。やはり、慣れたチームでの作業は重要ですね。

――CGについてはどう思われますか？

坂本　時と場合によりますね。速い動きを表現するときはCGが良さを発揮します。『大怪獣バトル　ウルトラ銀河伝説 THE MOVIE』では、ウルトラマンや怪獣はスーツにこだわり、CGは背景に使いました。『仮面ライダーシリーズ』でも空を飛んだり素早い動きのときは、CGを使って演出します。

――CGが多いと映像が軽くなりませんか？

坂本　アニメやゲームで育った世代は、それでも違和感がないのかもしれません。自分はアクション出身なので、CGだけだと物足りないときがありますね。『仮面ライダーシリーズ』でも、若い監督たちは、斬新なCGの使い方で迫力ある映像を作っています。もちろんそれも素晴らしいのですが、自分は、やはりリアルなアクションが見たくなります（笑）。アナログの良さとCGのすごさのさじ加減は毎回悩みどころですね。爆破もアクションも実際に現場でやりたいので、CGは味つけで、メインはリアルを見せるというのが自分の基本スタンスだと思います。

――『パワレン』のスーツアクターの待遇は？

坂本　アメリカには俳優組合があるのが大きいですね。『パワレン』の収入だけでも、家が持てて生活できるギャランティがもらえます。日本では監督と脚本家のみに入る配信やDVD発売などの二次使用料も、アメリカではスタントマンにも入ります。何十年も前に参加した作品でも、定期的に二次使用料が入り、作品が多ければ、それだけで暮らしていけるような額が入ってきます。

アメリカでは、スタントマンのような特殊技能を必要とする職種はギャランティが高いんです。一歩間違えば死んでしまう危険な仕事ですからね。

――スーツアクターも海外流出してしまうのでは？

坂本　ただ、今海外のスタントマンはすごく優秀なんです。『パワレン』を見て育った世代が、色々とアクションを研究してワイヤーアクションなどを自分のものにしている。自分がアメリカに行った三五年前は、アメリカではまだボディアクションが発展する前で、日本でアクションを身につけていればトップになれましたが、今は難しいかもしれません。

――日本が追い越されてしまった？

坂本　海外では頻繁にアクション映画が作り続けられていて、ヒットもしています。スタントマンにニーズがあり、ギャランティが保証され、ちゃんと職業として成立している。でも、日本ではアクション映画の本数が少なく、スタントマンの作品当たりの単価も安く、生活が苦しいのが現状で、夢を与える職業ではなくなってきています。アクション映画をもっと頻繁に作れるようになるとまた変わってくるのかもしれないですね。

特撮番組に関しては、少子化も大きな問題です。子供たちもＹｏｕＴｕｂｅやゲームに興味を惹かれてしまう。今、特撮業界がアジア圏を意識しているのは、日本国内のみだと十分な利益を得られなくなってきたということが大きいですね。

――市場を広げないと稼げないですね。

坂本　日本以外にもマーケットを広げないと、今後の展開は難しいですね。作品をヒットさせるには予算をかけてスケールアップしなければなりませんが、予算をかけても、それが回収できる見込みがなければ予算は出ません。予算がないと待遇が良くならない……堂々巡りですね。

――監督は『昭和ライダー』で育った世代ですね。

坂本　当時夢中になって見ていました。大野剣友会のアクションには泥臭さがあってそれがよかったですね。世代的には『Ｖ３』からが「リアタイ」（リアルタイム視聴）で、一番ハマったのが『ストロンガー』でした。最後に七人ライダーが集結するデルザー軍団編が今でも大好きで、自分の作品でもオマージュさせていただいています。

interview

金田治

Osamu Kaneda

スーツアクター、アクション監督、監督として特撮ヒーロー番組を支えてきた。現在はＪＡＥ（ジャパンアクションエンタープライズ）社長として采配をふるう金田に、スーツアクター時代のことや今後の展望を聞いた。

――この世界に入ったきっかけは？

金田　デザインの専門学校に通いながら銀座でバーテンダーのバイトをしていたときに、ＪＡＣ（ジャパンアクションクラブ）のことを知りました。志した動機？　すごく単純で、危険なことをすればお金がたくさんもらえるんじゃないか、と思ったから（笑）。アメリカでスタントをやったらものすごいお金がもらえると聞いていたので。千葉（真一）さんが『キイハンター』（一九六八～七三年）をやっていた時代だけれど、映画が好きなわけでもなければテレビも見ない生活だったので、千葉さんのことを実はよく知らなかった。後から人に聞いて、アクションの第一人者だと知ったんです。

東映の撮影所に電話してスポーツ会館の電話番号を教えてもらい、訪ねていったら「練習しに来たら？」と誘われた。それで翌週から練習に参加することになりました。全部で二五人くらいいたのかなあ。春田（純一）とかがもういましたね。自分は二〇歳でしたが、ほかの人が若かったから一八とか一九とか、さばを読んだ記憶がある（笑）。

――初期の『仮面ライダー』のトランポリンを担当されました。

金田　本当に短い期間だね。撮影所でスーツを着て兵隊とかをやっていて、ある日、「明日行ってくれる？」と言われて、行ったらトランポリンでした。大野剣友会やＪＡＣの先輩がいる中で「これをかぶって宙返りしてごらん」とマスク（面）を渡された。だけど、見えないからドスンと落ちてしまう。緊張するし恥ずかしいし「失敗したらどうしよう」と思うし、スーツをつけたら動けなかった。ジャージを着てやるのとは全く違いました。何回か練習しているうちにようやくＯＫが出て、トランポリンを跳ぶようになった。とにかく空中でうまく回れたら、あとは転がり落ちればいいや、と思ってやっていました。

――『ロボット刑事』でもスーツアクターに。

金田　（主役の）Kには身長が一七〇センチくらいの人が欲しいということで声をかけられました。Kはアクションだけでなく芝居もある。もう見よう見まねでやるしかない。スーツも今と違ってゴムみたいな素材でできているから足が上がらない。動けないし、暑くて地獄だと思いました。それでテレビで自分の出演場面を見たら、もう恥ずかしくて……。今でも見たくない（笑）。

自分なりに考えてやってはいたけれど、「やれ」と言われたら動き、「今度は芝居だ」と言われたら「マザー」と呼ぶ、というような状態でした。目も見えないから勘で動くしかない。だんだん慣れてはきたけれど、俺は『ロボット刑事』で八キロ痩せました。

――その後、わりと早い時期にアクション監督になられました。

金田　どんどん先輩が辞めていったんです。そうすると私が一番年上になってしまい、なんとなくリーダー的存在になっていた。

ある晩、千葉さんに呼ばれて、それまでリーダー格だった三隅（修）さんが辞めることを聞かされた。「お前が年上だし、頭（あたま）になってやってくれ」と言われました。それから殺陣もつけるようになっ

かねだ おさむ　1949年、新潟県生まれ。アクション監督、本編監督も務める。96年、「JAE（2001年から現社名）」の代表取締役となる。（2022年10月撮影）

た。技術的には俺よりうまい連中がたくさんいましたよ。

――『正義のシンボル　コンドールマン』（七五年）でアクション監督に。

金田　「ＪＡＣで取った仕事だから殺陣師をやって」ということでしたね。現場でプレイヤーとしてやっていたからこそ、アクションを作る側になれたと思います。当時は今みたいにプレイヤーを経験して勉強してアクション監督になる、みたいなルートが確立されておらず「仕事を受けたから殺陣師もやる。お前がやれ」というざっくりした流れですよ。初めてのアクション監督作品ですが当時の記憶はおぼろげですね。その前に『人造人間キカイダー』でもちょっと担当しています。

――担当された『仮面ライダーＢＬＡＣＫ』（八七年）と『ＢＬＡＣＫ ＲＸ』（八八年）は印象的です。

金田　新人の（岡元）次郎をスーツアクターに選んだのはスタイルが良いからですね。アクションも非常にセンスが良い。『ＢＬＡＣＫ』のときは、これまでのヒーローとは違うように見せたかったから、色々とそぎ落としていきました。俺はシンプルなのが好きなんです。小林（義明）監督もアクションはすべて俺に任せてくれたし、芝居的なことも「カネちゃんどうする？」と聞いてくれた。だから俺も色々提案して、二人で新しい作品を作り上げようと、それまでなかったことにも挑戦しました。アクションに関する世界観を共有できて、こちらに任せてくれたからやりやすかった。

――名乗りポーズを考えたのも金田さん？

金田　動きはそぎ落として自然にしたけれど、「行くぞ！」というときだけは見ている子供たちのために何かポージングしよう、と話して構えや名乗りを作りました。「岡元どうする？」と聞きながら、動いてもらって考えました。岡元はセンスがあったよね。「オーバーアクション過ぎる」と言うとスッと変えてくる。「もうちょっとさりげなく」と言うだけで彼はやってくれた。

――『平成ライダーシリーズ』では本編の監督に。

金田　一〇年くらいやりました。現場のムード作りとかをどうしたらいいのか悩みました。小林監督は「監督は『よーいスタート』さえ言えばいいんだよ」と言っていましたが（笑）。最終的には「自分のやりたいことを撮ろう」と考えて、やりたいことを的確にスタッフに伝え、段取りを考えてもらうよう心掛けました。それまで現場でスタッフの動きを見ていたことが役に立ちましたね。やはり、一人でもの作りはできませんね。監督になったからといって絶対に偉ぶらない、ということも心に決めていました。

――スーツアクターにとって大切なことは何でしょうか？

金田　スーツを着ているかいないかは関係なく、大事なのは芝居です。キャラクターだからといって構える必要はなく、芝居をする。それが一番大事です。なかなか難しいことだけど、自分の動きを外から見る目を持つことが必要です。客観的に自分がどう動いているかを見つめるんです。そのためには人の動きをよく見て、一つの動きが外からはどう見えるのかを知らないといけない。振り向く動作だってスーツを着ていなかったらただ振り返ればいいけれど、マスクをつけていたら肩から大きく動かないと伝わらない。自分では動いたつもりでも、外から見てわからなかったら意味がない。「正解」も「定義」もなく、自分で自分のスタイルを考えていくしかありません。

台詞を喋ることだけがお芝居ではなく、ただ立っていることもお芝居なんですよ。今どこで何をして、何のために立っているのか、その意味を台本を読んで考えろということです。スーツアクターは芝居心がないとダメですね。

――志望者に求めるのも、まず芝居心ですか？

金田　もちろん。アクションも芝居だからね。なんで殴るのか、怒りで殴るのか、単なる勢いで殴るのかで意味合いが全く違う。ただ殴り合うだけではダメなんです。

――スーツアクターという言葉について。

金田　俺は別に嫌っていないです。スーツを着た役者なんだから違和感もないですし。

――JAE社長としての夢は？

金田　やはり、生での肉体表現にこだわりたい。嘘のないアクションを生で見せるステージを作りたいですね。専門の劇場を作って、観客をアクションでスカッとさせたり、感動させたりしたい。日本の伝統文化も取り入れてね。法律や資金面など制約は色々ありますが、俺が死ぬまでには実現したいね。

interview

春田純一

Junichi Haruta

漆黒の戦隊ヒーローを初めて演じたのが春田である。体を張って危険なアクションをこなしてみせる姿は、ブラウン管の向こうから視聴者のハートを鷲掴みにした。今も挑戦を続ける春田の話を聞いてみた。

——JACに入ったきっかけは？

春田　『キイハンター』の千葉（真一）さんや『柔道一直線』を見て、人間が宙に舞ったりジャンプしたりするのが美しいと思ったんです。一五歳でJACに入るため上京。影で演じるスタントマンが憧れで、表には出たくなかった。

——え？

春田　よく驚かれますが、（自分に限らず）チンピラ役で台詞があると、誰もやりたくないから、じゃんけんで負けたやつが喋っていたくらいです。

——当時、高さ一五メートルから飛び降りましたね。

春田　まだエアーマットがなくて、厚めのマットと段ボールを重ねてね。（『仁義の墓場』〈監督・深作欣二　一九七五年〉で）渡*哲也さんの吹き替えでした。怖いし落ちると痛い。でも「スタート」と言われると覚悟が決まります。

——ジェットコースターからの飛び降りも？

春田　テレビのスタントマン特集でした。富士急ハイランドのジェットコースターから飛び降りるスタントです。計算はしていたけれど、スピードもある。高さも七メートルくらいあるから、飛び降りたら体が流されてマットを越えてしまった。そうしたら鉄柱が目の前に迫ってきていたので本能的に、空中で柱を避けたんです。ギリギリ避けられたけれど、土の地面に両足で着地してバウンドした。一〇センチくらい足がめり込んでいたらしいです。第二腰椎を脱臼して左足は複雑骨折です。近くの病院では手に負えず麻酔も打たないまま二時間かけて都内に運ばれました。復帰まで一年くらいかかりました。

——復帰は怖くなかったですか？

春田　三メートルくらいの飛び降りをやるときは怖かった。医者には「もうできないよ」と言われていたし。でも自分では「若いからすぐまたできるよう

になる」と確信していました。

——特撮との最初の関わりは？

春田　『仮面ライダー』（七一年）のトランポリンです。面の顎の部分と上のヘルメットが別々で、跳ぶと浮いてしまうので大変でした。目も網目で見づらく、スーツは革で動きにくい。「トランポリンの日」が二話につき一日あり、ＪＡＣからライダーと怪人役の二人が行ってトランポリンカットを延々撮りました。ライダーキックではマット上に怪人が立ち、トランポリンで跳んで当てます。

——『大戦隊ゴーグルＶ』（八二年）からは変身前と後を両方演じられました。

春田　芝居も面をかぶることも抵抗はなかったんですが、スケジュールは大変で、スーツに着替えたり素顔に戻ったりを一日に何回もやりました。メイクなんてしてないし、髪型とか映りとか気にしたこともなかったです。素顔のままやっていました。

——面での芝居で心掛けたことは？

春田　いわゆる大げさな「ヒーロー芝居」をやりたくなかった。中にいる自分が気持ちで演じれば、面を通して何かが伝わるだろうと思っていました。能面も演じ手によって表情が変わって見える。あれと同じです。中の人が喜んだり悲しんだりすればそれが反映されるはず。

　スーツアクターもちゃんと内面的な芝居ができないといけません。ただすらさらと台詞を言って動くだけじゃダメだと思うんです。

はるた じゅんいち　1955年、福岡県生まれ。『大戦隊ゴーグルV』で『戦隊』史上初の「黒い戦士」を熱演。映画『カラスの羽を繕う女』で監督・原案・主演。（2022年10月撮影）

——**変身後も同じ人がやることの利点は？**

春田　アフレコで声を入れるとき、タイミングがわかります。それに自分の動きなので納得がいきます。代役が演じるとどうしても「こう動いた方がいいのに」と思ってしまうんですよ。

——**二作続けてブラックを演じられました。**

春田　山ちゃん（山岡淳二）が推薦してくれたのかな。「春田を動かしてやろう」と考えたのかもしれません。『ブラック編』では変身前の状態で追いかけられたり、やられたり、落ちたり、逃げ回ったりして大変でした。

——**『大戦隊ゴーグルV』では崖からロープで下りる場面の撮影が大変だったとか。**

春田　ロッククライミングみたいに下りる場面で、最初に崖を蹴ったらロープが（滑車から）抜けて、地面に一直線。一六メートルくらいの崖からです。足からドーンと落ちましたが、下が土だったのと足を着くと同時に後ろに倒れたので捻挫で済み、テーピングして撮影を続けました。捻挫くらいじゃ病院なんて行きたいと思いませんよ。

——**ほかにも大変なアクションだらけですね。**

春田　『ゴーグルV』では、ミニトラを踏んでドラム缶の上に前宙して乗って、さらにそこから前宙してコンクリートの地面に降り、そのまま戦うというのもワンカットでやりました。サーカスみたいですよね。

——**リアルにやらなくてもカット割りでも見せられそうですが。**

春田　山ちゃんはＪＡＣとして本当にやっているところを、ごまかしのないアクションを見せたい。でも、それだから見た人たちに「すごい」と思わせられたんじゃないかな。当時のヒーロー番組はどんなドラマよりもアクションをしていたと思います。

——**危険手当とかはないですよね？**

春田　ないですね。全部込みですよ。もし危険手当が全部ついたらすごいですよ（笑）。

——**モチベーションは何だったのでしょう？**

春田　スタントマンとしてのプライドですね。絶対に「できない」とは言わなかった。成功した後の達成感は何ものにも代えがたい。こんなことができるという優越感もある。何より日本初のスタントマンチーム、ＪＡＣを世の中に認めさせたいという一念でやっていました。

――本当に当時のアクションは凄まじいです。

春田　山ちゃんじゃなければあそこまでのアクションはやらなかったし、ヒーロー番組がここまでのものにはならなかった。あれほど情熱を傾けて、プロデューサーや監督と戦いながらアクションを作り上げたのは山ちゃんの功績です。

――妥協せずに突き抜けていましたよね。

春田　時代もあるでしょうね。今は、無理な注文をつけたら、パワハラとか言われてしまう。昭和のあの頃は、よい作品を作るためならば必死に無茶もやっていました。情熱を傾けていたから今も作品が残っていると思います。子供番組は「ジャリ番」と言われて、出演者も俳優と認められないような空気がありました。だからこそ「くそー」という思いで、ほかがやらないようなことをやっていたのかもしれません。

――二〇一三年には『獣電戦隊キョウリュウジャー』にゲスト出演されましたね。

春田　昔は一日中アクションを撮っていたけれど、今は「もう終わり？」みたいな感じで（笑）。あまり殺陣にこだわってないというか、しつこく撮っていない気がします。立体的な引きのカットもないですし。昔のものは、アクション監督の山ちゃんの異常な情熱ゆえだったのだと改めて思わされました。今は淡泊ですよね。もっとアクションで動いてほしいとか、変身前にアクションしてほしいというのがないんでしょうかね。

――春田さんは最近映画を撮影されたとか？

春田　やりました。自分が監督と原案も担当して映画『カラスの羽を繕う女』を撮ったんです。スーツアクターのお話です。すごいスタントをワンカットで、吹き替えなしで演じています。日本でも公開したいです。

――スーツアクターという言葉に抵抗は？

春田　全然ないです。むしろスーツアクターという言葉が一番しっくりすると思う。スタントだけでなく、ポーズとか名乗りとか、スタントマンにはできないこともやりますからね。たとえば『スター・ウォーズ』のダースベイダーは、名乗りポーズはできないと思います。そういう小気味いい動きができるのが日本のスーツアクターなんです。

interview

喜多川2tom

2tom Kitagawa

ウルトラマンに憧れて上京した喜多川は、気がついたら戦隊ヒーローになり、そのうえゴジラになっていた。喜多川が、スーツアクターとしての半生を語る。

——山口県の高校時代の体操部の先生の紹介でJACに入られたそうですね。

喜多川　先生が日体大で千葉（真一）さんの先輩だったらしくて紹介してくれました。JACが憧れの『ウルトラマン』を担当していないと気づいたのは上京後1年経ってからです。

——最初の現場は？

喜多川　『アクマイザー3』（一九七五年）の兵隊で、その日のうちに辞めようと思いました。ミニトランポリンを一人で担いで山の頂上まで登るのがきつかった。でも、大学進学などを蹴って上京したから頑張るしかなかったです。

——特撮ヒーローで初レギュラーは『バトルフィーバーJ』（七九年）のミスアメリカですね。

喜多川　そうです。その後『電子戦隊デンジマン』などで大葉健二さん、『大戦隊ゴーグルV』などで春田純一さんの代役をやり、次が『超電子バイオマン』のブルースリーです。

自分なりの形を作ろうと張り切り過ぎて、初日の飛び降りでじん帯を切りました。でも（アクション監督の）山岡（淳二）さんが「ガムテープ巻いてやってくれ」と言うので撮影は続きましたよ。

——山岡さんからは無茶なオーダーも？

喜多川　ありましたね。でも山岡さんが自分を使ってくれた。それがなかったら今の自分はないかもしれません。それに山岡さんの考えるアクションは画期的だったので、挑戦することに意義があった。たとえば、兵隊二人の肩に乗った状態から跳び上がって着地して戦うまでをワンカットで撮る。肩の上から始めれば飛び降りてきたように見える、という狙いです。ほかにも兵隊の手に乗って、兵隊を越えて宙返りしたり、肩に立ったりもしました。自分は小柄なので飛ぶ専門でした。

——飛び降りの際、空中でポーズを変えていますよね。

喜多川　『バイオマン』で山岡さんに空中で形を変えろと言われたのが最初です。跳んだ瞬間に空中でポーズを決めていました。『(電撃戦隊)チェンジマン』のチェンジペガサスでは落ちるときにひねっている。無重力のポイントがあるんです。その場所でないとできませんが、ポイントがわかると、跳んで落ち始めるときに猫のようにきれいに回れます。

きたがわ　つとむ　1957年、山口県生まれ。「務」から改名。『光戦隊マスクマン』のブルーマスクなどを担当。巨大怪獣のゴジラも演じる。(2022年9月撮影)

――無重力ポイントがある？

喜多川　そうです。後楽園(ゆうえんち)で毎日飛び降りているうちにわかってきました。回り過ぎたり首を痛めたりするのは、ポイントを外しているから。飛び降りのとき、踏み切ってからくっと一度上に上がると余裕ができる。そこにポイントがあります。覚えておくといいですよ。

――一応、覚えておきます(笑)**。飛び降りは怖くないですか？**

喜多川　飛び降りるときは怖くないです。むしろ嫌なのは海です。水の中に何があるかわからないし、高所から飛ぶと水面がコンクリートみたいで痛い。両脚も必ず閉めて、顔も当たらないように上を向かないと。

水際の岩場でのアクションも大変です。背落ちで岩の上に落ちるのも痛くない場所を探して、どこに落ちるか決めてから着地します。

――アクションでは中国武術も印象的です。

喜多川　『超新星フラッシュマン』の頃から練習していました。中国武術をやっていると決めが良くなるし、『戦隊』のようなキャラクター番組にはぴったり合うんです。(『光戦隊マスクマン』の)ブルーマスクや(『五星戦隊ダイレンジャー』〈九三年〉の)シシレンジャーの動きに活かせました。

――変身前の役者とコミュニケーションは?

喜多川 取るように心掛けていました。でも、変身前の身長が高いと嫌だったけど(笑)。山岡さんが「お前が主役なんだから気にするな」と言ってくれました。チェンジペガサスの(和泉)史郎は身長が大きかった。『バイオマン』の大須賀(昭人)や『フラッシュマン』(の石渡康浩)はだいたい同じくらい。そして『マスクマン』は中国武術家のヒロボー(広田一成)だからやりやすかったです。『忍者戦隊カクレンジャー』のケイン(コスギ)は大きいし身体能力が高いから嫌だったなあ(笑)。あ、仲はいいですよ。『ダイレンジャー』の(能見)達也も大きかったけれどこちらに合わせてくれた。

――体操とアクションの違いは何でしょう。

喜多川 体操はただの体操で、アクションとは全く違う。バック転なんてできれば良くて、キレイにできなくてもいいんですよ。ただ、自分の体を操作する感覚がわかるという意味で、体操に助けられることはあります。

――ヒーローを演じるうえで大事にしていることは?

喜多川 わかりやすく、力強く、速く、カッコよく、ですね。でもまずはお芝居です。殴りたいときの気持ち、なぜ殴る、どう殴るのか。ヒーロー作品だと多少オーバーな動きになることはありますが、それも含めて感情の見せ方を自分で勉強しないといけませんね。

――喜多川さんは戦隊の後、造型の若狭新一さんから声がかかり『ゴジラ』に行かれましたね。

喜多川 最初はキングギドラです。そのアクションを監督が喜んでくれて『ゴジラ(2000 ミレニアム)』に声をかけてくださった。自分は体が小さいので怪人すら五キャラくらいしかやっていなかったので驚きました。急に主役の怪獣ですから。

同じ特撮でも全然違いましたよ。カメラテストで一〇メートル歩くだけで死ぬかと思いました。息ができない、重い、見えない、歩けない。背びれもついているし尻尾もある。前傾してやっと歩けるんです。息も戦隊の面の比じゃなく苦しくて、外からホースで空気を入れてもらって、やっと立っていられるくらいです。覗き穴も首のところに何個かあいているだけ。自分の頭の上に頭がついている感じです。

一年目はゴジラの中に入るのにも二〇分くらいかかり、アクションもできず、NGを出して最悪でした。バーンと出て行って数秒くらいの撮影なんですが、自分の体の幅がわからなくて倒れる場所を見極められず、一週間かけて作られたセットをパーにしました。

――中島春雄さんが自由に動いていたのはすごいことなんですね。

喜多川　ええ。しかも当時のスーツは生ゴムで重いから。自分の頃は若狭さんが研究をしてくれて軽い圧縮スポンジで作ってくれていたので恵まれていたと思います。

――水に沈んだこともありますよね。

喜多川　浮かばないようゴジラの脚に鉄板をつけて沈むんですが、沈み始めてすぐに呼吸のためのレギュレーターが外れてしまった。でも沈み切るまでは撮影を止めないという約束です。「落ちつけ」と自分に言い聞かせました。いったん沈んでやっと浮上し始めたら今度は水を吸ったスーツが重いから倒れてしまう。脚が鉄板に結ばれているからそのまま倒れると折れてしまいます。そのあたりで近くのスタッフが状況を理解して助けに来た。横に倒れると九〇センチの水位でも溺れますからね。中で焦らず待つ。パニックになったらアウトです。

――歴史の長いシリーズですよね。

喜多川　その中でも新しい『ゴジラ』を、自分で考えて作ろうとしていました。薩摩（剣八郎）さんとも中島さんとも同じにはしたくなかったから。『ゴジラＦＩＮＡＬ ＷＡＲＳ』（二〇〇四年）で「これまでのスーツでは顔より前に手が出ないから監督の求めるアクションはできない」と伝えたら、若狭さんが薄くて動きやすい新しいスーツを作ってくれた。作る側はスーツを軽量化すると、三か月もかかる撮影にもたないリスクがあって大変な決断だったはずですが、覚悟して作ってくれた。最高のスーツでした。

自分がやりたかったゴジラは、最後に初めてできたかなと思っています。

interview

蜂須賀祐一

Yuichi Hachisuka

二一世紀の今、戦うヒロインを演じさせたらこの人の右に出る者はいないだろう。体力勝負の業界で四〇年近く現役として最前線で戦い続ける奇跡の人でもある。

――初のヒロインは後楽園ゆうえんちのショーでの『超電子バイオマン』（一九八四年）ですね。

蜂須賀　ピンクに入りました。双子の弟の昭二がイエローです。女性役に「え?」と思いましたが当時は競争が激しかったので、もらえる役ならなんでも極めようと思いました。

竹田（道弘）さんには、女性雑誌を見て参考にしろとアドバイスされました。だけど、雑誌に出ているのは普通の女性ですよね。俺は、志穂美悦子さんみたいにしたかった。最初は竹田さんのコピーみたいな動きしかできませんでした。

――余裕はどのあたりから出てきましたか。

蜂須賀　『超新星フラッシュマン』（八六年）の後半くらいかな。初めてテレビでヒロインを演じた『電撃戦隊チェンジマン』（八五年）の夏頃に「これは俺の動きではない」と気づいたんです。竹田さんの真似だからレパートリーがない。そこから少しずつ変えていきました。

――少しずつ、というのは?

蜂須賀　大きく変えると「そんなこと（変身前の女性は）やってないだろ」と言われるから、抑えながら（笑）。ちょっとでも男っぽくやると言われましたね。『チェンジマン』も『フラッシュマン』もJACの女の子の変身後を演じたんですけれど、戦いの途中で俺が倒れた後、変身が解除されるような場面がある。そうすると衣装がミニスカートだから俺も足を閉じて倒れないと……。そういうところはすごく気を遣いましたね。

――女らしさはどう表現するのでしょう。

蜂須賀　企業秘密は首の後ろにあります（笑）。首の後ろを意識すると自然と背筋が伸びる。そこに女形のスイッチがあります。胸の真ん中を一センチ、クッと上げると胸郭が上がって、自然と肩が落ちて首が伸びます。姿勢から女性に入るんです。色々調べましたが、自分らは女性と比べたら筋肉も骨格も明らかに違う。だから雰囲気作りでやるしかないんです。

特に大事なのは立ち方。立ち方や足の運び方は皆違います。大人の女をやるときは重心を丹田（ヘソの下あたり）から胸まで上げますが、それが高ければ高いほど不安定になって色気が出る。自然にしなっとなります。逆に少女の場合は男より重心を下げます。『轟轟戦隊ボウケンジャー』のボウケンイエローのような元気な女子はちょうど中間くらい。重心が一番下だったのは『海賊戦隊ゴーカイジャー』のゴーカイイエローとか『地球戦隊ファイブマン』のファイブイエロー。ただ、ゴーカイイエローは男勝りだけれど女の子なんです。そこで気怠い系のヤンキーにしてみました。気怠さの中に色気を出せば女に見えるかなと考えました。イケイケにしてしまうと彼女の女っぽさが全然出ないので……。

——これも重心は落としめですか？

蜂須賀　重心落としめで体の軸をずらします。腰と肩がずれるような感じです。最初にこれをやったのは（『侍戦隊シンケンジャー』の悪役の）薄皮太夫でした。重心を上げて軸をずらしています。太夫はまっすぐ立っていないんです。

——『シンケンジャー』で第四四話「志葉家十八代目当主」から登場した初の女性レッド、シンケンレッドを演じたのも蜂須賀さんです。

蜂須賀　意外でしたね。夏の映画を撮影しているときに、ロケバスにプロデ

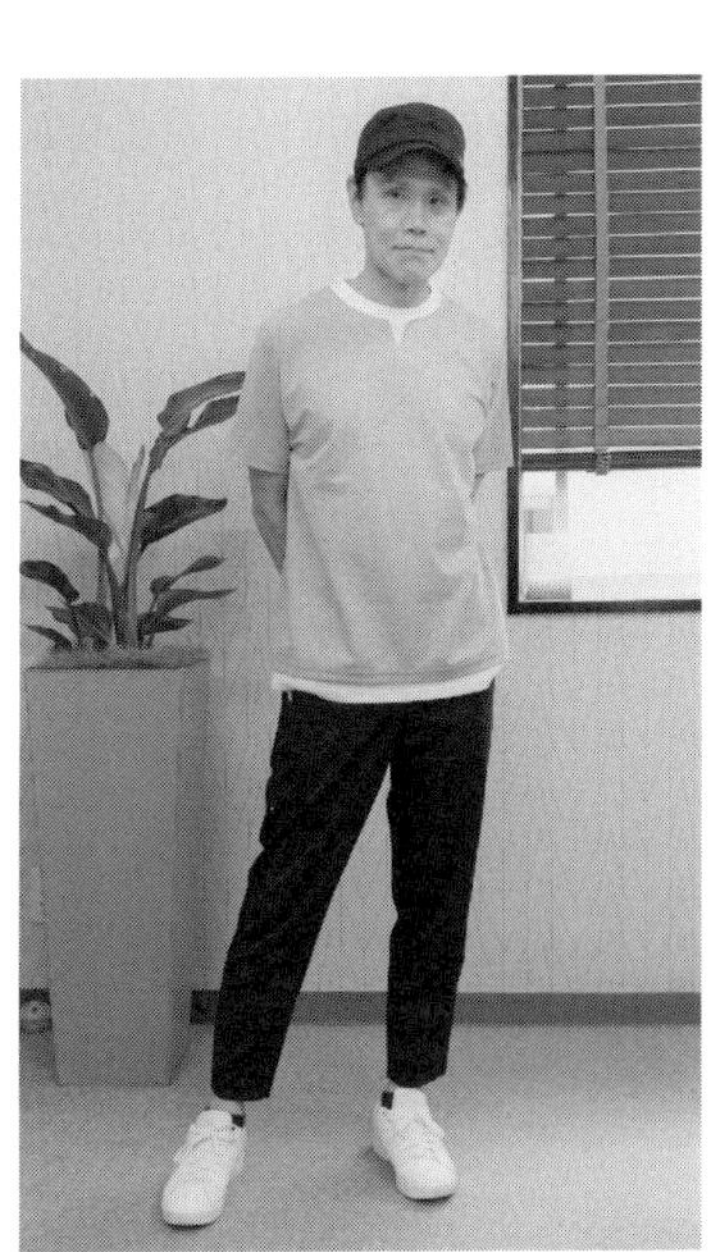

はちすか ゆういち　1962年、栃木県生まれ。82年にJACに入団。『電撃戦隊チェンジマン』（85年）以来、「女形」の第一人者として人気を誇る。（2022年9月撮影）

ユーサー陣が乗ってきて「レッドをやってもらえますか」と、それだけ言われました。軽い気持ちで「いいですよ」と返したら、スカートつきのシンケンレッドの衣装が出てきて衝撃でした。物語も終盤でほかのメンバーはもう固まっている中に、真ん中でポンと入るのはすごいプレッシャーでした。しかも設定は当主なのに、あくまで少女だという。だから、とりあえず凛としていようと思いました。

　大変だったのは烈火大斬刀（二メートルを超える大刀）ですね。大きいから横なぎすると波打っちゃうんです。撮影は屋外だし、大変でした。同様に、ボウケンイエローのバケットスクーパー（両手に装着するショベルの掘削バケット型の武器）にも苦労しました。風が吹くたびに持っていかれてしまって。

――ヒーロー側と悪役で動きに違いは？

蜂須賀　いつも監督に聞くのは設定年齢です。基本的にヒロインの方が若いので、悪役はその分色っぽくしないといけません。

――演じるうえで大切なのは何でしょうか？

蜂須賀　アクションも芝居の一環です。だから感情がそこに見えることが大事です。心情もテクニックもどちらも大切。心情で演じてみて「伝わらないだろうな」となったら、テクニックを足しますね。形だけ先行するとショーっぽい大げさな動きになってしまう。笑いでも、大笑いなら顎が上がるし、こらえるなら下を向く。型にはめられるようなものではないです。

――『星獣戦隊ギンガマン』（九八年）などではギンガイエローと、男性を演じられてもいます。

蜂須賀　男を演じると「リアクションが女のままだ」と指摘されます。特に意識していても、戦ってやられた後が「女になっている」と言われる。しかも体が柔らかいから、やたらと反ってしまって女性っぽくなっちゃうんですよ。だから逆に意識して、倒れるときにわざと足を開いたりしました。

――双子の弟、昭二さんとは動きはシンクロしますか？

蜂須賀　うちらはしないです。「双子だから合うだろ」と言われますが、全然ダメ（笑）。むしろほかのメンツとの方がシンクロします。

――『鳥人戦隊ジェットマン』（九一年）では大き

な怪我をされました。

蜂須賀　記憶がないんですよ。大藤（直樹）と二人で七メートルくらいのクレーンから飛び降りました。先に大藤が落ちたため、そのときのマットの跳ね返りで弾かれて、地面に叩きつけられて。顔面を打って顔を複雑骨折しました。記憶が戻ったのは手術が終わってから。数か月入院して、丸三年仕事を休みました。噛みしめられないから流動食で、体重が五〇キロ切りました。後楽園のショーで復帰して体力と勘を取り戻しました。

――その後、飛び降りが怖いとかは？

蜂須賀　記憶がないんで恐怖心はないんですが、降りたときの衝撃などをすっかり忘れていて「俺、こんなことやっていたんだ」と驚きました。後楽園で復帰したとき、喜多川（２ｔｏｍ）さんが「皆待っていたんだよ」と言ってくれたのが嬉しかった。

――スーツアクターという言葉については？

蜂須賀　言葉が出始めた当時、今井（靖彦）ちゃんに聞かれて「良いと思う」と答えたのを覚えています。これで良いイメージが広がって新人が入ってくるならいいな、と。

――四〇年近く演じていて、女性キャラの変遷に時代の変化を感じることはありますか？

蜂須賀　ありますね。女性が社会に進出して、働き出して……色々変わってきたと思います。ヒロインとヒーローの差もなくなり、女性が強くなりました。俺はそんな女性を尊敬しています。尊敬できるから演じ続けていられるのかもしれません。

――好きなヒロインをあえて挙げるなら？

蜂須賀　転換期になったのが『超獣戦隊ライブマン』のブルードルフィンであり、『電磁戦隊メガレンジャー』（九七年）のメガイエローであり、『ジェットマン』のホワイトスワンですね。そして女形として一皮剝けたのが薄皮太夫ですね。日本舞踊のチントンシャンという動きを取り入れて演じました。あそこで女形として一つの限界を突破できたような気がしています。そしてゴーカイイエローは、自分の集大成だと思って演じました。

今でもまだまだ欠点ばかりで、映像を見て納得できないことの方が多いです。でも、だからこそ続けていられる。満足したらそこで終わりだと思っています。

interview

福沢博文

Hirofumi Fukuzawa

プレイヤーからアクション監督、そして監督へと、進化を続ける福沢。常に謙虚で、真摯に作品と向き合う福沢に、特撮番組についても聞いてみた。

――アクションの道に進んだきっかけは？

福沢　子供の頃、バック宙を練習してもできなかった。そうしたら友達が『太陽戦隊サンバルカン』（一九八一年）でバック宙をやっていると教えてくれた。「すごい！」と思いました。さらにジャッキー・チェンの映画も見てハマっていきました。

――それで大野剣友会に？

福沢　『スケバン刑事』で剣友会の存在を知って、門を叩きました。実は剣友会が『仮面ライダー』をやっていたことは後で知ったんです（笑）。

――初めてショーで面をつけたとき、視野の狭さより呼吸がきつくて、酸欠になったそうですね。

福沢　呼吸でした。呼吸が苦しみの原因だとはっきり理解したのは、後楽園ゆうえんちで演じていて、蹴りが当たって面のシールドが割れたとき。バリンと割れて空気が入ったら体が楽になり、原因は酸素だと確信したんです。顔を伏せて隠しながらショーの後半は演じてました。ちなみにそのときは共演していた（妻でスーツアクトレスの）神尾（直子）さんに蹴られたんですけどね（笑）。

――レッド・エンタテインメント・デリヴァーとの出会いは？

福沢　子供番組に携わりたいという気持ちがあったんです。そうしたら新堀（和男）さんがレッド・エンタテインメント・デリヴァーを設立するという話が聞こえてきた。剣友会の練習コーチだった前田浩さんがレッドに入るときに誘ってくれた。

――新堀さんのことは？

福沢　稽古で面識はありました。でも先輩が「あれがレッドをやっている新堀さんだよ」と言っても風貌がテレビ越しと違うから納得できなかった（苦笑）。現場で見るまで「本当にそうなのかな」と思っていましたが、実際に見ると「わぁ……」と。さすがですよね。これが本物、と思いました。

――福沢さんが最初に演じたのは？

福沢　キャラクターは『百獣戦隊ガオレンジャー』のガオレッドです。その前に『激走戦隊カーレンジャー』の敵幹部や『仮面ライダークウガ』の怪人をやりました。怪人は視界が悪い。顔とボディが一体型だと首が回らないし、走ると覗き穴が揺れてトランポリンを踏むのが大変です。宮崎（剛）さんに「（穴がずれないようにスーツを）押さえながら走る」とコツを教えてもらいました。

『クウガ』のグロンギ怪人は、また違う種類の苦労でしたね。あれは素材がウェットスーツなんですよ。しかも、怪人を生命体として表現したいということで皮膚感を出すため、通常の衣装よりぴったりのサイズに作られている。腕を上げようとすると反発する力がかかり、体を動かすことにかなりの力を使ってしまうんです。密閉度合いも半端なくて、俺はあまり汗をかく体質じゃないのに、昼休みに靴を脱ぐと、ジャーッと汗が流れてきました。さらに、当時はビデオ撮影を導入したばかりで撮影のスピード変更ができなかったから「もっと動きのスピードを上げなきゃ」みたいな葛藤もあって、しんどかったです。

――『獣拳戦隊ゲキレンジャー』は難しかったとか？

福沢　アクションの奥深さを感じました。もともと香港映画や拳法が好きだったのに、自分が撮られる側になって動いたらリズムも違うし、全然体が慣れていなかった。香港映画の「手」の複雑さを感じました。手がついていないときでも全員が打ち込んで、誰も止まらずに攻撃

ふくざわ ひろふみ　1970年、長野県生まれ。『ガオレンジャー』以降多くのレッドを演じ、『仮面ライダーギーツ』（2023年）で監督に。（2022年10月撮影）

interview Hirofumi Fukuzawa

をしないといけない。剣を構え直すなど「静」の瞬間がある日本の時代劇とは全然違う。体が元気なら、もう一度カンフーものを追求したいですね。

——**『特捜戦隊デカレンジャー』は？**

福沢　キャラクターとしてすごく楽しかった。ジークンドーみたいな感じでやるということで、二丁拳銃を手にボディアクションからの撃ち合いみたいなのもありました。ただ、拳銃を撃ちながら肉弾戦に入るときに、当時の僕はまだ動きのバリエーションが少なく、受けて落とす、みたいな単調なことしかできなかった。

——**『海賊戦隊ゴーカイジャー』は？**

福沢　着替えが多かったですね（笑）。この頃にはテクニックもだいぶ身につきました。ただ、年齢が上がると瞬発系が落ちる。二〇代の頃はブーツを履いてロンダート宙返りも気軽にできた。走っていって側転みたいなのをして、そのままバック宙をする技です。年齢を重ねると、稽古ではできても、現場で衣装を着るとスーツがぴったりで体の動きを妨げる。ベルトが重いし、ブーツで足も重くなって、気持ちが負けていってしまう。

そんな経験を経て、早いうちに立ち回りのテクニックは下に伝授していかないといけない、と思うようになりました。僕らが二〇年かけて蓄積したノウハウを下の子に教えれば、彼らは残りの一〇年は新たなものに挑んでいける。そうすれば色々進化していくでしょうし。

——**進化、ですか？**

福沢　今のアクション業界はアクロバットは進化していますが、立ち回りに関しては進化していないというか、細かいことまで考えて計算して動く人が少ない印象です。気持ちでワーッと表現できれば良い、というのは僕はいかがなものかと感じます。立ち回りの表現や、テクニックを使ってカメラのフレームの中でうまく動くことこそが大事なんじゃないかと思います。

——**福沢さんご自身がいいなと思う立ち回りとはどんなものでしょうか？**

福沢　手の捌きが単調にならず、気持ちのパワーが一〇〇だとしたら、一〇〇全開で出ているスピード感があり、複雑な動きをそのスピード感で行い、なおかつカメラマンと連携してフレームの中で一番見映えがいい。そのうえで、計算していることが見えない感じ、でしょうか。

——アクション監督として大切にするのは？

福沢　作品としてできあがったときに話がスムーズに流れるようにカット割りできているか、テーマがちゃんと伝わるように撮れているか、ということ。あとは「今のカッコよかったな。もう一回見返したい」と思ってもらえるようなものを作れるかです。

——長年ヒーロー作品に関わっていて、昔と現代の作品を比較して、どう感じられますか？

福沢　今はカット割りにこだわり過ぎているかな、とは思います。もちろんテンポを上げないといけないとか、情報量を多くしないといけないという事情はあるので、一概に悪いとは言えませんが。昔の作品は、（カメラの）長回しの中でも見る人を飽きさせず引きつける撮り方がある。世界観を見せつつ、カットを割らないで長回しで見せて、見ている人の気持ちが引っ張られる感じです。

——ピアノ線に吊られた誰かが飛んでいくとかもありますね（笑）。

福沢　そういう表現方法も、忘れてはいけないと思います。昔の良さを再確認しつつ、そういう表現をどう取り入れるのが適切なのかを考えますね。難しいのは、合成を使わないと表現できないケースが多々ある。爆発の中を飛び降りるような場面です。合成担当の方は見せどころだから張り切ってくれるけれど、その結果、被写体の置かれた状況が見えなくなってしまう。見せたいのは「危ない中に落ちていったけど、この人、大丈夫？」ということなのに、そう見えなくなってしまう。

最近思うのは、被写体よりも演出が前に来ちゃっている作品が多いこと。「俺の演出どうだ！」という演出が被写体を置いてけぼりにしている感じの映像が多い気がします。

——スーツアクターという言葉については？

福沢　アクション全般、たとえばスタントをするつもりでこの世界に入った人たちを、言葉で「これの専門職でしょ」と封じ込めるような感じは引っかかります。限定されたことしかできない専門職ではないんです。顔が映らなくても、呼吸の仕方だけでも表現はできる。顔が映っていなければ芝居じゃない、役者じゃない、というのは違いますよね。

interview

和田三四郎

Sanshiro Wada

『ウルトラマンシリーズ』、『戦隊シリーズ』、大人向けの『牙狼〈GARO〉シリーズ』でアクションに携わっている。「特撮ファンではない」と言い切るからこその冷静な分析に耳を傾けたい。

——特撮との最初の関わりは?

和田　僕が二四〜二五歳のときに『ラストサムライ』(*The Last Samurai*　監督・エドワード・ズウィック　二〇〇三年)の撮影で日本のアクションマンが大挙して撮影場所のニュージーランドに行ってしまった。そのため、国内では体の大きい人が不足した。東宝の撮影所でコーヒーを飲んでいたら先輩に声をかけられて川北紘一*監督のもとに連れていかれ、「来週から怪獣!」と言われて『超星神シリーズ』(〇三〜〇六年)に参加したのが最初です。

——**『ウルトラマンメビウス』はオーディションですか?**

和田　偶然です。テレビ班と映画班が同時並行で撮影に入るため、映画に出るウルトラマンがたくさん必要だった。映画班のオーディションだったのにテレビに受かっちゃった。僕と(岩田)栄慶の二人で出演するようになりました。

——**『非公認戦隊アキバレンジャー』のアキバレッドでは等身大も担当されましたが、巨大ヒーローは等身大と動き方が違いますか?**

和田　まず基本的なフィルムのコマ数が違うんです。『ウルトラ』の特撮シーンは僕のときは一秒四〇コマで撮影してました(通常は三〇コマ)。一秒で撮ったものが、再生すると一秒+三分の一秒になる。一秒で出ていたパンチが、少しゆっくり映るイメージですね。ゆっくりになると、大きく躍動しているように見えます。土煙もゆっくり落ちる。一方、『戦隊』はアクション場面ではコマ数を削ることでスピード感を出します。

——**表現するうえで心掛けているのは?**

和田　「大きく伝える」ことを殺陣師の岡野(弘之*)さんによく求められました。「捕まえる」「しがみつく」をちゃんと伝えてほしい、と。「ウルトラマンが頑張っている」ことが子供にわかるように見せる、ということです。怪獣はウレタンの塊なので、中の人に対するサインとしても「摑んだよ。これから担ぐからね」と伝える立ち回りが必要です。少し角を摑まれたくらいだとわからないので。

——爆破シーンに等身大との違いはある？

和田　爆破にびっくりしないのがウルトラマンですね。ビビらない。怪獣を倒して爆発した後も感情を殺す感じです。

——ウルトラのスーツは着るのも大変とか？

和田　今はウェットスーツの裏にジャージ生地が貼られて、滑るので楽になりました。『ウルトラマンタロウ』（一九七三年）の頃はまだ裏地がなかったと言っていたかな。当時は全身にベビーパウダーを塗ってから着ていたようですね。『ティガ』『ダイナ』のときはスタイル重視でピチピチに作ったから、「わんぱくボディ」の（中村）浩二さんは手こずったそうです（笑）。

——暑そうでもあります。

和田　汗がすごくて、「リアル水流」が出ます。こればかりはどうしようもないので、定期的に拭くことしかできません。

——視界は？

和田　戦隊やライダーとの一番の違いは、圧倒的に「見えない」こと。上か下かしか見えません。下しか見えないと、怪獣の足元しか見えないんですよ。メビウスは上目（マスクの覗き穴が目の上にある）だったので芝居はやりやすい。でも足元は見えないからトランポリンが怖かった。感覚でやるしかないです。

わだ さんしろう　1978年、高知県生まれ。特撮作品のほか、『蒼天の拳 REGENESIS』（2018年）などでCGアニメのモーションキャプチャーも務めた。（2022年6月撮影）

――飛んでいくときの撮影はどのように？

和田　色々あるのですが、思い出深いのは最終回での「お神輿（みこし）」ですね。あれは伝統芸らしいです。（ウルトラマンが飛び立つシーンは）ワイヤーで吊るのではなくて、持ち手をつけた台の上にウルトラマンが立ち、その台を持ち上げて、カメラは定点で撮影します。あれがいいんです。ＣＧでもワイヤーでもなく、目の前のものが背景を残してグッと上に上がるというのは味わいがあっていいです。

　僕はメビウス最後の「皆を見てから心を決めて旅立つ」というシーンの撮影でお面の中でちょっと泣きました。助監督さんが言っていましたが、涙をこらえていたためスーツの上から腹筋付近が動いているのが見えたそうです。最後だからと「お神輿」をスタッフが皆で担いでくれた。ウルッと来ますよね。

――感情表現で工夫は？

和田　メビウスのときに、亡くなられた村石[*]（宏實（ひろちか））監督に「栄慶に合わせて演じようとしているだろう。お前が選ばれた理由があるんだから、やりたいことをやれ」「一人で作るものじゃない。俺も思いを入れているから、お前の思いも入れろ」と言ってくれた。それから自分のペースでじっくり芝居もやるようになりましたね。岡野さんからは「台詞がないなら言っちゃえ」と言われて、面の中で「なに!?」「ぐ……クソ」とか言いながら演じるようになりました。心が動きますから。

――カラータイマーを見るなど独特の仕草もありますね。

和田　カラータイマーは実際には見えませんが、面を使って大きく動いて、状況を子供に伝えることを意識しますね。当時、僕の周りには大人のファンは存在していなかったので、子供と向き合っているつもりで演じていました。ウルトラマンの動きには伝統芸能的なノリがあります。「思いきりチョップを打つ」というのも、今どきそんなチョップを打つ人はいないですが、ウルトラマンはちゃんとやる。それだけ殴らないと敵は倒れないことの表現なんです。

――先輩方の動きは参考にしましたか？

和田　雰囲気の出し方とかは見たかな。宇宙人感の出し方です。常に「人にならないように」という意識はあった気がします。細かい動きをすると人になってしまう。しっかり体当たりでぶつかり、プロレスと空手チョップをする。（『ウルトラマンシリーズ』誕生）四〇周年ということもあって元祖に寄せたい気持ちもありました。プロレスは好きだったので、「とりあえず抱えて投げたい」と言ったら、皆嫌そうでしたが（笑）。

――CGについてはいかがですか？

和田　CGの良いところは、空中のものの表現かな。あとは「ちょっと足し」してくれること。CGを動かしているのも人だから、感情を誰が作るかの違いだけだと思います。

――アキバレンジャーはどう演じられた？

和田　ずっと騒いでいました（笑）。人間臭いし、誇張してコントをして、立ち回りだけはちゃんとする。名乗りは『ウルトラ』にはないので、不思議な感じでした。しかも毎週変わるので、家でずっと窓に向かって練習していました。戦闘員という概念も『ウルトラ』にはないので、わちゃわちゃの立ち回りも特徴的ですね。

――日本でのスーツアクターの立ち位置についてはどうご覧になりますか？

和田　控えめに生きてはきましたね（笑）。個人的には「見えないものは見えなくて良い。でも、知りたい人が知りたいと思ったときに手に入る情報が広がっていれば良い」ということに尽きるかな。全体的に、もうちょっとエンターテインメントを皆で作っていける環境に近づくと良いかなと思います。「アクションを作るぞ！」とそちら一辺倒でもダメだし、「ドラマの中にちょっと喧嘩があれば良い」となってもダメ。関わる全員が一緒に一つのものを作る、ということが大事ですね。

若い子に僕たちのような仕事をしたいと思ってもらう最大の方法は、金銭面での待遇がアップすることでしょう。有名になるとかモテることよりも、モチベーションを保つ方法はやっぱり金銭面じゃないかなと思っています。スーツアクターというのは、職人さんと同じで、スーツを着てアクションも演技もできないといけない。ただスーツの中に入ったから名乗れる職業ではなく、責任もあると感じています。子供の夢の一部を担って、家計を圧迫する金額のおもちゃを買わせるわけなので……。より良い思い出になるようなものを子供たちに伝える職業でないといけないと思っています。

interview

新堀和男

Kazuo Niibori

『秘密戦隊ゴレンジャー』（一九七五年）のアカレンジャーなど一四人のレッドを演じたレジェンドが新堀。面をつけてのアクションも演技も人間国宝級だ。アクションとともに歩んだ半生を聞いた。

――最初の映像の現場は？

新堀　『仮面ライダー』（一九七一年）の偽ライダー（ショッカーライダー）かな。なかなかアクションはさせてもらえず現場をウロチョロしていました。

――後楽園のショーにも出演されましたね。

新堀　その前に小山ゆうえんち（栃木県・二〇〇五年閉園）のショーでジェットコースターに立って乗って登場し、それを後楽園でもやったんです。ジェットコースターの中で立つ演出は俺が最初にやりました。

月光仮面（一九七二年のアニメ版）を演じたショーは後楽園球場（当時）でやりました。ライダーと共演のショーでライダーが中屋敷（哲也）のアニキ。客の列が球場を五周する人気でした。

月光仮面の武器は鞭だったんで、稽古場で鞭の使い方を勉強しました。相手が持っているものをピュッと鞭を伸ばして取れるようにしましたね。

――『仮面ライダーアマゾン』（七四年）は？

新堀　「獣みたいな体だから。足短くて胴長い。首も手も長いから、お前にぴったりだ」という理由で指名されたんです。獣と言われて最初は構えも歩くのも体を低くしましたね。

その途中で『秘密戦隊ゴレンジャー』のアカ（レンジャー）になりました。

――アカレンジャーの面は見やすいですか？

新堀　ちょっと目が出ていて、下が見えないんです。レッドを一四作やったけれど中には対峙する兵隊の足下しか見えない面もあるから、勘でアクションをやります。当てるときもあるから「力入れておけよ」と相手には言っておきます。

気持ちが入るとアクションが生きてくる。カシラ（高橋一俊）には「上辺だけでやっていちゃダメだぞ」とよく言われたものです。「形だけでなく内面から出るものがないとダメなんだ」と。「こういう気持ちで殴る」というのがわかっていないと、滲み出ないんですよ。しばらくして「面から新堀ちゃんの顔がぐわっと出てきているよ」と言われたときに、やっとヒーローに近づけたと思った。ヒーローが乗り移る感じでやらないといけない。形だけではダメなんです。

――技というより迫力ですね。

新堀　それと格好良さです。ヒーローはやられても格好良くないとダメだし、倒すのも格好良くやる。倒した後は哀愁を滲ませて去って行く。そういう芝居をやれるように努力しました。中屋敷さんとか（中村）文弥さんは戦いの後が抜群に格好良かった。

――毎年タイプの違う決めポーズを考えるのも大変そうです。

新堀　構えは、続けてやっているとどうしても同じような動きが入ってくるんですよね。だから、作品ごとに微妙に翼を広げる手の間隔とか指先とかを変えるようにして。動物園に行って鷲とか鷹とかを見たりもしました。でも動物系はまだいいんです。『電子戦隊デンジマン』は困りました。充電して力強く放つのをイメージしたのかな。『超新星フラッシュマン』は新星が生まれる感じに、摑んだものをぶわっと発散させるイメージです。『科学戦隊ダイナマン』はやりやすかったな。後ろで爆発しているのに合わせて爆発です（笑）。『ゴーグルV』は新体操だからロープを絞って投げる、みたいな感じかな。

――飛び降りは怖くないですか？

にいぼり かずお　1955年、茨城県生まれ。71年、大野剣友会に入会。『秘密戦隊ゴレンジャー』（75年）から14作品、『戦隊』のレッドを務めた。（2022年5月撮影）

interview Kazuo Niibori

新堀　面の中で「もしマットから外れたらどうしよう」と考える自分と「そんなこと考えちゃいけない」という自分との間で葛藤しています。でも「もし」をヒーローは考えないだろうと振り切って、下にいる山岡（淳二アクション監督）とかと会話をして自分の緊張を解いて飛ぶようにしていました。考え過ぎると飛べなくなるんですよ。五人で飛ぶときは俺が「はい！」と号令をかけるんだけど、声をかけても俺が思い切れなくて飛べず、先に飛び降りたほかの四人に下から「ずるいよ！」と言われたこともありました。

——火薬はいかがですか。

新堀　ガソリンを使うときに炎が広がることがある。あれは怖いです。ガソリンをビニール袋に入れたのが飛び散って面の頭に乗っていたことも。「新堀ちゃん、頭、燃えてる」って言われて初めて気がつきました（苦笑）。

——ロボットを演じられたこともありますね。

新堀　『大鉄人17』（七七年）でワンセブンに入りました。あのロボットはキツかった。腕のつけ根が着ぐるみに当たってランニングを着たみたいな形に痣（あざ）ができてしまうんです。あと、足のつけ根にもね。しかも矢島*（信男）特撮監督のもと、撮影が朝九時から十七時まであるんです。一回脱いで風を通すと、二度とやりたくなくなるから（苦笑）、昼休憩以外は脱がないで動き続けないといけない。本当に辛くて我慢できなくなると、わざと倒れて額のアンテナを壊しました。当時はいい接着剤がないので、その場で修理しても首を振ればまた取れる（苦笑）。「新堀ちゃん、お疲れ」って言われて帰ることができた。もう時効だと思いますけれど。でも、結局は別の日に撮影はしないといけないから、同じことなんですけれど。

——『バトルフィーバーＪ』の途中からアクションがＪＡＣに変わりました。

新堀　ＪＡＣの方が立ち回りがスピーディーでコンパクトです。空手を応用したアクションなので。剣友会の動きは大きくてダイナミックだけど少しスローに感じるかもしれない。ＪＡＣの動きを応用して取り入れるようにしていました。

——最近の『戦隊』についてどう思いますか？

新堀　俺は「俺の演じるヒーローが格好良いから子

供が玩具を買ってくれる」と思ってやっていました。だから、すっぴん（変身前）の真似をしたことがない。「この人間が変身して俺になって戦うのだから、どちらかといえば俺（が主役）だろう」と思ってやっていた。今は（スーツアクターが）すっぴんを真似るよね。そこは違うところです。

唯一真似たのはアカレンジャーの誠直也さんの走り方です。ラグビーをやっていて肩を振る走り方をする。今もその走りが身についていますが評判がよくて、バイクがあるのに走るシーンに変わったこともあるんですよ。

――頑張れた原動力というのは何でしょうか。

新堀　まず好きじゃないとできないですね。俺は、おそらくできることがこれしかなかったんです。「どうせやるならたくさんの人に見てもらって話題になるようにやろう」と考えたんですね。

でも、当時のヒーロー番組では声優さん（の待遇）は俺らと同格でしたよ。その人たちが頑張って今の声優ブームにつながっている。俺らだけ待遇が変わっていないのは、なんでなんだろうとは思います。アクションだけでなく芝居だってできるのに、なかなか場が与えられない。報われないですよね……。

――スーツアクターという言葉については？

新堀　俺はスーツアクターという言葉はあまり好きじゃないです。軽い感じなんですよ。やったことのない人が考えた言葉という気がします。

――レッドを演じるうえで大事にしてきたことは何でしょうか。

新堀　ヒーローとは何だろうと常に考えていました。何をやっても格好良いのがヒーローだと思うんです。特に戦隊のレッドはリーダーですから、ほかの四人より優れていないといけない。中に入る人間は本当にヒーローになりきらないといけない。そのためには、努力をしないといけませんね。

俺は毎年、ヒーローになるために俺に足りないものは何だろうと考えて努力をしてきました。飛び降りをマスターしたり、酒飲んで帰ってきても近くの公園で練習したりしました。練習は裏切らないですから。そうやって一四作レッドをやっても、まだ「ヒーローになれたのかな？」という思いが胸の中にあるんですよ。

あとがき

スーツアクターのことを書きたいと初めて思ったのは、第10章最後に記した『仮面ライダーZX』特番の撮影に同行し、スーツアクターが活躍する現場を間近で見た一八歳のときだ。下久保ダム（群馬県と埼玉県の県境）や採石場（埼玉県寄居町）の澄んだ空気の中、戦うスーツアクターは美しく、ヒーローそのもののように凛々しかった。当時の手書きの草稿が、今でも手元に残っている。彼らがスーツアクターと呼ばれるずっと前のことだ。

だが、長じて新聞記者になってからも、なかなか系統立てた論考を書くことができなかった。筆者主宰のイベントで、スーツアクターたちが語る武勇伝や、「ウソでしょ？」と問い返したくなるようなスタントの経験談。聞いたときには理解できるし「すごい」と感動するのに、後で文章に書き起こすと、全く「伝わらない」ことが多かったからだ。図解なしにアクションを表現することは本当に難しい。言葉でアクションを語ることの難しさに怯んでいた。

今回の取材でも「最初に蹴ったらシューッと抜けてドーンと落ちた」「ドーンとやったらぶわッと入ってくる」など、ベテランスーツアクターらの言葉を、勢いはそのままに、どうしたら誰もがわかる文章に「翻訳」できるのか悩み続けた。途中、何度も挫けそうになったことを白状しておく。

書き続けられたのは、ミスターレッドこと新堀和男さんに、ある酒席で言われた「俺たちのやってきたことを書いてくれよ」という言葉がずっと心の底にあったから。無名なまま留め置かれてきた数多の素晴らしいスーツアクターのことを世界に知らせねばという使命感もあり、なんとかこうして「あとがき」までたどり着くことができた。

出版までに多くの方々にお力添えいただいた。ごく一部になるが、巻末にお名前を掲載した。紙数の都合上、全員のお名前をあげられず心苦しいが、この場を借りて関わってくださったすべての特撮関係者の皆様に、お礼を申し上げる。

構想七年、出版が決まってからも取材執筆一年半というハリウッド大作映画のような長丁場を、諦めず一緒に駆け抜けてくれた集英社インターナショナルの小峰和徳さんなしに本書は日の目を見なかった。前著に引き続き、監修を引き受けてくれた、最も尊敬する特撮ライターの用田邦憲（もちだくにのり）さん、突き抜けるような青空が印象的な「エモい」表紙を書いてくださった、よー清水さん、急な依頼に応え著者近影を撮影してくれたマルベル堂の武田仁（ひとし）さんにも深く感謝している。難航を極めた執筆中には、奥井雅美さんの歌とベートーヴェンの交響曲に助けられた。お二人の音楽を同時に聴ける時代に生まれて、よかった。皆様、本当にありがとうございます。

そして、一八歳の筆者が大学を二週間休んで『仮面ライダーＺＸ』の撮影に同行するのを、呆れながらも許してくれた今は亡き母、敦子と、理解ある父、喬に感謝する。同時に、単なるファンだった筆者を撮影現場に受け入れ、スーツアクターの素顔に触れる機会を作ってくれた故・平山亨プロデューサーには、いくら感謝しても、し足りない。叶うなら、平山さんに本書の感想を聞いてみたかった。

前著で筆者は「特撮ヒーローは、日本が世界に誇る文化」と書いた。スーツアクターもまた、世界に誇る日本独自の文化だと、今、噛みしめている。この思いが、本書を通じて一人でも多くの方の胸に届きますように。そして、「スーツアクターとは」という説明がいらない日が一日も早く来ることを祈ってパソコンを閉じたい。

二〇二三年八月

鈴木美潮

『ゴジラ 特撮メイキング大寫眞館』（講談社　2018年）
『ザ・クロニクル 戦後日本の70年「1955-59 豊かさを求めて」「1960-64 熱気の中で」「1970-74 成長の歪み」「1975-79 価値観の転換」「1980-84 繁栄の光と影」』（共同通信社　2014～15年）
『ザ・スーツアクター 特撮ヒーローを演じた男たち』（破李拳竜　ソニー・マガジンズ　1999年）
『侍役者道 ～我が息子たちへ～』（千葉真一　双葉社　2021年）
『30大スーパー戦隊超全集』（小学館　2007年）
『JAE NAKED HERO』（ジャパンアクションエンタープライズ、おーちようこ　太田出版　2010年）
『日本（ジャパニーズ）ヒーローは世界を制す』（大下英治　角川書店　1995年）
「週刊プレイボーイ」2022年4月4日号、2023年4月3日号（集英社）
『10大ニュースに見る戦後50年』（読売新聞世論調査部編　読売新聞社　1996年）
『証言！仮面ライダー平成 キャラクター大全ノンフィクション』（講談社編　講談社　2017年）
『スーパー戦隊 Official Mook「21世紀 vol.0～17」』（講談社　2017～18年）
『スーパー戦隊 Official Mook「20世紀 1975、1977、79～2000」』（講談社　2018～19年）
『素晴らしき円谷英二の世界 君はウルトラマン、ゴジラにどこで会ったか』（2001円谷英二生誕100年記念プロジェクト監修　中経出版　2001年）
『素晴らしきTVヒーローたち 月光仮面からスケバン刑事まで30年の歴史と証言』（GAKKEN MOOK アニメディア 学習研究社　1986年）
『1980年代の映画には僕たちの青春がある』（キネマ旬報ムック　2016年）
『殺陣・技斗 魅せるアクションのコツ』（ジャパンアクションエンタープライズ監修　メイツ出版　2020年）
『「殺陣」という文化 チャンバラ時代劇映画を探る』（小川順子　世界思想社　2007年）
『超合金の男 ー村上克司伝ー』（小野塚謙太　アスキー新書　2009年）
『伝説の昭和特撮ヒーロー』（石橋春海　コスミック出版　2014年）
『東映ヒーロー 仮面俳優列伝』（鴬谷五郎編著　辰巳出版　2014年）
「東映ヒーローMAX」VOLUME 55（辰巳出版　2018年）
『東映ヒーロー名人列伝 平山亨叢書3』（平山亨　風塵社　1999年）
『時は今――歩み続けるその先へ ACTion 高岩成二』（高岩成二　講談社　2021年）
『特撮円谷組 ゴジラと、東宝特撮にかけた青春』（東宝ゴジラ会　洋泉社　2010年）
『特撮と怪獣 わが造形美術 増補改訂版』（成田亨　リットーミュージック　2021年）
『泣き虫プロデューサー 平山亨 寄稿対談集其乃一』（平山亨　平山商会　2016年）
『泣き虫プロデューサーの遺言状 ～TVヒーローと歩んだ50年～』（平山亨　講談社　2012年）
『能面の世界（コロナ・ブックス）』（西野春雄監修／見市泰男解説　平凡社　2012年）
『能面を科学する 世界の仮面と演劇』（神戸女子大学古典芸能研究センター編　勉誠出版　2016年）
『ハリウッドアクション！ ジャッキー・チェンへの挑戦』（坂本浩一　フィルムアート社　1996年）
「一橋ビジネスレビュー 2010年冬号 第58巻3号　検証・COOL JAPAN」（東洋経済新報社）
『秘密戦隊ゴレンジャー大全』（岩佐陽一編　双葉社　2001年）
『別冊映画秘宝 新世紀怪獣映画読本』（別冊映画秘宝編集部編　洋泉社MOOK　2014年）
『別冊映画秘宝 世界怪獣映画入門！』（岸川靖＋STUDIO28〈神武団四郎＆船積寛泰〉編　洋泉社　2013年）
『別冊近代映画 JAC特集号 ジャパン・アクション・クラブ12周年記念』（近代映画社　1982年）
『別冊宝島2089 特撮ニッポン』（宝島社　2013年）
『pen＋ 映画・コミック・ドラマ・グッズ マーベル最新案内。』（CCCメディアハウス　2017年）
『ぼくらが大好きだった 特撮ヒーローBESTマガジン VOL.1』（講談社　2005年）
『本郷 猛／仮面ライダー1号　増補改訂 テレビマガジン特別編集』（講談社　2023年）
『マグマ大使パーフェクトブック』（鷺巣富雄監修　白夜書房　1999年）
『夢（スーパーヒーロー）を追い続ける男』（鈴木武幸　講談社　2018年）
『夢は大空を駆けめぐる ～恩師・円谷英二伝』（うしおそうじ　角川書店　2001年）
『蘇る！ 伝説の昭和特撮ヒーロー』（石橋春海　コスミック出版　2021年）
『'60年代 蘇る！ 昭和特撮ヒーロー』（石橋春海　コスミック出版　2013年）

読売新聞、読売ウイークリー／朝日新聞、日本経済新聞、毎日新聞

（※以上のほかにも、書籍、雑誌、パンフレット、白書、年次報告書、新聞、Blu-ray＆DVDソフト、CDなどを参考にした。）

主要参考文献（50音順）

『一文字隼人 仮面ライダー2号伝説』（佐々木剛　白夜書房　1998 年）
『宇宙刑事大全 ギャバン・シャリバン・シャイダーの世界』（安藤幹夫＆スタジオ・ハード編　双葉社　2000年）
「宇宙船」2023年春号（ホビージャパン）
『ウルトラマン1966＋ ―Special Edition―』（金田益実編　復刊ドットコム　2016年）
『ウルトラマン対仮面ライダー メガヒーロー 光と影の神話』（池田憲章、高橋信之編著　文藝春秋　1993年）
『ウルトラマンダンディー ～帰ってきたウルトラマンを演った男～』（きくち英一　風塵社　1995年）
『ウルトラマンになった男』（古谷敏　小学館　2009年）
『映画監督 坂本浩一 全仕事 ウルトラマン・仮面ライダー・スーパー戦隊を手がける稀代の仕事師』（坂本浩一　カンゼン　2018年）
『映画秘宝EX 最強アクション・ムービー決定戦』（ギンティ小林＆映画秘宝編集部編　洋泉社　2012年）
『映画秘宝COLLECTION 48 アクション映画バカ一代』（谷垣健治　洋泉社　2013年）
『映画秘宝セレクション キング・コング入門』（神武団四郎他　洋泉社　2017年）
「FB 映画研究誌 第19号（2004秋号）チャンバラ特集 映画と刀」（行路社）
『エンタメビジネス全史「IP先進国ニッポン」の誕生と構造』（中山淳雄　日経BP　2023年）
『大野剣友会伝 アクションヒーローを生んだ達人たち』（岡田勝監修　風塵社　1999年）
『大野剣友会伝 増補新版 特撮ヒーロードラマを支えた達人たち』（岡田勝編著　彩流社　2023年）
『お能 老木の華』（白洲正子　講談社文芸文庫　1993年）
『怪獣人生 元祖ゴジラ俳優・中島春雄』（中島春雄　洋泉社　2010年）
『花伝書（風姿花伝）』（世阿弥編　講談社文庫　1972年）
『「仮面」に魅せられた男たち』（牧村康正　講談社　2023年）
『仮面ライダー1971～1984 秘蔵写真と初公開資料で蘇る昭和ライダー10人』（講談社　2014年）
『仮面ライダー怪人大全集 テレビマガジン特別編集』（講談社　1986年）
『仮面ライダーがエントツの上に立った日 テレビ映画監督一代記』（奥中惇夫　筑摩書房　2004年）
『仮面ライダー 完全版 EPISODE No.1～ No.98 & MOVIE テレビマガジン特別編集』（講談社　2023年）
『仮面ライダー 昭和「vol.10 仮面ライダー BLACK」「vol.11 仮面ライダー BLACK RX」』（講談社シリーズMOOK　2016年）
『仮面ライダー 資料写真集1971-1973』（庵野秀明責任編集　グラウンドワークス　2023年）
『仮面ライダー大研究 よみがえるヒーロー！』（TARKUS編　二見文庫　2000年）
『仮面ライダー大全集 テレビマガジン特別編集』（講談社　1986年）
『仮面ライダーをつくった男たち1971・2011』（小田克己取材・脚本、村枝賢一・漫画　講談社　2011年）
『仮面ライダー電王 キャラクターブック 01. 俺、参上！』（朝日新聞社　2007年）
『仮面ライダー 本郷猛の真実』（藤岡弘、　ぶんか社　1999年）
『仮面ライダー名人列伝 ～子供番組に奇蹟を生んだ男たち～ 平山亨叢書1』（平山亨　風塵社　1998年）
「季刊 映画宝庫 われらキング・コングを愛す」1977新年・創刊号（芳賀書店）
『菊とポケモン グローバル化する日本の文化力』（アン・アリスン　新潮社　2010年）
『基礎から始めるアクション 技斗・殺陣』（高瀬將嗣　雷鳥社　2013年）
『特撮全史 1950-60年代ヒーロー大全』（講談社 キャラクター大全　2017年）
『〈キャラクター〉の大衆文化 伝承・芸能・世界』（荒木浩、前川志織、木場貴俊編　KADOKAWA　2021年）
『キング・コングは死んだ 私説アメリカ論』（石川三登志　フィルムアート社　1975年）
『グッドモーニング、ゴジラ 監督本多猪四郎と撮影所の時代』（樋口尚文　図書刊行会　2011年）
『「月光仮面」を創った男たち』（樋口尚文　平凡社新書　2008年）
『KODANSHA Official File Magazine 仮面ライダー「Vol.0～11」』（講談社　2004年）
『後楽園ゆうえんち野外劇場公式ガイド スーパーヒーローショー大全集』（メディアワークス　1995年）
『ゴーグルV・ダイナマン・バイオマン大全 東映スーパー戦隊大全2』（安藤幹夫編　双葉社　2004年）
『心を映す仮面たちの世界』（野村万之丞監修　檜書店　1996年）
『ゴジラ99 の真実 怪獣博士の白熱講座』（池田憲章　徳間書店　2014年）
『ゴジラ誕生物語』（山口理　文研出版　2013年）
『ゴジラで負けてスパイダーマンで勝つ わがソニー・ピクチャーズ再生記』（野副正行　新潮社　2013年）
『ゴジラ傳 怪獣ゴジラの文藝学』（志水義夫　新典社選書79　2016年）

執筆にあたり、多くの方にご協力いただきました。
取材させていただいた方、度重なる問い合わせに答えてくださった方、イベントで話をしてくださった方、ごく一部ですが、お名前を掲載させていただきます。ありがとうございました。

（50音順、敬称略）

浅井宏輔
石垣広文
伊藤久二康
今井靖彦
岩上弘数
上田弘司
植村喜八郎
卯木浩二
永徳
大石麻衣
大島遥
大瀬康一
大葉健二
岡田勝
岡元次郎
小川輝晃
奥井雅美
おぐらとしひろ
翁長太郎
金田治
河原崎洋央
喜多川2tom
日下秀昭
古賀弘文
坂本浩一
佐々木剛
宍戸マサル
柴原孝典
志穂美悦子
清水祐美
下園愛弓
白井雅士
鈴木弘道
鈴村展弘
清家利一
高岩成二
高橋利道
竹内康博
竹田道弘
武智健二
竹本昇
田中澄子
垂水藤太
辻井啓伺
土屋大輔
土屋圭輔
寺井大介
富永研司
中川素州
永田由紀
中村浩二
中屋敷哲也
縄田雄哉
新堀和男
野川瑞穂
蜂須賀祐一
濱田康平
春田純一
治平武広（羽村英）
林潔
ピエール・ジネル
ヒカルド・クルーズ
福沢博文
藤岡弘、
古谷敏
牧野美千子
ミチ・ヤマト
宮崎剛
宮澤雪
宮葉勝行
村上潤
山口記弘
横山一敏
若狭新一
和田圭市
和田三四郎
和田谷洋子
渡洋史

そして、心からの感謝を平山亨プロデューサーに――。

鈴木美潮（すずき・みしお）

１９６４年生まれ。読売新聞東京本社社長直属教育ネットワーク事務局専門委員。私立雙葉学園から法政大学を経てボストン大学卒。在学中にアメリカ連邦議会下院議員事務所でインターンを経験。88年、ノースウエスタン大学大学院にて修士号（政治学）取得。89年、読売新聞社入社。政治部、文化部などを経て現職。豊島区国際アート・カルチャー都市プロデューサー。「ジャパンアクションアワード２０１９」特別功労賞受賞。日本テレビ『イブニングプレス donna』や『ラジかるッ』に出演。現在はラジオ日本『よみラジ』に出演中。「日本特撮党党首」を名乗り、特撮ヒーロー番組の出演者やスタッフ、歌手を招いてのイベント「３４０（みしお）presents」を２００３年から主催。著書に『昭和特撮文化概論 ヒーローたちの戦いは報われたか』（集英社クリエイティブ ２０１５年、集英社文庫 ２０１９年）など。

装幀 竹歳明弘（STUDIO BEAT）
カバーイラスト よー清水
カバー作成協力 有限会社リワークス
編集協力 用田邦憲

スーツアクターの矜持（きょうじ）

２０２３年9月30日 第1刷発行

著者 鈴木美潮（すずきみしお）
発行者 岩瀬 朗
発行所 株式会社 集英社インターナショナル
〒１０１-００６４ 東京都千代田区神田猿楽町１-５-18
電話 ０３-５２１１-２６３２
発売所 株式会社 集英社
〒１０１-８０５０ 東京都千代田区一ツ橋２-５-10
電話 読者係 ０３-３２３０-６０８０
販売部 ０３-３２３０-６３９３（書店専用）
印刷所 凸版印刷株式会社
製本所 加藤製本株式会社

定価はカバーに表示してあります。

 ISBN978-4-7976-7436-1 C0074

Published by arrangement with Dey Street Books,
an imprint of HarperCollins Publishers

through Japan UNI Agency, Inc. Tokyo

イェール大学人気講義

天才 GENIUS

イェール大学名誉教授
クレイグ・ライト
Craig Wright
南沢篤花 訳

その「隠れた習慣」を解き明かす

The Hidden Habits of Genius

すばる舎

私たちの子どもたち、
エヴァン、アンドリュー、ステファニー、クリストファー、
そしてフレッド、スー、シェリーのために。

才人は、誰も射ることのできない的を射る。天才は、誰にも見えない的を射る。

アルトゥル・ショーペンハウアー

Introduction

他人には見えない
的を射る

誰もが憧れる存在

今日、天才は私たちの周りのいたるところにいて、アップルのジーニアスバーの親切なスタッフからベイビー・アインシュタインの知育玩具まで、巷にあふれている。ＴＶのリアリティ番組のスター、キム・カーダシアンは「ビジネスの天才」と呼ばれているし、彼女の元夫のカニエ・ウェストは「おバカだけれど天才でもある」と言われている。

アラン・チューリング、マーティン・ルーサー・キング・ジュニア、エイブラハム・リンカーン、スティーヴン・ホーキング、スティーブ・ジョブズらは、映画でも取り上げられていて、天才と呼ばれている。

それから、アカデミー賞がある。これらの映画で、そうした明晰な頭脳の人物を演じてアカデミー賞を受賞したダニエル・デイ＝ルイスやエディ・レッドメインらも天才だろうか？

競泳のマイケル・フェルプスは「推進力の天才」と呼ばれている。テニスのロジャー・フェデラーとラファエル・ナダルは「天才的ストローク」でボールを打つ。ヨーヨー・マは「チェロの天才」と呼ばれているし、オマハにあるネブラスカ大学の経営学部は「ウォーレン・バフェットの「天賦の才能（ジーニアス）」」という通年授業のコースを設けている。

２０１９年５月23日、当時大統領であったドナルド・トランプはホワイトハウスでＴＶカメ

Introduction
他人には見えない的を射る

ラの前に立ち、自身のことを「非常に安定した天才」と称した。北朝鮮の指導者、金正恩（キムジョンウン）も負けてはおらず、自身のことを「天才のなかの天才」と称している。

作家のジョージ・エリオット（本名メアリー・アン・エヴァンズ）が1872年に書いたような、この「［相手への漠然とした］憧れを天才と思い込む」[1]ことをどのように説明すればよいだろうか？ この語をこれほどまでに使いたがる心理の裏には、未知なるものを理解したいという人間の真剣な、きわめて強い永遠の願望がある。そのために人は、たくさんの優れた先人の複雑な営みを、「天才」という簡潔な一語に簡略化して表している。

天才は救世主の性質を帯びていることが多く、したがって人々によりよい世界への希望を与える。それと同時に天才は慰めも提供する――私たち自身が至らないことの説明、もっと言うなら言い訳だ。「なるほど、そりゃそうよね。だって彼女は天才なんだから！」となる。しかし一方で不思議にも思っている。**「どうしたら、あんなすごいことができるのだろう？」**と。

その裏に隠されている秘密は何だろうか？ そうした類稀なる人物から神話の部分を取り除いたら、彼らの生活や習慣はどんなものだった、あるいはどんなものだろうか？ そうした人から何か学べることはあるだろうか？

1951年に、マサチューセッツ総合病院の医師たちが脳波測定器をアルベルト・アインシュタインの脳につないで、アインシュタインの才能の中枢を見極めようと、針が振れるのを見守った。[2]1955年にアインシュタインが亡くなると、イェール大学で訓練を受けた進取的な病理学者のドクター・トーマス・ハーヴェイが、その脳を取り出し、240の切片にスライスして、病理学者らで研究できるようにした。[3]

アインシュタインの脳に関しては、隅から隅まで、ひだというひだ、割れ目という割れ目の奥深くまで、これまでに研究し尽くされているが、それでもまだ、神経科学者は彼の驚くべき想像力の仕組みを説明できずにいる。

ザルツブルクの法医学者たちが、ヴォルフガング・アマデウス・モーツァルトの頭蓋から、同市の聖セバスチャン教会の墓地に眠る近親者のDNAとの一致を試みている。[4] しかしこれまでのところ、モーツァルトのゲノム情報はうまく捉えられていない。

同様に、ミラノの科学者がレオナルド・ダ・ヴィンチのDNAを研究しているが、やはり「天才を示す遺伝子」は特定できていない。[5]

これらを聞いても驚かないのはなぜだろうか？　天才という語には、あまりにたくさんの秘めたる個人の複雑な特徴の含みがあって、脳や染色体内のある1カ所や、たった1つの神経プロセスに絞り込めないからだ。個人個人の人とは違う性質が、どのように絡み合って機能すれば天才を生み出すのかも、謎のままである。

そこで本書では、その性質とはどんなものか、それらはどうすれば養えるのかをテーマに掘り下げていく。

Introduction
他人には見えない的を射る

天才とは何か？　ギリシャから現代まで

そもそも、天才とは何だろうか？　その答えは、いつ、誰に尋ねるかで変わってくる。古代ギリシャには天才を表す語がいくつかあって、そのなかにダイモーン（daemon：「鬼神」あるいは「神霊」）やマニアー（mania：インスピレーションを得た詩人を消耗させた創造的な狂気）というものがある。古英語の天才（genius）はラテン語の「守護霊」を意味する名詞ゲニウス（genius）に由来する。古代ギリシャおよびローマでは、誰もが守護霊を持っていたが、奇妙なことに、自分のものではなかった。

ラテン語のgeniusからフランス語のジェニ（genie）が誕生し、さらにそこから英語の「ジーニー（genie）」が誕生した。ウォルト・ディズニーの映画『アラジン』に登場する、魔法のランプの精ジーニーを思い描いてみるといい。

あるいは、バースデーケーキに立てるろうそくと、そのときにする願いを考えてみてもいい。古代ローマの時代より、こうしたろうそくと、それに向かってする願いは、自分の守護霊がそれからの1年、自分のことをきちんと扱ってくれますようにという、ジーニーに対する年に一度の願かけの意味合いを持つ。

中世に天才と呼ばれた人といえば、ダンテ・アリギエーリ、ジェフリー・チョーサー、ジャンヌ・ダルクあたりが思い浮かぶが、その数は多くない。暗黒時代になって光が消えたのだろうか？　いや、それは違う。ジーニアスという概念が単にカトリック教会に吸収されて「ブランドとして再構築された」だけだ。

古代には、人は自分のジーニアスに願いを唱えていたが、中世には、守護聖人の名を冠した霊的な力に救済を求めるだけでなく、病気を治してほしいとか、失くした櫛を見つけてほしいと祈るようになった。この時代の偉大な創造物——そびえ立つゴシック様式の大聖堂など——は、自分の内ではなく外にある神聖な力、キリスト教の神に霊感を与えられ、主に無名の誰ともわからない人が手作業で製作したものである。

ルネサンスを迎えて、変革の思索家たちが再び顔と名前を持つようになった。レオナルド・ダ・ヴィンチ、ミケランジェロ、ラファエロ、ウィリアム・シェイクスピアは、そうした天才のごく一部だ。

イタリアの詩人や画家のなかには、イル・ディヴィーノ・レオナルド——神聖なレオナルド——というようにイル・ディヴィーノ（神聖な）を冠して呼ばれる人もいた。今も彼らには、聖人同様、半神のような神聖な力が与えられている。その手は、神しか思いつきそうもないアイデアを形にできるのだ。

しかし、18世紀の啓蒙主義の時代に、天才と神は袂を分かつことになった。神が後ろに下がり、天与の才を持つのは人だけとなった。そうして天才が完全に内なるもの——誕生のときにすでに持っていて、個人の内に宿り続けるもの——となった。

Introduction

他人には見えない的を射る

19世紀にはロマン主義派の感性が、再び天才の顔を変え、異様とも言える歪んだ姿になった。身なりはだらしなく、自身の芸術に苦しむ、孤独で奇妙なはみ出し者を絵画が捉えている。そこに登場したのがルートヴィヒ・ヴァン・ベートーヴェンで、19世紀の天才のシンボルだ。ベートーヴェンはいくぶん頭がおかしく、見た目もそのように見え、ウィーンの通りを大声で歌いながらよろめき歩いていたという。

ちょうど同じ頃に誕生したのが、（メアリー・シェリーの有名な小説に登場する）狂気のフランケンシュタイン博士であり、（ヴィクトル・ユーゴーの『ノートルダム・ド・パリ』に登場する）醜い天才カジモドであった。のちには、素晴らしい才能を持つ、気のふれた怪人がパリ・オペラ座の舞台に出没するようになる――もう一人の醜い天才である。

今日、マンガでキャラクターの頭の上に電球の絵が描かれていたら、それは「ひらめいた」の意味だとわかる。実際、天才のその行い――現代の白熱電球の製作――は、アメリカ初の実験ラボの産物だった。ニュージャージー州メンローパークにあるトーマス・アルバ・エジソンの「発明工場」だ。[6]

そして今日、物理学、化学、医学分野のノーベル賞は、たいてい各分野2～3人のチームに贈られるようになった。ということは、現代は、複数の科学者でかつてのアインシュタイン1人分ということだ。

「天才」という語の意味が、何世紀かのあいだにこれほど頻繁に変わってきたということは、天

才というのは時間と場所に左右される概念だということである。天才とは私たち人間が成し遂げたいものを表す。「天才」は私たちが選んでそう命名した人物である。

純粋主義者は、この大衆主義者的な流動的アプローチに異議を唱えるかもしれない。絶対的な真理とか美といったものはないのか？　モーツァルトの交響曲やアインシュタインの方程式は普遍的で永遠のものではないのか？

その答えは明らかにノーだ。それは誰に尋ねるかによって変わる。モーツァルト（1756～1791）の音楽は、今も欧米のコンサートホールでは崇敬されているが、たとえば、ナイジェリアの国民には特段響かないはずだ。ナイジェリア国民には、たとえばアフロビートの創始者フェラ・クティ（1938～1997）など、ナイジェリア国民の好きなサウンドと音楽界のヒーローがいる。

アインシュタインの重力理論は、古代ギリシャ以来権勢を振るっている4つの理論のうちの一つにすぎない。芸術および科学の世界の天才が発する光は、文化や出会う時代が異なれば歪められる。

最近まで、欧米における天才の歴史は、「偉大な男」（つまり白人男性）によって占められており、女性や有色人種はたいてい辺境に追いやられていた。しかしそれも変わりつつある。つまり、何を類稀なる偉業とするかは、私たちそれぞれにかかっているということだ。

他人には見えないものを見る

ほぼどの辞書の天才の定義にも、「知能」とか「才能」の語がある。「知的」であるとはどういうことかをまずは第1章（Lesson1）で探っていく。

天才に不可欠な要素としての「才能」については、そのような誤解はすぐに捨て去るべきである。このあと見ていくが、才能と天才はまったく違うものである。ドイツの哲学者アルトゥル・ショーペンハウアーが1819年にこの点を見事に指摘している。**「才人は、誰も射ることのできない的を射る。天才は、誰にも見えない的を射る」**[7]。

才能ある人は、じきに明白になることに巧みに対処する。他方の天才は、ほかの人の目には見えないものが見える。1998年、スティーブ・ジョブズは『ビジネスウィーク』誌〔現『ブルームバーグ・ビジネスウィーク』誌〕のなかで、「多くの場合、人は、誰かに示してもらうまで自分の欲しいものがわからない[8]」と語っている。

1919年の時点ですでに、電気技師のニコラ・テスラは、「時計ほどの大きさの」ラジオ、ロボット、太陽熱暖房、そして高機能携帯電話を予見していた[9]。今日、地球上の3分の2の人が、テスラが予見したような携帯電話でインターネットに接続している。

1995年にジェフ・ベゾスは、ニューヨークの投資運用会社で働きながら、インターネット上のトラフィックが前年の2300倍に増加したのを目撃した。ベゾスはまた、商品を手に入れるために店から店へと車を走らせるのは、効率が悪いことに気がついた。

彼はアマゾンを思い立ち、本から始めた。20年後、ベゾスの会社アマゾンは、世界最大のEコマース・マーケットプレイスへと成長し、およそ思いつくかぎりの商品を扱って販売している。結局、人生で唯一絶対のものは「変化」であり、天才にはその訪れが見えるということだ。

現代の定義からすると、天才になるには、単に他人には見えない目標を達成するだけではダメで、一番乗りで達成しなければならない。独創性が重要なのだ。だが、これは必ずしも欧米における昔からの考え方というわけではない。

たとえば、古代ギリシャ人は、ホメロスの詩を真似られる能力を、天才の証と考えていた。同様に、太古の昔より、中国人は、温故知新の度合いで物事の価値を測ってきた。また、現代の中国文化でも、集団としての成功が個人としての成功に勝る、というのは興味深い。

欧米人は1780年頃より物事の見方が変わり始めた。天才とは、「模倣精神に飽くまで対立するものである」[10]と考えた哲学者イマヌエル・カントに始まり、続いてイギリス、フランス、アメリカで特許法が制定され、独創性がきわめて優れた偉業か否かのリトマス試験紙となり、個人の知的財産を守ってきた。

欧米の「自力で成功を収めた者」と「徹底した個人主義者」信仰は、この時代に遡る。そしてそれが、今日の欧米における天才の伝統的概念によく映し出されている。だが、もともとの天才は、社会のなかにあるのか、それとも個人のなかにあるのか？　おそらく私たちは、歴史を通じて文化ごと、時代ごとに天才の定義が必要なのだろう。

本書における「天才」の定義

本書のフレームワークを設定するために、まず、今日の私なりの定義を示させてほしい。つまり、**天才とは、精神力が並外れていて、その人独自の業績や見解が、文化や時代を超えて、良くも悪くも社会を大きく変革する人を指す。**

簡単に言うと、最も偉大な天才は、きわめて長期にわたり、最大公約数の人に最大のインパクトを与える、ということだ。人の命はすべて平等ではあるけれど、なかには、世の中に大きな影響を与える人物がいる。

私は、自身のこの定義において「社会を変革する」という表現を強調したい。なぜなら、天才とは創造力であり、創造力には変革が含まれるからだ。

当然、このゲームには2つの陣営が必要だ。発信する考案者と、受け手となる社会である。[11] もし、アインシュタインが無人島で暮らしていて、誰とも交流していなければ、天才にはなれなかったはずだ。もし彼が、人とは交流していたけれど、その相手が聞く耳を持たなかったり、変わろうとしなかったりすれば、やはりアインシュタインは天才になれていなかったに違いない。アインシュタインは、変化をもたらさないかぎりアインシュタインではないのだ。

創造力の重要性を頭に置いて見てみると、今日私たちが広く一般に「天才」と名づけている人の多くは、単なる有名人でしかないことがわかる。**真の天才を見極めるには、俳優、女優、パフォーマーの大半を除外するところから始めるといい。**

確かに、才能はあるかもしれないが、他人がそれまでにつくり上げたもの——たとえば、脚本や楽曲など——で勝負する人は天才ではない。カギとなるのは創造力と創作物であり、したがって、カニエ・ウェスト、レディ・ガガ、ベートーヴェンは天才と考えてよいかもしれないが、ヨーヨー・マはそうではない。

同じことが多くの優れたアスリートにも言える。記録を次々に打ち破るフェルプスやフェデラーは、確かに素晴らしいが、創造力の点ではポイントはゼロだ。そのゲームを考案したのは他人だからだ。

ウォーレン・バフェットなどの、金儲けの達人のビリオネアはどうだろう？　こちらも、言うまでもなく、財産を蓄えることと変化をもたらすことは違う。お金は天才の燃料になるが、それ自体が天才なわけではない。天才は、ここ一番の機会を捉えてお金をかけ、成し遂げられるものに宿る。

こうした偽物の天才宣言をすべて取り除くと、先述したような真の天才の行動に的を絞れるようになる。しかしながら、「真の天才」の構成要素は必ずしも明確になっていない。これについて、意見が完全に一致することはないだろう。

本書では、ジェフ・ベゾス、ジャック・マー（馬雲：ベゾスに匹敵する中国人起業家）、同じく起業家のリチャード・ブランソン、奴隷および女性解放運動家のハリエット・タブマンを天才の括りに入れたので、もしかしたら私は範囲を広げすぎているかもしれない。

おそらく、私が天才のレッテルを貼る全員に皆さんが同意することはなく、誰が天才で、誰はそうでないという私の意見にも同意されることはないだろう。同意できなければ——それはそれでけっこう！　これから見ていくが、通常とは反対の考え方こそ、天才の隠れた習慣の一つなのだ。

本書の内容と構成

本書は、長年観察と研究を重ねてようやく書けるようになった。私はそのキャリアのなかで、数学、チェス、クラシック音楽、文芸をはじめとして、さまざまな分野の類稀なる才能に恵まれた人たちに囲まれて暮らしてきた。しかし私はといえば、特に何かの才能に恵まれているとは言いがたく、せいぜいB＋どまりだ。

もし皆さんが、何かの分野で優れた才能に恵まれていたなら、難なくそれができるだろうし、「なぜ」や「どうすれば」も意識に上らないかもしれない。質問することもないだろう。確かに、**私が出会った天才は、天才の行動をすることに囚われすぎていて、自分の創造的なアウトプットの原因に思いが至っていないように見えた。**おそらく、私のような凡人にしか、天才を説明する試みはできないのだろう。

「創作できないなら、演奏しなさい。演奏できないなら、教えなさい」。これはイーストマン音楽学校などの音楽学校の校訓である。そこで私はクラシックピアノを学んだのだが、作曲することも、演奏家として生計を立てることもできずに、ハーバードの大学院に進み、博士号を取得した。そしてクラシック音楽史の授業を受け持ち、その研究者になった。いわゆる音楽学者である。

そのあと、イェール大学に職を得て、クラシック音楽の「3つのB」を教えるようになった。バッハ、ベートーヴェン、ブラームスである。けれども、私が出会ったなかで、最も魅力的な人物は「M」、モーツァルトだ。彼は面白くて、情熱的で、腕白で、とんでもない才能に恵まれていて、誰も書けない音楽を書いていて、きちんとした人間に見える。

何度目かのフィレンツェ旅行で、フィレンツェが生んだレオナルド・ダ・ヴィンチを調査研究することになった。私はすぐに、ダ・ヴィンチとモーツァルトには多くの共通する天才の要素があることに気づいた。あふれんばかりの天賦の才能、勇気、鮮やかなイマジネーション、幅広い興味、そして人生に対しても芸術に対しても「当たって砕けろ」のアプローチ。

ほかにいったい何人の天才に、この共通する要素が広がっているのだろうか？　シェイクスピアは入る。エリザベス1世も入る。フィンセント・ファン・ゴッホ、パブロ・ピカソも入る。

最終的に、これらの優れた精神力を持つ人々が、私のイェール大学での学部の授業のベースになった。**「天才の資質探求」という私がつくった課程（コース）だ。**年を追うごとに、受講してくれる学生が増えていった。

ご想像どおり、イェールの学生は、天才の定義や歴史を通じての天才という語の変遷を聴くために、列をなして授業を受けたりしない。果たして自分は天才かどうか、自分にはどんな未来が待っているかを知りたくて受けに来ている学生もいた。

ただ、**大半の学生は、どうすれば天才になれるかを知りたがっていた。**学生たちは、ルイーザ・メイ・オルコットからエミール・ゾラまで、私が天才を研究してきて、私が見つけた、そうした人に共通する性格的特徴の話を聴いた。彼らも、皆さん同様、こうした天才の隠れた習慣を知りたかったのだ。

でも、それはいったい何だろうか?

ここで、本書の各章（Lesson）のメインテーマを簡単にご紹介する。

仕事への姿勢（Lesson1）
立ち直る力（Lesson2）
独創性（Lesson3）
子どものような想像力（Lesson4）
飽くなき好奇心（Lesson5）
情熱（Lesson6）

クリエイティブな不適応（Lesson7）
反逆精神（Lesson8）
越境思考（Lesson9）
通常とは正反対の行動（Lesson10）
準備（Lesson11）
執念（Lesson12）
気晴らし（Lesson13）
集中（Lesson14）

また、これらの章を通じて、天才に関する以下のような実際的洞察を示していく。

・ＩＱ、彼らの指導者、アイビーリーグ教育は、かなり過大評価されている。
・あなたの子どもにいかに「才能」があろうとも、その子を神童のように扱うことは、本人のためにならない。
・素晴らしいひらめきを得る最良の方法は、クリエイティブな気晴らしをすることだ。散歩に出かける、シャワーを浴びる、紙とペンをベッドサイドに置いてゆっくり寝る。
・生産性を上げるためには、仕事で日課をつくるといい。
・天才になる可能性を広げるには、大都会あるいは大学のある街に移住するとよい。

・長生きするには、情熱を注げるものを見つけること。
・そして、前向きになること。

クリエイティブになるのに遅すぎるということはない。若くして才能を発揮したモーツァルトもいれば、老練なヴェルディもいる。早熟のピカソもいれば、本格的に絵筆を握ったのは、70歳を過ぎてからというグランマ・モーゼスのような人もいる。

最後に、本書を読んでも、おそらく天才にはなれない。しかし、これからの人生をどのように歩んでいくべきか、どのように子どもを育てるか、子どもをどの学校に行かせるか、自分の時間とお金をどのように割り当てて使うか、選挙で誰に投票するか、そして一番大切なのが、**いかにしてクリエイティブになるか**を考えるきっかけにはなるだろう。

天才の習慣の謎を解いたことで、私自身も変わったし、世の中に対する私の見方も変わった。おそらく、本書を注意深く読めば、あなたも変わるだろう。

Contents

イェール大学人気講義 天才——その「隠れた習慣」を解き明かす

Introduction

他人には見えない的を射る

Lesson1

先天的か後天的か?

知能指数(IQ)と多重特性指数(MQ)

Lesson2

天才とジェンダー

ゲームは不正操作されている

Lesson3

神童の幻想を捨てよ

20歳過ぎればただの人!?

Lesson 4

子どものように世界を想像してみよう

大人になんてなりたくない

Lesson 5

強い学習意欲を育てよ

好奇心のかたまり

Lesson 6

足りないピースを見つける

ぼくを探しに

Lesson 7

他人との違いを活用せよ

狂気、疾患、特性

Lesson 8

反逆、不適応、そしてトラブルメーカー

リスクを恐れない

Lesson 9

キツネになれ

あちこち幅広く嗅ぎ回る

Lesson 12

すばやく動いて、ぶち壊せ

破壊的な衝動が牙をむく

Lesson 13

リラックスせよ

最高のアイデアが頭に浮かぶ

Lesson 14

そして、集中のとき！

自分にぴったりの場所と時間

Conclusion

まとめ——予期せぬ結果

Lesson 1

先天的か後天的か？

知能指数（IQ）と
多重特性指数（MQ）

終わらない議論

「答えなんてないよ！　答えなんてない！　そんなのわかるわけがない！」

私が「天才の資質探求」の第1回の授業で問いかけると、多くの熱心な学部生たちが口々に叫ぶ。学生たちは通常、ノートに記して持ち帰り、試験のときに解答に使えそうな答えを求める。だが私は、まずこの点を理解させておくことが重要だと考えている。つまり、**何が人を天才にするのか――先天的なものか、後天的なものか――というシンプルな問いにも、これといった答えはない**ということだ。

この問題は私の授業でもいつも議論を呼んでいる。理系の人（数学や科学専攻の人）は、天才は天賦の才能によるものだと考える。親からも教師からも、あなたは数量的な論理的思考力を持って生まれてきたのだと繰り返し言われてきたからだ。

体育会系の人（大学のスポーツ代表選手）は、優れた成績はすべて努力の賜物だと考える。努力なくして進歩なし。いい成績を残せたのは、何万時間という練習の結果だとコーチに言われてきたからだ。

政治学者の卵で保守派の人は、天才は神から与えられた才能だと考え、リベラル派の人は、後天的に環境によって育まれたものだと考える。

才能か努力か？　私が教える学生のなかには、両方の意見の支持者がいる。同じく、歴史を通じた天才たちのなかにも、両方の考えの人がいる。

特に優れたことをする能力は、預言者と神からの授かりものであるとプラトンは述べた。[1]しかしシェイクスピアは、その著述を見ると、自由意志と独立の精神に重きを置いていたように思える。シェイクスピアは書いている。「なあブルータス、俺たちがこんな下っ端でいるのは、自分の星のせいじゃない、俺たち自身のせいだ」（『ジュリアス・シーザー』）と。

一方、イギリスの自然科学者チャールズ・ダーウィンはその自伝のなかで、「私たちの資質はほとんど生得のものである」[2]と断言している。より最近では、フランスの哲学者シモーヌ・ド・ボーヴォワールが、「人は天才に生まれるのではない、天才になるのだ」[3]と語っている。天才は、先天的か、後天的か。議論は終わらない。

その才能は、生まれつき？

天才たちは、自分の隠れた才能には気づかず、それに気づくのは他人のみ、ということが往々にしてある。ルネサンスの偉大な芸術家の伝記作家として評価されているジョルジョ・ヴァザーリ（１５１１〜１５７４）は、レオナルド・ダ・ヴィンチの天賦の才能に驚嘆し、次のような言葉で評した。

「しかし時として、自然の理を超えて、一つの肉体に美と優雅さと才能が溢れんばかりに集まることがあり、結果として、その人物がどんな姿勢をとろうとも、その動作はどれも余人の及ばぬほど神々しく見え、人はそれが神から惜しみなく与えられたもので（実際そのとおりなのだが）、人為によって得られたのではないことをはっきりと悟ることになるのである」[4]。

レオナルドの才能の一つは、鋭敏な観察力であった。レオナルドには、動いているもの――飛翔している鳥の広げた翼や大地を駆ける馬の脚、さざ波を立てて流れる川の渦を「静止画で捉える」能力があった。「トンボは四枚の羽で飛ぶ。前の二枚が上がるとき、後ろの二枚は下がる」と、レオナルドは1490年頃のメモに書き記している[5]。これにはびっくりだ。

レオナルドの最大のライバル、ミケランジェロには映像記憶の才能があり、視覚で捉えたものを正確に再現して形にできる能力があったので、正確な比で描画することができた[6]。電気技師のテスラは、たいそう覚えが早かった。というのも、彼も直観像による記憶能力があり、たとえば、ヨハン・ヴォルフガング・フォン・ゲーテの『ファウスト』なども一字一句違わず暗誦できたからだ。

ワシリー・カンディンスキー、フィンセント・ファン・ゴッホ、ウラジーミル・ナボコフ、デューク・エリントンは皆、共感覚［ある感覚の刺激によって、別の感覚も引き起こされること。この感覚を持つ人は、たとえば文字や数字に色がついて見えたり、音や匂いに色や形を感じたりする］を持って生まれた。

彼らは音楽を聴いたり、文字や数字を見たりすると、そこに色が見える。レディ・ガガもそうだ。「曲を書いているとき、音が聞こえてきて、歌詞が聞こえてくるんだけど、色も見えるの。音が色の壁のように見えるのよね」[7]と、彼女は2009年の『ガーディアン』紙のインタビューで話している。

1806年、ルートヴィヒ・ヴァン・ベートーヴェンは、彼の代名詞にもなっている癇癪を起こして、上級貴族であるカール・リヒノフスキーに向かって噛みついたことがある。「侯爵、あなたは偶然生まれ合わせてあなたであるわけですが、私なるものは私自身を通じて私であるのです。侯爵などというものは、これまでもこれからも何千といます。しかし、この世にベートーヴェンは一人だけです」[8]。

これに対して、私たちなら丁重にこう答えることもできるかもしれない。「確かに。ルートヴィヒ、でも君も、**たまたまそのように生まれたんだよ。**君のお父さんとお祖父さんは職業音楽家だった。おそらくは、そのお二人から君は、とりわけその絶対音感と音楽的記憶力を受け継いだんだよ」と。

与えられたものを、どう活かすか

絶対音感は遺伝性のもので、家系を通じて受け継がれるものだが、およそ1万人に1人にしか与えられない才能でもある。マイケル・ジャクソン、フランク・シナトラ、マライア・キャリー、エラ・フィッツジェラルド、ビング・クロスビー、スティーヴィー・ワンダー、ドミートリイ・ショスタコーヴィチ、モーツァルトも同じく、絶対音感の才能に恵まれている。

モーツァルトはまた、驚異的な音楽的記憶力（音を記憶する力）と動きを映像化して記憶する能力を持って生まれた。これによりモーツァルトは、頭に浮かんだ音と、その音を生成する場所を結びつけて、バイオリンやオルガン、あるいはピアノの正しい場所や鍵盤に瞬時に指を運ぶことができた。彼の音楽的才能はすべて、6歳になるまでに発露した。これは天性のものでしかありえない。

オリンピックで23個の金メダルを獲得した水泳選手のマイケル・フェルプスは、サメのような肉体をしており、ときどきサメと競争もした。[9] フェルプスは身体的に恵まれた体つきをしていた。水泳選手にはうってつけの身長（193センチメートル）で、足は桁外れに大きく（まるで足ひれ）、異常に長い腕（オール）をしていた。

通常、ダ・ヴィンチの有名なウィトルウィウス的人体図が示すように、人が両腕を広げた長さは、その人の身長に等しい。しかし、フェルプスが両腕を広げた端から端までの長さは、200・6センチメートルと、身長より7・6センチメートル長かった。

だがフェルプスは、先に述べたとおり、天才ではない。これほど恵まれていながら、彼は何一つ、水泳という競技を変えるようなことをできていないし、オリンピックという祭典に影響を与えられてもいない。

『ニューヨーク・タイムズ』紙が「米国史上最高の体操選手」と呼んだシモーネ・バイルズの場

合は話が異なる。[10] 彼女のずば抜けた運動能力は体操に革命を起こした。２０１９年8月9日、彼女は平均台から2回宙返りで下りた初の選手となり、床では3回ひねり2回宙返りのトリプルダブルを決め、彼女の名前のついた体操演技の技を4つに増やした。どの新技についても、審査員は新たな「Ｄスコア（演技価値点）」を設定しなければならなかった。

水泳のフェルプスと違って、体操を変革するバイルズは身長が低く（約１４２センチメートル）、小柄で、かなりの筋肉質である。そのため、ひねりや宙返りのときに彼女は体を小さくまとめておくことができ、それによってスピードを実現している。**「どういうわけかこういう体に生まれついちゃったから、それを利用することにしたの」**[11] と、２０１６年、彼女は自分の体格について語っている。

それと同時に、彼女は２０１９年、企業向けのオンライン教育ビデオで、**「何度も何度も繰り返し練習するとか、基本技を死ぬほどやるとか、精神面を鍛えるとか、そうした基本的なことに集中して取り組まなければなりませんでした。それがあってこそ、今私がここにいます」**[12] と、練習の大切さを強調している。さあ、先天的か後天的か？

天才は、つくれるのか？

「先天的対後天的」という表現は、チャールズ・ダーウィンのいとこであるフランシス・ゴルトンが広く一般に広めたもので、その著書『Hereditary Genius: An Inquiry into Its Laws and Consequences（天才と遺伝）』（1869）で用いられた。

ゴルトンは1000人近くの「著名」人を調べたが、ごく一部を除いて皆、イギリス生まれの男性であり、なかには彼自身の親戚も含まれていた。そう聞けば、天才でなくとも、この問題に関するゴルトンの見方はわかるだろう。つまり、天才は家系によるもので、遺伝であるから、人の能力は出生時に受け継がれるもの、という見方だ。

『Hereditary Genius』の1ページ目でゴルトンは、「慎重に選べば、走力が特段に優れているとか、何か特別なことができるといった資質に恵まれた犬や馬を永遠に繁殖させる」ことや、「何世代か慎重に選んで結婚させることで、非常に優秀な人間の種を永続させる」ことは可能だと述べている。[13]

できることなら、ゴルトンのこの選抜育種の発想が、優生学の始まりになったことは忘れたい。なぜならこれが、国家社会主義の死の収容所につながったのだから。ゴルトンの考えはとにかく間違っていた。**選抜育種でスーパーホースはつくれないし、「恵まれた才能の人間種[14]」もつくれない。**

問題点を整理するために、私と一緒に1973年に戻って、ケンタッキーダービーを見てみるとしよう。そこで私たちは、セクレタリアトという名の馬に出会うことになる。

1973年5月5日。陽光の降り注ぐ春の日の午後、私はチャーチルダウンズ競馬場の4

分の3マイル・ポストのバックレールの外側に立っている。私の手には2ドルの「勝馬」投票券2枚が握られている。1枚はウォーバックスという馬に賭けて私が買ったもの。もう1枚は、友人のために、友人の好きなセクレタリアトに賭けて私が買ってあげたものだ。

馬たちが足慣らしのために馬場に入ってきたとき、一番に姿を見せたのはウォーバックスだった。オッズは7倍。ウォーバックスは小さそうに見えたが、馬が走るスピードと体格はおそらく関係ないはずだ。それから何頭かあとに、オッズ1・5倍のセクレタリアトが入場してきた。胸の厚い大きな馬で、つややかな栗毛をしている。そして歩き方も堂々としている。もし、神が馬であったなら、きっとこんな姿をしていたのだろう。

各馬一斉にスタートした。セクレタリアトが1マイル4分の1のレースを1分59・4秒で制した。セクレタリアトは今なおダービーの記録を保持しており、アメリカクラシック三冠の他の2つのレースについても、その記録は破られていない。私が賭けたウォーバックスは最下位でゴールした。

私は列に40分並んで、友人の馬券の配当金3ドルを受け取って友人に渡した。

私に予知能力が備わっていれば、友人には自分の財布から3ドル渡し、馬券はそのまま持っておいて、今日eBay（イーベイ）で売るところだった。でも、eBayの存在や、セクレタリアトが今日「天才競争馬」と呼ばれて、20世紀最高の、いやもしかしたら永遠に史上最高の馬になるなんて、誰が予見できただろうか？

偶然の重なりが天才を生む

才能は遺伝によるものかもしれない。だが、天才は違う。天才――あるいは馬で言うなら、とんでもない偉業――は、血筋によるものではなく、どちらかと言えば**「究極の嵐（パーフェクト・ストーム）」**というものに近い。複数の条件が重なって相乗効果を生み、巨大な力に発展したものと言える。

セクレタリアトは、その死体解剖の結果、心臓の重さが父親であるボールドルーラーの2倍の21ポンドあることがわかった。セクレタリアトは優れた血統ではあるが、他に類を見ないほどの血筋というわけではなく、驚くほどずば抜けた能力の子孫も残していない。およそ400頭の子孫のうち、アメリカクラシック三冠レースに勝利したのは、これまでにたった1頭しかいない。

同様に、天才もたいていは、目を瞠（みは）るほど優れた両親のもとに生まれてはいない[15]。確かに、親子でノーベル賞を受賞したペアも6組いる――5組は父と息子で、1組は母と娘だ（マリー・キュリーとイレーヌ・ジョリオ＝キュリー[16]）。

おそらく、より血筋説について説得力がありそうなのが、ヨハン・セバスチャン・バッハとその3人の息子、カール・フィリップ・エマヌエル、ヴィルヘルム・フリーデマン、ヨハン・クリスティアンだろう。

しかしこれらの家族は、ルールを証明する例外である。ピカソの4人の子どもたち(誰一人、異彩を放つ画家ではない)を考えてみるといい。あるいは、ウェブでアンリ・マティスの娘のマルグリット・マティスの絵を見たり、フランツ・クサーヴァー・モーツァルト(音楽的な耳はよかったが、イマジネーションがなかった)のピアノ協奏曲を聴いたりしてみると、天才が天才を生むわけではないことがわかるかもしれない。

以下のような天才たちを考えてみてもいい。レオナルド・ダ・ヴィンチ、ミケランジェロ、シェイクスピア、アイザック・ニュートン、ベンジャミン・フランクリン、テスラ、ハリエット・タブマン、アインシュタイン、ファン・ゴッホ、キュリー夫人、フリーダ・カーロ、キング牧師、アンディ・ウォーホル、スティーブ・ジョブズ、トニ・モリスン、イーロン・マスク。

この人たちは皆、突然出現している。アインシュタインは、家系は天才を予言するものにはならないことを暗にほのめかし、「家系を辿ったところで、どこにも辿り着かない」[17]と言っている。

ポイントはここだ。**天才は突然、そしてどうやら、人のさまざまな表現型**〔遺伝子の組み合わせと環境の相互作用により、その遺伝子の組み合わせによる形態や特質の一部が目に見える形で現れる生物的特徴〕**の組み合わせ——なかでも、知性や立ち直る力、好奇心、洞察力ある思考、少しどころではない強迫的行動から、ランダムに出現するもののように思える。**[18]

心理学者はこれを「エマージェネシス[19]（emergenesis）」と呼ぶ。私たちのような素人は「究極の状況」と呼んだほうがわかりやすいだろう。起こり得る可能性はあるのだけれど、そう滅多には起こらない、ということだ。

遺伝学の新潮流　エピジェネティクス

ゴルトンはグレゴール・メンデルの業績を知らなかった。遺伝子と呼ばれる遺伝単位について、私たちに科学的理解を授けてくれた天才だ。ゴルトンはまた、ハヴロック・エリスの著作『A Study of British Genius（イギリスの天才研究）』（１９０４）も知らなかったのかもしれない。女性のエリザベス１世（第3子）やジェーン・オースティン（第7子）、ヴァージニア・ウルフ（第6子）などのことは都合よく忘れて、天才はほとんどが男性第１子であることを、統計学的に示そうと企てた書だ。[20]

今日、ゴルトン、メンデル、エリスの考え方が、生物学的決定論あるいは「生命の設計図」理論の基礎となっている。つまり、人の遺伝子は、それがテンプレートとなって、そこにその後の人生で発現する形態や性質がすべて、刻み込まれている、というものだ。しかし、お気づきの方もおられるだろうが、生前決定的な「設計図理論」は天才の答えになっていない。

おそらく、答えはエピジェネティクスと呼ばれる現代科学のなかにあるものと思われる。エピ

Lesson 1

先天的か後天的か？
——知能指数（IQ）と多重特性指数（MQ）

ジーンは、私たちのゲノムの各遺伝子にくっついている小さなタグである。私たちの成長、誕生から死までは、これらの「オン／オフのスイッチ」の働きによる。なぜなら、それぞれの遺伝子が、その性質を現すか否か、現すならいつ現すかをコントロールしているのは、このスイッチだからである。

簡単に言うと、遺伝子は生物の特徴の先天的な側面で、エピジーンは後天的な側面ということだ。**人というものは、どのように育てられるかと、自分が生活する環境、そして自分がその環境や自分自身をいかにコントロールするかがそれぞれの遺伝子の活性化（発現）に影響する。**

確認しておこう。エピジーンは環境の刺激を受けて遺伝子的発達を促すトリガーである。神経科学者のギルバート・ゴットリーブが指摘しているように、私たちが成長するには、遺伝子と環境が連携しているだけではダメで、その連携が正しく機能するには、環境から遺伝子へのインプットがなければならない[21]。何かを成し遂げたいと思ったときに、どのような自分になるかをコントロールできる可能性を提供するのが、エピジーンなのだ。

怠惰な天才なんて聞いたことがあるだろうか？　ないだろう。なぜなら、天才というものは強迫観念に駆られているので、一様に勤勉なものだから。さらに天才は、公には、親からの遺伝（「天分」）よりも、自分自身の努力にはるかに高い価値を置く傾向がある。そのことを暗に示しているのが、以下に挙げる欧米の天才たち何人かの発言だ。

「どれだけ努力すれば、それが成し遂げられるかがわかる程度であれば、人はそれを天才とは呼ばないだろう」（ミケランジェロ）。「今と同じか、今以上に努力が続けられなくなったら、私は意気消沈してしまうに違いない」（フィンセント・ファン・ゴッホ）。「天才は努力の結果である」（マクシム・ゴーリキー）。「週末があるなんて思わなかった。休暇があるなんて思わなかった」（ビル・ゲイツ）。「努力なくして才能もなければ、天才もない」（ドミトリ・メンデレーエフ）。「才能ある人と、成功者を分けるのは、懸命の努力だ」（スティーヴン・キング）。「私は若い頃に必死で働いたから、今はそれほど必死で働かなくていいんだ」（モーツァルト）。「この世で、努力したことがすべて報われるとはかぎらないが、それでも何かを得たければ努力しなければならない」（フレデリック・ダグラス）。「1週間に40時間働いていただけで、世の中を変えた人など誰もいない」（イーロン・マスク）。「才能は神が与えてくださるものだ。でも、努力が才能を天才に変える」（アンナ・パヴロワ）。私もかつてはそう信じていた。

努力にも限界がある

ここにちょっとしたジョークがある。ある若い音楽家がニューヨークに着いて、深く考えることなく尋ねた。「カーネギーホールに行くにはどうすればいいですか？」と。すると「練習さ！」という答えが返ってきた。

私もやってみたのだが、うまくいかなかった。努力にも限界がある。私の音楽教育は4歳から始まった。最初はアップライトピアノの「アクロソニック」で、愛想のいいテッド・ブラウン先生に習った。6年と経たないうちに、ピアノはボールドウィンのグランドピアノに進歩し、先生もワシントンDCで有数の先生に習うようになった。

コンサートピアニストになるために――次のヴァン・クライバーンになるのが私の目標だった――私は有名なイーストマン音楽学校に入学し、卒業した。22歳になるまでに、1万8000時間ぐらいは練習しただろうか。だが、コンサートピアニストとしては自分が一銭も稼げないことはわかっていた。

私はすべてにおいて有利だった。手は大きく、指も細くて長い。最高のレッスンも受けてきた。取り組む意識も高い。**ただ、私にはたった一つ欠けていることがあった。音楽に関する優れた才能だ。**確かに、才能はあった。しかし、ずば抜けて音感が良いというわけでもなく、旋律を記憶する能力が優れているわけでもない。音が聞こえれば自動的に手が動くというほどでもない。何一つ並外れたものはなかったのだ。

さらに、私には一つ、遺伝的な負の遺産があった。私はあがり症だったのだ。ピアノでもバイオリンでも、ほんのわずかな違いが、成功者とそうでない者を分ける可能性がある場合に、これは財産なんかじゃない。今でも、ピアニストとして「スタートし損ねた」この経験から、疑問に思うことがある。努力さえすれば、才能を天才に変えられるのだろうか？　練習すれば、本当に完璧になるのだろうか？

超一流に関する研究領域の始祖である心理学者のアンダース・エリクソンによると、努力すれば天才になれるという。『サイコロジカル・レビュー』誌に掲載された1993年の論文に始まり、共著の書『超一流になるのは才能か努力か?』(2016)でもエリクソンは、人の優れた業績は遺伝的な恩恵によるものではなく、単に自己を律したたゆまぬ努力の結果であり、1万時間もの集中した練習の成果以外の何ものでもない、と結論づけている。

エリクソンがこの理論の裏づけに用いた証拠は、西ベルリンのミュージックアカデミーに通うバイオリニストおよびピアニストの上達を追跡した、エリクソンをはじめとする心理学者の研究データだ。[22] 年齢がほぼ同じで、技術レベルが異なる生徒(中学校の音楽教師から将来の国際的スターまで)について、練習時間と練習の質を関連づけている。その結果、「人は、関連する活動(計画的な練習)を通じて、一流のパフォーマーとしての明確な特徴を、事実上すべて獲得することがわかった[23]」としている。

1万時間の法則は魅力的だし、ノーベル賞受賞者のダニエル・カーネマン(『ファスト&スロー』)やデイヴィッド・ブルックス(『Genius: The Modern View(天才:その現代的な見方)』のほか、ベストセラー作家のマルコム・グラッドウェル(『天才! 成功する人々の法則』のなかの「天才の問題点」の章)など、一流の人々を含め多くの人が「練習」のマントラに飛びつく。だが、そこには問題が1つ——実際には2つある。

まず、ベルリンの研究で心理学者たちは、生徒のもともとの音楽的能力を計測できていない。彼らは同一条件の人を比較したのではなく、普通に才能のある人と、真に優れた才能に恵まれた人を比べたのだ。

生まれつき能力がずば抜けていれば、練習もたやすく楽しいし、もっともっと練習したくなる。[24] 親や周りの人間も、彼らがいともたやすくできるようになることに感動してくれるし、褒めてもくれて、それによってポジティブな連鎖がますます強くなる。エリクソンたちは原因と結果を混同したのだ。**練習は結果であり、最初のきっかけは天性の優れた才能である。**

もう一つ、さらに重要なのが、超一流のパフォーマンスという定義には、「per-form すること」——他人がすでにつくり上げたもの（ラテン語の forma）をやり遂げること（ラテン語の per）という意味がある。

おそろしく長い数字の平方根を求める数学の達人や、ラスベガスのカジノのカードディーラー、エベレスト登頂時間の世界記録を狙うアスリート、あるいはフレデリック・ショパンの『子犬のワルツ』［英語では『Minute Waltz（1分間のワルツ）』］を57秒で弾こうとするコンサートピアニストであれば、超一流のパフォーマンスが有益かもしれない。

しかし、そのゲームやスポーツ競技、楽曲を考案したのは他人なのだ。天才は何か新しいことや革新的なこと——ロープウェーやヘリコプターなど——を発明して頂点に立つものだ。練習はすでにあるものを完璧にはするが、イノベーションを創出はしない。

才能と努力、両方大事

ここまで察しのいい読者の方は、おそらく気づいているだろう。天性の才能と努力は二項対立ではないと。天才は天性の才能と努力の両方の賜物なのだ。それを証明するために、あるコンテストを提示しようと思う。

名づけて**「カタールへの2億5000万ドルを賭けた戦い」**。出場者は2人の画家、ポール・セザンヌ氏（1839～1906）とパブロ・ピカソ氏（1881～1973）だ。目的は、どちらが、カタールの権力者に、より高く売れる絵を描けるかを競うもの。セザンヌのほうが先に生まれているので、そちらを先に取り上げよう。

エクス＝アン＝プロヴァンスで銀行家の息子として生まれたポール・セザンヌは、絵よりも文芸に興味を示していた。しかし、わずか15歳で正式に絵の教育を受けると、ほんの一時期、法学部に在籍はしたものの、20歳になる頃には画家を志すようになった。パリで2年間絵を学んだあと、サロンに応募したが落選した。彼はそれから20年間、ほぼ毎年、新しい作品をサロン展に応募したが、いずれも結果は同じだった。そして1882年、43歳で遂に入選を果たした。[25]

パブロ・ピカソは1881年の秋に画家ホセ・ルイス・イ・ブラスコの息子として生まれた。ピカソは話し始めるより早く、絵が描けた。ピカソが描いた『サルメロン』（年老いた漁夫の肖像画）は、13歳になった1時間後に描いたもので、優れた心理学的洞察力と絵画技法を映し出す代表作となっている。ピカソ少年の他の出展絵画を見た、ある美術評論家は、『ラ・ボス・デ・ガリシア』紙に「画家の未来には輝かしい栄誉が待ち受けている」[26]という評を掲載している。

まだ14歳にもならないうちに、ピカソはバルセロナの美術学校への入学を許可された。学友の一人は、ピカソのことをこんなふうに評していた。「ピカソはほかの生徒よりはるかに大人びていた。みな五歳か六歳は年上なのに、教授の話を注意深く聞いているようには見えないのに、教えられたことは瞬時に把握した」[27]。20代になってピカソは、当時も今も、世の中が驚愕するきわめて独創的な絵画を次々と制作した。ばら色の時代、青の時代の作品群、ハーレクイン、初期のキュビズムの代表作、そして初期のコラージュ。

純粋に金銭的価値で見ると、ピカソは最高の絵画を25歳頃に描いている。[28]ピカソの『アルジェの女たち』（1955）は最終的に、カタールの王族のハマド・ビン・ジャシムに1億8000万ドルで落札されることになる。とてつもない天賦の才能に恵まれたピカソは、別格だった。

しかしセザンヌは、パリとエクスの自分のアトリエで絵を描き続けた。そしてセザンヌが50歳に近づいた1880年代の遅くには、進取的な画家たちが、平板な色づかいで、幾何学的な形を強調するセザンヌ独特のスタイルを称賛し始めるようになる。1906年に亡くなる前の10年のあいだに、セザンヌは最大の傑作をいくつも遺（のこ）すことになった。絵の勉強を始めてから半世紀経ったときのことだ。[29]

そして1907年、パリでセザンヌの回顧展が開かれ、美術界の若手異端児たちが訪れた——そのなかにはピカソ、アンリ・マティス、ジョルジュ・ブラック、アメデオ・モディリアーニなどもいた。[30]「セザンヌは私たち皆の父だ」と語ったのはピカソだ。[31] 2011年になって、セザンヌの『カード遊びをする人々』はカタールの首長一族に2億5000万ドルで落札された。ピカソの絵より7000万ドル高い。

しかし、仲間うちで7000万ドルはどんな意味があるだろうか？　これは引き分けと呼んでいいのではないだろうか？

天才をつくるには、明らかに2つのまったく異なる方法がある。片方はすぐ明らかになるもの（天性）、もう一方はなかなか現れてこないもの（苦労を惜しまぬ自己研鑽）。**どちらも必要ではあるが、では、その比率は？**

練習支持派は、結果の80パーセントは努力で決まると言い、それに対して心理学者は、対象とする分野にもよるが、その数字が25パーセント程度まで下がることもあることを、最近ほのめかしている。[32]才能と努力の重要度の比について洞察を得るため、イェール大学の私のコースを卒業していった天才ネイサン・チェンに話を聞いた。

持って生まれたもののすべてを限界まで伸ばす

シモーネ・バイルズが今日、全米一の女子体操選手であるのに対して、チェンも全米一の男子フィギュアスケーターで、同じくオリンピックのメダリストだ。チェンは5種類の4回転ジャンプを初めて跳んだスケーターで、このスポーツをより高度な運動競技の領域に引き上げ、ジャッジに新しい難度レベルの判定基準を考案させた。バイルズ同様、チェンも比較的小柄(約168センチメートル)で、かなりの筋肉質である。以下に示すのは、チェンが才能と努力について語っていることの要旨だ。

私が思うに、この競技は遺伝的要素が作用することがあると思います。身長、体型、遺伝的な肉体の強さ、それからマッスルメモリー〔筋肉の動きを脳に記憶させること〕をすばやく強化する能力。でも、それだけじゃない。ほかにも、実際に見ることはできなくて、定量化も困難な遺伝的要素がいくつもあります。

そのなかに、緊張したときに落ち着いていられる能力と、競技中に自分のなかで戦略を立てて、軌道修正する能力があります。私の場合、それは80パーセント天性のものと言っていいでしょう。金メダルアスリートは、それを100パーセントにします——80パーセントが天性（遺伝子と運）で、20パーセントが努力です。

持って生まれたもの（天性）が60パーセントのアスリートの場合、20パーセントの部分（努力）を最大限に引き伸ばさないと、トップクラスの選手（90～100パーセントのアスリート）と競うなど、考えることすら及ばない。だから、天性と努力とどちらが重要かなんて、簡単には言えません。どちらもそれぞれ重要ですが、毎日、どれほど必死で練習を重ねても、遺伝的な素養がなければ、トップに立つのはほぼ不可能でしょう。[33]

チェンが、生まれながらにしてリソースと教育機会に恵まれていることは有益だと気づいて、鋭い洞察で「運」を天性のもののなかに入れていることに注目したい。それを踏まえてチェンは、**天性のものと努力の比がどうであれ、自分の選んだ道で頂点に立つには、その両方を限界まで引き上げなければならない**、と結論づけている。

ＩＱとは何か？

私たちは長らく、ある一つの天性の才能に特にこだわってきた。ＩＱだ。知能の数値評価は１９０５年に、アルフレッド・ビネーがパリの公立学校で、学習の遅い子を見極めて、援助の手を差し伸べられるよう考案したテストを発表したことから始まった。[34]

１９１２年には、ドイツ語のIntelligenzquotient（そこから英語のＩＱが生まれている）が一般的なものになっていた。ちょうどその頃、米軍が、精神的な適合性を判定し、将校養成学校の候補者を見極める標準テストを採用し始めた。補習教育のエクササイズとして始まったものが、あっという間にエリートコースへの関門となったのだ。

スタンフォード大学の心理学者ルイス・ターマンが１９２０年代に、ずば抜けて高いＩＱ１３５以上（１００が平均と考えられている）の優秀な子どもたちの研究を始めると、ずば抜けて高いＩＱが天才と結びつけられるようになった。今でも、１９４６年にイギリスのオックスフォードに創設された自称「天才クラブ」ＭＥＮＳＡ（メンサ）は、ＩＱ１３２以上の会員資格を設けている。「非常に頭脳明晰な子どもを対象とする業界」の教育者のなかには、さらに過激な思想を唱える者もいて、親から譲り受けた能力に段階をつけている。ＩＱ１３０から１４４が「まずまず」で、１４５から１５９が優秀、１６０から１７４が「きわめて優秀」で、１７５以上で「ずば抜けて優秀」だという。

だが、実際はスティーヴン・ホーキングが正しく、彼は２００４年に、「自分のＩＱを自慢する人間は敗者だ」[35]と述べている。マリー・キュリー（キュリー夫人）はＩＱテストを受けたことがないし、シェイクスピアもそうだ。それなのに、この人たちの頭がいいと、どうして言い切れるのだろう？　**そもそも、「頭がいい」とはどういうことだろう？**

ＩＱテストには論理性を評価する項目があり、数学および言語の法則を採用している。しかし、ＩＱテストのどこにも、クリエイティブな回答や回答の可能性を広げたことに与えられる点数はない。イライラを募らせていたトーマス・エジソンは、1903年に、ある問題を理屈で考えることに限界を感じ、創造性に欠ける見習いを、次のような言葉で厳しく叱った。
「そこがお前の問題点なんだよ。お前は理に適ったことしか試そうとしないから。理に適ったことなど、うまくいった試しがない。お前がこれ以上理に適ったことを考えつかなくて、よかったよ。だったら、不合理なことを試してみようとしたらどうかね。そしたら、じきに解決策が見つかるさ[36]」。

理に適ったロジックはクリエイティブな創意工夫とは異なる。よく使われる比喩のとおり、箱の内側で考えるのは、箱を飛び出して考える（アウト・オブ・ボックス）のとは異なる。**IQテストに見られるような、徹底してロジカルな認知処理と、ピカソのような画家が映し出してきたような創造力は、まったく異なるものだ。**

ピカソであればおそらく、ハーバード大学のスティーヴン・ジェイ・グールドの意見に賛成しただろう。「一つの実体として知能を抽象化し、脳内に知能を位置づけ、各個人に一つの数値として知能を数量化して、これらの数値を使って人々を単一の価値体系にランクづける」[37]のは浅はかなことだろう。

IQやSAT、認知能力テストの限界

１９７１年、アメリカ合衆国最高裁判所はＩＱテストを採用条件に利用することを、満場一致で違法とした。[38] ＳＡＴ――アメリカで大学の入学試験として広く用いられている標準テスト――は違法ではない。しかしこれも、変化していく可能性のある知力を測るには不完全な基準である。[39]

最近の経済データが示すように、ＳＡＴのスコアには、受験生本人の達成能力だけでなく、受験生の親の収入および教育レベルが映し出される。[40] シカゴ大学などの一流校を含む、１０００を超えるカレッジおよび大学がＳＡＴ（ならびに類似のＡＣＴ）を入学の要件にすることを取りやめた。[41]

２０１９年の12月には、カリフォルニアの、主に黒人やヒスパニック系が住む地区の学校の生徒が、そうした標準テストを入学試験に用いることをやめるよう求めてカリフォルニア大学を提訴し、６カ月後、同大学理事会は全員一致で、これに同意した。[42]

ＩＱテスト同様、ＳＡＴも高校の良い成績と大学１年目の良い成績を関連づけ、のちの成功と少数の専門分野における高収入とを結びつけるものだ。[43] しかしこれまでのところ、そのようなテストの成績と交響曲を書く能力との相関性を示した人は誰もおらず、ダーウィン主義者が優位と考えるような好奇心や忍耐力がたった3時間の試験で測れることを説明した人もいない。

ごく最近のことではあるが、フィリップス・エクセター・アカデミーやドルトン・スクール、ホーレス・マン・スクール、チョート・ローズマリー・ホールをはじめとするアメリカのエリート私立学校の多くも、ＡＰコースとＡＰテストの両方を廃止している。[44]

「授業に際して教師が、生徒からの質問や、授業に対する生徒の関心を求めているのか、それとも学校がつくったものですらない試験の準備をさせたがっているのか、生徒がわからず戸惑うことが多い」と、2018年にホーレス・マン高等部校長のジェシカ・レーヴェンシュタイン博士が語っている。[45] そのような「試験のために教えること」は、好奇心を削ぐだけでなく、ストレスや点数稼ぎの原因となる。

学校の成績の賞味期限

2018年4月17日、私はイェール大学のファイ・ベータ・カッパ〔成績優秀な大学生の友愛会〕から、学部生に対する優れた指導と研究活動が評価されて、ディヴェイン・メダルを授与された。授賞式の夜、会場を歩いていて、私を褒めそやす言葉を聞いていると、皮肉を感じずにはいられなかった。

私自身は高校でB+の生徒だったし、学校の成績優秀者名簿に載ったこともない。学部生としてはイェールに入学できる成績ではなかった——素晴らしい音楽の授業があったのだけれど——ので、出願もしなかった。冬と夏に、オープンスクールのカリキュラムをいくつも受けはしたけれど、カレッジを優秀な成績で卒業はしていない。

大学院についても、ハーバード、プリンストン、スタンフォード大学から入学許可が得られたけれど、イェールはなかった。100万年経っても、金輪際、私がファイ・ベータ・カッパに選ばれることはないだろう。

妻のシェリーは家族のなかでは優秀なほう（イェールのサマ・カム・ラウディ〔最優秀卒業生に与えられる名誉〕でファイ・ベータ・カッパのメンバー）だが、ずいぶん前に、ファイ・ベータ・カッパの成績を収めている学生のなかには、賢く立ち回って――つまり自分の生まれ持った才能で楽に取れる授業を取って、そこに到達している学生もいる、という事実を教えてくれた。

たぶん、ファイ・ベータ・カッパの本当のメンバーは、リスクを冒さない試験上手で、独自の道を歩む人というよりは、体制順応的な人なのだろう。

ペンシルベニア大学ウォートン校教授アダム・グラントの「What Straight-A Students Get Wrong（成績がオールAの学生が勘違いしていること）」という記事で、私の疑念が裏づけられた。2018年12月に『ニューヨーク・タイムズ』紙に掲載されたグラント教授の論説によると、**学校の成績は、天才は言うに及ばず、成功の信頼できる指標ではない**、という。

「その根拠は明らかで、学業の成績が、優れたキャリアを予言するものではない。さまざまな業界を通じて、学業成績と仕事の遂行能力のあいだには、大学卒業後1年目こそ、そこそこの相関性が見られるが、ものの数年のうちに、取るに足りないものになる。たとえば、グーグルでは、従業員は大学を卒業して2～3年もすれば、大学の成績は業務遂行能力に何の関係もなくなるという」と、グラントは述べている。

グラント教授の説明は続き、「学業成績では、創造力やリーダーシップ、チームワーク力、社会的知性、感情的知性、政治的知性などの資質はほとんど測れない。確かに、オールAの学生は、情報を詰め込んで、それを試験で吐き出す技を修得している。しかし、問題に対して正しい解を見つけさえすれば、仕事で成功することは稀で、それよりも解決すべき問題を正しく見つけるほうが重要なことが多い[46]」とある。

グラントのこの結論で、昔から象牙の塔にあったあるジョークが思い出された。「大学の教職にはAの学生を雇え。Bの学生には、Cのために仕事をさせると比較的良い仕事をする」。

偽りの評価を下された天才たち

IQテストやSAT、学業成績が仕事上の成功を予見するものとして信頼できないなら、天才を予見するものになどなるわけがない。これらの成績は、偽のプラス評価の人（伸びていきそうに見えるけれど、そうではない）と、偽のマイナス評価の人（どこにも行き着きそうには見えなかったのに、最終的に世の中を変えてしまう人）の両方を生み出してしまう。

もちろん、ときには学校でも優秀な成績を収めた、本当のプラス評価の天才もいる。キュリー夫人（16歳のとき、クラスでトップだった）やジークムント・フロイト（高校でサマ・カム・ラウディ）、ジェフ・ベゾス（プリンストンのサマ・カム・ラウディで、ファイ・ベータ・カッパのメンバー）などがそうだ。才能ある若者を判定する、ジョンズ・ホプキンズ大学の信頼性の高いテストでは、マーク・ザッカーバーグ、セルゲイ・ブリン（グーグルの共同創設者）、ステファニー・ジャーマノッタ（レディ・ガガ）の可能性が見出されている。[47]

一方、ルイス・ターマンたちが１９２０年代から１９９０年代にかけてスタンフォード大学で行った有名な**「天才テスト」**では、ＩＱが１３５を超える若者が１５００人もいたが、ただの１人も天才は生み出されていない。[48] のちにターマンの同僚が報告しているように、**「１人もノーベル賞受賞者は出なかった。ピューリッツァー賞受賞者も１人も出なかった。ピカソも１人も出なかった」**[49]のである。

さらに重要なこととして、こうした偽のマイナス評価の人——天才なのに標準的なＩＱテストで良い成績を収められず、おそらくはファイ・ベータ・カッパにも選出されない人について考えてみよう。

チャールズ・ダーウィンの幼い頃の学業成績はかなり低く、息子は家族の不名誉になるだろうと彼の父親は考えた。[50] ウィンストン・チャーチルも同様に出来の悪い生徒で、「学ぶ動機とか、イマジネーションとか、興味とかが湧かなければ、私は学ばないし、学べないのだ」[51]と本人も認めている。

ノーベル賞を受賞した物理学者のウィリアム・ショックレーとルイス・アルヴァレズは、ＩＱテストのスコアが低すぎるという理由により、スタンフォード大学の天才テストの受験を拒否されている。[52] 児童小説家のＪ・Ｋ・ローリングは、「大学にはまるで意欲が湧かなかった」として、大学での平凡な成績は「コーヒー店で小説を書くことにあまりにも長い時間を費やし、授業にはあまりにも少ない時間しか費やしていなかった」[53]ためと告白している。

同じくトーマス・エジソンも「クラスでは成績は上位ではなく、下位だった」と自身で書いている。[54]アインシュタインは1900年、5人しかいない物理学専攻のクラスを4番で卒業している。スティーブ・ジョブズの高校のGPAは2・65［4〜0で評価。4が優、AAまたはSで、0が不可またはD］。アリババ（中国のアマゾン）創設者のジャック・マーは高考（中国の全国統一大学入学試験）を受けたが、2回目の挑戦でも数学は120点中19点だったし、[55]ベートーヴェンも加算は苦手で、乗算や除算は遂にできなかった。

ウォルト・ディズニーも成績は平均より下で、授業中はよく寝ていた。[56]最後に紹介するピカソは、どうしてもアルファベットの順を覚えることができず、数字は記号のように見えていた。たとえば、2は鳥の羽根のように見えるし、0は体に見えるという。[57]どうやら、標準テストではこれらの天才が発見できないらしい。

それなのに、どうして私たちはそんなものを使い続けるのだろう？　私たちが標準テストに信頼を置き続けるのは、そのとおりだからだ。つまり、標準化されているから。一般的な設問は、何百万人という生徒の認知発達を評価して比較するのに便利で、アメリカや中国のように膨大な人口を抱える国にとっては都合がよい。効率を重視して、理解の幅を犠牲にしているのだ。

SATや中国の高考などのテストは、根拠に疑問を持ったり、変化し続ける世の中で、ある概念を再考したりすることを促すのではなく、昔ながらの単一の問題に対して、単一の測定法を定めるものである。まだ見ぬ目標点をつくり上げているかどうかではなく、あらかじめ定められた目標点に到達しているか否かを確認するものだ。

これらのテストは、感情的な交流や社会的交流よりも、限られた範囲の認知能力（数学や言語）を上位に置く。ここで私が言いたいのは、人間の可能性を測る試験をやめろ、ということではない。そうではなく、**試験はもっと幅広く、柔軟で、職業能力に結びつく色合いを帯びていなければならない**、ということだ。現在の標準テストは効率的ではあるが、目的も内容も狭すぎて、天才は言わずもがな、人生で成功するか否かの目印にはならない。

天才が持つ「7つの能力」 ＭＱのすすめ

振付師のマーサ・グラハムとジョージ・バランシンは体の動きに関するイマジネーションが優れていた。キング牧師とマハトマ・ガンディーは利他的な視点で意見を発信することに長けていた。ヴァージニア・ウルフやジークムント・フロイトは鋭い省察の目があり、ジェイムズ・ジョイスやトニ・モリスンは言語表現の素晴らしい能力を持っていた。オーギュスト・ロダンとミケランジェロは視覚的・空間的推論能力に秀でたものがあり、バッハやベートーヴェンは聴覚が並外れていた。アインシュタインとスティーヴン・ホーキングは数学的な論理的思考力に他を寄せつけないものがあった。

ここで述べた人の営みにおける７つの側面は、ハーバード大学の発達心理学者ハワード・ガードナーが提唱する、人の知能の7つの発現様式であり、ガードナーはこれを「多元的知能」[58]と呼んでいる〔現在は8〜10個の発現様式とされることが多い〕。

これらは分野に特化した頭脳の働きで、そこから創造力が飛躍する。そして、こうしたクリエイティブな分野の一つひとつで、個人のさまざまな性格的特徴がその働きを決定づける。それが知性や好奇心、立ち直る力、忍耐力、リスクの受け入れ力、自信、努力する力などだ。**天才に貢献するこれらの多種多様な性格的特徴を備える能力を、私は多重特性指数（MQ：Many Traits Quotient）と名づける。**

J・K・ローリングは、存命する他の作家のほとんど誰よりも多く書籍を売り上げており（5億部）、若者のあいだに熱狂的読者層を生み出している。2008年のハーバード大学の卒業式のスピーチで、ローリングは失敗の美徳を激賞し、イマジネーションや人生における情熱の重要性を強調した。[59]

自身のウェブサイトに投稿した2019年の記事では、作家として成功するために必要な個人の資質を5つ挙げている。読書が大好きなこと（好奇心）、克己心、立ち直る力、勇気、独立心だ。[60]

ローリングのような天才にとっては、こうした個人的資質が重要に思えるのであれば、なぜ、そうしたものを広範に測るテストをつくらないのだろう？　私たちが、SATや高考などの大学入学試験に固執するのは見当違いかもしれない。

もしかしたら、学校で教えられる学業知識を試すテスト（SAT）の代わりに、MQを盛り込んだ、より総合的な天才適性検査（GAT）が必要なのかもしれない。[61] そうすると、GATには、WHAT（努力適性検査）やPAT（情熱適性検査）、CAT（好奇心適性検査）、SCAT（自信適性検査）、RAT（立ち直る力適性検査）といった小区分があって然るべき、ということになるだろう。

では、ホグワーツ魔法魔術学校やハーバードに入学するには、天才適性検査でどれくらい高い点数を取らなければならないのだろう？ そんなに高くはない。

今日、多くの専門家が、科学分野で秀でるのに必要な知能指数は、IQ115から125もあればよいと考えている。それを超えると、IQのスコアが上がっても、創造的な洞察力との相関性はほとんどなくなる。[62] 科学者のリチャード・ファインマン、ジェームズ・ワトソン、ウィリアム・ショックレーもIQはそれを下回っていたが、それぞれの分野でノーベル賞を受賞している。

1949年に大学卒業資格を問うために設定された標準テストのGREは800点満点で、大半の専門分野で合格基準点を700点以上としていた。なぜなら、それが大学院入学「資格のない」受験者をはじくのに便利だからだ。

しかし、30年、イェール大学大学院への出願申請を見てきた私の経験からすると、GREのスコアは800点中550点もあれば、十分に能力が示せていると思う。メリーランド大学カレッジパーク校の教育学名誉教授ウィリアム・セドラチェクも、2014年に『ネイチャー』誌に掲載された記事「A Test That Fails（失敗するテスト）」に、「テストの結果と最終的な成功のあいだにはわずかな相関関係しかない」[63] ことがわかったと記載している。

セドラチェク教授は、GREを重視しすぎず、意欲や勤勉さ、挑戦する姿勢などの他の側面を見る入学選考を強化するよう推奨している。その考えによると、テストでは400点もあればいいだろうと述べているのだ[64]〔現在は新制度で評価法が変更されている〕。

結局は評価する側の都合？

最後に、アイビーリーグ校はすべて、過大評価されている、などということはないだろうか？[65] ノーベル賞受賞者を対象にした調査によると、偉大な業績を残すためには、ハーバード、イェール、プリンストンへの入学は、上位15パーセントの学校への入学と比較して、必ずしも必要ではないことが示唆されている。[66]

それならなぜ、アメリカや中国の親は、SATのスコアを偽ったり、入学試験担当者に賄賂を渡してでも、自分の子どもを誰もが羨む「アイビー系の」学校に入れようとするのだろうか？ 2019年にFBIのおとり捜査、バーシティ・ブルース作戦（裏口入学スキャンダル）で明らかになったように、実際にこうした裏口入学が行われている。[67]

親たちはどうして、罰金や懲役のリスクを冒してまで、価値の疑わしいテストのスコアを水増しするのだろうか？ どうして親たちは、失敗から学び、立ち直る力を養う機会を自分の子どもから奪うような真似をするのだろうか？

イェール大学の女子サッカーチームのコーチで、娘と私も注目していたルディ・メレディスが、86万５０００ドルを要求して、２人の生徒の出願資格を不正に申請したことを認めた。[68]さらに悪いことに、ほぼ毎年、一つ以上のカレッジあるいは大学が、入学希望者のテストのスコアを不正に水増ししているとして、召喚されている。[69]

しかし、イェールの入学希望者が親と一緒にオープンキャンパスに来たときに私が言ってきたように、「実際のところ、アメリカには優れた大学が少なくとも３００校はあり、そのうちのどこに入学するかは、大した問題ではない。重要なのは、学校ではなく、自分（あるいはあなたの子ども）の内側に何があるかだ」。

それでも、「ＩＱが天才の絶対的基準」「ＳＡＴが成功への登竜門」「ハーバード、イェール、プリンストン以外の大学はすべて劣った大学」という古い神話はなかなか消えない。

おそらく私たちは、ＩＱや標準テストなどの判定方法に絶対的信頼を寄せて、エリート教育に固執すれば、私たちが求めるような、世の中を導いていってくれる人材が本当に育つのか、一歩下がって問いかけてみるべきなのではないか。

私たちは、天性の認知解析力（ＩＱ）を褒めそやす体系か、ＩＱを含む多重特性（ＭＱ）に価値を置く体系の、どちらを重視しているのだろうか？　先に述べたような、偽のマイナス評価を受けた天才たち――ベートーヴェン、ダーウィン、エジソン、ピカソ、ディズニー、ジョブズなど――を見ると、**天才とは到底ＩＱなどで語れるものではなく、「賢い」にさまざまな意味がある**ことがわかる。

難しいのは、隠れた天才を見つける検査方法を見つけることだ。これについては、アインシュタインの言葉としてよく言われていることが一番しっくりくるのではないだろうか。「皆、天才である。しかし、木登りの能力で魚を評価したら、魚は、自分はダメなんだと思って一生を過ごすことになるだろう[70]」。

Lesson 2

天才とジェンダー

ゲームは不正操作されている

The Hidden Habits of Genius

男女による評価の違い

２０１４年、野心あふれる小説家のキャサリン・ニコルズは、ある実験を行った。自身の未刊の小説の出版を依頼する手紙を、自身の本名でエージェント50社に送ったのだ。それから、まったく同じ手紙を「ジョージ・レイヤー」の名前で同じく50のエージェントに送った。[1]「ジョージ」の原稿は17社で審査の対象になったが、一方のキャサリンのほうは2社しか審査対象にならなかった。お断りの手紙も、「ジョージ」が受け取ったほうは温かみがあり、キャサリンが受け取ったものより、勇気づける内容だった。

求人応募の審査プロセスでも、ジェンダーや人種に関係する同様の職場バイアスが観察されている。[2]驚いたことに、出版業界ではジェンダーバイアスがエージェントのほぼ半数で存在することが統計的に示されており、また、出版社の編集者の半数以上が女性だというデータがある。[3]女性には他の女性に対する隠れたバイアスがある、という事実はちょっとした驚きである。

はるか昔から男性は女性を差別してきた、というのは公然の事実である。**男性が女性を「天才仲間」から排除することに、あまりにも見事に成功してきたために、女性も自分の価値を過小評価するようになってしまった。**

Lesson2

天才とジェンダー
――ゲームは不正操作されている

最近私は、4000人を超える大人を対象に、欧米の文化史で天才の名を12人挙げてもらう調査を行った。回答者は皆、全米73都市で開催されている生涯教育プログラムの「ワンデイ・ユニバーシティ」(1日大学)に入学してきた私の学生で、57パーセントが女性。その大半は50歳以上だった。

この調査の目的は、どれくらい下位にならないと、天才リストに女性の名前が出てこないかを調べることだ。これほど女性が多数を占める母集団でも、女性の名が初めて現れたのは、平均して第8位だった。

そのなかで、多く名前が挙がったのは、科学者のキュリー夫人とロザリンド・フランクリン、数学者のエイダ・ラブレス、作家のヴァージニア・ウルフとジェーン・オースティンで、他を引き離して最も多く名前が挙がったのはキュリー夫人だった。女性の哲学者、建築家、技術者の名前はいっさい挙がらなかった。

こうした不均衡は私のイェールでの授業、「天才の資質探求」でも早くに明らかになっている。イェールの学部生は、現在は男女半々で、「天才の資質探求」は全員に開かれた一般人文科学クラスであるにもかかわらず、毎年、受講生の比率は男女6対4になっている。

イェールでも他の大学でも、学生は受講するかしないかで意思表示を行うものであり、このコースの評判は良いにもかかわらず、イェールの女子学生はどうやら、男子学生ほど天才の概念に興味がないようである。また、私が授業で質問をしたり、反対意見を求めたりした場合も、答えるのは圧倒的に男子学生が多いことにも気づいた。

このことに気づいてから、私は授業補佐にそれぞれの回答者の性別と回答に費やされた「時間」を記録しておくよう依頼するようになった。その比は、毎年変わらず、男子と女子でほぼ7対3の割合だった。

この差に首をひねっていると、シェリル・サンドバーグをはじめとして、産業界でも、似たような現象を確認していることが、ほどなくしてわかった。オープンディスカッションでは、議論に熱心に参加するのは主に「指導者的立場の男性」で、女性は最初、黙って成り行きを眺め、ゲームがどのように運ぶかを品定めしているという。[4]

そして2012年、ブリガム・ヤング大学、プリンストン大学、ポートランド州立大学の教授らが、学会において女性の発言は、出席者の男女比に照らして、圧倒的に少なく、発言時間は男性の75パーセント未満であった、との研究結果を発表している。[5] しかし、私の授業における30パーセントという女子学生の参加率は、さらに悪い。

近寄りがたい男性中心の世界

一つには人前で話すことへの抵抗、というものがあるだろうが、私が教えているテーマから、何が女子学生を遠ざけているのだろう?

女性は誰かを他の人より「特別だ」とする競争に、あまりそそられないのだろうか? 女性は

Lesson2
天才とジェンダー
——ゲームは不正操作されている

世界的絵画やきわめて革命的な発明といった、伝統的な天才の証に、それほど価値を見出さないのだろうか？　女性は天才の概念そのものにそれほど興味がないのだろうか？　もしそうなら、それはなぜだろうか？

ヒントは、全米女子大学協会による２０１０年の研究報告書「Why So Few? Women in Science, Technology, Engineering, and Mathematics（なぜ、科学、技術、工学、数学界［ＳＴＥＭ］にはこれほど女性が少ないのか？）」[6]に見つかった。同報告書では、女性は、カレッジおよび大学でステレオタイプな見方をされ、偏見に晒されて、希望しない職場環境に置かれるために、ＳＴＥＭでは苦しい戦いを強いられていることが強調されている。

同様に、マイクロソフトが発表した２０１８年のレポート「Why Do Girls Lose Interest in STEM?（なぜ女性はＳＴＥＭへの関心を失うのか？）」でも、指導者や親からのサポートの欠如が一因としてあることが記されている。[7]

私のなかで両者がつながった。私の「天才の資質探求」の授業を取る女子学生が少なく、ＳＴＥＭ界に行こうとする女性が少ないのは、これらがともに伝統的に男性によって築かれ、男性中心に築かれてきたためである、と。

女性には、すぐにイメージできる手本（天才）が少なく、師事できる現代の指導者も少ない。それなら、**もっぱら「偉大な男たち」の輝かしい業績ばかり読まされる授業なんて、なんで取らなくちゃいけないのか？**となるだろう。こうしたさまざまな理由から、女性はＳＴＥＭ界を忌避し、天才の研究に寄りつかないのだ。

40年以上も天才の研究を行ってきた歴史家のディーン・キース・サイモントンは、伝統的に天才と関連づけられてきた分野における女性の少なさを数字で示している。サイモントンの統計によると、歴史を通じて、政治家として名を上げた人物に女性は、わずか3パーセントしかいないという。

科学分野で見れば、注目すべき女性は全体の1パーセント足らずで、男性ばかりの海に落ちる一滴のしずくほどでしかない。より「女性に活躍の場のある」文芸の分野でも、女性で名を上げた人は、偉大な作家のわずか10パーセントでしかない。

音楽の領域でも、クララ・シューマン［ロベルト・シューマンの妻で19世紀に活躍したピアニスト兼作曲家］やファニー・メンデルスゾーン［フェリックス・メンデルスゾーンの姉でドイツのピアニスト兼作曲家］が1人出現するたびに、クラシック音楽の著名な男性作曲家が10人出現している。[8]

結論として、サイモントンは、人口の半分は女性が占めているにもかかわらず、歴史を通じて女性は、「取り上げるほどのこともない、注目すべきところなど何もない存在で、もっと言うなら、人間の諸問題には関係のない存在」[9]として捉えられてきたことを認めている。

サイモントンの統計を信じるも、信じないも自由であるが、サイモントンが提示している問いは、詰まるところ、この、いわゆる女性の台頭不足は遺伝子的な力不足によるものか、それとも文化的バイアスによるものか、ということである。こんなことを聞けば、天才ヴァージニア・ウルフを含め多くの人が、そのような問い自体が侮辱だと考えるだろう。

女性であることのハンデ

ヴァージニア・ウルフは1882年に、ロンドンの裕福な上位中流階級(アッパーミドルクラス)に生まれた。本と家庭教師は与えられていたものの、ウルフが受けていた費用のかからない自宅教育は、兄弟に与えられていた高額な寄宿学校での教育、のちのケンブリッジ大学での教育には遠く及ばなかった。

詩人ジョン・ミルトンの研究をしていたときには、女性であるという理由により、ある「オックスブリッジ」大学の図書館への入館を拒否されている。この不平等に腹を立て、このような性差別はどこから来るのかに興味を惹かれたウルフは、歴史を通じて女性の天才を探し始めた。

ウルフの1929年の有名なエッセイ『自分ひとりの部屋』に書かれているとおり、彼女の辿り着いた結論は、天才は男性社会における構成概念だということだ。**女性が成功を収めるのは異例のことであり、成功を手にするには障壁がある**というウルフの観察は、今なおよく耳にするものである。

(書くための)静かな部屋、(支払いをするための)お金、(子育て以外のことを)考える時間。ウルフにとっては、そうしたものが、昔から女性には否定されてきた機会のメタファーであった。「財をなしつつ十三人産むなんて、人間にはできない相談です」と彼女は書いている。

「第一に、収入を得ることが彼女たちにはそもそも不可能でした。第二に、たとえ収入が得られたとしても、既婚女性がお金を所有することは法律で禁止されていました[10]」。したがって、知的資本の原動力として、「そんな女性は存在しない［中略］シェイクスピアと同じくらいの才能を女性が持つなんて、過去も現在も未来もありえない[11]」と、ウルフは書いている。

彼女は言う。歴史を通じて、常にこの「これはお前にはできない、やるだけの能力がない[12]」という判定があったと。この「お前にはできない」という障壁をつくった人物のなかに、有名な教育者のジャン＝ジャック・ルソーがいる。ルソーは1758年に、「一般的に、女性は芸術を好まず、また理解もせず、その才能はない[13]」と書いている。

女性作家たちの抵抗

女性が敗北の運命を背負わされているなか、それでも歴史を通じて多くの女性の天才が、自分自身と自分のジェンダーを区別することでこれに立ち向かってきた。ジェーン・オースティンは『高慢と偏見』を匿名の女性として出版し、メアリー・シェリーも最初に『フランケンシュタイン』を出版するとき、同じことをした。

そのほか、男性のペンネームを用いた女性の天才もいて、たとえばジョルジュ・サンド（本名：オーロール・デュパン）、ダニエル・ステルン（本名：マリー・ダグー）、ジョージ・エリオット（本名：メアリー・アン・エヴァンズ）、カラー・ベル（本名：シャーロット・ブロンテ）、エリス・ベル

（本名：エミリー・ブロンテ）などがそうだ。

彼女たちが認められて、その喜びに浸ることはきっとなかっただろうが、少なくとも現在、彼女たちの作品は出版の機会を得て、読まれている。その業績が世に知られないままだったら、天才だとしても、どうやって世の中を変えられるというのだろうか？

ウルフが得た洞察と、彼女が有名なエッセイのなかで投げかけた問いが間違いなく多くの女性作家を刺激して、奮い立たせ、彼女のあとに続かせた。

（ウルフを題材に修士論文を書いた）トニ・モリスン、パール・S・バック、マーガレット・アトウッド、ジョイス・キャロル・オーツらの文豪は皆、本名で執筆しており、現在は女性作家も男性と同じステータスと自分のペンの力を感得できているように思える。

だとしたら、ジョアン・ローリングやフィリス・ドロシー・ジェイムズ、エリカ・ミッチェルはなぜ、J・K・ローリングやP・D・ジェイムズ、E・L・ジェイムズのペンネームを使おうと思ったのだろうか？　なぜ、ネル・ハーパー・リーはネルの部分を捨ててハーパー・リーとだけ称したのだろうか？

ローリングはエージェントのクリストファー・リトルに、**男性だと思ってもらえたほうがハリー・ポッターの本がよく売れるだろう**と言われていた。[14]

「天才的作品を作るのは、ほとんどつねに途方もない困難をともなう偉業です」とヴァージニア・ウルフは『自分ひとりの部屋』のなかで語っている。これを恐ろしく困難にしていたのは、クリエイティブな女性が負わされているプラスαの重荷に世の中が無関心で、男性の天才でさえ、その重荷を取り除かなければならないという考えには敵意を抱いていたためのようである。「［彼女たちの］こうした厳しい物質的困難に加え、物質的でない困難はさらに酷いものでした。才能を持った男性は、世間の無関心を耐えがたいと感じましたが、彼女に向けられるのは無関心でなく、あからさまな敵意でした[15]」。

敵意は恐れの芽である――威厳を、地位を、富を失うことへの恐れ。**女性の成功を恐れる傾向は、ウルフの表現を借りれば「ぼんやりとした男としてのコンプレックス」の一部である。**その中身は、ウルフ曰く、男性の胸の奥深くにある、「女性は劣っていなくてはならない、もとい男性は優れていなくてはならない[16]」という願望だという。

自分たちの優位性を確認するために、ウルフによると、男性はシンプルな戦略を考案したのだという。つまり女性を半分のサイズに見せるのだ。そうすれば、男性が2倍の大きさに見える。これをウルフは「鏡」効果と呼んでいる。

「過去何世紀にもわたって、女性は鏡の役割を務めてきました。鏡には魔法の甘美な力が備わっていて、男性の姿を二倍に拡大して映してきました。［中略］だからこそナポレオンもムッソリーニも、女性は劣っているとムキになって言い募るのです。もしも女性が劣っていないのなら、自分を拡大してもらえなくなってしまいます。そう考えると、なぜ男性は女性をしばしば必要とするのかも説明がつきます[17]」。

差別が当たり前だった時代

ナポレオンは確かに、「女性は子どもをつくるための道具でしかない」と言っている。私たちが考える、そうした偉大な男たちのなかで、ナポレオンだけが女性蔑視というわけではない。

詩人のジョージ・ゴードン・バイロン卿も女性について、「女たちは家のことに注意を払い、しっかりと栄養を摂り、身だしなみを整えるべきである。しかし社会と交わってはいけない。よい教育を受け、敬虔でなければならぬが、詩も政治の書も読んではならず、読むのは信仰と料理に関する書だけにするべきである。音楽と絵と踊りをたしなみ、少しばかり庭いじりをして、ときどき農作業をするがよい[18]」。

音楽？ それなら、女性の作曲家がいてもいいはずでは？ 文学者であるサミュエル・ジョンソンはこの考えを退けている。「女性が作曲をするなどというのは、犬が後ろ脚で立って歩くようなものである。うまくはいかないが、ともかくやったということに目を瞠る[19]」。

犬というのはチャールズ・ダーウィンが結婚を考えたときにも頭に浮かんだようで、犬と妻を比べて、生涯の伴侶として良い点と悪い点を慎重に検討している[20]。ピカソも犬について語っていて、「二匹のプードルだってそんなに似ちゃいない。女も同じだ[21]」と言う。

過去を学んだ哲学者なら、女性蔑視を脱却できているのではないかと考える、あるいは少なくとも期待するかもしれない。だが残念ながら、そうしたケースはそう多くはない。

アルトゥル・ショーペンハウアーの慧眼なメタファー「天才は（他の）誰にも見えない的を射る[22]」には感服するが、彼の著作『女について』（1851）では、大きく的を外している。「ずんぐりして尻の大きい、肩幅もせまければ足も短い女を美しい性などとよべるのは、男の知性が性欲にくらんでいるからのことで、女の美しさというのは、これすべて性欲にひそんでいるのだ。むしろ女を非審美的種族とでもよんだほうが、はるかに当たっていよう。じっさい正直なはなし、女は、音楽にも詩にも造形美術にも、なんのセンスも感受性ももってはいない。そういうものがわかるふりをしても、それは、ただ男にとりいろうとする人まねにすぎないのだ[23]」。

きっと、客観的な科学者なら世の中を公平に判定してくれているだろう、と私は思う。ところが、脳の「ブローカ野」の名前の由来である初期の神経科学者ピエール・ポール・ブローカは1862年、脳は「女性より男性のほうが、凡庸な男性よりも優れた男性のほうが、劣等な人種よりも優秀な人種のほうが[24]」大きいと記している。ブローカは間違っており、脳の大きさで言えば、たいていはジェンダーや人種に関係なく、体の大きさに比例することがわかった。

おそらく、著名な理論物理学者のスティーヴン・ホーキングもまた、2005年、黙っていたほうがよかったのだろうが、次のような発言をしてしまった。「一般的に女性は、言語力、人間関係構築、マルチタスクの点で男性より優れているが、地図を読むことや、空間認識力においては男性より劣っていることが認められている。したがって、女性は数学や物理学において男性より不得意だと考えるのは、理屈に合わない話ではない[25]」。

その同じ年、経済学者で元ハーバード大学学長のローレンス・サマーズは、生物学的な違いから、数学および科学において男性は女性より優れているもので、差別が女性の学者にとってのキャリアの障壁になっているわけではない、と発言して激しく非難された。[26] それからまもなく、サマーズは辞任を勧告され、辞任した。

科学者のアルベルト・アインシュタインでさえ、彼の時代のパラダイムを超えて考えることはできず、いくばくかの危惧の色合いを帯びて、「他のすべての分野同様に、科学の世界でも、道は女性にとって容易にならなければならない。しかし、想定される結果について、私がかなり懐疑的な見方をしたからといって、気を悪くしないでいただきたい。私が言っているのは、女性の持って生まれた気質にはそれなりの制約があり、そのために、女性に男性と同じ基準のことを期待できないことである[27]」と述べている。

おそらく、彼の時代の性差別主義的な誤ったコメントを説明するには、アインシュタインが言ったとされている別の発言を見るべきなのだろう。「愚かさと天才の違いは、天才には限界があるということだ」。しかし、愚かさは時代を超えて存在するようだ。

妨げられた女性の活躍

確かに、私たちの文化には、人類の半分の知的可能性を無視するという、時代を超えた愚かさが深く埋め込まれている。

『創世記』では、のちのユダヤ教とキリスト教の翻訳のとおり、エバは「男からつくられた」、すべてのものの母であるが、罪深き、誘惑する者だと言われている。ヒンドゥー教では、紀元前2世紀のマヌ法典によると、女性は誰も自立できず、それぞれ父または夫の管理下で生活する、とある。古代儒教もまた、性の違いによる社会的階層制度を擁護している。

欧米の三大宗教──ユダヤ教、キリスト教、イスラム教──は昔から礼拝のとき、女性を差別的に扱っており、女性には高い祭壇や中央の祈祷場所から離れた場所があてがわれていた。

世界の主な宗教の法典を口述筆記したのは誰だろうか？　それはもちろん、大学、専門学校、美術アカデミー、音楽学校を含めて、欧米の教育機関のルールを定めたのと同じ、権威ある男性だ。**歴史的に、学問をする機会は男性にしか与えられておらず、男性しか大学には行けなかった。**初めて大学学位を取得した女性はエレナ・ピスコピアで、1678年にパドヴァ大学で学位を取得している。

バッハは、大勢いる息子たちに無料で大学教育を受けさせるため、1723年にライプツィヒに引っ越したが、同じ数だけいた彼の娘たちには、その機会は与えられなかった。1世紀半後、ドイツで女性にも大学の講義の聴講が許可されたが、カーテンの後ろからしか聴くことができなかった。

1793年、女性たちはパリ国立音楽学院への入学が許可されたが、校舎内へは専用のドアから入らなければならなかった。しかも学ぶことを許されたのは楽器演奏だけで、作曲を学ぶことは許されなかった。創造力の面で女性の能力には限界があると考えられていたためだ。

1768年、ロンドンにロイヤル・アカデミー・オブ・アーツが設立され、2人の女性、メアリー・モーザーとアンゲリカ・カウフマンが創立会員に選ばれたが、それ以降1936年まで、女性が会員に選出されることはなかった。女性画家は1897年まで国が支援するパリの美術学校には入学できず、その後もロンドン同様、絵画の基礎中の基礎であり、描画には欠かせない裸体画の授業には出席できなかった。[28]

それどころか、絵を描くために必要であるのに、普通に入れない場所がほかにもあった。19世紀の動物画家のなかで、最も有名なのはおそらく、細部まで正確に捉えた、その写実的な画風が特徴のローザ・ボヌール（1822～1899）だろう。[29] だが、彼女には問題があった。自身の画題である馬をよく見るために、馬市や屠場に行くには、当時、女性の装いの規範とされていたロングスカートではなく、ズボンをはかなければならなかった。

「ほかの選択肢はありませんでした」と彼女は書いている。「私の性別が着なければならない衣服は、まったく厄介なものだと思ったんです。だから私は、男装をすることを認めてもらえるよう、警察に申請書を書きました」。[30]

女性はズボンをはいてはいけないことになっていた。イギリスでは1918年まで女性に投票権はなかったし、アメリカでは1920年まで投票権がなかった。1880年代のあいだ、マリー・キュリーは、科学であろうと何であろうと、ポーランドで大学教育を受けることができなかった。

女性は1889年になるまで、かの有名なエディンバラ大学に入学することができなかったし、1960年になっても、ハーバードに女性の教授は1人だけで、イェールとプリンストンに至ってはゼロだった。[31]

プリンストンとイェールには、1969年まで、女性は学部生として入学することもできなかった。ハーバードの場合、1960年代より、女子はラドクリフ女子大学の学生としてハーバードの講義に出席できたが、ハーバードが姉妹校である同大学と正式に合併したのは、ようやく1999年になってからであった。

イェールとプリンストンがともに男女共学になった1969年、ハーバード新入生学部長の（男子の）フランシス・スキディ・フォン・シュターデは、「簡単に言うと、予見できる将来、高等教育を受けた女性が社会への貢献で目覚ましい進歩を遂げるとは、僕は思っていない。これは僕の意見だけれど、女性が結婚して子どもを産むのをやめることはないだろう。そんなことをすれば、それは現在女性に与えられている役割の放棄になる」[32]と語っている。

当時は誰も、フォン・シュターデのこの意見に反対する人はいなかったと思われ、少なくとも印刷物としては、そのような反論は残っていない。

女性は教育を受けていないので、金銭的な能力は乏しく、男性の保証人がいなければ、ローンを組むことも、クレジットカードを持つことも、事業を興すこともできないとされていた。現在フロリダ州南西部で不動産会社を経営し、20億ドルの年商を上げているマイケル・ソーンダースは、1972年に銀行に事業資金の融資を申し込んで承認されたが、マイケルが女性だとわかった途端に承認は取り消された。

その後、米国議会は財政支援機会均等法を通過させ、そうした性差別に終止符が打たれた。しかし、経済協力開発機構（ＯＥＣＤ）の事務総長ホセ・アンヘル・グリアが２０１８年のアンチバイアスレポートの最後で残念そうに語っているように、**「我々は今も、何世紀もの伝統および文化と戦っている」**[33]。

諦めざるを得なかった女性たち

根深い文化的バイアスが、多くの才能ある女性の創造的活動のキャリアの芽を摘んできた。新人作曲家ファニー・メンデルスゾーンの父は、彼女が15歳になった１８２０年、同様の思想で娘を諭した。

「職業音楽家としてお前が書くものは、私個人の意見としても、（有名な作曲家である弟の）フェリックスが書くものと比較しても、よく考えられて表現されていると思う。だが、音楽は弟フェリックスの職業にはなるだろうが、お前の場合は飾りにしかならないし、飾りにとどめておかなければならない。決してお前の存在の中心にしてはならない。［中略］お前はもっとしっかりと地に足をつけ、自分の真の務めの準備をしなければならない。若い娘の唯一の務め――専業主婦になることだ」。

たびたび自信喪失に襲われて、20歳のクララ・シューマンは1839年、次のようにこぼしている。「私もかつては自分にクリエイティブな才能があると思っていたけれど、今はもうそう思わない。女性は曲をつくりたいなんて思っちゃダメなのよ。それができた人なんて、ただの1人もいないんだから。どうして私が、その1人目になれるというの？」[34]。

前途有望な作曲家のアルマ・マーラーは1902年、夫のグスタフに言われたことがある。「作曲家の役割は私に与えられている。君の役割はかわいらしい伴侶になることだよ」と。最終的に結婚生活は破綻し、気持ちのやり場のないアルマは叫んだ。「わたし自身を見つけだすのを助けてくれる誰かを熱望するみじめさ！　わたしは家政婦になってしまった！」[35]。

夫レフ・トルストイと13人の子どもたちの重荷に耐えていたソフィア・トルストイは、自分の創作意欲が「粉々に砕かれて消し去られて」いくのを感じていた。彼女は夫レフの長編『戦争と平和』を編集し、七度転写したものの、自身ではクリエイティブなものは何も残さなかった。

私は40年近くも天才に仕えてきました。私のなかで知的なエネルギーや、あらゆる欲望――教育を求める気持ち、音楽や芸術への愛が渦巻いたことが何百回あるか。［中略］そしてそのたびに、私はその気持ちを粉々に砕いて、押し殺してきたんです。［中略］誰もが言います。「でも、あなたのような何の価値もない女性に、どうして知的な生活や芸術的な生活が必要なの？」と。そう言われたら、私はこう答えるしかありません。「わかりません。でも、ずっとその気持ちを押し殺して天才に仕えるのは、とても不幸なことです」と。[36]

表舞台から消された天才

多くの女性の天才が何世紀ものあいだ、人々の視界から隠されてきた。なぜなら男性が彼女たちを歴史から排除してきたからだ。

エジプトのファラオ、**ハトシェプスト**は紀元前1479年から1458年まで彼の地を統治した人物で、エジプト学者のジェームス・ヘンリー・ブレステッドに**「我々の知る歴史上、初の偉大な女性」**[37]と呼ばれている。彼女の20年の治世には、数え切れないほどの彫像が制作され、世界中の主な博物館には、ほぼ必ずハトシェプストの記念像が収蔵されている。

にもかかわらず、彼女が亡くなるとすぐに、ハトシェプストの記録はエジプトの歴史から意図的に消し去られた。彼女の像は壊され、彼女に関する碑文は削り去られた。ハトシェプストは、昔からの伝統である摂政女王の地位にとどまるのではなく、自らファラオ（王）になった。これが彼女の罪で、歴史家によると、その罪が破壊行為を招いたという。

考古学者たちが、かつて捨てられた証拠を見つけて復元したのは、ようやく1920年代になってからのことだ。[38]今日、ハトシェプストは、ニューヨークのメトロポリタン美術館で、ハトシェプスト女王葬祭殿から見つかった、まるで男性のような荘厳な姿が見られる（図2・1）。だ

図 2・1：つけ髭をつけたスフィンクス姿のハトシェプストの像。上エジプトのテーベにあるデル・エル・バハリの瓦礫のなかから、1926 年から 1928 年にかけて発掘。時代は紀元前 1479 年から 1458 年に遡り、その重さは 7 トンを超えている（メトロポリタン美術館、ニューヨーク）。

が当時は、つけ髭をつけていても、女性の名声が粉々に壊されるのを止めることはできなかった。

中世の修道女、**ビンゲンのヒルデガルト**（1098～1179）は、聖人にはならなかった。少なくともすぐには。それよりも彼女は**「ルネサンス的教養人」**であり、レオナルド・ダ・ヴィンチよりはるか以前に登場した中世の万能型教養人であった。

説教師、詩人、画家、政治家、神学者、音楽家であり、生物学、動物学、植物学、天文学の学徒――ビンゲンのヒルデガルトはこうしたものすべてであった。[39] 4人の教皇や司教（そのうちの一人を彼女はまぬけと呼んだ）と書簡をやり取りし、禁令の下、彼女を黙らせようとする教会権威と戦った。そして彼女の死後何世紀ものあいだ、ヒルデガルトの名は表舞台から消された。

しかし1980年代に入って、女性研究プログラムやフェミニズム批評が増えてくるにしたがい、中世の幻視者としてのヒルデガルトの評判が回復してきた。2012年、ローマ教皇ベネディクト16世は彼女に教会博士の称号を授けた。ローマ教会から聖人に認められた35人中、女性としては4人目の栄誉だ。

もう一人、近年になって日の目を見るようになった女性の天才が、画家の**アルテミジア・ジェンティレスキ**（1593～1656）である。何世紀ものあいだ、ジェンティレスキの作品の何点かは、彼女の父オラツィオ・ジェンティレスキやナポリの画家ベルナルド・カヴァッリーノ（1616～1656）など、男性画家の作品だとされてきた。[40]

これはパトロンが、彼女の作品ほどドラマティックで情熱的な力強い絵画を、女性が描けると

図2・2：独創的な激しさとドラマティックな表現力で描かれた、アルテミジア・ジェンティレスキの『ホロフェルネスの首を斬るユディト』（1611 ~ 1612）に見られるように、天才は規範の境界を変える。ここでユディトは、（聖書外典のユディト記に記されているように）アッシリアの将軍ホロフェルネスに復讐している。ジェンティレスキは、これを最初の作品として、レイプ事件後30年のあいだに、ホロフェルネスの血なまぐさい斬首シーンを捉えた作品を5つ描いている（カポディモンテ美術館、ナポリ）。

は思わなかったということだろうか？　実はこの作品には裏話がある。10代の頃、ジェンティレスキは自身の絵の教師アゴスティーノ・タッシ（1578〜1644）に強姦された。

この事件は裁判になり、ジェンティレスキは自分の無実を証明するために、身体検査の辱めやサムスクリュー――指を潰すための万力――による拷問を受けた[41]。強姦したタッシには有罪判決が下されたが、刑は科されなかった。そして被害者であるジェンティレスキには、純潔を失った女性のレッテルが貼られた。

それからの何十年か、ジェンティレスキの作品は、性的暴力や性的暴力への女性の報復（図2・2）を中心に描かれるようになった。多くの人が今はアルテミジア・ジェンティレスキを、最高レベルの芸術的天才と考えているが、当時はほとんどの場合、好奇心の対象としてしか見られていなかった――男社会のなかで珍しい女性画家、そこに潜む危険についての教訓。

今でも、この伝説の名残は根強く、ジェンティレスキはその作品の素晴らしさと同じくらい、彼女にまつわる逸話で覚えられていて、**「#MeToo painter（ミートゥー ペインター）」**として知られている。

不運な天才の歴史

評価されず、評判を傷つけられ、闇に葬り去られてきた不運な女性の天才の歴史をもう少し見ていこう。

数学者のエイダ・ラブレス（1815～1852）は、男性女性を問わず、19世紀の計算機は計算や数字だけでなく、シンボル、すなわち言葉や論理的思考、場合によっては音楽で表現可能なものすべてを、保存したり操作したりするのに使えることを発見――つまり「思考する機械」を予言した、最初の人物である。

天才バイロン卿の娘であるエイダは、生まれながらの数学の天才を自称した。今日彼女は、世界初のコンピュータプログラマーの一人として認められているが、わずか36歳で子宮がんで亡くなり、夢は果たされなかった。[42]

ロザリンド・フランクリン（1920～1958）はイギリスの化学者で、X線結晶学者であり、結晶に照射したそのX線写真から、DNAの二重らせん構造解明の重要な手がかりが得られた。そして、そのX線写真は彼女の手から男性の同僚によって奪われ、彼女ではなく、男性の同僚たちがノーベル賞を受賞した（詳しくは、Lesson11を参照）。

リーゼ・マイトナー（1878～1968）はオーストリアおよびスウェーデンで研究活動を行っていた物理学者で、原子番号109のマイトネリウムは彼女にちなんで名づけられた。マイトナーはオットー・ハーンと共同で1938年～1939年に核分裂のプロセスを発見した。原子爆弾の基礎となった科学的発見である。しかし、1944年のノーベル化学賞の発表では、賞はハーン1人に授与された。[43]

ティム・バートンの映画『ビッグ・アイズ』（2014）の題材にもなっているが、アーティスト、マーガレット・キーン（1927～2022）の特徴的な画風を、エージェントであり夫のウォルターは自分が描いたものだと偽っていた。

数十年後、彼女は裁判を起こし、カリフォルニア州の裁判所は、ミスター・キーンではなく、ミセス・キーンが、あのユニークな「ビッグアイの子ども」の絵の真の作者であることを示すよう「作画対決」を求めた。その結果、裁判所はマーガレットに対して４００万ドルの損害賠償を認めたが、その頃までにウォルターは金銭を浪費し尽くしていた。[44]

報酬による差別

金銭は、ジェンダーに関係なく人の成功を大きく促進する。金銭は、ヴァージニア・ウルフが言っていたように、機会の代わりになるものである。

女性は男性より金銭獲得の機会が少なく、同じ量の仕事を同じ質でこなしても、支払われる金額が少ない。１９５５年、アメリカでは、男性が1ドル稼ぐところ、女性は65セントしか稼げなかった。２００６年には、この差は男性の1ドルに対して女性は80セントというところまで縮まってはきたが、それ以降、この差は縮まっていない。[45]

アメリカの女子サッカーナショナルチームは２０１９年、男子との同額報酬を求めてアメリカ合衆国サッカー連盟を訴えたし、[46]またハリウッドでも、同額支払いを求めて再燃した**「#timesup（タイムズアップ）（時間切れ・もう終わりにしよう）」**ムーブメントがゴールデングローブ賞の授賞式会場で注目を集めたが、人種、民族にかかわらず、世界中で女性への報酬のほうが男性より少ない事実は残っている。

天才という観点で見て、おそらくより重要なのは、**アメリカのスタートアップ企業で女性が創設した企業はわずか17パーセントにとどまり、それらの企業には、アイデアを膨らませるための資金が、ベンチャーキャピタルからわずか2・2パーセントしか投資されていない**という事実だろう。[47]

アレサ・フランクリンは歌っている。女性がある点において、ずっと不当に奪われてきたものがある。リスペクト（R–E–S–P–E–C–T）だ。『ニューヨーク・タイムズ』紙は2018年、1851年から、同紙死亡記事の大半が男性の死亡記事であった事実に対して償いを開始した（約80％という数字は今も変わっていない[48]）。

まず、成功に匹敵する認知を与え――その結果として女性の模範をより多く知らしめるために、同紙は「Overlooked（見過ごされた人々）」というプロジェクトを開始し、同紙が掲載してこなかった天才に関する追悼記事を載せ始めた。小説家のシャーロット・ブロンテやブルックリン橋を建設したエミリー・ローブリング、詩人のシルヴィア・プラスなどだ。

同様に、ライターや映画製作者も、さまざまな抵抗活動を行うようになった。ベストセラーになり、『Hidden Figures（隠された人々）』［邦題はドリーム］として映画化されて同じくヒットした書籍『ドリーム NASAを支えた名もなき計算手たち』（2016）などだ。

こうした取り組みは私たちに文化的バイアスの存在を教えてくれる。直接的・間接的に、そのようなバイアスを取り除けと私たちに警告している。

女性による女性への偏見

ほかにも、私たちの目から隠されていることがある。女性も男性と同じように他の女性をバイアスのかかった目で見ている。書籍『Sex and Gender in the 2016 Presidential Election（２０１６年大統領選における性とジェンダー）』の著者らによると、男性は大半が権力志向の女性を好ましからぬ目で見ているのに対して、女性も30パーセントは、そうした女性に偏見を持っているという[49]。

ドイツのハインリッヒ・ハイネ大学は２０１９年、１５２９人を対象に調査「Prejudice Against Women Leaders: Insights from an Indirect Questioning Approach（女性リーダーに対する偏見：間接質問法から得られる洞察）」を行った。

単刀直入に質問をすると、女性では10パーセントが、男性では36パーセントが、女性リーダーに対して偏見を抱いていると思われる結果になった。しかし、回答は絶対に秘密にすることを約束すると、その数字は女性で28パーセントに、男性で45パーセントに拡大した[50]。

調査ではまた、これらの調査に参加した女性たちは、他の女性に偏見を抱いているだけでなく、そのことに気づいていない場合が多いこともわかった。心理学者はこの自己知覚と現実との乖離を「暗黙の偏見」とか「無意識の偏見」とか「バイアスの盲点」と呼んでいる。[51]

2010年の全米女子大学協会（AAUW）の調査報告書「Why So Few? Women in Science, Technology, Engineering, and Mathematics（なぜ、科学、技術、工学、数学の世界に女性はこれほど少ないのか？）」に示されているとおり、**女性にも男性にもあるこうした「バイアスの盲点」は、自分たちが気づいていないだけに、根絶するのが非常に困難である。**[52]

本章冒頭のキャサリン・ニコルズの実験を覚えているだろうか？ 女性の著作権エージェントは、圧倒的に男性名で送られてきた小説の原稿に好んで目を通す傾向がある。

2012年、イェール大学の心理学者チームは、男性も女性も含めて、科学の教授127人にバイアスの調査を行い、科学ラボの責任者のポストへの応募書類を審査してもらった。[53] 教授たちには、ときに男性名で、ときに女性名で応募者の履歴書を配布した。

その結果、男性の応募者のほうが、同ポストには好ましいと見なされ、雇用可能であるばかりでなく、より高額の給与、ならびに指導的立場に値すると判断された。そして驚いたことに、この女性応募者に対する偏見は、女性教授も男性教授も等しく持っていた。場合によっては、女性のほうが女性に対しての偏見が強いこともあった。

2013年には、ハーバードの学者マーザリン・バナージとアンソニー・グリーンワルドが、「Gender-Career Implicit Association Test（ジェンダーとキャリアの潜在的関連性テスト）」の結果を発表した。職場や家庭での女性に対する姿勢を調べたものだ。その結果、男性の75パーセントが、女性の居場所について予想どおりのステレオタイプな見方をしていたのに対して、女性は80

パーセントがそうした見方をしていることがわかった。[54]

この話をしたポイントは、批判の対象を女性に移すことで、男性の罪を軽くすることではない。実際はその逆で、これらの調査結果は、男性がいかに巧みに、無意識のうちにジェンダーに関するバイアスを浸透させてきたかを示すものだ。

昔から、ジェンダーや天才に関する社会的言説をはじめとして、たいていのことを男性がコントロールしてきた。今日女性が、男性と同じように、世の中を変えるリーダーは、ブリーフケースを持った、背が高くて逞しい白人男性に違いないと考える傾向があったとして、誰が責められるだろうか？

並外れたGRIT（グリット）を発揮する女性たち

そこで疑問として浮かび上がるのが、ジェンダーによる天才の振り分けだ。本当に天才には性差があるのだろうか？　チャールズ・ディケンズは本当にルイーザ・メイ・オルコットより文才があったのだろうか？

「天才は99パーセントの努力である」の言葉で有名なトーマス・エジソンは本当に、危険を顧みず何年も瀝青（れきせい）ウラン鉱の大だるを攪拌していたキュリー夫人より、粘り強かったのだろうか？

どうして、努力を訴えるイメージキャラクターはキュリー夫人ではなくエジソンなのだろうか？

実際、画期的なベストセラー書『やり抜く力 GRIT（グリット）』（2016）にキュリー夫人は登場しない。それどころか、「女性と忍耐力」とか「女性とやり抜く力」に関する議論もなければ、索引の見出しにすら登場しない。どうして、女性のこの優れた習慣は私たちの目から隠されてきたのだろうか？

女性が天才になり、天才として認められるには、さらに多くの努力が必要なことが、歴史を見ればわかる。ノーベル賞作家のトニ・モリスンはこのことを知っていた。彼女の最盛期の仕事ぶりを、同じくノーベル賞作家のアーネスト・ヘミングウェイの、同じく最盛期の仕事ぶりと比べてみるといい。

1965年、モリスンはニューヨークのクイーンズ地区の小さな賃貸アパートに暮らすシングルマザーだった。彼女は朝4時に起きて原稿を書き、それから2人の息子をマンハッタンの学校まで車で送っていって、マンハッタンにあるランダムハウス社で編集者として働き、仕事が終わると息子たちを迎えに行って、家まで車で帰るのだった。そして彼らを寝かせたあとは、再び仕事に戻る。

一方のヘミングウェイは、1931年に裕福な姻戚が、彼にキー・ウェスト島最大の最高級邸宅の権利を譲渡してくれた。そこで彼は、午前中、邸宅の離れの書斎で原稿を書き、午後はもっぱら釣りを楽しんだ。

2019年、『ガーディアン』紙にブリジッド・シュルトの記事が掲載された。タイトルは、これを非常によく物語る「A Woman's Greatest Enemy? A Lack of Time to Herself（女性の最大の敵――それは自分の時間の不足）」。**女性が創作活動の時間を捻出するには、さらにさらに頑張るしかない。**[55]

いかにしてジェンダーバイアスを脱するか

こうしたことは今日、女性の雇用主や配偶者にとって、どういう意味を持つだろうか？　雇用主や配偶者は、等しい場所、報酬、そしておそらく最も重要なものとして、時間を提供しなければならない。これは、自分の子孫の幸せや将来の成功を考える親にとって、どういう意味を持つだろうか？

そう、たとえば、もう娘に、かつて流行した「I'm too pretty to do homework, so my brother does it for me（私は宿題をするには可愛いすぎるの、だからお兄ちゃん、私の代わりに宿題をやってね）」Tシャツを着せなくていいということだ。また、さりげなくジェンダーに関するステレオタイプを引きずらないよう、注意しなければならない。

『ニューヨーク・タイムズ』紙に掲載された最近の記事に、「Google, Tell Me. Is My Son a Genius?（グーグル、教えて。うちの息子は天才だろうか？）」というものがあった。この記事では、今なお親たちは、「うちの娘は天才だろうか？」より「うちの息子は天才だろうか？」とオンラインで尋ねるのに、2・5倍長く時間を費やしている傾向があり、同様に「うちの娘は肥満だろうか?」に、「うちの息子は肥満だろうか?」より2倍時間を費やしていることが指摘されていた。[56]

このように、天才に対する見方も、女性の1に対して男性は2・5と、今なお明らかな偏りがある。世の中は長いあいだ不正操作されてきた。そして、進歩的な現代の親たちでも、このように隠れた文化的バイアスは払拭するのが難しいため、その不正操作は今も続いている。

20人のうち9人の天才が消されてしまう

ここでもう一度、ディーン・キース・サイモントン教授の統計と彼の著書『Greatness: Who Makes History and Why（偉大であること:誰が、どういう理由で歴史をつくるか）』を見てみよう。サイモントンは、天才と見なせる女性1人につき、男性は天才が10人数えられると主張している。[57]もしこれが真実なら、乱暴な言い方をすれば、天才になり得る人20人につき、9人はジェンダーバイアスによって、その可能性を圧し潰されてきたことになる。

あなたが事業——仮にこの会社をヒューマンポテンシャル社と呼ぶ——を経営していて、天才従業員20人ごとに9人が、ずっとパートタイマーのままだとしよう。これは、どれくらい賢明なことだろうか?　アインシュタインが言うように、愚かさは本当に永遠に続くのだろうか?

愚かな習慣をやめるには、行動が必要で、それは気づきを掘り起こすところから始まる。「失われた9人」はジェンダーバイアスのために迷子になっていることを理解しよう。**その原因は文化であって、遺伝による才能の欠如ではないことを理解しよう。**

女性にも男性と同じ隠れた天才の習慣があって、おそらく立ち直る力は男性よりも強いことを理解しよう。あなたが自分の娘に、宿題や成績のことについて話す話し方と、息子に同じことを話す話し方を比べて、それがどんな意味を持つか考えてみよう。

最後に、本書のなかでたった1章、友人や同僚、家族に薦めるとしたら、それはこの章にするといい。

Lesson 3

神童の幻想を捨てよ

20歳過ぎればただの人!?

The Hidden Habits of Genius

現代の神童

2004年、アメリカのドキュメンタリーTV番組『60ミニッツ』が、弱冠12歳の稀代の作曲家ジェイ・グリーンバーグの特集を放送した。

コンピュータの前に座り耳に聞こえてくる音楽を記譜していく若きグリーンバーグは番組のなかで、司会を務めるスコット・ペリーに、自分は5曲交響曲を書いたけれど、それは魔法のように頭のなかに流れてきたものだと語った。「僕には、それがすでにできあがっている作品の流れるような演奏のように聞こえるんだ。実際はそうじゃないんだけど」。

かの有名なジュリアード音楽院のサミュエル・ジーマン教授は、CBSの特集放送後のグリーンバーグに関する談話のなかで、「これは、楽曲という点で言えば、歴史上最高レベルの神童中の神童の域ですね。私が言っているのは、モーツァルトやメンデルスゾーン、サン＝サーンスと同列ということです」と話していた。

バイオリンの巨匠ジョシュア・ベルも神童の一人だが、彼はほどなくグリーンバーグに協奏曲を依頼して、ロンドン交響楽団とともに録音した。グリーンバーグは誰もが認める現代のモーツァルトであった。

もう一人、別の音楽の神童を紹介しよう。2017年、『60ミニッツ』はイギリスの音楽の神

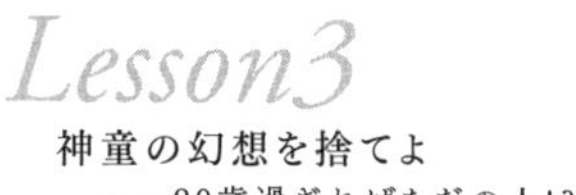

童アルマ・デューツシャーの特集を組み、同じくこの12歳の少女をモーツァルトになぞらえた。[1] モーツァルト同様に、デューツシャーも生まれてまもなく音階の音がすべて言えた。そして4歳になる頃には曲を書いており、12歳でウィーンのためのオペラを書いた。[2]

確かに、問題のオペラ『シンデレラ』はモーツァルトの曲調に非常によく似ている（部分的にユーチューブで視聴可能）。なぜグリーンバーグもデューツシャーも、実際ほぼすべての神童がそうなのだが、モーツァルトになぞらえられるのだろう？ それは、モーツァルトが絶対的基準だからである。

若き天才、モーツァルト

1756年1月27日、レオポルト・モーツァルトとその妻アンナ・マリア（旧姓ペルトゥル）は息子ヨハンネス・クリュソストムス・ヴォルフガングス・テオフィルス・モザルトに洗礼を受けさせた。[3] のちにモーツァルトは、ギリシャ語由来のテオフィルスを捨て、フランス風のアマード、もしくはラテン語のアマデウスを好んで使うようになる。**神に愛されし子**の意味だ。

遺伝的にこれはどうやら真実だったようで、モーツァルトは神のような音楽的才能を授かっていた。モーツァルトは音楽家一族の4代目で、その血筋は5代目まで続き、彼の2人の息子（どちらも子孫は残していない）も父に倣って音楽家になっている。[4]

そして、彼に音楽的才能の遺伝子を伝えたのは、どうやらモーツァルトの血筋ではなく、ペルトゥルの血筋だったようだ。彼の母親アンナ・マリアこそ、実家で高度な曲づくりに参加してはいなかったが、アンナの父も、その父親の父親（アンナの祖父）もともに教会音楽家であった。[5]

一方、レオポルト・モーツァルトはドイツのアウクスブルクの製本業者の家の出であった。しかし、音楽的才能という点でレオポルトに欠けていたものは、彼自身それに気づいていたので、努力で補おうとしていたが、息子ヴォルフガングを見れば才能の欠如は明らかだった。

若き日のモーツァルトは音楽に取り憑かれていたようだ。モーツァルトの姉のマリーア・アンナ（愛称ナンネル）によると、彼は3歳で鍵盤楽器を弾き始め、3度の「心地良い」響き（ピアノで白鍵3つの広がりを、真ん中の一つを抜いて押さえたときの響き）を奏でられると、特に嬉しそうにしていたという。[6]

モーツァルト少年は鍵盤楽器が上手だったばかりでなく、才能に恵まれたバイオリニストでもあり、動きを映像化して記憶する能力（楽譜の音符を見て指板あるいは鍵盤上の位置を正確に記憶し、その音程の音を出せる能力）のおかげで、本能的にバイオリンを手に取ったようだ。ハープシコードやオルガンでも同じことが言え、モーツァルト少年はペダルに足を届かせるには、立って弾かなければならないにもかかわらず、6歳でオルガンを弾き始めた。

モーツァルトには音楽的記憶力もあった。たとえば、彼は14歳のとき、2分間の合唱曲（グレゴリオ・アレグリの『ミゼレーレ』）を初めて聴いてすぐ、彼は覚えておくために、音符を紙に書き取っている。絶対音感、直感的な音の記憶力、そして動きを完璧に映像化して記憶する能力——

神童モーツァルトはこれらをすべて持ち合わせていた。

このような才能が自分のすぐそばにあって、きわめて行動的なヴォルフガングの父親レオポルトは、息子とその姉の才能あふれるナンネルを、ヨーロッパの主な宮廷を回るコンサートツアーに連れ出した。レオポルトの社交性と上品な作法で容易に王家の聴衆は集まり、そのなかで神童ヴォルフガングが素晴らしい音楽を披露した。

各国の国家元首、プロの音楽家、アマチュアの音楽家が一様にヴォルフガング少年の類稀なる才能に息を呑んだ。「生まれながらにして芸術の天才」。ザルツブルクのある市民は彼をそう呼んだ。[7]

神童とは何か

広義では「神童（prodigy）」という語には「驚くべきこと、あるいはありそうもないこと、通常の自然の流れを外れた何か」という含みがあり、必ずしも若者である必要はない。[8]ガラパゴス諸島の100キロ超えのゾウガメは自然界の神童であるし、樹齢4000年のカリフォルニアのアメリカスギもそうだ。であるにもかかわらず、今日「神童」というのは一般に、**その人の年齢を超える才能を持つ若者、成熟した大人の能力を備えた子ども**というように理解されている。

ピカソは3歳で絵が描けた。ジョン・スチュアート・ミルは6歳でローマの歴史を書いた。ビル・ゲイツは8年生から12年生まで、ワシントン州の数学のテストで最高得点を記録した。[9] 私たちから見れば、これらの才能は理解の範囲を超えている。

私たちが神童に魅了される。これは文化である。メンサと共同で製作され、2015年にアメリカの有料TV局ライフタイムで放送開始になった、TV番組の『Child Genius（天才児）』を考えてみるといい。番組には8歳から12歳の子どもが登場して、その年の「天才児」のタイトルを競う。番組のなかで出場者の子どもたち——そのIQは140～158と言われている——は、記憶力や計算能力で類稀なる才能を披露する。

ライアンは数学の天才で、4桁の数字の掛け算、割り算を瞬時に行ってしまう。キャサリンは52枚のトランプのカードの並びを記憶することができる。また、指定された日の嵐の風速と気圧を即座に思い出せる子もいた。優勝者には10万ドルの大学進学資金が授与された。

もっと最近では、NBCが人々の神童欲を満足させようと、『Genius Junior（天才児）』シリーズの放送を開始した。このTV番組のなかでは、「天才」と「若いこと」は同義語だった。ここでは、個人ではなく、9歳から12歳の3人の子どもがチームで最高賞金40万ドルを賭けて戦う。『Child Genius』同様、子どもたちの並外れたパフォーマンスを、数学力のほか、地理的な場所ならびに綴り（このときは逆さ向き）の記憶力で測る。

両番組とも、出場した子どもたちの能力は目を瞠るものがあるが、その専門性は計数とか記憶とか、特定の分野に限られており、簡単に正解という形で確認できるものばかりだ。実際、神童は一般的に、チェスや数学、音楽、記憶処理など、型にはまったルールの適用される分野でまず頭角を現す。

だが、『Child Genius』でも『Genius Junior』でも、出場者たちは、「天才」という語が示すように、本当に天才だろうか？　それは違う。彼らは単なる神童である。

天才と神童、どこが違う？

その違いは、**天才はクリエイトする**ということだ。天才は、世の中の行動や価値観を変える独創的な考え方で、世の中に変革を起こす。神童は単に真似ているだけだ。神童は、驚くほど幼い年齢の類稀なるパフォーマーである。だが神童はそれぞれのフィールドで革新的というレベルには到達せず、そのフィールドの流れを変えもしない。

神童の子どもたちは早熟（時期が来る前に熟してしまった果実）ではあるが、それには賞味期限が伴う。もし彼らが、17歳か18歳までに、人とは違うクリエイティブな「考え」を発展させ始められなければ、その先もクリエイティブな思考を持つことはないだろう。

たとえば、チェリストのヨーヨー・マを取り上げてみよう。彼は幼くして神童だった。彼の素晴らしい演奏は、今日私たちに大きな喜びを与えてくれるが、マもあっさりと自分が天才ではないことを認めている。[10] 彼は作曲家ではないし、他人の作品の演奏以外、何も私たちに残してはくれない。

後年、最高潮に達した天才たちを考えてみよう。ゴッホ、セザンヌ、ジャクソン・ポロック、アントニン・ドヴォルザーク、ジュゼッペ・ヴェルディ、マイケル・ファラデー、トニ・モリスンなどがそうだ。シェイクスピアは、モーツァルトがすでに亡くなった年齢、36歳になってようやく、その創造力が頂点に達したし、その年齢にはモーツァルトは亡くなっていた。

ダーウィンの天賦の才はその類稀なる忍耐力にあった。ダーウィンが革命とも言うべき『種の起源』を出版したのは、ようやく50歳になってからだ。[11]観察科学など、分野によっては長期にわたる認識と測定が必要な分野もある。したがって、ある程度、神童は「分野に左右される」。『Child Genius』や『Genius Junior』に出演する10歳児は、数学や綴りの達人にはなれるかもしれない。また、音楽やチェスでなら神童になれる人もいくらでもいるだろう。だがその人たちに内省的な小説は書けない。

しかしモーツァルトには、ある分野（音楽）で天から授けられたとんでもない宝があった。その分野で彼は、他を寄せつけない能力を早くから出現させ、**大半の神童と違って、彼には珍しく創作する能力もあった。**

モーツァルト一家のコンサートツアー

モーツァルトのコンサートツアーの話に戻ろう。モーツァルトの一行は１７６２年の9月18日にザルツブルクを出発して、１７６６年の11月29日に意気揚々と帰還した――4年にもわたる旅であった。高貴なスタイルの衣服――「貴族着」とレオポルトは呼んだ――に身を包み、ときには6頭だての自家用馬車で、従者を2人つけて移動した。

彼らの演奏旅行には、ヨーロッパの音楽好きの王子たちからの褒美金がついて回り、彼らは、ウィーン、ミュンヘン、フランクフルト、ブリュッセル、アムステルダム、パリ、ロンドンと、アルプス以北の主要な宮廷を回ることができた。

行く先々でヴォルフガングは宮廷の寵愛を受けた。ウィーンでは、6歳の少年モーツァルトは女帝マリア・テレジアの膝に座り、豪華な衣装ひと組をもらっている。そして彼のほうは女帝の娘（のちのフランス女王マリー・アントワネット）に口づけをし、勢いにのって結婚を申し込んだ。

ヴェルサイユ宮殿では、モーツァルトは新年の会食のとき、国王ルイ15世の隣に立ち、王妃からディナーのつまみ食いをさせてもらっている。このとき、モーツァルト親子がフランスでどれほど場にふさわしいいでたちであったかは、ルイ・カロジス・カルモンテルの水彩画でわかる。

絵には、バイオリンを手にしたレオポルトと、鍵盤楽器の前に座る幼いヴォルフガングが描かれている。彼の足は、椅子の座の下面にようやく届くか届かないかでぶら下がっている（図3・1）。立って歌っているのは彼の姉のナンネルだ。ナンネルはどうだろう？　ナンネルも天才だろうか？

図3・1：ルイ・カロジス・カルモンテルが1763年にパリで描いた水彩画。鍵盤の前に座る7歳のモーツァルトとその父レオポルト、および姉のナンネルが描かれている。幼いモーツァルトの足は椅子の座の下面にようやく届くか届かないかだ（コンデ美術館、シャンティイ城）。

モーツァルトの姉、ナンネル

ナンネル・モーツァルトは確かに神童であった。啓蒙主義を代表する知識人、フォングリム男爵フリードリッヒ・メルヒオールは1763年、クラヴィーアを「どんなに偉大な難曲でも驚くべき正確さでもってやってのける」[12]と感想を伝えている。また、スイスの新聞は1766年、ナンネルは「きわめて偉大な巨匠の最高に難しい作品を、この上なくきちんと正確に演奏する」[13]という記事を掲載している。

ヴォルフガング・モーツァルトの初の作曲作品は彼女の音楽帳に正確に記されている。それなのになぜ、彼女の名前は聞こえてこなかったのだろうか?

ナンネルは素晴らしいパフォーマーではあったが、クリエイターではなかった。彼女の名前が記された音楽は今日、1曲も残っていない。他者の作品とされている楽曲のなかにも、彼女の筆跡のものはない——彼女が書いた多くの手紙から、彼女の筆跡のサンプルは豊富に得られている。また彼女の手紙のなかにも、彼女が作曲しているとか、あるいは作曲したいという記述は見当たらない。当時の記事にも、彼女がつくった楽曲に関する言及はいっさいない。何もないのだ。

ナンネル・モーツァルトもおそらく、作曲家になりたかったのではないか。だが当時の慣習がそれを許さなかった。おそらく彼女にもクリエイトの才能はあったのだろうが、機会がなかった。何世紀ものあいだ、女性の天才が受けてきた差別を考えれば、この解釈もあながち的外れではなさそうだ。

確かに、これはジャン・ヴィゴ賞受賞映画『ナンネル・モーツァルト 哀しみの旅路』(2010)のストーリーラインだ。しかし映画のなかでの彼女のストーリーはドラマティックではあっても、歴史資料は別の話を伝えている。

ナンネル・モーツァルトは実際、弟と変わらぬ励ましを受け、レッスンを受けさせてもらって、教材を与えられていた。したがってモーツァルト姉弟の場合、その結果の大きな差は、家族内の性差別によるものではなく、単に弟がとんでもなく独創的な音楽創作能力を持っていたためだ。

天才に親の手助けは不要

モーツァルト一家が1764年にロンドンに着く頃には、ヴォルフガングは若きクリエイターで、レオポルトはその父親プロモーターの役割ができあがっていた。

8歳のヴォルフガングは、バッキンガムハウス(のちのバッキンガム宮殿)でイギリス国王ジョージ3世とシャーロット王妃を前にハープシコードとオルガンを演奏し、イギリス王室の面々にすぐに忘れられないために、ヴォルフガングはシャーロット王妃に記念の品をプレゼントした。自身が作曲したバイオリン／鍵盤の6つのソナタだ。

神童が何か特別なものをつくったときは、そばにいる親がそれに手を加えている可能性がある。たとえば今私たちは、２００３年に『60ミニッツ』にも取り上げられた4歳の神童マーラ・オルムステッドが描いた絵は、一部彼女の父親のマークが描いていたことを知っている。[14]

しかしヴォルフガング・モーツァルトは、ナンネルの記憶から判断するかぎり、ロンドンで親の手伝いを必要としなかった。１７６４年の夏、レオポルト・モーツァルトは病気になり、２人の子どもたちは自分たちで静かに遊んでいた。

ロンドンで、父は危篤状態に陥り、私たちはピアノに触ることを禁じられました。そんなわけで、モーツァルトは暇をつぶすために、初めてすべての楽器が揃ったオーケストラ用の交響曲を書きました。特に力を入れたのはトランペットとケトルドラムです。私は弟の隣に座って、写譜を手伝ってやりました。弟が作曲して私が写譜していると、弟が言いました。ホルンに見せ場をつくってやらなくちゃならないから、覚えておいて！と。[15]

さらに独創性を示す証拠が欲しいなら提示しよう。１７６６年、モーツァルト親子がザルツブルクに戻る頃には、10歳になっていたヴォルフガングはこの種の作品を１００曲近く自身で書き上げていた。そのなかには鍵盤曲が40曲、バイオリンソナタが16曲、交響曲が少なくとも３

曲あった。12歳になるまでのこの時期に、彼は革新的な傑作、『ミサ・ソレムニス［ミサ曲］ハ短調K139［孤児院ミサ］』（1768）を、女帝マリア・テレジアの依頼を受けて作曲し、ウィーンで女帝の面前にて初披露している。

神童から天才になるには？

CBSの番組『60ミニッツ』に取り上げられた現代の神童ジェイ・グリーンバーグとアルマ・デューツシャーはどうだろうか？　曲の好みは人によるが、アルマ・デューツシャーの曲を聴いた人は誰もが、斬新というよりは昔懐かしい耳に馴染みのある感じ、という意見に同意するだろう。

2017年に録音された彼女のピアノ協奏曲変ホ長調をユーチューブで聴いてみるといい。なんと、モーツァルトにそっくりじゃないか！　その秘密は、優れた才能を持つ若い人の音楽的な耳のよさで、そうした人は自分の好きな昔の作曲家の音楽スタイルを真似て、それに調和することができる。

しかしデューツシャーの作品は225年も昔を見ている。今日の科学者が天然痘のワクチンを見つけたいと願うようなものだ。美しいし、感動もするが、若きデューツシャーの曲は、どこをどう取っても革新的ではない。

ジェイ・グリーンバーグの曲もそうだ。30歳に近づいて、グリーンバーグは両親とともにニュージーランドに引っ越し、そこで作曲の勉強を続けている。

世間の関心も、湧き上がったときと同様、あっという間に消えた。人々が興味を示していたのは、グリーンバーグの映画音楽——彼がつくる音楽のサウンドではなく、彼がその音楽をつくった年齢だということがわかった。

後ろ脚立ちで歩く犬に対するサミュエル・ジョンソンの反応を思い出してみよう。人が驚いて感動するのは、その行為の創造的価値ではなく、ともかくもそんなことができたという事実に対してである。

ボルティモア交響楽団およびウィーン放送交響楽団の指揮者を務めるマリン・オールソップも、ジェイ・グリーンバーグの音楽をよく知っている。オールソップは2006年、グリーンバーグの音詩『Intelligent Life（知的生活）』をソニーで録音してCDとして発売した。

最近、私はオールソップと話す機会があり、なぜ最近はグリーンバーグの話をあまり聞かないのか尋ねてみた。**「彼の曲が、幼い子どもではなく40歳の大人が書いたものだったら、ほとんど誰も注目しなかったでしょう。光るものはあったけれど、特に際立ったものは何もありませんでした。芸術的なサウンドというのは、人生の一大転機がなければ、到達するのは難しいのです**[16]**」**とオールソップは語ってくれた。

なぜこれほど、真のクリエイターになれる神童は少ないのだろうか？　何が偉大な芸術の出現を生む、あるいは少なくとも出現につながっていくのだろうか？　どんなきっかけで真の天才はほかの人が気づかない目標を見つけるのだろうか？　人生の一大転機は、そこから芸術家の心の声が発露したり、科学的ビジョンが飛躍したりするきっかけになるのだろうか？　独立心や立ち直る力は若齢期の苦しい心の傷に植えつけられるものだろうか？

もちろん、オノ・ヨーコが言うように、「優れた芸術家になるために悲劇を自ら求めよと、芸術家をそそのかすべきではありません」[17]。だが、たいていは母親だが、大事な年齢に片親をなくしている天才の数を聞くと、驚きを隠せない。

ミケランジェロ、レオナルド・ダ・ヴィンチ、ニュートン、バッハ、ベートーヴェン、フョードル・ドストエフスキー、トルストイ、ウィリアム・ワーズワース、エイブラハム・リンカーン、メアリー・シェリー、クララ・シューマン、ジェームズ・クラーク・マクスウェル、キュリー夫人、シャーロットおよびエミリー・ブロンテ姉妹、ヴァージニア・ウルフ、シルヴィア・プラス、ポール・マッカートニー、オプラ・ウィンフリーがそうだ。

ジョン・アダムズ大統領が言ったように、「天才は悲しみの子」だろうか？　苦しみが人とは違う視点を生むのだろうか？　レディ・ガガもそのようなことを、２００９年の『ガーディアン』紙のインタビューで語っている。「苦しみもがいたときに、その人のアートは素晴らしいものになると私は思っています[18]」。

ここで、詩の天才ディラン・トマスの気の利いたセリフを紹介しておくといいかもしれない。**「不幸な子ども時代を過ごすことより悪いことが一つだけある。それは幸せすぎる子ども時代を過ごすことだ[19]」**。

モーツァルトの場合

1778年の春、モーツァルトはまったく幸せではなかった。実際、20歳を過ぎた神童の大半がそうだ[20]。モーツァルトの場合、6カ月のパリ滞在期間（1778年4月～10月）は人生のなかでも最悪の時期だった[21]。

父レオポルトからは、パリに引っ越して仕事を見つけろと言われていた[22]。若きモーツァルトはなかなか踏ん切りがつかなかった。なぜなら、初めて真剣に愛した人（彼女のほうはすぐに彼のことを忘れた）を残して行かなければならなかったからだ。

さらに悪いことに、父レオポルトは母アンナ・マリアをお目付け役としてパリに同行させた[23]。パリでモーツァルトの母は発疹チフスにかかり、ゆっくりと死に向かった。レオポルトは、アンナ・マリアに適切な治療を受けさせなかったとして、息子を責めた。さらにモーツァルトは、自分の能力に見合う仕事が見つけられずにいた。

神童の顔からひとたび幼さが消え去ると、人々の関心も消え去る。1778年7月31日、彼が手紙に書いているとおり、「ここで何よりも私を苛立たせているのは、おバカなフランス人どもが、私がまだ7歳であるように思っていることだ。なぜならそれが、彼らが私を初めて見た年齢だから[24]」。

22歳になったモーツァルトはパリで、悲惨な状態にあった。今やひとりぼっちになり、お金もほとんどなく、仕事はなく、恋人もおらず、母もいない――いるのは批判的な父だけだ。だがモーツァルトの場合、この苦難の日々が彼の人生を決定づけることとなった。

彼は他人の言葉をあまり信用せず、自身の恵まれすぎた才能を信じることを学んだ。**人生は、いちいち助言を与えたり承認を与えたりしてくれる「父さん」やその他の人がいなくても、やっていけることに彼は気づいた。**そして何より大切なのが、モーツァルトは突然のとんでもない喪失を経験し、それを乗り越えたことだ。

この喪失はすぐさまモーツァルトの音楽に、新たな抒情的深みを与えた。彼が唯一ホ短調の哀しい調べで書いた器楽曲、バイオリンソナタK304に映し出された響きだ。1779年1月、モーツァルトは憔悴してザルツブルクに戻ったが、1年もしないうちにザルツブルクを離れた。彼は支配的な父から離れてウィーンへ行き、そこで現在彼の代表作となっている作品の残りの95パーセントを書き上げた。モーツァルトは「神童の幻想」を脱したのだ。

指導者たちの限界

モーツァルトの親であり、教師であり、メンターであったレオポルト・モーツァルトは素晴らしい指導者であった。少なくとも最初のうちは。

レオポルトは間違いなくヴォルフガングのプロとしての成長を後押ししたし、ヴォルフガング少年に彼の作品づくりの基礎となるものを教え、富裕層や著名人との接触の機会をつくってやった。だが、レオポルトはヴォルフガングにとって重荷となり、ヴォルフガングは離れていった。

メンターは若き後輩に、どうやって人脈をつくるかを教え、仕事を見つける手伝いをし、褒めて励まし、人生の階段を昇っていけるよう手助けしてやることができる。[25] 目指すのは成功である（そしてそれは親が望むこと）。メンターは現状を教え、その真似方を教えてはくれる。**だが、新しいもののつくり方を教えてはくれない。**

親／教師／メンターが、「必要であればいつでも私から離れて最良の機会を見つけ、自立して、自分に問いかけ続けなさい。そして、人とは違う大胆な決断をしなさい。私とはまったく違う世界観を養いなさい」などと言ったことがあるだろうか？　だが、これこそ創造的な天才の生まれ方なのである。

アルベルト・アインシュタインにメンターはいただろうか？　いいや、彼は教師たちをバカにしており、教師たちも彼をバカにしていた。アインシュタインは21歳で大学を卒業したとき、彼は教授陣を激怒させたので、誰も彼の推薦状を書いてくれなかった。そのため、彼は長いあいだ（1901～1905年）、職に就けなかった。

パブロ・ピカソにメンターはいただろうか？　いた。絵の技術を磨くため、ハトの脚を切り落とし、それらを壁に突き刺して、幼いピカソに描かせた人物、彼の父親だ。ピカソの父ホセ・ルイスは、メンターとしての悪い例であり、17歳くらいの頃のピカソは父親の姓を恥ずかしがり、自分の作品に母の姓（ピカソ）でサインするようになった。のちに成長したピカソは、冗談まじりに（父親の教え方は）「教師に不向きな人間の見本だった」[26]という話をしている。

数少ない神童――たとえばモーツァルトやピカソ――の名声は私たちの判断力を曇らせる。こうした人たちの人生を見ると、神童から天才への流れが標準であり、神童であることは天才になるための必要条件のように思えてくる。

だがほとんどの天才は、アインシュタインのように、少なくとも「あとになって」開花した人たちだ。創造力あふれる作家や芸術家――ルールで決められない分野の人たち――の大半はのちの天才のカテゴリーに分類される。

同じく、共感する能力のある政治指導者の大半――たとえば、リンカーン、キング牧師、ガンディー、アンゲラ・メルケルなどもそうである。ハワード・ガードナーがその著書『Creating Minds: An Anatomy of Creativity Seen Through the Lives of Freud, Einstein, Picasso, Stravinsky, Eliot, Graham, and Gandhi（心を創造する）』（１９９３）で取り上げた20世紀を代表する7人のクリエイターのうち、たった1人ピカソだけが神童であった。

マーサ・グラハムは20歳まで踊っていなかったし、Ｔ・Ｓ・エリオットが詩を書き始めたのも同じ歳だ。ジークムント・フロイトは何度か興味の対象が変わり、40歳になってようやく、彼が精神分析学に発展させたテーマに辿り着いた。アインシュタインはＳＴＥＭ（科学、技術、工学、数学）の科目において非常に優秀な生徒だったが、イェール大学の私の同僚でありアインシュタインの伝記作家であるダグラス・ストーン教授がすぐさま口にするとおり、「彼は神童ではなかった」[27]。

根強い神童への憧れ

それではなぜ、「ベイビー・アインシュタイン」に人は夢中になるのだろうか？　それは、きわめて優れた才能の子どもたちに「驚異的」というレッテルを貼り、その前途有望な進路に自分たちの夢や野望を結びつけたい気持ちが強いからだ。

その心理を突いて、2001年、ウォルト・ディズニー社は、子どもの将来を気にかける世界中の何十万人、何百万人という教育熱心な親に向けて、ベイビー・アインシュタイン（子どもの知育マルチメディア製品）を市場に出した。ビデオは、乳幼児の言語能力を伸ばし、数の概念を紹介して、色覚を高めさせ、円や三角形、四角形などの簡単な幾何学図形の認識力を高めさせるよう設計されていた。すぐに、ベイビー・アインシュタインに続いて、ベイビー・モーツァルト、ベイビー・シェイクスピア、ベイビー・ガリレオ、ベイビー・ファン・ゴッホが登場した。

ほぼ同じ頃、いわゆるモーツァルト効果が主張されるようになった。モーツァルトを聴くと一時的に生徒のIQテストの成績が上がり、その子たちの頭が良くなったという[28]。ジョージア州知事のゼル・ミラーは10万5000ドルの予算を組んで、州内の新生児全員にモーツァルトのCDを配った。長期的な期待は？　それで神童が天才に成長するだろう、ということだ。

最終的に、これらの製品は期待外れだったことがわかった。モーツァルト効果もベイビー・アインシュタインも、赤ん坊の知性や創造力を伸ばすことはできなかった。ウォルト・ディズニー社は謝罪文を出し、販売済みの商品すべてについて、15ドル99セントを返金した。2009年の『ニューヨーク・タイムズ』紙に、笑える見出しが出た。「お宅のベビーベッドにアインシュタインはいない？　返金してもらいましょう！」[29]。

神童の幻想もまた、多くの場合がっかりする結果につながる。神童のなかには、あれこれうるさく言われすぎて燃え尽きてしまい、自分の得意分野を永遠に離れてしまう子もいる。また、あまりに幼くして親のイメージどおりの型にはまり、別の新しい情熱の対象を探し続ける子もいる。

「毛虫のなかには、いずれ蝶になることを示すものは何もない」と語るのは、フューチャリストで建築家のバックミンスター・フラーだ。それでも、自分に与えられた特別な能力を使い続けて、心理学や哲学、医学など決まった公式のない分野で、ひとかどの専門家になる人もいる[30]。しかしたいていの人は、ジェイ・グリーンバーグのように、そのまま消えていく。

子どもの成長への弊害

神童の幻想の問題点は、良いことばかりが膨らんで、それでいっぱいになり、ルールにこだわって、完璧以外許容できなくなり、一つのことにしか注意が向かず、支配的な母や父――いわゆる過保護な親の言うことでも、まともに聞きすぎることである。

その著書『Off the Charts: The Hidden Lives and Lessons of American Child Prodigies（天井破り）』（2018）のなかで、アン・ハルバートは何十人も神童を取り上げて書いているが、1人を除いて皆、今はすっかり忘れられている。

彼女は次のような警告的な文章で本書を締めくくっている。**「たいていの場合、若者の才能に輝かしい未来を見ようとすると、うぬぼれが強くなり、希望が天まで膨らんで、がっかりすることになる危険性がある」**[31]。神童は他の人とは別格に扱われ、社会的に孤立して、知的な面で発育不良となり、息の詰まる環境に閉じこもりたがる囚われ人になることがあまりに多い。

したがって、あなた、もしくはあなたの子どもが、目標として天才の殿堂入りを狙っているなら、深呼吸をして冷静になったほうがいい――そのときが来るまでにはまだたっぷりと時間はあるのだから。それまでに、型どおりのやり方が通用する一つの分野だけを鬼のように訓練させるのではなく、この章やあとの章で示したことをやってみるといい。

考え方および行動で独立心を養い、失敗に対処できる能力を伸ばすのだ――たぶん人生で「常に勝者になる」アプローチは現実的ではない。狭い専門分野を学ぶのではなく、グローバルな学習プログラムを組もう。そして、一番重要なのが、メンターなしで1人で学ぶ能力を磨く、ということを目標にすることだ。

親が忘れてはならないのは、共感とリーダーシップ能力を養う方法として、社会性を学ばせるのが重要だということである。神童の形は限られている。だが、天才はいろんな天才がいる。そろそろ神童と天才を結びつける習慣を捨て去るときだ。ほとんどの天才は、神童であったためしがなく、ほとんどの神童は金輪際天才になどならない。

Lesson 4

子どものように 世界を想像してみよう

大人になんてなりたくない

The Hidden Habits of Genius

10代が書いた傑作『フランケンシュタイン』

1816年6月1日の夜、スイスのレマン湖の南の湖畔に建つディオダティ荘に雨と稲光が打ちつけていた。[1] 祖国にいられなくなったイギリスの天才の雛たちが集まり、夕食を取っていた。嵐に刺激されて、一行は大胆なことを思いつく。それぞれ、怪奇譚を書こうというものだ。バイロン卿が招待した面々は、パーシー・ビッシュ・シェリー、シェリーの不倫相手メアリー・ゴドウィン（のちのメアリー・シェリー）、彼女の妹のジェーン、医師のジョン・ポリドリなど。皆、30歳にはまだ十分間がある年齢だ。

ロマン主義を代表する天才、バイロン卿には、情熱的で反骨精神にあふれ、自己陶酔型の頭のいい人物との評判があった。「知ると、激烈で、悪くて、危険」というのは、キャロライン・ラムがバイロン卿を表した言葉だが、いずれにしろ、バイロン卿は異母姉と関係を持ったこともある。

パーシー・シェリーは、今日イギリスのロマン主義者として知られる偉大な詩人の殿堂への階段を上りかけているところだった。ポリドリ医師はのちに、短編小説『吸血鬼』を書いている。それによって、ドラキュラが文学地図に載せられることになった。

しかし、それぞれに有名な参加者のなかで、欧米の大衆文化に最も長きにわたって影響を与えたのは、メアリー・ゴドウィン・シェリーだろう。**その日の夜、メアリーは『フランケンシュタイン』の最初の構想を始めている。彼女はまだ、わずか18歳だった。**

『フランケンシュタイン、或いは現代のプロメテウス』でメアリー・シェリーは、新しい文学ジャンル、ゴシックホラー小説の誕生に貢献した。移り変わる幻影と殺人の組み合わせだ。あとから出たこの系列の作品には、『ノートルダムの鐘』『ジキル博士とハイド氏』『オペラ座の怪人』など、力強い作品が並んでいる。

しかし、『フランケンシュタイン』が今日、文化に与えている影響はシェリーの小説とはあまり関係なく、その小説を下敷きにした映画によるものだ。[2]エジソン・マニュファクチャリング・カンパニーが1910年に制作した『フランケンシュタイン』や、決定的な影響を与えた、ボリス・カーロフ主演による1931年の『フランケンシュタイン』などがある。けれども、大衆文化に入り込んだ怪物は、シェリーのオリジナルのフランケンシュタインとは大きく異なっている。

今日、科学者がメアリー・シェリーの原作のメッセージに再注目している。それは、意図せざる結果の法則に注意せよ、というものだ。[3]シェリーの小説では、第2部でドクター・ヴィクター・フランケンシュタインが、焚き火の暖かさに驚喜し、火のなかに手を突っ込んで痛さに悲鳴を上げる。そして思う。「それにしても不思議だった。根本(もと)は同じものなのに、まるで正反対の結果をもたらすとは[4]」と。

フランケンシュタインはきわめて知識欲の強い創造の天才であった。キュリー夫人、アインシュタイン、ジェームズ・ワトソン、フランシス・クリックもそうだ。フランケンシュタインの道徳的ジレンマ――科学的発見の良い面と、起こり得る良くない結果を天秤にかけ、倫理基準を課さなければならない――は、現実世界で、原子力や地球温暖化、遺伝子組み換えといった怪物フランケンシュタインの末裔を生み出した科学者が直面することになる、類似のジレンマの予兆であった。

たった一度の成功

正式な教育を受けたこともなく、自分の名前で出版したこともないティーンの若者が、どうすればソファに座っている大人に、とてつもない物語を通してモラルのレッスンができるのだろう？　一見安定した上位中流階級の家庭の人間が、どうやって世の中の暗い面「謎に包まれた自然の恐ろしさ」を知ることになったのだろうか？

そして、メアリー・シェリーは、そのあとの小説作品も頑張って書いたにもかかわらず、19歳で経験した成功を再現することができなかった。それはなぜだろう？　**答えは子どものイマジネーションと大人の現実にある。**

どんな天才も単独では生まれてこない。どんなアイデアもゼロからは生まれない。上位中流階級の家庭の子どもとして、メアリー・ゴドウィンは幅広く書物を読んでおり、ベンジャミン・フランクリンの凧あげ実験についてもよく知っていたし、ルイージ・ガルヴァーニの動物電気発見に関する討論をはじめとして、化学や電気の公開講座にも参加していた。

また彼女は型にはまらない人物で、16歳でパーシー・シェリーとヨーロッパに駆け落ちしている。ライン川を下り、感受性豊かな2人の若者はフランケンシュタイン城から30キロと離れていないところを通過している。

したがって、辺りで起こっている恐ろしい出来事の逸話を聞いたかもしれない。この経験から、彼女が登場人物の名前を決めたのは間違いないだろう。しかし、こうした外的影響のどれをとっても、『フランケンシュタイン』の衝撃的な独創性は説明がつかない。

それよりも、メアリー・シェリー本人に目を向けるべきだろう。１８３１年版の『フランケンシュタイン』の序文で、著者メアリー・シェリーは読者からのリクエストに応えて、次のように説明している。

「当時、まだ若い小娘だった私が、どうやってあれほど恐ろしいお話を思いついて、書けたのかということですね？　私は子どもの頃、よく紙に走り書きをしていました。私に与えられた余暇のなかで、気に入っていた遊びは『お話を書くこと』でした。［中略］でも、それは私が中心の物語ではなく、当時は、自分自身のドラマティックな展開よりも、ずっと私の興味を惹く創造物でいっぱいになっていれば、それでよかったんです」。彼女は、「空中にお城」を描いて「頭のなかで出来事を想像する」のが大好きだった。[5]

若きメアリーは経験豊富な作家だった。ただ、それは彼女のイマジネーションのなかだけの話。ジュネーヴの近くで、かの有名な陰鬱な嵐の夜を過ごした数日後の夜、彼女は、バイロン卿とシェリーが、ガルヴァーニ電気やエラズマス・ダーウィン（チャールズ・ダーウィンの祖父）の電気実験について議論を戦わせているところに、ひっそりと同席していた。

そのあと彼女は寝室に下がったが、眠れなかった。そこで彼女は、自身**「覚醒夢」**と呼ぶもののなかで、自由にイマジネーションを飛躍させて、それに夢中になっていた。

枕に頭を横たえたが、眠ることはできなかった。考え事をしていたわけではない。想像力が取り憑いて離れず、自分を導いて次々といろいろなものの姿を頭に浮かび上がらせるのだ。しかもそれが普段の夢と違って、目をつぶっていても、心のなかにはっきりと見えるくらいに鮮やかなのである。

青白い顔をした研究者が、自らの呪われた作業によってつくりあげたもののそばに、跪いている。傍らに恐ろしい亡霊のような姿が横たわり、それが何かの力によって動き始めて、生命の印を見せたかと思うと、ぎこちない仕草で身体を少し動かす。［中略］

科学者は眠る。だが眠った途端目を覚まし、目を開くと、ベッドの傍らにあの恐ろしい存在が立ち、カーテンを開けて自分を見つめているのに気がつく。黄色くよどんだ目、しかし物思うような目で自分を見つめているのだ。

わたしは恐怖のあまり、目を見開いた。今見た光景が頭に取り憑いて、恐怖が身体を駆け抜ける。夢に見た奇怪な姿を振り払おうと、まわりの現実を見回した。〔中略〕

この恐ろしい幻影は容易に取り払うことができず、自分につきまとって離れない。何かほかのことを考えなくてはと思って、以前に自分の考えたつまらない幽霊話を思い出した。ああ、あの夜、自分が怯えたものと同じくらい、読者が怯えてくれる話を考え出せたなら！

そのとき、まるで光のように素早く楽しい思いつきが頭に浮かんだ。**「見つけた！　わたしが怖いのなら、他の人も怖いはずだ。わたしの夢枕に浮かんだ幻影を書くだけでいいのだ」**

イマジネーションの魔法

文学の歴史では、子ども の頃の記憶や最近誰かと話した内容、夜に襲われる子どものような恐怖、ショッキングなほど鮮明なイマジネーションの魔法が、きわめて力強いホラー小説や教訓的な寓話の誕生に貢献してきた。

ちょっとしたお試しで始まったことが短編小説に進化し、それから10カ月の時を経て、本格的な小説になったのだ。『フランケンシュタイン』は1818年の1月1日に初版500部で発売され、全般的に高評価を得た。ほかでもない、かのサー・ウォルター・スコットが『フランケンシュタイン』の著者に言及し、「独創的な天才」[6]と呼んだ。

『フランケンシュタイン』の初版は、パーシー・シェリーが序文を書いて匿名で出版された。評論家の多くは、そのような「独創的な天才」は男性の頭からしか生まれるはずがないと考えたため、この小説はパーシー自身の作品とされた。メアリー・シェリーの名前は、1823年に第2版が刊行されるまで、著者として出されることはなかった。

時は進んで1990年。想像力に富む若い女性、ジョアン・ローリングはイギリスのマンチェスターで列車に乗り、ロンドンに向かっていた。彼女はそのときの体験を、次のように綴っている。

私は〔中略〕書くこととは何の関係もないことを考えながら、そこに座っていました。すると、どこからともなくアイデアが浮かんできたんです〔中略〕ハリーの姿がはっきりと見えました。ガリガリに痩せた男の子です。

興奮で全身に電流が走りました――執筆に関してあれほど興奮したことはありません。あんなふうに体が反応するほどのアイデアが浮かんだことなんて、まったくありませんでした。それでこのバッグをひっかき回して、ペンか鉛筆か何かを探そうとしたんです。でも、アイライナーすらありませんでした。

それで仕方なく、ただ座って考え続けていました。4時間ものあいだ——列車が遅れてたんで——そしたら頭のなかにぽこぽこアイデアが浮かんでくるんですね。[7]

そのあと、ハリー・ポッターの物語の構想から第1作完成に至るまで、5年の旅が続いたが、ローリングにとっては決して楽な歳月ではなかった。ローリングはポルトガルのポルトに移住し、さらにスコットランドのエディンバラへと移り住んで、そこで幼い娘のシングルマザーとして生活保護を受けて暮らしていた。

「大げさに捉えないでほしいの。紙を買う余裕がなくてナプキンに書かなくちゃいけなかった、なんてつくり話はしないでね」と彼女は言っていたことがある。とはいえ、週70ポンド（約130ドル）の給付小切手で生活しながらだった。たまに自分のワンルームのアパートで書くこともあったが、たいていはニコルソンズ・カフェという近くのカフェで書いていた。

最終的に「何度も何度も断られたあとに」ようやく、彼女は『ハリー・ポッターと賢者の石』を出版してくれる出版社を見つけた。ロンドンにあるブルームズベリー社だ。ブルームズベリーで彼女の編集者だったバリー・カニンガムは2001年、BBCのインタビューに答えて、ローリングはまだ1冊しか書いていなかったけれど、作品全体の要所のイメージは完成していた、と振り返っている。

「そしてあのとき彼女は、ハリー・ポッター――シリーズの全体像について私に語ってくれてね。［中略］私はもちろん、気づいたんですよ。**彼女はこの世界のことが正確にわかっているなと。**話がどう展開していって、この先どんな登場人物が出てきて、登場人物はどのように成長していくかができあがっていたんです。そして、それがまた面白いんですよ。だって、普通はこんなこと起こりませんから[8]」

24歳のローリングは、若きヒーローやヒロインの暮らすファンタジー世界の素晴らしい場所を想像することができた。彼女の想像したものは、出版史上最大の成功例の一つとなり、書籍だけでなく、映画、演劇、ブロードウェイミュージカルにもなって、2つのテーマパーク・アトラクションまで誕生させた。その名はいずれも「ウィザーディング・ワールド・オブ・ハリー・ポッター」。

天才メアリー・シェリーとJ・K・ローリングの共通点は、いずれも若くて想像力にあふれており、2人とも、夜現れてくるもので怖いものがあったということだ。

子どもはみんなアーティスト

子どもはいったい何歳で、自分の夢や映画、本に出てくる怪物が現実のものではないと認識するのだろうか？　大人に「成長する」ためには、クリエイティブなイマジネーションを捨てなければならないのだろうか?

メアリー・シェリーもジョアン・ローリングも、そのあとの想像力が、それぞれ18歳とか24歳で見せた想像力を上回ることはなかった。ラッパーのカニエ・ウェストはこの点について、2010年のシングル『パワー』で語っている。「子どものように純粋で正直な創造力」に続く歌詞で彼は、このような対句を歌っている。「現実がやっと俺についてきた/俺は自分のなかの子どもらしさを取り戻す」。

パブロ・ピカソは最初、自分のなかの子どもらしさを見失っており、それを取り戻す働きかけをしなければならなかった。「子どもは誰もがアーティストだ」と彼は語っている。**「問題は、成長してもアーティストであり続けることだ」**[9]と彼は言う。

ピカソによると、子どもの頃彼は、子どもよりも大人に近く、絵が上手に描けるふりをしていたという。実際、彼は14歳になる前に、写実的な傑作を生むことができた。「子どもの頃は、ラファエロのように描けたんだ。でも、子どものように描くには一生かかった」。

通常とは異なり、ピカソの子ども時代の作品は、無邪気な楽しいものではなかった。創造的な遊びは彼のメンター/教師/父であるホセ・ルイスに否定されていたからで、ルイスは才能あふれる息子に、イマジネーションを自由に飛び回らせるのを許さず、正統な傑作を真似て素晴らしい作品をつくるよう強いていた。「自分に、大人になろうとあがいていない子ども時代はなかった」とピカソは語っている。[10]

「人が天才児と思うものは、実際は子どもならではの天才である。そんなものはある年齢になれば、跡形もなく消えてしまう。そうした子はある日、アーティストになることもあるが、最初っからやり直さなければならないこともある。たとえば、私のなかにこの種の天才はいなかった。私の最初の頃の作品は、子どもの作品展示に並べてもらえるようなものではなかった。あの頃の絵は、子どもらしさとか無邪気さといったものがなかった。［中略］幼い頃私は、美術の専門技法に忠実に倣って描いていたんだ。あまりに正確で、想像力のかけらもなくて、今はショックを受けてるよ」[11]。

ピカソはどうやら、子ども時代の作品をほとんど壊してしまったようだ。ピカソ自身語っているように、彼は創造性豊かな子ども時代をスキップするよう強いられていたが、次第に意志の力で自分自身、子どものイマジネーションを獲得し、それがのちの創造性に富んだ革新を生む力となった。

ピカソのキュビズム最初期の作品（1907）は、絵が線、空間、色の初歩的な力強さに単純化されているとして、ガートルード・スタインをはじめとする美術評論家はそこに、子どものように見て、描こうとするピカソの試みを見出している。[12]その後、1920年頃になってピカソが新古典派の時代に入ると、彼は手足をマンガのように大きく捉えて描くようになった。ピカソが繰り返し見た子どもの頃の夢に起因するスタイルだ。

「子どものころ、何度も同じ夢を見て、それがひどく怖かった。自分の脚や腕がものすごく巨大になったかと思うと、次は反対に縮んでいくという夢だ。その夢のなかでは、まわりの人たちも同じように変身し、巨大になったり、小さく縮んだりする。そんな夢を見るたび、いつもひどく怯えたものだ」[13]。

ピカソが、逆のことを言ういつものウィットで話していたのは、「子どもになるのに、ずいぶんと時間がかかったよ」ということだ。

文字より画像が頭に浮かぶ

メアリー・シェリー、ジョアン・ローリング、パブロ・ピカソは皆、明確なビジョンを持って秘めたる目標を達成した人である。「明確なビジョンを持った人」「イマジネーション」に含まれる言葉は「ビジョン」「イメージ」だ。ピカソはイメージのなかで見ていた。ローリングはイメージを伴って物語を見ていた。シェリーには、言葉を通じて表現できるビジョンがあった。アルベルト・アインシュタインも同様に物事を見ていた。

アインシュタイン自身語っているところによると、彼は「言葉や文字の覚えが悪かった」という。大半の物理学者のように、抽象的な記号や式で物質世界を見るのではなく、アインシュタインは文字どおり、その優れた画像や動く物体の映像記憶能力を使って、物質世界を映像化して捉えていた。**「言葉で考えることは、まずない」**と彼は語っている。「考えが浮かんでから、あとでそれを言葉にしようとすることはあるかもしれないけれど」[14]。

アインシュタインは自伝のなかで、自分のイマジネーションが働くときの複雑なプロセスを説明しようとしている。アインシュタインは、一連の「記憶画像」（Erinnerungsbilder）が「有効なツール」あるいは「アイデア」となって、それがあとで数式や言葉に変換できることがあるという。

「自由な連想、あるいは『夢見ること』が思考へと移行するのは、多かれ少なかれ、アイデアがずば抜けた働きをしたときだと私は思っている。アイデアは五感で知覚できて、再生できる記号（言葉）でなければならない、などということは絶対にない。ただ、そうなった場合には、考えが、それによって伝えられるものになる[15]」とアインシュタインは語っている。彼は、まず絵が浮かんでくるこの思考モードを**「アイデアによる自由な遊び」**と呼び、のちに単に**「遊び」**（Spiel）と呼んでいた。

アインシュタインの場合、その頭のなかでのイメージ遊びから、彼の有名な思考実験が誕生した。そのうちの一つは、彼が16歳のときに、「幾分子どもっぽいながらも私の最初の思考実験をした。それは特殊相対性理論に直接かかわるもの[16]」だった。光線につかまって、そのスピードで旅ができたら、世界はどんなふうに見えるだろう?と彼は考えた。

数年後、若きアインシュタインは、自分のアパートとベルンにある職場のスイス特許庁を往復しているときに、毎日ベルンの有名な時計台の前を通っていた。もし路面電車が、光速でここを通過していったら、どうなるだろう、と彼は考えた（時計台の時計は止まったように見えるだろうが、路面電車の時計はきっと動き続けているはず、という、またしても特殊相対性理論に結びつくポイントだ）。

それから、26歳の頃には、アインシュタインは人と物が高いところから同時に転落するところ

Lesson4

子どものように世界を想像してみよう
——大人になんてなりたくない

を想像した。もし、転落している人に自分と落下物が見えたら、転落している人は自分のことを、落下していると認識するだろうか？（いいや、すべてが静止しているように見えるはずだ）

さらにその後、アインシュタインは自身に子どもができると、子どもたちに、子どもと同じ目線で世の中のことを説明しようとした。そのときアインシュタインは、重力は時空の骨組みをつくる曲線である（一般相対性理論）、という自身の鋭い洞察を息子のエドゥアルトに、次のように説明した。

「目の見えないカブトムシが曲がった枝の上を這っているとする。そのときカブトムシは、自分が這っている道筋が実際には曲がっているのに、そのことがわからない。パパはカブトムシがわからなかったことが幸運にもわかったのさ[17]」。

アインシュタインは、適切な科学的情報を頭にとどめながら、子どものように世界をイメージすることができた。「原子爆弾の父」J・ロバート・オッペンハイマーならアインシュタインのことを、**「彼のなかには常に、子どものようでありながら、恐ろしく頑固な力強い純粋さがあった[18]」**と言うだろう。

アインシュタインはよく、創造力と子どもの思考の関係を口にしていた。1921年、友人のアドリアナ・エンリケスに宛てて、「真実と美しさを追求することが、一生子どものままでいるために許された活動領域だ[19]」と書いている。そして最後に、人生の終わりに向けて、それをこんなふうに表現した。「私たちが生まれたこの謎だらけの世界に、好奇心旺盛な子どもたちのように向き合うのを人がやめる日が来ることはない[20]」。

どうして大人にならなくちゃいけないの？

マジック・キングダム、ウィザーディング・ワールド・オブ・ハリー・ポッター、アドベンチャーランド。これらはすべて、自分も子どもも両方が驚きにワクワクし、たぶん驚く感覚を甦らせるために行くファンタジーの世界だ。

著者J・M・バリーがイメージして描いたとおり、ピーター・パンは大人になるのを拒否した少年だった。彼はロンドンに住んでいたが、たびたびファンタジー世界ネバーランドへ飛んでいっていた。

マイケル・ジャクソンはピーター・パンの生き方を真似、彼もまた、大人にならないことを選択した（2019年のドキュメンタリー映画『ネバーランドにさよならを』では、マイケルの世界の暗いほうの側面が探られており、マイケルが2人の少年に性的虐待を加えた話に焦点が当てられている）。

マイケルはかつて女優のジェーン・フォンダに、こんなことを語っていた。**「えっと、僕の部屋の壁はみんなピーター・パンの写真で埋められてるんだよね。僕は完全にピーター・パンと同一なのさ。迷子になったネバーランドの男の子」**[21]。

1983年にマイケル・ジャクソンが、のちにネバーランド・ランチ（シカモア・バレー・ランチ）になる土地を偶然見つけたとき、彼はポール・マッカートニーと一緒にいた。2人はミュージックビデオを共同で制作しており、最終的にマイケルはビートルズの曲251曲の歌詞の著作権を買い取ることになった。

ポピュラーミュージックでもクラシック音楽でも、楽曲で稼ぐ金額——その音楽の影響力のバロメーター——という意味で言えば、ビートルズがトップで、マイケル・ジャクソンはナンバー3である。マイケルが最大のヒット曲の数々を書いていたのは23歳以前のことだ。1982年の『スリラー』のアルバム以降、彼は音楽的にも商業的にも、これに匹敵する成功は収めていない。

ほぼ間違いなくビートルズのオリジナリティを影で支えていたマッカートニー（一部には、それはジョン・レノンだという意見もあるが）は、17歳から27歳までが彼のクリエイティブな力の最盛期で、これは彼がビートルズで成功を収める前と、ビートルズで成功していたときに当たる。頑張ってはいたのだろうが、それ以降のマッカートニーの曲はいずれも、初期のものほどのインパクトがない。

「天才の秘密は、歳を取っても子どもの心を持ち続けることだ」と語るのは小説家のオルダス・ハクスリーである。[22] ウォルト・ディズニー（1901～1966）がやったのがまさにこのことで、それゆえにエンターテインメントの世界を変えた。**「私は子ども向けの映画はつくらない。私は、私たち皆のなかにいる子どもに向けて映画をつくる。たとえそれが6歳であっても、60歳の人であっても」**[23]。

ディズニー映画のストーリーラインは、いつも変わらずおとぎ話か空想上の冒険物語だ。『白雪姫』（１９３７）、『ピノキオ』（１９４０）、『ファンタジア』（１９４０）、『ダンボ』（１９４１）、『シンデレラ』（１９４５）、『宝島』（１９５０）、『ふしぎの国のアリス』（１９５１）、『ロビン・フッド』（１９５２）、『ピーター・パン』（１９５３）、『わんわん物語』（１９５５）、『眠れる森の美女』（１９５９）、『メリー・ポピンズ』（１９６４）といったメガヒット作品を製作することに加えて、ディズニーは『ディズニーランド（Disney's Wonderful World）』や『ミッキーマウス・クラブ』などの子ども向けのＴＶ番組をつくり、ディズニーランドを建設して、ウォルト・ディズニー・ワールド・リゾートおよびエプコットを創設している。

欧米でこの50年、ミッキーやミニー、ドナルドダック、プルート、グーフィーと遊んだことのない子どもがいるだろうか？　そしてすべては、ミッキーマウスという名の、子どもが喜びそうなキャラクターから始まった。

「20年前、マンハッタンからハリウッドに向かって列車に乗っているときに、突然私の頭のなかからスケッチブックの上に現れたんです」。そうディズニーは１９４８年に昔を振り返っていた。[24] それからというもの、ＴＶで、アニメで、あるいは映画で、ディズニー自身、ミッキーマウスの声を担当、いやミッキーマウスに生きていたと言ってもいいだろう。

ミズーリ州で子ども時代を過ごしたディズニーは、アッチソン・トピカ・アンド・サンタフェ鉄道の近くに住んでおり、鉄道が大好きになった。１９４９年には、自分や友人が遊べるように、ロサンゼルスの自宅の裏庭に４分の１サイズの鉄道を建設している。そしてディズニーランドを建設するときには、２分の１のサイズの鉄道を導入し、アドベンチャーランド、ファンタジーランド、トゥモローランド、ネバーランドの4カ所を結んでいる。ディズニーはよく、好んでこう質問した。**「どうして大人にならなくちゃいけないんだね？」**

子どもじみた空想やおふざけ

モーツァルトも決して大人になることはなかった。彼の姉のナンネルが1792年に証言しているとおり、「弟は、音楽を別にすれば、ほとんどずっと子どもでした。そしてずっとそのままだったんです」[25]という。モーツァルトが永遠に子どもだったことを示す証拠の一つに、彼は一生話し方がお下劣だったという事実がある。

子どもは、文法や構文のルールを完全には理解していなかったり、意図的に無視したりするのと同様に、会話の際に何が適切な話題かということも、まだ学習していなかったり、意図的に無視したりするものだ。次に示すのはほんの一例で、モーツァルトが21歳のときにいとこに宛てて書いた手紙のなかの文章だ。これは、我らが天才の口から出た、数多あるそうした発言を象徴するものだろう。

それじゃご機嫌よう！　あっ、おしりがあつい、燃えてるみたい！　これは何の意味かしら？　――よごれものが出たいってわけ？　――そうとも、汚物め、お前の正体は先刻ご承知、それみろ、口にいれてみろ――それに――一体これは何だ？　――こんなことって！――神様――わが耳を疑っちゃうよ？　――そうじゃないんだ――何たる長く、情けない音[26]！

また、モーツァルトの作品にはラテン語のカノン『Difficile lectu mihi mars et jonicu』などがある。これは、多言語圏ウィーンで同形同音異義語として聞くと、「Lech du mich in Arch et Cunjoni」（「私のケツとタマを舐めよ」）となる。『ca-ca, ca-ca, pu-pu, pu-pu』などのカノンは、もう触れなくてもいいだろう。

子どもじみたお下劣な話の数々！　だが、ソロでやっているコメディアン――ロビン・ウィリアムズ、ジョージ・カーリン、リチャード・プライヤー、モート・サル、レニー・ブルース、デイヴ・シャペル、サラ・シルバーマン、クリス・ロック、エイミー・シューマーなど、その他大勢が――昔も今も同じように卑猥なのだ。

こうしたお笑いでは――ライブTVで厳しいチェックが入らないかぎり――必ずと言っていいほど、みだらな言葉の集中砲火があることに注目してみるといい。その目的は自分のなかの「悪ガキ」の部分を出すことで、自分自身に注意を引きつけるだけでなく、その創作プロセスにも注意を引きつけることだ。

それはあたかも、「こういう不謹慎な言葉の数々で、皆さんを新しい世界へ招待しますよ。そこには、表現の自由を阻むものなんて何もない。さあさあ、これまで話せなかったことが話せる新たなシーズンの始まりですよ」と言っているかのよう。

モーツァルトの場合、ジョークや卑猥な言葉の羅列はたいてい、夜リラックスしているときに発現した。おバカになって、無意識のうちに、子どもじみたおふざけで新しいつながりをつくっていたのだ。彼の度を越したみだらな言葉は単に、彼が「クリエイティブランド」に行ってしまっていた印にすぎない。

お笑いの天才ロビン・ウィリアムズもおもちゃの兵隊と架空の世界、自分の意思に関係なく飛び出す汚い言葉で、よくそこに行っていた。また、(『空飛ぶモンティ・パイソン』および『フォルティ・タワーズ』で有名な)喜劇俳優のジョン・クリーズは1991年、これについて**「不適切でクリエイティブな爆発**と言っている。

「リスクを冒して、バカげたこと、理に適わないこと、間違ったことを言わなければならない。クリエイティブでいることは何も悪いことではないし、間違っていることなんて何もない。どんなくだらない言葉でも突破口になることがある」[27]。

また、空想の友人が、功を奏すこともある。6歳のとき、画家のフリーダ・カーロはたびたび「同い年ぐらいの女の子と一緒に」窓から抜け出して、2人で笑ったり踊ったりしていたという[28]。チャールズ・ドジソン(ルイス・キャロル)はアリスが『不思議の国のアリス』のなかで空想上のウサギと一緒にはしゃぎ回るのを空想していた。

モーツァルトにも、空想の世界と空想の友人があった。モーツァルト自身、かつての王国と呼ぶ彼の幼少期の世界は、彼の空想上の市民でいっぱいだった。[29] 1787年、モーツァルトは現実の友人とともに、自分が作曲したオペラ『ドン・ジョヴァンニ』の初演のためにプフハに向かっていた。時間つぶしのためにモーツァルトは、自分の妻や友人、その召使、さらにはそのペットの犬にまで、あだ名をつけて遊んでいた。

自分はプンクティティティ（Punkitititi）、妻はシャブラプムファ（Schabla Pumfa）、召使はサガダラタ（Sagadarata）、そして犬はシャマヌツキー[30]（Schamanuzky）。のちにモーツァルトは、自身のオペラ『魔笛』にパパゲーノやパパゲーナなど、同様の架空の人物を登場させている。

モーツァルトがプラハに向かう途中、空想の世界をつくって遊んでいたとき、彼は4歳でも6歳でもなく、31歳であった！　彼が1791年に『魔笛』で子どもっぽい王国をつくっていたとき、彼は死の数カ月前であった。

ネオテニーが人類を救う

ニュージャージー州のリバティサイエンスセンターで行われた2015ジーニアス・ガーラでアマゾンのジェフ・ベゾスは、若者の創造力をこのような言葉で説明した。

「**皆さんは、自分の専門性の罠にはまらないために、ある意味子どものような能力を身につけなければなりません**。ひとたび専門家になったら、フレッシュな外見、初心（ビギナーズ・マインド）

を持ち続けることは、驚くほど困難です。しかし、偉大な発明家は必ずそのように見えます。彼らはある種、神のような不満を持ち続けています。あるものを1000回は見ていたとしても、それでも、どんなに慣れ親しんだものでも、これはもっと改良できるんじゃないか、そんなことが彼らの頭には浮かぶのです[31]」。

「ビギナーズマインド」を持つよう促すために、アマゾンやアップル、グーグルなどのハイテク企業は、それぞれ「クリエイティブゾーン」をつくってきた。アマゾンは「ツリーハウス」のなかにWiFiの飛ぶ鳥の巣を設けている。ピクサーには、ミーティングルームとして使える木造のヒュッテと洞窟がある。グーグルにはビーチバレーのコートとピンクフラミンゴがたくさん取りついた恐竜がある。

リバティサイエンスセンターも本当のところは、科学技術博物館ではなく、恐竜の骨を掘り出したり、レゴで街を組み立てたり、ディズニーのジャングルを探検したり、あるいはスポンジの塊から洞窟をつくり上げたりできる、巨大な遊び場である。もちろん、子どもたちも大歓迎。「どんな子も鮮やかなイマジネーションを授かって生まれてくる」と、ウォルト・ディズニーは語っていた。「だが、使わないと筋肉が衰えてくるのと同じように、子どもの鮮やかなイマジネーションも、鍛えるのをやめてしまうと、そのうち色あせてくる」。

それにしても、人の想像力は、精神が子どもから大人になり、想像の世界から大人の現実の世界になると、カニエ・ウェストが言っているように、どうして色あせてしまうのだろうか？　人は成長していくにしたがって、食べていくためには、現実的な意味で生き残っていくことに責任を持たなければならなくなる。動物も多くは、子どもの頃、無邪気に遊ぶ柔軟性を示すが、そのうち成獣として、決まったパターンに厳格に従うようになる。ネオテニーが私たちを救う。

ネオテニーは、好奇心とか遊び心とか、イマジネーションといった年少期の性質を、大人になっても長続きさせる人間の能力を説明するために、進化生物学者が創作した用語である[32]。『ナチュラル・ヒストリー』誌の1979年の記事「A Biological Homage to Mickey Mouse（ミッキーマウスへの生物学的オマージュ）」で、ハーバード大学のスティーヴン・ジェイ・グールドは、「人間はネオテニーな生き物である。私たちは、大人になるまで、ヒトの祖先のもともとは年少期の特徴を、大人になるまで保持することで、進化してきた。［中略］哺乳類のなかでも、ヒトの妊娠期間は非常に長く、幼少期も著しく長くて、その寿命は最長を記録する。永遠に若い形態的特徴が、ヒトによく作用してきた[33]」と書いている。

子どもの「もし〜だったら」のイマジネーションは、ヒトを人にしている特徴の一つである。これがあったからこそ、芸術や科学、社会組織の分野で発見や革新があったと言える。永遠に子どもだったアインシュタインは1929年に、「私は自分のイマジネーションに従って自由に描けるので、十分に芸術家である。イマジネーションは知識より重要だ。知識には限界がある。イマジネーションは世界を取り囲む[34]」と語っていた。

ここまでで、人の進歩はネオテニーのおかげであるとしてきたが、この特殊な用語は私たちの多くにとって、そして私にとっても馴染みがないものかもしれない。**ネオテニーとは、年少期の特徴を成人が保持していること、あまりにも深く染み込んでいていて、ほとんど見えなくなっている**

種の保存の習慣のことである。

さて、何世紀ものあいだに登場した子どものような天才の頭のなかを覗き見て、何が言えるだろうか？　子どもたちはもちろん、自分自身にも向かって言うセリフとして一番役に立たないのは「大人になりなさい！」だ。

子どもを寝かしつけるのに読んでやるお話、ジーニーや妖精の出てくるおとぎ話、おもちゃや操り人形、木の砦やお人形さんの家、隠れ場所、学校や家の外の基地、空想の友人。大人なら、遊んで／働く場所、クリエイティブな休暇(リトリート)、笑いの時間、「特定のアイデアへのこだわり」の禁止令。こうしたものが、私たちにクリエイティブな頭を維持させたり、取り戻させたりする役に立つ。

詩人のシャルル・ボードレールは1863年、「天才とは自分の意思で取り戻した子ども時代にすぎない[35]」と結論づけている。

Lesson 5

強い学習意欲を育てよ

好奇心のかたまり

The Hidden Habits of Genius

女王の教育

イギリスのエリザベス女王1世（1533～1603）は王の財力で買える最高の伝統的な教育を受けた。女王の父ヘンリー8世はアン・ブーリンとその後の妻たちをギロチン台に送る一方で、いつかそのうちの一人が統治者になるかもしれないと思ってか、女の子であるエリザベスも含め、子どもたちには最高の家庭教師をつけたのだった。

ヘンリー8世の末っ子エリザベスは、ルネサンス期の人文主義者の王家の王子であれば当たり前の伝統的な教育を受けたが、当時の女性としてはきわめて稀であった。エリザベスは歴史、哲学、古典文学を学んだばかりでなく、昔のキリスト教神学者の書を読み、ギリシャ語で書かれた新約聖書、ラテン語で書かれた宗教改革神学者の著作を読んだ。

エリザベスの教師であったオックスフォードの個別指導教員ロジャー・アスカムは、彼女がまだ17歳のときに、金の卵の生徒エリザベスのことを「彼女の頭の構造には、女性の弱さがない[!]そして彼女には男性的な応用力が授けられている。彼女以上の呑み込みの速さは望めないし、彼女以上の記憶力も望めるものではない。彼女は英語のようにフランス語とイタリア語を話し、ラテン語も流暢に、正しく、適切な話し方をする。また、私とはよくギリシャ語でも喜んで会話をし、できはまずまずだ[1]」と評している。

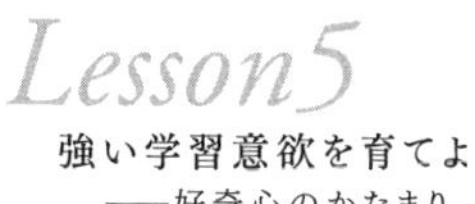

だが、エリザベスの教育はアスカムが教師でなくなっても終わらなかった。エリザベスは1558年に女王になったあとも、生涯独学で勉強を続けた。彼女は一度、継母の女王キャサリン・パーに次のように書いて宛てている。

「男性あるいは女性の機知というものは、物事の学び方というものに常に夢中になっているのでなければ、鈍ってしまいますし、何かを完璧に行ったり、理解したりするには不適切なものになります[2]」。

エリザベスは毎日3時間は書を読むことを自分に課していたといい、1585年3月29日の議会で次のような発言をしている。**「(教授以外では)私ほど書を読んでいる人はほとんどいないと思いますが、これは真実だと言わざるを得ないでしょう[3]」**。

女王と同時代人のウィリアム・キャムデンはこう述べている。「女王は当時の皇太子のなかでも、驚くほど学習能力が高く、最も適切な文書や指示で自分の心を知らせ、威厳のためではなく、愛や徳を磨くために、毎日勉強して、よい手紙をしたためていた[4]」。

知は力なり

確かに、エリザベスは驚くほど学習能力が高かった。しかし、彼女の学びは、実際問題として彼女にとって、どんな役に立ったのだろう?

彼女の学びは彼女に力を与えた。エリザベスの廷臣の一人、フランシス・ベーコンが、おそらくはエリザベス1世の頭脳について語った言葉で有名な言葉がある。「知は力なり」と。学習を重ねたエリザベスは、全員男性の当時の外交団と等しいか、それを上回る名声を獲得した。ラテン語、フランス語、イタリア語が流暢に話せたため、外国の使節とも会話をして、そのなかで相手を理解することができたし、訳してもらわなくても外国からの書簡を読むことができた。

1597年に、ポーランドの大使がラテン語で話しかけて女王を見下そうとしたとき、女王は即座にラテン語で熱弁を振るい、相手を黙らせた。それから彼女は気の毒なポーランド大使にさっと背を向け、わざとへりくだって、自分の廷臣に「皆さん、今日は私の錆びついたラテン語を、思いがけず磨き直していただけましたわ」と言った。[5]

学びを通して力と権力を手にしたエリザベスだったが、彼女に学びをやめるつもりはなかった。エリザベスは、自身のモットーにラテン語の「Video et taceo」（私は見るが何も言わない）を選んでいた。エリザベスの場合、賢明にも、頭のなかで考えていたことと、公に口にすることに大きなギャップがあり、それがすべてに功を奏した。

エリザベスの姿勢を、今日のイギリスおよびアメリカの国家の長、ボリス・ジョンソンおよびドナルド・トランプ〔前米国大統領〕と比べてみるといい。2人は毎日、無思慮にツイートを吐き出しまくっている。

すべてわかっているけれど、何も言わない。その姿勢によりエリザベスは44年ものあいだ、イギリスを統治した。当時としては、イギリス最長の君主で、大英帝国の基礎をつくり、その統治期間全体に、エリザベス朝時代という自身の名を残した。何事においても思慮深いコントロールで、彼女はその名をとどめ、国を正しく導くために、自身で考える天才エリザベスの役柄に徹した。

天才の好奇心

これを知識欲とか、知への情熱とか、貪欲な好奇心と言うが、何と呼ぼうといずれも同じ強烈な欲求で、程度の差はあっても私たちの誰もが持っている。好奇心は見ることも測ることもできないが、人のパーソナリティーに欠かせないものであり、他の性格的特徴、特に情熱とも切り離しがたく密接に絡み合っている。

天才は凡人の私たち以上に、肌がムズムズするほどに知りたいという欲求が強い。優秀な頭脳が、不思議に思う問題にいてもたってもいられず、どうしても答えが欲しくなる。ジェフ・ベゾスが言うように、天才は、今のあり方と、そうなってもいいのにというあり方の違いに「神のような不満」を抱く——そして行動する。

これから見ていくが、キュリー夫人は瀝青ウラン鉱に存在する放射線の謎を解き明かしたくて仕方がなかった。アインシュタインは動かない磁針の謎に突き動かされた。センメルヴェイス・

イグナーツ（1818～1865）はウィーンの産科病院における死亡率の差に興味を惹かれ、手洗いの消毒効果を発見した。好奇心旺盛な人は、心地悪いことを心地良くしたいのだ。見えている形と知っている形に乖離があって、どうしてもこの2つの整合性を取りたくて仕方がないのである。

頻度や程度の差はあれ、私たちは皆、知らないことを知りたいと思うものだ。教育やマーケティング心理学の専門家は、人の心に深く根ざしたこの欲求を活用しようと試みる。

ジークムント・フロイトは、子どもたちときのこ狩りをしていて、非常に稀少な種を見つけたとき、大声を上げることなく「ほら、あったよ！」と言った。そしてフロイトは、そのきのこに自分の帽子をかぶせ、子どもたちに自分で帽子を取ってみさせた。

フロイトには、ここ最近の心理学者が２００６年の研究で明らかにしたことが、直観的にわかっていたのだ。「過去に学習した情報を思い出すよう言われた場合、驚きをもって経験したもののほうが、はるかに思い出しやすい」。子どもは、自分で発見したことのほうが覚えがよい[6]。おそらく、教えられるのと違って、好奇心から知識を習得しているためだろう。

レオナルド・ダ・ヴィンチは「史上最も飽くなき好奇心の男」[7]と呼ばれている。これはおそらく、やや大げさだが、レオナルドは他人にも自分にも非常にたくさん質問をした。たとえば、１４９５年頃、彼がミラノで書いた、**ある日の「ToDoリスト」を見てみよう**[8]。

・ミラノおよびその周辺の距離を計算する。
・ミラノとミラノの教会について記載した本を見つける。これはコルドゥージオ広場へ行く途中の文具店で手に入れる予定。
・コルテ・ヴェッキア（公爵の邸宅の古い中庭）の測定値を見つける。
・算術の達人（ルカ・パチョーリ）に、平方根について教わる。
・ベネデット・ポルティナリ（ミラノを通るフィレンツェの商人）にどうすればフランダースでアイススケートができるのかを尋ねる。
・ミラノの地図を描く。
・マエストロ・アントニオに、昼でも夜でも、稜堡（りょうほ）にどのように迫撃砲を設置するのかを尋ねる。
・マエストロ・ジャンネットの石弓を調べる。
・水力学の専門家を見つけて、水門や運河、水車小屋のロンバルド流の修繕方法を教えてもらう。
・マエストロ・ジョヴァンニ・フランチェーゼが私に約束してくれた太陽の測り方について尋ねる。

経験から学ぶタイプの天才

レオナルドの疑問は、都市計画から水力学、描画、弓術および軍事作戦、天文学、数学、果てはアイススケートまで、広い範囲に及ぶ。このうちのどれだけの学問を、レオナルドは学校で学んだのだろうか？

答えはゼロである。なぜならレオナルドは非嫡出子として生まれたので、当時受けられた唯一の正式教育システム、ローマ・カトリック教会の教育システムに受け入れてもらえなかったためだ。彼は、当時学校で教えられていたラテン語もギリシャ語も、教育を受けたことがない。それについては、のちほど彼自身が「私は uomo senza lettere」[9]――文字の読み書きができない、と語っている。

したがってレオナルドは以下の2種類いる好奇心旺盛な人々のうちの、最初の部類に属する。つまり経験から学ぶタイプと読むという追体験を通して学ぶタイプ――言い換えると、自分でやってみて発見するタイプと他の人が行ったことや発見したことを読むタイプである。

レオナルドは実行家であった。もちろん、彼は絵を描いたが、山へ行って石や化石を調べたり、潮汐（ちょうせき）湿地へ行ってトンボの羽根や飛び方をじっと観察したりもした。機械を分解して、どうやって動くのかを調べたり、同じ目的で人体を解剖したりもした。**彼は自分で発見したことを、すべてノートに書き留めていた。そのメモおよびスケッチの量たるや、約1万3000ページにも及ぶ。**

レオナルドはなぜ、そんなにも好奇心旺盛だったのだろうか？　レオナルドの知的好奇心を説明する最初期の試みのなかに、1910年に天才ジークムント・フロイトが提唱した理論がある。

今聞けば奇妙に聞こえるかもしれないが、フロイトはレオナルドの好奇心を、レオナルドがどうやら同性愛者であった事実に結びつけた。そのために彼は「自分の性的衝動を、知への強い欲求に変えている」[10]という。『洗礼者ヨハネ』（図5・1）をはじめとするレオナルドの絵画作品のいくつかに描かれている中性的な顔と、その筆跡が、レオナルドの同性愛を示す物理的証拠である、とフロイトは信じていた。

歴史を通じて、天才の多くが左利きであり[11]、なかでもレオナルドは最も有名な「左利き」だったのではないだろうか。だが、レオナルドの筆跡にはそれ以外にも奇妙な点がある。

それは、彼がほとんどの場合、後ろから書いていたことだ。もちろん、その理由は簡単に説明できる。というのは、左利きの人の場合、後ろから（右から左に）書くと、手が文字の上を通過して、手がインクで汚れるのを防げる利点がある。

しかしフロイトは、この実利的な説明以上のものをレオナルドの逆さ書きに見出していた。それは、「秘めたる行動」の証、つまり社会における抑圧されたオープンとは言えない性的関心の徴（しるし）であるという。そうした筆記への投影でレオナルドは、自身の思考や欲求は謎のままにして、プライバシーを守っていたのかもしれないと考えていた。

フロイトは以下のように結論づけている。

「リビドーが、最初から好奇心に昇華され、また強い探求衝動をさらに強める。［中略］この探求活動はある程度まで強迫感にかられたもの、性行為に代わるものとなってゆく[12]」。

要するに、セックスの代替物として好奇心が現れることがある、ということだ。

こんなことはすべて、あまりにも話が飛躍しているように思えるが、レオナルド自身、アトラ

図5・1：レオナルドの『洗礼者ヨハネ』（1513 ～ 1516）の顔。男性とも女性とも受け取れる（ルーヴル美術館、パリ）。

ンティコ手稿［ダ・ヴィンチが、約40年間にわたって書き綴った、デッサンと注釈から成るノート］に「知的情熱は肉欲を追い出す[13]」と書いている。

フロイトが指摘するように、同性愛への情熱が本当に好奇心や、最終的には創造力に拍車をかけるのだろうか？

『インターナショナル・ジャーナル・オブ・サイコロジカル・スタディーズ』誌に掲載された2013年のレポートによれば、そんなことはなく、このテーマに関する研究結果をまとめて、次のように報告している。「今回の研究結果は、以前の研究結果と一致しており、同性愛者が特にクリエイティブということはなく、創造性が劣るということもない[14]」。

同性愛者はその人生経験が他人と異なるという点で、新しい有利な道が切り拓ける可能性もあるが、同性愛者がとりわけ好奇心旺盛になりやすいわけでも、なりにくいわけでもなく、異性愛者より創造的な天才になりやすいわけではない。

飽くなき好奇心　レオナルドの場合

かの有名な『モナ・リザ』など、絵画を描くために知的好奇心の強いレオナルドはどうやら、一歩下がって自問していたようだ。**「私が描いているものは何だろう？　この生体はどのように機能するのだろう？」**と。

このような問いかけを、彼は絵を描くための絵筆ではなく、切り裂くためのナイフを手に行っていた。生体構造に対する好奇心を満足させるために、レオナルドは死んだ豚、犬、馬、牛を解剖して、果ては2歳の子どもを含む人間まで解剖した。

人体の解剖は現代でもいつでも、勇気のいることだ——情熱とリスクを受け入れる許容量がなければならない。先に触れた伝記作家のヴァザーリが、『美術家列伝』（1550）で何度か触れているように、レオナルドには大いに勇気があった。[15]

そもそも、人間の死体などどこで手に入れるのだろうか？　教会権力が解剖など異端であると考えていた時代、どこから死体を入手したか、レオナルドが明言することはなかったが、少なくとも1カ所わかっているところがあって、それはフィレンツェにあるサンタ・マリア・ヌオー一度、レオナルドが死体を手に入れたあと、事態がどんどん悪くなっていったことがあった。ミラノおよびフィレンツェは、気温が高くなることがある。皮膚を剥いで、腱を持ち上げるには、組織にある程度の締まりがあって、完全な状態でなければならない。冷蔵設備もエアコンもなければ、かつて生きていた組織は腐敗を始め、液状になっていく。レオナルドは解剖を夜間にひそかに行っていたと思われ、それを彼は読者に向けて次のように報告している。

ヴォ病院だ。[16]

だが、どんなにそのものに興味を惹かれていても、自然な感情として嫌悪感が邪魔をしてしまう可能性がある。あるいは、そうでなくても、そこに皮を剥がれた見るもおぞましい状態で横たわる、これらの死体とともに夜を過ごす恐怖で、解剖ができなくなることもあるかもしれない。

もし、それも起こらなくても、それらを描写するのに必要なスケッチの技術が足りないかもしれない。もし、そうした技術を持っていたとしても、遠近法の知識とうまく融合していないかもしれない。

あるいは融合していたとしても、幾何学的に表現する方法や、筋肉の力や強さを推測する方法をよく知らない場合もある。あるいはもしかしたら、そこまで精を出すのはやめようと、必死で自分に言い聞かせているかもしれない。[17]

それから、悪臭もあっただろう。しかしレオナルドは目の前の作業を諦めることはなかった。悪臭には気づいていたのだろうか?

おそらく気づいてはいなかった。ヴァザーリによると、レオナルドは一度、悪ふざけで盾に何頭かの猛獣の死体を貼りつけたことがあるという。死体はすぐにとんでもない悪臭を放つようになったが、レオナルドがその悪臭に気づくことはなかった。

不快なんてものともしない

そこで疑問が湧き上がる。天才は何かにのめり込んで探求しているとき、自分の不快感に気づいているのだろうか?

ミケランジェロは4年ものあいだ、1日16時間、ヴァチカン宮殿のシスティーナ礼拝堂で天井画を描くという「苦行」を嘆きはしなかった。アイザック・ニュートンも、自分の目のなかに長い針を入れ、それを眼球に沿って動かし、色の見え方の変化を調べようとしたとき、おそらく文句などは言わなかっただろう。ニコラ・テスラも挫けることなく、何度でも自分の体を高電圧の電流に感電させた。創造的な好奇心の炎は痛みまで感じなくさせてしまうのだろうか?

最後までやり通して、レオナルドは自分が行ったいくつもの解剖から、どんな知見を得たのだろうか？　それはまさしく、現在、人々に理解されている人体の構造である。私たちが現在、動脈硬化と呼んでいる体の状態を発見したのは、レオナルドが最初であった。

見えるというのは、目の1点ではなく、網膜全体に拡散する光のプロセスであることを発見したのも、彼が最初である。心臓には2つではなく4つ、室があることも、彼が最初に発見した。大動脈の基部で渦を巻くように流れる血液が大動脈弁を閉じさせる——1968年になるまで医学雑誌では検証されなかったこと——を初めて示したのも、レオナルドであった。[18]

ほかにもまだまだあるが、**結局、彼の死から450年経って、人体を切り開かなくとも体のなかが見られるコンピュータ断層撮影（CAT）や磁気共鳴画像診断法（MRI）用の機械が登場してようやく、医学が天才レオナルドに追いついた。**

だが今日でも、医師のなかには、医学教科書に載っているコンピュータ画像よりも、レオナルドの手描きのスケッチ（図5・2）のコピーを使いたがる人はいる。なぜなら、レオナルドのスケッチには影がついていて、人体の機能の仕方がよりはっきりとわかるからだ。[19]レオナルドはその好奇心から、モナ・リザの微笑みで、筋肉をどのように描けばいいかを学んだが、[20]芸術界をはるかに超える発見も手にした。

レオナルドが67歳でその生涯を閉じるとき、彼が完成させた絵画作品は25点にも満たなかった。[21]これに対して、彼はメモと10万点にも及ぶスケッチ、そして下絵を大量に遺していた。なぜ、ほぼ議論の余地なく史上最高の芸術家の絵画作品が、これほど少ないのだろうか？

それは、レオナルドの場合、ひとたびやり方をつかむと、彼の好奇心がその次のプロジェクト

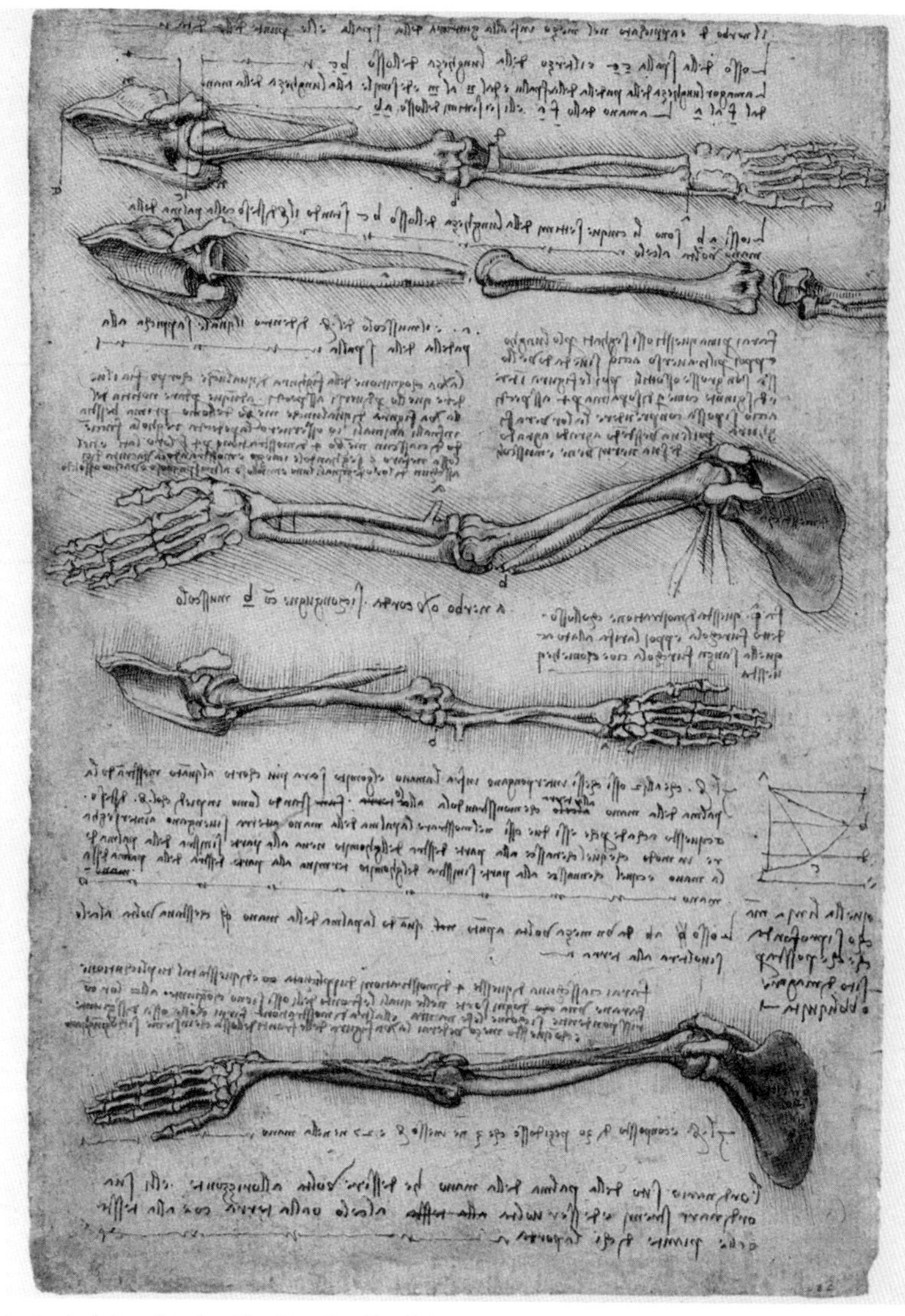

図5・2：レオナルドによる手、腕、肩の骨、筋肉、腱のスケッチ。文章はイタリア語の美しく几帳面な文字で、逆さ書きされている（ロイヤル・コレクション・トラスト、ウィンザー城）。

へと彼を駆り立てるからだ。彼には作品を仕上げるより、知ることに対する強い欲求があったのだ。

読んで学ぶタイプの天才

たいていの人は、レオナルドがやったように、自分の好奇心を満たすために動物を解剖したり、小川を迂回させたりはしない。

たいていの人は読むことで追体験するが、そうするのには少なくとも3つの理由がある。（1）知識、見識、権力、活力に結びつきそうな情報を得るため。（2）人生経験を豊かにし、それによって、自分でその感情を経験しなくても、人の行動に対する洞察を得るため。（3）自分の道徳的指標を設定するのに役立つ見本を見つけるため。

何百万という人の人生を変えた一人の天才がいる。オプラ・ウィンフリーだ。ＴＶのレポーター、トークショーのホストとして、ウィンフリーの好奇心や知的欲求は、彼女が行った3万7000回ものインタビューにはっきりと表れていた。それと同じくらい視聴者に影響を与えたのが、彼女のＴＶ番組『**Oprah's Book Club**（**オプラの読書クラブ**）』だ。

この番組は、高校時代から本を手に取ったことがない人に、本を手に取らせた。子どもの頃、ウィンフリーは学ぶために戦わなければならなかった。「あんたはただただ本の虫以外の何者でもないね」。彼女の母親はそう言って娘の手から本を取り上げようとした、と彼女は語っている。「外に行って遊んできなさい！　あんたは自分がほかの子より賢いと思ってるんだろうけど、あたしはあんたを図書館になんか連れていかないからね！」[22]。

奴隷の子孫のウィンフリーは、若いシングルマザーのもとに生まれ、あちこちたらい回しにされて、幼少期から10代の前半にかけて性的虐待を受けており、14歳で未婚の母となった。「赤ん坊が死んでから学校に戻りました」と彼女は振り返っている。「人生をやり直すチャンスをもらったと思って。本に没頭しました。困難な目に遭った女性、ヘレン・ケラーやアンネ・フランクの本にのめり込みました。エレノア・ルーズベルトの本も読みました」[23]。

貧困から立ち上がってウィンフリーはメディアの大物になり、アフリカ系アメリカ人初のビリオネアになった。いったいどうやって成し遂げたのだろう？　自分自身を向上させ、他者も向上させるために、とにかく読むことを通して彼女は頑張り続けた。

ノーベル賞作家のトニ・モリスンはウィンフリーについて、次のように語っている。「あれほどたくさんの本がある家は、私はほとんど見たことがない——ありとあらゆる本があって、手に取られて読まれている。彼女は本物の読書家ですよ。お飾りじゃなくてね。彼女は肉食ならぬ書食動物ね」[24]。

2017年、ウィンフリーは読書と教育の重要性について語っていたが、学校とかカレッジ、大学という文脈での学習については、一度たりとも触れなかった。「（それが）重要なのは、現実の暮らしへの扉を開いてくれるからです。それなしでは、この世の中をくぐり抜けて行くことも、成功することもできません。発見と驚きと魅惑への開いた扉で、自分が何者で、どうしてここにいて、自分がどんなことをするようになったかを見つけ出す扉なんです。それは人生への招待状。私たちに永遠に栄養を与えてくれます[25]」。

独学の天才　ベンジャミン・フランクリンの場合

オプラ・ウィンフリー同様、ベンジャミン・フランクリンも生涯学習者で、読書家であり実行家であった。フランクリンはその自伝（1771）のなかで、自分は生まれながらに愛書家だったと告白している。「幼児の頃から、私は読書が大大大好きで、少しでもお金が手に入れば本を買うのに費やしていました。旅の物語が大好きでした。初めて手に入れたのは、何巻かに分かれているバニヤンの作品集でした[26]」。

1727年、フランクリンは12人の商人が毎週金曜日に集まって、道徳や哲学、科学の諸問題を議論するジュントクラブを結成した。最終的に蔵書数は4276冊になった。公共・民間を問わず、13植民地で最大規模の図書館の一つだ[27]。

ジョン・バニヤンの『天路歴程』、ダニエル・デフォーの『十七世紀末の英国事情　デフォーの社会改善計画』、プルタルコスの『英雄伝』がフランクリンの幼い頃のお気に入りだった。のちには、「数学が不勉強で、学校で2回、試験に落ちたのを恥ずかしく思い」フランクリンは

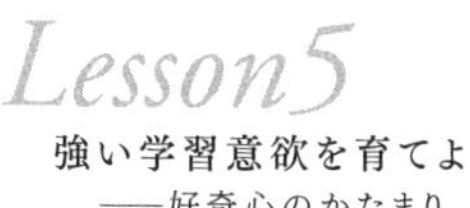

『Cocker's Arithmetick（コッカーの算数）』（初版ロンドン、1677）を通読し、天測航法の助けにと幾何学を独学で学んだ。そして世界を股にかけて活躍する人物になるために、フランクリンはフランス語とイタリア語の会話を学習し、スペイン語とラテン語の読解力を養った。

彼は、キリスト教徒の伝統的な礼拝の時間は、「教会の礼拝式に皆で出席する[28]」より、1人で学ぶことに充てたほうがよいと考え、日曜日を主にそうした自己啓発の時間に充てた。のちの天才ビル・ゲイツも1997年にほとんど同じことを言っている。「時間というリソースの割り当て方という意味だけで言えば、宗教はあまり効率的ではない。日曜の朝にはもっとできることがある[29]」。

42歳でベンジャミン・フランクリンは植民地で発行していた新聞・雑誌の出版の仕事をやめ、他の関心事を追求するようになった。今度の目標は自身の飽くなき科学的好奇心を満足させることだ。どうしてバイオリンで高音を出すとガラスが割れるのか？　どうして水は電気を通すのに、木は通さないのか？　こうした疑問は当時、自然哲学、今で言う物理学の分野に入れられていた（「科学者」という語は1833年になってようやく編み出された）。

「民間事業から手を引いたとき、私はすでに、そこそこ十分な財を築いていたので、残りの人生、哲学研究や娯楽に費やしても大丈夫だとうぬぼれていた[30]」。彼には商店主の算術程度の知識しかなく、物理学の知識はなかったが心配ご無用。フランクリンであれば、自分に必要なことは自分で学ぶのだ。

フランクリンの電気科学に対する好奇心は、ある偶然の出来事で刺激された。1746年、科学セミナーを行って各地を回るアーチボルド・スペンサーがエディンバラからフィラデルフィアにやってきた。そして静電気の効果を紹介した[31]。これに興味を惹かれたフランクリンは、スペンサーの電気発生装置をその場で購入し、電気に関する資料を読み始めて、実験を開始した。ほとんど、単なる興味本位の遊びであった。

この実験については、彼自身「どんな研究であれ、これほどまでに夢中になるものに出会ったことはなかった。なにせ、1人になりさえすれば実験して、友人や知り合いの前でもそれを繰り返して［中略］みんな次々とそれを見に集まってくれたから[32]」と語っている。人前で披露するそうした実験で、一度フランクリンは七面鳥を感電死させ（て調理し）ようとしたことがある。あまりに興奮しすぎていて、彼は絶縁靴を履くのを忘れており、危うく自分が感電死するところだった[33]。

1746年から1750年のあいだに、フランクリンは人前で余興のように実験を見せびらかすことから、真剣に電気を研究する方向へと移行した。1752年には、大胆にも激しい雷雨のなか、凧を飛ばしている。凧が稲妻に打たれると、凧糸を伝って下につけた鍵束まで電気が伝わり、ジャラジャラと音を鳴らす。地上に置いたライデン瓶に糸をつないで、ライデン瓶に蓄えられた電気が伝わったときとまったく同じように。

これは非常に危険な実験であった。実際、その翌年、ドイツの物理学者ゲオルク・ヴィルヘルム・リヒマンが、フランクリンの実験を再現しようとして感電死している[34]。しかし**フランクリンは、上空の稲妻と地上の電気は同じもので、稲妻は地上から雲へも、空から地上へも同じ威力で**

走り、電気はエーテルでも液体でもなく、重力のようにすべての自然に広がる力であることを証明した。

これが認められてイェールとハーバードから名誉学位を授与されただけでなく、18世紀のノーベル物理学賞に匹敵するイギリス王室協会のコプリ・メダルを授与されている。どこまでも探求心旺盛なフランクリンは1786年、友人に宛てて、自分が関心のあることはたくさん経験してきたけれど、今は「好奇心が次の新しい世界へと膨らむのを感じている[35]」と書いている。その4年後、そんな彼の願いは叶い他界した。

天才といえば、本好き！

科学者であり発明家であるニコラ・テスラ（1856〜1943）もまた、電気を研究したいと考えていた。その欲望の追求が、今なお使用されている交流電流の世界的採用へとつながり、誘導電動機の誕生につながって現在も世界中に電力を供給している。

自動車メーカー、テスラの名の由来になったニコラ・テスラは夢想家で、太陽熱暖房、X線、ラジオ、MRI装置、ロボット、ドローン、携帯電話、インターネットを予見していた。彼より前の時代のフランクリン同様、テスラも自伝で告白しているとおり、幼い頃から大の愛書家であった。

父は広い書斎を持っていたので、私は隙を見ては本を読み、自分の熱い気持ちを満たしていた。だが父はそれを許さず、私が読書をしているのを見かけると烈火のごとく怒った。父は私がこっそり読んでいるのを見つけると、蝋燭(ろうそく)を隠してしまった。私の目が悪くなってはいけないと思っていたのだ。

それでも私は獣脂を手に入れ、灯心となるものを作り、ブリキの型に流し入れ、明かりをとった。そして夜ごと、光が漏れないように鍵穴や扉の隙間を覆い隠しては本を読んだ。読みふけって夜明けを迎えることも少なくなかった[36]。

テスラは、物理学、数学、電気工学をほとんど独学で学んだだけでなく、哲学と文学にものめり込んだ。ヴォルテールは全巻読んだし、ゲーテの『ファウスト』とセルビアの叙事詩をいくつか覚えようとした――自身の直観的記憶力をもってすれば可能――とテスラは語っていた。

もし画像に1000語を語る力があるとするなら、この写真（図5・3）を語るにはたくさんの言葉が必要かもしれない。これは、ニコラ・テスラが自身の実験室にいるところを捉えた1899年の写真だが、襟まで糊のきいたシャツを着て、磨き上げられた靴をはき、一点も非の打ちどころのない服装をしている。

手にはルジェル・ボスコヴィッチの著書『Theoria philosophiae naturalis（自然哲学の理論）』（1758）[37]。テスラは、電気が自分の周りを駆け巡っているのに気づかずに、書を読み耽っている。彼が言うところのこれらの「静電気推進力」は、コロラド州コロラドスプリングスに特別に

図5・3：コロラドスプリングスの実験室にいるニコラ・テスラ、1899年。

建設した実験室に組み立てた、「テスラコイル」によって彼が発生させたものだ。[38]

テスラの最終目的は、電気そのものだけでなく、情報やありとあらゆるタイプの楽しみ（ニュースや株価、音楽、電話通信）を、地球上に線を張り巡らすことなく即座に送れる電気の「国際システム」をつくることだった。

言うまでもなく、テスラが自分の実験室で高圧電流を飛び散らせて行った実験は危険なものだった。[39] ここに掲載した写真は、実際にテスラによって「フォトショップ加工された」ものであり、テスラが、自分が椅子にただ座っている写真の上に飛び散る電流の画像を重ね合わせたものだ。

そしてこれは、投資してくれる可能性のある人をはじめ、一般大衆に自身を印象づけるための、セルフプロモーションの役割を果たした。**電気の嵐のなか、天才が静かに読書をしている。**それがテスラのつくりたかった自身のイメージだ。

ロケット・サイエンスも本で学ぶ

現代の天才イーロン・マスク、つまり現在のテスラのＣＥＯ——テスラという社名はマスクが選んだものではなく、創業者が選んだもの——もまた、幼い頃から本の虫であった。

電気自動車会社のテスラだけでなく、ソーラーシティ、ハイパーループ、スペースＸをも牽引する若きマスクは、いつも本を手にしていた。彼の弟のキンバルによると、「1日10時間、本にかじりついていることも珍しくなかった。週末は2冊を1日で読破していた」という。

マスク自身、10歳ぐらいの頃の話を次のように振り返っている。「そのうち、学校の図書館〔南アフリカのプレトリア〕でも近所の図書館でも読むものがなくなった。3年生か4年生のころだ。新しい本を入れてくれと図書館に頼んだこともある。仕方ないのでブリタニカ百科事典を読み始めたら、これがおもしろかった。いかに自分が知らないことが多いかがわかるんだ」[40]。

このように、子どもの頃からマスクは「朝起きてから夜寝るまで」本を読んでいた。その結果、あまりにもたくさん読んだので、ほとんど何でも知っているようになった。マスクの母は、娘のトスカが何かわからないことがあると、「そうね、天才少年のお兄ちゃんに訊きなさい」[41]と言っていた、と回想している。

どうやって「ロケット科学」のことを学んで、自身の航空宇宙会社（スペースX）でブースターの設計を手伝えるまでになったのかと尋ねたとき、彼からは「たくさん本を読んだんだよ」[42]という答えが静かに返ってきた。マスクが目指しているのは、火星に行くことだ。

大事なのは、IQより好奇心？

イーロン・マスクは生まれながらにして好奇心旺盛だったのだろうか？　それとも彼の好奇心

は後天的に獲得したものか？　それともその両方か？

『The Hungry Mind: The Origins of Curiosity in Childhood（貪欲な精神：幼少期の好奇心の源）』（2015）の著者である心理学者のスーザン・エンゲルによると、好奇心は知性同様に、大半は先天的なもので、個人の人格の不変の部分だという。「子どものなかには、生まれつき小説の世界や物、場合によっては人への探求心がより強い子がいる[43]」。

しかし、全米50州を対象に行った2010年の調査では、子どもの「天才」を生む因子を調べたところ、45州で心理学者は高いIQにその因子を認め、動機づけになる好奇心をその因子に認めたのは、わずか3州しかなかった[44]。天才には知性か好奇心か、どちらが必須なのだろう？

エレノア・ルーズベルトなら、それは好奇心だと言っただろう。彼女は1934年に、こんなことを言っている。**「子どもが生まれるとき、母親が妖精に、最も役に立つ才能をこの子に授けてください、とお願いできるとしたら、それは好奇心だと私は思います[45]」**。

実際、最近の研究でも、好奇心が幸福や豊かな人間関係、人としての成長促進、人生の意味の向上、そして創造力の向上に結びつけられている[46]。また、好奇心は、ジェフ・ベゾスが2014年にウェブメディア『ビジネスインサイダー』のインタビューで語っているように、今の世の中での生き残りにも役割を果たす可能性がある。

「生き延びるためには、好奇心旺盛で、探求するのが好きなことが、必要な能力だと思います。私たちの先祖を見れば、好奇心が薄く、探求しなかった人は、あの山の向こうには何があるのだろう、もっとたくさん食料が手に入るかもしれない、もっと気候がいいかもしれない、と次から次へと山の向こうを探ってきた人より、おそらく長く生きられなかったはずです」[47]。

スペースXを設立したマスク同様に、ベゾスも自身が設立した民間航空宇宙会社のブルーオリジンを通じて、次の惑星へと関心の目を向けている。

世の中に関心がないということは、そういう人たちはおそらく、そのように人生を始めなかったのだろう。多くの進化心理学者が、人には生まれながらにして好奇心があるが、成長とともに持って生まれた知的好奇心を失っていく、との見方を示している[48]。

だが、天才はずっと子どものような好奇心を持ち続けているようだ。アインシュタインは晩年、自分で「私には特別な才能などありません。ただ好奇心が激しく強いだけです[49]」と語っている。

学力とは独学力のことである

子どもの頃、アインシュタインは特に機械じかけの装置やおもちゃの蒸気機関、パズルに強い興味を示した。アインシュタインはまた、小さな石のビルディングブロック（今日のレゴの前身）で遊んでおり、頭のなかのイメージに合わせて、それらを組み立てていたものだ（アインシュタインのこのビルディングブロックセットは残っていて、２０１７年にセス・カラー社で16万ドルで売りに出された）。

アインシュタインは、4歳か5歳の頃、方位磁針（コンパス）に非常に興味を惹かれ、どうしたら自分が向きを変えても針が動かずに北を指し続けるのか、頭から離れなくなったと大人になってから振返っている。

「今でも覚えているよ――いや、覚えているように思うのだが――この経験は私の心に深く突き刺さり、いつまでも消えなかったね。何か奥深くに隠されたものが、物事の裏にはあるはずなんだ」[50]。動かない磁針には誰もがなぜだろうと驚くのだが、その好奇心を追究して特殊相対性理論に辿り着いたのは、1人しかいなかったということだ。

アインシュタインは10歳のとき、アーロン・バーンスタインが著した『Naturwissenschaftliche Volksbücher（みんなの自然科学）』（1880）という**「ポピュラーサイエンス」の短編集を手にして、「かたずをのんで」[51]読んだ**という。

その本は、好奇心旺盛なアインシュタインが答えたくなるような質問が満載だった。たとえば、「時間とは何か？」や「光の速度とは？」「それより速いものってある？」などだ。バーンスタインは読者に、高速で走る列車があって、その車両の片側に銃弾を撃ち込んだらどうなるか、想像してみるよう呼びかけている。すると弾の軌道は、列車が高速で走っているため、車内ではカーブを描くはずである。

のちにアインシュタインは、一般相対性理論と曲線を描く時空の理論に取り組んでいたとき、読者に、高速で上昇するエレベーターの一つの壁に小さな穴が開いていて、そこから光の筋が射すところを想像してみるように言っている。すると、光がエレベーターの反対側の壁に届くまでには、光は下向きの弧を描くはずであると。

アインシュタイン一家の友人であったマックス・タルメイはアインシュタインの若い頃について、「あの頃、軽い文学を読んでいる彼は見たことがない。学校の友だちや同い年ぐらいの子たちといるところも見たことがない」[52]と語っていた。

独りで、アインシュタインは学習した。12歳で、彼は代数学とユークリッド幾何学を独習し、そのすぐあとに微積分学を独習している。大学に入学したあとも、アインシュタインの独習は続いた。

チューリッヒ工科大学でも、彼が本気で学びたがっていたことを教えてはくれなかった。最先端の物理学である。そこでアインシュタインは、ジェームズ・クラーク・マクスウェルの電磁方程式を独学で学び、ルートヴィヒ・ボルツマンが提唱する気体の分子構造を独学で学んで、ヘンドリック・ローレンツが記述した原子の荷電粒子説を独学で学んだ。

大学卒業後、アインシュタインは2人の友人とともにクラブを結成する。アカデミー・オリンピアである。ベンジャミン・フランクリンがこれに先立つこと170年前にジュントクラブで行っていたように、友人たちが集まって勉強会を開くことを目的としていた。アインシュタインたちは、たとえばミゲル・デ・セルバンテスの『ドン・キホーテ』やデイヴィッド・ヒュームの『人間本性論』、バールーフ・スピノザの『エチカ』などを読み、議論を交わした。

アインシュタインは大学でのがっかりした経験から、のちにこんなことを言っている。「実際、現代の指導方法がいまだに探求という神聖なる好奇心を抹殺していないのは、奇跡以外の何ものでもない」[53]。マーク・トウェインはかつて、こんなことを言ったと言われている。「私は絶対、学校教育に私の学習の邪魔をさせなかった」。アインシュタインも、この言葉を見たとき、皮肉をこめて同様のことを述べている。**「教育とは、その人が学校で習ったことをすべて忘れても残るものだ**[54]**」**。

アインシュタインは、そうでないことなど期待するべきではなかった。たいていの学校——たとえトップレベルのカレッジや大学でも——は、人生で学ぶべき最も重要なことなど教えてはくれない。それは、どうやって生涯学習者になるか、ということだ。したがって、どんな教育機関でも、入学の門に歓迎の言葉を飾るなら、このような文言にするべきだ。「Discipule: disce te ipse docere（学生たちよ、自分で学びなさい）」[55]。

学生は学校で情報をもらい、方法論を教わるかもしれないが、この世の中を変える人は、知識の大半を、時間をかけて自分自身で獲得している。たぶんSF作家のアイザック・アシモフが1974年に語った言葉が、真実に近いだろう。**「私は固く信じているのだが、独学が、存在する唯一の教育の形である**[56]**」**。

学校なんていらない!?

シェイクスピアはかつて、同時代人のベン・ジョンソンから「ラテン語はほとんどできない、ギリシャ語はもっとできない」としてひどく批判されたことがある——しかしシェイクスピアは、少なくとも多少のラテン語とギリシャ語の知識は獲得していた。モーツァルトとマイケル・ファラデーは正式な学校教育をいっさい受けたことがない。エイブラハム・リンカーンが学校教育を受けた期間は、12カ月にも満たない。

ダ・ヴィンチは医学教育を受けずに、当時最高の医学者になった。ミケランジェロ、フランクリン、ベートーヴェン、エジソン、ピカソはほんの少し小学校に行っただけで、その先へは行っていない。エリザベス1世とヴァージニア・ウルフは自宅学習だった。アインシュタインは高校を退校しているが、1年後に大学受験のために学校に戻っている。テスラは1年半で大学を去り、二度と戻らなかった。

確かに、落ちこぼれの大半は天才になれないし、サクセスストーリーも手にできない。しかし、そうした落伍者のなかに傑出した大物がいて、最近ではビル・ゲイツ（ハーバード大学）、スティーブ・ジョブズ（リード大学）、マーク・ザッカーバーグ（ハーバード大学）、イーロン・マスク（スタンフォード大学）、ボブ・ディラン（ミネソタ大学）、レディ・ガガ（ニューヨーク大学）、オプラ・ウィンフリー（テネシー州立大学）がこれに該当する。

ジャック・マーはいっさい大学に行っていないし、リチャード・ブランソンもそうだ。ブランソンは15歳で高校をドロップアウトしている。クリエイティブの大御所カニエ・ウェストは20歳のとき、シカゴ州立大学をやめて、音楽の道を目指している。そして6年後、彼は初のアルバム『ザ・カレッジ・ドロップアウト』（2004）をリリースし、批評家たちから絶賛されて、商業的にも成功を収めた。

私が言いたいのは、ドロップアウトを推奨することではない。そうではなくて、このような変革者は自分に必要な知識を、どんな方法であれ学ぶ能力がある点に注目しよう、ということだ。成功者と天才には共通の性質がある。それは、大半の人は、**いくつになっても学習中毒だ**ということだ。これは、持つべき素晴らしい習慣である。

学ぶ力が身につく小さな習慣

結局、本を読むとか、講義に出席するとか、来年の長期休暇を有意義に過ごせる場所を探すといった、わかりやすい行為を超えて、私たちのような平凡な人間は、どうすれば知識欲を養えるのだろうか？　以下に、毎日の習慣例をいくつか示す。

・新しい、馴染みのない経験に対してオープンになる：自分が怖いと思うことを何かやるよう、自分で自分の背中を押そう。新しい世界をブラブラしているときは、どんどん道に迷えばいい。そうすれば、存在することすら知らなかった場所がたくさん見えてくる。

・恐れ知らずになろう：新しい街にいるときは、ウーバーを呼ばないこと。歩くか公共交通機関を利用しよう。そうすれば、地理や歴史、地域の文化がわかってくる。

・質問しよう：あなたが「プレゼンターモード」（教師や親、会社の上役など）のときは、ソクラテスのやり方に倣おう。あなたが生徒あるいは従業員の立場のときは、知らないと言うのを恐れないこと。それよりも、知らなければ尋ねよう！

・質問したら、答えを注意深く聞こう：きっと何かが学べるはずだ。悪い見本が反面教師になることもあるから、一つ例を挙げておこう。天才たちは一般的によい聞き手ではない。なぜなら、彼らの頭のなかは自分の世界観でいっぱいだから。だが、賢い成功者は聞き方を心得ている。

賢人がかつて言っていたことがある。「若い人に無為に教育が施されている」と。しかし、教育は必ずしも若い人だけに行うものとはかぎらない。今の時代、若い人も年配者も、等しく個人で学習することができる。**実際、2020年の新型コロナウイルス（COVID－19）によるロックダウンを受けて、世界中の人が独りで学習している。**

コーセラ（coursera：イェール大学、スタンフォード大学、東京大学など複数の名門大学が提供する教育サービス）やエデックス（edX：ハーバード大学とMITによる教育プラットフォーム）などのオンライン教育プラットフォームが、一般向けに1000にも上る質の高いオンライン授業を提供している。しかも、その大半は無料だ。

私がイェールで行っているオンライン授業「クラシック音楽への誘い」も、これまでに20万人を超える人が受講している。受講者の年齢の中央値は44歳である。どんな本であれ、読んでみたいと思う本がこれほど簡単に、家まで届けられたり、場合によってはKindle、Nook、iPadに瞬時に電子書籍がダウンロードされる時代はなかったということもあるのだろう。大人の読書クラブも同様に賑わいを見せている。

「私以上に本を読んでいる教授はいない」と女王エリザベス1世は言い、「私は学校の図書館の本を読み尽くしてしまった」とマスクは言っていた。ウィンフリーは読書と教育を指して、「それは人生への誘いであり、私たちに永遠に栄養を与えてくれる」と語っていた。

現代のテクノロジーがあれば、自学習の機会など、いつでも、どこにでもあるし、今ほど確かで、多様性に富んでいたことはない。昔の天才と比べてみれば、今の時代は楽なものだ。

Lesson 6

足りないピースを見つける

ぼくを探しに

情熱に従って生きる

「情熱を傾けなさい。大好きでたまらないことをしなさい」。ケイティ・クーリックは2007年、ウィリアムズ大学で卒業予定の学生たちに言った。「本当に翔びたいのなら、まず自分のパワーをパッションに結びつけることです」と、オプラ・ウィンフリーは2008年、スタンフォード大学で熱く語った。

「自分の情熱の導きに従って、自分自身に正直でい続けなさい」と、コメディアンであり女優のエレン・デジェネレスは2009年にテュレーン大学で話している。2010年にプリンストン大学で「皆さんは流れに任せて生きようと思いますか？　それとも自分のパッションに従って生きますか？」と問いかけたのはジェフ・ベゾスだ。

毎年毎年、こうしたメッセージが、これから世の中に巣立っていく卒業生に届けられるのを耳にしている。理想論でナンセンスだと思うだろうか？　だが、プラトンも太古の昔の紀元前380年に、情熱の持つ力を強調していたのを思い出してほしい。

「真に知を愛する人は〔中略〕物事の本質をつかむまで、弱まることもなく、飽きることもない情熱で上昇し続ける」とプラトンは『国家』で語っており、シェイクスピアは1595年に『ロミオとジュリエット』で、ファン・ゴッホは1884年10月2日の手紙に、「私は退屈で死ぬより、むしろ情熱で死にたい」と書いている。おそらく、こうした別れのときには、「自身の情熱に従いなさい」と言わざるを得ない何かがあるのかもしれない。

情熱に従うには、もちろん、まずその対象を見つけなければならない。瞬時にひらめくこともあれば、ほとんど一生かかることもあるプロセスだ。ピカソ、アインシュタイン、モーツァルトは5歳になる頃には、それぞれ自分が絵画、科学、音楽に情熱を傾けることになることがわかっていた。

しかし、フィンセント・ファン・ゴッホが1880年に弟のテオ（テオドルス）に宛てて書いたように、「（人は）必ずしも自分に何ができるかわかっているわけではない。でも、それでも本能的に感じるんだよ。自分はこれが得意だとね！［中略］私には何かがあるんだが、それは何だろうか？」[1]。

ファン・ゴッホはいくつものことを試してみて、ようやく自分が情熱を傾けられるものを見つけた。ゴッホは画商、教師、書籍販売人、街頭説教師の仕事をしてから、ようやく29歳で絵画に目を向けた。ゴッホと同時期の画家のポール・ゴーギャンは6年間船乗りの仕事をし、そのあと11年間株式仲買人として働いてから34歳で絵だけに情熱を傾けるようになった。グランマ・モーゼス（1860～1961）も、本格的に絵画を始めたのは、76歳になってからであった。

ジークムント・フロイトはあるとき、患者に尋ねられたことがある。「人生で一番大切なことは何ですか？」と。これに答えてフロイトは、「Lieben und arbeiten（愛することと働くこと）」と言った[2]。

フロイトはもしかしたら、2つを合わせて「好きで仕事をすること」という意味で言っていたのかもしれない。というのも、たいていの人は、優れたアスリートも含めて、そこに情熱を見出すからだ。自身の2018年のドキュメンタリー作品『In Search of Greatness（偉大さの探索）』についてのインタビューのなかで、映画監督のゲイブ（ギャビー）・ポルスキーは、優れたアスリートに必要な唯一絶対的な原動力は、彼らが感じる喜びだと述べている。

「自分が取り組むスポーツに、最高に楽しいと思う何かがあれば、優れた選手になる可能性があります。なぜなら、それはもう仕事ではなくて、楽しみになるから。楽しくて楽しくて夢中になることができるのです[3]」。

約2500年前に孔子が言ったとされている言葉どおり、**「自分が夢中になれる職業を見つけなさい。そうすれば、1日たりとも仕事をしなくて済むから」**ということだ。

足りないかけらを探して

私はよく、シェル・シルヴァスタインのお話を好んでうちの子どもたちに読み聞かせていたものだ。シルヴァスタインは、口の悪い朝鮮戦争の兵役経験者として『プレイボーイ』誌向けにマンガを描くところからスタートし、ショートストーリーや映画の脚本、小説、カントリーミュージックの曲を書いていた。

その後、子ども向けに詩やお話を書くようになり、大成功を収めて、彼の著書は２０００万部を超える売上を記録した。天才シルヴァスタインは後年になるまで情熱の注ぎ口を見つけられなかったわけだ。彼は１９７５年に『パブリッシャーズ・ウィークリー』誌でこんなことを語っている。

私は子どもの頃――12歳とか14歳とかだったかな――野球が上手くて、女の子にモテたいと思っていたんだけど、私は野球もできなかったし、ダンスもできなかった。まあ、運良く、女の子も私なんか目じゃなかったんだけどね。それについては、私にはできることがあまりなかった。

それで私は絵を描いたり、文章を書いたりし始めたんだ。これも幸いなことに、私には誰か真似たい人もいなかったし、影響を受けた人もいなかった。だから自分独自のスタイルを開発していて、創作を始めてから、ジェームズ・サーバーとか、ピーター・ベンチリーとか、リチャード・プライス、ソール・スタインバーグという人がいることを知ったんだ。30歳ぐらいになるまで、彼らの作品は見たことなかった。

女性が私に目を向けてくれるようになる頃には、私はもう仕事にのめり込んでいた。そっちのほうが私には大切になっていたんだ。女性なんかどうでもいいというわけじゃないけど、仕事が習慣になっていたんだ。[4]

シルヴァスタインの児童書『ぼくを探しに』は、情熱的に仕事をする彼自身の習慣をお話にしたような本だ。ストーリーは、くさびの形をした一部分が欠けている丸い形をしたキャラクターが中心になって展開する。

丸い主人公は、どこか不満で、それで自分に足りないかけらを探しに大冒険の旅に出かける。陽気に転がりながら、丸い子は歌う。「ぼくはかけらを探してる、足りないかけらを探してる、ラッタッタ さあ行くぞ、足りないかけらを探してる」。

遂に丸い子の足りないかけらが見つかった。ぴったりだ。でも、そのとき気づいた。結局、**幸せは、それを達成することではなく、それを探し求めることにあったのだ**と。それで丸い子は静かにかけらを置いて、またかけら探しに出かけた。

シルヴァスタインの寓話は私たちに、もう一つ別の、情熱と幸せと足りないかけら探しのストーリーを思い起こさせる。キュリー夫人とラジウムの発見だ。

逆境をものともしない情熱

15歳以降、正式な教育も受けておらず、ポーランドの片田舎で子守として働いている若い女性に、ノーベル物理学賞を取るチャンスなど、どこにあったのだろうか？　そんな可能性はほぼゼロに等しい。

しかし、のちにピエール・キュリーと結婚してマリー・キュリーとなる、マリア・スクウォドフスカ（１８６７～１９３４）ことキュリー夫人は、ゼロからその栄誉を手にした天才だった。この説明しがたい偉業は、キュリー夫人の情熱——と忍耐——をもってしか説明できない。

20歳の頃、キュリー夫人は文学および社会学への興味を失い、数学や物理学に情熱を傾けるようになった。１８９１年、彼女はフランスへと移住し、ソルボンヌ大学の理学部に入学して、大学院レベルの物理学を学ぶようになった。

それまでに一人で猛勉強していたおかげで、彼女は入学試験に合格するまでになっていた。彼女は準学士号も持っていなかったし、外国人であったが、１８２５人の新入生のなかに、たった23人しかいない女性の一人になった。[5]

しかも、キュリー夫人にはほとんどお金がなかった。それでも彼女は、貧しいながらも学生生活を楽しんでいた。

> 私が暮らしていたのは屋根裏部屋で、冬になるとひどく寒かった。小さなストーブ一つでは十分に暖まらず、しかもたびたび石炭を切らしていたから。［中略］その部屋で私は、アルコールランプとわずかばかりの調理器具の助けを借りて、食事を用意していた。食事は、パンと一杯のココア、それに卵かフルーツだけに切り詰めることもよくあった。私には家事を手伝ってくれる人もいなかったし、私は自分で、自分が使う分の少量の石炭を6階まで運び上げなければならなかった。

このような暮らしは、見方によっては辛いものだが、それでも私にとっては有難かった。そのおかげで私は自由と独立の貴重な感覚が養えたから。パリに不案内な私は、大都会で迷子になったけれど、そこで一人で暮らして、誰の助けも借りずに自分で自分の面倒を見ていて、落ち込むようなことはまったくなかった。たまに寂しいと感じることはあっても、たいていは穏やかな気持ちでいられたし、精神的にはとても満足していられた。[6]

世界を変えた大発見　キュリー夫人の場合

だが、キュリー夫人の満たされた貧乏生活はそれで終わらなかった。その後10年間、彼女がのちに「みすぼらしい古小屋」[7]と呼ぶようになるところでの、苦難の研究生活が続いた。1897年、物理学と数学の両方で修士号を取得したキュリー夫人は、夫となった物理学者ピエール・キュリーの指導の下、博士号取得の研究を開始した。

博士論文のテーマはベクレル線。ウラン塩が放射する高エネルギー波で、1896年にアンリ・ベクレルが発見したものだ。彼女の研究の重大な分岐点となったそのときに、キュリー夫人は即座に「なるほど」となったわけではなかった。それよりも、**「おや、何だかおかしいわね」**という感覚を得た。ウラン鉱からウランのエネルギーを差し引くと、そこから発せられる強力な放射線の説明がつかない、と。

彼女は当時、姉に**「ねえ、わたしが研究している放射線は、まだだれにも知られていない元素から出ているのよ。たしかに元素はそこにある。あとは発見するだけ！」**[8]と語っている。こうしてマリー・キュリーは、自分の足りないかけら探しに突入していった。そして彼女は、それが瀝青ウラン鉱の奥深くにあるのを発見した。ウラン鉱からウランを取り出したあとの残滓である。

キュリー夫人は間に合わせの実験室として使用していた粗末な小屋で、長年かけて、およそ8トンもの瀝青ウラン鉱を処理した。現在、キュリー夫人が埋葬されているパリのパンテオンのすぐ南に位置するその小屋は、かつては医学部の解剖室として使われていたもので、その後、解剖用の死体にすら見捨てられていた。

暖房も電気も満足にない、農場に隣接するその小屋でキュリー夫人は、まず大きな釜に瀝青ウラン鉱を入れて煮沸し、分別結晶法によりその成分を分離して、最後に微量の放射性物質を1000分の1ミリグラムまで計測するという作業を行った。

ウラン鉱に含まれる元素を、一つひとつ、丹念に取り出して調べ、キュリー夫人は遂に放射性が疑われる2つの物質に辿り着いた。彼女は、一つ目の物質を、自分の祖国にちなんで「ポロニウム」と名づけた。

だが、ポロニウムも彼女の求めていた答えではなかった。足りないかけらは、もっと、はるかに放射性が強い。1902年までかかってキュリー夫人はそれを見つけ、自分の手のなかに収められるようになった。正確にはガラスの試験管のなかに。最終的に彼女は8トンの瀝青ウラン鉱を精製して、ごく微量ではあるが、純度100%のラジウムを取り出すことに成功した。

私たちの多くは、自分の情熱――読書や絵を描くこと、旅行――を自分のなかだけにとどめているため、それでは世の中全体に影響を及ぼさない。だが、たとえばＴＶで歌うとか、フットボールを投げるなど、他の人も関心のあることに情熱を燃やし、それに関して類稀なる才能に恵まれていたら、一瞬にして有名になれるかもしれない。そして、最終的に世の中を変えるような方向に情熱が私たちを突き動かせば、その変化こそ天才の証である。

キュリー夫人はラジウムを発見したことにより、彼女の天賦の才能が広く認められるようになり、この場合は二度のノーベル賞、一つは放射性物質発見による物理学賞（１９０３）、もう一つはラジウムの分離による化学賞（１９１１）へとつながった。

キュリー夫人は２つの新元素（ポロニウムとラジウム）を発見し、「放射能」という新語を編み出して、ラジウムが致命的な腫瘍細胞の破壊に使える可能性がある――これが今なお放射線腫瘍学の基礎になっている――ことを示した。他方、残念なことだが、意図せざる結果の法則により、彼女のラジウムの発見は１９３９年の原子爆弾の製造開始にもつながった。

その情熱は命取り

瀝青ウラン鉱からラジウムを取り出すのは、おそらく楽しいことではないはずだが、とはいえ、それは楽しいの定義による。キュリー夫人は気密性の低い小屋で仕事をし、こんなことを言っていた。「夏は窒息しそうなほどに暑かったけれど、冬の凍てつく寒さは鉄のストーブのおかげでほんの少しだけ和らげられていた」[9]。

ここで彼女は、「有毒ガス」を経験し、サンプルに触れてラジウムで手と指に火傷を負い、そのあと痛みを経験した。「自分の背丈ほどもある鉄の棒で、溶けて沸とうしているドロドロの鉱石［瀝青ウラン鉱］を、日中ずっとかき回し続けることもしょっちゅうだった」と彼女は話している。

ラジウムの精製分離には何年もかかり、マリー・キュリーの夫のピエールは、やめようとまでしていた[10]。しかしキュリー夫人は、どう見ても痛くて辛いはずなのに、ただただ撹拌し続けた。研究への情熱で痛みは麻痺してしまっていたのだろうか？　のちに彼女は語っている。**「私たちの人生で、最高に素晴らしくて幸せな時代を過ごしたのが、このみすぼらしい古小屋でした。すべての日を仕事に捧げてね[11]」**と。

キュリー夫人の経験で思い出すことがある。「passion（情熱）」のラテン語の語源 passio の意味は、「痛み」であると。「情熱はあなたを痛みから変化へと連れていってくれる懸け橋」というフリーダ・カーロの言葉が思い出される[12]。

最後には、彼女の情熱が彼女を殺した。彼女はラジウムのかけらをポケットに入れて持ち歩いていた。放射性元素とその気体が彼女の小屋にも彼女の論文にも染み込んでいた。文献類は今日、未来の世代の放射線曝露を防ぐため、鉛の箱に入れてパリのフランス国立図書館に保管されている。

娯楽として、彼女とピエールは、暗闇に座ってラジウムの発光効果のある溶融ランプをうっとりと眺め、楽しんでいた。今になってようやく、彼女のおかげで私たちが何を発見できたかがわかる。それは、原子放射線は悪性細胞も健康な細胞も両方殺す可能性がある、ということだ。キュリー夫人は、彼女が言う「悪魔」の悪影響に気づいてはいたが、彼女自身は1920年代まで、ほとんど何の安全策も採っていなかった。彼女は66歳で再生不良性貧血という珍しい病気により亡くなった。骨髄となかの造血細胞が損傷を受ける病気だ。キュリー夫人の娘、イレーヌ・ジョリオ＝キュリーもまた、ラジウムの研究でノーベル賞を受賞し、同様に白血病で亡くなった。58歳であった。まさしく、命取りの情熱だ。

フロー状態でのめり込む

哲学者のジョン・スチュアート・ミルは、自伝にこんな発見を綴っている。それは、幸せとは、何か別の目標を追いかけているときに訪れるものだ、ということ。幸せのほうからこっそりと「カニのように」[13]横歩きで人に近づいてくるものだという。キュリー夫人は、小屋で瀝青ウラン鉱を煮沸していたときが一番幸せだったと気づくに至った。

『意志と表象としての世界』（1818）のなかで哲学者のアルトゥル・ショーペンハウアーは、情熱的気晴らしを天才に結びつけている。「天才とは、自己の関心、自己の意欲、自己の目的をすっかり無視して、つまり自己の一身をしばしの間まったく放棄する能力のことである」[14]。

また、心理学者のミハイ・チクセントミハイは、その著書『フロー体験：喜びの現象学』（1990）のなかで、このトランス状態をシンプルに「フロー」と呼んだ。作曲家であれ、画家であれ、作家、プログラマー、建築家、法律家、シェフ、いずれであれ、**すべてのクリエイティブな人たちは、その足りないかけらを探しているとき、フロー状態を経験している。**幸せがカニのようにこっそりとやって来る。時間が飛ぶように流れ、メールのことも、昼食を取るのも忘れる。

ルイーザ・メイ・オルコットは自身のトランス状態を、フローとかゾーンではなく、渦と呼んだ。オルコットは、1日1章を目標に、上下2巻の長編小説『若草物語』（1868）を、4カ月あまりのあいだに一気に書き上げた[15]。文学界では『若草物語』は一様に、自叙伝小説に分類されている。以下の「ジョー」あるいは「彼女」について読むと、情熱がどんなものか明らかにしているのは、オルコット自身だということがわかる。

二、三週間たつごとに、彼女は自分の部屋に閉じこもり、書き物用のひとそろいをまず準備して、彼女のいわゆる「渦に巻き込まれる」のを常としていた。そうして全心を傾けて小説を書きまくっていった。それが完成されるまで彼女の心は休まらなかった。〔中略〕（ときおりのぞいてみては）「ジョー、調子はどう？」と熱心にきいてみるだけにした。〔中略〕

彼女はけっして自分を天才だなどと考えているわけではなかった。しかし物を書く発作に襲われると、何もかも打ち捨ててそれに没頭し、欠乏も心配も悪天候も意とせず、空想の世界に安全に幸福にひたり込んで、楽園の生活を送るのであった。その中に出てくる友だちは、彼女にとってはこの世の人間に劣らずいきいきとして親しいものだったのである。

こうなるともう眠くもなければ食欲もなく、この幸福を楽しむためには、昼も夜も短すぎるくらいであった。その幸福はこういう間だけ彼女を祝福してくれるのであって、たとえあとに何の実を結ばなくとも、その期間だけは生き甲斐を与えてくれるのであった。

かかる聖なる霊感はまず一、二週間つづくのが通例で、それがすむと、彼女はお腹をすかし、眠そうな目をし、ふきげんな、あるいは落胆した面持ちで、彼女のいう「渦まき」の中から出てきた。[16]

「こういう間だけ彼女を祝福してくれる幸福」はすべて消費されていった。だが『若草物語』に取り組みながら、オルコットは「仕事のことで頭がいっぱいで、食べることも眠ることもできない。毎日のノルマをこなすのがやっと」[17]と語っていた。

情熱？　それとも執念？

情熱、決意、グリット（やり抜く力）、衝動、執念——どの言葉にも微妙なニュアンスがある。どれも、意味的にはポジティブなものからネガティブなものまで、さまざまだ。**このものさしのなかで、ポジティブな情熱はいったいどこで、執念の暗い側面に変わるのだろうか？** 前者は人を鼓舞して、自制を効かせることができる。だが後者は人に強要し、自制を効かなくさせる。片方は健全だが、もう一方はそうではない。

マリー・キュリーはわかっていて危険なラジウムで遊んでいた。1962年、アンディ・ウォーホルはセックスシンボル、マリリン・モンローの13種類のシルクスクリーン作品を製作し、それぞれについてリトグラフを250枚製作した。1964年には、さらに大きなモンローのイメージプリントを製作した。これは情熱だろうか？　執念だろうか？

ニュートンは確かに変わり者だった。ケンブリッジ大学トリニティ・カレッジの最初は学生として、のちには特別研究員として、何日も続けて自分の部屋に閉じこもり、何かの問題に取り憑かれたようになって、ほとんど食べず、それでも通常は「フロー」を壊さぬよう、立って考え事をしていた。[19]

「天才は大変な変わり者だ」と言ったのは、有名な経済学者のジョン・メイナード・ケインズで、1946年に、アイザック・ニュートンを称えたエッセイのなかで語っている。[18]

ニュートンは一人で考え事をさせておいてやるほうがいいことを、他の同僚たちは学んでいたので、彼がホールで食事するときは、ほとんどの場合、一人で座っていた。そして自室に戻る途中、ニュートンは立ち止まり、砂利道に棒っきれで図表を書いたりもしただろう。

このような強迫観念に近い集中が、彼の人格の一部であり、結局それが、宇宙の物理的な仕組みの新たな解釈へとつながり、世界史上最も偉大な物理学者、という今日の評判獲得へと彼を導いた。[20]

筋金入りの錬金術師 ニュートンの場合

しかし、誰にも知られておらず、1936年になってようやく彼のノートがすべて明るみに出てみると、ニュートンは錬金術師であった。[21] ニュートンの足りないかけらは、金(きん)でできていたことがわかったのだ。

ニュートンが一生のうちに書き溜めたノートは、数学あるいは物理学関連の考えの2倍にも及ぶ量の、錬金術とオカルト現象に関する考えで埋められていた。ニュートン個人の蔵書1752冊のうち、170冊は今日私たちがオカルト魔術と呼ぶものがテーマであった。[22]

確かに、ニュートンの時代には、ある金属を別の金属に変化させるプロセスはほとんどわかっておらず、したがって、真の化学と錬金術の疑似科学の境界線は明確に引かれていなかった。[23] 物質を結合させているものや、引き離すものに関するニュートンの観察は、広い意味で量子物理学の領域を予測するものと言えるかもしれない。

ニュートンが読んでいたのは、大半が**「賢者の石」**――病気を治し、鉛を金に変えると信じられていた謎の物質――に注目した化学的変化に関するものだった。ニュートン自身の言葉を借りれば、「熱くなる水銀を金でつくれるほど、十分な知識が自分にはあるか」[24]を知りたかったという。20年間、ニュートンは、キュリー夫人のように、ケンブリッジ大学トリニティ・カレッジ内の彼の街区に隣接する小屋を実験室として使用し、そこのかまどで必死に実験を続けていた。

そして、その小屋を出るときが１７００年に訪れた。ニュートンの金属への情熱と、物理学者としての彼の評判から、イングランド王ウィリアム3世が彼を造幣局長官に任命したためだ。

こうして王室金庫の見張り役になったニュートンは、ほぼすべての科学研究を捨て、ロンドンの大邸宅に移り住んだ。そこで彼は、国の貨幣の品位を落とす輩を容赦なく捕らえ、通貨偽造により何人もの人を絞首刑にした。[25] 彼自身の奇跡を呼ぶ金のかけらについては、ニュートンはとうとう見つけられなかった。

そしてニュートンは、最後に一つだけ研究を続けた。彼は、世界がいつ終わるのかを突き止めたかったのだ。ニュートンの姪で被後見人のキャサリンの夫であるジョン・コンデュイットは、「最後は、（ニュートンが）密かに、**強迫観念に取り憑かれて世界史の執筆に取り組んでいる**のを見た——彼は10を超える草稿——『The Chronology of Ancient Kingdoms Amended（改定古代王国年代学）』を書き上げた。彼は王国の領土、ノア［旧約聖書］の時代の領土を測定し、天文学の計算式を用いてアルゴナウタイの航海［ギリシャ神話］の年代を特定し、古代王国は一般に考えられているより数百年あとである、と宣言した[26]」と語っている。

この研究の結果、ニュートンは二度目のキリストの到来と世界の終わりを、皆さん知ってのとおり、２０６０年と特定した。

天才も道に迷う

ニュートンの愚者の金（黄鉄鉱）と世界滅亡の日予測の話が物語るとおり、情熱はときに天才を道に迷わせることもある。

ベートーヴェンは『ウェリントンの勝利またはビトリアの戦い』作品91や『戦いの交響曲』（1813）など、広く一般から喝采を浴びたくて、熱を入れて大衆向けの作品を書いたが、今聞くと曲は古臭く聞こえるし、滅多に演奏されることがない。それでもベートーヴェンは諦めることなく作曲を続け、有名な「歓喜の歌」を含む偉大な『交響曲第9番』を完成させた。

スティーブ・ジョブズは1983年、自分が開発中の新しいコンピュータに夢中になるあまり、そのコンピュータに自分の娘と同じ名前をつけた。「リサ」だ。これは失敗に終わったが、ジョブズは新たな挑戦をし続け、Ｍａｃコンピュータ、ｉＰａｄ、ｉＰｈｏｎｅと次々に生み出していった。

1920年代にジョージ・ハーマン・「ベーブ」・ルースは、その目の覚めるようなホームランで、アメリカ野球のやり方を変えた。1927年9月30日、彼はそのシーズンの60号となるホームランを打ち、その後34年間塗り替えられないメジャーリーグ・ベースボール（ＭＬＢ）の記録を樹立した。そしてプロ野球人生では通算714本のホームランを打ち、長期にわたって

ＭＬＢの記録となった。

ベーブ・ルースはまた、三振も１３３０回しており、天才といえども、必ずしも球にバットを当てられるわけではないことを証明している。しかし、ホームランであっても空振り三振であっても、ベーブ・ルースはホームランを狙ってフルスイングし続けた。

認められたいという欲求

チャールズ・ダーウィンは自然界への情熱に突き動かされていた。最初の頃ダーウィンは、父の遺産で裕福な生活を送っており、鳥を撃つことや昆虫を集めることばかりに情熱を燃やしていたようだ。後者への熱ということで見れば、彼のやり方は一見奇妙に見えるが、よくよく考えてみると、自然科学者として早期に天才の徴候を示していたのかもしれない。

ダーウィンは若い頃から、甲虫に強く惹かれていた。「私は労働者を一人雇って冬のあいだに古い木から苔をかきとらせ、それを大きな袋に詰めさせた。また同様に、沼沢地から葦を運んでくるはしけの舟底からごみを集めさせた。こうして私は非常に珍しい種をいくつかとらえた[27]」。

それでも足りないかけらが十分に集められなければ、ダーウィンは自分でも物事に当たった。彼はかつて、ヘビを地中に埋めて、そこにヘビの死肉を漁る虫がついていないかと、数週間後に掘り出してみたことがある[28]。ときに、成功しすぎたことがあるようで、彼の自伝には次のように書かれている。

「私の熱中を示す一つの証拠をあげよう。ある日、古い樹皮をひき裂いていると、二匹のめずらしい甲虫が見つかったので、一匹ずつ両手につかんだ。ところがさらに三番目の新しい種類のものが見つかった。これをつかまえないのは残念でたまらないので、私は右手につかんでいた一匹を口の中にほうりこんだ[29]」。

何がダーウィンにそこまでさせたのだろうか？　それはもちろん好奇心だろうが、突き詰めて言うと、もっと別のものだろう。それは**自尊心の追求**だ。

さほど優秀な学生ではなかったダーウィンは、1827年、エディンバラ大学の医学部をやめ、翌年、ケンブリッジ大学に移った。しかし、ここでも飲酒、ギャンブル、狩猟が主に彼の専攻となっていたようだ[30]。

ダーウィンはかつて、息子の大学でのひどい成績と気まぐれな生き方に憤慨した父親のロバートに、「お前は、狩猟と犬と、ネズミ捕りにしか興味を示さない。お前は、お前自身にとっても、お前の家族全員にとっても恥だ[31]」と言って叱りつけられたことがある。

最終的にロバートは、お金を出してやってチャールズを海軍のビーグル号に乗せ、5年に及ぶことになる世界探検旅行に行かせた。このビーグル号での旅によって、ダーウィン自身の大きな足りないかけら探しを形づくる流れができあがった。それは、なぜ、どのようにして種は生存し、進化を遂げていくのか、という科学的に説明の難しい問いに対する答えの探求だ。

ダーウィンは1836年にイギリスに戻ると、進化の問題に我を忘れて没頭するようになり、死ぬまで仕事中毒のように働いた。自伝のなかでダーウィンは自分の強みと弱みを率直に挙げ、自身の情熱について次のように言っている。

「[観察能力より]はるかに重要なのは、自然科学への私の愛がいつも変わらぬものであり、また熱烈なものだったということである。とはいっても、この純粋な愛は、博物学者仲間の尊敬をかちえたいという私の野心によっておおいに助長されたものであった[32]」。

このようにダーウィンは、生まれつき自然が大好きだったのだが、エディンバラとケンブリッジで肩を並べられなかった優秀な科学者や、おそらくは自分の父親と、対等であることを示したい欲求を膨らませていった。

これを、挑戦的態度とか、失った時間を取り戻す試みと呼ぶ――このように言うと、ダーウィンは映画監督のオーソン・ウェルズとも共通するところがあるように思える。オーソン・ウェルズは、「私は大人になってからほとんどずっと、自分はつまらない人間じゃないということを示そうとしてきた[33]」と話している。

エゴが天才をつくる!?

1903年に自分の天才の源について尋ねられたエジソンは、「天才とは1パーセントのひらめきと99パーセントの努力である[34]」と答えている。時の経過により、比率は変わっても――

1898年には、エジソンは「2パーセントは才能で、98パーセントは努力である」と述べていた――その内容は変わらない。トーマス・エジソンは懸命に努力したのだ。

彼の実験助手のエドワード・ジョンソンによると、エジソンは平均、1日18時間デスクについていたという。自宅がほんの何メートルかしか離れていなくても、エジソンは「何日も家に帰らず、食べたり、寝たりもしない」[35]とジョンソンは話していた。

1912年、65歳のときエジソンは、所長である自分が、自分の週間の勤務時間数を計算できるよう、パンチ式のタイムレコーダーを発明して自分のオフィスに設置した。イーロン・マスク同様、エジソンにとって、何とも謙虚なことだが、スタッフを上回ることが栄誉だったのである。週末になると、彼は記者を呼んで、自分をアピールするニュースを発表させたものだ。つまり、自分はスタッフの倍の時間働いた、と。[36]

何がエジソンに情熱を燃やさせたのだろうか？　彼は、場合によってはダーウィン以上に、負けん気が強かった。エジソンは1878年に、**「私は人より抜きん出ることに比べれば、財を築くことへの関心は低い」**[37]と述べている。また1898年には、**「成功したければ、競争相手をつくることだ[38]」**とも述べている。エジソンは財を築くことにも関心があって、その面ではジョージ・ウェスティングハウスやJ・P・モルガンなど、数多くの競争相手がいた。

エジソンは自身の研究所で科学者チームの長として仕事をしていたが、特許を出願するときは、申請書には自分の名前しか載せていなかった。ニコラ・テスラやフランク・スプレイグなど、他の偉大な発明家たちは1年もしないうちにエジソンの研究所を退職している。彼らにもそれぞれ自身の情熱があり、エゴもあったためだ。

それでもエジソンは自分の強い独立独歩の精神を貫いた。一生のうちにエジソンは、さまざまな表現のなかに、何度となく自分のエゴをちらつかせている。「失敗はしていない。うまくいかないやり方を1万通り見つけただけだ[39]」。だがエジソンは、うまくいくやり方を１０９３通り見つけた——足りないかけらを１０９３個見つけたのだ。これはエジソンが見事取得した特許の数で、今なおアメリカの記録になっている。

自分だけの情熱を見つけ出す

「人は自分が情熱を感じているものを追いかけなければならない。そのほうが、他のたいていのことをするより幸せになれる」とイーロン・マスクは２０１４年に述べている[40]。

誰かを愛する気持ちから生じる情熱もあれば、ゴルフをするとか、好きなスポーツチームを応援するなど、単なる楽しみやゲームに燃やす情熱もある。人を羨ましがる気持ち（誰よりも大きな家を取得したい）が情熱の原動力になることもあれば、金銭欲（さらに10億ドル稼ぎたい）が情熱の原動力になることもある。なかには自分の才能をフルに活用することに情熱を燃やす人もいれば、何であれ、よい仕事をすることに情熱を燃やす人もいる。

だが、そうした情熱が天才につながることは滅多にない。日常的な情熱から生じる結果はさまざまだろうが、それは変革にはつながらない。

天才はさまざまなきっかけから生じる。本書でいろいろな天才を振り返ってみると、すべてに共通する特徴が見えてくる。それは、天才は世の中を、世間で言われているとおりには受け取らない、ということだ。**天才は、世間とは異なる目で世の中を見ており、物事が正常な状態におさまるまで、落ち着くことができない。**

したがって、自分に尋ねてみるといい。あなたが気づいていることで、世の中が気づいていないことはないか？　その世間との見方の差が気になって仕方なくはないか？　その問題を正せそうなのは、この地球上に自分だけだとは思わないか？　その問題が解決するまで、心穏やかになれないとは思わないか？　これらの問いにイエスと答えられるなら、あなたは自分の情熱を見つけられたことになり、おそらくはあなたの天賦の才、天才（ジーニアス）も見つけられたことになる。

だが、情熱が見つかったら、注意しなければならない。彫刻家のヘンリー・ムーアは語っている。「人生の秘訣は、自分の人生すべてを捧げられる仕事、残りの人生の1分1秒すべてに、何もかも注ぎ込める仕事を持つことだ。そして一番大切なのは、それはたぶん自分にはできないようなことでなければならない」[41]と。

ムーアとシェル・シルヴァスタインは、幸せと人の成長には嘘偽りのない情熱が必要不可欠であることを、正しく理解していた。結局のところ、足りないかけらは愚者の金にすぎないのだ。

Lesson 7

他人との違いを活用せよ

狂気、疾患、特性

天才と狂気

1888年12月23日の夜、フランスのアルルで、フィンセント・ファン・ゴッホは画家仲間でおそらくは愛人のポール・ゴーギャンが自分の元を去ろうとしているとして激昂し、カミソリを手に、自分の耳を切り落とした——それも一部ではなく全部。[1] 切り落とした耳を手に、ファン・ゴッホは近くの娼館まで歩いていって、その耳を若い娼婦のガブリエル・ベルラティエにプレゼントした。関係当局がすぐにやって来て、自傷癖のあるゴッホを捕まえ、精神病院に入れた。

ゴッホが自分の耳を切り落とした事件はよく知られており、ゴッホの有名な作品『包帯をしてパイプをくわえた自画像』（1889）で不滅のものとなった。私たちは、ゴッホといえば情緒不安定とか乱暴者といった言葉を思い浮かべ、そうした性質を投影させて彼の作品を見る。しかし、ゴッホは本当に自分の幻影を描いていたのだろうか？ 同様に、変わり者で半分頭のおかしかったベートーヴェンは本当に、聞こえない音を作曲していたのだろうか？

単純なエピソードが複雑な問題の理解に役立つことがある。しかしこれらの「狂った天才」のエピソードは、彼らを正確に物語っているだろうか？ それとも、人は面白おかしく語られる話が好きなので、大げさに言われているだけだろうか？ 天才には狂気や自殺のもっとすごいエピ

Lesson7
他人との違いを活用せよ
——狂気、疾患、特性

ソードがいくつもあるだろうか？　それとも、精神不安定の汚名を響かせた何人かのクリエイターの話で、私たちの見る目が歪められているのだろうか？

古代ギリシャの時代から、天才と狂気の境目ははっきりしていない。プラトンは天才を指して「神がかったマニア」[2]と表している。プラトンの弟子のアリストテレスは、創造力を狂気と結びつけ、次のように述べている。「狂気に触れずに偉大な天才になれる者はいない」[3]。

17世紀の詩人ジョン・ドライデンも同様の意見を、韻を踏みながら詠んでいる。「偉大なる才気は狂気に近く／両者を隔てる溝はかくも狭く」[4]。狂人と言われて、エドガー・アラン・ポーは次のように言い返した。「人はわたしを狂人と呼ぶが、それで謎が解けるわけではない。狂気は最も崇高な知性なのか否か。素晴らしく深遠なものであって、思考の病から生まれるものではないのか」[5]。

チャールズ・ドジソン［ルイス・キャロル］の『不思議の国のアリス』のなかで、アリスは言う。「あなたは気が狂って、おかしくて、正気じゃないわ。ただ、あなたに秘密を教えてあげるわ。すばらしい人々ってのは実はみんなそうなのよ」[6]と。

それから、コメディアンのロビン・ウィリアムズはバカと天才は紙一重のこの比喩を現代流にアレンジして羨ましそうに、「ほんのちょっと異常さに恵まれてるだけじゃねえか。それがなくなっちまったら、何も残らないだろ」[7]とつぶやく。

心理学者は天才と精神疾患の関係性について1世紀以上にわたって議論を重ねてきたが、いまだ意見の一致を見ていない。１８９１年にはすでに、イタリアの犯罪人類学者チェーザレ・ロンブローゾ博士が、その著書『The Man of Genius（天賦の才能の人）』で、遺伝、精神障害、性的倒錯、犯罪行為に連関を見出し、すべて天才に結びつくものとしている。[8] ロンブローゾ博士は「天才はたくさんある狂気の形態の一つにすぎない」と述べている。

最近では、精神分析医のケイ・レッドフィールド・ジェイミソンらが、優れたクリエイターと、権威ある『精神障害の診断および統計マニュアル』（ＤＳＭ）に従って分類されるような、はっきりとした精神障害を関連づけている。[9] 精神的な不安定の度合いが詳しく定量化できるという。

47人の「イギリスの優れた作家およびアーティスト」を調査した１９８９年の自身の研究から、詩人に関してジェイミソンが引き出した結論は、統計的手法を用いた場合の典型を示している。

「一般集団における躁うつ病の割合（1パーセント）、気分循環性障害の割合（1～2パーセント）、大うつ病性障害の割合（5パーセント）と比較すると、これらイギリスの詩人らは、躁うつ病で30倍、気分循環性障害または軽めの躁うつ病傾向で10～20倍、精神障害の徴候を示す割合が高くなっており、自殺を試みる傾向は5倍以上高く、精神科病院等への入院傾向は20倍以上高くなっている[10]」。

同研究によると、**科学者は精神疾患の有病率が最も低く（一般より17・8パーセント高いだけ）、その比率は作曲家、政治家、アーティストと徐々に上昇して、作家（46パーセント）と詩人（80パーセント）で有病率が最も高くなっているという。**[11] アーティストの有病率が高いと言われれば、ラッパー、カニエ・ウェストの発言「優れた芸術は激しい痛みから生じる」もうなずけるかもしれない。[12]

その創造性はどこからくるのか？

だが、痛みで偉大な芸術は保証されない。ひどい精神的苦痛を感じている人は大勢いるが、芸術（や科学）に痛みを示すものはない。それどころか、苦痛など伴わずに偉大な芸術や科学を生み出している人は大勢いる。

社会と融和している作曲家といえば、バッハ、ブラームス、ストラヴィンスキー、ポール・マッカートニーが頭に浮かぶし、同様に、科学者であればファラデー、ジェームズ・マクスウェル、アインシュタインが頭に浮かぶ。間違いなく異常なボビー・フィッシャーもいれば、おそらく正常なマグヌス・カールセンもいる。ゴッホのような人もいれば、マティスもいる。

天才と精神障害に対して非常に非科学的な見方をすると、本書で考察している100人近い有名人から、どんなことが読み取れるだろうか？　全体の3分の1以上——高い割合である——は、重度の気分障害を患っていたか、または患っている。

ビンゲンのヒルデガルト、ニュートン、ベートーヴェン、テスラ、草間彌生、ゴッホ、ヴァージニア・ウルフ、ヘミングウェイ、ディケンズ、J・K・ローリング、シルヴィア・プラス、ピカソらは、何らかの情動障害の徴候を示していた。

天才だからといって情緒不安定というわけではないが、そうなりやすい傾向はある。専門家によると、数学者と科学者は、芸術家に比べると精神障害に陥る傾向が低く、その理由はおそらく、彼らは底なしの感情表現を扱うのではなく、論理的な規律や合理的な限界を扱っているためだという[13]。科学的手法の境界線の内側や、数学の方程式を解く際には、順序立てた、ステップ・バイ・ステップの手続きが結果に結びつくことが多い。

ノーベル経済学賞を受賞し、映画『ビューティフル・マインド』の主人公にもなった数学者のジョン・ナッシュは、「正気の科学者」ルールの例外だろう。10代の終わり頃から統合失調症を患っていたナッシュは、２００８年の『イェール・エコノミック・レビュー』誌で、次のように話した。

「（創造的な洞察は）ミステリーのようなものだ。聡明な考えと異常な考えが絡み合う可能性のある特殊な領域である。ほかにはないアイデアを発展させたければ、実際的なだけではない考え方が必要だ[14]」。そしてまた別のところでは、「超常現象に対して私が持っている考えは、数学の発想と同じ形で浮かび上がってきたものだ。だから私はこれを真剣に捉えている[15]」。

ナッシュがこれらの考えは**「同じ形で浮かび上がってきた」**と言ったことから、さらなる疑問が生じる。不安定な頭脳により生み出される創造力は、たまたまの偶然なのか、それともそこに因果関係はあるのか？

言い換えると、創造する能力は精神病によるものなのか、それとも精神病と同時に出現しているだけで、精神病とは無関係なものなのか？ということだ。これに関しては、ゴッホが、明確な答えの出ないテストケースとなる。

ゴッホの場合

ゴッホの精神錯乱状態の原因については、医師たちが100通りを超える原因を提示しており、双極性障害、統合失調症、神経梅毒、発作間欠期不快気分障害、日射病、急性間欠性ポルフィリン症、アブサンの使用によって引き起こされる側頭葉てんかん、急性閉塞隅角緑内障、黄視症、メニエール病、とさまざまな病名を挙げている。[16]

また、ゴッホの精神不安定には強い遺伝要素があった。フィンセント・ファン・ゴッホは37歳で自殺した。彼の弟のテオは精神錯乱になり、精神科病院で33歳で死亡した。フィンセントがこの世を去ってから6カ月後のことだ。さらにその弟のコーネリウスもまた33歳で、明らかに自分の手で命を絶っている。ゴッホの妹のヴィルヘルミーナは精神療養所で40年間過ごし、そこで1941年に79歳で亡くなっている。[17]

ゴッホは自分がよく精神錯乱を起こすことを知っていた。**「私をすぐに精神病院に監禁してくれ、私が悪いなら抵抗しないから。さもなくば、私の持てる力すべてで仕事をさせてくれ」**とゴッホは、1889年1月28日、弟のテオに宛てて書いている。[18]

そしてその両方が起こった。その年の5月、ゴッホはフランス、サン＝レミの療養所に入所した。そこでは窓に格子の入っている2部屋が割り当てられ、そのうちの一つを彼はアトリエとして使った。その翌年、彼は代表作となった作品を何点か描いている。

そのなかには、サン＝レミの中庭で見て描いた『アイリス』や、療養所の窓から外を眺めながら描いた『星月夜』などがあった。ゴッホの最後の作品『木の根と幹』は退院後に描かれたもので、美術史家のニエンケ・バッカーは「精神的に苦悶していた状態のゴッホが感じられる作品の一つ」と評している。[19]

しかし、まだ疑問は残る。ゴッホは、頭がおかしかったから天才だったのか（狂気が彼の幻視的な作品をつくり上げたのか）、それとも彼は天才で、たまたま同時に頭がおかしかっただけなのか？

ゴッホのスタイルの特異さ――絵画、色、透視図法に関する彼の理論、ゴッホのうねるタッチ、揺らめく光――はすべて、実際にキャンバスに向かってそれを行うはるか以前に、弟テオへの手紙で丁寧に説明されている。[20] 黄色の単独使用、強烈な赤と緑の同時使用、絵筆の筋の残る2色使いは、当時まったく新しいものだったが、完全に計算された美しさを実現していた。[21]

ゴッホの場合、精神分裂症と彼の絵画作品制作は、付随するものではあっても、彼の異なる2つの人生経験の一部だったのではないだろうか。正気のときは、ゴッホは自分のしていることを正確に理解していた。

そして最も重要な点が、ゴッホはいつ自分が正気で、いつ正気でないかをわかっていたことだ。正気を失っているときは、1882年7月6日に彼が語っているとおり、描いていなかった。「当然のこととして、患者のときは自由に仕事はできないし、する元気もない[22]」。ゴッホの場合、幻視が絵の材料であったかもしれないし、そうではないかもしれないが、それらは間違いなく、避けたい恐ろしい体験であったはずだ。そのために、そして生き続けているために、ゴッホは描いた。

1882年にゴッホは言っている。「うん、どうして海に飛び込む人がいるのか、私は理解できるんだ［中略］（でも私は）我に返って、うまくいく治療を探すほうがずっといいと思った[23]」。そして1883年には、こんなことも言っていた。**「仕事こそが唯一の治療だよ。それがなかったら、人は壊れてしまう」**[24]。ゴッホが手紙のなかで、さまざまな表現で何度となく訴えてきたゴッホの生きたいという叫びだ。**「私は描かなくてはならない」**。

そうして彼は描いた。憑かれたように、最後の年だけで150点近い作品を残した。結局、熱狂と気持ちの落ち込み、狂気と正気、療養所と外の世界との切り換えは役に立たず、絵を描くことも十分な役に立たなかった。1890年7月27日の朝、ファン・ゴッホはパリの北のオアーズ川付近の野辺にブラブラと歩いていって、リボルバーで腹部を撃って自殺した。

ヴァージニア・ウルフの場合

1941年3月28日の朝、59歳のヴァージニア・ウルフはポケットに石を詰め込んで、ロンドンの北のウーズ川に入っていき、ゴッホと同じように命を絶った。ウルフの精神状態は、医学的には統合失調症と双極性障害両方の徴候を示していた[25]。

彼女の甥のクエンティン・ベルが書いているとおり、「これがヴァージニアと暮らすのが難しい理由の一つだった。彼女のイマジネーションにはアクセルがついていて、ブレーキがついていなかった。急加速したかと思ったら、現実を置き去りにしていく[26]」という。

長期にわたってヴァージニアを支えてきた夫のレナード・ウルフも、同じ感想を述べている。「躁状態のときには、彼女はひどく興奮していた。脳が猛スピードで動いているんだ。とにかくしゃべりまくり、発作が起きると支離滅裂になる。彼女には妄想があって、声が聞こえていた。たとえば、二度目の発作のときに、窓の外の庭から鳥の声が聞こえてギリシャ語を話していた、と僕に話してくれたことがある。看護師には暴力的だった。三度目の発作のときは、これは1914年に始まったのだが、この状態は数カ月続いて、最後には2日間昏睡状態に陥った[27]」。それより前の1904年にもウルフは窓から身を投げているが、このときは助かった。

ウルフはどこから私小説のアイデアを得ていたのだろうか？　ハーマン・メルヴィルは南太平洋で捕鯨船に乗っているときに、『白鯨』の「深い背景」を獲得しており、ヘミングウェイも同様に、第一次および第二次世界大戦中に、最前線で働く記者として、ジャーナリスティックな「コンテクスト」の着想を得ている。

作家のなかには、日常の観察力に優れている人もいる。また、鮮やかで論理的に筋の通ったイマジネーションに頼って書く作家もいる――シェイクスピアはその両方で、鋭い観察力と自由なイマジネーションを持ち合わせていたようだ。また、作家はときに自分の心理の奥深くを覗き込む旅に出ることもある。

ウルフの人柄を最もよく表している小説、『ダロウェイ夫人』のなかでウルフは、登場人物に、現実でも幻覚でも、自身の体験を投影している。

ダロウェイ夫人は、何の変哲もない正気のヴァージニアで、ピーター・ウォルシュが軽い躁状態の彼女の別人格の役割を果たす。セプティムス・ワーレン・スミスは精神に異常をきたしている彼女の分身であり、ギリシャ語で歌う鳥の声が聞こえ、病院職員が自分を傷つけようとしていると思い込むようになり、窓から逃亡しようとして死亡する。

「経験から言って、狂うのは素晴らしいことで、請け合うけど、ばかにできないものよ。その溶岩のなかで、今でも私は書いていることの大半を見つけてるの」と、ウルフは述べている。[28]

書くことはウルフにとって悪霊を追い払う方策だった——彼女の天賦の才能を突き動かしていた狂気の悪霊だ。たいていの精神病患者は、「談話療法（トーキングキュア）」の一環として精神分析医と話すが、ウルフは自身が精神分析医の役割を果たして、とにかく書いた。

1931年のエッセイのなかで、彼女は自分の書くものを通じて、精神に異常をきたす経験とセルフセラピーの関係を表現し、それによって恐ろしいもう一人の自分を追い払っていることを明かしていた。

「本をレビューしようと思ったら、私はあの怪人と対決しなければならないことがわかったんです。［中略］私がレビューを書いていると、いつも私と私の紙面のあいだにやって来ていたのは、彼女でした。私を煩わせて、私の時間を無駄にし、私をひどく苦しめていたのも彼女で、とうとう私は彼女を殺しました。［中略］私は彼女を振り返って、首のところをつかみました。必死で彼女を殺しました。［中略］インク壺を手に取って、投げつけてやったんです。でも、なかなか死ななかった[29]」。

多くの躁うつ病患者同様、ウルフもハイとローを行ったり来たりしていて、その中間にバランスの取れた（安寧の）状態があった。躁状態から平静へ下がることについて、彼女はかつてこんなことを書いていた。

「自分や、私の輝き、才能、魅力、（そして）美しさが縮小して消えていくのが見えた。それは実際、どちらかと言えばみすぼらしくて、口うるさく、醜い無能な年老いた女性で、うぬぼれが強くて、おしゃべり好きな役立たずだった[30]」。

だが、この後半の正常な状態のとき、つまり自分のなかの乖離を筋の通った文脈に仕上げられるときにかぎり、ウルフは十分に安定して書くことができた。このことに彼女は、１９３３年の6月のある晩、自分が住むロンドン郊外で車を走らせていて気づいた。

「昨夜リッチモンドで運転していて思ったのだけれど、私の存在の統合について、とても深遠な何か。どうして書くことだけがそれを組み立てられるのか。書いていないと、どうして無から全体がつくれないのか[31]」。天才の隠れた習慣の一つに、空想の世界に飛んでいって戻って来られる能力がある。ウルフはこれができた——できなくなるまで。

草間彌生の場合

コンテンポラリーアーティストの草間彌生（1929～）は今でも、1977年以降暮らしてきた東京の精神科病院と外の世界とを行ったり来たりしている。2016年には『TIME』誌の最も影響力のある人100人に選ばれ、ほぼ間違いなく草間は、世界で最も有名な存命のアーティストの仲間入りをした作家だ。

「私は開放病棟の病院に入った。そして、病院の向かいに、スタジオを構えた。そうして、病院とスタジオを毎日往復しながら、作品を制作しつづけるのである。病院の生活は規則的である。朝起きれば、7時に検温があり、夜は9時に就寝となる。私は毎日、朝の10時にスタジオに入り、夕方6、7時頃まで作品を制作する[32]」。

自伝の別の箇所では、次のようにも語っている。**「次々と制作をやりつづけていく芸術家としての充実感と、それを裏側で支えつづける緊迫感。その間を大きく、激しく揺れ動いている日々であった……現実感と非現実感の感覚の間を、私は彷徨する[33]」**。

草間は子どもの頃から非現実を経験してきた。彼女は、若い頃のニューヨークでの生活（1957～1973）を特徴づけることになる、そうした精神異常の出来事について、次のように語っている。

実際、私はノイローゼにしばしば悩まされた。カンヴァスに向かって網点を描いていると、それが机から床までつづき、やがて自分の身体にまで描いてしまう。同じことを、繰り返し繰り返しすることで、網が無限に拡がる。つまり、そこでは自分を忘れて網の中に囲まれてしまい、手も足も、着ているものまで、部屋中すべてが網で満たされていく。

朝起きてみると、窓に昨日描いた絵がみんな張りついている。おかしいと思って、そばへ寄って撫でてみると、それがみんな手の中に入ってきて、心臓の鼓動もウワァーッと速くなる。もう大変なパニック状態になって、救急車を呼んでベルビュー病院に行くと、「あなたの病気は、私たちの病院ではなくて精神科にかかりなさい。精神病院へ入院しなきゃ駄目だ」と言われる。なにしろ三日にあげず救急車で駆けつけるものだから、「また、あなたですか」と呆れられてしまった。

それでも食べることは二の次でとにかく描きまくった。[34]

無限の網から逃れようと、草間は駆り立てられるように、水玉や簡単に再現できるモチーフを無限に描き続けた。評論家は草間のことを「水玉の高僧」とか「初の強迫症アーティスト」と呼んだ。

彼女自身は自分の作品を**「サイコソマティック（心身症）・アート」**と呼んでいる――精神疾患から生まれたアートだ。描く目的は何だろう？　自分を苦しめている強迫神経症を取り除き、それによって自分の魂（と見る人の魂）が差別のない無限の「無のめまい」に入っていけるようにするためだ。

「私の作品は」と彼女は説明する。「私にしか見えない幻視から生まれてるの。私はその幻視や私を悩ませている強迫症のイメージを、彫刻や絵画に変えているの。パステルの私の作品はすべて強迫神経症の産物だから、私の病気と密接に結びついている。〔中略〕幻視や幻視の恐怖を絵にすることで、私は自分の病気を治そうとしてきた[35]」。

そして、自伝のなかに彼女は書いている。「逆に絵を描くことは切羽つまった自らの熱気のようなもので、およそ芸術からほど遠いところから、原始的に、本能的に始まってしまっていたと言えよう[36]」。

不安定な精神が生み出す力に変わる

フィンセント・ファン・ゴッホ、ヴァージニア・ウルフ、草間彌生の例を見てくると、精神「障害」には機能停止の力だけでなく、活性化の力があることへの確信が高まってくる。クリエイティブな表現は精神を保護し、癒すことができ、人が生きようとするそのプロセスから、芸術作品が生まれる。クリエイターは、読者、鑑賞者、リスナーに自分の人生経験を見せる／聴かせることができる。

アーティストは言う。「私には見える。私は感じる。だからあなたにも見て、感じてほしい。

そうしてくれたら、あなたと私はそれぞれのなかで、そしてお互いに、より無限のハーモニーが奏でられる」。以下は、精神的な「不安定」がそれぞれの芸術作品の牽引力になってきた、少数の類稀なる人たちの宣言だ。

フィンセント・ファン・ゴッホ：「私は描かなくてはならない」

ヴァージニア・ウルフ：「私は自分を安定させるために書くの」

草間彌生：「アートは解放であり、治療である」

パブロ・ピカソ：「『アビニョンの娘たち』は」私の初の悪魔払いのキャンバスだった」

アン・セクストン：「詩は私の手を引いて狂気から抜け出させてくれる」

ウィンストン・チャーチル：「一番大変だったとき、絵が私を救出しに来てくれた」

マーサ・グラハム：「踊るのをやめたら、私は生きる意志を失ってしまう」

ロバート・ローウェル：「［私はよく］書くことに逃げて、それで心を落ち着かせていた」

チャック・クロース：「絵が私を救ってくれた」

エイミー・ワインハウス：「私が曲を書くのは、頭が混乱していて、何かいいことをして、悪いことから抜け出すためよ[37]」

人間誰でも、前に進む軌道の活動が必要だ。たとえ、あなたの制作しているものが、他人にとっては取るに足らないものであったとしても、それが重要だと思うことで命が救われることがある。

ベートーヴェンの場合

その手紙が書かれたウィーン郊外の地名にちなんで「ハイリゲンシュタットの遺書」と呼ばれている、1803年の意気消沈した手紙で、当時自殺願望のあったベートーヴェン（1770～1827）は、なぜ自分が命を絶つのをやめたのかを書き記している。

「私をおしとどめたのは私の芸術だけであった。そうだ、私が自分の中にあると感じているものをすべて出しきるまでは、私はこの世を去ることはできないと思えたのだ。そんなわけで私はこのみじめな生き方に耐えてきた」[38]。

ベートーヴェンが自らの命を絶つことを考えたのは、このときだけではなかった。たとえば、1811年には森へ行って3日間行方不明になり、溝のなかで、別の音楽家の妻によって発見されている。ベートーヴェンは彼女に、自分は「餓死しようと思った」[39]と告白している。

ベートーヴェンにはたくさん悪いところがあった。彼は、双極性障害、妄想症、長期にわたる消化器疾患、鉛中毒を患っており、高機能アルコール依存症であった[40]。しかし、私たちが彼について記憶している障害は、**失聴**である。

ベートーヴェンは1790年代に耳のなかで鈴のような音がする〔耳鳴り〕ようになり、次第に高音が聞こえづらくなっていった。20代の頃のことである。そして1801年には、友人に宛てて次のように書いている。

「耳のなかで昼も夜もずっとブンブンいっている。〔中略〕劇場では、オーケストラのすぐ近くに席を取って、手すりに寄りかからなければ、俳優の言っていることがわからない。〔中略〕小さな声だと、ときどき、ほとんど聞き取れなくて、トーンはわかるのだけれど、何を言っているかわからない[41]」。

1814年には、ベートーヴェンはもう演者としては公の場に姿を見せなくなっていた。さらに、彼が47歳になる1817年には、彼の難聴はさらにひどくなり、音楽もまったく聞こえなくなっていた。彼が亡くなったとき、検死で、彼の聴神経は「しなびて貧弱であった。それに付随する動脈は拡張していてカラスの羽茎よりも太くなり、軟骨化していた」ことがわかった。[42]

この話から2つのことがわかる。一つは、聴力はきわめて低くなっていたにもかかわらず、ベートーヴェンは1803年から1813年の10年間、聞き続けていたということだ。そしてその間に彼は、今日のコンサートで最も人気の高い楽曲を書いていた。皆に愛されている交響曲や協奏曲、ピアノソナタだ。したがって、「耳が聞こえないベートーヴェン」というのは、必ずしも正しいものではなく、いつの時代かによる。

もう一つは、モーツァルトがその代表であるが、才能ある作曲家の多くには、外で音が鳴っていなくとも曲をつくれる能力があって、「内なる耳」で作曲しているということだ。そしてベートーヴェンにも、頭のなかで音楽が響いて、そのメモを取り、音の出る楽器の助けがなくとも、それを机の上で譜面として完成させる能力があった。

だが、障害が違いを生むこともある。**ベートーヴェンの音楽を、時代によらない秀逸なものにしたのは、一部、「不足」に対する彼の向き合い方だ。**皮肉なことに、音楽的な音を発見したことで、音楽史に貢献したのは「耳の聞こえない」ベートーヴェンだった。つまり、ベートーヴェンの音楽は、音楽的なアイデアが非常に優れていたというわけではなく、むしろ、その音のアイデアを何度も何度も繰り返したところにユニークさがあった。

ベートーヴェンは、和音なり、美しい旋律なり、あるいはリズムなりを配置すると、あとはただそれを何度でも繰り返して、彼独自の音楽をつくり上げていた。徐々に音量を上げ、繰り返すたびにピッチを上げていくことも多かった。

音楽要素を基本単位にまで削ぎ落とし、それを徐々にうねりを上げていく音の波に乗せて強烈に前に押し出すことで、ベートーヴェンの音楽には、かつてないほどのパワーが備わるようになっていた。**「私には聞こえない、聞こえない、聞こえない。もっと大きく！」**と言っているかのようだ。

聴覚障害者は多くの場合、音楽が流れていても振動——地球の鳴動——しか「聞こえ」ない。ベートーヴェンの楽曲に定型化されたうねりがこれほど多い（音楽が基本的な脈動にまで削ぎ落とされている）のはそのためだろうか？

おそらく、脈動するベートーヴェンと鳴動する地球を感じるのに最も適しているのは、交響曲第7番の第1楽章を聴くことだろう。この曲でベートーヴェンは同じモチーフを連続して57回繰り返している。

最も顕著なのが、美しくも奇妙なテクスチャーと深遠なズレ——これを極端な内面性と呼ぶ——で、今となっては完全に聴覚を失ったベートーヴェンの晩年の弦楽四重奏曲とピアノソナタに見られる。[43]「彼の聴覚障害は作曲家としての彼の能力を弱めることはなかったばかりか、ときには高めさえした」とベートーヴェンの専門家のメイナード・ソロモンは語っている。[44]確かに、ある程度、ベートーヴェンの天才は、耳に障害があるがゆえに内なる音を聴き、それを紙に写さなければならなかったことに根ざしている。

チャック・クロースの場合

耳の聞こえない作曲家と、目の見えない画家。どちらの芸術家の味わう困難のほうが、より大きいだろうか？

画家のチャック・クロース（1940～）は、何度会っていても、友人、家族、知人が識別できない。失読症その他の認知機能障害に加えて、クロースは**「失顔症」**を患っている。神経科医らによって相貌失認という正式病名のつけられている障害だ。[45]

失顔症は、視覚認識に関連する神経経路を連絡する側頭葉の紡錘状回内の紡錘状回顔領域の障害によるものだ。[46]ノーベル賞を受賞した神経学者のエリック・カンデルは、あるインタビューで、クロースに対して「あなたは欧米の美術史上、肖像画を選んだ唯一の失顔症画家ですね[47]」と話している。

チャック・クロースは三次元画像を頭に思い描くことができないこともあって、顔が認識できないが、対象が二次元であれば、顔が認識できる。肖像画を制作するためにクロースは、顔写真を撮影し、その二次元画像を無数の小さな小片に分けて、それぞれを独特のやり方で一つずつ描いていく。

クロースは、676個の菱形の小片を用いたアサンブラージュとして、友人であるビル・クリントンの肖像画（２００６ 図７・１）を制作した。その結果、顔を原子化したような作品ができあがった。人――およびすべての潜在的天才――は、無数の小さな要素が集まったり集まらなかったりしてできあがっているのだと、私たちに認識させる逆アサンブラージュだ。

クロースは特に、クリントンの歯並びの悪い歯を強調した。**「歯のあいだにはすべてすき間があって、だから私はそれをくっつけてならし、歯に見えるようにしたよ」**[48]。世の中が他者とは違うように見えている相貌失認のチャック・クロースは、自分なりに解への道を編み出したのだ。クリントンを描いたクロースの肖像画は現在、大統領と障害を記念して、ワシントンＤＣの国立肖像画美術館にかけられている。

肖像画家のチャック・クロースが顔を覚えていられないのに対して、画家のスティーヴン・ウィルシャーは見たものをすべて記憶しておける。ウィルシャーには直観像記憶とか映像記憶というものがあるのだ。彼はロンドン、ニューヨーク、ローマ、ドバイ、東京などで、街の風景や出来事をたった一度、しかも20分かそこら見ただけで、あとから自分の見たものを細部まで詳細に再現できる。数時間で完成することもある彼の作品は、ロンドンの彼のギャラリーで何万ポンドもの価格がついて売られている。

スティーヴン・ウィルシャーは天才だろうか？　彼の記憶力には驚嘆するが、彼は天才ではない。自閉症サヴァンのウィルシャーには、視覚情報をコンピュータ並みの速度で処理する能力があるが、全般的に認知発達障害を抱えており、５歳児並みの認知力しかない[49]。

ウィルシャーは自分の見たものを正確に絵にすることができる。ただ、それ以上でも、それ以

Lesson7
他人との違いを活用せよ
——狂気、疾患、特性

図７・１：ビル・クリントンを描いたチャック・クロースの 2006 年の肖像画。676 個の菱形小片によるアサンブラージュ。相貌失認という病名の、彼の障害に対するクロースのアーティスティックな対応が映し出されている（イアン＆アネット・カミング寄贈、ナショナル・ギャラリー・オブ・アート、ワシントンＤＣ）。

下でもない。では、他のいわゆるサヴァンの天才はどうだろうか？　アカデミー賞を受賞した映画『レインマン』（1988）のヒントになった、驚異の計算能力を持つキム・ピークや、どんな曲でも、たった1回聞いただけで、すべての音を正確に再現して演奏できる音楽の神童デレク・パラヴィチーニはどうだろうか？

恐るべき速度で処理する能力と独創性は別物である。小片を一つひとつ手で描き、それを独特のやり方で組み合わせることで、チャック・クロースは自身の肖像画に価値を付加している。これに対して、スティーヴン・ウィルシャーとデレク・パラヴィチーニは単に既存のものを複製しているだけだ。

神経学者のオリヴァー・サックスが、ウィルシャーをはじめとする自閉症サヴァンの人について指摘しているとおり、**創造性とは、クリエイターが何かの素材を拝借してきて、「(それをどれだけ) 自分自身に関連づけ、新しい自分自身の方法で表現するか**[50]**」**である。

ロビン・ウィリアムズの場合

「科学および芸術分野で成功するには、多少、自閉症の気がなければならない」と語るのはハンス・アスペルガー。アスペルガー症候群の名前の由来になった人物だ[51]。自閉症の気は必要かもしれないが、イマジネーションも豊富になければならない。目に見える形にして、物事のあいだに新たな結びつきをつくれる能力だ。

アイザック・ニュートンは銀河系全体にわたってつながりを見出した。シュリニヴァーサ・ラマヌジャン（1887〜1920）は、それまで解けないと考えられていた数学の問題に解を見つけた。アラン・チューリング（1912〜1954）は、現代のコンピュータ処理の開発およびナチス・ドイツが使用していたエニグマ暗号機の暗号文の解読に重要な役割を果たした。

彼らは皆、自閉症スペクトラム障害の徴候を示していると言われているが、それ以外に、あふれんばかりのイマジネーションを持ち合わせている。後者2人の天才は、最近の映画『奇蹟がくれた数式』（2015）および『イミテーション・ゲーム／エニグマと天才数学者の秘密』（2014）でも有名になっている。

だが、最近脚光を浴びるようになった、特別な能力や障害を持つ人物のなかでも、亡くなったコメディアンのロビン・ウィリアムズほど奇抜で、無限のイマジネーションを持った人はいない。

ロビン・ウィリアムズの視点は広範囲にわたる、という言い方をしては彼の頭脳に失礼だろう。中近東のテロリストをおとなしくさせる方法について即興で話を始めるとすぐ、アメリカへと話を転じ、「アーミッシュの村に行ったことがあるなら、馬のケツに銃をぶち込む男を見たことがあるだろう。ありゃ整備士だ。テロリストじゃない[52]」と続ける。

ウィリアムズは頭の回転が光並みに速い。同じくコメディアンのビリー・クリスタルは、友人のウィリアムズについて、かつてこんなふうに言ったことがある。**「今夜は頭の回転が冴えてる**

な、と私が思うだろう？　そしたら彼はもっと冴えてるんだ」。

そしてジェームズ・リプトンはアメリカのTV番組『アクターズ・スタジオ・インタビュー』のなかで、「あなたは、あのようにとんでもないスピードで話を展開しますが、それにあなたのメンタルはどのように関係していると思いますか？　あなたはほかの人より頭の回転が速いということでしょうか？　いったいどうなってるんですか？」[53]と質問することで、ウィリアムズを紹介した。その答えはおそらく、注意欠陥障害（ADD）だ。[54]「ロビンと会話しようと頑張ったよ」と演劇学校でクラスメイトだったジョエル・ブルームは言う。「するとうまくいくんだ。ただ、10秒くらい。そのあと彼はキャラクターの声になるんだ。それがほんのちょっと続く。彼はほとんど文字どおり、発作を起こして壁に体をぶつけてたよ。で、そのあといなくなってしまう」[55]。

正式に注意欠陥障害と診断されたことはなかったが、ウィリアムズのケースの場合、何人ものメンタルヘルスの専門家が、そうではないかと考えている。[56]ADDの人は、非常に活発なイマジネーションを持つ人が多く、特殊な創造的才能を開花させることも知られている。[57]またADDの人は、レビー小体型認知症（LBD）も発症しやすい傾向にある。[58]脳内に異常なタンパク質が蓄積される病気だ。ウィリアムズはLBDを患っており、それがおそらく彼の死を早め、63歳で自殺に追い込んだのだろう。

多くの場合、ADDにもLBDにも、うつが伴う。しかし、精神的な落ち込みがブラックユーモアの源となり、皮肉なことに、それが落ち込みを緩和するジョークになることがある。「私は自分の脳を吹き飛ばしておくべきだった。そうすれば、いい日がたくさん持てたのに」とバイロン卿は言い、「ただし、そんなことをすれば義母が大喜びしただろうということを思い出すことがなければ[59]」と続けている。

極度のブラックユーモア、悲劇的な皮肉のセンス――これを持ち合わせている天才はあまりにも多い。穴が深ければ深いほど、掘り出すのにはユーモアが必要になる。うつ病のコメディアンでウィリアムズの師匠のジョナサン・ウィンタースは、かつてこんなことを言ったことがある。「私には、ときおり呼び出すことのできる痛み――それが何であっても――が必要だ。それがどんなにひどいものであっても[60]」。

「おっかしいだろ」とウィリアムズは言っていた。「俺はさあ、みんなをすっごいハッピーにしてやれるのに、自分をハッピーにしてやれないなんてさ[61]」。ウィリアムズならではのひねくれた考えが、「テキサスにゃあさ、たくさん電気椅子があるんだ。サンタクロースでも一つ持ってるってよ。そんでさ、致死薬注入の前に、腕をアルコール消毒してくれんだ。感染しないようにな[62]」といった弾丸トークで明るい笑いを巻き起こす。

ウィリアムズには笑いの波が来るのが見えるという。「それがたまらないところさ。探りを入れていくのが楽しいんだよ。これが、アーティストとして、コメディアンとして、俳優として取り組むところさ。ぎりぎりのところまで行って見渡すんだよ。すると、ときには踏み外しちまうこともある。そしたら、そっから戻ってくるのさ。うまくいけばね[63]」。

障害の定義も変化する

ADDは、ロビン・ウィリアムズがお笑いのときに実現していた、次から次へとつながるマシンガントークの役に立っていたのだろうか？　チャック・クロースは相貌失認だった。そのため、モダンアートへの新しい道を開く「次善」策が必要だった。スティーヴン・ホーキングは筋萎縮性側索硬化症（ALS）で、彼の友人でノーベル賞を受賞したキップ・ソーンによれば、物理学者として進歩していくためには、「まったく新しいやり方で学ばなければならなかった[64]」という。

イギリスの科学者たちは、アイザック・ニュートンの類稀な集中力、およびアンディ・ウォーホルの同じ画像を繰り返す傾向をアスペルガー症候群と関連づけている[65]。アスペルガー症候群は1995年に『精神障害の診断および統計マニュアル』（DSM）に加えられたが、2013年には削除され、自閉症スペクトラム障害の診断カテゴリーに再分類されて入れられた。時代も文化も変わる。それゆえ、私たちの持つ天才の特徴や障害と見なす特徴も変化する。

2015年4月、ニューヨーク市立大学大学院センターの高名な教授であるジョゼフ・ストラウスが、イェールの私の講座「天才の資質探求」に来て、自閉症について語ってくれた。ストラウスは、自分の長男が自閉症であることから、障害をテーマにした書籍を著している

(『Extraordinary Measures: Disability in Music(特殊な方法:音楽における障害)』(2011))。

ストラウスは、私の講座での明快な講義の最後で、およそ80名の学生と、次第に熱を帯びてくる議論を交わしてくれた。出席者の多くは、心理学あるいは神経生物学専攻の学生だった。なかには、国立衛生研究所(NIH)が自閉症研究に助成金を出しているラボでサマーインターンシップに参加したことのある学生もいた。皆、自閉症の「治療法」発見に関する最近の進歩を、熱心に知りたがっていた。

ストラウスはその視点を受け入れていない。彼と彼の妻は、自分たちの人生のかなりの部分を注ぎ込んで、あらゆる多様性、充足感のなかで、自分たちの息子の人としての可能性を支え、大切にしてきた。「自閉症の人にとって」とストラウスは語る。

「特別な関心やスキルは、自閉症であるにもかかわらず芽生えるのではなく、まさに自閉症だからこそ備わるのです。自閉症だからこそ、そのスキルを獲得する。障害は違いであって、医療の専門家に修正してもらったり、標準化してもらったり、治療してもらったりしなければならない欠陥ではありません」。

授業時間の終わりに、1点だけ、両方の見方の人が同意したことがある。それは、誰の頭にも浮かぶ、難しい倫理的ジレンマだ。もし、そんなことができたとして、私たちは自閉症あるいは障害から逃れたいだろうか? **このような「異なる」心理学的特性は、天才へとつながる可能性のある知性の単なる一つの型ではないのか?**[66]

マーティン・ルーサー・キング・ジュニア牧師は、「人の救済は、クリエイティブな不適応者の手にある」[67]と述べて、精神的に不安定な人の価値を認めた。

天才は制作しなければならない。私たちは天才に、そうしてもらわなければならない。同様に、数々の神経学的違いが天才の隠れた秘密であることがわかっている。それらを、越えられない障壁とか障害と見るのではなく、そこから独創的な考えが生まれる機会と捉えてもよいのではないだろうか？

ベートーヴェンが今、もし生きていたら、彼が苦しんでいた内耳の耳硬化症は、完治まではしなくとも、手術で改善しただろう。ウルフが書き続けることには、精神分析や抗うつ薬が役立っただろうが、その代償は？

草間はフロイト精神分析学の「談話療法」を6年間受けてみたが、彼女の作品に影響が及んだ。「何を描くにしても、アイデアが出てこないの。すべて、口から出るようになったから」[68]と彼女は語っていた。

ロビン・ウィリアムズは自分の精神が安定することはないことを知っていたし、そうなりたいのかどうかもわからなかった。なぜなら、自分のお笑いの才気が失われるのが怖かったから。

「そんなことしたら、おしまいなんだよ、ＯＫ！」[69]とロビンは言っている。

失聴や自閉症、アスペルガー症候群、強迫性障害（ＯＣＤ）、ＡＤＤなどの「障害の要因」を取り除いたり、大幅に軽減したりする方法を、科学者がいつの日か発見するかもしれない。だがそれで、「歓喜の歌」も、重力理論も、『星月夜』が描かれた私のマグカップも、涙を流して笑い転げるほどのジョークもなくなるとしたら、本当にこれを進歩と考えられるのだろうか？　この重大な問題を決めるのは皆さんだ。

楽観的に「うまくいく方法」を探す

そして最後のポイント。私たちはよく天才を、赤々と炎を上げて燃えるのだけれど、すぐに燃え尽きてしまう星のように考えている。ゴッホを例に取ってみれば、自殺願望があって、彼の場合は37歳という若さで亡くなった、頭のおかしな男、というものを私たちはイメージする。しかし、ゴッホは例外であった。独身の、センセーショナルな彼の人生からは、面白おかしいストーリーが生まれるが、それによって、天才は長生きする傾向がある、という事実に目が行きにくくなっている。

画家、科学者、クラシック音楽家のなかで、最も偉大な天才は誰かという議論はできるだろう――ただ、それはやはり、それぞれの価値観や文化的な視点による。だが、寿命という点に関して、主張をはっきりさせるために、私は非常に非科学的な研究を行った。

グーグルで、「クラシック音楽の10大作曲家」を検索したところ、ベートーヴェン、モーツァルト、バッハ、リヒャルト・ワーグナー、ピョートル・チャイコフスキーなどの名前の挙がったリストが得られた。これらの音楽の天才について、平均寿命を計算したところ、51・4歳であった。

次に画家に移ると、グーグルの検索結果は、ピカソ、レオナルド・ダ・ヴィンチ、ゴッホ、ミケランジェロ、ウォーホル、フリーダ・カーロなどの名前を示し、その平均寿命は67・2歳であった。つまり、有名画家たちはゴッホより30年長生きしていた。

同じ計算を科学者――ニュートン、ガリレオ、アインシュタイン、キュリー夫人、スティーヴン・ホーキング、テスラなど――について行うと、その平均寿命は75・3歳であることがわかった。

これらの数字を関連づけて流れを見ていくと、彼ら天才のほぼ全員が、抗生物質が一般に使用されるようになる（1940）以前に生まれていた。その頃の寿命ははるかに短く、一般的な白人男性の寿命は、乳幼児の死亡を除外すると、1750年で35歳、1830年で40歳、1900年で47歳であった。したがって、この概算を見ると、**多くの天才が一般の平均よりおそらく10年ほど長生きしているようだ。**

これらの数字から、古いラテン語のことわざ「Dum spiro, spero」――「生きているかぎり、希望がある」に関して疑問が浮かぶ。なぜなら、天才は、現実はその反対の「Dum spero, spiro」――「希望があるかぎり、生きていられる」だと示しているように思えるからだ。なぜだろう？

なぜ、楽観主義者は悲観主義者より平均で10年も長生きするのか？　これは、『米国科学アカデミー紀要』に掲載された2019年のハーバードとボストン大学の研究によるものだ。[70]

「もともとの楽天的性格のレベルで個人を比較した結果、最も楽観的な人は、平均で、楽観的傾向が最も小さかった群と比べて、寿命が11～15パーセント長く、85歳まで生きる確率が50～70パーセント高いことがわかった」[71]。

生理学的な「なぜ」の部分はわからないままだが、これで重要な事実が明らかになる。つまり、楽観主義者は、天才のように、長生きするということだ。

天才——創造的であるがゆえに適応不能な人——は大体において楽観主義者である。フェイスブックのマーク・ザッカーバーグは、2017年にこんなことを言っていた。

「楽観主義者は成功する傾向が高く、悲観主義者は正しい傾向が高い。［中略］あることがとんでもないことになっていっていて、失敗しそうだと思ったら、人は自分が正しいことを示すデータポイントを探す。そして、それが見つかる。これが悲観主義者のすることだ。［中略］反対に、何かができそうだと思えば、人はそれを実現する方法を探そうとする」[72]。

その「うまくいく方法」を探すのが、天才のミッションであり、情熱であり、おそらくは強迫性の執念である。天才でも愚者でも、人には達成できると思えるミッションが必要である。それがいかに「頭がおかし」かったり、「適応不能」に見えても、シンプルに、そのようなミッションを持つだけで、私たちは生きやすくなるのだ。

Lesson 8

反逆、不適応、
そしてトラブルメーカー

リスクを恐れない

The Hidden Habits of Genius

たった1人で世界を変える

クレイジーな人たちがいる。反逆者、はみ出し者、厄介者と呼ばれる人たち。四角い穴に丸い杭を打ち込むように、物事をまるで違う目で見る人たち。

彼らは規則を嫌い、彼らは現状を肯定しない。彼らの言葉に心を打たれる人がいる。反対する人も、称賛する人も、批判する人もいる。

しかし彼らを無視することは誰にもできない。なぜなら、彼らは物事を変えたから。彼らは人間を前進させた。彼らはクレイジーと言われるが、私たちは天才だと思う。自分が世界を変えられると、本気で信じる人たちこそが、本当に世界を変えているのだから。

「Think Different」。1997年のTVコマーシャルのこの言葉で、天才スティーブ・ジョブズは、当時経営危機に陥っていた自身の会社、アップルコンピュータ（現アップル）の巻き返しとなるきっかけをつくった。

1997年から2002年にかけて放送された、このコマーシャルの第1弾は、何百万人という人が見た。俳優リチャード・ドレイファスがナレーションを担当し（当初はジョブズ自身が担当する予定だった）、20世紀を代表する数々の天才の写真が画面に登場する。

アルベルト・アインシュタイン、ボブ・ディラン、マーティン・ルーサー・キング・ジュニア牧師、ジョン・レノン、トーマス・エジソン、モハメド・アリ、マハトマ・ガンディー、アメリア・イアハート、マーサ・グラハム、ジム・ヘンソン、パブロ・ピカソ、フランク・ロイド・ライト。

スローな宗教音楽っぽいサウンドをバックに、メッセージが、セールスピッチというよりは、私たちが最も大切にすべき信念の賛美歌のように流れる。**現状を肯定しない天才が、この世の中をよりよい場所に変えてくれる。**

このコンテクストに従えば、「クレイジー」「反逆者」「厄介者」は褒め言葉に聞こえる。こうした天才は私たちの友人であり、ヒーローであり、私たちの時代における神なのだ。

文化として、私たちは現状を肯定しない天才を称賛する。なぜなら、この人たちには、世界を今までと違った目で見られるようにしてくれる力があるからだ。世の中の右へ倣えをしてきた人で、どんな人を覚えているだろうか？　現状に反発することがなければ、天才は生まれない。

もちろん、すべての反抗が天才を生むわけではない。なぜなら、世の中に逆らうすべてのアイデアが、聡明なアイデアとはかぎらないからだ。冒険心があまりに旺盛だったイカロスは太陽に近づきすぎた。それは、良い結果につながっただろうか？　これに対して天才は、世の中を疑うことを常としているだけでなく、物事を正すことを常としている。

受け入れられるには時間がかかる

それでも、天才は必ずしも世界的に受け入れられていない。ソクラテスは、あまりに危険だったために、アテネ市民に毒を飲まされた。キング牧師とガリレオ・ガリレイは自宅軟禁された。ネルソン・マンデラ、キング牧師、マハトマ・ガンディーは投獄された。ジャンヌ・ダルクは火刑に処された。温和な印象派の画家たちでさえ、最初は酷評され、落選展へと追放された。

歴史家のジョン・ウォーラーによると、ゴッホ、アインシュタイン、ウィンストン・チャーチル、イエス・キリストは、現実であれ、寓意的にであれ、市民に背を向けられたことのあるビジョナリーのごく一部である。[1] 世の中の変革には時間がかかり、変化を受け入れる姿勢がなければならない。クレイジーな概念を新しい規範にするには、時間をかけるしかない。

受け入れられるには、ときに長い年月がかかることがある。紀元後、異なる時代に何人かの科学者が、銀河系の中心にあるのは地球ではなく、太陽であると主張してきた。しかし、この主張が正式にローマ教会に受け入れられたのは、ようやく1820年になってからである。[2]

1796年頃、エドワード・ジェンナーは牛痘に感染した牛から膿汁を採り、それを人に接種した。モーツァルト親子をはじめ、複数の家庭が接種を拒み、天然痘に罹患して苦しんだが、1980年までに天然痘は撲滅された。アインシュタインの一般相対性理論が証明されたのは

1919年。だが、その理論から導かれる結果が視覚的に提示されるには、丸々1世紀かかった。ブラックホールの存在だ。[3]

それとは対照的に、マーティン・ルーサー・キング・ジュニアが囚人から公民権の象徴としてワシントンDCのナショナル・モールで称えられるようになるには、ほんの数十年しかかかっていない。なぜ、こんなに長くかかるのだろうか？　なぜなら一般の人々は、現状に逆らうアイデアや、それをもたらす反逆者が好きではないからだ。

「真の天才が世に現れるとき、この徴候でその人物がわかることがある。つまり、劣等な者たちが皆、手を組んでその人物に背を向ける現象だ」[4]と、作家のジョナサン・スウィフトは1728年に述べている。ではなぜ、私たち劣等な者は皆、結束して天才に背を向けるのだろうか？　少なくとも最初のうちは。

それは、天才はトラブルメーカーであり、トラブルメーカーは私たち劣等な者から見て、物事をややこしくするからだ。だから天才は私たちの心を落ち着かなくさせる。天才は私たちに変化を求める。変化には努力が必要だ。

創造性に富んだ新しいアイデアと、旧来の現実的なものとで選択を迫られたら、2011年の『サイコロジカル・サイエンス』誌に掲載されたテストの結果[5]から判断すると、ほとんどの人が旧来の現実的なものを選択する。私たちにとっては現状がデフォルトなのだ。

職業的責任を教える教師で、学生にクリエイティブになるよう促している人でさえ、クリエイティブな学生のことを、授業を壊す破壊分子と見てしまう。[6]

『The Smartest Kids in the World: And How They Got That Way（世界で最も賢い子どもたち：彼らはどのようにしてその方法を手に入れたか）』の著者であるアマンダ・リプリーは、「どんな反対の意味の言葉を並べようと、大半の教師は、自分の生徒のクリエイティブな発想やクリティカルシンキングを実際には歓迎していない。小さな天才が学びの場から追い出される話が（数多）ある」[7]と述べている。

宗教への反逆　ガリレオの場合

1632年、ガリレオ・ガリレイはローマ教皇のウルバヌス8世を繰り返し「シンプリチオ（頭の単純な人）」呼ばわりして、こき下ろした。[8]ウルバヌス8世は、地球が太陽の周りを回っているなどという急進的な考えを、どうしても容認することができず、ガリレオもウルバヌス8世の無知を容認できなかった。

だが、ウルバヌス8世の立場になって考えてみよう。経験的証拠がすべて、太陽は東から昇り、大空を移動して西に沈むこと示している。実際、聖書もこのことを67カ所で断言している。[9]私は宇宙を時速80万キロメートルの高速で飛び回りたいとは思わないが、ウルバヌス8世もそうだっただろう。

だがガリレオは、自分で発明した新しい30倍の望遠鏡を使って、惑星の木星とその周りを回る

4つの衛星を観測することができた。そこから類推してガリレオは考えた。木星が4つの衛星とともに太陽の周りを回っているなら、地球も同様に衛星を1つだけ伴って太陽の周りを回っている可能性はないだろうか、と。

ニコラウス・コペルニクス（1473～1543）も同じことを示唆してはいたが、自分が提示する太陽中心の世界観は概念モデルにすぎないとして、曖昧な立場を取って（自分の命を守って）いた。コペルニクスには、慎重にならなければならない理由があった。この頃は宗教裁判が存続しており、異端者を排除するために拷問や死刑を採用していたからだ。

彼の弟子の一人、哲学者のジョルダーノ・ブルーノは1600年、正統から外れたコペルニクスの理論を教えていたとして火刑に処されている。しかしガリレオは、弁舌の面でも、出版の面でもコペルニクスよりさらに先へ進んでいた。コペルニクスの理論は、単なる仮説以上のもので、現実であると彼は述べた。

1616年、ローマの宗教裁判に召喚されたガリレオは主張を撤回した——ただし、しばらくのあいだ。その後、1632年に彼は『天文対話』を出版した。この書でガリレオは、さらに証拠を添えて、コペルニクスの説を全面的に裏づけている。そしてガリレオは1633年1月、再び、ローマの宗教裁判に召喚され、説明を求められた。

私たちの目には、このような天体物理学の議論は日常生活とかけ離れているように映るが、当時のローマ教会にとっては、事はきわめて重大であった。近代以前のキリスト教の価値観では、地球が宇宙の中心にあり、ローマがその精神的な中心にあった。そして、この世の果ての上に聖人と天使のいる天国があり、下に罪人と悪魔のいる地獄があった。

ところが、地球は宇宙を浮遊して動いており、実際数ある惑星の一つにすぎず、太陽も数ある星々の一つにすぎないとするガリレオの主張は、神への冒涜（ぼうとく）であった。宇宙の中心で不動の場所を占めているのでなければ、地球、教会、そしてすべてのキリスト教徒の終末論は、あっという間に茶番に追いやられてしまう。神の計画よりも、現実のほうが神秘的な偶然に近いものになってしまいかねない。なんと、革命的な！

間違った原理を説いたとして、火刑に処される可能性に直面し、ガリレオは宗教裁判で司法取引をした[10]。彼は、意図したわけではなかったが、自身の著したものが、太陽を中心とする系の概念を支持する印象を与えた点で、有罪であることを認めた。

それによって、教会側は彼に、死ぬまで自宅軟禁とする以上の刑を科すことはなかったのだろう。ガリレオの残りの人生は8年間であった。だが、自分を曲げないガリレオは、裁判が終わって立ち去る際に、「E pur si muove」――「それでも（地球は）動いている」と呟いたとされている。

地球が太陽の周りを回っていることなど、今なら当たり前すぎるほど当たり前に思うだろう。だが今日でも、圧倒的な迫力をもって提出される科学的証拠に直面して、それに降伏することに抵抗する人はいる。

１９５３年に、医学研究者のジョナス・ソークがポリオワクチンの開発を発表した。しかしアフリカの一部の国では、いまだにワクチンの接種が進まない。また、１９６１年にはジョン・

エンダースがはしかのワクチンを発見した。しかし今も、その接種を拒んでいる人たちがいる。同様に、自分の子どもに、ジフテリアや破傷風、百日咳、あるいはヒト・パピローマウイルスのワクチン接種を受けさせるのを拒む人たちもいる。

ますます激しさを増している山火事も海洋の嵐も、地球温暖化に関係していると、圧倒的多数の科学者が主張しているのに、気候変動を否定する人々は、その因果関係を否定する。COVID－19のパンデミックを警告する科学を当初否定していた国際的指導者もいる。今日私たちが皆信じていることで、どんなことが、明日になれば天才によって反証されるのだろうか？

カトリックへの反逆　ルターの場合

今日私たちは大して考えることもなく「プロテスタント」という言葉を使っている。きわめて大ざっぱに言って、「プロテスタントは、カトリックではないキリスト教徒」と言っていいかもしれない。

しかし、厳密に言えば、もともとプロテスタントは、書かれた聖典に依拠し、ローマ教会と異なる**新しい体系で宗教を構築できる**とする反抗的な考えを支持し、聖書に基づいた証言をする(pro + testamentum：従う＋神との契約)、人たちであった。

同様に、私たちは一般的に、「プロテスター（抗議者）」は現状の改革を訴えて行進する過激な人間のように考えている。たとえば、1960年代にベトナム戦争反対を訴えた反戦論者や、トランプ大統領の不法移民取り締まりのための国境の壁建設や反移民政策に反対する運動がそうだ。

マルティン・ルター（1483〜1546）は、プロテスタントでありプロテスターであった。新しい宗教を公言し、旧来の宗教に異議を唱えていた。変化をつくり上げた天才がいたとするならば、それはルターだろう。

マルティン・ルターはその生涯のうちに、独自の神学と典礼を備えた新しい宗教をつくり上げ、聖職者の結婚制度を設けて、修道会の解体を始め、南欧から北欧を経済的に独立させて、個人資本主義と民主主義の種が根を張ることのできる土壌を育んだ。

トップダウンの権力構造——ローマ教皇から高位聖職者（主教）、長老（司祭）、教区民へ——を逆転させ、教区民から教区民が選んだ指導者へのボトムアップへと転換させた。**ほかの誰よりも、ルターその人が、神権政治から民主主義へ、中世の社会から現代社会への扉を開けたのは、ほぼ間違いない。**

すべては、ドイツ、ヴィッテンベルクの粗末なキャッスルチャーチの門扉から始まった。そこに、1517年10月31日、ルターはその有名な95カ条の論題——ローマ教皇に対して、具体的には贖宥状を販売するローマ教会の行為についての95の糾弾文を貼りつけた。[11]

「コインが箱にチャリンと音を立てて入るとすぐ／霊魂が煉獄から飛び上がる」[12]は、ローマから派遣された徴収人がドイツの通貨と引き換えに、永遠の神の恩寵を提供するために使っていたセールストークである。このように、ルターの反逆は宗教的なものであるのと同時に、経済的なものであった。

そしてルターは、同じ思想を持つ数人のドイツの賢公の庇護を受けていた、というだけの理由により、1518年の宗教裁判からも、1521年の帝国議会からも逃走することができた。[13]あるローマ教会の使者は宣言した。「3週間後には、異端者を火のなかに投げ込んでやる！」[14]。神聖ローマ帝国の皇帝カール5世はルターの逮捕を命じたが、ルターはその手をすり抜けて逃げた。

ルターは親ルターの町や砦にかくまってもらい、余生を送ることになった。彼は自分の良心と気持ちに従って、死を覚悟で自分の信じることを訴えた。活字になっている資料を見ると、ヴォルムス帝国議会での罪状認否の最後で、ルターはこの有名な陳述を行っている。「良心に背くことは、安全でも正しくもないため、何事も撤回できないし、するつもりもない。それ以外のことはできない。私はここに立っている。神よ、助けたまえ、アーメン」[15]。

天才は現状への不満を抱く

批判を気にせず、自分の信念に従って行動した破壊分子は、ほかにどんな人がいただろうか？他の人々は信じなかったが、クリストファー・コロンブスは西に向けて航海を開始し、極東へと辿り着いた。カール・マルクスとフリードリヒ・エンゲルスは『共産党宣言』を書いた。ギュスターヴ・エッフェルは自分で設計した塔を建てた。

人は神によって6日目につくられたのではなく、より進化レベルの低い霊長類から徐々に進化したものであることをダーウィンは突き止め、『創世記』はせいぜいたとえ話でしかないと結論づけた。[16] ニコラ・テスラは1884年にトーマス・エジソンのもとで働くためにアメリカに来たが、すぐにエジソンのもとを去った。なぜなら、エジソンの直流ではなく、自分が開発する独自の交流電流システムのほうが、世の中を明るくできるとの信念があったからだ。

1953年、ラジオ放送でアインシュタインは、「科学上の問題での非同調」という評価に感謝して、次のように述べた。「どうしようもない天の邪鬼の頑固さが温かく認められるのを見ることは、大きな喜びです」[17]。

ここに挙げた天才たちはいずれも、従来の見識に反旗を翻した。しかし、何が彼らをそうした反逆に向かわせるのだろうか? ひと言で言うなら、不満だ。先に示したとおり、**天才は他の人に見えないものを見、それに興奮したり、危機感を覚えたり、あるいはその両方を経験する。**

ルイ・パスツールは、汚染ミルクで亡くなる人の数に戦慄を覚え、低温殺菌により滅菌する方法を開発した。ティム・バーナーズ＝リーはつながっていないローカルネットワークを見て、それらをワールド・ワイド・ウェブに仕上げた。

ジェフ・ベゾスはそのウェブ上でユーザーのトラフィック・データを見ていて、従来の商業形態を壊して利益を得る可能性に興奮を覚えた。スティーブ・ジョブズは、メインフレームも家庭用コンピュータもすべて、金属製の筐体に入っていることに苛立ちを覚えていた。「プラスティックの筐体に入ったコンピュータが欲しくて、イライラした」[18]とジョブズは1997年に振り返って述べている。化石燃料の危険性と地球温暖化にイーロン・マスクは危機感を覚え、その結果、テスラ、ソーラーシティ、スペースXが誕生した。

純粋芸術への反逆　ウォーホルの場合

アンディ・ウォーホルはおよそすべてのことに不満を抱いていたようだ。彼は出生時の名前を拒否し（ヴァルホラからウォーホルに改姓）、親が期待した性的嗜好を拒み、自毛を拒み（かつらを着用）、自分の鼻を拒んだ（鼻形成術を受けている）。

1949年に生まれ故郷のピッツバーグを離れ、ニューヨークへと移り住んで、広告のグラフィックアーティストとして働き始めた。そこで彼は、マンハッタンの有名美術館やギャラリーを埋め尽くしていた「巨匠」の芸術作品と、ビジネスの世界を動かしている明らかに商業的な作品の価値の分断を経験する。

どうしてビジュアルアートが、コンテクストや象徴、意味、絵画技法で語られなければならないんだ？　ウォーホルは自問した。これらは過去の作品について暗黙に語られているだけのことじゃないか。

ウォーホルは、現代社会が囚われているものを扱うことで、アート界を変えた。ウォーホルが目をつけたのは、ナルシズム、自己顕示欲、コマーシャリズム、表層的なものだ。こうした人の思考様式を彼は、すぐにそれとわかり、束の間楽しめるビジュアルイメージに変えた。

コカ・コーラの瓶やキャンベルのスープ缶、ブリロ（食器洗いパッド）の箱などの日々のコマーシャル素材や、マリリン・モンロー、マーロン・ブランド、毛沢東、エルヴィス・プレスリーなどのドル箱有名人は、今この場ですぐ、私たちに活気を思い起こさせてくれる。

コマーシャル業界の精神で、ウォーホルはスタジオをつくって「ファクトリー」と名づけた。1960年代にファクトリーが文化的エリートのメッカになるとウォーホルは積極的に、ファクトリーをニューヨークのすべてのアバンギャルドな有名人が集まる場所にし、最終的に「ポップ界のポープ（ローマ教皇）」とか、ドラキュラとシンデレラを縮めた「ドレラ」というニックネームを頂戴した。[19]

しかし、多くのトラブルメーカー的革新者同様に、ウォーホルのクリエイティブなビジョンもすぐには認められなかった。

1964年のニューヨーク万国博覧会で、彼はニューヨーク州パビリオンに依頼作品を掲げて騒動を巻き起こした。こざっぱりと整えられたアメリカの凶悪指名手配犯13人の顔写真を掲げたのだ。州知事のネルソン・ロックフェラーは激怒。ロックフェラーはウォーホルに作品を撤去するよう命じ、数日のうちに犯罪者の顔写真はシルバーのペイントで塗りつぶされた。

1962年にウォーホルは自身初の展示会をロサンゼルスのフェラス・ギャラリーで開催し、32枚のキャンベルのスープ缶のプリント（1つの味につき1枚）を各300ドルで販売した。1枚も売れなかった。そこでギャラリーのオーナーのアーヴィング・ブラムがすべてを1000ドルで買い取り、32枚全部を一緒にした。ブラムは1996年、このウォーホルの32枚のキャンベルのスープ缶イメージをニューヨーク現代美術館に売却。その価格は1500万ドルにも上った。[20]

30年ちょっとのうちに、移民の製鋼工の息子が反逆的な因習破壊者から、創造のアイコンへと昇りつめ、20世紀の画家のなかで、ピカソに次いで影響力のある人物と認められるようになったわけだ。[21]

すべての天才はリスクを取る

「Why Individuals Reject Creativity（なぜ人は創造性を拒絶するのか）」と題されたエッセイのなかで、カリフォルニア大学バークレー校の心理学者バリー・ストウが、現状に抵抗するイノベーターに共通する性格的特徴を簡単に列挙している。

ストウによると、「クリエイティブな人は規範に従わない。彼らは慣習や権力にさえも逆らって、新しいアイデアを探求したり、真実に近づいたりしたがる。クリエイティブな人は粘り強い。彼らは挫折を味わったり、妨害に遭ったりしても諦めず、根気よく継続する。クリエイティブな人は柔軟である。彼らは失敗したときに、単純に断念したり、いつまでも同じやり方を続けたりするのではなく、問題を組み立て直すことができる」という。

しかし何よりも、ストウが強調したのは、クリエイティブな人はリスクを恐れないことだ。**「彼らは、実証済みのことに取り組むよりも、立証されていない解決策に賭けたがる傾向がある**[22]**」**。

すべての天才はリスクを取る。1891年、マリー・キュリーは、お金もほとんどなく、望みも薄いなかで、鉄道の四等車でポーランドを離れた。1927年から1947年にかけて、革命指導者の毛沢東は、自軍より軍備の整っている国民党主席、蔣介石の軍と戦って勝利を収め、中華人民共和国を建設した。

1988年、作家のサルマン・ラシュディは『悪魔の詩（うた）』を出版した。アラーの神への冒涜とも解釈できることで知られている作品だ。イランの最高指導者がラシュディの首に懸賞金をかけ、死刑を宣告して、世界中のイスラム教徒にラシュディの暗殺をけしかけた。

1994年、ジェフ・ベゾスは仕事をやめ、自身の財産すべてと、友人や家族から借りた金を注ぎ込んでアマゾンを起業した。スティーブ・ジョブズはかつて、こんなことを言っていた。「当たって砕けろ、と思わなくてはならない[23]」と。

奴隷制度への抵抗　ハリエット・タブマンの場合

Lesson8
反逆、不適応、そしてトラブルメーカー
――リスクを恐れない

もし、1870年に、メリーランド州ケンブリッジの南の町で、「ハリエット・タブマンは天才ですか?」と尋ねたら、おそらく「いいや、彼女は反抗的なトラブルメーカーだね」という答えが返ってきただろう。メリーランド州ドーチェスター郡の奴隷の家に生まれたハリエット・タブマンは、フィラデルフィアに逃亡し、南北戦争中、南部連合国の法制度に反対して戦った。[24]

もう一度言うが、大半の反逆者は天才ではない。なぜなら、結局のところ、その人たちのアイデアは社会の役に立たないからだ。1870年に、同じ質問を北部州でぶつけたら、ほとんどの人が「誰だって?」と聞き返してくるだろう。

小さなハリエット・タブマンが〝地下鉄道〟(秘密組織)に貢献し、フィラデルフィアから敵地のメリーランド州へ行って逃亡の手助けをするミッションを13回こなし、70人を超える奴隷を自由に導いたことは、ほとんど知られていなかった。彼女はまた、銃を手に、サウスカロライナ州で指揮官として軍事作戦に加わって成功を収め、さらに750人もの奴隷を解放した。

ハリエット・タブマンが1913年に91歳で亡くなったとき、彼女の死を取り上げた記事は数えるほどで、そのうちの一つは『ニューヨーク・タイムズ』紙の、たった4文の死亡記事であった。[25]

だが時代は変わった。1913年以降、社会的価値観の変化により、反骨精神の人ハリエット・タブマンが、アメリカのヒーロー、天才の地位に押し上げられ、ごく最近には高評価を得た映画の主人公にもなった(『ハリエット』、2019年)。2016年には、バラク・オバマ大統領政権下で、10ドル紙幣のデザインを建国の父アレクサンダー・ハミルトンからハリエット・タブ

マンに変更する計画が検討された。[26]

ところが、リン＝マニュエル・ミランダのミュージカル『ハミルトン』の人気が高まり、それに伴って連邦準備制度の父としてのハミルトンの認知度が高まったことにより、ハリエット・タブマンは「大衆迎合主義の」奴隷主でもあった大統領アンドリュー・ジャクソンに代わって20ドル紙幣に採用する案に変更された。

しかしその後、選挙で「大衆迎合主義の」ドナルド・トランプが大統領に当選。トランプはすぐさまアンドリュー・ジャクソンの肖像画を大統領執務室の自分の肖像画の隣に掲げ、20ドル紙幣にハリエット・タブマンを採用する計画を保留にした。

政治の風向きが変わったり、社会的価値観が変わったりすると、「天才」の称号の栄誉に浴する人も変わる。人々の視線の先にある標的は、絶えず世の中が動かし続けている。

反骨精神の人ハリエット・タブマンが矢を放ったのは160年前であるが、わずかずつながら人々がターゲットを（人種およびジェンダー間の平等の方向へ）動かし始め、とうとう彼女の矢が命中するところまで来た。大半のアメリカ人が、彼女を、きわめて不利な状況で勇気ある行動をした模範的な人物と認めるようになったのは、ごく最近のことだ。

大衆を刺激する天才　バンクシーの場合

Lesson8

反逆、不適応、そしてトラブルメーカー
――リスクを恐れない

天才のなかには、多少のリスクを冒して人々を刺激する者もいる。２００５年3月13日の日曜日、フードをかぶってショッピングバッグを抱えた人物がニューヨーク現代美術館に入っていった。眠っている守衛の前を通り過ぎ、32種類のキャンベルのスープ缶を描いたアンディ・ウォーホルの代表作が展示されている3階まで上がっていく。

ウォーホルのキャンベルの絵と同じサイズ、同じ形の3色の絵をバッグから取り出して、自分のスープ缶（テスコバリュー・ブランドのトマトスープ・クリーム）の絵をすばやく壁にかける。３時間後、守衛が現場に到着したが、犯人はすでに逃げていた。どうやら、ギフトショップから外に出たらしい[27]。

この短期展示は、有名なストリート・アーティスト、バンクシーの犯行であったことがわかった。同様のいたずらをよそでもやっている人物だ。

２００４年にはニューヨークのアメリカ自然史博物館で、バンクシーは博物館職員になりすまし、「Banksus Militus Ratus」のタイトルを添えてぬいぐるみのネズミを展示している。その同じ年、ルーヴル美術館で彼は、バンクシー版の『モナ・リザ』の複製を勝手に展示した。ただしモナ・リザの顔は、謎めいたミッキーマウスのようなスマイルに変えられている[28]。

いろいろ説はあるが、私たちはバンクシーの本名を知らない。彼の素性もほとんどわかっていない。匿名のアーティスト、バンクシーは、アウトサイダーとしてストリートアート活動を行う「荒らし」として名を上げ、２０１０年には『ＴＩＭＥ』誌の、最も影響力のある人１００人に選ばれている。

スープ缶のいたずらから13年後の2018年10月5日、ロンドンのサザビーズで、バンクシーの最も有名な作品『赤い風船に手を伸ばす少女』のキャンバス作品に対して、最終の入札を募る小槌が鳴らされた。ついた値段は104万ドル。体制に歯向かうストリートアートが体制の仲間入りを認められ、飼い馴らされた……ように見えた。

しかし、落札されて、絵を壁から外そうとすると、絵が勝手にシュレッダーにかけられて粉々になってしまった。バンクシーが額縁に仕掛けをして、合図とともに作品がシュレッダーにかけられるようにしておいたのだ。104万ドルがゼロになった。正真正銘のディスカウント――カウント無効だ。

アンディ・ウォーホルは従来にないやり方で商業と同等の芸術をつくり上げた。バンクシーはリスクを冒して、自分が感じている真実を明らかにする。**モダンアートなんてほとんどが無価値だ――あるいは、値段なんてつけるべきじゃない**、と言っているようだ。

驚くべきレジリエンスの持ち主　フリーダ・カーロの場合

リスクを受け止める力があるのは天才の常で、立ち直る力(レジリエンス)があるのも同じく天才の常である。フリーダ・カーロの1944年の作品『折れた背骨』(図8・1)を考えてみよう。これには、背骨をつなげておくための医療用コルセットのようなものを装着した女性(カーロ自身)が描かれ

Lesson8
反逆、不適応、そしてトラブルメーカー
——リスクを恐れない

図8・1：『折れた背骨』（1944）。メキシコ人画家フリーダ・カーロが耐え続けた心身の痛みを捉えている（ドロレス・オルメド美術館、メキシコシティ）。

ている。

この絵画のなかで、折れたイオニア式円柱は折れた脊髄を表しており、荒涼とした背景の亀裂が、破壊された孤独な世界を暗示している。女性の体全体に釘のようなものが打たれていて、キリストの情熱と痛みを象徴している。釘は体じゅうを這って右脚にまで降りているが、左脚には釘がない。彼女の目から涙は流れているが、その顔は毅然としており、挑戦的とさえ言える。

6歳でフリーダ・カーロはポリオにかかった。それによって右脚が短くなり、そのうちに脊柱側彎症を発症した。18歳のときには、バスに乗っていて、路面電車と衝突する事故に遭った。数人が亡くなり、カーロは肋骨と両脚、鎖骨を骨折し、鉄製の手すりが彼女の骨盤に突き刺さった。[29]

彼女は3カ月、ベッドで療養し、それから死ぬまで、さまざまな種類の医療用コルセットをつけて生活することになった。石膏製、金属製、そして『折れた背骨』に描かれている革製。安静を強いられているあいだに、カーロはたまにスケッチに出かける遊び半分の絵描きから本格的な画家に転向した。父親がベッドの上に組み立ててくれたイーゼルに手を伸ばして描いた。

1940年代に入る頃には、彼女は立つにも座るにも痛みを伴うようになっていた。ニューヨークの病院でもメキシコシティの病院でも、何度か脊椎固定術や移植手術を受けたが、限界があった。

1953年の8月には、右脚の痛みは耐えがたいものになっており、膝下を切断せざるを得なくなった。[30] それでも彼女は、ときには車椅子から、ときには病院のベッドから、屈することなく描いた。[31] **「痛みは人生の一部ではないけれど、人生そのものに転換することもできる」**と彼女は語っていた。[32]

カーロ以外にも、複数の天才――たとえば、チャック・クロース（脊髄動脈損傷）、ジョン・ミルトン（盲目）、ベートーヴェン（失聴）、スティーヴン・ホーキング（ALS）など――が身体障害に陥っているが、おそらく彼女ほどの立ち直る力を見せた人はいない。カーロは言っている。「私は病気じゃない。私は骨折した。でも、生きて描き続けられるかぎり、私は幸せ[33]」と。

失敗が天才を育てる

逆境が決意を固めさせることがあり、失敗は機会になることがある。オプラ・ウィンフリーはハーバードの2013年の卒業式のスピーチでこんなことを言っていた。「この世に失敗などというものはありません。失敗すれば人は、別の方向に進むことを模索する。ただそれだけのことです[34]」。

天才も失敗しようとして失敗しているわけではない。ただ、たいていは、どこかの時点で失敗し、なかにはそれが大失敗になる場合もある、ということだ。エジソンは1891年、ニュージャージー州で上質の鉄鉱石を採掘して処理しようとし、最終的には製鉄工場を建設するところまで行った。ところがミネソタ州で安い鉄鉱石が見つかって、工場は取り壊された。

また彼は改良型の送話器の開発に取り組んでいて、音波を電気信号に変換するためのダイアフラムに適した材料を求めていた。ガラス、雲母、硬質ゴム、アルミホイル、羊皮紙、松やに、皮革、セーム革、帆布、シルク、ゼラチン、象牙、白樺の樹皮、生皮、ブタの膀胱、魚の腸、5ドル紙幣。候補はいろいろあって、さんざん試した。[35]

「ダメな結果こそ、私が求めていたものだ」とエジソンは語っている。**「うまくいかなかった結果は、うまくいった結果と同じくらい私にとっては貴重だ**[36]**」**。

ニコラ・テスラは1901年、ニューヨークのウォーデンクリフの電波塔から電気だけを送電できると考えていた。だが、できなかった。そして電波塔は1917年、解体されてくず鉄になった。ジョージ・バランシンは4回挑戦してようやく、ニューヨークでバレエ団を成功させることができた。イーロン・マスクは5回目の挑戦でようやく、ロケットを打ち上げて、無事地球に帰還させることができた。「物事が失敗しないようなら、まだ十分に革新を試みていないのだ」とマスクは2015年に語っていた。[37]

ジェフ・ベゾスはアマゾンで失敗を歓迎していたように思えるふしがある。彼は2019年に、株主に向けて、「たまに、何十億ドルかの損失があるとしたら、それはアマゾンが、この規模の会社として正しい規模で実験を行っているということです[38]」と書いている。スティーブ・ジョブズも2004年にとんでもない大失敗をした。「一年で一〇億ドルの四分の一を失ったのは、知っているかぎりでは僕だけだ」と言って、ジョブズは続けた。「いい人生経験になったよ[39]」。

ダメ出しされまくった天才たち

作家のJ・K・ローリングは失敗をじかに経験して知っていた。

「卒業の日から7年しかたっていないのに、もう私は、どんな世間的基準に照らしても、壮大に失敗していたと言ってよいでしょう。とびきり短い結婚に敗れ、仕事もなく、シングルマザーで、現代英国においてホームレスにならずにすむすれすれの貧しさだったのです。両親が私に対して抱いていた恐れも、私自身が抱いていた恐れも、両方とも実現しました。どの基準に照らしても、私は確かに最大級の失敗者でした[40]」と、彼女は2008年に書いていた。

皮肉なことに、ローリングの場合、いくぶんでも成功していれば、彼女の才能は邪魔されていたかもしれない。

「**なにかしら別のことですでに成功していたなら、きっと、自分の本領だと信じていた唯一の分野で成功しようという決意ができなかったことでしょう。**私は自由になりました。なにしろ、一番恐れていたことが現実のものになってしまい、しかもまだ生きていて［中略］どん底の岩盤が、その上に人生を築きなおす確固たる土台になったのです。［中略］挫折から抜け出して、より賢く、より強くなったことを知れば、それ以後は、生き抜く能力が確実なものになります。逆境によって試されなければ、真の自分をも、人間関係の力をも本当に知ることはないのです[41]」。

スティーヴン・キングのデビュー作に当たる小説『キャリー』は、30社に出版を断られて、ようやくダブルデイ社に前払い金2500ドルで引き受けてもらえた。2018年時点で、キングは83作の小説を出版しており、合計で3億5000万部が売れている。その売上で彼は毎年、およそ4000万ドルの印税収入を得ている。

セオドア・スース・ガイゼル（ドクター・スース）も、初めての絵本『マルベリーどおりのふしぎなできごと』で似たような経験をしており、約30社に「ノー」と言われている。ダートマス大学時代の同級生に偶然会ったことから、1937年に同書の出版が叶い、その後「ドクター・スース」の名でおよそ6億部のセールスを記録している。

ローリングの「ハリー・ポッター」の第一弾小説は十数社に断られたのちに、ようやく1996年にロンドンのブルームズベリー社に前払い金1500ポンド（2200ドル）で拾われた。ローリングの本はこれまでに5億部を超える販売を記録している。しかし、ブルームズベリーの編集者のバリー・カニンガムでさえ、いけるとは思っておらず、当時ローリングに、「ジョー、児童書を書いても、お金にはならないからね」[42]と言っていたという。

さらに例を挙げると、**今となっては有名な以下のアメリカ人作家たちも、お断りの手紙を受け取っている。**いくつか紹介しよう[43]。

『白鯨』（1851）についてのハーマン・メルヴィルへの手紙：「まずお尋ねしたい。これは鯨の話にしなければならないのですか？」

『若草物語』（1868～1869）についてのルイーザ・メイ・オルコットへの手紙：「教えることに専念していなさい」

22回断られたのちに、自分の書に『キャッチ＝22』（1961）とタイトルをつけたジョセフ・ヘラーへの手紙：「面白くしようとしている著者の意図がみえみえです」

『日はまた昇る』（1926）についてのアーネスト・ヘミングウェイへの手紙：「私は貴殿がこの物語を、クラブにこもってインク壺を片手に、もう一方の手にブランデーを持って書き上げたと聞いても驚かないでしょう。あなたの大げさなアルコール依存症の、これからどこへ行くのだろうという登場人物を見ていると、私もブランデーのグラスに手を伸ばしたくなります」

『グレート・ギャッツビー』（1925）についてF・スコット・フィッツジェラルドに届いた手紙：「ギャッツビーをあのような性格にしなければ、まずまずの本になるでしょう」

これらのコメントを見てわかるとおり、ここに挙げた才能あふれる著者たちは実に立ち直る力に優れ、自分に自信があった。彼らを見習おう。

もしあなたがクリエイティブなタイプ、あるいは変化を好む起業家タイプなら、打たれ強くなろう。拒絶されるのもプロセスの一部と捉え、長いあいだ理解されないことに対して心の準備をしよう。ガリレオやウォーホル、バンクシーのように、通常とは反対の思考をすることによるアウトサイダーのステータスを楽しもう。

最後に、ゴッホの断固たる決心を思い出してみよう。1886年1月、アントウェルペン王立芸術学院校長のシャルル・ヴェルラは、ゴッホの型破りな作品をじっくり眺めて、「腐敗」であると評価を下し、ゴッホを入門クラスに送り返した。[44]だが、ゴッホはヴェルラ校長の指導を無視して、今はゴッホの代表作にもなっている『ひまわり』や『星月夜』などの、パラダイムシフト的な作品を描き続けた。

天才はどんな挫折にも不信感を抱く。**「きっと、その判断、批判、証拠のほうが間違っていて、解決策はすぐそこにあるのだ」**と。

失敗させない教育の弊害

第二次世界大戦後のアメリカで育った私は、木で基地をつくり、下水管を探検して、どこかの子が通りに置き去りにしていった自転車で自転車の練習をして子ども時代を過ごした。これらはすべて、誰かの監督なしで行ったことだ。

今は時代が違う。今のアメリカには、「ヘリコプター・ママ」や「除雪車パパ」「バブルラップ・キッド」など、親の過干渉の現代トレンドを表す語があるほどである。[45] 社会環境も、自由放任主義の子育てから過剰なペアレンタル・コントロールへと変化してきた。

2019年には、「バーシティ・ブルース作戦」として知られる大学の不正入学スキャンダルがあって、トップクラスのビジネスパーソンや有名な俳優を含む33人の親が、大学関係者への贈賄で起訴されたことが明らかになった。多くは、子どもの入学試験の成績をかさ上げしてもらい、子どもを有名大学に入学させるためだ。天才にするためではない。

このような親たちは、子どもがリスクに晒されて失敗を経験するのは、避けるべき困難と考えており、そこから子どもが何かを学び、立ち直る力を身につけていく人生経験とは見ていない。

この章に登場した、怖いもの知らずで、自立した考え方の、リスクをいとわない、立ち直る力のある英雄のイメージと、今日私たちが子どもを養育しているやり方とで、うまく折り合いのつく方法はあるだろうか？　ない。

司法統計局の調べによると、アメリカの都市の通りは、30年前と比べてはるかに安全になっているのに、[46] 別の統計によると、大学生を含む子どもたちは、ますます不安になり、恐れを抱いて、リスクを嫌うようになっているという。[47] 親と「心配性の人々」はますます子どもにべったりになり、親は子どもを1人で公園に行かせただけで逮捕されるようになった。[48]

『ネイチャー・ヒューマン・ビヘイビアー』誌の2019年の研究では、こうした過干渉の問題点が示唆されていて、ラットを迷路に入れて、迷路沿いに電気ショックを与えると、やがてラットは安全な通り道を見つけ、常にその道を通るようになって、それから先は別のルートを探そうとはしなくなるという。そうなると、そこにリスクがあるのかないのか、それにどうやって対処すればいいかは金輪際学ばない。[49]

幸いなことに、何人かの教育者や親たちが時代の逆戻りを始めていて、「危険な」遊び場を子どもたちに与えて、創造力やリスクに挑む力を養うよう奨励し、「放任主義の子育て」ムーブメントを推進している。[50]

大胆で、賢く、独創的な考え方の子を育てたい？　それなら子どもたちに1人で冒険させてリスクを取らせ、失敗を経験させることだ。自由に楽しませて、たまにルール破りをさせるといいだろう。親にとってこれは、より大変なことだし、心配だろうし、痛みも伴うだろう。だが、結果はこちらのほうがよいはずだ。

スティーブ・ジョブズがかつて、こんな疑問を口にしていた。**「どうして海軍になんか入るんだろう？　海賊になれるのに」**。

Lesson 9

キツネになれ

あちこち幅広く嗅ぎ回る

The Hidden Habits of Genius

ハリネズミとキツネ

イソップ物語の「ウサギとカメ」は誰もが知っているだろう。この話では、ウサギは最初、生まれつきの優位性によりリードするが、その潜在能力を活かしきれずに終わる。だがそれより古い時代から伝わる、それほど有名ではないが、「ハリネズミとキツネ」という詩人アルキロコスによる動物の寓話がある。

この話の要点は、**「キツネは小さなことをたくさん知っているが、ハリネズミは一つの大きなことしか知らない」**となる。活動的なキツネはあちこち地面を漁って、さまざまな可能性を探るが、動きの鈍いハリネズミは転がって一つの大きなアイデアを纏っていく。

ここでは、物事に対する2つの対照的な見方を示している。キツネにはさまざまな問題に対する多角的な戦略がある。キツネは好奇心旺盛で、微妙な差異を気にせず、矛盾があっても生きていける。一方ハリネズミは、一つの大きな問題が気にかかり、そこから一つの包括的な解決策を探ろうとする。

1779年、イギリス人男性作家のサミュエル・ジョンソンはこの問題をこのように説明した。「真の天才は非常に広範な力を持っている人で、たまたまある方向に行くことを決心した人である」[1]。確かに、広範な考え方と一極集中的な考え方は相互に相容れないものではない。

Lesson9

キツネになれ
——あちこち幅広く嗅ぎ回る

しかし、幅を1000キロメートル広げるのと、1000キロメートル深く掘り下げるのとでは、どちらがブレイクスルーにつながるだろうか？　皆さんは基本的に、キツネかハリネズミか、どちらだろうか？　この章で言いたいことは、天才の隠れた習慣を身につけたいなら、キツネになれ、ということだ。

天才はキツネと同じく、あちこち幅広く嗅ぎ回り、一貫性なくいろいろなことに興味を持って、ときに制御が効かなくなったりもする。多くの場合、彼らの持って生まれた知的好奇心は、その自制心より強く、もともとの関心の範囲を越えて、その先まで行かせてしまう。ルネサンス時代の天才レオナルド・ダ・ヴィンチは言った。「万能人になることなど簡単だ」（Facile cosa e farsi universale）[2]と。もしあなたに、その万能型教養の広範な天賦の才能があれば、それはそのとおりだろう。

アインシュタインは1915年、一般相対性理論を完成させようとしているときに、「私自身の好奇心が仕事の邪魔になっています」と書いている[3]。同様に、イーロン・マスクも、電気自動車、宇宙船、ハイパーループ、太陽光パネル、人工知能（ＡＩ）とあちこち関心が移り、ときどき「一つのこと」にとどまっていられなくなっている。だが、絶えず何かを探し求めるこのような姿勢が世の中を変えるのだ。

境界を越えた考え方の利点をわかりやすくするために、2人のまったく異なるキツネを紹介するところから始めよう。一人は一見奇抜な人物、もう一人は真面目な堅物。レディ・ガガとベンジャミン・フランクリンだ。

マルチなアーティスト　レディ・ガガの場合

私の名前はステファニー・ジョアン・アンジェリーナ・ジャーマノッタ。イタリア系のアメリカ人です。私は活発に生まれたわけではありません。母は皆さんにそう思わせたがっているかもしれないけれど。

私は、長いあいだにたくさん本を読みました。たくさん映画を見て、絵もたくさん見ました。彫刻家や映画監督、詩人、ミュージシャン、大道画家の人にたくさん会いました。それによって、ずっとずっと力強いものがつくれるようになったんです。私一人の力ではきっとできなかったでしょう。[4]

これは、アメリカ人の芸術教育分野における非営利活動に対して贈られる賞を芸術分野で受賞したレディ・ガガが、２０１５年の受賞式典で行ったスピーチの一部である。モーツァルトと同じく、レディ・ガガ、ことステファニー・ジャーマノッタも4歳でピアノを習い始め、熱心に練習して大変上手なクラシックピアニストになった。高校に入ると彼女は演劇に参加し、ジャズバンドや学校のコーラス部で歌うようになった。

彼女は大変優秀な生徒ではあったが、人気者だったわけではない。「一時期私は、女の子は嫉妬深いものだと思っていました。だからみんな私に意地悪するのだと。もしかしたらみんなは、私の恐れ知らずなところに嫉妬していたのかもしれません」[5]と彼女は語っている。「恐れ知らず」というのは、彼女をはじめ、境界を気にしない自由人に対してよく使われる表現だ。

17歳でステファニー・ジャーマノッタは、あの名門ニューヨーク大学ティッシュ芸術部への飛び級入学を認められた。そこで彼女は音楽だけでなく美術史や劇作を学んだ。しかし1年後に彼女は大学を退学。ソングライターとパフォーマンスアーティストへの夢を追いかけ始めた。

お金を稼ぐため、彼女はロウアー・イーストサイドのバーでゴーゴー・ダンサーのアルバイトを始めた。ステファニー・ジャーマノッタが、クイーンの曲『レディオ・ガ・ガ』をヒントにしてつけられたと言われている芸名レディ・ガガになったのは、ちょうどその頃である。この名前が彼女に新しいアイデンティティを与えた。

ポップスの「カバー」アーティストと違って、レディ・ガガはオリジナリティあふれるクリエイターであり、さまざまなアートを融合して作品にしている。**「要するに、パフォーミングアート、ポップパフォーマンスアート、ファッションをすべて融合したものね」**と彼女は語っていた。[6]

２０１７年のスーパーボウルでの彼女の革新的なハーフタイムパフォーマンスは１億５０００万人が視聴し、ＴＶ史上最大のオーディエンスを集めたライブとなった。

九度グラミー賞に輝き、２０１９年にはアカデミー賞の主演女優賞にもノミネートされて、歌曲賞のほうではアカデミー賞を受賞した——同じ人間がこれほど異なる２つのカテゴリーで認められたのは、初めてのことである。

ソングライター、振付師、化粧品のデザイナー（ハウス・オブ・ガガ）、ファッションデザイナー、女優、レコードプロデューサー、チャリティー活動家、社会活動家。レディ・ガガは変幻自在のポップアーティストで、その姿かたちの変わりよう、変わり方の激しさはアンディ・ウォーホルに通じるところがある。

彼女は言う。「私は一つのアイコンじゃない。私はどのアイコンでもある。私は、毎回、すべてのカラーがパレットにあるアイコン。私には制約がない。制約がまったくないの」[7]。

万能型の教養人　ベンジャミン・フランクリンの場合

今紹介した深夜のバーレスクのパフォーマー、レディ・ガガと、これほど異なる人もいないだろう。それは「早寝早起き」のベンジャミン・フランクリンだ。しかし、ベンジャミン・フランクリンも異常に守備範囲の広い万能型教養人であった。

フランクリンの場合、彼の目に奇妙に映ったことがすべて、追究の対象になった。どうしてつむじ風は渦を巻くのだろう？　なぜロンドンからフィラデルフィアへの航海は、その逆の航海の2倍の時間がかかるのだろう？　どうしてバイオリンの高音域の音でガラスが割れるのだろう？

好奇心旺盛なフランクリンは、これらの疑問の答えが常に表面下でくすぶっていた。しかも、それほど深くない表面下だ！ **典型的なキツネタイプのフランクリンは、ただ深く掘り下げるだけでは意味がないと考えていた。** 彼は広範な分野——物理学、天文学、植物学、気象学、海洋学、政治学——に興味を示して探求を続けながら、それでも実用的な価値を追求しようとした。

そして最終的に、有用な目的のある洞察に辿り着いた。以下に少しだけ、彼のさまよえる頭脳が考えたことを挙げる。

フランクリンストーブ：金属で裏打ちした暖炉で、従来の暖炉より暖まり、煙が少ないのが特長。

遠近両用メガネ：1つで事足りるのであれば、メガネを2つ持ち歩かなくてよいのでは？

避雷針：電気をその周りに誘導して、建物（とそこの居住者）を守る。

グラス・ハーモニカ（アルモニカ）：モーツァルトもベートーヴェンもフランクリンが考案した、この新しい3オクターブの楽器用の器楽曲を書いた。

スイミング・フィン：間違いなく、彼の発明品のなかで最も愉快で、長く残っている発明。

ロングアーム（グラバー）：高いところに手を届かせたい人、あるいは腰を曲げることができない人のために考案された。

医療用カテーテル：アメリカで使用された初のしなやかな尿カテーテル。

フォントのフランクリン・ゴシック：フランクリンが１７２６年に考案したフォントスタイルを記念して、１９０２年にこのように名づけられた。

夏時間（サマータイム）：「日が長くなる」時期は時計の針をいつもより進めて、そうすることにより日没時間を遅くし、ろうそくや電気を節約する。

ベンジャミン・フランクリンの表音アルファベット：c、j、q、w、x、yを省いて、新たに４つの子音と２つの母音を加えた、アルファベットに代わるもので、英語の綴りに一貫性が生まれる。

メキシコ湾流：アメリカからイギリスに船で戻る場合、その逆よりはるかに短時間で辿り着き、西に向かって航海するときは南に進まなければならず、ヨーロッパの冬は西半球の冬より温暖である理由が、これで説明できる。

公共図書館：フランクリンはフィラデルフィアにアメリカ初の貸出図書館を建設した。

何と幅広い関心分野！　次に、フランクリンが１７４９年に建てた新しいペンシルベニア大学のカリキュラムを考えてみよう。ハーバードとイェールが聖職者を輩出することを目的として、ラテン語、ギリシャ語、ヘブライ語を必須科目にしていたのに対して、フランクリンは国際的な視点での起業家教育を考えていた。

「芸術は長く、人生は短い」ため、彼は学生に、**「役に立つことすべて」**に触れることを求めた。[8]大学教員の職では確実に、物理学、工学、経済学と会計学、および農業経営に重点が置かれていた。フランス語、スペイン語、ドイツ語も必要とされた。なぜなら、これらの言語はビジネスの世界で使われる可能性があるからだ。

フランクリンが１７４９年に重きを置いていたのは、予備専門教育的な授業をところどころに入れた総合教育カリキュラムだった。**フランクリンの考えた教育モデルはそれ以来、アメリカの多くの学校や大学で採用されて、現在リベラルアーツ（教養）教育と呼ばれているものの先例となった。**ここでの「リベラル」は広範なカリキュラムを指し、学生があまりに早く職業的専門性を絞ってしまわないようにするものだ。

世の中に影響を与える人々は多様なスキル、視点、性格を受け入れているようだ。アリババの創業者ジャック・マー（馬雲）は２０１５年に自分の息子に向かってこんなことを言ったという。「クラスでトップ３にならなくていい。お前の学年がとりわけ出来が悪いというのでなければば、真ん中で十分だ。そういう人間（どちらにも寄っていない生徒）にしか、他のスキルを学べる十分な時間はない」[9]。

ハイテク起業家のマーク・キューバンは2017年に、『ビジネスインサイダー』でインタビューに答えて、次のように語っていた。

「個人的には、**この10年のうちに、プログラミングや場合によっては工学専攻よりもリベラルアーツ専攻のほうが需要が高まってくると思っています。**なぜなら、あらゆるデータが吐き出されてきて、選択肢が目の前に並んだら、それを多様な角度から眺めるためには、さまざまな視点が必要になるからです」[10]。

リン＝マニュエル・ミランダは、ウェズリアン大学で演劇研究を専攻しながら、リベラルアーツの学位を取得し、そののちに7年生の英語の教師の職に就いた。その一方で、2008年の休暇中には、ロン・チャーナウが書いたアレクサンダー・ハミルトンについての詳細な伝記『ハミルトン――アメリカ資本主義を創った男』を読んだ。演劇への関心と政治史への関心が、ブロードウェイミュージカル『ハミルトン』の制作へとつながった。

作品執筆中に彼は、「たった今、私の頭のなかではたくさんのアプリが開いている」[11]と語っている。頭のなかに広範な分野の情報があればあるほど、まったく異なるアイデアが組み合わされる可能性が高くなる。

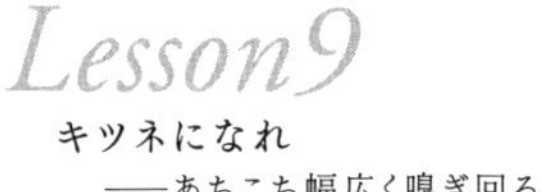

多種多様に組み合わせる力

万能型教養人は異種のものを組み合わせて、次の千年を変革する新しいものをつくり上げてきた。古代エジプト人は人間の頭とライオンの胴体を組み合わせて、スフィンクスをつくった。アルキメデスはスクリューと円筒を組み合わせてアルキメディアン・スクリューをつくった。水を低い位置から高い位置に汲み上げて、灌漑や洪水防止を可能にする装置だ。

ヨハネス・グーテンベルクは印刷に用いられている活字のスタンプとブドウ圧搾機を見て印刷機を完成させた。ほぼ間違いなく、自転車からコンピュータまでの間で最も重要な発明だ。サイラス・マコーミックは大きな鎌と櫛を見て、作物を収穫するための刈り取り機を発明した。

サミュエル・F・B・モールスは電気信号を短距離伝送する方法を見つけていたが、馬を乗り継いで遠くまで行くやり方を見て、一定間隔で信号の増幅器を設置する方法を思いつき、効率の良い電信システムを完成させた。

ゴッホはオランダで機織り職人に囲まれて育ち、ツートーンの毛糸のかせが詰まったボックスを生涯抱えていた。1885年頃、ゴッホは絵筆で異なる色の筋をつけることを思いつき、その結果、毛糸玉のようなツートーンの渦巻きが完成した。『星月夜』（1889）などの作品に見られる渦だ。

普通の人も物事を組み合わせている。たとえば、ジョルジュ・デ・メストラル（1907～1990）は、狩猟のときに自分の衣服にくっついたトゲを、新しい合成繊維と組み合わせれば、かぎホック留めのような素材ができると考えて、ベルクロ［面ファスナー（マジックテープ）］を発明した。

3Mの従業員であったアーサー・フライ（1931～）は、スコッチテープの接着力と自分の賛美歌集の便利なしおりを見て、ある日、この2つを組み合わせてみた。じゃじゃーん！　ポスト・イットのできあがり。

パサデナのジェット推進研究所で働いていたロニー・ジョンスン（1949～）は、フロンガスではなく水を用いた新しいヒートポンプの開発を担当することになった。彼は自分の地元アラバマのプールで水鉄砲を見ていて、水鉄砲をヒートポンプと組み合わせることを思いついた。それで誕生したのがスーパー・ソーカー。今日世界中で売れに売れている玩具だ。油断しているとスーパー・ソーカー［水鉄砲］の餌食になりますよ！

どうすれば、多種多様なアイデアを合体させて独創的なものをつくれるのだろうか？

2019年、アマゾンのジェフ・ベゾスは、ビジネスの世界では、と前置きして**「並外れた発見――『非連続』のもの――には、さまよった末でないと到達できない」**[12]と話していた。

ワールド・ワイド・ウェブの立役者である控え目な天才、ティム・バーナーズ＝リー（1955～）は、創造のプロセスを、このような言葉で表現している。「未完成のアイデアは、漂っているだけです。出どころもばらばらですが、頭脳にはすばらしい働きがあって、ばらばらのアイデアを寄せ集め、いつの日かひとつにまとめてしまうのです[13]」。

創造的な頭というものは直線コースを走るのではない。そうではなく、夢中で思考のけんけん遊びをしてぴょんぴょん飛び跳ね回るのだ。けんけんの丸ないしは四角の数が多ければ多いほど、そしてその距離が遠ければ遠いほど、組み合わせた洞察から、どこにもない独創的なアイデアが生まれる可能性が高くなる。

アインシュタインは１９０１年、ある友人にこんなことを言っていた。「初めは全く別のものと思われていたひと組の現象の間に、実は統一性が存在することを発見したら素敵だろうね[14]」。また、作家のウラジーミル・ナボコフはこれこそ天才の取る行動と考え、１９７４年には、天才とは「ほかの人に見えないものが見える人のこと。というか、物と物のあいだの見えないつながりが見える人かな[15]」と書いている。物事を組み合わせるのだ。

思いも寄らない関係を見つけ出す

１９９６年の『ワイアード』誌のインタビューでスティーブ・ジョブズは、「創造性というのは、物事を関連づけることにほかならない。創造性豊かな人に、どうやってやったのかと質問すると、相手はちょっと罪の意識を感じるものだ。というのも、本当に自分で何かをやったわけではなくて、何かを感じただけだから。しばらくたつと、このことが分かってくるようだね。というのも、彼らは自分のもっている経験を関連づけ、統合して新しいものを生み出すことができたから[16]」と話していた。

ジョブズはリード大学を中退したが、特に興味のある科目については、長く聴講生として残った。そのなかには、トラピスト会修道士が教えるカリグラフィーもあった。この経験が、初代マッキントッシュ・コンピュータで使用されたフォントへのこだわりにつながったのだろう。このフォントがのちに、すべてのアップルコンピュータで使用される美しいフォントになった[17]。

ジョブズは2007年、彼の業績のなかで最も変革的——で利益を生む——アイデアを形にした。アップルの携帯音楽プレイヤー（iPod）と新しい携帯電話（iPhone）を組み合わせたのだ。それまで、この2つの機能はそれぞれ別の筐体に搭載されていた。最終的にアップルは、カメラ、計算機、音声レコーダー、アラームクロック、メール機能、ニュース、GPSナビゲーション、音楽、そして——そう——電話を融合させた装置を完成させた。

アップルは1976年に2人のスティーブによって、カリフォルニアのガレージに創設された。スティーブ・ジョブズとスティーブ・ウォズニアックだ。ウォズニアックは初代アップルコンピュータの内側——ハードウェア、回路基板、OS——をつくり上げた。ジョブズがまったく理解できないテクニカルなことだ。ジョブズは外側のこと——機能性、ユーザー体験、他のデバイスとの相互接続性に集中した。

よりマクロ的視点で絵を見ていたのがジョブズで、コンピュータの未来は、ソフトウェアの設計とコンピュータ・ハードウェアの製造を組み合わせられる企業とともにある、という壮大な絵を描いていた。ウォズニアックがハリネズミで、ジョブズがキツネだ[18]。長年、2人は偉大なチームだった。だが今日、どちらの天才が皆の記憶に残っているだろうか？

ジョブズが指摘しているとおり、**発明の大半はまったく異なるものに注目して、そのあいだに思いも寄らない関係を見出すことから生じる。**私たちはこれを、科学の分野で、たとえば$E = MC^2$などの公式を用いるときに行っている。あるいは、詩や日常のスピーチで比喩や直喩を用いる場合も、これに当たる。

アリストテレスは比喩をどこか特別なものと考えていた。「この能力だけは、他人から学んで獲得できるものではなく、恵まれた素質の印である。というのも、優れた仕方で語を転用し比喩を用いることは、事物の類似を見て取ることにほかならないからである[19]」。

類推的思考が専門である、ノースウェスタン大学のデドレ・ゲントナー教授は類似性について、このように述べている。「さまざまなことを関係で考える能力こそが、人間が地球を支配している理由の一つだと思う[20]」。

音楽と数学の関係　モーツァルトの場合

ときに、私たちに見えていない、あるいは私たちが完全には理解していない有益な関係が存在することがある。たとえば、人文科学および音楽分野の広範な大学進学前教育（プレカレッジ）が、数学および言語能力の標準テストの高い得点につながることがわかっている。[21] しかし、それはなぜだろう?

数学と音楽について言えば、少なくとも、両者のあいだには見えないつながりがある。数学は数字のパターンである。そして、もう少し注意深く見てみると、音楽も同様である。音楽には2つの基本要素がある。音程と長さだ。音の高さと和音は1秒あたりの正確な振動(音波)で測ることができ、リズムは、たとえば4/4などの拍子記号で書かれた等分間隔で決められる。

美しいメロディーに酔いしれているときは、数学的に組み立てられた音の高低パターンに反応しているわけであるし、エクササイズのクラスで一定のビートに合わせて体を動かしているときは、音の長さの長短のパターンに反応しているわけだ。

音楽と数学は論理的プロセスで、美的満足を生む。[22] そして多くの偉大な人たちが、この2つを結びつけてきた歴史がある。レオナルド・ダ・ヴィンチは、プロ並みのビオラ・ダ・ブラッチョ[バイオリン属の楽器]の演奏家であったし、世界的に有名な音楽理論家の息子であったガリレオは、難しいリュートが弾けた。「水素爆弾の父」であるエドワード・テラーは優れたバイオリニストで、量子力学を初めて公式化したノーベル賞受賞者のヴェルナー・ハイゼンベルクは、ピアノの名手であった。

同じくノーベル物理学賞受賞者のマックス・プランクは、オペラなどの楽曲を書いており、天才中の天才であるアインシュタインも、物理学者になっていなかったら、音楽家になっていたと述べている。[23] アインシュタインの好きな作曲家はヴォルフガング・アマデウス・モーツァルトだったという。

モーツァルトが数学者だったなんて、誰が知っていただろうか？　モーツァルトは4歳ぐらいから数学を学び始めた。ちょうど音楽を始めた頃だ。[24]彼の姉のナンネルは、次のように追想している。

「その頃、弟は熱心に学んでいました。父がどんな問題を出題しようと、すぐにその問題に取り組んで、ほかのことはすべて、音楽さえも忘れるぐらい懸命に解いていました。たとえば、算数を勉強していたときなどは、テーブルから、椅子から、壁はもちろんのこと、床まですべて数字だらけにしてしまいました[25]」。

青年になる頃には、モーツァルトは整数論や数字の謎解き、ギャンブルに夢中になっていた。24歳の頃、モーツァルトはジョセフ・シュペングラーの『Anfangsgründe der Rechenkunst und Algebra（計算と代数学の基礎）』（第3版、1779）を入手し、独学を開始している。彼が特に夢中になっていたのは「関係式と比例」の項だ。

図9・1は数あるモーツァルトの楽譜の下書きのうちの一つで、これを見ると、彼の数字遊びをしたい欲求が、作曲欲を上回っていたことが見て取れる。だが、もう少し注意深く見て、しばらく私にお付き合いいただきたい。

モーツァルトは5つの数字、2、3、5、6、28を選んでいる。この数字群から、彼は3つの数字のあらゆる組み合わせ（たとえば2と3と5や、3と5と6）をつくり、これをページの右側に縦に並べて置いて、この縦の列をイタリア語の ternario の省略形 tern ――3要素から成る――と重ね合わせている。

図9・1：1782年、モーツァルトは凝った3声のフーガに取り組みながら、脱線して数学の計算に勤しんでいる（オーストリア国立図書館、ウィーン）。

次に彼は、これを考え得るかぎりの2つの数字の組み合わせで行った（またもや組み合わせは10個）。彼はこのプロセスを、イタリア語のambedueを短くしたambと呼んでいた。意味は「両方」だ。

あるとき、モーツァルトはこの2つの縦の列を、現代の数学理論者と同様の視点で眺めていて、ふとひらめいた。

彼が思いついた2桁の数字10個の合計（176）を5つの数字の組み合わせから引くと、この5つの数字の合計（2＋3＋5＋6＋28＝44）の4倍になり、考え得る3つの数字の組み合わせ10個の合計（264）は、例の5つの数字の合計の6倍になる。

これは、5つの数字をどのように選

ぼうと真になる（試してみるといい）。

しかしモーツァルトはそこで終わらなかった。彼はそこから、1936:484:1936や、44:176:264:484:264:176:44など、逆のパターンの数字遊びを始めている。

モーツァルトは、この計算熱からわかるように、数字の関係に大いに興味を抱いていた。モーツァルトの音楽には「完璧な比率」がある、とモーツァルトの音楽を聴いた人たちが何世紀にもわたって感想を述べているのも、偶然ではないだろう。アインシュタインはこうした現象を「宇宙の内なる美の反映」[26]と呼んでいる。

芸術および科学には、カリフォルニア大学バークレー校の心理学者ドナルド・マッキノンの観察が当てはまりそうなので、紹介しておこう。**「最もクリエイティブな科学的業績のなかには、ある分野で学んで、そこから別の分野に行った人によって達成されたものがある**[27]**」**。つまり、分野を越えて学ばなければならない。

盗んで組み合わせた傑作　ピカソの場合

もう一人の輝ける万能型教養人、パブロ・ピカソの言葉に有名な言葉がある。「私は借りてるんじゃない。盗んでるんだ！」。そう、こそ泥さながらのキツネのように、ピカソは17世紀の巨匠からも、廃品置き場からも、それこそ至るところから「盗んで」いた。

彼は自分が見た映像なり物体なりを頭のなかで組み合わせてアイデアをまとめ、まったく斬新なものをつくり上げていたのだろう。古い自転車の椅子とハンドルバーが子どもの頃に見た闘牛の記憶と組み合わさって、モダニズムの彫刻になったかもしれない。ピカソの頭には外部からの盗用、彼が返すつもりもなく盗んだものによってエネルギーが注がれていた。

ピカソの『アビニヨンの娘たち』（1907 図9・2）はほぼ間違いなく20世紀の最も重要な絵画の一つで、初のキュビズム作品であり、その後怒涛のように押し寄せる現代美術のきっかけをつくった号砲である。

この作品で、ピカソが新たに体験した2つのことが彼の頭のなかで一つになった。まず、1907年にピカソは、パリのプティ・パレで開かれていたポール・セザンヌ（1839～1906）の回顧展で、セザンヌの作品を見た。そこで彼は、見たことのない種類の絵画を目にした。シンプルな形、二次元の平面、幾何学的形状をうまく活用したものだ。さらにそのあと、同じ年のうちに、セーヌ川を隔ててエッフェル塔の向かいにある、かび臭いトロカデロ民族誌学博物館でアフリカの仮面に出会っている[28]。

セザンヌに触れたことでピカソは、アートにおけるピュアな形状の持つパワーに気づいた。アフリカの仮面についても同じことが言えたが、そこには原初的な恐れの要素が加わっていた。アフリカのマスクを見たことは、ピカソにとって決定的な瞬間だった。

「私がどうして画家になったのかがわかった。あの恐ろしい博物館に、私は1人きりだった。マスクがあって、肌の赤黒い人形があって、埃っぽいマネキンがあって。『アビニヨンの娘たち』

図９・２：パブロ・ピカソの『アビニョンの娘たち』(1907)。一つはポール・セザンヌの絵画を見たこと、もう一つはアフリカの仮面に触れたことで生まれた衝撃的なモダニズム作品（ニューヨーク近代美術館、ニューヨーク）。© 2022 - Succession Pablo Picasso - BCF (JAPAN)

の着想は、あのとき得られたのだと思う」[29]。**ピカソは自分が見たこれら2つの要素を、自分の強い心霊的センスで融合させ、それによって美術史の流れを変えた。**

だが、ちょっと待て。ピカソがやったような「盗用」は違法ではないのか？　その盗用したものを、自分自身のオリジナルのものと組み合わせ、新たに革新的なものをつくるのでなければ、それは違法になる。

ピカソは本物の新聞紙と他の著作権で保護されているものを組み合わせてコラージュを完成させた。誰も訴えなかった。ウォーホルは、エリザベス・テイラー、マーロン・ブランド、プレスリー、マリリン・モンロー、毛沢東の画像を自分の作品に採り入れたが、誰からも中止を求める裁判は起こされていない。

皆さんも、クリエイティブなキツネになることができる。１９７６年の合衆国著作権法による公正使用の原則に基づいて、「盗んだ」ものの形を変えて別の目的に使い、社会的あるいは文化的に役立つものにすればいいだけだ[30]。

進化論の誕生　ダーウィンの場合

チャールズ・ダーウィンもまた、何でも盗む紳士と言ってよかった。だが彼は、19世紀初頭にまったく別々に流布していた2つの理論、進化の変移理論とマルサスの人口論を組み合わせたのだ。

ダーウィンの祖父エラズマス・ダーウィン（1731～1802）と、より明確にはフランスの生物学者ジャン＝バティスト・ラマルク（1744～1829）が提唱していた進化の変移理論は、種はそれぞれの環境に適応しながら長いあいだに進化していき、その後、獲得した形質を次世代に受け渡していく、というものだ。[31]

一方、マルサスの人口論は、飢饉や病気、戦争といった「有益な」影響によって制限されないかぎり、人口は抑制が効かず増えていく、という立場を取っている。チャールズ・ダーウィンは祖父とラマルクの書いたものを、エディンバラ大学入学前と在学中に読んで研究していた。しかし、ビーグル号（1831～1836）でガラパゴス諸島を巡ったあと、ダーウィンはたまたまトマス・マルサスの『人口論』を読む機会を得た。この時点で天才ダーウィンは、すべてがつながって「わかった！」となったようだ。[32]

一八三八年の十月、すなわち私が組織的な研究をはじめてから十五カ月後に、私は偶然、ただ楽しみのためにマルサスの『人口論』を読んだ。私は、動植物の習性を長期間にわたって観察してきており、いたるところで起こっている生存闘争の重大さを知る素地が十分にできていたので、私はすぐこれらの条件下では有利な変異は保存され、不利な変異はほろぼされる傾向をもつであろうということに思いあたった。この結果は新しい種の形成ということになろう。こうしてここに、私はついに自分の研究の頼りとなる理論をえた。[33]

これはもちろん、現在、ダーウィンの進化論と呼ばれているもので、遺伝子の優位性または「自然選択」[34]をベースにしている。科学でも神学でも、ダーウィンの「残忍主義者」モデル以上に世間を揺るがす理論はなかった。なにせ、運良くある環境に適した遺伝子を十分に持っている動物しか生き残れないというのだから。それでも、それからさらに20年、ダーウィンは自分の壮大なアイデアの検証と微調整を続け、1859年にとうとう、『種の起源』を出版した。

では、このことから見て、ダーウィンはキツネだろうか？　ハリネズミだろうか？　おそらく後者だろう。ダーウィンは休むことなく一つの素晴らしく大きなアイデアを追究した。もしかしたら、一番大きなアイデアかもしれない。

だが、クリエイティブなアイデアは「さまよう」ことから生まれると言っていたジェフ・ベゾスの言葉を思い出してみよう。**おそらく、ヴィクトリア朝時代の人で、チャールズ・ダーウィンほどあちこちさすらって、さまざまなものを見た人はいないだろう。**

1831年、ダーウィンはビーグル号で比較的気楽なイギリスを離れ、未知の領域へと向かい、最終的に地球を一周した。しかし、ビーグル号の他の乗組員と違ってダーウィンは船を降りてパタゴニアの草原を探索し、アマゾンの熱帯雨林へと分け入って、アンデスの岩山へと到達した。その間に彼は、およそ考え得るかぎりの種を見、食べて、およそ考え得るかぎりの種に噛みつかれた。

実際、その5年間のビーグル号での旅の3分の2を陸上で過ごし、キツネのごとくあちこちをうろつき回った。[35]その結果、旅が終わる頃には彼は万能人——一流の動物学者、植物学者、地質学者、古生物学者になっていた。つまり、ダーウィンはハリネズミの衣を着たキツネだったというわけだ。

ハリネズミの穴に落ちた天才　エジソンの場合

ときとして、キツネがハリネズミの穴に陥ることがある。それが、手広く何でもやっていたエジソンに起こった。北米全土に広がる電気システムを構築しようとしていたときのことだ。エジソンは、1879年に長時間点灯する電球を開発していたので、次に必要なものは、それらの電球を灯すための壁付けソケットと回路、電力線、変電装置、発電装置だった。[36]

だが、電流はどちらの方式を使用すればいいのか？　直流か交流か？　低電圧で距離が短ければ直流のほうがいい。高電圧で距離が長い場合には交流のほうが適している。

電球で成功を収めたばかりのエジソンは、直流に全財産を賭けた。1881年2月、エジソンは片田舎のメンローパーク研究所を離れて、家族とともにエジソン電気の製造拠点をロウアーマンハッタンに移した。そこでエジソン電気は、通りの地下深くにトンネルを掘って直流用電線管を敷設した（図9・3）。

だがエジソンは大失敗をやらかした。大都会や国土全体を電線でつなぐには、直流は効果的ではなかった。なぜなら、直流だと、送電量にもよるが、1キロメートル足らずごとにとてつもな

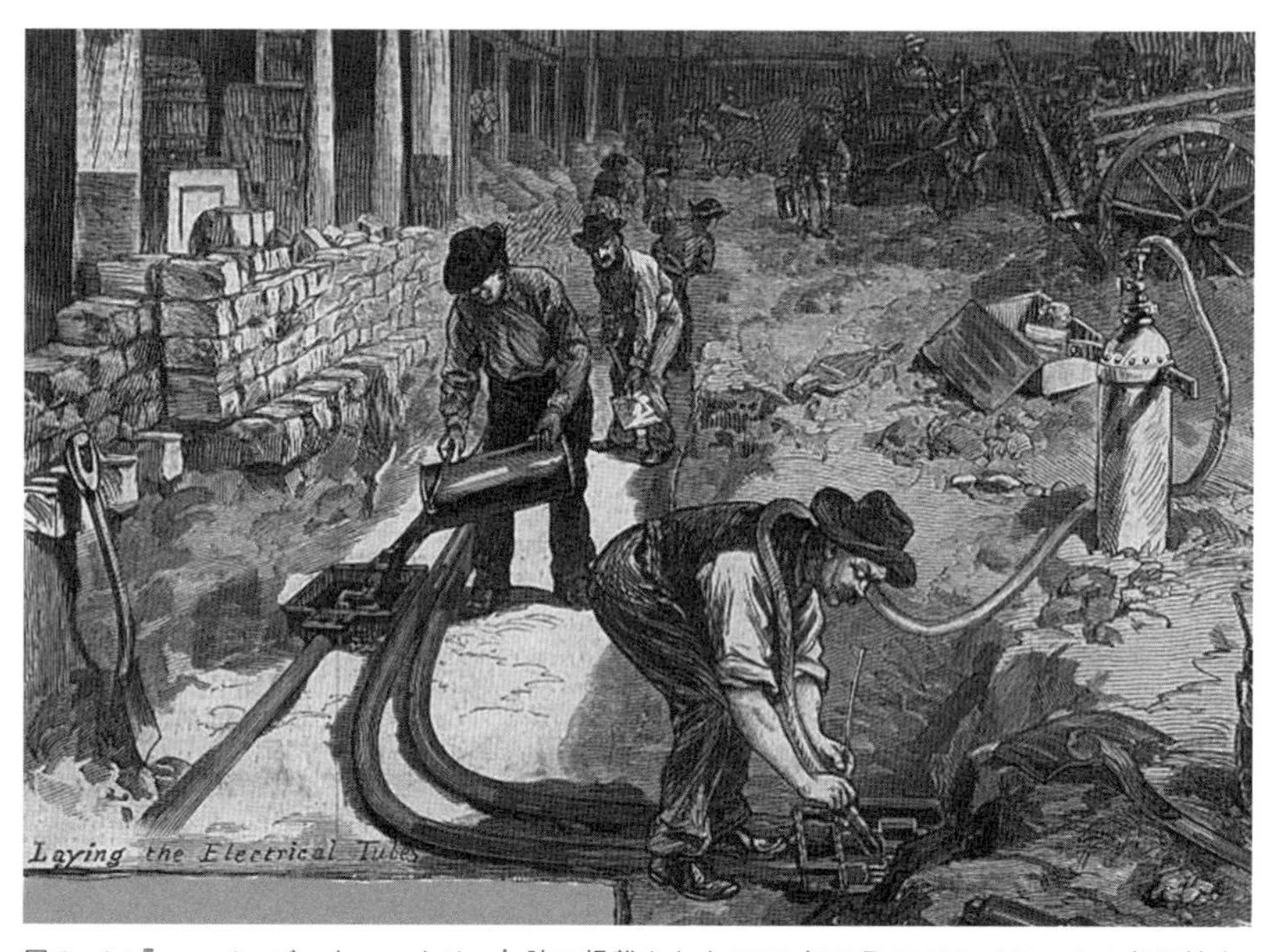

図9・3:『ハーパーズ・ウィークリー』誌に掲載された1882年6月21日のイラストの部分拡大。キャプションには、「家庭に電気を——ニューヨークの通りに沿って電線管を埋設しているところ」とある。エジソンは支柱に電線を架けるのではなく、地下に埋設する方法を選んだ。

く高額な発電機を設置して、新たに電流をつくってやらなければならないからだ。

巨額の資本を必要とする直流システムを建設するために、エジソンにはお金が必要だったので、エジソン電気の株を、少しずつJ・P・モルガンとそのパートナーに売却した。

その結果、J・P・モルガンたちは、10年のうちにエジソンを会社から追い出し、エジソン電気をまずエジソン・ゼネラル・エレクトリックに変え、その後単にゼネラル・エレクトリックに社名を変えてしまった。[37]

もはやエジソンが経営に関与しなくなったJ・P・モルガンとゼネラル・エレクトリックは、直流を交流に変えた。

視野狭窄に陥ると、「サンク・コスト症候群」〔これまでに投資した分を惜しんで投資を続けてしまう心理状態〕に行き着くことが多い。エジソンはそこまでの費用をかけて、あまりに一つの解を深掘りしてしまったがために、敗けを認めて方向転換することができなかったのだろう。

エジソンのような天才にとって問題になるのは、常識を前にしてグリット（やり抜く力）と忍耐を放棄しなければならない瞬間を見極めることだ。だが、キツネタイプのエジソンの関心は一つではなかった。彼は、電球、蓄音機、映画だけでなく、拡声装置や補聴器、おしゃべり人形、さらにはプレハブのセメントハウスまで、多種多様な実用品で商業的成功を収めることになる。

専門家の自信過剰が、サンク・コスト症候群とともに、メンローパークの魔法使いを、この場合、他の考え得る解を無視するという過ちに陥らせた。

ジャーナリストのデビッド・ロブソンは、2019年に自身の著書『The Intelligence Trapなぜ、賢い人ほど愚かな決断を下すのか』で、「こうした認知的固定化によって、専門家が自らの既存のスキーマを超えて課題に挑む新たな方法を探そうとしなくなると、クリエイティブな問題解決を阻むこともある[38]」と書いている。

ハリネズミは森を見て木を見ることができない。他方、キツネは木の根っこを嗅ぎ回るのに夢中になりすぎて、森のなかの危険に気づかないことがよくある。「どんなことになるかわかってさえいたら、あんなところへ行かなかったのに！」と、何度呟いたことがあるだろうか？

創造力研究のスペシャリスト、ドナルド・マッキノンは、専門性は低いほうがよい場合がある理由を、次のように説明している。「専門家というものは、たいていの場合、理論的基盤に基づく形でも、経験に基づく形でも、ある種のことが単に行われていないのか、それともできないのかを『知って』いる。気楽な素人は、専門家だったら絶対にやってみないようなことにチャレンジして、まずまずの成功を収めることが多い[39]」。

マッキノンの忠告は、視野の狭いハリネズミになるな、だ。洞察力のあるキツネのニコラ・テスラが奨励することをやるといい。つまり、無知ゆえの図太さを備えることだ[40]。

テクノロジーとリベラルアーツの融合

経済学でノーベル賞を受賞したダニエル・カーネマン（『ファスト&スロー　あなたの意思はどのように決まるか?』）やフィリップ・テトロック（『超予測力　不確実な時代の先を読む10カ条』）などの経済学者もこの意見には同意している。未来を見通し、明日の問題を解決するということになると、視野の狭い専門家は、いかに有名であろうとも、広く浅くのゼネラリストより、良い結果が出せない、と彼らは指摘している[41]。

テトロックの研究がきっかけで、アメリカの情報分析チーム間で4年にわたるトーナメントが繰り広げられ、その結果、国際問題に関しては、外国語を幅広く読むようなゼネラリストのほうが、視野の狭い専門家より優れた予想をすることがわかった[42]。

最近の研究でも、ノーベル賞受賞科学者は、より業績の劣る他の科学者に比べて、芸術活動への参加が3倍近く多いことが示されている。そのなかで、一番科学者に選ばれているのは、音楽のカテゴリーだ。[43]また、彼らは、演劇やダンス、あるいは奇術など、アマチュアのパフォーマンス活動への参加傾向も、業績の劣る科学者より22倍も高くなっている。

しかし、アメリカの政治家には、こと教育のことになると、メッセージが届きにくいようだ。州知事や州議会は、「A Rising Call to Promote STEM Education and Cut Liberal Arts Funding（STEM教育を推進して、リベラルアーツ教育予算を削るよう求める声が増加[44]）」などの記事にあるように、教育を「雇用可能性」と結びつけて考えている。大学のなかには、古典や美術史の専攻を取りやめているところもある。[45]リベラル派のバラク・オバマ元大統領でさえ、最近はリベラルアーツを「役に立たない」と批判するような発言をしている。[46]

だが、本章で取り上げた天才たちは、逆のことを教えてくれている。本章の天才たちが教えてくれるのは、**幅広く探索すること、物事を組み合わせること、複数のことを学ぶこと、恐れ知らずになること、目を見開いておくこと、サンク・コスト症候群に陥らないようにすること、そして無知ゆえの図太さを備えること**だ。

また、教育がすぐさま一生の仕事に結びつく、という考え方にも疑問を挟む生き方を示してくれている。1920年代には、技術者として通用する「知識の半減期」は35年だった。1960年代には、それが10年になり、今はせいぜい5年だ。[47]

そこで、皆に当てはまる教訓は、とにかく鋭敏であり続けること。5年ごとに新しいポジションに就くこともある今の時代、仕事が変わるときは、短期間でよいので、幅広い分野のテーマについて大学レベルのコースを受講する必要がある、と技術系学問の教育者は考えるようになりつつある。これを一生続けるとよい。「60年カリキュラム」、いわゆる生涯教育だ[48]。

2011年にスティーブ・ジョブズは、テクノロジーを真に素晴らしいものにするには、そこに芸術性が備わっていなければならない、と語っていたことがある。**「テクノロジーだけではダメ、というのがアップルの遺伝子のなかにある。人の心に訴えかける結果を生むのは、テクノロジーとリベラルアーツ、テクノロジーと人文科学とが融合したときだ**[49]**」**とジョブズは語っている。

したがって、夢や希望に胸を膨らませているSTEM分野の学問専攻の若者は、ノーベル賞受賞者であり、バイオリニストであるアインシュタインの言葉に耳を傾けたほうがいい。アインシュタインは1950年の談話のなかで、専門化を重視しない姿勢を示し、次のように語っていた。

「真剣に科学に取り組んでいる人なら誰でも、無意識のうちに知識の幅がどんどん狭まっていることに、嫌でも気づいている。これは、研究を行う者から幅広い視野を奪い、その研究者を機械工レベルに格下げしてしまう恐れがある[50]」。

心から大切に思うものを改善するには、ハリネズミが必要だ。だが、よりよくなった新しい世界をつくるのであれば、キツネを呼んでくるほうがいい。

Lesson 10

逆転の発想をせよ

クリエイティブであるために

物事を反対から見る力

東方を発見するために、クリストファー・コロンブスは航路を西に取った。人々を天然痘から救うために、エドワード・ジェンナーは牛痘を接種した。顧客を商品に惹きつけるために、ジェフ・ベゾスは商品を顧客に届けている。

アイザック・ニュートンの運動の第3法則によると、「どのような運動にも、それとは反対の等しい作用がある」という。シェイクスピアの『ハムレット』には、「ずいぶんひどいことを申しあげましたが、それもおためを想うからこそ」というセリフもある。

こうした逆方向の見方は、**「逆転の発想」**のよい例と言えるだろう。芸術、科学の世界のみならず、産業界でも昔から深く埋め込まれてきた戦略だ。目標物や概念をもっとよく理解したいなら、逆転の発想をしなければならない。機械がどのように組み立てられているか知りたければ、分解してみるといい。特定の結果を出したいなら、最終目標を決めて、そこから逆に途中経過を最初まで遡ってくればいい。

逆転の発想には少なくとも4つ、現実的な利点がある。一つは、そうすることによって、真正面から考えていたのでは見えない問題の解決策が見えてくる、ということ。次に、それによって人は精神的に楽になり、想像力が膨らむこと。三つ目は、曖昧であることや矛盾に対して気楽になれること。そして最後に、そうすることで笑えることも少なくないことだ。まさに幸せのサイン。

反対のものを重要と見る才能は、特に科学や産業界において、天才の隠れた習慣となっている。なぜ雷が発生するのか？ それはベンジャミン・フランクリンが気づいていたように、空中および地中の正と負の電荷が、両側から走ってきてぶつかるからだ。

どうして飛行機は飛び上がるのか？ なぜなら、ライト兄弟が示したように、飛行機の翼が、翼の上の空気を翼の下に押し下げ、翼の下の空気と機体を持ち上げさせるからだ。

どうすれば天体物理学で「ビッグバン」の瞬間がわかるだろうか？ スティーヴン・ホーキングが語っていたように、宇宙の歴史を、たった一つのとんでもなく濃密な原子に収縮するところまで逆再生してみるといい。

遺伝子の回文配列（パリンドローム）

1953年、かの有名なケンブリッジ大学のキャヴェンディッシュ研究所で、ジェームズ・ワトソンとフランシス・クリックの研究チームが、デオキシリボ核酸（DNA）の構造を突き止めた。すべての生体の基本構成要素だ。彼らの発見には、反対の原理の解明も含まれていた。DNAの各らせん構造には、分子のパリンドローム［回文配列］が隠されている。

XXGATCXXXXXXGATCXX——

XXCTAGXXXXXXCTAGXX

たとえば、上の図を見てほしい。まったく同じ配列が、前進する形と後退する形で続いている。すべての生命体は反転する配列の遺伝子を持っているのだ。もし、細胞が増殖する際に、パリンドローム構造を正しく複製できなければ、何らかの悪影響や欠陥が生じる可能性がある。

この点の理解が、今日の生物医学研究や遺伝子工学では欠かせない要素となっている。DNA構造の解明により、ワトソン、クリック、ならびにその研究チームのモーリス・ウィルキンスは、1962年、ノーベル化学賞を受賞した。

たまに、逆転の発想はまさに子どもの遊びになることもある。数学の天才ヨハン・カール・フリードリヒ・ガウスが8歳だった1785年、ガウスの先生は彼に、次の問題を解くよう言いつけた。ませた子どもだったガウスを、いっときおとなしくさせておくためだ。「1から100までの数字を全部足したら、いくらになるでしょう?」。

ところがガウスは即座に5050と答えた。数字を全部足してみるなどという無駄なことはせずに、ガウスは別のことを思いついた。真ん中の数字は50、そして、この50に対する過不足分は互いに

1 + 2 + 3 + 4 + 5 + 6 + 7 + 8 + 9 ------→

9 + 8 + 7 + 6 + 5 + 4 + 3 + 2 + 1 ←------

釣り合っている。1、2、3、4、5と続いて50に到達する数字の並びは、それ自体に対するパリンドロームにできる。

天才ではない私たちのような者の場合、問題を簡単にするために、100ではなく、9までの数字でやってみよう。そうすれば、ガウスがひらめいたことがわかるだろう。ガウスは、すぐに答えが導けるよう、反対のパターンを視覚化した。先ほど述べた、9までの数字でやってみると、次のようになる。

縦に足していくと、9個の10ができあがり、9×10＝90となる。これは数字を2倍している（逆順に置いた2列目を足している）ので、それを2で割ると、答えの45に辿り着く。アッタマいい！

しかしそのあと、そこから誘導的に考えてガウスは、このやり方が、こうした問題すべての公式の基本になることを発見した。つまり総数T＝N（N＋1）÷2。何でもいいから、好きな連続した数字でやってみるといい。ガウスの逆順の数列発見は、「逆転の発想」でいかに数学者が時間節約できるかを示している。

打ち上げられたロケットが、上がって戻ってくるようにすると、事業の費用が節約できる。2011年、イーロン・マスクのスペースXと、かつてはフレネミー（うわべだけ友好的な）の関係にあったアメリカ航空宇宙局（NASA）がパートナーシップ契約を結んだ。[1]

これによって、マスクのロケットがNASAに輸送手段を提供することになり、物資や宇宙飛行士を宇宙へと運ぶ。打ち上げロケットに往復できる——宇宙に行って安全に帰還し、再利用できる——可能性があり、打ち上げにかかる費用が最大80パーセント節約できることを示したことで、スペースXが宇宙輸送の支配勢力となったのである。[2]

そのためにマスクは5回チャレンジしたが、彼はそれをやり遂げた。2013年のTEDの講演でマスクは、「物理学は、直観的には納得できない新事実をどうすれば発見できるかを、実際に明らかにしてくれる」[3]と話していた。

音楽における逆転の発想

逆転の発想あるいは「逆行で」というのは、芸術分野でも骨組みとなり得ることがある。作曲家のヨハン・セバスチャン・バッハは、どうすれば旋律を往復させて王を喜ばせることができるかを発見した。

バッハは1747年にライプツィヒからベルリンまで赴いて、音楽をこよなく愛するプロイセン王のフリードリヒ2世に会っている。プロイセン王のフリードリヒ2世はバッハに一つのメロディーを与えて、それを基に即興演奏するよう申しつけた。

Lesson10

逆転の発想をせよ
――クリエイティブであるために

図10・1：16歳のとき、モーツァルトが対位法を学んでいる最中にスケッチブックに書いた20小節のメロディー。モーツァルトは前半20小節のメロディーしか書いていないが、流れから、これは逆行でも続けて演奏すべきものであることがわかる。

バッハは家に帰り、あれやこれやと考えた末に、『音楽の捧げもの』で王の求めに応じた。そのなかでバッハは、王に与えられたメロディーを反転させて（上昇進行のものを、同じ度数で下降進行させる）、それから逆行させた（前から演奏したメロディーを今度は後ろから演奏させる）。

フランツ・ヨーゼフ・ハイドン、モーツァルト、ベートーヴェン、フランツ・シューベルト、イーゴリ・ストラヴィンスキー、アルノルト・シェーンベルクも同じ逆行戦略を用いている。

自分でトラゾム（Trazom）とニックネームをつけるぐらい

だったモーツァルトは、クリエイティブなパリンドロームが大好きだった。

一つ例を挙げると、あるとき彼は、図10・1に示したような、同時に逆進行していくメロディーをつくった。ときどき彼は、完成した楽曲にこの逆進行を採り入れていたが、大半は練習用のスケッチでこれを用いていた。そのなかで彼は、逆転の発想を用いて曲を発展させ、自分のイマジネーションを膨らませていたのだ。**モーツァルトにとって、逆転の発想は、私たち同様、より良い結果を生む可能性のあるチャレンジなのだ。**

ソナタで音階をスムーズに演奏するには、楽器演奏者は大げさにシンコペーションをつけて音階を練習するよう教えられる。サッカーで強烈なシュートが打てるようになるには、右利きのキッカーなら左足で練習を続けるよう指導される。

レオナルド・ダ・ヴィンチは、右からでも左からでも書けるよう自分で練習した。その結果、製図のスキルが向上した。このような反対の練習は、神経可塑性（脳神経の柔軟性）を高めるので、身体的柔軟性が向上する。

美術における逆転の発想

レオナルド・ダ・ヴィンチは全体の10パーセントに当たる左利きのグループに属していた。[4]ダ・ヴィンチが描いた10万枚のスケッチのなかに、彼も「逆転の発想」の創造的価値を認識して

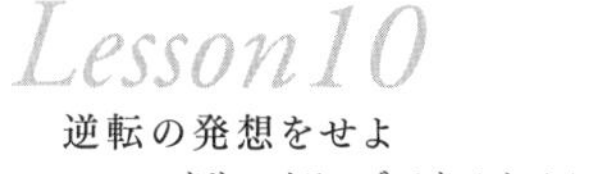

いた証拠がある。

彼の有名な作品で、ルーヴルにある最高傑作4点のうちの一つ、『聖アンナと聖母子』のスケッチを見ると、それがよくわかる。１４７８年から１４８０年頃、彼は自分が描きたい絵の構図を2通り考えた。一つは聖母と子羊を抱いた子ども（猫は子羊の代わり）。一つは顔を向かって右に向けており（図10・2A）、もう一方は左に向けている（図10・2B）。まるで鏡像のようだ。左向きの作品には、もう一人の女性の頭部が描かれている。

それから約10年後、もう少し筆の進んだ右向きの作品が描かれているが、こちらは2人目の女性の頭部（聖アンナ）が聖母のほぼ鏡像のようになっている（図10・3A）。2人は愛し合っているかのように見つめ合っている。そして１５０３年頃の完成した作品（図10・3B）では、聖アンナの頭部は聖母と同じ方向を向いているが、幼子キリストと子羊の像が１８０度反対方向を向いている。

ルーヴルでダ・ヴィンチのこの傑作を鑑賞している人のなかで、この最終作品が、**20年かけて試行錯誤を重ねた末に、絵のなかの像に反対方向を向かせるドラマティックな構図になった**ことに気づいている人はいないだろう。これは「逆転の発想」の必須プロセスなのであるが、それは完全に隠されている。

ルーヴルで『聖アンナと聖母子』の前を離れて20メートルほど北西に歩いていくと、世界一有名な絵画、レオナルド・ダ・ヴィンチの『モナ・リザ』に行き当たる。これにも逆転の発想が盛り込まれているのだが、よりいっそうさりげなく用いられている。

図10・2 AおよびB

A：ダ・ヴィンチの聖母子と猫の素描、1478年頃（版画および素描部門、大英博物館、ロンドン）。

B：その後のダ・ヴィンチの聖母子と猫の素描、1480年頃（大英博物館、ロンドン）。

図10・3 AおよびB

A：ダ・ヴィンチの下絵（完成画）、1499年頃（ナショナル・ギャラリー、ロンドン）。

B：ダ・ヴィンチの絵画作品『聖アンナと聖母子』、1503年頃（ルーヴル美術館、パリ）。

ダ・ヴィンチが登場する以前の中世後期からルネサンス初期の絵画は、宗教か歴史のどちらかが主題になっていた。絵画は、キリスト教の教義を描いたものか、そのときの王または女王の姿を記録として残すためのものであり、シンボルを用いてテーマを鮮明にしていた。

たとえば、ハトはキリストの到来を告げるものであるし、冠は王の印である。絵画に込められたメッセージが画家から見る人へと伝えられ、見る人はそのメッセージを受け取ることも、素通りすることも、信じることも、信じないこともできた。伝統的な象徴的絵画では、伝達は一方通行であった。

ところがダ・ヴィンチの『モナ・リザ』では、絵画に飛躍的な転換が見られる。メッセージの伝達が逆方向になっているのだ。画家が見る人に何かを伝えるのではなく、この絵のなかの女性が見る人と対話をしたがっているように見える。

モナ・リザは、その疑わしげな微笑みで、人々に疑問を投げかけて挑発する。ここで絵画が一方向の教義でなくなり、双方向の交流になったわけだ。『モナ・リザ』を理解するには、絵画の持つ意味は作品そのものよりもむしろ、見る側にある、ということを受け入れなければならない。美術史家はこれを真逆の絵の見方として指摘している。

時間を遡る名作の数々

心理学者は「リバースサイコロジー（逆心理学）」という語を、あることを言って、反対の結果を生むようにする戦略と定義している。作家はときに**「倒叙」**という語りのテクニックを使って、ウェルギリウスの『アエネーイス』ぐらいはるか昔からあるドラマティックな効果を演出することがある。

作曲家のリヒャルト・ワーグナーも、17時間に及ぶ楽劇『ニーベルングの指環』の台本を書くにあたり、倒叙の手法を用いた。ワーグナーは、神々と英雄が死ぬところ（『神々の黄昏』）から書き始め、神々と英雄が生きていた時代に出来事を遡り（『ジークフリート』と『ワルキューレ』）、最後にこの3部作の序章として、物語の設定紹介（『ラインの黄金』）を行った。

ジョージ・ルーカスも映画『スター・ウォーズ』シリーズを同様の手法で展開し、旧3部作に続いて時代を遡る「前日譚」3部作を製作している。1922年にF・スコット・フィッツジェラルドは「ベンジャミン・バトン 数奇な人生」という短編小説を出版したが、その主人公は逆の流れで人生を送る。ベンジャミン・バトンは80歳で生まれ、中年になって、若者になり、そして幼児になって死亡する。

「私はいつも書き始める前にミステリーの結末がわかっている」と語るのは、殺人ミステリーのベストセラー作家P・D・ジェイムズだ。[6] ミステリー作家はよく**「フーダニット」**［誰がやったのか］のシナリオを採用し、どこで、どのようにを明らかにしてから、事件の最初まで物語を遡りながら読者を引っ張っていく。

確かに、「殺人ミステリーは後戻りする生き物だ」とミステリー作家のブルース・ヘイルもブログ「Writing Tip: Plotting Backwards（書き方のコツ：後戻りするプロット）[7]」に書いている。ここで話しているのはミステリー小説のことだが、この原則は広く応用できる。

ヒット作を夢見る作家なら、最初によく考えたほうがいいだろう。結末はどうしようか？　だとすれば、書くのであれ話すのであれ、それが企業のレポートであれ結婚式のスピーチであれ、人前でプレゼンテーションを行う際には、「逆から考える」のがいいように思う。

材料を見渡して、一番よい、説得力のある終わり方を決め、それからそこに向けて他の部分すべてを構成していく。そうすれば、その作品が「完璧」なものになるばかりでなく、それと同等に重要なこととして、作品を楽しむ側がその「ビッグバン」のような結末を称賛してくれるだろう。

矛盾を味方につける　アインシュタインの場合

光線というものは、定義では、水鉄砲から発射される水の最初の数フィート同様に直線である。一方、波というものは、石を池に投げ込んだときに発生するさざ波と同じく曲線である。正確には反対というわけではないにしても、「光線」と「波」はかなり違うものだ。

このため光は光線でもあり、波でもあり得るというのは、矛盾（paradox）である。Paradoxという語は、ギリシャ語のparadoxon、すなわち「反対意見」に由来する。「逆転の発想」をするには、ときとして、この矛盾に慣れなければならない場合がある。

一度ならず、アルベルト・アインシュタインはパラドキシカルな条件と格闘したことがあった。1905年、彼は、光の性質に関する相反する理論を巡って長年続いていた議論を解決した。光は粒子の流れ（直線）か、それとも波動か？

アイザック・ニュートンはかつて粒子説を支持していた。ニュートンはこれを「離散粒子」と呼んでいた。ニュートンと時代の近い数学者のクリスティアーン・ホイヘンス（1629～1695）は、これに対して光は波であると主張していた。ジェームズ・マクスウェル（1831～1879）が電磁波の波動方程式（1865）で波動説をより強固に裏づけるまでは、ニュートンの粒子理論のほうが優勢であったと思われる。[8]

これに対してアインシュタインは1905年、いかにこれらの相反する理論が両立し得るかを、粒子と波動の二重性理論を提示して示した。光波は物質にぶつかると、光電子の流れを放散する（アインシュタインの光電効果）。**「現実には2つの相反する絵がある。別々では、どちらも光が起こす現象を完全には説明できないが、両方合わせればそれができる」**[9]とアインシュタインは語っていた。

この二重性から量子物理学――矛盾するものから成る新たな正説が発展した。また、光電子のエネルギーは常に光の波長に反比例する――今や深く根づいているアンチテーゼだ。光の難しい性質課題を解明したことで、アインシュタインは1921年にノーベル賞に輝いた。

「ビルから落下している女性が、転落しないのはいつでしょうか？」。答えは、「彼女以外のものが皆、彼女とともに落下しているとき」である。アルベルト・アインシュタインは、この仮定上のなぞなぞを解いたとき、別の問題の答えにも気づいた。

1907年、アインシュタインは明らかに相反する2つの理論にイライラしていた。物体は、他の物体に直線的に引きつけられるとする、ニュートンの天体重力の理論と、物体は場面に応じた固有の法則に支配されているとする、自身の特殊相対性理論だ。「ここでは、基本的に異なる2つの事例が論じられている。（これは）私としては我慢ならない[10]」とアインシュタインは述べている。

何もかもが同時に落下している状況を頭に思い描いたとき、**「人生で一番ハッピーな考え」**が浮かび、我慢できなかった重荷が取り去られたという。いったいどうやって、この静止していて動いている状態が同時に存在できるのか？

「なぜなら、家の屋根から自由落下している観察者の場合、転落中は――少なくともその観察者のすぐそばには――重力場が存在しないからだ。要するに、観察者が相手の手を放しても、観察者とのあいだに静止状態で相対性は存在する[11]」とアインシュタインは説明した。

重力は働いているかもしれないが、反対の力もそれとともに、隣接して等しく働いている可能性がある。これを科学的に表現すると、「反対の効果、一様な重力場の物理的に完全な等価性および同時性[12]」が存在する、となる。平たく言えば、力は、物体の速度および重力場の力によって、直線的にも、曲線的にも物体を引き寄せる可能性がある、ということだ。

ニュートンは間違っていなかった。だが、彼の重力理論は、すべての状況を正確には表していなかった。ニュートンのリンゴは真っ直ぐに落ちたかもしれないが、アインシュタインの時空では、それは曲線を描いた可能性がある。同様に、1個の原子が、2個の別々の原子のような挙動をすることがあるという事実が、新たに登場しつつある量子コンピュータ処理や未来のコンピュータ分野の裏にある基本ロジックになっている。[13]

矛盾表現のインパクト　シェイクスピアの場合

「これまでに過ごしたなかで、一番寒かった冬は、サンフランシスコで過ごした夏だった」とマーク・トウェインは話していた。冬の体験を詳しく聞かせてもらえるのかと思っていると、夏の話を聞かされるのだ。

しかし、トウェインが話を180度転換したはるか昔、ウィリアム・シェイクスピアも『リチャード三世』の冒頭で、同じ手口を使用していた。

「さあ、俺たちの不満の冬は終わった、栄光の夏を呼んだ太陽はヨークの長男エドワード」。シェイクスピアは**対比の手法**（夏に屈服する冬）ばかりでなく、駄じゃれ――「ヨークの太陽（sun）」はエドワード、すなわちヨーク公爵の息子（son）で、現在ヨーク朝の天下の輝ける太陽（sun）になっている人物――も用いてこの戯曲を完成させた。

『リチャード三世』は暗い政権争いの悲劇であるが、リチャード3世に対する真逆の見方により、ユーモアたっぷりの作品でもある。民はリチャード3世を邪悪な権力者と見ているが、リチャード3世本人は――妄想により――自分のことを善人だと思っている。

シェイクスピア劇で正反対のものが並置されている場面の最も有名な例は、人殺しのマクベスが酔っぱらった門番に主役のお株を奪われて、一気に喜劇的になるところだ。正の力と負の力が結びつくと、舞台に稲妻のようにドラマが生まれる。

シェイクスピアの詩は大半がたとえや比喩、直喩――関連する2つのものの組み合わせの上に構成されている。詩におけるペアリングは、その2つがアンチテーゼになっている場合に、よりいっそう効果的になる。

天才を天才たらしめているものは何かを正しく理解したければ、シェイクスピアの『ロミオとジュリエット』におけるロミオのセリフを考えてみるといい。

ここで、恋するロミオは、相反する感情のもつれを経験している。それが1行に約2回、8行のうちに14回表現されている。「病める健康」や「冷たい火」ぐらいなら、皆さんや私でも思いつくかもしれない。しかし、「争っている恋」や「鉛の羽毛」となると、そこに隠された天才があるのだ！

憎しみゆえのさわぎなんだが、ぼくにとっては恋のほうがもっと大きな問題だ。
だから争っている恋！　愛するがゆえの憎しみというわけさ……。
はじめは無から創り出された有なのだ……。

重く沈む浮気心！　まじめなうつろさ！
見た目には美しい形をしているできそこないの混沌！
鉛の羽毛、輝く煙、冷たい火、病める健康！
つねに目ざめている眠り！　あるがままの姿ではないもの！
こんな恋をぼくはしているのだ、報いられぬと知りながら。
［ぼくは彼女を愛している、だが彼女はぼくを愛していない］

最後に、シェイクスピアの一番わかりやすい矛盾表現の今なお続く逞しい力についても考慮しておこう。ともに成立する状況などありえない、正反対の2つのことを並置した「生か、死か」**「生きるべきか、死ぬべきか」**だ。

逆転発想のビジネス

ヘンリー・フォードは1913年に、組立ラインを導入してお手頃価格のフォード・モデルTを量産し、工場の生産プロセスと自動車業界に革命を起こした。

シカゴの食肉処理場を訪れた彼は、屠（ほふ）った牛をすっかり解体して、その脚を鉄製のチェーンに吊るしていくスピードと効率の良さに衝撃を受けた。解体がこれだけ速くできるのであれば、その手順を逆にすれば組立もできるのではないか？　そう彼は考えた。

へそまがりのイーロン・マスクは、自社の車の価格を決める際に、フォードとは逆のアプローチを採用した。マスクがテスラの指揮を執るようになると、お手頃価格の車を市場投入するのではなく、高級モデル発表の計画を立て、まずは２０１１年にロードスター（価格20万ドル）を、続いて２０１５年にモデルＸ（８万ドル）を、最後２０１７年にはモデル３（３万５０００ドル）を売り出した。

こうして、当時テスラは高価格少数生産の企業から低価格量産の企業へと転換していった。マスクは２００６年、「テスラモーターズ秘密のマスタープラン（ここだけの話です）」と題した公開記事で、自身の描いていたプランを発表した。その計画とは、

スポーツカーをつくる
その売上で手頃な価格のクルマをつくる
さらにその売上でもっと手頃な価格のクルマをつくる
［中略］
これは、ここだけの秘密です。[14]

投資運用会社Ｄ・Ｅ・ショウの若きデータマネージャーだった１９９０年代初頭、ジェフ・ベゾスは、ある金融資産を別の金融資産と釣り合わせるように正しく投資配分し、リスクを分散

させることに慣れ親しんでいた。ところがベゾスは、インターネットの利用が毎年２３００パーセントという驚異的な成長率で拡大していることに気づき、この世界的成長こそが世の中の「全体像」だと悟った。

問題は、それと自分のような名もない一人の人間をいかに結びつけて、金儲けをするかだ。そこで彼は、自分がそれでお金を稼ぐことができそうな問題を探った。逆転の発想だ。そして一つ見つかった。ショッピングだ。

消費者はあちこち車を走らせて品物を探し、多くの場合手ぶらで帰宅する。それなら、そのプロセスを逆転させてはどうだろうか？　インターネットで商品を探し、その商品を消費者のところに来させる。それなら時間もお金も節約できるではないか？　そしてベゾスはそれをやり、今日アマゾンはアメリカのＥコマースの40パーセントを支配するに至っている。[15]

２００５年にベゾスはこんなことを言っていた。「人が問題に気づいて、どうしてもその問題をどうにかしたくて、解決策が編み出される場合がある。けれども、これに逆方向から取り組むこともできる。そして実際、ハイテク業界では、私が思うにイノベーションの多くはときにこちらのやり方で生み出されている。**新しいテクノロジーを見れば、そこに何かがあるのがわかるだろう。［中略］そしたら逆に解決策から考えて、適切な問題を見つければいい**[16]」。

ベゾスが現在執念を燃やしているのは、「地球を救うために宇宙に行かなければならない[17]」ことだという。

ユーモアと逆転の発想

面白くしたいときにも、「逆転の発想をせよ」。ユーモアには皮肉や矛盾、直観に反した考えが含まれている。痛烈な皮肉にも然り。「いやあ、あれ、すごかったね」と言うとき、実際には反対の意味を表している。

クリエイティブなコメディアンは、ときどき真実を明らかにしてくれる哲学者である。なぜなら彼らは、本当の目標が隠されているために、私たちは間違ったことを目標にしていることを、皮肉を込めて見せてくれるから。以下に示したギャグは、クリス・ロックの漫談スペシャル「Bigger and Blacker（より大きく、より黒く）」のなかの一節だ。

銃を規制する？　弾のほうを規制しろよ！　弾を1発5000ドルにすればいいんだ。なんでかって？　弾が1発5000ドルするとするだろ？　そしたら人は撃つ前に考えるじゃねえか。弾、買えるかなって。［中略］そしたらもう、弾が気になって、ただ眺めてるだけの見物人なんてのもいなくなるだろうよ。それに、銃ぶっ放した奴は、「俺の財産返してくれ！」って言って回るだろうから［不適切な部分を削除して要約］。

Lesson10
逆転の発想をせよ
——クリエイティブであるために

パラドックスはモラルに反する表現になることがある。そしてこれこそ、まさにロックが感じ取った真実を、本当の真実にぶつけることで組み立てているものだ。つまり、銃は人を殺さない。人を殺すのは弾だ。もしかしたら私たちは、弾を禁止しなければならないのかもしれない。

ロックは、「コメディは歌えない人のためのブルースだ」とも言っていた。ジョークは人の体験の対極を探り、その過程で笑わせるものであることを、ロックは理解しているのだろう。フロイトが『機知——その無意識との関係』（1905）のなかで主張していたように、ジョークには人々のなかにある小さな弱点や恐れ、矛盾が映し出される。ここで一つジョークを。フロイトのジョークに関する本は、皆さんがこれまでに読んだなかで、一番面白くない本だ。

以下に、過去および現在の天才の気の利いたジョークをいくつか挙げる。これは、反対のことや誤解、論理的に不可能なこと、あるいは言葉の配置換えが盛り込まれているので、なかなかに面白い。

シェイクスピア：「この悪党め！　そんなことを言うと、地獄に堕ちて永遠に魂を救済される憂き目に遭うぞ」（『から騒ぎ』）

ベンジャミン・フランクリン：「皆で力を合わせて団結（hang together）しなければ、間違いなく、皆がばらばらに首をくくられる（hang separately）だろう」「私はおそらく自分の謙虚さを誇るべきだろう」

チャールズ・ダーウィン：「（トーマス・）カーライルは、沈黙の利点についてロンドンじゅうの人が集まるディナーパーティーで長広舌を振るって、皆を沈黙させたよ」

マーク・トウェイン：「もし音楽がなければ、ワーグナーもそれほど悪くなかっただろう」

アルベルト・アインシュタイン：「権力を軽蔑する私を罰するために、運命が私を権力者にした」

ウィル・ロジャース（干ばつのテキサスにて）：「これまでに見たなかで、唯一灌漑の必要な川はリオ・グランデ川だ」

ウィンストン・チャーチル：「過去を遠くまで振り返ることができれば、未来もそれだけ遠くまで見渡せるだろう」

マーティン・ルーサー・キング・ジュニア：「科学の力が私たちの精神的な力を上回るようになってきた。私たちはミサイルを正しく撃つことはできても、人間を正しく導くことはできない」

イーロン・マスク：「なんでロケット会社を興したのかと人に訊かれたら、こう答えている。『どうすれば大きな財産を小さくできるか知りたかったから』と」「一番いい類のサービスは、まったくサービスなんかじゃない」

N・C・ワイエス：「仕事しないようにすることが、この世の中で一番きつい仕事だ！」

ジャック・ヴォーゲル：「代価を支払わないものこそが手に入る」

オスカー・ワイルド：「働くというのは飲み助階級の呪いだ」「真の友人が裏切る」「片親を亡くすのは大変な不運だ。両親を亡くすのは不注意のようだ」「私は、誘惑を除けば、何事にも抵抗できる」

J・K・ローリング：「『透明術の透明本』を二百冊仕入れた〔中略〕あんなに高い金を出して、結局どこにあるのか見つからずじまいだった」（『ハリー・ポッターとアズカバンの囚人』）

オスカー・レヴァント：「世の中が求めているのは、もっと多くの謙虚さのある天才だ。もう我々数人しか残っていない」

ジョークは面白い。だが、なぜ面白いのかは私たちの目に見えない。それが「逆転の発想」だ。

リーダーと逆転の発想　キング牧師の場合

世界の偉大な宗教の多くには、始まりと終わりが永遠に円環したり、反対方向の力が無限に引き合ったりする思想の神学が含まれている。

仏教では、再生の円環の終わりである涅槃と、生あるものが無限に生まれ変わる円環の輪廻という相反する力が共存する。[18] 涅槃は究極の状態で、それ自体、死んでもいなくて生きてもいない状態を指す。道教では、陰と陽は正反対のものでありながら、統一の道徳的原則で、一つの力として一緒に作用する。

ヘブライ語の「真実」を意味するאמתはユダヤ教の神の名の一つで、ヘブライ文字の最初の文字（aleph）と最後の文字（taw）を使用している。キリスト教の終末論では、悪魔と天使が戦う。「Ego sum alpha et omega（わたしはアルファであり、オメガである）」に登場する、ギリシャ文字の最初と最後の文字は、ヨハネの黙示録に記されているように神を表している。

マーティン・ルーサー・キング・ジュニアは1951年にクローザー神学校を卒業して、その4年後、ボストン大学で神学の博士号を取得した。キング牧師は「alpha et omega」、すなわち「始まりであり、終わりである」を知っていたので、このアンチテーゼを彼の最も有名なスピーチ「I Have a Dream（私には夢がある）」（1963）で使った。

キング牧師の「私には夢がある」についてはさまざまなことが書かれているが、これは彼のキャリアを決定づけた瞬間であり、アメリカ人の人種に対する考え方の転換点となった瞬間である。

ここで重要なのは、スピーチにレトリックの力を生むためには、一つのフレーズをしつこく繰り返す（首句反復）だけでなく、**相反するイメージを何度も使用する（矛盾表現）ことも必要だ**ということだ。こうして、詩は相反するものを交互に行き来するが、レトリックは次のように前へ前へと真っ直ぐに進んでいく。

> 今こそ、暗くて荒涼とした人種差別の谷から太陽が照らす人種間平等の道へと昇ってゆくときです。［中略］
>
> 黒人の正当な不満に満ちた、このうだるように暑い夏は、自由と平等の爽やかな秋が訪れるまで過ぎ去りません。1963年は終わりではなく、始まりです。［中略］

> 正義の場所を手に入れるプロセスにおいて、違法な行動で罪を犯してはなりません。
>
> 恨みや憎しみのカップから飲んで、自由の渇きを潤そうとしないようにしましょう。［中略］
>
> 私たちは常に前進していかなければなりません。振り返ってはなりません。［中略］
>
> 私には夢があります。それは、いつの日か、ジョージアの赤土の丘で、かつての奴隷の息子たちと、かつての奴隷所有者の息子たちが、ともに兄弟のように同じテーブルにつくことです。
>
> 私には夢があります。それは、いつの日か、不公平の熱で焼けつくような、圧制の熱で焼けつくようなミシシッピ州でさえ、自由と公平のオアシスに姿を変えていることです。［中略］
>
> 私には夢があります。それは、いつの日か、すべての谷が喜びで埋まり、すべての丘、山が低くなって、凸凹の土地が平地になり、曲がりくねった場所が真っ直ぐになることです。［中略］
>
> この信念があれば、私たちはこの国の耳ざわりな不協和音を、美しい兄弟の交響曲に変えられるでしょう[19]。

大学でキング牧師は、インドの宗教思想に出会い、マハトマ・ガンディーの人生を学んで、

1959年にはガンディーの弟子から非暴力の抵抗を学ぶためにインドへと赴いた。そして、南部キリスト教指導者会議のリーダーとして、**市中での暴力に対して非暴力を武器にした。**女性や子どもに対して高圧ホースで水をかけたり、警察犬をけしかけたりするアラバマ州バーミングハムでの抑圧は逆の効果を生んだ。これで民衆の反発がさらに高まったのだ。1964年、キング牧師はこのような逆のアプローチでノーベル平和賞に輝いた。

逆転の発想が天才をつくる

まとめると、本章に登場した天才たちは、反対のことをうまく利用できればできるほど、その人が天才になる可能性は高くなることを暗示してくれている。偉大な画家、詩人、脚本家、音楽家、コメディアン、人道主義指導者は、自分の作品のなかに対立する力を埋め込み、ドラマティックな効果や、ときにはコミカルな効果を演出している。

優れた科学者や数学者はどうやら矛盾を追い求めたりはしないようだが、見つけると嬉しいようだ。変革を目指す起業家は、反対の解決策を模索する。バッハは対位旋律を使って、自身の最高傑作を完成させた。ベゾスはソリューションの側から取り組んで、問題に辿り着いた。キング牧師は対立するような語句を使い、積極的な非行動でアメリカの人々の人種に関する世論を変えた。

私たちは誰でも、この戦略を使うことができる。子どもに寝る前の読み聞かせをしてやったあと、これを反転させて、子どもにお話をさせるといい――そうすれば、話すほうも聞くほうも、洞察力ある思考が促される。

新しく会社を興すときは、「プレモータム（先にしくじる）」のやり方で、どういう場合に新しい試みが失敗するかを見ておく。企業報告書やスピーチを印象的なものにするには、持ちネタを見渡して、最初に結末をつくる。自分の主張を簡潔に表すには、短いほうが効果的な場合がある。大きな決断をするときに、個人的な偏見や推量の誤りを減らすには、長所と短所をリストアップするといい[20]。

自分の主張の妥当性を調べたいときは、誰か見つけてわざと反対してもらうといいだろう。そのためには、配偶者やパートナーと議論するのも一つで、それによって感情の抑制を練習する機会が得られる可能性がある。ウィットに富んだ会話を展開するには、正反対の返しを考えてみるといい。「逆転の発想」の戦略に気づかれることなく、それでも結果は明らかによくなる。

Lesson 11

運をつかめ

実力だけでは認められない

The Hidden Habits of Genius

機会と幸運

1904年、天才マーク・トウェインは「Saint Joan of Arc（聖人ジャンヌ・ダルク）」と題したエッセイを出版した。そのなかでトウェインは、どういうきっかけでこの女性の英雄や他の変革者たちが偉大になったのかを考察している。

「私たちがナポレオンやシェイクスピア、ラファエロ、ワーグナー、エジソン、その他類稀なる人について説明しようとするとき、その才能を測るだけではすべてはおろか、その大半すら説明できないことを知っている。そうじゃない。大事なのは、その才能が育まれた環境だ。つまり、成長期に受けた教育であり、読むことや学ぶこと、手本に倣うことで養われてきた能力であり、才能が伸びていく各段階で、自己認識や他者からの評価で得られた励ましである。こうした細部がすべてわかって初めて、なぜその人物が、チャンスが到来したときに、その準備ができていたかがわかる[1]」。

トウェインの見方では、**このような環境の「細部」こそ、天才にとって重要な前提条件、つまり機会なのである。**「機会（opportunity）」という語はラテン語のopportunaに由来する。港に吹いてくる心地良い風のことを言う。「幸運（fortunate）」という語はラテン語のfortunaが語源で、意味は「運命」とか「運」とかになる。そのラッキーな風が吹くとき、その風に乗って出帆でき

Lesson11
運をつかめ
——実力だけでは認められない

る準備が完全に整っている人にとってだけ、それは最大の幸運となる。天才、偉大さ、成功は同じ方法で港にやって来る。

似たような話が、伝説のゴルファー、ゲーリー・プレーヤーの言葉としてよく語られるフレーズに、より簡潔に表されている。「練習すればするほど、運は向いてくる」[2]。頑張った人、勇気ある行動を起こした人、あるいは大胆な動きをした人、そういう「ラッキーな」人に、より良い結果が訪れるものだと言われて、否定できる人がいるだろうか？

そうしたことが起こるのは、聡明な決断の結果かもしれない。実際に物理的に何かを変えた結果かもしれない。思いがけない幸運のなかには、誕生の瞬間から天才についてきたものもあるかもしれない。だが、奇妙な話だが、死後にやって来るものもある。でもまずは、出生の運から話を始めてみたい。

天才にとって、裕福な家庭に生まれることは、運に恵まれて生まれることと同じではない。天才はほとんどの場合、特別裕福な環境から現れていない。若い頃は全面的に生活が支えられていて、最終的にちょっとした財産を相続したチャールズ・ダーウィンは、おそらく法則に反する例外だろう。

同様に、天才は貴族階級や政治的支配者階級からは誕生しない傾向にある。天才はがむしゃらに世の中を変えようとするが、貴族はたいてい、現状に満足している。なんで変えなくちゃいけないんだい？　実際、天才は経済的に見て世の中の両極からは誕生していない——極端に貧しい場合、機会がほとんどないし、裕福すぎれば、動機がない。

天才たちの父親の職業を考えてみよう。シェイクスピア（手袋職人）、ニュートンおよびリンカーン（農家）、ベンジャミン・フランクリン（ろうそく職人）、バッハ（町のトランペッター）、ブロンテ姉妹（村の教区牧師）、ファラデー（銀細工師）、エジソン（食堂店主）、キュリー夫人（学校教師）、キング牧師（説教師）、トニ・モリスン（溶接工）、そしてベゾス（自転車店主）だ。**天才の場合、ラッキーに生まれるということは、一般に中流階級に生まれることである。**

死後に訪れる幸運

良い場合も悪い場合も、ときに天才の死後に運が訪れることがある。時代や出来事により、その人物に対する世の中の見方が変わるからだ。

シェイクスピアは生前、ロンドンの観客のイマジネーションを捉えた脚本家として大成功を収めていたが、観客数は限られていた。18世紀になって、イギリスの商業面での影響が次第に拡大したのに伴って、シェイクスピアの戯曲作品はフランス語、ドイツ語、スペイン語に翻訳された。今日、彼の影響は拡大を続けており、英語が世界共通語になるのに伴って、アジア全体にまで届いている。[3]

現在、史上最も偉大な劇作家であり、全人類の道徳羅針盤と見られているシェイクスピアが、このような重要人物になったのは、一部には、彼の死後に訪れた言語的拡大の結果だろう。シェ

運をつかめ
——実力だけでは認められない

イクスピアの時代は、世界人口の約0・8パーセントしか英語を話せなかった。今は約20パーセントが話せる。シェイクスピアはラッキーだった。上げ潮が彼の死後に船を持ち上げたのだ。

1911年8月22日の早朝、保守職員のヴィンセンツォ・ペルージャがルーヴルから『モナ・リザ』を盗んだ。絵画盗難のニュースと絵画の写真が世界中の主な新聞の第一面を飾り、絵画の国際的な捜索が始まった。**「60人の刑事が奪われた『モナ・リザ』を捜索」**という見出しが『ニューヨーク・タイムズ』紙にでかでかと掲載された。[4] ピカソまでもが絵画窃盗の容疑者にされた。ルーヴルから盗まれた古い胸像が、彼のアパートに辿り着いた可能性があったためだ。

一方のペルージャは『モナ・リザ』を自分のベッドの下にしばらく隠していた。2年後、ペルージャはフィレンツェにあるウフィツィ美術館のエージェントに『モナ・リザ』を売却しようとした——まあ、なんとおバカなことか。というのも、その頃には欧米社会全体が問題の絵画を見たことがあったのだから。

警察は通報を受けて、ペルージャは逮捕され、絵画はパリに返還された。さらに多くの写真と記事が新聞紙面に踊った。ルーヴルに返還されて再公開されると、最初の2日間で12万人を超える人が、『モナ・リザ』をひと目見ようとルーヴルを訪れた。[5]

『モナ・リザ』は世界中のほぼすべての人が認識できる絵画の一つである。でも、それはなぜだろう？ その理由には一部、この絵画盗難の衝撃があまりに大きく、それによって知名度が上がったことが貢献している。1912年4月14日のタイタニック号沈没のニュースが駆け巡るまでは、おそらく欧米で最もセンセーショナルなニュースだったに違いない。[6]

『モナ・リザ』盗難から100年を伝える放送のなかで、米公共ラジオ局はこの事件を「『モナ・リザ』を最高傑作にした盗難事件」と表している。大げさなようにも思えるが、統計的にもこの表現が裏づけられている。

イェール大学図書館にあるデータを使って、私は実際に、1911年以前の書籍または記事で、「ミケランジェロ」および「レオナルド・ダ・ヴィンチ」が取り上げられているものの数を数えてみた。すると、68パーセント対32パーセントで、ミケランジェロのほうが優勢であった。ところが1911年以降になると、その比率がほぼ5分5分になっている。

2人の画家の作品とそれぞれに充てられている語の数を比較すると、これも1911年を転換点として、7対5でミケランジェロの優勢から、2対1でダ・ヴィンチ優勢にその比率が逆転している。市民の関心の高さを天才の証とするなら、美術館保守職員だったペルージャの犯行は、思いがけずダ・ヴィンチの名声を高めることになったと言えるだろう。

天才を襲った不運　ロザリンド・フランクリンの場合

DNAは「生命の構成単位」[7]と呼ばれている。人体の各細胞の核に埋め込まれており、遺伝子という形で遺伝情報を保持している。生命体の成長を促す小さな小さな暗号だ。

1950年代の初めには、DNAの存在が知られるようになってすでにほぼ1世紀経ってい

たが、科学者はまだＤＮＡの構造を突き止められておらず、体内で分子がどのように自己複製して、それによって完全な生命体ができるかという、さらに重要なこともわかっていなかった。

遺伝情報を解くカギはそこにあった。そのカギが１９５３年４月25日、遂に人の手に渡った。『ネイチャー』誌に掲載された、「A Structure for Deoxyribose Nucleic Acid（デオキシリボ核酸の構造）」と題する短い論文だ。

イギリスのケンブリッジにあるキャヴェンディッシュ研究所に勤める２人の若き科学者、フランシス・クリックとジェームズ・ワトソンの研究成果であった。[8] ほぼ間違いなく、現代の最も重要な科学の研究発表で、どちらを筆頭研究者とするか？　２人はコイントスをして、ワトソンが優先権を取った。

生命プロセスの秘密を解き明かそうとしたのは、ワトソンとクリックだけではなかった。１９４４年には、オズワルド・アベリーがＤＮＡは「形質転換因子」、すなわち遺伝情報を運ぶものであることを解明していた。ワトソンおよびクリックと同時代人のモーリス・ウィルキンス、そしてロザリンド・フランクリンは、Ｘ線結晶構造解析を用いてＤＮＡ分子1個の画像を得ようと取り組んでいた。さらに、有名な化学者のライナス・ポーリングは、ＤＮＡの（間違っていたことが、あとでわかったが）三次元の三鎖モデルを完成させていた。[9]

他者の研究成果をベースにして、自分たちの直感に従い、ワトソンとクリックは情報を総合して分子モデルを完成させ、ＤＮＡの構造を正確に表したものを自分たちの論文に掲載した。有名な絡み合う二重らせん構造だ。

ワトソンとクリックの発見に重要な情報を提供したのは、ロザリンド・フランクリンのＸ線回折写真「photograph51」であった。ＤＮＡの二重らせん構造が映し出されている。ＤＮＡ構造の解明によって、ヒトゲノムのシークエンシング［ＤＮＡを構成しているヌクレオチドの塩基配列の決定］、犯罪捜査における遺伝子による身元識別、遺伝子編集および遺伝子治療を含む組み換えＤＮＡ研究といった研究分野が出現し、いずれも現在は数十億ドル規模のバイオテクノロジー産業になっている。

１９６２年にノーベル委員会はフランシス・クリックとジェームズ・ワトソン、モーリス・ウィルキンスにノーベル生理学・医学賞を贈っている。では、ロザリンド・フランクリンには何が起こったのだろうか？　答えは、悪運が襲ったのだ。

天才を襲った不運　その１：盗まれた功績

実は、重大な意義のあるフランクリンのＸ線写真は盗まれていた。彼女の許可なく、フランクリンの上司が１９５３年2月に問題の写真をワトソンとクリックに見せていた。フランクリンの写真からワトソンとクリックはＤＮＡがらせん構造であることを見出し、その寸法および1回転ごとにいくつの塩基対があるかを割り出した。[10]

フランクリンはケンブリッジ大学で化学の学士号と博士号を取得していた。科学分野ではおそらく世界最高峰の大学だ。博士号取得後、１９５１年にロンドンに移り、名門キングス・カレッジでポスドク研究員の職を得た。フランクリンは優れた教育を受け、その分野で高い評価を獲得し、野心もあった——すべて天才の条件となる資質だ。

しかし、その時代、彼女には、ある障壁が作用した。**フランクリンが女性であったことだ。**以下に、フランクリンと名目上彼女の上司にあたるモーリス・ウィルキンスについて、ワトソンが書いた文章を紹介する。

X線回折実験については初心者だったモーリスには専門家の助けが必要で、優れた結晶学者ロージー［フランクリン］の助けがあれば、自分の研究が加速できるのに、と彼は考えていた。だがロージーは、状況をそのようには見ていなかった。DNAは自分自身の問題解決のためのものだと彼女は主張し、自身をモーリスの助手とは考えていなかった。

最初のうちモーリスは、ロージーを宥めようとしていたのではないかと思う。けれども、ちょっと観察しただけで、彼女は折れないことがわかった。彼女は好んで自分の女性らしさをアピールするタイプではなかった。確かに彼女は強い印象があったが、魅力に欠けるわけではなく、着るものにもう少しこだわれば、それは目を引いただろうと思う。

でも、彼女はそれをしなかった。彼女のストレートの黒髪に合わせて口紅を塗ることもいっさいなかったし、31歳だというのに、彼女の服装ときたら、イギリスのインテリ少女のイメージそのものだった。［中略］

ロージーが自分の立場をわきまえるべきなのは明らかだ。[11]

フランクリンは女性らしい魅力を表に出すのを拒み、大胆にも、女性が最先端のＤＮＡ研究の第一人者であってもかまわないではないか、という態度を示していた。

だが「ロージー」は男の子と仲良くできなかったのだろう。それで最終的に、男の子が彼女に罰を与えた。彼女は自分が発見したことに対する栄誉のすべてを否定された――それも単に男性の同僚からだけでなく、不運な人だけに作用する致命的な死後のルールによっても否定された。

天才を襲った不運　その２：ノーベル賞のルール

ノーベル財団の規約には、どう見ても恣意的な条項が一つ二つ含まれている。第４項の第一パラグラフは以下のとおりだ。

賞金は、いずれもこの賞に値すると考えられる場合、２つの業績間で等分することがある。もし、受賞対象の業績が２人ないし３人の合同成果であった場合、賞はそれらの人々に合同で授与する。いかなる場合も、本賞の受賞を３人を超える人数で分かち合うことはない。[12]

１９６１年までに、ノーベル委員会はＤＮＡとその二重らせん構造に関して膨大な数の研究発表の情報をつかんでいた。

だが、誰に栄誉と名声を授けるべきか？　筆頭研究者のワトソンとクリックは文句なしにＯ

K。ライナス・ポーリングも近いところまで迫ったので、可能性はある。おそらくは、フランクリンの一応の上司としてモーリス・ウィルキンスも候補には挙がる。それとも、功績から考えて、やはりフランクリン本人に授与すべきか。

しかし次に、同じく第4項の第二パラグラフを読んでみよう。**「死亡した人の業績が賞の対象として検討されることはない。しかし、もしも受賞者が賞を授与される前に亡くなった場合、賞が授与されることもある」**とある。

DNAに関して優れた功績を上げてから4年後、しかし同分野の功績にノーベル賞が授与される4年前、ロザリンド・フランクリンは卵巣がんにより37歳で亡くなっていた。これにより、名声も栄誉も否定されてしまった。

運命を決することになったDNAの構造発見の流れをより深く理解するために、私は2017年3月、イェール大学の分子生物物理学と生化学の教授であり、現在はイェールで学部長を務めているスコット・ストローベルと昼食をともにした。

ストローベルはまず、ワトソンとクリックは運が良くて、ライナス・ポーリングは運が悪かったという話を私にしてくれた。もしポーリングがフランクリンの写真を見ていたなら、世紀の発見は彼のものだったかもしれない。しかし、1953年初頭に、フランクリンの写真画像を見るという特別な目的を持って、ポーリングはロンドン行きを計画していたが、ビザの発給が遅れ、フランクリンに会うチャンスを逸したとされている。

ストローベルはまた、二重らせんの発見はチームの努力の結果であることも強調した。彼は私にこんなふうに説明してくれた。

「観察科学はますます複雑になってきている。そして、どの分野であれ、1人でその分野のすべてを把握できる人はいない。科学分野の発見は多くが共同ラボの産物になってきている。予期しなかったことだが、孤高の天才は絶滅危惧種のリストへと追いやられてしまったよ」。

今後、遺伝科学の画期的な新分野、反復クラスター（CRISPR（クリスパー））の発見に対してノーベル賞が授与される可能性については、ストローベルは皮肉を込めて次のように言っている。

「1人、候補者として有力なのは、私の以前の共同研究者であったカリフォルニア大学バークレー校のジェニファー・ダウドナだ。ただ問題は、CRISPRに関してのノーベル賞候補者は山ほどいて――バークレーにも、MITにも、それ以外のところにも――ノーベル委員会は受賞者を3人に絞るのに苦労するだろうね。CRISPRに対する賞の授与は遅れると思うよ[13]」

［その後2020年、ジェニファー・ダウドナとエマニュエル・シャルパンティエの2名が、ノーベル化学賞を受賞］

運を味方につけた天才たち

もしかしたら、私たちの運命は死後に幸運の女神の手に委ねられるという意見に同意して、私

運をつかめ
——実力だけでは認められない

たち全員が運命論者になってもいいのかもしれない。しかし、本章のポイントは、その正反対のことを示唆することだ。運を味方につける才能も一つ役割を果たすかもしれないが、**天才は習慣的に、はるかに良い結果につながる決断を意識的にしている**ものなのだ。

女王エリザベス1世は１５８８年、幸運に恵まれた。迷走するハリケーンが、スペインの無敵艦隊を難破させてくれて、イギリスの海岸に辿り着かせないでくれたのだ。しかし、その前の30年間、彼女は敵国が自滅するよう、不干渉の外交政策を採っていた。

ヴィルヘルム・レントゲンは１８９５年、幸運に恵まれた。陰極線管を使った実験中に、彼はたまたま感光板を自分の実験室に置き忘れ、あとで板に光の筋がプリントされているのを発見した。しかし、高エネルギー波を研究していた物理学者として、レントゲンはすぐに、ほかの人だったら見逃していたと思われることに気づいた——なぜ、光はある物体は透過して、他のものの跡を残すことができるのか、ということだ。X線の現象である。

パーシー・スペンサーは１９４５年、幸運に恵まれた。マグネトロンの隣に立っているとき、チョコレートバーが彼のポケットのなかで溶けてしまったのだ。しかし、経験を積んだ電気技師として、金属ボックス内におけるマイクロ波の熱の力に彼は気づき、すぐにポップコーンで実験をした。そして電子レンジの特許を取得した。

ルイ・パスツールは１８７９年、幸運に恵まれた。家禽コレラ根絶のために利用していた培養を、彼はうっかり忘れて1カ月ものあいだ放置し、「腐敗した」バッチだけがワクチンとして使えるという事実を発見し、この発見を利用した。

しかし、経験豊富な微生物学者であるパスツールは、フランスのドゥエーで1854年に開かれた医学カンファレンスに出席したときに述べた教訓を、そのずっと前に学んでいたのだ。それは、**「観察科学では、運（le hazard）はしっかり準備した者にだけ味方する」**[14]というものだ。

セレンディピティをつかまえる

最初はニワトリ、次に人。アレクサンダー・フレミングによるペニシリンの発見は、医学史における「偶然の天才」の最も有名な例と言われている。しかし、いったいどんな偶然があったというのだろうか？

フレミングは1881年にスコットランドの片田舎の農家に生まれた。13歳のとき、ロンドンに移り、そこで彼は最終的に医学の学位を取得した。1921年、彼は抗菌性を有する酵素リゾチーム（Lysolac の商品名はそこから来ている）を発見し、実験を行って、ある細菌が別の細菌を破壊する可能性のあるプロセスの研究に取り組んだ。

フレミングには、実験室を散らかしっぱなしにする癖があり、1928年8月に休暇で1カ月実験室を離れるときも、彼は片づけず、細菌を塗抹したいくつものペトリ皿を重ねて置いたままにしていた。

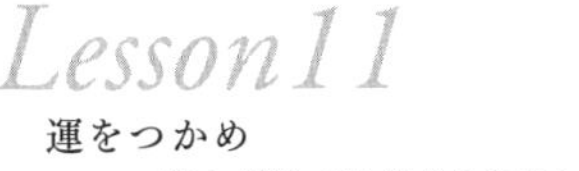

運をつかめ
——実力だけでは認められない

休暇から帰ってきて、彼はすべてのペトリ皿に細菌が大増殖しているのを発見したが、たった一つ、細菌が広がっていないものがあった。その一つに細菌の生き残りはほとんどおらず、アオカビの一種がついていることがわかった。近隣の実験室からたまたま飛ばされてきて、ペトリ皿に着床したようであった。

イェール大学の私の同僚で、化学教授のマイケル・マクブライドはかつて私にこんなことを言っていたことがある。**「科学者に『わかった』というひらめきはないよ。それよりもむしろ、『おや、これは変だぞ』という瞬間を経験する」**と。

あるペトリ皿だけ状態が変なのを見て、フレミングは「こりゃ面白い」[15]と呟き、何が細菌を殺したのか、自分に問いかけ、それからすぐにその役目を果たしたのは、よそから飛んできたペニシリンだと結論づけた。彼はそれからこのカビの治療効果をじっくり研究し、そこから思いがけず、魔法の抗生剤ペニシリンが誕生した。

科学者は常に、パスツールの細菌（病原体）の発見、ワトソンとクリックによるDNA構造の解明と並んで、このペニシリンの発見を医学の進歩の歴史におけるトップ3に挙げる。ペニシリン——初の抗生物質——の登場により、西洋医学は現代に突入し、無数の人の命が救われた。世界を変える洞察として天才を表すなら、そうした洞察は偶然（セレンディピティ的に）アレクサンダー・フレミングの実験室から誕生している。少なくとも、これが事の経緯である。

気づくために「準備せよ」

しかし、アレクサンダー・フレミングによるペニシリンの偶然の発見の歴史には、単にセレンディピティではまったくすまされないことがある。ウィンストン・チャーチルはかつて、第二次世界大戦での自分の役割について、「もし私が運命と一緒に歩いているとしたら、私のそれまでの人生はすべて、この瞬間、この試練のための準備にすぎなかったのだと考えていた」[16]と語っていたことがある。

フレミングもそうで、しっかりと準備がされていた。当時、本人はそうとは思っていなくても、彼は30年近くも専門家として、この「思いがけない幸運」のための訓練を積んできていた。彼は観察力に磨きをかけ、科学的知識に磨きをかけて、目の前にある情報を捉えて、利用できるようにしていた。医学史家のジョン・ウォーラーはこれを簡潔にまとめて、**「フレミングには、他の人なら無視しそうなことに気がつく天才があった」**[17]と言っている。

フレミングの場合、しっかりと準備を整えていただけでなく、それ以前のリゾチームのブレイクスルーにより、科学界で他より抜きん出た存在になっていた。つまり、周囲の人々が彼に注目していた。

実際、ペニシリンに秘められた治癒力はすでに発見されていたが、誰もその利用価値に気づいていなかった。

1897年、フランスのリヨンにある士官学校の学生であったエルネスト・デュシェーヌ(1874～1912)が、パリのパスツール研究所にフレミングがのちに発見したのとほぼ同じ内容の論文を送っていた。[18] しかし23歳のデュシェーヌには運がなかった。彼の論文はあまり評価されず、礼状すらもらえず、のちに陸軍に入隊して、若くして結核で亡くなった(抗生物質があれば治っていたかもしれない)。

その30年後、フレミングは、世界的な細菌学者として築いていた地位と、科学界でのつながりにより、人々が彼の話に耳を傾けた。デュシェーヌは隠れた標的を射抜いたのだ——が、彼には際立つ地位がなかった。だから誰も耳を傾けず、世の中は何も変わらなかった。

見つけたら手放さない

最後に、魔法の薬ペニシリンは、アレクサンダー・フレミング自身が商品化したものではない。商品化の試みを行っていたのはオックスフォード大学で、10年以上にわたってハワード・フローリー率いる細菌学者チームが取り組んでいた。

だがフレミングは頑なにペニシリンの所有権を持ち続け、自身で「私の親愛なるペニシリン」と呼ぶほどだった。[19] 戦時下にあったヨーロッパで、士気を高める動きが熱を帯びるなか、大英帝国は、軍のためになり、士気を高める「魔法の弾丸」を必要としていた。

そこでフレミングは志願して新薬の広告塔になった。ノーベル医学賞委員会は1945年、生理学・医学賞を3人に授与することを決定した。アレクサンダー・フレミングとハワード・フローリー、そしてオックスフォード大学の研究メンバー、エルンスト・チェーンだ。

ところで、なぜ、私たちはフレミングしか覚えていないのだろうか？　それは、思いきり簡略化されてはいるが、「運良く見つかった」話が人を惹きつけるからだ。

もちろん、運だけで見つかったわけではない。フレミングにはしっかりとした下地があったし、「素晴らしい大義」の裏にいる「優れた人物」というイメージを持ち続けて仕事をしていたし、意識的なチームとしての取り組みで彼の最初の望みが結実したと言っていい。

このように、ルイ・パスツールの金言「準備せよ」には、偉大になるための秘訣2つが追加できる。**「前に足を踏み出せ」**と**「自分が見つけたものを見失うな」**だ。

リスクを恐れない行動　ザッカーバーグの場合

「幸運は勇者に味方する」は古代ローマ時代の格言で、大プリニウス、プブリウス・テレンティウス・アフェル、ウェルギリウスそれぞれの言葉とする説がある。勇者になるというのは、チャンスをつかもうとするという意味だ。

Lesson11

運をつかめ
——実力だけでは認められない

でも、チャンスをつかむとは？　それって、実現可能性が不確実で、50対50であってもアクションを起こそうとする、ということだろうか？　それとも、「まったくの偶然さ」というように、純粋にセレンディピティに賭ける、ということだろうか？

フェイスブック創業者のマーク・ザッカーバーグは、リスクを計算したり、セレンディピティに賭けたりして自分を追いつめることはしていない。

社会に与える影響力で天才を測れるなら、ザッカーバーグが天才のレッテルを否定されることは、まずないだろう。確かに、ザッカーバーグは最近、プライバシー問題で連邦取引委員会および全米47州の州検事総長ともめている（次章Lesson12も参照）。

それでも、現在およそ20億人が毎日1時間近く彼の創作物フェイスブックを使っている。[20] 2010年には『TIME』誌がザッカーバーグを「パーソン・オブ・ザ・イヤー（今年の顔）」に選んでいる。当時ザッカーバーグは26歳。史上2番目の若さでの栄誉となった。

準備——彼はコンピュータ・プログラミングの神童であった——と無限の野心がザッカーバーグの印となっている。21歳になる前に彼が起こしたリスクを恐れない行動は、ときに法に触れることはあるにしても、彼の大胆な行動力のすごさを物語っている。

リスクを恐れない行動　その1：ハーバード大学のコンピュータ・システムに侵入し、名簿（FACE BOOKS）から学生のデータを「拝借」した（「フェイスブック」という名称はハーバードの「face books」——ハーバードの学生が居住するエレガントなドミトリー「ハウス」が制作している、各学生の写真つきのデータ集のこと）。

２００３年10月28日の夜、マーク・ザッカーバーグはカークランド・ハウスＨ33号室の自分のデスクの前に座り、ずっとプログラムを書いていた。その学期に入ってザッカーバーグはすでに、「コースマッチ」を完成させていた。これはハーバードの学生が、友人は何の授業を取っているかを調べて、場合によっては学習グループをつくれるシステムだ。

しかし今度は、それよりはるかに大胆なものをザッカーバーグはつくろうとしていた。オンライン「出会い系」サイトで、ハーバードの学生が他の学生を見て、「イケてる」だの「イケてない」だのと評価できるサイトだ。最初ザッカーバーグは、学生写真の隣に家畜の写真を並べて、比較を促すことまで考えていた。だがそこで、それよりもっといいことを思いついた。

プログラムをつくるためには、盗み――あるいは少なくとも未承認のデータ取得――をしなければならなかった。**ザッカーバーグはハーバードのサーバーにアクセスして、ハウスのフェイス・ブックスから学生の写真とデータをダウンロードした。**

ベン・メズリックの言葉を引用すると、『ｆａｃｅｂｏｏｋ　世界最大のＳＮＳでビル・ゲイツに迫る男』には次のように書かれている。「もちろん、それは写真を『盗んだ』ということになる。法的には、彼にその写真をダウンロードする権利はない。大学側も、学生にダウンロードさせるために公開していたわけではない。しかし、入手可能な状態で置かれているものを、手に入れてはいけないという法があるだろうか？」[21]。29日の早朝、ザッカーバーグは当時彼がフェイスマッシュと呼んでいたものをリリースした。

インパクトはすぐに表れた。あまりに多くの学生がフェイスマッシュに参加したので、ハーバードのサーバーが遅くなり始めたのだ。女性たちは抗議した。大学はザッカーバーグにすぐにサイトを閉鎖するよう言い、ハーバードの由緒ある懲戒委員会、ハーバード大学理事会に出頭してくるよう命じた。ザッカーバーグはその両方をやった。結局、ザッカーバーグが咎められたのは、ハーバードのコンピュータに侵入したことと、学生のデータを盗んだことについてのみであった。[22]

リスクを恐れない行動　その2：ハーバードのライバルを欺く

フェイスマッシュの騒動は身長170センチメートルのマーク・ザッカーバーグをキャンパス内で大物にした。そしてその動向が、ザッカーバーグより大柄な195センチメートルの2人の男の注意を惹いた。そっくりの双子、タイラー・ウィンクルヴォスとキャメロン・ウィンクルヴォスだ。2人はダブルスカルの選手としてハーバードでは有名で、2008年の北京オリンピックアメリカ代表チーム候補選手に名を連ねていた。

ところが2003年の11月、ウィンクルヴォス兄弟は別のことを思いついた。全米に網を広げるソーシャルネットワーキング・サイト「ハーバード・コネクション」をつくろうというのだ。その最後のプログラミングの仕上げをするところで、双子はマーク・ザッカーバーグに声をかけた。

ザッカーバーグはサイトの作成に必要なコンピュータのプログラミングとグラフィックの作業

を引き受けた。双子はザッカーバーグと会って、52回メールでやり取りをした。[23] ザッカーバーグは2人の書いたプログラムを見て、自分なら2人の役に立てるという印象を彼らに与えた。

ところが2004年2月4日、**ザッカーバーグは競合するサイトを自分で立ち上げてしまった。**Thefacebook.comだ。6日後、ザッカーバーグは再びハーバード大学理事会に呼ばれた。今度は、ウィンクルヴォス兄弟のアイデアを盗んだということで、学生の倫理規定に違反するとして、ウィンクルヴォス兄弟から苦情を申し立てられたのだ。ウィンクルヴォスの弁護士もまた、ザッカーバーグにサイトの閉鎖要求を出し、知的財産の侵害を主張した。

7カ月後、双子はザッカーバーグを提訴した。3人は2008年に法廷で和解し、報じられているところによると、双子がその頃には「フェイスブック」と呼ばれるようになっていた会社の株式120万株（6500万ドル相当）を賠償金として手にした。[24] 双子の弁護士は株式の売却を薦めたが、双子は頑としてフェイスブック株の保有を続け、最終的に2人ともビリオネアになった。

2人はその後、さらにリスクの高い事業に参入し、仮想通貨業界に入っていった。2人は自分たちの経営する会社ジェミニ（ラテン語で双子の意）で、ビットコインを世界共通の仮想通貨にすることを目論んでいる。

一方のザッカーバーグは、その後自身が始めたことを続け、会社にどんな問題が起ころうとも、自身は失脚しないフェイスブックのコーポレート・ガバナンス構造を築き上げている。[25]

リスクを恐れない行動　その3：大学2年生を終えて退学

ザッカーバーグはまさにそれをやったのだ。その話を聞かされた両親のことを想像してみるといい。「ママ、パパ、僕ハーバードをやめて自分の会社を興します」。

だが、そのような大胆な行動には先例があった。2003年の秋、ザッカーバーグはビル・ゲイツのコンピュータ・サイエンスの講演を聴いており、そのなかでゲイツは、「ハーバードの素晴らしいところは、いつでも戻ってきて卒業ができるというところだ[26]」と語っていた。ザッカーバーグもゲイツも、大学をやめて二度と戻らなかった。ただし2人とも、のちに大学から名誉学位を授与されている。彼らの肝の据わった動きは報われた。

リスクを恐れない行動　その4：20歳で単身カリフォルニアへ

大学をやめてマーク・ザッカーバーグは、さらに大きな賭けに出た。ニューヨーク郊外の住み慣れた家族の家を出て、シリコンバレーの中心、カリフォルニアのパロアルトに移り住んだのだ。これも大胆な行動ではあるが、おそらく論理的には間違っていない。というのも、パロアルトはコンピュータ技術者とベンチャー企業のメッカとの評判があったからだ。

ザッカーバーグがのちに振り返っているように、「シリコンバレーには、そこにいなくちゃならないという雰囲気がある。なぜなら、あそこはすべてのエンジニアが集まっているところだからね[27]」という。

テクノロジー界の大物――ラリー・エリソン、イーロン・マスク、セルゲイ・ブリン、ベゾス、ゲイツ、そしてザッカーバーグ――はすべて、大胆な計画を実行に移すために、拠点を変える必要があった。

運をつかめる場所に向かえ

シェイクスピアはかつて、「漂流している船も幸運に恵まれれば港に着けるものだ」（『シンベリン』）と言っていたことがある。しかし、船がしっかりと錨（いかり）を下ろしていて動かなければ、幸運もやって来ようがない。天才の隠れた習慣？　天才は皆、さらなる目標を追求するために、大都会あるいは大学へ移動しているのだ。

本章に登場した天才たちと、その機に乗じた移転を見てみよう。シェイクスピア、ロザリンド・フランクリン、アレクサンダー・フレミングはロンドンへ。ワトソンとクリックはケンブリッジ大学へ。パスツールはリールを経てパリへ。ザッカーバーグはシリコンバレーへ。それぞれ若いうちに大都会または大学、あるいは大都会にある大学に拠点を移している。

「私は運は信じないの」とオプラ・ウィンフリーは２０１１年に語っていた。「運は準備が機会に出会っただけよ」[28]。これは真実だが、そのためにはまず出会わなければならない。ウィンフリーはシカゴに移った。

次に、本書で取り上げている天才たちと、その人たちが偉業を成し遂げた都市を見てみよう。

アテネはソクラテスとプラトンが生まれたところだが、アリストテレスはそこに17歳で移住した。ロンドンはファラデーの生まれた街だが、シェイクスピア、ディケンズ、ヴァージニア・ウルフは転入組となる。

シューベルト、アルノルト・シェーンベルクはウィーン生まれだが、ハイドン、モーツァルト、ベートーヴェン、ブラームス、マーラーは移住組で、フロイトもそうだ。アレクサンダー・ハミルトンはニューヨークへと移住し、さらに移民の息子であるリン＝マニュエル・ミランダの素晴らしいミュージカル作品『ハミルトン』に間接的に影響を与えた。

草間、ジャクソン・ポロック、ロバート・マザーウェル、マーク・ロスコ、ウォーホルがニューヨークに来ていなければ、ポストモダン・アート界はどうなっていただろう？　草間は1953年に保守的な日本の片田舎からニューヨークに移り住んだことについて、「出ていかなくちゃいけなかったの」[29]と語っていた。

大学について言えば、ニュートンはケンブリッジに行き、アインシュタインはベルリンにある世界最高峰の学術研究機関マックス・プランク研究所で過ごし、最晩年をプリンストン高等研究所で過ごしている。テクノロジー界の巨人、マスク、ブリン、ラリー・ペイジ、ピーター・ティールは在籍年数こそさまざまだが、スタンフォード大学に行っている。**天才は故郷にじっとしていない。天才はより環境の整ったところへ拠点を移す。**

この動かずにはいられない衝動を「天才の反慣性の法則」と呼ぶことにしよう。もちろん、法則には例外がある。たとえばライト兄弟だ。彼らはオハイオ州の小都市デイトンの近くにとどまった。植物学者のグレゴール・メンデルとジョージ・ワシントン・カーヴァーは野原に簡単に行けなければならなかった。ダーウィンのような自然科学者や、クロード・モネ、ジョージア・オキーフなどの風景画家もまた、その職業上の必要性から、この法則が適用できない。

しかし、概して天才は田舎にとどまらない。『星月夜』を描いたゴッホでさえ、若い頃に、「50フランほど月々の生活費が安く済むからといって、田舎に戻ってきてほしいとは私に言えないと思う。ここアントワープであれ、このあと行くパリであれ、この先ずっと私は街で密接な関係を築いていかなければならないのだから[30]」と書いている。そして1886年、ゴッホはパリに移り住んだ。

同じく、ゴッホとほぼ同時代、あるいはその少しあとのピカソ、マティス、モディリアーニ、マルク・シャガール、ジョルジュ・ブラック、コンスタンティン・ブランクーシ、ジョアン・ミロ、ディエゴ・リベラなどの画家も生まれ故郷を離れ、作曲家ではクロード・ドビュッシー、ストラヴィンスキー、アーロン・コープランド、詩人や作家ではエズラ・パウンド、ギヨーム・アポリネール、ジョイス、ガートルード・スタイン、ヘミングウェイ、フィッツジェラルドなども大都会に移住している。

「パリへ行かなかったら、今の私はなかっただろう」とシャガールは語っており、「誰であろうと、私たちは必ずパリに戻ってしまう」とヘミングウェイは語っていた[31]。

大都市が天才をつくる

何が天才たちを、ベル・エポック(よき時代)のパリや20世紀半ばのニューヨーク、あるいはメガロポリスのシリコンバレーなどの大都会に惹きつけるのだろうか？　創造性にあふれた街というのは、昔から、多種多様な人々——最近では多くの場合、移民——が異なる発想を持って集まる交差点にあった。[32] 新しく来た人々が、それまでの知的環境のなかに斬新なアイデアの種を播(ま)き、そうして新しい考え方が生まれる。

シリコンバレーは、俗に「天才ビザ」と呼ばれ、きわめて優秀な外国人労働者の移住を認めるH-1Bビザを有効に活用して、世界中からハイテク分野の最優秀頭脳を引き寄せている。「文明の偉大な進歩はほぼすべてが〔中略〕最高に国際化の進んだ時代に起こってきた」と歴史家のケネス・クラークは述べている。[33] アメリカのあの南西の国境の壁についても、同じことが言えるだろうか？

最後に、異花受粉させるには、ほとんど政府の検閲なく多種多様なアイデアが行き交わなければならない。**「天才は自由な雰囲気のなかでしかのびのびと呼吸ができない」**とジョン・スチュアート・ミルは話していた。[34] そして、それが奨励されなければならない。

シリコンバレーの投資家たちは、世界中の他のどこよりもベンチャー企業に資本を提供し、その規模は2018年の数字で105億ドル。次点の都市、ボストン（30億ドル）の3倍を超えている。[35] 財務的なサポート、新しいアイデア入手の機会、表現の自由、競争、最高のものを相手に自己診断できる機会――これらがすべて、シリコンバレーの引力になっている。

では、都市はどれくらい大きくなければならないのだろうか？　それは、最小限必要なものが手に入る程度に大きくなければならない。

作曲家であれば、劇場、演奏家、プロデューサー、観客、評論家が必要だ。画家であれば、手助けしてくれる同僚画家だけでなく、エージェントやギャラリー、フェスティバル、展示のためのスペース、そしてパトロンが必要である。エンジニアは、仲間となるテクノロジー技術者、装置、そして研究資金を必要とする。そしていずれの分野でも、競争相手が必要であり、仕事が必要である。大きなチャンスは、天才を動かさずにはいられなくさせる。

天才同様に、創造性の中心も常に動いている。歴史的には、中心は東から西へ、中国から近東、そしてヨーロッパへ、イギリスからアメリカ東海岸、そしてアメリカ西海岸へと動いてきた。

次のシリコンバレーはどこに出現するだろうか？　天才たちが大きな円を描いてアジアに戻ってくる？　創造性の中心がすでにシンガポールに出現し始めている？　パリがツーリストであふれ、ニューヨークの家賃が桁外れに高騰してきた今、次の革新の中心はどこになるのだろうか？

その答えは休むことを知らない天才たちをフォローして探ってみよう。さらにいいのは、いい風はどちら向きに吹くのかを見極めて荷造りをし、そこに一番乗りすることだ。

Lesson 12

すばやく動いて、ぶち壊せ

破壊的な衝動が牙をむく

人として残念な天才

「これほど嫌な人間であることを補うためには、本当に偉大な天才でなければなりません」。このような言葉で、名誉従軍記者だったマーサ・ゲルホーンは、2人が離婚する直前の1945年に、夫アーネスト・ヘミングウェイについて語った。[1]

ヘミングウェイは1954年にノーベル文学賞を受賞した。ヘミングウェイは威張り屋で、けんかっ早くて、不倫をしており、アルコール依存症で、最終的にはそれで破滅した。

人には我らが天才をスーパーヒーローにしたがる癖がある。人として最高の姿、というわけだ。「人の暮らしの向上に最も貢献した人こそ、誰よりも愛されるべきだ、というのは正しい」と、1934年にアインシュタインは語っていた。[2] しかし、天才はいつも私たちをがっかりさせてくれる。少なくとも人としては。

ただ、その非は私たちの側にある。天才の基準は、その功績であって、人格ではないことを私たちは忘れている。功績とモラルは別物になる可能性があることを私たちは見落としている。人格で評価するなら、天才も一般人とさほど変わらないだろう。実際、天才は世界を変えたいという個人的願望に取り憑かれているため、性格的には一般の人々より悪いことも多い。

しかし、時間が彼らに味方し、時の経過により、彼らが社会にもたらした善に光が当てられると、彼らが招いた人への危害はぼやけてしまう。アルフレッド・ノーベルが創設したノーベル賞の裏で動いている金銭は主に、ダイナマイト、爆弾、大砲の砲弾によるものだということを、私たちは忘れがちである。オックスフォード大学のローズ奨学制度を築いたセシル・ローズは、当時ローデシアと呼ばれていた地域でアフリカ人を強制労働させて巨万の富を得ている。

人の記憶というのは薄れるもので、好ましくない連関は徐々にぼやけていき、人のねじれた習慣を真っ直ぐに直してしまう。作家のエドモン・ド・ゴンクールは、**「死ぬまでは誰も天才など愛さない」**と1864年に語っている。[3]

人の手本となるような天才はいる、あるいはいただろうか？　歴史を振り返ってみると、レオナルド・ダ・ヴィンチ、キュリー夫人、チャールズ・ダーウィンはどうやら立派な人間だったようだ。アレクサンダー・フレミングとジョナス・ソークは世の中の役に立てるよう働いた。だが、人の真の道徳的指針や動機など、どれくらい本当にわかるというのだろうか？

今日の天才のなかには、実際に行っていることであれ、これから行おうとしていることであれ、利他的な目的を口にする人がいる。「チャンスなんて一度もなかったかもしれない人にチャンスを与えてあげたいんです。私が人にそうしてもらったから」[4]とオプラ・ウィンフリーは語っている。彼女の誠意を疑う理由はないだろう。

イーロン・マスクも自分の目標は人類の救済以外にない、と口にしている。イーロン・マスクは「人類が多惑星種族になれるよう、できるだけ貢献したい」[5]と話し、地球に人が住めなくなったら、人類を火星に連れていく目標をそれとなく匂わせている。しかし、どこでマスクの評判を聞いても、マスクは家族や友人、従業員などの身近な人々に対して優しくないといい、乱暴で狭量との評判が聞こえてくる。[6]

「フェイスブックはつながりとシェア――友人、家族、コミュニティとつながって、その人たちと情報を共有すること――がすべて」[7]と、マーク・ザッカーバーグは一度ならず語っているが、フェイスブックで私たちがつながり、共有しているあいだに、ザッカーバーグは私たちのデータを売って利益を得て、各方面の話を総合すると、世界中で民主主義を弱体化させている。

創造するために破壊する

天才のなかには、道徳的で、知ってか知らずか（「意図せざる結果の法則」に従って）物事をぶち壊してしまう人がいる。一方、不道徳か無道徳で物事をぶち壊してしまう人もいる。あるいは、避けられない変化のプロセスの一環として、制度を壊してしまう人がいる。また、自分の貪欲な欲求を満たすために、心的エネルギーを生み出す手段として、他人を壊してしまう人もいる。

何かを壊したからといって天才になれるわけではないが、**創造的な天才にはすべて、何かを壊す習慣がある。**

1995年、中国の美術家の艾未未（アイウェイウェイ）が、100万ドルもする漢王朝時代の壺を頭上に持ち上げて、地面に叩きつけて粉々に壊した。世界中の美術愛好家が恐怖に身を震わせたが、艾には伝えたいメッセージがあった。新しい芸術をつくるには、古い慣習、習慣、文化を壊さなければならない、ということだ。

1942年、ハーバード経済学者のヨーゼフ・シュンペーターが「創造的破壊」という概念を提唱した。既存のものを壊さずに発展できる新しい技術や業界はない、と述べている[8]。元連邦準備制度理事会議長のアラン・グリーンスパンは、共生関係をこのように表現している。「破壊は創造の単なる不幸な副作用ではない。破壊は創造につきものである[9]」。

最近の創造的破壊、デジタル革命の「不幸な」犠牲者には、銀行の窓口出納係、食料品店の店員、旅行代理店、図書館員、ジャーナリスト、タクシー運転手、組立ラインの労働者などがある。艾がドラマティックにやって見せたように、破壊は進歩のために払わなければならない代価である。

傲慢なクソ野郎　ジョブズの場合

スティーブ・ジョブズはテクノロジーに精通した夢想家であった。事務員、電話オペレーター、カメラメーカー、レコード会社を廃業に追い込んだ。ジョブズの目的は人々の暮らしをよくすること。そしてそのとおり、革命的なアップルのパソコンとｉＰｈｏｎｅは、消滅させたより多くの仕事を創出する、と直観的に捉えていた。

2011年、『フォーブス』誌は「Steve Jobs: Create. Disrupt. Destroy（スティーブ・ジョブズ：創造、混乱、破壊）」と題した記事を掲載した。その記事には「ジョブズ氏以上に既存のやり方を混乱させた人はいない」[10]と書かれている。そしてジョブズ以上に嫌な人間はいただろうか？ウォルター・アイザックソンの『スティーブ・ジョブズ』という、この天才の伝記中には「攻撃的な行動」という索引項目がある。

スティーブ・ジョブズが「傲慢なクソ野郎」であることは、本人も含めてみんなが知っていた。「それが私だというだけのこと」とジョブズは語っている。2008年の『ニューヨーク・タイムズ』紙の記事で、ビジネスジャーナリストのジョー・ノセラは、ジョブズからかかってきた電話を思い出して、こんなことを書いている。

「スティーブ・ジョブズだけど。君は私のことを自分が法律だと考えているような傲慢な「＊＊＊」だと思っているようだけど、君は事実の大半を取り違えているゲス野郎だと私は思うね」[11]とジョブズは言ったという。ジョブズの基準で言えば、彼は十分に親切な人間のようだった。

もっと顕著なのは、自分の会社アップルの従業員に対する声のかけ方。それについては、製品マネージャーのデビ・コールマンがこんなふうに振り返っている。「『この大ばか野郎が。なにひとつまともにできんのか』などと怒鳴っていました。しょっちゅうという感じでしたね」[12]と彼女は話している。

1981年に、ゼロックスのコンピュータエンジニア、ボブ・ベルヴィルと電話で話していたときも、こんなふうだった。ジョブズは「君が人生でやってきたことはみんなクソだね。うちへ来て仕事をしたらどうだい？」[13]と言ったという。アイザックソンは次のように書いている。「ジョブズの言動にとげがあるのは完璧主義者だからという面もあれば、スケジュールと予算にしたがって製品を出せるように現実的な妥協をする人間が許せないからという面もある[14]」。

しかし、ジョブズの破壊行動を牽引していたもう一つの要素は、彼が単に人を傷つける性格である、ということだ。何も得られる成果がなくても――人をこき下ろして、自分のほうが賢いことを示す。ただ単にサディスティックな喜びのためだけに。それがウェイターであれ、CEOであれ、**ジョブズが出会った人たちを必要もなく侮辱する話は、そこらじゅうにあふれている**[15]。

彼の直接の家族も、罵倒対象の例外ではなかった。億万長者であったにもかかわらず、ジョブズは自分の娘リサ・ブレナン＝ジョブズの認知を拒み、法廷に引き出されるまで、自分が父親であることを否定していた。

リサ・ブレナン＝ジョブズはその著書『Small Fry: A Memoir（ちっぽけな奴：回想録）』（2018）で、自分の父スティーブが、どれほど頻繁に娘を困惑させたり、脅したりするのにお金を使っていたかを記している。「ときどき父は、最後の最後の瞬間になって、お金を払わないと決めることがあった」と書き、「会計をせずにレストランを出た」話を綴っている[16]。

ある晩、食事に出かけてジョブズは、ジョブズがベジタリアンであることを知らずに肉を注文した、娘のいとこのサラに腹を立て、「君は自分の声がどれほどひどいか、考えてみたことはあるかい？」とサラに吐き捨てたという。

「頼むから、そのひどい声で喋るのをやめてくれないか。自分のどこが悪いか真剣に考えて、直す努力をするべきだね」とジョブズ。リサの母親のクリスアン・ブレナンは、「彼は賢くて残酷な人だったわ。不思議な組み合わせよね[17]」と語っていた。なぜ、残酷なのだろうか？

人の行動規範は自分には当てはまらないとスティーブ・ジョブズは考えていた。彼は自分は特別だと考えていたし、選ばれし者で、「見識ある人間」だから「自分が法律」だと考えていた。彼は自分の車にナンバープレートをつけるのを拒否し、車を会社の身体障害者用の駐車スペースに停めた。

初代マッキントッシュ開発チームでジョブズと一緒に仕事をした、ソフトウェアエンジニアのアンディ・ハーツフェルドは、次のように語っていた。「世の中には特別な人間がいるとスティーブは考えていました。アインシュタインとかガンジーとか、自分がインドで会った導師とか。そして、自分もそのひとりだったのです[18]」。

ときどき、ジョブズには自分がつくった製品（たとえばｉＰｏｄ）を壊すべきときがわかる。より革命的で、おそらく利益性の高い製品（ｉＰｈｏｎｅ）を市場投入するためだ。ときどき彼は、その強迫観念的な情熱――彼の不作法な「イライラ[19]」と呼ぶもの――によりテクノロジーの世界を変え、それによってときどき、理由もなく人を傷つけてしまうことがある。ジョブズはときどき天才であり、ときどき単なる嫌な奴であった。

共感に乏しい仕事人　エジソンの場合

トーマス・エジソンは単に無知だっただけだ。彼に破壊的な意図はなかった。ただ、共感が欠けていただけだ。エジソンが亡くなる9年前の1922年の投票で、75万人のアメリカ人がエジソンを「史上最も偉大な人物」として認識していた。[20]何と言ってもエジソンは長時間点灯し続ける白熱電球を発明し、夜にピリオドを打ったのだ。ただ電球によって、確かにろうそくメーカーが廃業に追いやられ、捕鯨業界が沈んだ。

そして、**人や動物への共感ということになると、エジソンはよくわかっていない**。彼の家族や他の人々への接し方は、彼の最初の妻メアリー・スティルウェルへのプロポーズから推測できる。ニュージャージー州のニューアークのエジソンの研究室にいた16歳の従業員で、プロポーズの様子は次のように伝えられている。

「お嬢さん、私のことをどう思う？　私のことが好きかね？」

「まあ、ミスター・エジソン、藪から棒に、何を。私は——それはその——私は」

「焦らなくていいよ。それはそんなに問題じゃないんだ。あなたが私と結婚したいのでなければね。［中略］まあ、そういうことだ。でも、慌てなくていいからね。よく考えてみてくれ。お母さんに相談してもいい。それで都合のいいときに答えをくれないか——そうだ、火曜日。火曜日はどうかな、来週の火曜日ということだけど？」[21]

エジソンは1871年のクリスマスの日にスティルウェルと結婚した。その日の午後、エジソンは自分の研究室に戻って仕事をした。一方の彼女のほうは、伝記作家のニール・ボールドウィンによると、「夫にまともに相手にしてもらえない生活がつづき、その犠牲[22]」となってきたという。

1878年、エジソンの助手のエドワード・ジョンソンが『シカゴ・トリビューン』紙の記者に語っている。「彼は食べるためであれ、寝るためであれ、何日も家に帰っていません」。のちにジョンソンは、かつてエジソンに注意されたことを思い出して、次のように語っている。「私たちは配線［ショートなどのトラブル］に注意していなければならなかった。というのも、お客さんを殺すようなことがあったら、ビジネスが大変なことになるから[23]」。

しかし、エジソンがどこまで研究のアイデアに取り憑かれていたかを完全に理解するには、「電流戦争」の歴史とトプシーの電気処刑［東南アジアからアメリカに密輸されてきた象のトプシーが、人間に虐待された結果、暴れ象になり、電気処刑された話。処刑の様子をエジソン・スタジオが動画撮影した］を振り返ってみるだけでよい。

簡単に言うと、1885年、トーマス・エジソンは最大のライバル、ニコラ・テスラと、エジソンの直流かテスラの交流のいずれがアメリカに光を届けるのかを巡って電流戦争の真っただ中にいた。ライバルのシステムの評判を落とすためにエジソンはテスラを非難し、交流の殺傷能力を証明するキャンペーンを開始した。

エジソンはまず、子どもたちに25セントのご褒美を与えて、野良犬を捕まえてこさせ、その犬に交流を流す電気実験を始めた。1890年、エジソンはニューヨーク州の刑罰制度の命令により、人間の電気処刑を監督した。そして浮上した疑問が、**交流で人を殺せるなら、もっと大きなもの、象も殺せるのでは？**

こうして1903年1月3日、トプシーという名のメスのサーカス象がコニーアイランドで電気処刑された。遊園地での公開見世物であった。電極を何も知らずにいる象の足につけることをエジソンは要求した。交流の殺傷能力が確実に皆に明らかになるよう、エジソンは映画撮影班を送り込んで、彼の新しいビデオカメラで処刑の模様を記録させた。[24]

エジソンのこのショートフィルムは現存しており、ユーチューブで見られる。「（一部残酷な表現が含まれます）ご注意ください」の警告が誘いになって、さらに多くの視聴者を呼び寄せることもよくあるが、これはそうではない。

人間関係を築くのが難しい!?

その他の点ではきわめて優れた人の破壊傾向は、昔から明らかになっている。1711年、アイザック・ニュートンは、つまらないけんかから、微積分学を考案したゴットフリート・ライプニッツの評判を落とそうとした。

ニュートンは、王立協会会長として裁判に訴えたが、自分自身で評決を下し、ライプニッツの評判を貶める意見書を書いた[25]。ニュートンはまた、自身の実験の証拠を捏造したり[26]、同僚からデータを盗んだり、認めるべき他人の功績を認めなかったりした――すべて科学の進歩の名の下に[27]。

おそらく誇張だろうが、小説家のオルダス・ハクスリーは皮肉を込めて**「人としては［ニュートンは］失敗作だが、怪物としては最高だった[28]」**と書いている。同じく物理学者のスティーヴン・ホーキングはニュートンのことをたった7語で表している。「アイザック・ニュートンは感じのいい人物ではなかった[29]」。

物理学者のアルベルト・アインシュタインも、少なくとも近しい親族に対しては、いい人間ではなかった。彼は非嫡出子の1人娘をもうけていたが、いっさい連絡を取らず、次男もスイスのサナトリウムに入れ、1933年から亡くなる1955年まで息子に会いに行かなかった。

彼の最初の妻、ミレヴァ・マリッチは1912年12月、「彼は疲れを知ることなく問題に専念しています。彼は科学のためだけに生きていると言えるかもしれません。私たちは彼にとって重要ではなく、二級の地位しかあたえられていないことを少し恥じる、ということを告白せざるを得ません[30]」と語っている。

アインシュタイン自身、自分の自己中心的な性格を認めており、「私に明らかに欠けているのは、他の人間や人間社会と直接接する必要性を感じないことだ。私は実際『孤高の旅人』であり、国にも、家にも、友人にも、さらには自分の直接の家族にも、心からつながりを感じたことはない[31]」と語っていた。

強迫観念に支配された人たち

天才にはなぜ、他人を一段下に格下げする習慣があるのだろうか？　単に、天才はナンバーワンでなければばならない、といううぬぼれからだろうか？　「財産を築くことにさほど興味はない」とトーマス・エジソンは１８７８年に語っていた。「なぜなら私は他の人間より上に行くためにやっているから[32]」だという。

それとも強迫観念だろうか？　ノーベル賞受賞作家のパール・Ｓ・バックは、創造性を**「せずにはいられない状況に追い込まれる」**と呼んだ。パール・Ｓ・バックは「［この過剰に繊細な人が、］創造せずにはいられない状況に追い込まれると、楽曲や詩や書物や建物や、何かしら意味のあるものを作らずにいられなくなる。そうしないと、息もできなくなるのだ。創作しなければならない、創作物を吐き出さなければならない。自分を急きたてる不思議な力に突き動かされ、創作しなければ生きた心地がしなくなるのだ[33]」。

ベートーヴェンは、「私はずっと楽譜のなかで生きており、たいていは1曲を完成させないうちに別の曲を書き始めてしまう」[34]と言った。ピカソも表現は違えど、同様のことを言っていた。「最悪なのは、彼［芸術家］には絶対に終わりがないことだ。『よく働いた、明日は休みだ』と言える瞬間は金輪際ない」。トーマス・エジソンは「じっとしていられないのは不満の表れであり、不満は進歩に必要不可欠な要素である。満足しきっている人間を連れてきてみたまえ、失敗例としてお見せしよう」[35]と語っていた。

これらは皆、正直な気持ちである。実際、私たちもその多くが「仕事」を口実にして、家族や社会との関わりの責任を回避しているのではないだろうか？　毎晩のように、仕事を持つ多くの忙しい親たちが、仕事に戻るか、それとも家に帰って子どもの宿題に付き合うか、のジレンマに晒されているのではないか？　もしかしたら、この場合、悪い例で仕事中毒の天才が私たちに教えを授けているのではないだろうか？

しかし、強迫観念には良い側面もある。生産性だ。シェイクスピアは、それぞれの上演時間平均が3時間にもなる劇作を37本書き、ソネットを154作書いた。批評家のなかには、シェイクスピアの劇作は複数の人間あるいは作家チームの手によるものだと言う人もいる。誰も1人ではこれほど多くの作品は書けない、というのがその理由だ。

おそらくこの人たちは、ダ・ヴィンチが10万枚のスケッチと1万3000ページにもわたるメモを残した話や、バッハが300曲のカンタータを週に1曲ずつ書いた話、あるいはモーツァルトが30年間で800もの楽曲（3時間のオペラ数本を含む）を書いた話、エジソンが取得した1093もの特許の話、あるいは2万点にも上るピカソの絵画作品の話、フロイトの150

にも上る書籍および記事と2万通にも及ぶ手紙の話は聞いたことがないのだろう。

アインシュタインは1905年の5本の論文が最も有名だが、彼はそのほかにも248本の論文を発表している。**取り憑かれたように仕事をするのは、天才の習慣であって、それを否定する根拠は一つもない。**

シェイクスピアは、家族を捨てて、彼をシェイクスピアにした街ロンドンに向かわずに、ストラトフォード＝アポン＝エイヴォンの自宅にとどまって家族の面倒を見るべきだったのだろうか？　たぶん。だが、ウィリアム・フォークナーは娘のジルが彼に、飲酒をやめてくれとうるさくせがんだとき、ジルに冷たく言い放っている。「誰もシェイクスピアの子どもたちのことなんて覚えていないんだよ[36]」と。

ポール・ゴーギャンは永遠にタヒチに行ってしまわずに、妻と5人の子どもたちと一緒にコペンハーゲンにとどまるべきだったのだろうか？　家族は幸せだっただろうが、タヒチで生み出されたゴーギャンの傑作は、はるかに少なくなっていただろう。要するに、天才にはフリーパスが与えられてしかるべきなのか、ということだ。

天才は何をしても許される？

伝記作家はもちろん、皆、天才にフリーパスを与えてやりたいと考えている——ほぼすべての種類の破壊行動を容赦するために。１７９１年12月5日にモーツァルトが亡くなってから1週間後、ウィーンのある新聞が「モーツァルトは残念ながら、偉大な人物にはありがちなことだが、家族の状況に無関心だった[37]」と書いた。

しかしモーツァルトの姉のナンネルは、１８００年に書いた短い伝記のなかで、モーツァルトを弁護して思い出を語り、「偉大な天才というものが、あふれんばかりのアイデアに夢中になっていて、驚かんばかりの速さで地球から天に駆け上がっていき、ふと日々の雑事に気づいて、本当に渋々天からもう一度降りてきて、それらをこなすのは、至極容易に理解できる[38]」と書いている。

そして『ザ・ニューヨーカー』誌でよくロビン・ウィリアムズのことを書いていたジャーナリストのリリアン・ロスも、ロビンについて２０１８年にこんなことを語っていた。「ロビンは天才でした。そして天才というものは、よき家長で、妻と子どもたちの面倒をよく見る隣の普通の男性にはなれません。天才には独自の見方、生き方が必要であり、それは必ずしも従来の人の生き方に合致しません[39]」。

作者を憎んで、作品だけ愛することはできるのだろうか？　何十年ものあいだ、イスラエルの答えは「ノー」で、過激な反ユダヤ主義者のリヒャルト・ワーグナーの革新的な音楽を同国のコンサートホールで演奏することを禁じてきた。２０１８年、ワシントンＤＣのワシントン・ナショナル・ギャラリーはチャック・クロースの作品の展示を延期した。女性モデルたちからセクハラの訴えがあったためだ。

マイケル・ジャクソンの楽曲の売上とストリーミングは、ドキュメンタリー映画『ネバーランドにさよならを』（2019）でマイケルにとって不都合な小児性愛の性向が暴露されてから、下降線を辿っている。[40] 2019年には、カリフォルニア大学の2万人の学生が、大学に対して、おそらく児童性的虐待者のウディ・アレンの映画に関する人気講座を取りやめるよう要求した。[41]

その同じ年、ロンドンのナショナル・ギャラリーが、「ゴーギャンを見るのをいっさいやめませんか？」と呼びかけている。なぜならゴーギャンが「繰り返し若い女性と性的関係を結んでいた」[42]からだ。

しかし、イェール大学美術館名誉会長のジョック・レイノルズから、こんな質問が投げかけられたことがあった。**「芸術家のふるまいに関して、私たちはいったいどこまで、いちいちリトマス試験をしようというのでしょう？」**[43]と。

画家のミケランジェロ・メリージ・ダ・カラヴァッジオは、ほとんど1人でバロック絵画のドラマティックな明暗法、キアロスクーロ技法を発展させた天才だが、殺人の咎めを受けている。2018年にニューヨーク、パリ、ロンドン、ウィーンで栄誉ある没後100年展が開かれた画家のエゴン・シーレは、13歳の少女をレイプしたとして、24日間拘留されている。これは100年以上前の話だ。

芸術家の破壊行動に関して、時効はないのだろうか？　もしないなら、ほぼ間違いなく欧米のすべての画家のなかで最も偉大な、天才であり怪物のパブロ・ピカソはどうなるのだろうか？

女性への虐待　ピカソの場合

1965年、文化批評家のライオネル・トリリングが、芸術的に脂ののった時代は「周囲の人に」どれほどのダメージを与えられるか[44]」で測ると書いた。パブロ・ピカソは一生のうちに女性にたくさんのダメージを与えた。彼は精神的虐待、身体的虐待を行う人物で、妻、パートナー、愛人を怯えさせ、互いに競わせていた。ピカソの女性遍歴を以下に示そう。

フェルナンド・オリビエ（1904～1911）：彼女を描いたピカソのキュビズムの作品が2016年に6340万ドルで売却されている。

オルガ・コクローヴァ（1917～1955）：ピカソの最初の妻で、ピカソとは死別。ピカソとのあいだに息子パウロをもうけている。

マリー・テレーズ・ウォルター（1927～1935）：娘マヤの母親。ピカソはウォルターを他の女性の2倍描いている。

ドラ・マール（1935～1943）：ピカソの絵画『ゲルニカ』の制作で重要な役割を果たした。

フランソワーズ・ジロー（1943～1953）：クロードとパロマの母親。画家として成功し、現在もニューヨークで暮らしている。

ジュヌヴィエーヴ・ラポルト（1950年代）：ピカソとは彼女が高校生のときに初めて会った。

ジャクリーヌ・ロック（1953～1973）：2番目の妻で、1973年にピカソが死ぬまで妻だった。

こうして見てみると、ピカソは順に女性を取り替えていたように見えるが、実際は時期が重なっている。ピカソが1938年にムージャンで夏を過ごしたとき、彼の新しい愛人のドラが同行したが、それとは別に妻のオルガとマリー・テレーズも、ピカソはムージャンに呼び寄せている。

ピカソが1944年にパリのグラン・オーギュスタン通りに住んでいたときには、オルガ、ドラ、マリー・テレーズ、フランソワーズがピカソのところに出入りしていた。ドラが選んできたそのアパートで、ドラとマリー・テレーズが鉢合わせして大げんかになったことがあった。**「私の最高の思い出の一つ」**とピカソは振り返っていた。[45]

ピカソの女たちが自分たちでお互いに破壊し合えなかったら、ピカソが手伝っていただろう。ピカソが好んで使う表現に**「私にいわせれば、女には二種類しかない——女神かドアマットだ」**[46]がある。

身体的虐待について言えば、ボエシー通りのアパートで、オルガは殴り倒され、髪の毛をつかんで床を引きずり回されたことがある。ドラはグラン・オーギュスタン通りのアトリエで殴られて気絶している。フランソワーズは地中海で3匹のサソリに襲われたことがあるが、ピカソは嬉しそうに笑っていた——さそり座は彼の星座だ。

一度、フランスのゴルフ＝ジュアンで彼は、フランソワーズの顔を火のついたタバコで焼いたことがある。ピカソは火傷に惹かれるものがあったらしい。関係が終わりに近づいた1952年、ピカソはフランソワーズにこんなことを言った。

「妻を取り替えるたびに、前の妻を焼き捨てざるをえなかった。そうやって、女たちから逃れてきたのだ。女たちを排除すれば邪魔するものもなくなる。それで若さも取り戻せるだろう。人は女を殺し、その女が体現する過去をきれいさっぱり拭い去るのだ[47]」

作品に表れた攻撃性

暮らしのなかで女性を怯えさせては、それでエネルギーを得たピカソは、そうして邪悪に発生

Lesson12

すばやく動いて、ぶち壊せ
――破壊的な衝動が牙をむく

図 12・1：パブロ・ピカソの『泣く女』(1937)。ドラ・マールの肖像画。「私にとって彼女は泣く女なんですよ」とピカソは言っていた。「何年も私は彼女を痛めつけられた姿で描いてきました」(テート・ギャラリー、ロンドン)。© 2022 - Succession Pablo Picasso - BCF (JAPAN)

させたエネルギーを自分の作品に移し込んでいった。「彼はまず女性を犯すの……で、それから仕事に取りかかる。それは私のこともあれば、ほかの誰かのこともあって、いつもそんなだったわ」と振り返ったのはマリー・テレーズ・ウォルターだ。[48]

絵筆を手に、ピカソはマリー・テレーズの曲線美の肉体を自分の性的妄想の対象にしていた。一度ならず彼はマリー・テレーズの額に大きなペニスを追加している。おそらくは自分のペニスを映したものだろう。

美しく才能あるドラ・マールはピカソの頭のなかで最初、スタイリッシュなファッションの象徴だったが、次第に『泣く女』（図12・1）になり、彼女の容姿がどんどん角張ってきて、ばらばらのパズルのようになっていった――ファッショナブルな女神からヒステリカルなドアマットへ、だ。

マリー・テレーズ、ドラ、フランソワーズ。それぞれが、か弱い女性と半獣半人の怪物ミノタウロスが登場する心理劇になって登場。そのなかで彼女はいけにえとなる犠牲者。彼は馬乗りになって彼女を犯す恐ろしい野獣だ（図12・2）。

ピカソがこれらの作品の一つを眺めて、こんなことを呟いたことがある。「［ミノタウロスは］女のことをじっと見ている。心を読もうとしているのだ。彼女が怪物としての自分を愛しているかどうか探っている。知ってのとおり、女というのはそれほど不可解なものだからな。怪物がこの女を起こしたいのか、それとも殺したいのか、どちらともいいかねる」[49]。犠牲者の女たちは、どの時点でミノタウロスから、あるいは天才から逃げられるのだろうか？

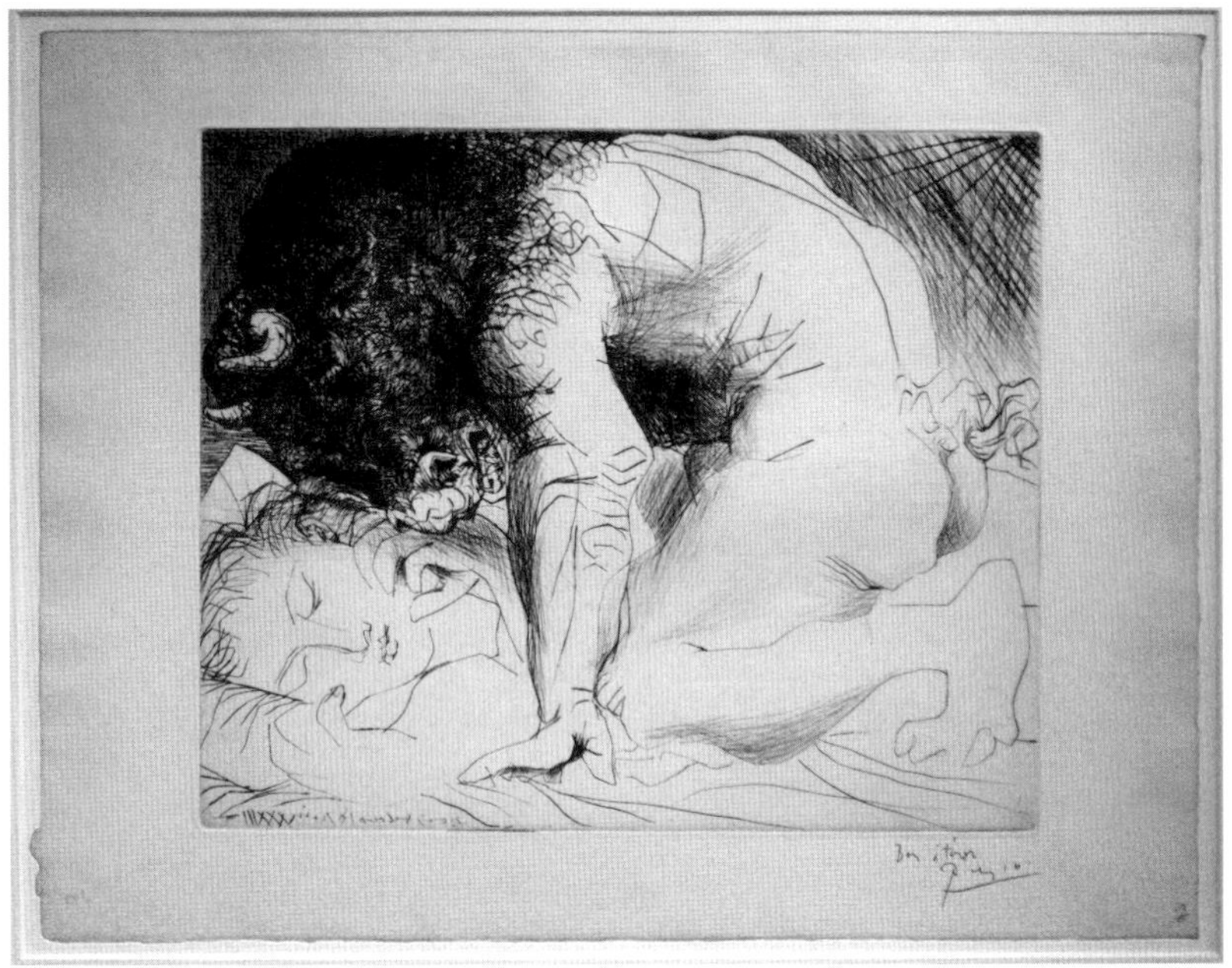

図12・2：パブロ・ピカソの『眠っている女性にひざまづくミノタウロス』(1933)。これに類似するピカソの作品が、2016年の『Picasso: Man and Beast』展でカナダのナショナル・ギャラリーに展示された（ピカソ美術館、パリ）。© 2022 - Succession Pablo Picasso - BCF (JAPAN)

ピカソがミノタウロスだという話はまだできるが、もう論点ははっきりしただろう。彼は怪物なのだ。革命家がすべてそうであるように、この怪物も市民が受け入れてくれるかぎり生き残れる。そしてそれは彼自身も認識していた。

「彼ら［世間］は衝撃を受けたり、震えあがったりしたいのだ」と彼は言った。**「怪物が微笑すると、たちまち彼らはがっかりする」**[50]。ピカソは期待を裏切らなかった。しかしそれに伴って、彼の芸術的悪行は周囲を傷つけた。

ピカソにとって、それは重要なことではなかった。「わたしにとって、ほんとうに大切な人間は一人もいない。わたしにとって、他人はこの陽の光に舞う埃みたいなものだ。箒(ほうき)でひと掃きすれば消えてしまう[51]」と彼はフランソワーズ・ジローに話していた。

いくぶん頭のおかしくなった最初の妻、オルガは、1955年に亡くなるまで、ピカソがどこへ行くにもストーカーのようにあとをついてきた。マリー・テレーズは1977年に首を吊って自殺しているし、2番目の妻ジャクリーヌは1986年に拳銃自殺している。ドラ・マールは電気ショック治療を受け、田舎に隠遁して、1997年に亡くなった。

傷つきながらも生き延びたのはフランソワーズ・ジローだ。彼女はのちに、先に出てきた別の天才ジョナス・ソーク博士と結婚している。

ハフィントン・ポストを創設したアリアーナ・ハフィントンは、1988年に出版したピカソの伝記のタイトルで、見事に的を射ている。本のタイトルは『Picasso: Creator and Destroyer（ピカソ　創造者にして破壊者）』［邦題『ピカソ　偽りの伝説』］だ。

すばやく動いて、ぶち壊せ　ザッカーバーグの場合

マーク・ザッカーバーグは2009年にこんなことを言っていた。「すばやく動いて、ぶち壊せ」と。「何かを壊さないかぎり、すばやくは動けない[52]」という。

シリコンバレーのコンピュータエンジニアたちは、メインフレーム・コンピュータからワークステーションへ、ワークステーションからデスクトップへ、そしてタブレットへ、遂にはスマートフォンへとすばやく動いた。どの新製品も先行製品の独占状態をぶち壊している。ザッカーバーグは「何」をぶち壊したかったのだろうか――製品か、組織か、人か？

今日、フェイスブック［現メタ］の時価総額はほぼ5000億ドルに達し、ザッカーバーグ自身の純資産も600億ドルを超えている。フェイスブックは国際規模での天才だ。27億人の登録者（子会社のインスタグラム、ワッツアップ、メッセンジャーを含む）を数え、フェイスブックは世界人口の3分の1にも普及して、地球の第一のニュースソースおよび他者とのつながりツールの役割を果たしている。

フェイスブックの利点は明らかだ。たくさんのコミュニケーションおよび商業手段（お金、メッセージ、人検索、ニュースフィード、写真、動画、ビデオカンファレンス、フォーカスグループなど）を単一のプラットフォームに集約することで、人や物をかつてなかったスピードと効率で結びつけ

られることだ。

もう、銃反対運動を展開したり、自分の家の庭でのガレージセールを近隣の人に知らせたりするのに、ポスターを描いて貼りまくらなくていい。そうしたことが、すばやく、効率良く、大規模に行える――しかもすべて「無料」で。その代わりに差し出さなければならないのは、自分のプライバシーだけ――それとおそらくは自由も。

しかし、『侍女の物語』の著者マーガレット・アトウッドは、次のように見ている。「弓矢も含めて、ヒューマンテクノロジーにはすべて暗い側面があります」[53]。フェイスブックの暗い側面は明らかに、データをたれ流し、承諾なしに個人情報を広告主に販売しているところから始まる。

フェイスブックの「監視資本主義」の世界では、機密情報が直接フェイスブックそのものに流れたり、フェイスブックを通じて提携するベンダーや携帯アプリの開発者に流れたりする。あなたの連絡先、いる場所、あなたが飲んでいる薬、心拍数、支持政党、休暇の日の予定――すべてそこに集まって、フェイスブックが「スポンサーつき投稿」として利用できるようになる[54]。

あまり知られていないのが、人々を束ねてフォーカスグループを形成させるフェイスブックのアルゴリズムの能力だ。ここには内容の非常に絞られた情報がどんどん流し込まれてきて、興奮した極論者の集団へとつながる可能性がある。

2019年2月12日、『ニューヨーク・タイムズ』紙は見開き2面にわたって2つのトップ記事を掲載した。「フェイスブックのフランス人ジャーナリスト・グループ、何年にもわたって女性に嫌がらせ」と「フェイスブックが憎悪を拡散させた結果、某ドイツ人警官が異常行動に」だ。いずれも、**嫌がらせや誤った方向への誘導を助長するフェイスブックのテクノロジーの威力**を見せつけている。

2019年3月15日には、一人の白人過激派がニュージーランドのモスクで50人のイスラム教徒を殺害した。フェイスブックでライブビデオをストリーミングしていたことが一部関係していた。このように、フェイスブックは、偽情報やハラスメント、いじめ、ヘイトスピーチを規制することに関しては、はるかに無能だということがわかってきた。

2016年のアメリカ大統領選挙のときには、ロシアの政府職員がアメリカ人のふりをして、フェイスブックの偽アカウントを取得し、さまざまな政党支持グループに参加してメッセージを投稿し、フェイスブックで広告を流した。これは1億2600万人のユーザーに届いた[55]。なかには、その広告料をルーブルで支払った「アメリカ人」もいた（おバカですね〜[56]）。

2019年2月14日、イギリス庶民院のある委員会が、「ブレグジット［イギリスの欧州連合離脱］投票への干渉に関する報告書を発表。そのなかで委員会は、フェイスブックが「デジタルギャング[57]」のようなふるまいをした、と結論づけた。

その同じ月、長年シリコンバレーへの投資とオブザーブを続けてきたロジャー・マクナミーが、フェイスブックを批判する書『Zucked: Waking Up to the Facebook Catastrophe（ザック洗脳された人々よ、フェイスブックの大惨事に目覚めよ）』を出版した。無法者の独裁者に操られて、自由民主主義が間違いなくザック洗脳されている。

確信犯？　それとも「予期せぬ結果」の犠牲者？

天才ザックについていえば、データ窃盗が招く破壊をすべて予見していたのだろうか？　それとも単に彼も予期せぬ結果の犠牲者なのか？

ハーバード大学の学生新聞『ハーバード・クリムゾン』に掲載された2003年11月19日の記事を見てみよう。同記事はザッカーバーグが、「セキュリティ違反と、著作権侵害、個人のプライバシー侵害」の責を問われて、ハーバードを放校同然で退学したことを伝えていた。

当時、ザッカーバーグはどうやら、プログラミングに取り憑かれた、社交性のないコンピュータ・オタクだったようだ。[58] その頃の彼の典型的な考え方は、『ビジネスインサイダー』で伝えられた、彼と友人とのオンラインのやり取りに映し出されている。[59]

ザック：あのさ、ハーバードの誰かの情報いらない？
ザック：聞いてみただけなんだけど
ザック：実は4000人以上のメアド、写真、住所、SNS持ってるんだ
友　人：何だって？　そんなのどうしたのさ？
ザック：みんなが出してくれたんだ

ザック：なんでかわからないけど
ザック：みんな「僕を信用してる」のさ
ザック：バカだね～

このときと何が変わったのだろうか？　大して変わってなさそうだ。そのバカの数が27億人に膨らんだことを除いては。

『ジュリアス・シーザー』（1599）のなかでシェイクスピアは、「悪事は犯した人間の死後も生き残り、善行は往々にして骨とともに埋葬される」とアントニーに言わせている。シェイクスピアにそう言われてしまうと、そうか、と思わず納得しそうになるが、これが天才の話になると、どうやらそれも当てはまらなそうだ。

私たちは善行をいつまでも覚えていて、破壊を忘れる。この集団での健忘能力こそが、進歩を可能にする進化上の利点なのかもしれない。**人は革新的なクソ野郎に耐えられるし、それによって生じる人や組織の破壊も容認する。**なぜなら、総体的にそのほうが、長い目で見て私たちの利益になるからだ。

小説家アーサー・ケストラーが1964年にこんなことを言っていた。「天才の第一の徴は完璧さではなく独創性、である。新天地の開拓だ[60]」と。天才が起こしてくれる革新が利益になるものなら、人は許して、忘れる傾向がある。

Lesson 13

リラックスせよ

最高のアイデアが頭に浮かぶ

ひらめきの瞬間

「私がこれまでに得た本当に素晴らしいアイデアはすべて、牛の乳搾りをしているときに浮かんだ[1]」と話していたのは、画家のグラント・ウッドだ。『アメリカン・ゴシック』（１９３０）が最も有名な代表作である。

皆さんは、どこで、どんなときに最高のアイデアが浮かぶだろうか？　どういう環境で？　夜、グラスでワインを飲んでいるときだろうか？　朝、シャワーを浴びているときだろうか？　それとも、そのあとデスクについて、その日１杯目のコーヒーを飲んでいるときだろうか？

アイザック・ニュートンには、ただじっと立って考える才能があった。考えて、考えて、考える。それほど高い集中力で、休むことなく長時間論理的に考え続けることが、クリエイティブな発想を得るためのカギだろうか？　必ずしもそうではない。

たとえば、アルキメデスは入浴しているときに「わかった（エウレカ）」の瞬間があった。**多くの天才の働き方の習慣から判断すると、クリエイティブな発想を得るには、緊張を緩めて頭を休めなければならないようだ**――湯船に浸かるでも、乳搾りをするでも、音楽を聴くでも、あるいはジョギングに出かけるとか、場合によっては電車に乗るでもかまわない。

そしておそらく、クリエイティブな発想に最も重要なのが、夜、よく寝ること。素晴らしい夢をたくさん見るといい。

睡眠こそ最強の解決策である

夢とは何だろう？　なぜ人は夢を見るのだろう？　その夢が意味するものは？　天才ジークムント・フロイトは、『夢判断』（1900）のなかでこれらの問いに対する答えを探ろうとした。フロイトは、夢は、無意識のうちに隠されている、完全には満たされない欲求の表れだと考えていた。これはきわめて優れた理論ではあるが、科学的には証明もされていなければ、反証もされていない。そして脳画像解析装置の登場により、夢診断の領域がフロイト派精神分析から神経生理学に移行した。

「夢工場」を解釈するカギは、レム睡眠中に起こっていることの解明にあるということが科学でわかってきた。レム睡眠は睡眠サイクルの終わりに経験する疑似幻覚状態で、短い昼寝のときにも起こることがある。磁気共鳴画像診断（MRI）で脳をスキャンしてみると、レム睡眠中は脳の一部が効率良く活動を停止し、ほかが活発に活動していることがわかる。

前頭前野の左右両端は、意思決定や論理的思考を司るところだが、ここが活動を停止し、一方で記憶、感情、映像処理を司る海馬、扁桃体、視覚野が非常に活発になる。[2]その結果、おそらくは直観に反して、記憶、感情、画像が自由に動き回り、より良い解決策や、よりクリエイティブなアイデアが生まれることがある。[3] 最新の神経科学で **「寝て考えたほうがよい」** という問題解決のための金言の正しさが証明されている。

ハーバードのロバート・スティックゴールド教授と、現在カリフォルニア大学バークレー校に籍を置くマシュー・ウォーカー教授が協力して行った実験で、被験者は、レム睡眠状態から目覚めたときのほうが、ノンレム睡眠状態から目覚めたときや、ずっと起きてパズルを解いていたときより、アナグラムパズルが15〜35パーセントうまく解けたことがわかった。[4]

別の実験で、スティックゴールド教授は、レム睡眠中の夢の内容が、起きたあとに解決すべき問題に関係していた場合、被験者は解決策を見出す可能性が10倍高くなることを発見した（この場合は迷路からの脱出）。[5]

２０１７年のベストセラー書『睡眠こそ最強の解決策である』でウォーカー教授は、非常にリラックスした状態のレム睡眠中に、脳は、メモリーバンクの内容を自由に結びつけて、関係性の薄い別々の情報の断片をつなぎ合わせることで、意味のあるものをつくることに夢中になっている、と指摘している。

「レム睡眠で夢を見ているとき、脳はこれまでに蓄えた膨大な量の知識を吟味し、そこからある規則性や共通点を導き出している。［中略］この『アイデアを生む』というレム睡眠の働きから、人類史上でもっとも大きな発見の１つが生まれた」[6]。

Lesson13

リラックスせよ
――最高のアイデアが頭に浮かぶ

夢から生まれた偉業の数々

1869年に、すべての既知の化学元素の関係を解き明かすことに執念を燃やしていたロシア人化学者のドミトリ・メンデレーエフは、眠りに落ちたあと、ふと答えを思いついた。周期表の構造がわかったのだ。

作家のスティーヴン・キングは、自身のスリラー小説『呪われた町』は子どもの頃に何度も見た悪夢に着想を得た、と語っていたことがある。ブロードウェイミュージカル『ライオン・キング』の演出を手がけたジュリー・テイモアは、「私の最高に奇抜なアイデアの多くは、明け方に見る夢がヒントになってるの。あれは本当に信じられない瞬間よ。目が覚めて、いろんなことが一気にクリアになってくるの」と語っていた。ゴッホも、おそらく比喩的にだろうが、「私は絵の夢を見て、その夢を描いている」と言っていた。

シュールレアリストのサルバドール・ダリの作品の多くは、人が夢で見そうな絵だ。ダリは夢の創造力を強烈に信じていたので、スプーンを手に意識して眠っていたものだ。彼がうとうとし始めると、スプーンが床にカタンと音を立てて落ち、目覚められるというわけだ。そして、その夢見心地のときに居眠りから引き出された発想を大急ぎで捉えて、キャンバスに映し出す。[7]

夢を見ているとき、画家には絵が見えるのとまったく同じように、音楽家には音が聞こえる。

リヒャルト・ワーグナーは1853年、散歩から帰ってソファでうたた寝をしていたときに、『ニーベルングの指環』の冒頭の部分が聞こえたという。

イーゴリ・ストラヴィンスキーは『八重奏曲』の誕生を次のように振り返っている。「『八重奏曲』は夢から始まったんだ。小さな部屋で私が少数の楽器に囲まれているのが見えてね。それが美しい音楽を奏でていたんだ。一生懸命耳を傾けたけど、曲はわからなかった。翌日には旋律の一つも思い出せなかった。でも、何人演奏家がいるのか——夢のなかで——知りたいと思っていたことは覚えていた。〔中略〕私はこのちっちゃなコンサートから大喜びで、ワクワクして目覚めて、翌朝作曲を始めた」[8]。

ビリー・ジョエルは、自分のポップス音楽のオーケストラ・アレンジ版の夢を見たと話していたし、キース・リチャーズは、『サティスファクション』の曲はフロリダのホテルの部屋で寝ているときに浮かび、部屋に置いていた回転の遅いテープレコーダーで、曲の最初の部分を録音したと語っていた[9]。だが、超現実なうたた寝から曲のインスピレーションを得た話を詳細に語ってくれたのは、ポール・マッカートニーだ。

マッカートニーの『イエスタデイ』は20世紀のポピュラーソング第1位にランクされているが、これは1963年に夢から誕生したものだ。最初に曲が生まれて、徐々に歌詞がついた。マッカートニーはその曲を、2010年のアメリカ議会図書館でのコンサートで、こんなふうに紹介した。**「今夜最後にこれからやる曲（『イエスタデイ』）は、僕の夢に出てきた曲です。だから、魔法はあると信じたいと思います」**[10]。

マッカートニーは、彼女の家で夢から覚めて、どんなふうにその曲が浮かんだか、そしてどんなふうにピアノのところへ行って、それにどうコードをつけたかという、この『イエスタデイ』誕生の秘話を何度も語っている。

メロディーが夢の産物だなんて信じられなかったので、マッカートニーは何週間もあちこちで、プロデューサーのジョージ・マーティンやビートルズのジョン・レノン、ジョージ・ハリスンなどの友人や仲間に、どこかで聞いたことがないか尋ねて回った。

「『この曲、何だい？　どこかにある曲なんだろうね。でも聞いたことないな』。誰も知らなかった。それで最後に、僕の曲だと明かしたんだ。ほんと、すごく不思議だよね。ある朝起きたら、頭のなかにこのメロディーがあるんだから。あれから約３０００人の人がこの曲をレコーディングしている。元々の歌詞は『Scrambled eggs, oh, baby, how I love your legs』だったんだけどね。でも僕が変えてしまった」。

脳の休息がカギになる　オットー・レーヴィの場合

何が原因で、ポール・マッカートニーに夢のなかでインスピレーションを得る瞬間が訪れたのだろうか？　科学者は神経伝達物質だと言っている。電気化学的な刺激因子または抑制因子で、体内の細胞から細胞へ刺激を伝達する物質だ。

起きているときは、ノルアドレナリンという化学物質が脳内を流れて、活動するために脳を動かしている。これは「行動を誘発する」ホルモンである、アドレナリンが体内で果たす機能に似た働きをする。ところがレム睡眠のときは、ノルアドレナリンが消滅して、「行動を鎮静化する」神経伝達物質と言われているアセチルコリンが大量に分泌され、脳が休息を開始して、自由に連想を飛び回らせられるようにする。[11]

アセチルコリンの効果を最初に発見したのはドイツ人化学者のオットー・レーヴィ（1873〜1961）で、うまいことに、彼は夢でそのことに気づいた。それより早く、1915年に化学者のヘンリー・ハレット・デールがアセチルコリンを発見していた。しかし、それが神経伝達物質としてどのように機能するのかは、レーヴィが1921年3月25日の夜、ベッドに行くまで明らかになっていなかった。

こうした細かなことは、レーヴィにひらめきが訪れたストーリーに比べれば重要ではない——何しろ、**一夜だけでなく二夜続けて夢を見た**のだから。

その年［1921年］のイースターの日曜日の前の夜、私は起きて明かりをつけ、薄い紙きれに短いメモを急いで走り書きした。それから私はもう一度寝た。それに気づいたのは朝の6時。夜のあいだに私は、何か非常に重要なことを書き留めていたのだが、その殴り書きが読めない。

次の日の夜中の3時、例のアイデアが戻ってきた。それは、私が17年前に提唱していた化

学的伝達の仮説の正しさを見極める実験の方法だった。私はすぐに起きて実験室に行き、夢に出てきた手順に従って、カエルの心臓で簡単な実験を行った。[12]

夢で得た着想に従ってレーヴィは実験を考案し、アセチルコリンをカエルの心臓に注入して、心臓を脈打たせた。それによって、心臓が外部からの電気チャージだけでなく、内側からの化学的チャージによっても刺激されることを示した（現在は、電子回路レコーダーやペースメーカーなどの最新機器が、心臓内の電気信号をモニターしたり、コントロールしたりしている）。レーヴィはこの発見により、１９３６年、ノーベル化学賞を受賞した。

ここで、いくつか実際の具体例を挙げて示しておきたい重要なポイントが3つある。まず、夢で問題を解決した多くの人同様、レーヴィも同じ夢を複数回見ていた。次に、レーヴィは同じ問題を24時間３６５日、長期にわたって考えていたのだろう。そのなかで、ひらめきが17年間の潜伏期間を経て、とうとう訪れた。そして最後に、彼は準備をして寝ていた——ペンと紙を近くに置いていたのだ。

アインシュタインもいつも、「そうか」の瞬間が訪れるのに備えていた。いつだったか、アインシュタインがニューヨークで友人宅に泊まったとき、友人がアインシュタインにパジャマはいるかと尋ねた。するとアインシュタインは、「床に就くときは生まれたままで寝ますよ」[13]と答えた。だがアインシュタインはペンとメモ用紙をベッドサイドのテーブルに用意してほしいと頼んだ。[14]私も今夜から、忘れないように**ベッドのそばにペンと紙をいつも置いておく**ことにしよう。

寝起きの20分を活用せよ

もしかしたら、ペンと紙をシャワーの近くに置いておくのもいいかもしれない。『ビジネスインサイダー』が２０１６年に行った調査で、72パーセントのアメリカ人が、シャワーを浴びているときに最高のアイデアを思いついていた。

「複数の国を対象に調査を行いましたが」と前置きしてから、「仕事をしているときより、シャワーを浴びているときのほうが、クリエイティブな発想を得られる、という回答を得ています」[15]と語るのは、ペンシルベニア大学の心理学者スコット・カウフマンだ。神経科学者がその理由を説明している。

アセチルコリンなどの、夢を左右する神経伝達物質は、朝、スイッチのようにオンになったりオフになったりするわけではなく、潮流のように満ち引きしている。[16] もちろん、シャワーは温かく、バックでずっと邪魔にならない「ホワイトノイズ」が流れているため、リラックス効果がある。

しかし一番重要なのは、目覚めてから頭が完全に化学的に起きた状態に戻るには、20分ほどのタイムラグが存在するということだ。[17] **この「薄ぼんやり」状態の時間帯、脳は感覚的には起きているのだが、まだアイデアが自由に飛び交っている状態にある。** したがって、その日を摘め（カルペ・ディエム）（今

という時を大切に使え)。あるいは、少なくとも最初の20分間を楽しもう――そして改めて言うが、ペンと紙を必ず手元に。

心地良い和音やゆったりと揺れる音楽のリズム、あるいは子宮のなかと同じように、シャワーは私たちをリラックスさせてくれる。アインシュタインもそのことには直観的に十分気づいていて、どこへ行くにもたいていはバイオリンを持っていっていた。アインシュタインの2番目の妻エルザが俳優のチャーリー・チャップリンに1931年に語った話は、重要なブレイクスルーの瞬間には、音楽が静かすぎないよきパートナーになるであろうことを物語っている。

博士［アインシュタイン］がいつもどおりガウン姿で朝食に下りてきたんですけど、何にもほとんど手をつけなかったんです。私は何かよくないことがあったんだと思って、どうしたのかと尋ねました。すると彼は「ハニー、いいことを思いついたんだよ」と言いました。コーヒーを飲んだあと、彼はピアノのところへ行って弾き始めました。そしてときどき止まって、何かメモを取っていました。[18]

アインシュタインはこんな調子で半時間ほど弾き続け、そのあいだに自分の画期的なアイデアのことを考えていた。それから書斎に行って、というようなことが続き、2週間後に下りてきたときには、何枚かの紙を手にしていた。そこには一般相対性理論の方程式が書かれていた。[19]

この話はやや誇張かもしれないが、アインシュタインの長男ハンス・アルベルトも、同様のこ

とを伝えていて、父のアインシュタインは書斎で行き詰まるとリビングに出てきてバイオリンを弾き始めたという。そうして思考を別のところへさまよわせていた。「袋小路に入り込んでしまったなと感じたり、仕事で難しい状況に陥ったりするといつでも彼は、音楽に逃げ込んでいた。するとたいてい、彼の問題がすべて解決した」[20]。

経験豊富な音楽家でも、たまにはリラックスして、自分のやり方から離れなければならない。私は何年間もイェールで音楽鑑賞の授業を受け持ってきて、**モーツァルトは逆さまになってピアノを弾くことができた**、と学生に伝えてきたものだ。そしていつも、「実際、そんなに難しいことじゃない」と言って証明して見せている。

ピアノの椅子に仰向けに寝て手を交差させる。すると鍵盤に手が届くから、それでピアノを弾く（デモ演奏の動画を私のウェブサイトに掲載している）。どこにどう指を置いて、ということに集中しすぎると、ミスをする。でも、「お前はこの曲を知っている。さあ深呼吸してリラックスするんだ。さあ――よし、いいぞ」と自分に声をかけてやると、ミスなく弾ける。そのことを私は長いあいだに学んだ。

あるとき学生に、自分では気づいていなかったことを指摘されたことがある。学生は言った。「演奏されるとき、先生は目を閉じてらっしゃることに、ご自身で気づいていますか？」と。

それは気づいていなかった。でも納得できる。長年学んできたことは、長期記憶にしっかりと入っている。そのことを覚えておいたほうがいい。あとはただリラックスして、それが出てこられるようにしてやるだけだ。

Lesson13
リラックスせよ
——最高のアイデアが頭に浮かぶ

走る、歩く、エクササイズ

創作の壁にぶち当たっている？　それなら、スニーカーを履いて外に出て、3キロほど走ってくればいい。これは2014年の『ガーディアン』紙の記事に書かれていたアドバイスで、創造力と運動の関係についての最近の学術研究の結果を伝えたものだった。[21]

実際、複数の神経学者や心理学者が行った最近の研究で、運動量を増やすと、ウォーキングでさえ、認知機能とともに発散的思考と創造力が向上することが指摘されている。[22]だが歴史を通じて天才は、すでにこのことを知っていた。意識的にか、そうでないかは別にしても。

古代ギリシャの時代、逍遙学派（ペリパトス）と呼ばれるアリストテレス派のグループは、リュケイオンの辺りを歩きながら哲学的問答を行っていた。チャールズ・ディケンズは『クリスマス・キャロル』（1843）の構想を練っていたとき、毎日ロンドンの通りを20キロ以上歩いていた。[23]

マーク・トウェインの息子は父について、歩きながら仕事をしていた、と振り返っている。「たまに父は部屋を歩き回りながら口述していることがあって〔中略〕それはまるで、新しい魂が部屋に降りてきているようだった」[24]。ビル・ゲイツもよく歩く。**「歩くと考えを整理するのに役立って、ほかの人に見えないものが見えてくるんです」**と、かつての妻メリンダは語っている。[25]

歩くことに熱心なヘンリー・デイヴィッド・ソローは1851年に、「私の脚が動き出すと、思考が流れ始めるんだ」[26]と言っていた。小説家のルイーザ・メイ・オルコットも先に見たとおり、当時の女性にしては珍しく、ランニング好きだった。「仕事のことで頭がいっぱいで、食べることも眠ることもできない。毎日のノルマをこなすのがやっと」と、オルコットは『若草物語』執筆中だった1868年に書いている。[27]

歩くのでも走るのでもいい。自然のなかでもジムでもかまわない。そうすれば神経伝達物質が活発に活動を始めて、阻害因子を弱めてくれ、**思考の縛りを緩めてくれて、記憶を呼び出す力が高まる。**だが、身体的エクササイズを行うすべてのクリエイティブな人に忠告。エクササイズを行う場所は重要ではない。重要なのはペースである。

たとえば、歩くスピードを1キロ10分から7分に上げるとか、走るスピードを1キロ6分から5分に上げるとかすると、概して脳はリラックスモードから歩くとか走るとかに対応した集中モードに移行する。[28]

したがって、ランニングマシンでエクササイズを行うのなら、モニターの電子表示はすべて無視しよう。屋外に行くなら、フィットビットは外していこう。路上で集中力を要すると、それが創造力の邪魔になるのだ。

何年も常に頭の片隅に　テスラの場合

Lesson13

リラックスせよ
——最高のアイデアが頭に浮かぶ

ニコラ・テスラは1882年のある日の午後遅く、ブダペストの市民公園をゆったりと散歩していた。26歳のときのことで、彼はブダペストで新しい電話会社に勤務していた。友人のアニタル・シゲティから、日常的に運動することの重要性を強調されていた。そこで2人は、習慣として一緒に長い時間散歩をするようになった。[29] テスラはそのことを自伝で次のように語っている。

ある日の午後、私の記憶によれば、友人と市民公園を散歩したり、詩の暗誦をしたりして満喫していた。当時、私は本を一語一句、丸ごと記憶していた。そのひとつがゲーテの『ファウスト』だった。太陽がちょうど沈みかけると、壮麗な一節を思い出した。

太陽は次第に沈んで行って、一日は今まさに終わろうとしている。ああして西に没した太陽は、また新たな一日を促すのだ。翼を得て、この地上から飛び立ち、あの跡を追って行けたらどんなにいいだろう。しかし所詮これも美しい夢にすぎぬ……。

示唆に富むこれらの言葉を口にすると、すぐに着想が得られ、一瞬にして真実があきらかになった。[30]

テスラが発見したのは、交流電流によって磁場の回転を引き起こす方法だった。これによって駆動軸を一定方向に回転させる。この発見から、多相交流電動機が開発され、ヨーロッパと、それ以上にアメリカが工業大国になっていった。洗濯機、掃除機、ドリル、ポンプ、扇風機などは今なおテスラの散歩中のひらめきに動力を与えられている。

だが重要なポイントはここだ。テスラは交流電動機に関するこの問題の解決策を、グラーツ工科大学に入学した1875年頃からずっと模索していた。**「何カ月も、あるいは何年も後頭部にその考えがこびりついていることがある」**と、テスラは自分の思考プロセスについて1921年に尋ねられたときに答えている。[31] そして、意識して電動機のことを考えていなかったときに、「そうか」のひらめきが遂に訪れた。

ゲーテの『ファウスト』を暗唱して友人に聞かせながら、テスラは公園を散歩していた。地球の自転に伴って太陽が沈みゆくのを楽しみながら。前記のゲーテの詩の元々のドイツ語版には「rucken」（逆回転させること）という語が含まれている——地球の回転、交流電流による地場の回転。おそらくは偶然の一致だろうが、彼が口ずさんだ詩の部分は「Ein schöner Traum」（所詮これも美しい夢にすぎぬ）で終わっている。

テスラはリラックスして、たぶん半分意識がぼんやりしているか、夢のような状態だったのだろう。意識的知覚と無意識の知覚が合流して「そうか」のひらめきが生まれたのだが、そのひらめきは形になるのに7年かかっている。

乗り物に乗ってぼんやり

ひらめきが得られる状態になるためにエクササイズなんてしたくないと仮定してみよう。交通機関に乗っても、その状態になれるだろうか？　私たちの天才はイエスと言っている。多くの天才が、電車、バス、馬車、船に乗っているときに最高のアイデアを思いついている。

ジョアン・ローリングをベストセラー作家J・K・ローリングに変えた旅は、『ハリー・ポッター』シリーズのアイデアを考えながら列車に乗っているときに始まったことは、すでに見てきたとおりだ。ウォルト・ディズニーも列車のなかでミッキーマウスを思いついている。

リン＝マニュエル・ミランダは、ミュージカル『ハミルトン』中の曲「Wait for It」のコーラスは、ニューヨークで地下鉄に乗ってパーティーに向かっているときに浮かんだと話している。彼は自分のiPhoneに向かってリフレインの部分のメロディーを歌った。そしてパーティーにはちょっとだけ顔を出してから、帰りの地下鉄のなかで曲を完成させた。[32]

これらの経験に共通するのは、一定の揺れと、後ろに流れるゆったりとしたリズムだ。電車に乗るとよく寝てしまうのも、これが理由ではないだろうか？

1810年の書簡でベートーヴェンは、バーデンからウィーン近郊に向かう馬車のなかで居眠りをしてしまったことを書いている。

「昨日、馬車に乗っていたときのこと。ウィーンに向かっていたのですが、どうしようもなく眠くなってしまいました。［中略］さて、そうして寝ているとき、遠くまで出かけている夢を見たのです。シリアより遠く、インドより遠く、そして戻ってきてアラビアへ。そして最後にはエルサレムにまで辿り着きました。［中略］それで、夢で旅しているあいだに、カノン（輪唱）が聞こえてきました。でも私はなかなか目を覚まさなかったので、カノンは消えてしまいました。ただの1音も、1語も思い出せませんでした[33]」

しかし翌日、ベートーヴェンはたまたま同じ馬車に乗ってバーデンに戻った。そのときの様子を、ベートーヴェンはこのように綴っている。

「**驚くなかれ、観念連合の法則に従って、同じカノンが浮かんできたのです。**今度は目覚めています。メネラオスがプロテウスを捕まえたごとく、私はすばやくそれを捕らえました。今回は願いが叶えられ、それが3声になって形を表したのです」。

揺れ、リラックス、眠り、連想記憶（同じ心地良い環境）、すべてが貢献して同じ馬車のなかで二度、ベートーヴェンのもとに短いカノンが届いたのである。

あえて生産的ではないほうがいい時間

このように、ソクラテスの時代（死に際の夢）からポール・マッカートニー（『イエスタデイ』）ま

Lesson13
リラックスせよ
——最高のアイデアが頭に浮かぶ

で、クリエイティブなアイデアは、昼夜を問わずリラックスした状態から生まれることを、歴史を通じて天才たちが証明してくれている。

このことから、今日のクリエイター志望の人へのよいアドバイスが引き出せる。斬新なアイデアが欲しければ、散歩に行くか、ジョギングするか、あるいは単に乗り物に乗ってリラックスするだけでもいい。そうすれば思考がもっと自由に膨らむ。

交通に注意しなくてはならないので、車でダウンタウンへは行かないこと。それよりも、広い開けた場所に行って、集中力を要するオーディオブックやラジオのニュースを遮断しよう。実際、繰り返しの動きを含む「頭を使わない」身体的活動であれば、どんな類のものでもイマジネーションを自由にはばたかせることができる。

小説家のトニ・モリスンは芝刈りをしながら「アイデアを巡らせて、考えて」いたという[34]。振付師のジョージ・バランシンも「アイロンがけをしているとき。私が一番仕事をしているのは、そのときです[35]」と語っていた。

朝、目が覚めたら、何分間かそのまま横になって考えるといい——スマートフォンには手を伸ばさないように！　**その瞬間、あなたの頭は一番働いている可能性がある。**同様に、空想に耽ることや仮眠を取ることを時間の無駄だと考えないように——これらは、ひらめきを得る機会だと捉えよう。

最後に、アインシュタインを真似て、ベッドの脇とかシャワーの近くにペンと紙を置いておくようにしよう。そうすれば、いいアイデアを思いついたときに、それを書き留められる。

人は皆、集中力を高めて「生産的」になりたいと願うものだが、天才は、いつそうしないほうがいいかを知っているものだ。

Lesson 14

そして、集中のとき！

自分にぴったりの場所と時間

The Hidden Habits of Genius

リラックスからの集中

リラックスするには、訓練が必要なことがある。そして集中するにも、訓練が必要なことがある。まず問題を分析して、それから「成果」を表に出す。この手法が、天才同様、成功している人たちにも当てはまる。

解決策を思いつくよう、集中しなければならないのは誰もが知っている。しかし、私たちはそれを実行しているだろうか？　それとも先延ばしにしているだろうか？

ダ・ヴィンチには、これから見ていくが、類稀なる分析の集中力があった。だが彼は、ひとたび解決策が見つかると、興味を失うことが多く、成果を生み出せていなかった。これでおそらく、ダ・ヴィンチが25点足らずの絵画作品しか残せていない理由の説明がつくだろう。

1万7897作の『ピーナッツ』のマンガを描き上げたマンガ家のチャールズ・シュルツは、鉛筆で落書きしているだけの時間の長さで知られていた。思考をさまよわせているのだ。それでも、シュルツの伝記を書いていたデイビット・マイケレスによると、「いったんいいアイデアを思いつくと仕事は早く、インスピレーションが尽きる前に思いきり集中してアイデアを紙の上に形にしていく[1]」という。

ぼんやりとリラックスした物思いからであろうと、高い集中力で向き合う分析からであろうと、生まれたアイデアが世界を変える力を持つようにするには、それを具体的に形にして、検証し、発表しなければならない。**分析と実行**。これらには集中して取り組むハードワークが必要である。

実行に移る前の超集中

実行の前には、高い集中力で臨む分析が必要となる。パブロ・ピカソは、ペンか絵筆を手に描画を実行する前に、目と頭だけを使ってよく分析を行っていた。１９４０年代にピカソの女神だったフランソワーズ・ジローは、彼が自分の好みの題材、つまり女性の肉体をどれほどの集中力で分析していたかを、次のように回想している。

次の日は「ヌードのほうがよさそうだ」といった。服を脱ぐと、彼は入口を背にして私を立たせた。両手は体の脇に下ろし、ほぼ直立状態だった。右手の高い窓から一筋の日光が差しこんでいるほかは、部屋全体に単調な薄明かりが満ちていて、影のなかに沈む寸前だった。パブロはあとずさりし、三、四メートル離れたところからじっと観察するように見ていた。一秒たりとも私から目を離さず、スケッチブックには触れようともしなかった。鉛筆さえ持たなかった。それはとても長い時間のように思えた。

ようやく彼は口を開いた。「どうすればいいかわかった。もう服を着ていいよ。ポーズもとらなくていい」。服を着たとき、一時間あまり立っていたことに気づいた。[2]

レオナルド・ダ・ヴィンチもまた、ただ立ってじっと見ているだけのことがあった。実際、ミラノのサンタ・マリア・デッレ・グラツィエ修道院の『最後の晩餐』（１４８５〜１４８８）の制作では、作品の構図分析に、制作にかかるのと同じくらい長い時間をかけたようだ。

彼と同時代の作家マッテオ・バンデッロは、**「ダ・ヴィンチはときどき、２日、３日、４日も筆を取らない日があったものだ。その代わり、１日に何時間か、腕組みをして作品の前に立っている。作品を自分で検分して、評価しているんだ**[3]**」**と伝えていた。その集中をダ・ヴィンチは「discorso mentale」（心での対話）と呼んでいた。

『最後の晩餐』の制作の進み具合が遅いのに激怒して、グラツィエ修道院の院長はダ・ヴィンチのパトロン、ミラノ公爵に苦情を申し入れた。進行が遅い理由の説明でダ・ヴィンチは、「高い才能をもつ人は精神でもって創意ある着想を探し求めているので、仕事をしていないときほど多く頭を使っていること、まず完全な観念が形づくられ、それから手が頭脳の内にすでに構想されたものを表現し描き出す[4]」ことを話したという。

ダ・ヴィンチにしては珍しく、『最後の晩餐』の「創意ある着想」が確かに頭のなかにできあがったのに、それでもしばらく黙考を続け、それからものすごい勢いで描いていった。「彼はときどき、夜明けから夕暮れまでそこにいたことがあった」とバンデッロは振り返っている。**「ー**

度も筆を置くことなく、食べるのも飲むのも忘れて、休むことなく描いていた」という。

長らくピカソの秘書を務めたジャウマ・サバルテスのこの報告によれば、同じくピカソも、最後には取り憑かれたように絵を描いていったという。

パレットに意識を向けているときでさえ、彼は目の片隅で絵を眺め続けている。キャンバスとパレットが彼の注意を惹こうと争っていて、どちらも捨てられていない。どちらも彼の構想の中心にあり続けている。ピカソの構想はどちらにも完璧を求めており、両方一緒になって初めて完成する。

彼は肉体も魂も、絵を描くことに明け渡していて、それが彼の存在理由になっている。絵筆の先を油絵具にチョンチョンとつける仕草は実に愛らしく、五感をすべてたった一つの目的に集中させている。まるで魔法にかかったかのように。[5]

周りなんて気にしない

アインシュタインはどこにいようとも、自分の精神的サイロ［格納庫・貯蔵庫の意］に集中することができた。ある友人は、１９０３年頃、アインシュタインが父となってバーゼルで仕事をしていたアパートの部屋を次のように描写している。

空気は淀んでオシメの臭いが充満していて、ストーブからはときどき煙が立ち上がっていたそうである。しかしアインシュタインは、これらのことを気にもせず、一方の膝に赤ん坊を乗せ、もう片方の膝にはノートを乗せて計算を続け、赤ん坊がむずがると膝を動かしたということである。[6]

のちに、その成長した息子が「赤ん坊が大声で泣いても父は気にしなかった。雑音を気にせずに仕事を続けることができた[7]」と語っている。アインシュタインの妹のマーヤによると、同じことが人混みの真ん中でも起こり得たという。「**極めて騒々しい大勢のグループの中にいても、ソファのところに行き、ペンと紙を手にとり［中略］一つの問題に徹底的に夢中になっていた。**いろいろな会話の声は邪魔にならず、むしろ彼を激励するかのようだった[8]」。

たまに、アインシュタインの集中力はコミカルな結果を生むことがあった。あるとき、アインシュタインは自分の祝賀レセプションで、スピーチの最中にペンを取り出し、プログラムの裏に方程式を走り書きし始めた。どうやらスピーチは全部自分に向けられたものであることを忘れていたらしい。

「スピーチは華やかに終了した。列席者は皆立ち上がり、拍手をしながらアインシュタインの方を注目した。ヘレン［彼の秘書］が起立せねばと耳打ちし、彼はそれに従った。アインシュタインは、大喝さいが自分に向けられていることに気が付かず、彼もまた手をたたいたのである[9]」

モーツァルトにも「ゾーンに入る」同じ力があった。彼の妻コンスタンツェは、1787年に屋外でローン・ボウリング［イギリス発祥の球技］のパーティーをしていたときのことを振り返っている。

モーツァルトはオペラ『ドン・ジョヴァンニ』の仕事を続けていて、周囲のことをすっかり忘れていた。モーツァルトの番が来て呼ばれると、彼は立ち上がってボールを投げ、「それから仕事に戻り、彼の仕事を邪魔するようなスピーチも笑いもいっさいなかった[10]」という。

しかしこれらを面白がったのはコンスタンツェで、彼女が1783年に第一子のライムントを出産したとき、夫は彼女のベッドのそばで『弦楽四重奏曲第15番K421』を書いていた。彼はほんの少し彼女を労わって、それから作曲に戻ったという[11]。

解決するまで何週間でも　ニュートンの場合

今日、カオスのなかで集中するには、心理的に「第4の壁」をつくる必要があるかもしれない。この表現は舞台演劇の世界に由来するもので、役者が自分と目の前の観客とを隔てるために、想像上の壁をつくることを指す。それによって、自分の役柄の心理空間にとどまるのが目的だ。

次回、ラガーディア空港やヒースロー空港で待つときや、ざわざわした飛行機のエコノミー席の真ん中に押し込まれたときは、自分で第4の壁をつくり、そのなかで自分しかいない禅の境地を見つける努力をしてみるといい。自分だけの心理的領域に入れば、アインシュタインやモーツァルトのように、うるさい外野のことはすっかり忘れて仕事ができるかもしれない。

ニュートンの集中力は精神障害と紙一重だったかもしれない。彼の使用人だったハンフリー・ニュートン（血縁関係はない）は次のように書いている。

「**書斎に入ると、ものすごい集中力で、非常に真剣で、ごく少量しか食べず、それどころか、食べるのをまったく忘れていることもよくありました。**だから、彼の部屋に入っていくと、食事が手つかずで残っていることがあって、もう一度お知らせするると、そうだったかな、という答えが返ってきたものです。それからテーブルにつかれて、ほんの一口か二口、立ったまま召し上がりました。ですから、彼が一人でテーブルを前に座って食べるのを、見たことがあるとは言えません[12]」。

ニュートンの集中力の高さを理解するために、図14・1を見てみよう。ここには、ニュートンが無限数列の最初の部分に取り組んだ跡が見える。わかるかぎり、すべてニュートンの頭のなかで完成された55列の数字が、狭い行間で整然と並んでいる。

もう一人別の天才、経済学者のジョン・メイナード・ケインズはニュートンのこの集中力を、次のように表した。

「私は、彼の卓越性は、一人の人間がこれまでに与えられたものとしては最も強力、かつ、最も持続性をもった直観力によると思う。純粋科学や哲学の問題を考えたことがある人ならば経験したことがあるだろうが、ある問題を心にもち続け、しばらくの間はそれを解決しようと全精神を

Lesson14

そして、集中のとき！
——自分にぴったりの場所と時間

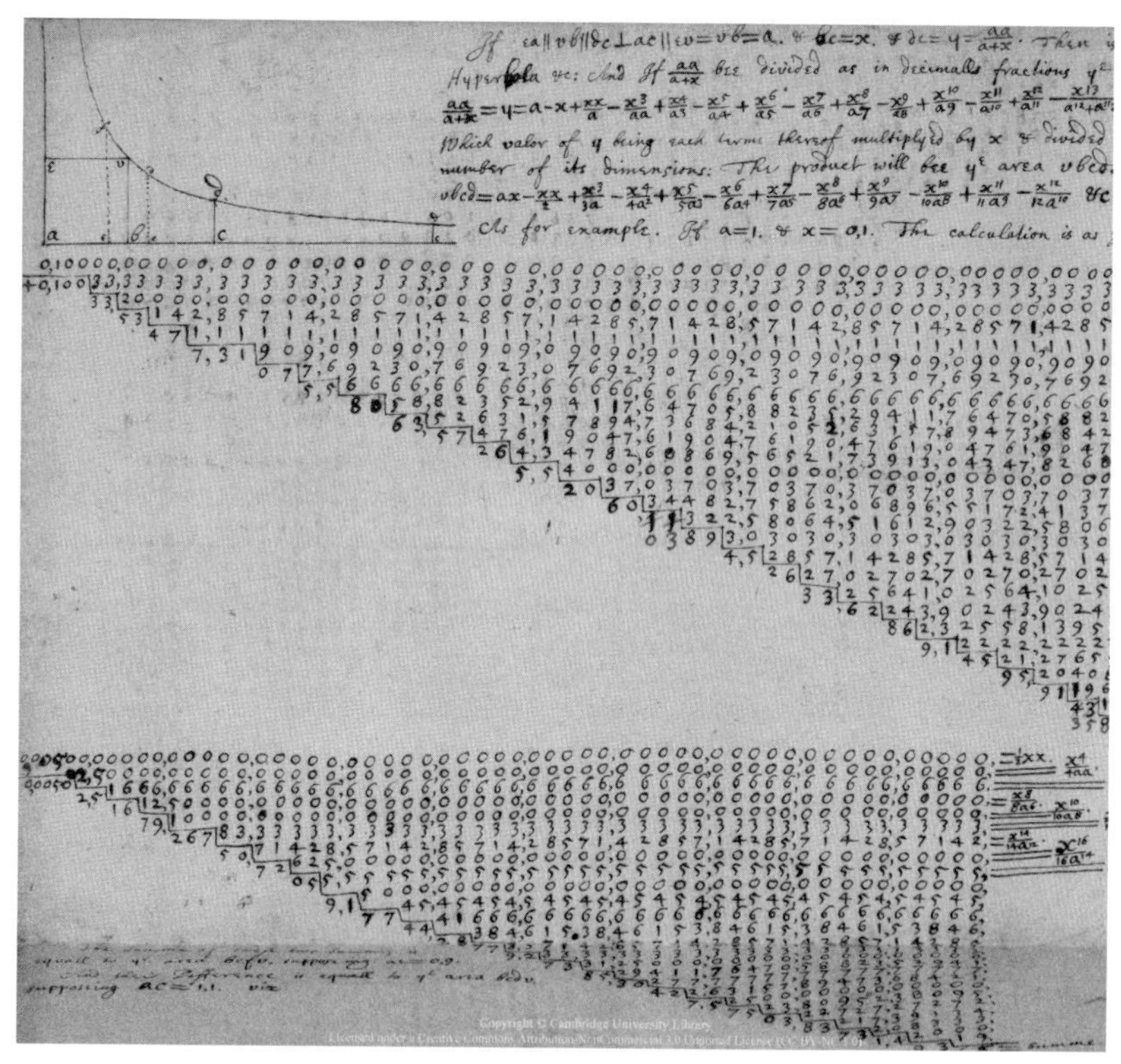

図 14・1：ニュートンが無限級数の各項の値を加算して、双曲線の下の面積を小数位 55 桁まで計算、1665 年頃。ニュートンは明らかに、このページを自分の微積分学の洗練の一環として書いている。当時、ケンブリッジの大学の辺りで伝染病が猛威を振るっていたため、リンカンシャーの自宅に「自主隔離」中に、ニュートンはこれを行った（ケンブリッジ大学図書館、ケンブリッジ、イギリス）。

集中することはできるが、いつの間にかその問題が心の中から消え失せてしまい、気がつくと探し求めていたものはカラッポになってしまっている。これに反して**ニュートンは、ある問題が解決されるまでは、何時間でも、何日でも、何週間でもそれを心に保ち続けることができたのだ**と私は信じている[13]」。

ケインズの観察どおり、集中しようとすると、人は皆、思考の対象が「心の中から消え失せてしまう」のを経験する。集中するには、優れた記憶力が必要だ。

1対10でも楽勝のチェス名人　ロバート・ヘスの場合

ロバート・ヘスは2011年にイェールに新入生で入学してきたが、そのときすでに彼はアメリカ生まれのプレイヤーとして、アメリカのチェス界で最高順位を獲得していた。彼は、「国際チェス連盟グランドマスター」の称号を、その2年前の17歳で取った。

2008年、チェスのジャーナリストのジェリー・ハンケンは、直近のヘスの対戦を「ボビー・フィッシャーの全盛期以降、アメリカのティーンエイジャーとして、最高のパフォーマンスの一つ[14]」と呼んだ。

新入生のロバートに興味を持った私は、彼を見つけ出して、イェールの「天才の資質探求」の授業の「チェスの日」に出席しないかと誘った。授業を面白くするために、私はチェスの経験の

Lesson14

そして、集中のとき！
——自分にぴったりの場所と時間

ある学生を3人オーディションで選んで、ヘスと同時対戦させた——そのあいだヘスには目隠しをしてもらった。

ヘスが動きをコール（たとえばP（ポーン）をK4へ、など）すると、チェス表記を知っているスポッターが駒を動かす。学生やビジターが大勢集まって、盤を熱心に見つめている。10〜15分で、ヘスの対戦相手は皆、彼に敗れた。集まった人々は熱狂した。

あれには驚いた。だが、もっと驚いたのは、そのあとのことだ。「ロバート」と私は呼びかけた。「君の記憶力はすごいねえ。[15] 君はどれくらいこの対戦を覚えてる？」。すると彼は**「全部覚えてます」**と、当たり前のように礼儀正しく答えた。そして彼は黒板に3つの対戦それぞれについて、10から20の動きを連続で書いた。

「僕は、目隠しされたままで、10人を相手にこれができますよ」と彼は言った。特に自慢しているわけでもなく、単なる事実として述べていた。「そりゃそうさ」と、ある学生が大声で言った。「彼には写真記憶があるんだよ」。「でも」と別の学生が異議を唱えて言う。「彼は目隠しされていて、見えなかったのよ。それなのに写真？」。おそらくロバート・ヘスには頭のなかで見えているものが「写真」として残るのだろう。

歴史を通じて、優れた人の多くには写真または映像記憶——一度見ただけでイメージを甦らせられる能力——があり、それを集中するためのツールにしているようだ。

かつてミケランジェロは居酒屋で知り合いの芸術家たちと、誰が一番醜い画を作成できるかで言い争いになったことがある。結果、ミケランジェロが勝利し、それは自分がローマ中の落書きを見て、それを記憶していたおかげだと言った。[16]

ピカソの周りの人たちも、彼には視覚映像の写真記憶があると考えていた。というのも彼が一度、失くなったと思われていた写真を細部まで正確に描写したことがあったからだ。のちにその写真が出てきて、ピカソの記憶力が証明された。[17]

ジェイムズ・ジョイスはクロンゴウズ・ウッド・カレッジのイエズス会の教師たちに「インクの吸い取り紙の頭脳を持った少年」[18]として知られていた。イーロン・マスクは自分の母親に「天才少年」と呼ばれていた。なぜなら、彼女が言うには、マスクには写真記憶があったからだ。[19]

1951年、指揮者のアルトゥーロ・トスカニーニはNBC交響楽団を率いた演奏で、ヨアヒム・ラフの交響曲第5番の演奏を希望した。しかし、あまり有名でない10分間の曲の楽譜など、ニューヨークのどこを探しても見つからない。

そこでトスカニーニは、その楽譜をもう4年も見ていなかったけれど、苦労しながら一音一音書き上げた。あとで、音楽家の自筆記録のコレクターがオリジナルの楽譜を見つけてトスカニーニの楽譜と比べたが、違っていたのはたったの1音だけだった。[20]

日々の訓練で記憶力と集中力が増す

ほとんどの人に、前述した天才のような写真記憶はない。才能に恵まれた人でも、努力しなければ記憶を助ける能力は手に入らない。

ロバート・ヘスは5歳から家庭教師に有料で教えてもらい、その厳しい指導の下、チェスをしてきた。来る日も来る日も、標準的なオープニング、ポジション、エンドゲームや、過去の有名な対戦を覚えて練習してきた。

ダ・ヴィンチも意識して自分の記憶力を鍛えた。ダ・ヴィンチと同時代の伝記作家ジョルジョ・ヴァザーリによると、「彼は、髭や髪の毛を野人のように伸ばした風変わりな顔を観察するのをたいへん好んだ。面白そうな男を見つけると、一日中その男を観察してよく頭にたたき込み、家に戻ってからあたかも目の前にいるかのように素描に描くのだった[21]」という。

夜、ベッドで休むときは、昼間に見た映像を頭のなかで再現する努力をしていた[22]。私たちも、チェスや数独をするとか、楽譜の初見演奏をするとか、あるいは指示に従って順番に何かを組み立てるなど、頭を使う活動をすれば、ダ・ヴィンチの精神に倣うことができる。

ウェブサイト『ハーバード・ヘルス・パブリッシング』によると、人は皆、飲酒を避け、日常的に運動すれば、脳への血流が増して、記憶力を向上させられるという[23]。ダ・ヴィンチの伝記作家フリッチョフ・カプラは、ダ・ヴィンチが日常的にウェイトトレーニングをしていたことを伝えている[24]。

鋼の男になんかなりたくない？　それなら誰でもできる実用的な代替策がある。期限を設定するのだ。天才は本質的に自分のしていることに非常に意欲的で、情熱を燃やしている。それでもときどき、そんな天才でも、期限という外的要因が仕事を完了させるのに役立つことがある。

チャールズ・シュルツは、彼のマンガが掲載されている2600紙について、翌掲載号までにマンガを仕上げなければならなかった。モーツァルトは劇場を押さえていて、観客が『ドン・ジョヴァンニ』を聴きに劇場にやって来る。

イーロン・マスクにも達成しなければならないテスラ自動車の製造割り当てがある。アマゾンプライムの対象商品は1日か2日で購入者の手元に届ける、とジェフ・ベゾスは約束している。自分で任意の期限を設けるだけでも集中力が増し、重要度の低いことに気を取られにくくなる。

究極のセルフマネジメント　ホーキングの場合

スティーヴン・ホーキングは重要なことも、重要でないことも自分から取り除いてしまった人物だ。スティーヴン・ホーキングは「アインシュタイン以降最も偉大な天才[25]」とか「車椅子の天才」と呼ばれている。

彼自身は後者の表現を、ヒーローを求める大衆に阿る（おもねる）マスコミの宣伝だと断言している[26]。確かに、大衆はいつの時代も身体に障害を抱えた天才に弱い。『ノートルダムの鐘』のカジモド、オペラ座の怪人、『ハリー・ポッター』に登場するマッド・アイ・ムーディを考えてみるといい——いずれも変形した容姿に包まれた天才だ。

スティーヴン・ホーキングは21歳になってようやく非常に集中するようになった——そしてそ

れは、ルー・ゲーリック病と呼ばれることもある筋萎縮性側索硬化症(ALS)の発症により、そうせざるを得なくなったからだ。

それまで、彼は成績の悪い食いしん坊だった。本人も告白しているとおり、彼は8歳まで字が読めず、学校での成績もちょうどクラスの真ん中だった。そして大学では友だち付き合いに忙しく、勉強は1日1時間しかしなかった。[27]

しかし1963年、21歳のときにスティーヴン・ホーキングは突然、文字どおりの期限を突きつけられた。ALSと診断されたのだ。余命2~3年を宣告された。車椅子生活を余儀なくされて、娯楽もほとんどなくなった。

1985年には話せなくなり、コンピュータを通してでなければコミュニケーションできなくなる。やむを得ず、彼は自分の専攻分野、天体物理学に集中した。ホーキングの友人で、彼の伝記を書いたキティ・ファーガソンに、彼は社会と隔離されたことで集中力が上がったかどうか質問したところ、彼女は重要な知見を示してくれた。

「彼はおそらく、障害のせいで集中力が上がったんじゃないと思います。でも、障害によって集中することへの意欲が高まり、ようやく成長して、集中するようになり、時間を無駄にしなくなりました。彼が私に話してくれたことがあるんですが、『**私にどんな選択肢があると言うんだい?**』ということなんです[28]」。

1970年代の初めには、ホーキングは手が使えなくなっていた。これは問題だった。なぜなら物理学者はすべて、紙に、黒板に、壁に、ドアに、そのほか平面という平面に方程式を延々と書いて考え、それで仕事をするからだ――高い集中力で臨む分析と実際の作業を交互に切り換えて行う。

この流れを継続するためにホーキングは、次善策を立てた。ニュートンが行ったような方法で、**頭のなかで問題をしっかりと見つめ、集中してそこにとどめておく。**ノーベル賞受賞者でホーキングの友人のキップ・ソーンは、次のように語っていた。

「彼は書かずに頭のなかで（数学と物理学を）すべてやることを学んだ。対象の形状や曲線の形状、表面形状のイメージを、三次元空間だけでなく四次元空間つまり時間も追加して行うことで、それを実現したのです。物理学者のなかで彼が特異だったのは、ALSを患っていなかった場合より、はるかに正しく広範な計算ができたことだ[29]」。

ホーキングは、気が散りそうになると、アインシュタインと同じく自分の集中した思考ゾーンに入ることで、集中していたと告白している。「頭のなかで問題をよく考えるのが、これまでの人生のほぼ半分で続けてきた私の発見法です。周囲で人がぺちゃくちゃと話し込んでいると、宇宙はどのような仕組みで動いているのか考えるようにして、私はよく自分の思考に没頭し、よその世界に行っていました[30]」。

キティ・ファーガソンはホーキングの集中力を「ホーキングほど集中力が高くて、自分で自分をコントロールできる人は稀です。彼ほどの天才はほとんどいません[31]」と簡潔にまとめている。ブラックホールの征服者は自分自身の征服にも成功していた。

記憶と声を取り戻したエクササイズ　私の場合

2014年7月1日、私は虚血性脳梗塞に襲われた。妻が急いでフロリダ州サラソータの病院に私を連れていってくれて、それでこうして今も生きている。

脳の画像を撮った結果、左の内頸動脈が完全に塞がれていた（今も塞がれている）。動脈内膜切除術で血栓を取り除こうとしても無駄であった。3日間、私は病院のベッドで何本もの管につながれて、私自身のブラックホールにいた。

考えることはできた。だが話せなかった。まるで自分の体に閉じ込められた囚人だな。私は心のなかで呟いた。「クレイグ、これは深刻だぞ。お前は自分で通路を掘ってここから出なくちゃならない。考えろ、集中するんだ、自分を立て直せ」。

私は短期記憶と声を取り戻す努力のなかで、いくつかメンタルエクササイズを開発して実行した。簡単なものから徐々に難しいものへと進めていく。（1）「blue bull dog」と言って、3語目を言い終わってから1語目を思い出す。（2）バッハとブラームスのあいだの時代に生きた作曲家を2人挙げる。（3）ロングボート・キー沿いにあるレストラン3軒の名前を南から北の順番で言う。（4）タンパからマイアミ（タミアミ）に走る道路の名前の4音節をすべて言う。

何時間も集中して続けた——**ほかに何かすることがあったとでも？**　この気ままなエクササイ

ズが突然の脳内の変化に役立ったのかどうか、それは私にはわからないが、3日目には、血栓は勝手に逆流し、その後何カ月かで私は徐々に通常の認知機能を回復していった。

私はラッキーだった。もちろん、私のこの経験は、そのときは深刻だったけれど、スティーヴン・ホーキングのALSに比べれば取るに足りないものだ。だがこの経験で、ホーキングの精神的サイロの内側がどんな感じだったかが、私にも少しわかった。

「常に頭を活発にさせておくことが、私が生きるためのカギです[32]」と彼はかつて言っていた。彼は当初の医師の余命診断より50年以上も長生きした。人生にはときどき、リラックスしてぼんやりとし、思考をさまよわせて独創的な発想に辿り着けるようにしてやらなくてはならないときがある。

だがそれ以外のときは、皆さんがスティーヴン・ホーキングのような天才だろうと、私のような凡才だろうと、そこにもここにも解決しなければならない現実的な問題がある。そんなときは、集中するための方法を見つけ出さなければならない。

自分独自の習慣をつくる

天才には必ず、仕事をして、その仕事をやり終えるための時間、場所、環境がある[33]。これを（本書やウラジーミル・ナボコフ、シェル・シルヴァスタインが用いた表現のように）「習慣」と呼んでもかまわないし、「ルーチン」（レフ・トルストイとジョン・アップダイク）と呼んでも、「スケジュール」（アイザック・アシモフ、草間彌生、スティーヴン・キング）と呼んだり、「決まりきった型」（アンディ・ウォーホル）あるいは「日課」（孔子とトワイラ・サープ）と呼んだりしてもいいだろう。

こうした偉大な人々の習慣は、華やかでもなければ、高貴なものでもない。「インスピレーションが湧いたら描くというのはアマチュア」と言うのは画家のチャック・クローズだ。「僕らプロはただ時間になったら仕事にとりかかるだけ[34]」。

天才がそれぞれ違うように、人にはそれぞれ独自の集中法がある。身長が198センチメートルもあった、作家のトーマス・ウルフは、夜中になってからキッチンの冷蔵庫を机にして執筆した。アーネスト・ヘミングウェイは午前中に仕事を始め、アンダーウッド社の小型タイプライターをキーウェストの自宅の離れの書棚の上に置いてタイプしていた。

ジョン・チーヴァーは、ほかにも人がいる職場に出かける準備をするかのように、朝起きて1着だけのスーツを着ていたものだ。エレベーターでニューヨークの自分のアパートの地下に下りてスーツの上着を脱ぎ、収納ボックスに寄りかかって正午まで執筆した。それから再びスーツの上着を着て、自宅に上がってランチを取る[35]。

高い集中力で物事に取り組む場合、ときには、休憩を取り、体も動かさなくてはならない。ヴィクトル・ユーゴーは2時間の休憩を取り、海に向かって、砂浜で熱心に体を動かしたものだ。イーゴリ・ストラヴィンスキーはエネルギーと集中力が弱まってくると、短時間逆立ちをしたものだ。ノーベル賞受賞者のソール・ベローも同じことをしていた——たぶん、これで脳への血流を多くするのが狙いだろう。

振付師のトワイラ・サープの場合、肉体の状態が彼女のクリエイティブ・プロセスの一部なので、毎日朝の5時半にトレーニングジムに行っていた。だが彼女は『クリエイティブな習慣　右脳を鍛える32のエクササイズ』（2003）のなかで、こんなことを言っている。「儀式は私がジムでこなしている、ストレッチやウェイトトレーニングではない。儀式はタクシーなのだ。運転手にどこに行くか伝えた瞬間に、私の儀式は完了する」。日課を規則正しく行うと、生活がシンプルになり生産性が向上する。「それは甚だ社交性に欠けるものだが、クリエイティブさを磨く役に立つ」とサープは言う。[36]

たいていの天才は、外の世界と壁で隔てられたオフィス、実験室、アトリエで制作している。ひとたびアトリエに入ったら、画家のN・C・ワイエスはボール紙の「遮眼帯」を自分の眼鏡の両サイドにテープ留めして、キャンバス以外見えないようにしていた。トルストイはドアに鍵をかけた。ディケンズは自分の書斎にもう1枚ドアを取りつけて、外部の音を遮断していた。ナボコフは『ロリータ』執筆中、毎晩、駐車した自分の車のリアシートで仕事していた。「騒音もなく、すき間風も入らない、この国で唯一の場所」とナボコフは呼んでいた。マルセル・プルーストは自分のアパートの壁にコルクを貼っていた。

これらに共通するポイントは、天才は集中を求めている、ということだ。アインシュタインは何度か、駆け出しの科学者に灯台守の仕事に就くよう薦めていた。**「邪魔されずに考えることに熱中できる」**からだ。[37]

Lesson14
そして、集中のとき！
――自分にぴったりの場所と時間

灯台と呼ぼうが、隠れ家と呼ぼうが、偉大な人たちには必ず、自分がゾーンに入り込める空間がある。ミステリー作家のアガサ・クリスティはよく、社会的な付き合いや職業上の付き合いに仕事を邪魔されていた。

だがそれについて彼女は、こんなふうに振り返っていた。「でも、ひとたび抜け出せたら、ドアを閉めて人に邪魔されないようにした。そうすると自分のしていることに完全に没頭して、全力で進められるから」[38]。

彼女の導きに従って、だがもう一歩、先へ進んでみよう。楽しいネット検索やメールで自ら邪魔を入れてしまわないように。これまでに達成した成果（学位記や認定証、表彰状）と、自分のヒーローあるいはヒロインのポートレートを見えるところに飾り、自分に自信を持たせて励まそう。

ブラームスはベートーヴェンの石版画を自分のピアノの上に飾っていた。アインシュタインは自分に刺激を与えてくれるニュートン、ファラデー、マクスウェルの肖像画を書斎に飾っていた。ダーウィンも自分の英雄――フッカー、ライエル、ウェッジウッド――の肖像画を自分の書斎に置いていた。

クリエイティブなプロセスそのものは人を怖気づかせるもの――「偉大な成果」が突然無価値なものに思えることがよくある――だが、これらの簡単なコツが助けになることもある。頼りにできる日課があれば、そこから立ち上がり、明日もう一度試してみることができる。「しっかりと習慣を守ること、それが最後までやり遂げるコツだ」とジョン・アップダイクは言っている[39]。

さあ、本書の天才から私たちが学ぶ最後のレッスンは、自分で日課をつくり、しっかりと集中できるよう四方に壁のある安全なゾーンを用意して、さらに効率良く、生産性を高めること。オフィス、あるいは書斎、あるいはアトリエに着いたら、黙考できる場所と時間を確保しよう。

もちろん、意見や情報を幅広く集められる道も確保しておかなくてはならない。だが、一日の終わりに、その情報を組み合わせて何かを生み出すのは、あなたしかいないということをよく覚えておこう。今日、世の中がうまく機能するためには、成功者が必要だ。そして明日、世の中がもっとよく機能するためには、天才が必要なのだ。

Conclusion

まとめ
予期せぬ結果

予期せぬ結果

私たちは子どもに「行儀よく」してルールに従いなさいと教える。子どもたちの多くは大学まで進んで、そこで、私のような教授から、偉大な人たちの話を中心にした授業を受ける。ところが、**彼らは「行儀よく」もなく、ルールを破っていることがわかってきた**——彼らこそ欧米の文化を変革してきた天才たちなのだ。

これは私が10年以上前からイェールの「天才の資質探求」の授業で教えてきて、本書を執筆するなかで浮かび上がってきた数多くの予期せぬ結果の一つにすぎない。そうした予期せぬ結果を、順不同であといくつか挙げようと思う。

このプロジェクトの最初の頃、ＩＱがとてつもなく高くて、若くして突然「そうか」などとひらめいた人もいて、それでいてエキセントリックで予測不可能な人、そういう天才の姿を思い描いていた。こうしたステレオタイプなイメージのすべてが、今になってようやくわかったが、間違っていたか、大半のケースで不正確なものであった。

たとえば、天才はきわめて頭脳明晰で、標準テストでずっとAを取ってきたという思い込み。これに反して、私の天才研究では、学業成績が下位から中間どまりの人が、全米の成績優秀な大

学生の友愛会であるファイ・ベータ・カッパの候補になった人と同じくらいいたことがわかった。

スティーヴン・ホーキングは8歳になるまで字が読めなかったし、ピカソとベートーヴェンは基礎数学ができなかった。ジャック・マー、ジョン・レノン、トーマス・エジソン、ウィンストン・チャーチル、ウォルト・ディズニー、チャールズ・ダーウィン、ウィリアム・フォークナー、スティーブ・ジョブズも同様に、学業成績は振るわなかった。

これらの偉大な人たちは確かに「頭がいい」が、それはまったく標準的ではなく、意外すぎるほど意外な形で頭が良かった。 こうした、我が友の天才たちは、誰が天才になるか予測するなど不可能であることを私に教えてくれた。

もう私は、若者の潜在能力を標準テストや学校の成績、あるいは優等生的なふるまいで測るようなミスは犯さない。それよりも私は、すべての親たちに、子どもを神童神話に従って歩ませようとしないよう警告する。この20年を振り返ってみて、世の中を変え始めた神童が誰かいただろうか――ほとんどいない。

予想外にわかったことはまだある。成功者は子孫も成功するかもしれないが、天才は代々天才の天才王国をつくっていないことがわかった――つまり、**天才は遺伝形質ではなく、「一度きりの」現象**ということだ。

成功するには、ご承知のとおり、導いてくれる人が必要だ。だが天才はどうやら、導いてくれる人がいなくてもいいようだ。天才は一般的に物事の吸収が速い。非常に直観に優れていて、あっという間に指導者を追い越してしまう。

実際、定義によると天才は、異例の結果（アインシュタインの類稀なる洞察やバッハの異色の音楽）が前提とされており、それに伴って異例の見返り（バッハの永遠の名声やベゾスの巨万の富）を実現している。そんなふうにして世の中は機能する。また、天才の行動には通常、破壊が伴う。これが一般に言われる進歩だ。

天才はまた、突然天才になるわけではないこともわかった。「そうか」の瞬間は、脳内で長期にわたって練り上げられたことの、まさに集大成なのである。

アルベルト・アインシュタインは2年間、一般相対性理論と格闘して「一番ハッピーな考え」に辿り着いた。ニコラ・テスラは7年かかってようやく交流電動機の構想が完成した。オットー・レーヴィはアセチルコリンについてひらめきを得るのに20年近くかかった。

それならなぜ、ハリウッド映画の天才は皆、突然「わかった」となっているのだろうか？　なぜなら、観客は20年間も、場合によっては2分間も、じっと座って見ていられないからだ。

「天才は皆、早死にする」とコメディアンのグルーチョ・マルクスは言った。だが統計で見ると、それは真実ではない。飽くなき執念が彼らを突き動かしている。天才はそう、世の中に変革をもたらす。だがそれは、多くの場合、たまたまということもわかった。

苦しみから何とか逃れようとするクリエイターの苦闘の予期せぬ結果として、社会がよくなることもある。どれほど多くの傑作が、画家の心の安らぎのために生み出されただろう？　どれほど多くの書籍が、読者のためよりも、著者のために書かれているだろう？

最後に、イェールの私の学生と私は一つ、永遠の洞察を得た。おそらくそれは、もっと早くに気づいていなければならなかったことなのだろう。それは、**偉大な人たちの多くは、人としてはそれほど素晴らしくなかった**ということだ。

私はこの授業の最初に必ず、笑いを引き出して、議論を促すためだけに、「ここにいる誰が天才かな？　天才諸君、手を挙げてください」と学生に尋ねている。すると何人かがおずおずと手を挙げ、ひょうきん者の学生がみんなに見えるよう高く手を挙げる。

そして私はこう尋ねる。「じゃあ、まだ天才になっていない人たちのなかで、今後そうなりたい人は何人いるかな？」。この質問に対しては、クラスの約4分の3がイエスと反応する。

そしてこの講座の最後の授業で、私は「こうして天才たちのことを学んできて、それでもなりたいという人は、どれくらいいるかな？」と尋ねる。今度は「なりたい」と答える人が約4分の1に減っている。

学生の一人がこんな意見を述べてくれた。「この講義の最初の頃は、私も天才になりたいと思っていました。でも今は、どうかわかりません。だって天才の多くは強迫観念に取り憑かれているし、自己中心の嫌な奴だから——友だちとかルームメイトになりたい相手じゃありません」。

強迫観念に取り憑かれた自己中心的人間。的を射ている。天才の習慣から得られるものはあるが、そういう人が周りにいたら、気をつけなくてはいけない。天才のもとで働くことになったら、ひどく叱責されたり、いじめられたりするかもしれない。そして仕事を失うかもしれない。

誰か身近な人のなかに天才がいたら、彼あるいは彼女の仕事なり情熱なりが常に最優先であることを知るかもしれない。でも、そういういじめに遭ったり、解雇されたり、うまく利用されたり、無視されたりしている人がいたら、「その人の犠牲」に心から感謝しよう。なぜなら私たちはそのあと、「その人の」天才がもたらしてくれた、さらに大きな文化的メリットの恩恵を受けられるのだから。

作家エドモン・ド・ゴンクールの言葉をパラフレーズすると、**「死ぬまで、ほとんど誰も天才など愛さない」**だ。でも、死んだら私たちは天才を愛する。なぜなら、そのとき私たちの暮らしはよりよくなっているのだから。

謝辞

本書の執筆にあたっては多くの方にお世話になった。まず、私の4人の子どもたち。子どもたちに私は大いに助けられたので、この本を彼らに捧げたい。それから同僚のフレッド・フィンケルスタイン博士とスー・フィンケルスタイン修士にも本書を捧げる。私の最良の友であり、45年にわたって熱く議論を交わす相手になってくれ、私にとって一番厳しい批評家の、わが愛しの妻シェリー。彼女は一度ならず、本書を隅から隅まで熟読してくれた。

同様に、このプロジェクトを信じてくれていたエージェントのピーター・バーンスタインにも何とお礼を言っていいかわからない。デイ・ストリート／ハーパーコリンズの編集者ジェシカ・シンドラーは、現代社会に通じるように話を研ぎ澄ませる類稀な能力がある。

イェールで私が「天才の資質探求」のコースを受け持っていたあいだには、何人もの素晴らしい先輩方・同僚が毎年コースに「ゲストスピーカー」として参加してくれて、優れた知識や知見を授けてくれた。

一部ご紹介すると、物理学教授のダグ・ストーン。この人から私は大変多くのことを学んだ。数学者のジム・ロルフ。微生物学者で現在イェールの学部長を務めているスコット・ストローベル。そして最後に最高投資責任者のデビッド・スウェンセン。彼にはいつも、コース最後の授業をお願いしていた。というのも、彼はとても寛容なチャリティー活動家であり、天才になるのに

Acknowledgments

お金は必要だけれども、お金で天才になれるわけではないことを理解していたからだ。

また、何年ものあいだに、現在ダートマス大学に在籍する優れた神経科学者のキャロライン・ロバートソンには、片手を超えるぐらい、授業でプレゼンテーションを行ってもらったし、亡くなった小説家のアニータ・シュリーブ、美術史家の故デビッド・ローザンド、起業家のロジャー・マクナミーやケヴィン・ライアン、メトロポリタン・オペラのゼネラルマネージャー、ピーター・ゲルブ、文化的な造詣が並外れて深いアダム・グリックに授業で話してもらって、大変感謝している。

天才などという非常に幅広いテーマを掲げていたため、私はいつも、それぞれの専門の人に助けを求め、ありがたいことに、皆さんから優れた知見をいただいた。そのなかには、長年の友人であるレオン・プランティンガ（ベートーヴェン）、キティ・ファーガソン（スティーヴン・ホーキング）、ノーベル賞受賞者のキップ・ソーン（物理学者の観念化）、ルーカス・スウィンフォード（オンライン教育）、ロックフェラー・アーカイブ長のジャック・メイヤーズなどがいる。

また、息子のクリストファーや、私の義理の娘のメラニー、同僚のキース・ポーク、隣人のパム・ライター、ケン・マーシュ、バシャール・ネジュウィなどの人にも、各章でさまざまな指摘をしていただいた。そして文字どおりうるさくて、暑苦しいクラーク・バクスターにもずいぶんと助けてもらった。彼には、他の人には見えない的を突く、「ハッとする発言」をするすさまじい才能がある。

皆さん、本当にありがとうございました！

写真提供

図2・1 Wikimedia Commons
図2・2 Wikimedia Commons
図3・1 Wikimedia Commons
図5・1 Wikimedia Commons
図5・2 ©Alamy Stock Photo/amanaimages
図5・3 ©Alamy Stock Photo/amanaimages
図7・1 ©Alamy Stock Photo/amanaimages
図8・1 Wikimedia Commons
図9・1 ウィーン、オーストリア国立図書館、モーツァルト Skb 1782j：Craig Wright
図9・2 © Peter William Barritt/amanaimages
図9・3 ©Alamy Stock Photo/amanaimages
図10・1 パリ、フランス国立図書館、モーツァルト Sk 1772o：Craig Wright
図10・2 A 大英博物館 1856, 0621.1 recto
図10・2 B 大英博物館 1856, 0621.1 verso
図10・3 A Wikimedia Commons
図10・3 B Wikimedia Commons
図12・1 ©Alamy Stock Photo/amanaimages
図12・2 © Javier Larrea/amanaimages
図14・1 ケンブリッジ、ケンブリッジ大学図書館、MS Additional 3958, fol. 78v: Digital Content Unit

Symposium on Cognition, edited by William G. Chase (New York: Academic Press, 1972) を参照。Simon, Chase らによる関連研究については、David Shenk, *The Immortal Game: A History of Chess* (New York: Random House, 2006), 303-4 を参照。

16. コロンビア大学の美術史教授デビッド・ローザンドとメイヤー・シャピロによる、イェール大学での2009年1月29日の著者の授業「天才の資質探求」での講義。

17. Howard Gardiner, *Creating Minds: An Anatomy of Creativity* (New York: Basic Books, 1993), 148, 157.

18. ジョイス研究科でニューヨーク州立大学ストーニーブルック校の現代文学教授エリス・グラハムと著者との2010年8月1日の会話。

19. Bloomberg, "Elon Musk: How I Became the Real 'Iron Man,'" https://www.youtube.com/watch?v=mh45igK4Esw, at 3:50.

20. Alan D. Baddeley, *Human Memory*, 2nd ed. (East Essex, UK: Psychology Press, 1997), 24.

21. Giorgio Vasari, *Lives of the Artists*, 1550 edition, quoted in Capra, The Science of Leonardo, 25［邦訳『美術家列伝 第3巻』(中央公論美術出版) 2015年］

22. 美術史家の故デビッド・ローザンドによる、イェール大学での2009年1月29日の著者の授業「天才の資質探求」での講義。

23. Heidi Godman, "Regular Exercise Changes the Brain to Improve Memory, Thinking Skills," Harvard Health Publishing, April 9, 2018, https://www.health.harvard.edu/blog/regular-exercise-changes-brain-improve-memory-thinking-skills-201404097110.

24. Capra, *The Science of Leonardo*, 20.

25. "The Hawking Paradox," Horizon, BBC, 2005, https://www.dailymotion.com/video/x226awj, at 3:00.

26. Dennis Overbye, "Stephen Hawking Taught Us a Lot About How to Live," *New York Times*, March 14, 2018, https://www.nytimes.com/2018/03/14/science/stephen-hawking-life.html.

27. Niall Firth, "Stephen Hawking: I Didn't Learn to Read Until I Was Eight and I Was a Lazy Student," *Daily Mail*, October 23, 2010, http://www.dailymail.co.uk/sciencetech/article-1322807/Stephen-Hawking-I-didnt-learn-read-8-lazy-student.html.

28. Kitty Ferguson, email communication with the author, April 18, 2018.

29. "The Hawking Paradox," at 9:00.

30. *Hawking*, directed by Stephen Finnigan, 2013, YouTube, https://www.youtube.com/watch?v=hi8jMRMsEJo, at 49:00.

31. Kitty Ferguson, quoted in Kristine Larsen, *Stephen Hawking: A Biography* (New York: Greenwood, 2005), 87.

32. *Hawking*, at 49:30.

33. このパラグラフおよび次のパラグラフに示した内容の大半は、Mason Currey, *Daily Rituals: How Artists Work* (New York: Random House, 2013) および Currey, *Daily Rituals: Women at Work* (New York: Random House, 2019) を参照。個々の内容については索引を参照。［邦訳『天才たちの日課』(フィルムアート社) 2014年］［邦訳『天才たちの日課 女性編』(フィルムアート社) 2019年］

34. Currey, *Daily Rituals: How Artists Work*, 64.［邦訳『天才たちの日課』(フィルムアート社) 2014年］

35. Ibid., 110.

36. Twyla Tharp, *The Creative Habit: Learn It and Use It for Life* (New York: Simon & Schuster, 2003), 14, 237.［邦訳『クリエイティブな習慣―右脳を鍛える32のエクササイズ』(白水社) 2007年］

37. Isaacson, *Einstein*, 424［. 邦訳『アインシュタイン その生涯と宇宙』(武田ランダムハウスジャパン) 2011年］

38. Agatha Christie, *An Autobiography* (New York: Dodd, Mead, 1977), quoted in Currey, *Daily Rituals: How Artists Work*, 104.［邦訳『天才たちの日課』(フィルムアート社) 2014年］

39. アカデミー・オブ・アチーブメントが2004年6月12日に行ったジョン・アップダイクへのインタビュー。Currey, *Daily Rituals: How Artists Work*, 196.［邦訳『天才たちの日課』(フィルムアート社) 2014年］から引用。

(URLは2022年6月時点の確認。邦訳書等が複数ある場合は任意の1冊を選択)

原注

29. W. Bernard Carlson, *Tesla: Inventor of the Electrical Age*（Princeton, NJ: Princeton University Press, 2013）, 50-51.
30. Nikola Tesla, *My Inventions*, edited by David Major（Middletown, DE: Philovox, 2016）, 35［邦訳『ニコラ・テスラ 秘密の告白』（成甲書房）2013 年］。
31. Carlson, Tesla, 404.
32. Rebecca Mead, "All About the Hamiltons," *The New Yorker*（February 9, 2015）, https://www.newyorker.com/magazine/2015/02/09/hamiltons.
33. ルートヴィヒ・ヴァン・ベートーヴェンからトビアス・ハスリンガーに宛てた 1821 年 9 月 10 日の手紙、*Beethoven: Letters, Journals and Conversations*, edited and translated by Michael Hamburger（Garden City, NY: Doubleday, 1960）, 174-75。署名入りの手紙は、ボンのベートーヴェン・ハウスに保管。問題のカノンは、WoO 182。
34. Danille Taylor-Guthrie, ed., *Conversations with Toni Morrison*（Jackson: University Press of Mississippi, 2004）, 43.
35. Francis Mason, ed., *I Remember Balanchine: Recollections of the Ballet Master by Those Who Knew Him*（New York: Doubleday, 1991）, 418.

Lesson 14：そして、集中のとき！

1. David Michaelis, *Schulz and Peanuts: A Biography*（New York: Harper Perennial, 2007）, 370, quoted and condensed in Mason Currey, *Daily Rituals: How Artists Work*（New York: Alfred A. Knopf, 2018）, 217-18［邦訳『天才たちの日課』（フィルムアート社）2014 年］
2. Françoise Gilot and Carlton Lake, *Life with Picasso*（New York: McGraw-Hill, 1964）, 109-10［邦訳『ピカソとの日々』（白水社）2019 年］
3. Fritjof Capra, *The Science of Leonardo*（New York: Random House, 2007）, 30.
4. Giorgio Vasari, *The Lives of the Artists*, translated by Julia Conaway Bondanella and Peter Bondanella（Oxford, UK: Oxford University Press, 1991）, 290［邦訳『美術家列伝 第 3 巻』（中央公論美術出版）2015 年］
5. Jaime Sabartés, *Picasso: An Intimate Portrait*（London: W. H. Allen, 1948）, 79.
6. Barry Parker, *Einstein: The Passions of a Scientist*（Amherst, NY: Prometheus Books, 2003）, 137 から引用。［邦訳『アインシュタインの情熱』（共立出版）2005 年］
7. Walter Isaacson, *Einstein: His Life and Universe*（New York: Simon & Schuster, 2007）, 161.［邦訳『アインシュタイン その生涯と宇宙』（武田ランダムハウスジャパン）2011 年］
8. Albert Einstein, *The Complete Papers of Albert Einstein*, vol. 1, xxii, quoted in ibid., 24.［邦訳『アインシュタイン その生涯と宇宙』（武田ランダムハウスジャパン）2011 年］
9. Abraham Pais, *Subtle Is the Lord: The Science and the Life of Albert Einstein*（New York: Oxford University Press, 1982）, 454.［邦訳『神は老獪にして…アインシュタインの人と学問』（産業図書）1987 年］
10. Joseph Heinze Eibl, "Ein Brief Mozarts uber seine Schaffensweise?," *Österreichische Musikzeitschrift* 35（1980）: 586 から著者が翻訳。
11. *Allgemeine musikalische Zeitung* 1（September 1799）: 854-56. コンスタンツェ・モーツァルトのこの逸話は 1829 年にザルツブルクで彼女自身によって繰り返されている。以下を参照。Vincent and Mary Novello, *A Mozart Pilgrimage: Being the Travel Diaries of Vincent & Mary Novello in the Year 1829*, edited by Nerina Medici di Marignano and Rosemary Hughes（London: Novello, 1955）, 112.
12. Humphrey Newton, letter to John Conduitt, January 17, 1728, The Newton Project, http://www.newtonproject.ox.ac.uk/view/texts/normalized/THEM00033.
13. *Let Newton Be!: A New Perspective on his Life and Works*, edited by John Fauvel, Raymond Flood, Michael Shortland, and Robin Wilson（Oxford, UK: Oxford University Press, 1988）, 15.［邦訳『ニュートン復活』（現代数学社）1996 年］
14. Jerry Hanken, "Shulman Wins, but Hess Wows," *Chess Life*（June 2008）: 16, 20.
15. チェスに関する記憶および記憶全般については、William G. Chase and Herbert A. Simon, "The Mind's Eye in Chess," in *Visual Information Processing: Proceedings of the Eighth Annual Carnegie Psychology*

Bay Times, May 3, 2015, https://www.tampabay.com/things-to-do/music/50-years-ago-the-rolling-stones-song-satisfaction-was-born-in-clearwater/2227921/.

10. コンサート／インタビューの動画、"Paul McCartney Singing Yesterday at the Library of Congress," YouTube, https://www.youtube.com/watch?v=ieu_5o1LiQQ.

11. Walker, *Why We Sleep*, 202.［邦訳『睡眠こそ最強の解決策である』（SB クリエイティブ）2018 年］

12. Elliot S. Valenstein, *The War of the Soups and the Sparks: The Discovery of Neurotransmitters and the Dispute over How Nerves Communicate*（New York: Columbia University Press, 2005）, 58 に引用。

13. Leon Watters, quoted in Walter Isaacson, *Albert Einstein: His Life and Universe*（New York: Simon & Schuster, 2007）, 436.［邦訳『アインシュタイン その生涯と宇宙』（武田ランダムハウスジャパン）2011 年］

14. 2017 年、LIGO プロジェクトの一環として、ブラックホール崩壊に関するアインシュタインの理論が正しかったことを証明したこともあって、キップ・ソーンがノーベル物理学賞を受賞。ソーン教授がどのような寝方をしているか私は知らないが、受け取ったメールから、教授の 2014 年の著書 *The Science of Interstellar* のあるフレーズ（p. 9）を思い出した。そのなかで教授は、「私の頭がいちばん働いているのは真夜中だ。翌朝、私は図や絵を添えてよく数ページに及ぶメモを書いている」と述べている。

15. Jacquelyn Smith, "72% of People Get Their Best Ideas in the Shower—Here's Why," Business Insider, January 14, 2016, https://www.businessinsider.com/why-people-get-their-best-ideas-in-the-shower-2016-1.

16. Walker, *Why We Sleep*, 208, 223.［邦訳『睡眠こそ最強の解決策である』（SB クリエイティブ）2018 年］

17. A. R. Braun, T. J. Balkin, N. J. Wesenten, et al., "Regional Cerebral Blood Flow Throughout the Sleep-Wake Cycle. An H2(15)O PET Study," *Brain* 120, no. 7（July 1997）: 1173-97, https://www.ncbi.nlm.nih.gov/pubmed/9236630.

18. Jagdish Mehra, *Einstein, Hilbert, and the Theory of Gravitation*（Boston: Reidel, 1974）, 76 に引用。

19. Barry Parker, *Einstein: The Passions of a Scientist*（Amherst, NY: Prometheus Books, 2003）, 30.

20. Gerald Whitrow, *Einstein: The Man and His Achievement*（New York: Dover Publications, 1967）, 21 に引用。

21. David Hindley, "Running: An Aid to the Creative Process," *Guardian*, October 30, 2014, https://www.theguardian.com/lifeandstyle/the-running-blog/2014/oct/30/running-writers-block-creative-process.

22. こうした研究報告には、Marily Oppezzo and Daniel L. Schwarz, "Give Your Ideas Some Legs: The Positive Effect of Walking on Creative Thinking," *Journal of Experimental Psychology: Learning, Memory, and Cognition* 40, no. 4（2014）: 1142-52, https://www.apa.org/pubs/journals/releases/xlm-a0036577.pdf および Lorenza S. Colzato, Ayca Szapora, Justine N. Pannekoek, and Bernhard Hommel, "The Impact of Physical Exercise on Convergent and Divergent Thinking," *Frontiers in Human Neuroscience* 2（December 2013）, https://doi.org/10.3389/fnhum.2013.00824 および Prabha Siddarth, Alison C. Burggren, Harris A. Eyre, et al., "Sedentary Behavior Associated with Reduced Medial Temporal Lobe Thickness in Middle-Aged and Older Adults," PLOS ONE（April 12, 2018）, http://journals.plos.org/plosone/article?id=10.1371/journal.pone.0195549 などがある。

23. Eric Weiner, *The Geography of Genius: A Search for the World's Most Creative Places from Ancient Athens to Silicon Valley*（New York: Simon & Schuster, 2016）, 21.［邦訳『世界天才紀行 ソクラテスからスティーブ・ジョブズまで』（早川書房）2016 年］

24. Ibid., 21.

25. *Inside Bill's Brain: Decoding Bill Gates*, Netflix, 2019, https://www.netflix.com/watch/80184771?source=35.［邦訳『ビル・ゲイツの頭の中：ビル・ゲイツを解読する』（ネットフリックス）2019 年］

26. Henry David Thoreau, journal, August 19, 1851, in *The Portable Thoreau*（Penguin Classics）, edited by Jeffrey S. Cramer.

27. Mason Currey, *Daily Rituals: Women at Work*（New York: Random House, 2019）, 52.［邦訳『天才たちの日課 女性編』（フィルムアート社）2019 年］

28. Daniel Kahneman, *Thinking, Fast and Slow*（New York: Farrar, Straus and Giroux, 2011）, 40.［邦訳『ファスト&スロー』（ハヤカワ・ノンフィクション文庫）2014 年］

pr%C3%A9par%C3%A9s.pdf. から著者が翻訳。
15. John Waller, *Einstein's Luck: The Truth Behind the Greatest Scientific Discoveries* (Oxford, UK: Oxford University Press, 2002), 247.
16. 1940年5月10日、首相任命に際して、Winston Churchill, *The Second World War*, vol. 1: The Gathering Storm (1948)、"Summer 1940: Churchill's Finest Hour," International Churchill Society, https://winstonchurchill.org/the-life-of-churchill/war-leader/summer-1940/ から引用。
17. Waller, *Einstein's Luck*, 249.
18. Kevin Brown, *Penicillin Man: Alexander Fleming and the Antibiotic Revolution* (London: Sutton, 2005), 102.
19. Ibid., 120.
20. Mark Zuckerberg, *Mark Zuckerberg: In His Own Words*, edited by George Beahm (Chicago: Agate, 2018), 1.
21. Ben Mezrich, *The Accidental Billionaires: The Founding of Facebook: A Tale of Sex, Money, Genius, and Betrayal* (New York:Random House, 2010), 45.［邦訳『facebook 世界最大のSNSでビル・ゲイツに迫る男』(青志社) 2010年］
22. Katharine A. Kaplan, "Facemash Creator Survives Ad Board," *Harvard Crimson*, November 19, 2003, https://www.thecrimson.com/article/2003/11/19/facemash-creator-survives-ad-board-the/.
23. Mezrich, *The Accidental Billionaires*, 105.［邦訳『facebook 世界最大のSNSでビル・ゲイツに迫る男』(青志社) 2010年］
24. Roger McNamee, *Zucked: Waking Up to the Facebook Catastrophe* (New York: Random House, 2019), 54 および David Enrich, "Spend Some Time with the Winklevii," *New York Times*, May 21, 2019, https://www.nytimes.com/2019/05/21/books/review/ben-mezrich-bitcoin-billionaires.html?searchResultPosition=5.
25. Farhad Manjoo, "How Mark Zuckerberg Became Too Big to Fail," *New York Times*, November 1, 2018, https://www.nytimes.com/2018/11/01/technology/mark-zuckerberg-facebook.html.
26. Mezrich, *The Accidental Billionaires*, 108.［邦訳『facebook 世界最大のSNSでビル・ゲイツに迫る男』(青志社) 2010年］
27. Zuckerberg, *Mark Zuckerberg*, 46.
28. Oprah Winfrey, *Own It: Oprah Winfrey in Her Own Words*, edited by Anjali Becker and Jeanne Engelmann (Chicago: Agate, 2017), 7.
29. Yayoi Kusama, *Infinity Net: The Autobiography of Yayoi Kusama* (London: Tate Publishing, 2011), 77.［『無限の網 草間彌生自伝』(新潮文庫) 2012年］
30. フィンセント・ファン・ゴッホからテオに宛てた1886年1月12日〜16日の手紙、Vincent van Gogh: The Letters, http://vangoghletters.org/vg/letters/let552/letter.html.
31. いずれも以下から引用。*Paris: The Luminous Years: Towards the Making of the Modern*, written, produced, and directed by Perry Miller Adato, PBS, 2010, at 0:40 and 1:10.
32. Eric Weiner, *The Genius of Geography* (New York: Simon & Schuster, 2016), 167.
33. Dan Hofstadter, " 'The Europeans' Review: Engines of Progress," *Wall Street Journal*, October 18, 2019, https://www.wsj.com/articles/the-europeans-review-engines-of-progress-11571409900. に引用。
34. James Wood, *Dictionary of Quotations from Ancient and Modern, English and Foreign Sources* (London: Wame, 1893), 120.
35. Richard Florida and Karen M. King, "Rise of the Global Startup City: The Geography of Venture Capital Investment in Cities and Metros Across the Globe," Martin Prosperity Institute, January 26, 2016, http://martinprosperity.org/content/rise-of-the-global-startup-city/.

Lesson 12：すばやく動いて、ぶち壊せ

1. Mary Dearborn, *Ernest Hemingway: A Biography* (New York: Vintage, 2018), 475 から引用。
2. Albert Einstein, *Ideas and Opinions* (New York: Random House, 1982), 12.

原注

3. フランス語版オリジナルより著者が翻訳してパラフレーズ。また、*Edmond and Jules de Goncourt, Pages from the Goncourt Journals*, edited and translated by Robert Baldick（Oxford, UK: Oxford University Press, 1962）, 100 も参照。
4. Oprah Winfrey, *Own It: Oprah Winfrey in Her Own Words*, edited by Anjali Becker and Jeanne Engelmann（Chicago: Agate, 2017）, 65.
5. Andrew Ross Sorkin, "Tesla's Elon Musk May Have Boldest Pay Plan in Corporate History," *New York Times*, January 23, 2018, https://www.nytimes.com/2018/01/23/business/dealbook/tesla-elon-musk-pay.html/ から引用。
6. David Kiley, "Former Employees Talk About What Makes Elon Musk Tick," *Forbes*（July 14, 2016）, https://www.forbes.com/sites/davidkiley5/2016/07/14/former-employees-talk-about-what-makes-elon-musk-tick/#a48d8e94514e および "What Is It Like to Work with/for Elon Musk?," Quora, https://www.quora.com/What-is-it-like-to-work-with-for-Elon-Musk.
7. Mark Zuckerberg, *Mark Zuckerberg: In His Own Words*, edited by George Beahm（Chicago: Agate, 2018）, 189.
8. Joseph Schumpeter, *Capitalism, Socialism and Democracy*, 3rd ed.（New York: Harper, 1962）, chap. 11.［邦訳『資本主義、社会主義、民主主義』（日経 BP クラシックス）2016 年］
9. Alan Greenspan and Adrian Wooldridge, *Capitalism in America: A History*（New York: Random House, 2018）, 420-21.
10. Zaphrin Lasker, "Steve Jobs: Create. Disrupt. Destroy," *Forbes*（June 14, 2011）, https://www.forbes.com/sites/marketshare/2011/06/14/steve-jobs-create-disrupt-destroy/#6276e77f531c.
11. Joe Nocera, "Apple's Culture of Secrecy," *New York Times*, July 26, 2008, https://www.nytimes.com/2008/07/26/business/26nocera.html.
12. Walter Isaacson, *Steve Jobs*（New York: Simon & Schuster, 2011）, 124［邦訳『スティーブ・ジョブズ』（講談社）］から引用。
13. Dylan Love, "16 Examples of Steve Jobs Being a Huge Jerk," Business Insider, October 25, 2011, https://www.businessinsider.com/steve-jobs-jerk-2011-10#everything-youve-ever-done-in-your-life-is-shit-5.
14. Isaacson, *Steve Jobs*, 122-23.［邦訳『スティーブ・ジョブズ』（講談社）2012 年］
15. たとえば、スティーブ・ジョブズと搾りたてのオレンジジュースの話は、Nick Bilton, "What Steve Jobs Taught Me About Being a Son and a Father," *New York Times*, August 7, 2015, https://www.nytimes.com/2015/08/07/fashion/mens-style/what-steve-jobs-taught-me-about-being-a-son-and-a-father.html. などを参照。
16. これと、この次の話は、Nellie Bowles, "In 'Small Fry,' Steve Jobs Comes Across as a Jerk. His Daughter Forgives Him. Should We?," *New York Times*, August 23, 2018, https://www.nytimes.com/2018/08/23/books/steve-jobs-lisa-brennan-jobs-small-fry.html. より。
17. Isaacson, *Steve Jobs*, 32 から引用。［邦訳『スティーブ・ジョブズ』（講談社）2012 年］
18. Ibid., 119 から引用。［邦訳　前掲書］
19. Kevin Lynch, *Steve Jobs: A Biographical Portrait*（London: White Lion, 2018）, 73.
20. "On Thomas Edison and Beatrix Potter," *Washington Times*, April 7, 2007, https://www.washingtontimes.com/news/2007/apr/7/20070407-095754-2338r/.
21. "Thomas A. Edison," *The Christian Herald and Signs of Our Times*, July 25, 1888, http://edison.rutgers.edu/digital/files/fullsize/fp/fp0285.jpg また、Randall Stross, *The Wizard of Menlo Park: How Thomas Alva Edison Invented the Modern World*（New York: Random House, 2007）, 15-16 も参照。
22. Neil Baldwin, *Edison: Inventing the Century*（Chicago: University of Chicago Press, 2001）, 60.［邦訳『エジソン—20 世紀を発明した男』（三田出版会）1997 年］
23. Stross, *The Wizard of Menlo Park*, 174.
24. 情報の大半は、Michael Daly, *Topsy: The Startling Story of the Crooked-Tailed Elephant, P. T. Barnum, and the American Wizard, Thomas Edison*（New York: Grove Press, 2013）, chap. 26 を参照。
25. James Gleick, *Isaac Newton*（New York: Random House, 2003）, 169-70.

26. 色スペクトルと音楽の倍音列の関係が好例。Penelope Gouk, "The Harmonic Roots of Newtonian Science," in *Let Newton Be! : A New Perspective on his Life and Works*, edited by John Fauvel, Raymond Flood, Michael Shortland, and Robin Wilson（Oxford, UK: Oxford University Press, 1988）, 101-26 を参照。
27. Sheldon Lee Glashow, "The Errors and Animadversions of Honest Isaac Newton," *Contributions to Science* 4, no. 1（2008）: 105-10.
28. Ibid., 105 から引用。
29. Stephen Hawking, *A Brief History of Time*（New York: Bantam Books, 1998）, 196.［邦訳『ホーキング、宇宙を語る―ビッグバンからブラックホールまで』（ハヤカワ文庫 NF）1995 年］
30. Walter Isaacson, *Einstein: His Life and Universe*（New York: Simon & Schuster, 2007）, 174-75.［邦訳『アインシュタイン その生涯と宇宙』（武田ランダムハウスジャパン）2011 年］
31. Albert Einstein, *Ideas and Opinions*（New York: Crown, 1982）, 9.
32. Stross, *The Wizard of Menlo Park*, 81.
33. Scott Barry Kaufman and Carolyn Gregoire, *Wired to Create: Unraveling the Mysteries of the Creative Mind*（New York: Random House, 2016）, 122 から引用。［邦訳『FUTURE INTELLIGENCE～これからの時代に求められる「クリエイティブ思考」が身につく 10 の習慣』（大和書房）2018 年］
34. ルートヴィヒ・ヴァン・ベートーヴェンからフランツ・ヴェーゲラーに宛てた 1801 年 6 月 29 日の手紙。*Beethoven: Letters, Journals and Conversations*, edited and translated by Michael Hamburger（Garden City: Doubleday, 1960）, 25.
35. Thomas Alva Edison, *The Diary and Sundry Observations of Thomas Alva Edison*, edited by Dagobert D. Runes（New York: Greenwood, 1968）, 110.
36. Sam Bush, "Faulkner as a Father: Do Great Novelists Make Bad Parents?," Mockingbird, July 31, 2013, https://www.mbird.com/2013/07/faulkner-as-a-father-do-great-novelists-make-bad-parents/.
37. Otto Erich Deutsch, *Mozart: A Documentary Biography*, translated by Eric Blom, Peter Branscombe, and Jeremy Noble（Stanford, CA: Stanford University Press, 1965）, 423
38. マリア・アンナ・モーツァルトからフリードリヒ・シュリヒテグロルに宛てた 1800 年の手紙、*Mozart-Jahrbuch*（Salzburg: Internationale Stiftung Mozarteum, 1995）, 164 より翻訳。
39. Dave Itzkoff, *Robin*（New York: Henry Holt, 2018）, 354 に引用。
40. Keith Caulfield, "Michael Jackson Sales, Streaming Decline After 'Leaving Neverland' Broadcast," *The Hollywood Reporter*, March 8, 2019, https://www.hollywoodreporter.com/news/michael-jacksons-sales-streaming-decline-leaving-neverland-1193509.
41. Emma Goldberg, "Do Works by Men Implicated by #MeToo Belong in the Classroom?," *New York Times*, October 7, 2019, https://www.nytimes.com/2019/10/07/us/metoo-schools.html.
42. Farah Nayeri, "Is It Time Gauguin Got Canceled?," *New York Times*, November 18, 2019, https://www.nytimes.com/2019/11/18/arts/design/gauguin-national-gallery-london.html.
43. Robin Pogrebin and Jennifer Schuessler, "Chuck Close Is Accused of Harassment. Should His Artwork Carry an Asterisk?," *New York Times*, January 28, 2018, https://www.nytimes.com/2018/01/28/arts/design/chuck-close-exhibit-harassment-accusations.html.
44. Lionel Trilling, *Beyond Culture: Essays on Literature and Learning*（New York: Viking, 1965）, 11.
45. Arianna Stassinopoulos Huffington, *Picasso: Creator and Destroyer*（New York: Simon & Schuster, 1988）, 234.［邦訳『ピカソ 偽りの伝説』（草思社）1991 年］
46. Françoise Gilot and Carlton Lake, *Life with Picasso*（New York: McGraw-Hill, 1964）, 77.［邦訳『ピカソとの日々』（白水社）2019 年］
47. Ibid., 326.［邦訳 前掲書］
48. Pierre Cabanne, quoting Marie-Therese Walter, in "Picasso et les joies de la paternité," *L'Oeil: Revue d'Art* 226（May 1974）: 7 から著者が翻訳。
49. Gilot and Lake, *Life with Picasso*, 42.［邦訳『ピカソとの日々』（白水社）2019 年］
50. Huffington, *Picasso*, 345.［邦訳『ピカソ 偽りの伝説』（草思社）1991 年］
51. Gilot and Lake, *Life with Picasso*, 77.［邦訳『ピカソとの日々』（白水社）2019 年］

原注

52. Henry Blodget, "Mark Zuckerberg on Innovation," Business Insider, October 1, 2009, https://www.businessinsider.com/mark-zuckerberg-innovation-2009-10.
53. Brainyquote, https://www.brainyquote.com/authors/margaret_atwood. 引用は、Maddie Crum, "A Conversation with Margaret Atwood About Climate Change, Social Media and World of Warcraft," Huffpost, November 12, 2014, https://www.huffpost.com/entry/margaret-atwood-interview_n_6141840 から抜粋して編集したものと思われる。
54. Sam Schechner and Mark Secada, "You Give Apps Sensitive Personal Information. Then They Tell Facebook," *Wall Street Journal*, February 22, 2019, https://www.wsj.com/articles/you-give-apps-sensitive-personal-information-then-they-tell-facebook-11550851636 を参照。
55. Sandy Parakilas, "We Can't Trust Facebook to Regulate Itself," *New York Times*, November 19, 2017, https://www.nytimes.com/2017/11/19/opinion/facebook-regulation-incentive.html?ref=todayspaper.
56. Ibid.
57. Digital, Culture, Media and Sport Committee, "Disinformation and 'Fake News': Final Report," House of Commons, https://publications.parliament.uk/pa/cm201719/cmselect/cmcumeds/1791/1791.pdf および Graham Kates, "Facebook 'Misled' Parliament on Data Misuse, U.K. Committee Says," CBS News,February 17, 2019, https://www.cbsnews.com/news/facebook-misled-parliament-on-data-misuse-u-k-committee-says/.
58. フェイスブックの問題すべての解決策として、コンピュータ・プログラムに燃やすザッカーバーグの執念についての議論は、Roger McNamee, *Zucked: Waking Up to the Facebook Catastrophe*（New York: Random House, 2019）, 64-65, 159, 193。また、Shoshona Zuboff, *The Age of Surveillance Capitalism: The Fight for a Human Future at the New Frontier of Power*（New York: Public Affairs, 2019）, 480-88 も参照。
59. Nicholas Carlson, "'Embarrassing and Damaging' Zuckerberg IMs Confirmed by Zuckerberg, The New Yorker," Business Insider, September 13, 2010, https://www.businessinsider.com/embarrassing-and-damaging-zuckerberg-ims-confirmed-by-zuckerberg-the-new-yorker-2010-9.
60. Arthur Koestler, *The Act of Creation*（London: Hutchinson, 1964）, 402.

Lesson 13：リラックスせよ

1. Jean Kinney, "Grant Wood: He Got His Best Ideas While Milking a Cow," *New York Times*, June 2, 1974, https://www.nytimes.com/1974/06/02/archives/grantwood-he-got-his-best-ideas-while-milking-a-cow-grant-wood-he.html.
2. Amir Muzur, Edward F. Pace-Schott, and J. Allan Hobson, "The Prefrontal Cortex in Sleep," *Trends in Cognitive Sciences* 6, no. 11（November 2002）: 475-81, https://www.researchgate.net/publication/11012150_The_prefrontal_cortex_in_sleep および Matthew Walker, *Why We Sleep: Unlocking the Power of Sleep and Dreams*（New York: Scribner, 2017）, 195.［邦訳『睡眠こそ最強の解決策である』（SBクリエイティブ）2018年］
3. Walker, *Why We Sleep*, chap. 11.［邦訳 前掲書］
4. Matthew P. Walker, Conor Liston, J. Allan Hobson, and Robert Stickgold, "Cognitive Flexibility Across the Sleep-Wake Cycle: REM-Sleep Enhancement of Anagram Problem Solving," *Brain Research* 14, no. 3（November 2002）: 317-24, https://www.ncbi.nlm.nih.gov/pubmed/12421655.
5. Robert Stickgold and Erin Wamsley, "Memory, Sleep, and Dreaming: Experiencing Consolidation," *Journal of Sleep Research* 6, no. 1（March 1, 2011）: 97-108, https://www.ncbi.nlm.nih.gov/pmc/articles/PMC3079906/.
6. Walker, *Why We Sleep*, 219.［邦訳『睡眠こそ最強の解決策である』（SBクリエイティブ）2018年］
7. Tori DeAngelis, "The Dream Canvas: Are Dreams a Muse to the Creative?," *Monitor on Psychology* 34, no. 10（November 2003）: 44, https://www.apa.org/monitor/nov03/canvas.
8. Igor Stravinsky, *Dialogues and a Diary*, edited by Robert Craft（Garden City, NY: Doubleday, 1963）, 70.
9. Jay Cridlin, "Fifty Years Ago, the Rolling Stones' Song 'Satisfaction' Was Born in Clearwater," *Tampa*

原注

52. Ann Hulbert, Off the Charts（New York: Alfred A. Knopf, 2018）, 56. Andrew Robinson, "Is High Intelligence Necessary to be a Genius?," *Psychology Today*（January 2, 2011）, https://www.psychologytoday.com/us/blog/sudden-genius/201101/is-high-intelligence-necessary-be-genius.
53. J. K. Rowling, *Very Good Lives: The Fringe Benefits of Failure and the Importance of Imagination*（New York: Little, Brown, 2008）, 23.［邦訳『とても良い人生のために 失敗の思いがけない恩恵と想像力の大切さ』（静山社）2017 年］
54. Walter Isaacson, *Albert Einstein: His Life and Universe*（New York: Simon & Schuster, 2007）, 48.
55. Duncan Clark, *Alibaba: The House That Jack Ma Built*（New York: HarperCollins, 2016）, 44.
56. Michael Barrier, *The Animated Man: A Life of Walt Disney*（Berkeley: University of California Press, 2007）, 18-19.
57. Jaime Sabartés, *Picasso: An Intimate Portrait*（London: W. H.Allen, 1948）, 36-39.　また、Roland Penrose, *Picasso: His Life and Work, 3rd ed.*（Berkeley: University of California Press, 1981）,18-19 および Richardson, *A Life of Picasso*, 33.
58. Howard Gardner, *Frames of Mind: The Theory of Multiple Intelligences*（New York: Basic Books, 1983）, 特に chap. 4.
59. Rowling, *Very Good Lives*, 11-23.［邦訳『とても良い人生のために 失敗の思いがけない恩恵と想像力の大切さ』（静山社）、P.25、2017 年］
60. Alison Flood, "JK Rowling's Writing Advice: Be a Gryffindor," *Guardian*, January 8, 2019, https://www.theguardian.com/books/booksblog/2019/jan/08/jk-rowlings-writing-advice-be-a-gryffindor.
61. 心理学者のなかに、まさにこれをやったことのある人がいる。Robert Sternberg, Juan-Luis Castejon, M. Prieto, et al., "Confirmatory Factor Analysis of the Sternberg Triarchic Abilities Test in Three International Samples: An Empirical Test of the Triarchic Theory of Intelligence," *European Journal of Psychological Assessment* 17, no. 1（2001）: 1-16 参照。
62. Abraham J. Tannenbaum, "The IQ Controversy and the Gifted," in *Intellectual Talent*, edited by Camilla Benbow and David Lubinsky（Baltimore: Johns Hopkins University Press, 1996）, 70-74 および Anders Ericsson and Robert Pool, *Peak: Secrets from the New Science of Expertise*（Boston: Houghton Mifflin Harcourt, 2016）.［邦訳『超一流になるのは才能か努力か？』（ダイヤモンド社）2016 年］, 235. また、Robert Sternberg, *Wisdom, Intelligence, and Creativity Synthesized*（Cambridge, UK: Cambridge University Press, 2003）も参照。
63. Casey Miller and Keivan Stassun, "A Test That Fails," *Nature* 510（2014）: 303-4, https://www.nature.com/naturejobs/science/articles/10.1038/nj7504-303a. から引用［現在閲覧不可］。また、Robert J. Sternberg and Wendy M. Williams, "Does the Graduate Record Exam Predict Meaningful Success and Graduate Training of Psychologists? A Case Study," *American Psychologist* 52, no. 6（June 1997）: 630-41 も参照。
64. William Sedlacek、2019 年 10 月 2 日の著者宛てのメール。
65. George Anders, "You Can Start Anywhere," in Anders, *You Can Do Anything: The Surprising Power of a "Useless" Liberal Arts Education*（New York: Little, Brown, 2017）の特に P.58 参照。
66. Malcolm Gladwell, *Outliers: The Story of Success*（New York: Little, Brown, 2008）, 80-84.［邦訳『天才！成功する人々の法則』（講談社）2014 年］
67. Billy Witz, Jennifer Medina, and Tim Arango, "Bribes and Big-Time Sports: U.S.C. Finds Itself, Once Again, Facing Scandal," *New York Times*, March 14, 2019, https://www.nytimes.com/2019/03/14/us/usc-college-cheating-scandal-bribes.html.
68. Melissa Korn and Jennifer Levitz, "In College Admissions Scandal, Families from China Paid the Most," *Wall Street Journal*, April 26, 2019, https://www.wsj.com/articles/the-biggest-clients-in-the-college-admissions-scandal-were-from-china-11556301872.
69. John Bacon and Joey Garrison, "Ex.Yale Coach Pleads Guilty for Soliciting Almost $1 Million in Bribes in College Admissions Scandal," *USA Today*, March 28, 2019, https://www.usatoday.com/story/news/nation/2019/03/28/rudy-meredith-ex-yale-coach-expected-plead-guilty-college-admissions-

33. 2019年8月4日のメールの要約。これに対してチェンは、次のように付け加えている。「追伸、私はこれを（中国人の）母に読んで聞かせたが、母は20%対80%の見方に同意しなかった。母が言うには、努力は何ものにも勝り、80%が努力で、20%が運／チャンスだという。教育ママ、だよね？　文化や育った環境が違えば、こうした問題についても、こうも見方が違ってくることがあるって、面白い」。
34. 標準化されたIQテストの開発については、Simonton, "Talent and Its Development," 440-48 および Darrin McMahon, *Divine Fury: A History of Genius*（New York: Basic Books, 2013）, 178-85 を参照。
35. Deborah Solomon, "The Science of Second-Guessing," *New York Times*, December 12, 2004, https://www.nytimes.com/2004/12/12/magazine/the-science-of-secondguessing.html.
36. Martin André Rosanoff, "Edison in His Laboratory," *Harper's Magazine*（September 1932）, https://harpers.org/archive/1932/09/edison-in-his-laboratory/.
37. Gould, *The Mismeasure of Man*, 56-57.［邦訳『人間の測りまちがい』（河出文庫）2008年］
38. グリッグス対デューク電力会社の1971年の訴訟。ＩＱおよびそれに類するテストは使い続けてもかまわないが、これを仕事の能力を予測する材料にする場合、実質的に人種、宗教、国、性別に基づく差別となってはならない。
39. William E. Sedlacek, *Beyond the Big Test: Noncognitive Assessment in Higher Education*（San Francisco: Jossey-Bass, 2004）, 61-63.
40. Catherine Rampell, "SAT Scores and Family Income," *New York Times*, August 27, 2009, https://economix.blogs.nytimes.com/2009/08/27/sat-scores-and-family-income/ および Zachary Goldfarb, "These Four Charts Show How the SAT Favors Rich, Educated Families," *Washington Post*, March 5, 2014, https://www.washingtonpost.com/news/wonk/wp/2014/03/05/these-four-charts-show-how-the-sat-favors-the-rich-educated-families/ および Sedlacek, *Beyond the Big Test*, 68.
41. Aamer Madhani, "University of Chicago Becomes the First Elite College to Make SAT, ACT Optional for Applicants," *USA Today*, June 14, 2018, https://www.usatoday.com/story/news/2018/06/14/university-chicago-sat-act-optional/701153002/.
42. Anemona Hartocollis, "University of California Is Sued over Use of SAT and ACT," *New York Times*, December 10, 2019, https://www.nytimes.com/2019/12/10/us/sat-act-uc-lawsuit.html.
43. たとえば、Lenora Chu, *Little Soldiers: An American Boy, a Chinese School, and the Global Race to Achieve*（New York: HarperCollins, 2017）, 252 および Sedlacek, Beyond the Big Test, 60 などを参照。
44. Caitlin Macy, "AP Tests Are Still a Great American Equalizer," *Wall Street Journal*, February 22, 2019, https://www.wsj.com/articles/ap-tests-are-still-a-great-american-equalizer-11550854920.
45. たとえば、Caroline Goldenberg, "School Removes AP Courses for Incoming Freshmen," *Horace Mann Record*, June 5, 2018, https://record.horacemann.org/2078/uncategorized/school-removes-ap-courses-for-incoming-freshman-class/ などを参照。
46. Adam Grant, "What Straight-A Students Get Wrong," *New York Times*, December 8, 2018, https://www.nytimes.com/2018/12/08/opinion/college-gpa-career-success.html.
47. Tom Clynes, "How to Raise a Genius," *Nature*（September 7, 2016）, https://www.nature.com/news/how-to-raise-a-genius-lessons-from-a-45-year-study-of-super-smart-children-1.20537.
48. Nancy Andreasen, *The Creating Brain: The Neuroscience of Genius*（New York: Dana Foundation, 2005）, 10-13 を要約。また、Barbara Burks, Dortha Jensen, and Lewis Terman, *Genetic Studies of Genius, vol. 3: The Promise of Youth: Follow-Up Studies of a Thousand Gifted Students*（Stanford, CA: Stanford University Press, 1930）も参照。
49. Marjorie Garber, "Our Genius Problem," *The Atlantic*（December 2002）, https://www.theatlantic.com/magazine/archive/2002/12/our-genius-problem/308435/.
50. Malcolm Jones, "How Darwin and Lincoln Shaped Us," *Newsweek*（June 28, 2008）, https://www.newsweek.com/how-darwin-and-lincoln-shaped-us-91091.
51. Thomas Montalbo, "Churchill: A Study in Oratory: Seven Lessons in Speechmaking from One of the Greatest Orators of All Time," International Churchill Society, https://winstonchurchill.org/publications/finest-hour/finest-hour-069/churchill-a-study-in-oratory/.

原注

Guardian, July 24, 2017, https://www.theguardian.com/sport/2017/jul/24/michael-phelps-swimming-race-shark-discovery-channel.
10. Danielle Allentuck, "Simone Biles Takes Gymnastics to a New Level. Again," *New York Times*, August 9, 2019, https://www.nytimes.com/2019/08/09/sports/gymnastics-simone-biles.html.
11. Sade Strehlke, "How August Cover Star Simone Biles Blazes Through Expectations," *Teen Vogue*（June 30, 2016）, https://www.teenvogue.com/story/simone-biles-summer-olympics-cover-august-2016.
12. "Simone Biles Teaches Gymnastic Fundamentals," MasterClass, 2019, lesson 3, at 0:50.
13. Francis Galton, *Hereditary Genius: An Inquiry into Its Laws and Consequences*（London: MacMillan, 1869）, http://galton.org/books/hereditary-genius/1869-FirstEdition/hereditarygenius1869galt.pdf, 1.
14. 馬の繁殖および近親交配については、Allison Schrager, "Secretariat's Kentucky Derby Record Is Safe, Thanks to the Taxman," *Wall Street Journal*, May 3, 2019, https://www.wsj.com/articles/secretariats-kentucky-derby-record-is-safe-thanks-to-the-taxman-11556920680 を参照。生物学的決定論のテーマ全般については、Stephen Jay Gould, *The Mismeasure of Man*（New York: W. W. Norton, 1981）, chap. 5 を参照。［邦訳『人間の測りまちがい』（河出文庫）2008 年］
15. Robert Plomin, *Nature and Nurture: An Introduction to Human Behavioral Genetics*（Belmont, CA: Wadsworth, 2004）を参照。
16. Andrew Robinson, *Sudden Genius? The Gradual Path to Creative Breakthroughs*（Oxford, UK: Oxford University Press, 2010）, 9.
17. Ibid., 256 より引用。
18. Dean Keith Simonton, "Talent and Its Development: An Emergenic and Epigenetic Model," *Psychological Review* 106, no. 3（July 1999）: 440.
19. David T. Lykken, "The Genetics of Genius," in *Genius and the Mind: Studies of Creativity and Temperament*, edited by Andrew Steptoe（Oxford, UK: Oxford University Press, 1998）, 28 および Robinson, *Sudden Genius?*, 256.
20. Havelock Ellis, *A Study of British Genius*（London: Hurst and Blackett, 2017 [1904]）, 94 ff.
21. Gilbert Gottlieb, "Normally Occurring Environmental and Behavioral Influences on Gene Activity: From Central Dogma to Probabilistic Epigenesis," *Psychological Review* 105, no. 3（1995）: 792-802.
22. K. Anders Ericsson, Ralf Th. Krampe, and Clemens Tesch-Romer, "The Role of Deliberate Practice in the Acquisition of Expert Performance," *Psychological Review* 100, vol. 3（July 1993）: 363-406. および John A. Sloboda, Jane W. Davidson, Michael J. A. Howe, and Derek G. Moore, "The Role of Practice in the Development of Performing Musicians," *British Journal of Psychology* 87（May 1996）: 287-309 も参照。
23. Ericsson et al., "The Role of Deliberate Practice," 397.
24. Ellen Winner, *Gifted Children: Myths and Realities*（New York: Basic Books, 1997）, 3.
25. セザンヌの経歴については、Alex Danchev, *Cézanne: A Life*（New York: Random House, 2012）, 106, 110, 116 および Lawrence Gowing, *Cézanne: The Early Years*（New York: Harry N. Abrams, 1988）, 110 を参照。
26. *La Voz de Galicia*, February 21, 1895, quoted in John Richardson, A Life of Picasso: The Prodigy, 1881.1906（New York: Alfred A. Knopf, 1991）, 55.［邦訳『ピカソ I: 神童 1881-1906』（白水社）2015 年］
27. Richardson, *A Life of Picasso*, 67.［邦訳 前掲書］
28. David W. Galenson, *Old Masters and Young Geniuses*（Princeton, NJ: Princeton University Press, 2006）, 24.
29. Ibid., 23.
30. Danchev, *Cézanne*, 12.
31. " 'The Father of Us All,'" Artsy, February 6, 2014, https://www.artsy.net/article/matthew-the-father-of-us-all.
32. Brooke N. MacNamara, David Z. Hambrick, and Frederick L. Oswald, "Deliberate Practice and Performance in Music, Games, Sports, Education, and Professions: A Meta-analysis," *Psychological Science 8*（July 2014）: 1608-18.

原注

Introduction：他人には見えない的を射る

1. George Eliot, *Middlemarch*（Ware, Hertfordshire, UK: Wordsworth Editions, 1994）, 620.［邦訳『ミドルマーチ』（講談社学芸文庫）2019 ～ 2021 年］
2. Darrin M. McMahon, *Divine Fury: A History of Genius*（NewYork: Basic Books, 2013）, 229.
3. アインシュタインの脳が死後に辿った奇妙な歴史については、Michael Paterniti, *Driving Mr. Albert: A Trip Across America with Einstein's Brain*（New York: Random House, 2001）に詳しく記されている。
4. Paul G. Bahn, "The Mystery of Mozart's Skull: The Face of Mozart," *Archeology*（March-April 1991）: 38-41 および、Luke Harding, "DNA Detectives Discover More Skeletons in Mozart Family Closet," *Guardian*, January 8, 2006, https://www.theguardian.com/world/2006/jan/09/arts.music.
5. "Leonardo da Vinci's DNA: Experts Unite to Shine Modern Light on a Renaissance Genius," EurekAlert!, May 5, 2016, https://www.eurekalert.org/pub_releases/2016-05/tca-ldv050316.php.
6. Paul Israel, *Edison: A Life of Invention*（New York: John Wiley & Sons, 1998）, 119-20.
7. Arthur Schopenhauer, *Die Welt als Wille und Vorstellung*, 3rd ed., vol. 2, book 3, chap. 31（Leipzig: Brockhaus, 1859）, https://www.amazon.com/Die-Welt-Wille-Vorstellung-German/dp/3843040400, 627.［邦訳『ショーペンハウアー全集 第 6 巻（意志と表象としての世界 続編 II)』（白水社）1973 年］
8. Dylan Love, "The 13 Most Memorable Quotes from Steve Jobs," Business Insider, October 5, 2011, https://www.businessinsider.com/the-13-most-memorable-quotes-from-steve-jobs-2011-10.
9. Nikola Tesla, *My Inventions: The Autobiography of Nikola Tesla*, edited by David Major（Middletown, DE: Philovox, 2016）, 55.
10. Immanuel Kant, *Critique of Judgment*, quoted in McMahon, *Divine Fury*, 90.［邦訳『判断力批判』（岩波文庫）1963 年］
11. See Mihaly Csikszentmihalyi, "Implications of a Systems Perspective for the Study of Creativity," in *Handbook of Creativity*, edited by Robert J. Sternberg（Cambridge, UK: Cambridge University Press, 1999）, 311-34 を参照。

Lesson 1：先天的か後天的か？

1. Plato, *Apology*, translated by Benjamin Jowett, para. 8, http://classics.mit.edu/Plato/apology.html.［邦訳『ソクラテスの弁明 クリトン』（岩波文庫）1950 年］
2. Charles Darwin, *The Autobiography of Charles Darwin*, edited by Nora Barlow（New York: W. W. Norton, 1958）, 38.［邦訳『ダーウィン自伝』（ちくま学芸文庫）2000 年］
3. Simone de Beauvoir, *The Second Sex*, edited and translated by H. M. Parshley（New York: Random House, 1989）, 133.［邦訳『決定版 第二の性』（新潮文庫）2001 年］
4. Giorgio Vasari, *The Lives of the Artists*, translated by Julia Conaway Bondanella and Peter Bondanella（Oxford, UK: Oxford University Press, 1991）, 284.［邦訳『美術家列伝 第 3 巻』（中央公論美術出版）2015 年］
5. Leonardo da Vinci, *Codex Atlanticus*, quoted in Walter Isaacson, *Leonardo da Vinci*（New York: Simon & Schuster, 2017）, 179.［邦訳『レオナルド・ダ・ヴィンチ』（文藝春秋）2019 年］
6. Carmen C. Bambach, *Michelangelo: Divine Draftsman and Designer*（New Haven, CT: Yale University Press, 2017）, 35, 39.
7. Helia Phoenix, *Lady Gaga: Just Dance: The Biography*（London: Orion Books, 2010）, 84 から引用。
8. Lewis Lockwood, *Beethoven: The Music and the Life*（New York: W. W. Norton, 2003）, 12.［邦訳『ベートーヴェン 音楽と生涯』（春秋社）2010 年］
9. Tom Lutz, "Viewers Angry After Michael Phelps Loses Race to Computer-Generated Shark,"

scam/3296720002/ および Melissa Korn, "How to Fix College Admissions," *Wall Street Journal*, November 29, 2019, https://www.wsj.com/articles/how-to-fix-college-admissions-11575042980.

70. 昔からアインシュタインの言葉と言われてきたものであるが、以下を参照。 Quote Investigator, April 6, 2013, https://quoteinvestigator.com/2013/04/06/fish-climb/.

Lesson 2：天才とジェンダー

1. Catherine Nichols, "Homme de Plume: What I Learned Sending My Novel Out Under a Male Name," Jezebel, August 4, 2015, https://jezebel.com/homme-de-plume-what-i-learned-sending-my-novel-out-und-1720637627.

2. たとえば、"Employers' Replies to Racial Names," National Bureau of Economic Research, https://www.nber.org/digest/sep03/w9873.html などを参照。

3. たとえば、"Publishing Industry is Overwhelmingly White and Female, US Study Finds," *Guardian*, January 27, 2016, https://www.theguardian.com/books/2016/jan/27/us-study-finds-publishing-is-overwhelmingly-white-and-female などを参照。

4. Sheryl Sandberg, "Women at Work: Speaking While Female," *New York Times*, January 12, 2015, https://www.nytimes.com/2015/01/11/opinion/sunday/speaking-while-female.html.

5. Christopher F. Karpowitz, Tali Mendelberg, and Lee Shaker, "Gender Inequality in Deliberative Participation," *American Political Science Review* 106, no. 3（August 2012）: 533-47, https://pdfs.semanticscholar.org/c0ef/981e1191a7ff3ca6a63f205aef12f64d2f4e.pdf?_ga=2.81127703.1000116753.15841352521227194247.1574373344.

6. Catherine Hill, Christianne Corbett, and Andresse St. Rose, *Why So Few? Women in Science, Technology, Engineering, and Mathematics*, AAUW, February 2010, https://time.com/wp-content/uploads/2015/05/why-so-few-women-in-science-technology-engineering-and-mathematics.pdf.

7. Suzanne Choney, "Why Do Girls Lose Interest in STEM? New Research Has Some Answers and What We Can Do About It," Microsoft Stories, March 13, 2018, https://news.microsoft.com/features/why-do-girls-lose-interest-in-stem-new-research-has-some-answers-and-what-we-can-do-about-it/.

8. Dean Keith Simonton, *Greatness: Who Makes History and Why*（New York: Guilford Press, 1994）, 33-34.

9. Ibid., 37.

10. Virginia Woolf, *A Room of One's Own*（New York: Fountain Press, 2012［1929］）, 24.［邦訳『自分ひとりの部屋』（平凡社ライブラリー）2015 年］

11. Ibid., 48.［邦訳 前掲書］

12. Ibid., 56.［邦訳 前掲書］

13. George Gordon, Lord Byron, *The Works of Lord Byron, with His Letters and Journals, and His Life*, vol. 2, edited by Thomas Moore（New York: J. & J. Harper, 1830-31）, 275 から引用。

14. Sean Smith, *J. K. Rowling: A Biography: The Genius Behind Harry Potter*（London: Michael O'Mara Books, 2001）, 132.［邦訳『J.K. ローリングその魔法と真実 ハリー・ポッター誕生の光と影』（メディアファクトリー）2001 年］

15. Woolf, *A Room of One's Own*, 53-54.［邦訳『自分ひとりの部屋』（平凡社ライブラリー）2015 年］

16. Ibid., 56.［邦訳 前掲書］

17. Ibid., 35.［邦訳 前掲書］

18. Byron, *The Works of Lord Byron*, vol. 2, 399.

19. Cecil Gray, *A Survey of Contemporary Music*（London: Oxford University Press, 1924）, 246 に引用。

20. Charles Darwin, "This Is the Question," in *The Autobiography of Charles Darwin, 1809-1882*, edited by Nora Barlow（New York: W. W. Norton, 1958）, 195-96.

21. Françoise Gilot and Carlton Lake, *Life with Picasso*（London: McGraw-Hill, 2012［1964］）, 77.［邦訳『ピカソとの日々』（白水社）2019 年］

22. Arthur Schopenhauer, *The World as Will and Idea*, 6th ed., vol. 3, translated by R. B. Haldane and J.

原注

Kemp (London: Kegan Paul, 1909) , Project Gutenberg, http://www.gutenberg.org/files/40868/40868-h/40868-h.html, 158.［邦訳『ショーペンハウアー全集 第6巻（意志と表象としての世界 続編 II)』（白水社）1973年］

23. Arthur Schopenhauer, *The Essays of Schopenhauer*, edited by Juliet Sutherland, Project Gutenberg, https://www.gutenberg.org/files/11945/11945-h/11945-h.htm#link2H_4_0009.［邦訳『ショーペンハウアー全集 第14巻（哲学小品集 V)』（岩波書店）1973年］

24. Darrin McMahon, *Divine Fury: A History of Genius* (New York: Basic Books, 2013) , 161から引用。

25. Emma Brockes, "Return of the Time Lord," *Guardian*, September 27, 2005, https://www.theguardian.com/science/2005/sep/27/scienceandnature.highereducationprofile.

26. Suzanne Goldenberg, "Why Women Are Poor at Science, by Harvard President," *Guardian*, January 18, 2005, https://www.theguardian.com/science/2005/jan/18/educationsgendergap.genderissues.

27. Alexander Moszkowski, *Conversations with Einstein*, translated by Henry L. Brose (New York: Horizon Press, 1970) , 79.

28. Nikolaus Pevsner, *Academies of Art, Past and Present* (Cambridge, UK: Cambridge University Press, 1940) , 231.［邦訳『美術アカデミーの歴史』（中央大学出版部）1974年］および Linda Nochlin, "Why Have There Been No Great Women Artists?," 1971, http://davidrifkind.org/fiu/library_files/Linda%20Nochlin%20%20Why%20have%20there%20been%20no%20Great%20Women%20Artists.pdf.

29. Peter Saenger, "The Triumph of Women Artists," *Wall Street Journal*, November 23, 2018, https://www.wsj.com/articles/the-triumph-of-women-artists-1542816015.

30. Anna Klumpke, *Rosa Bonheur: Sa vie, son oeuvre* (Paris: Flammarion, 1908) , 308-9.

31. Alan Greenspan and Adrian Wooldridge, *Capitalism in America: A History* (New York: Random House, 2018) , 363.

32. Jerome Karabel, *The Chosen: The Hidden History of Admission and Exclusion at Harvard, Yale and Princeton* (New York: Mariner Books, 2014) , 444から引用。

33. Celestine Bohlen, "Breaking the Cycles That Keep Women Out of Tech-Related Professions," *New York Times*, November 26, 2018, https://www.nytimes.com/2018/11/20/world/europe/women-in-stem.html?searchResultPosition=9.

34. これとメンデルスゾーンの言葉の引用は、Craig Wright, *Listening to Music*, 7th ed. (Boston: Cengage Learning, 2017) , 252-53を参照した。

35. Mason Currey, *Daily Rituals: How Artists Work* (New York: Alfred A. Knopf, 2018) , 44.［邦訳『天才たちの日課』（フィルムアート社）2018年］

36. Alexandra Popoff, *The Wives: The Women Behind Russia's Literary Giants* (New York: Pegasus, 2012) , 68.

37. "Hatshepsut," Western Civilization, ER Services, https://courses.lumenlearning.com/suny-hccc-worldhistory/chapter/hatshepsut/.

38. ニューヨークのメトロポリタン美術館における、ハトシェプストの影像とそれら影像の歴史については、"Large Kneeling Statue of Hatshepsut, ca. 1479-1458 B.C.," https://www.metmuseum.org/art/collection/search/544449、特に "Sphinx of Hatshepsut," https://www.metmuseum.org/toah/works-of-art/31.3.166/を参照。

39. ビンゲンのヒルデガルトについての概要は、Barbara Newman, *Saint Hildegard of Bingen: Symphonia* (Ithaca, NY: Cornell University Press, 1988) のIntroductionと、Mathew Fox, *Hildegard of Bingen: A Saint for Our Times* (Vancouver: Namaste, 2012) を参照。著述については、Sabina Flanagan, *Secrets of God: Writings of Hildegard of Bingen* (Boston: Shambhala, 1996) を参考にした。彼女の手紙については、Matthew Fox, ed., *Hildegard of Bingen's Book of Divine Works with Letters and Songs* (Santa Fe, NM: Bear & Co, 1987) を参考にした。

40. その一例が絵画『ロトとその娘たち』で、かつてはトレド美術館でベルナルド・カヴァッリーノの作品として展示されていた。Josef Grabski, "On Seicento Painting in Naples: Some Observations on Bernardo Cavallino, Artemisia Gentileschi and Others," *Artibus et Historiae* 6, no. 11 (1985) : 23-63参照。また、

Sarah Cascone, "Sotheby's Offers Lost Artemisia Gentileschi Masterpiece," Artnet News, June 10, 2014, https://news.artnet.com/market/sothebys-offers-lost-artemisia-gentileschi-masterpiece-37273 も参照。

41. 裁判については、Tracy Marks, "Artemesia: The Rape and the Trial," http://www.webwinds.com/artemisia/trial.htm を参照。

42. エイダ・ラブレスについては、たとえば、Betty A. Toole, *Ada, the Enchantress of Numbers: Prophet of the Computer Age*（Moreton-in-Marsh, Gloucestershire, UK: Strawberry Press, 1998）、および William Gibson and Bruce Sterling, *The Difference Engine: A Novel*（New York: Bantam Books, 1991）を参照。［邦訳『ディファレンス・エンジン』（2008 年）ハヤカワ文庫 SF］。コンピュータに類するものを予言していたラブレスについては、Walter Isaacson, *The Innovators: How A Group of Hackers, Geniuses, and Geeks Created the Digital Revolution*（New York: Simon & Schuster, 2014）, 7-33 に簡潔にまとめられている［邦訳『イノベーターズ 天才、ハッカー、ギークがおりなすデジタル革命史』（講談社）2019 年］。

43. Ruth Levin Sime, *Lise Meitner: A Life in Physics*（Berkeley: University of California Press, 1996）., https://www.washingtonpost.com/wp-srv/style/longterm/books/chap1/lisemeitner.htm?noredirect=on を参照。［邦訳『リーゼ・マイトナー：嵐の時代を生き抜いた女性科学者：1878-1968』（シュプリンガーフェアラーク東京）2004 年］

44. Adam Parfrey and Cletus Nelson, *Citizen Keane: The Big Lies Behind the Big Eyes*（Port Townsend, WA: Feral House, 2014）.

45. Ariane Hegewisch and Emma Williams-Baron, "The Gender Wage Gap: 2017 Earnings Differences by Race and Ethnicity," Institute for Women's Policy Research, March 7, 2018, https://iwpr.org/iwpr-issues/esme/the-gender-wage-gap-2017-earnings-differences-by-race-and-ethnicity/.

46. Rachel Bachman, "Women's Team Sues U.S. Soccer," *Wall Street Journal*, March 9, 2019, https://www.wsj.com/articles/u-s-womens-soccer-team-alleges-gender-discrimination-11552059299.

47. Géne Teare, "In 2017, Only 17% of Startups Have a Female Founder," TC, April 19, 2017, https://techcrunch.com/2017/04/19/in-2017-only-17-of-startups-have-a-female-founder/ および Valentina Zarya, "Female Founders Got only 2% of Venture Capital in 2017," *Fortune*（January 31, 2018）, https://fortune.com/2018/01/31/female-founders-venture-capital-2017/.

48. Adnisha Padnani, "How an Obits Project on Overlooked Women Was Born," *New York Times*, March 8, 2018, https://www.nytimes.com/2018/03/08/insider/overlooked-obituary.html.

49. Mary Ann Sieghart, "Why Are Even Women Biased Against Women?," BBC Radio 4, February 4, 2018, https://www.bbc.co.uk/programmes/b09pl66d. また、Caroline Heldman, Meredith Conroy, and Alissa R. Ackerman, *Sex and Gender in the 2016 Presidential Election*（Santa Barbara, CA: Praeger, 2018）も参照。

50. Adrian Hoffmann and Jochen Musch, "Prejudice Against Women Leaders: Insights from an Indirect Questioning Approach," *Sex Roles* 80, nos. 11-12（June 2019）: 681-92, https://link.springer.com/article/10.1007/s11199-018-0969-6.

51. Mahzarin R. Banaji and Anthony G. Greenwald, *Blind Spot: Hidden Biases of Good People*（New York: Bantam Books, 2013）.［邦訳『心の中のブラインド・スポット：善良な人々に潜む非意識のバイアス』（北大路書房）2015 年］

52. Hill et al., *Why So Few?*, 74.

53. Corinne A. Moss-Racusin, John F. Dovidio, Victoria L. Brescoll, et al., "Science Faculty's Subtle Gender Biases Favor Male Students," *Proceedings of the National Academy of Sciences of the United States of America*, October 9, 2012, https://www.pnas.org/content/109/41/16474.

54. Banaji and Greenwald, *Blind Spot*, 115.［邦訳『心の中のブラインド・スポット：善良な人々に潜む非意識のバイアス』（北大路書房）2015 年］

55. Brigid Schulte, "A Woman's Greatest Enemy? A Lack of Time to Herself," *Guardian*, July 21, 2019, https://www.theguardian.com/commentisfree/2019/jul/21/woman-greatest-enemy-lack-of-time-themselves.

56. Seth Stephens-Davidowitz, "Google, Tell Me. Is My Son a Genius?," *New York Times*, January 18,

原注

2014, https://www.nytimes.com/2014/01/19/opinion/sunday/google-tell-me-is-my-son-a-genius.html.
57. Simonton, *Greatness*, 37.

Lesson 3：神童の幻想を捨てよ

1. Melissa Eddy, "A Musical Prodigy? Sure, but Don't Call Her 'a New Mozart'," *New York Times*, June 14, 2019, https://www.nytimes.com/2019/06/14/world/europe/alma-deutscher-prodigy-mozart.html も参照。
2. "British Child Prodigy's Cinderella Opera Thrills Vienna," BBC News, December 30, 2016, https://www.bbc.com/news/world-europe-38467218.
3. Otto Erich Deutsch, *Mozart: A Documentary Biography*, translated by Eric Blom, Peter Branscombe, and Jeremy Noble（Stanford, CA: Stanford University Press, 1965）, 9.
4. モーツァルトには2人息子がいて、いずれもたしなむ程度以上に音楽をやっていた。1人はカール・トーマス・モーツァルト（1784～1858年）で、音楽家になる教育を受けていたが、ミラノの行政官で終わっている。もう1人はフランツ・クサーヴァー・モーツァルト（1791～1844年）で、作曲家、ピアノ教師で生計を立て、たまに聴衆の前で演奏もしていた。いずれも子孫を残していない。
5. Erich Schenk, "Mozarts Salzburger Vorfahren," *Mozart-Jahrbuch* 3（1929）: 81-93. および Erich Schenk, *Mozart and His Times*, edited and translated by Richard and Clara Winston（New York: Knopf, 1959）, 7-8. および Erich Valentin, "Die Familie der Frau Mozart geb. Pertl," in Valentin, *"Madame Mutter" : Anna Maria Walburga Mozart (1720-1778)*（Augsburg, Germany: Die Gesellschaft, 1991）.
6. Deutsch, Mozart, 445.
7. Ibid., 27.［邦訳 前掲書］
8. "Prodigy," *The Compact Oxford English Dictionary*（Oxford, UK: Oxford University Press, 1991）.
9. *Inside Bill's Brain: Decoding Bill Gates*, Netflix, September 2019, episode 1.［邦題『ビル・ゲイツの頭の中：ビル・ゲイツを解読する』パート1（ネットフリックス）2019年］
10. 著者が2011年8月14日にマサチューセッツ州のタングルウッドでヨーヨー・マと行った会話より。
11. Dean Keith Simonton, Kathleen A. Taylor, and Vincent Cassandro, "The Creative Genius of William Shakespeare: Histiometric Analyses of His Plays and Sonnets," in *Genius and the Mind: Studies of Creativity and Temperament*, edited by Andrew Steptoe（Oxford, UK: Oxford University Press, 1998）, 180.
12. Deutsch, *Mozart*, 360.
13. Cliff Eisen, *New Mozart Documents: A Supplement to O. E. Deutsch's Documentary Biography*（Stanford, CA: Stanford University Press, 1991）, 14.
14. Alissa Quart, *Hothouse Kids: The Dilemma of the Gifted Child*（New York: Penguin, 2006）, 77 および *My Kid Could Paint That*, Sony Pictures Classic, 2007.
15. Deutsch, *Mozart*, 494.
16. 著者が2017年5月22日にコネチカット州のニューヘイブンでマリン・オールソップと行った会話より。
17. Scott Barry Kaufman and Carolyn Gregoire, *Wired to Create: Unraveling the Mysteries of the Creative Mind*（New York: Random House, 2016）, 151.［邦訳『FUTURE INTELLIGENCE～これからの時代に求められる「クリエイティブ思考」が身につく10の習慣』（大和書房）2018年］
18. Helia Phoenix, *Lady Gaga: Just Dance: The Biography*（London: Orion House, 2010）, 44-45 から引用。
19. Dean Keith Simonton, Greatness: Who Makes History and Why（New York: Guilford Press, 1994）, 243 から引用。
20. Ellen Winner, *Gifted Children: Myths and Realities*（New York: Basic Books, 1996）, 10［邦訳『才能を開花させる子供たち』（1998年）日本放送出版協会］および Alissa Quart, *Hothouse Kids: The Dilemma of the Gifted Child*（New York: Alfred A. Knopf, 2006）, 204-5 および Ann Hulbert, *Off the Charts: The Hidden Lives and Lessons of American Child Prodigies*（New York: Alfred A. Knopf, 2018）, 283-291.
21. Maynard Solomon, *Mozart: A Life*（New York: Simon & Schuster, 1995）, 177-209.
22. 父レオポルトから息子ヴォルフガングへの1778年2月12日の手紙。*The Letters of Mozart and His*

Family, edited by Emily Anderson（London: Macmillan, 1985）, 478.
23. 父レオポルトから息子ヴォルフガングへの 1777 年 12 月 18 日の手紙。前掲書 P.423.
24. 息子ヴォルフガングから父レオポルトへの 1778 年 7 月 21 日の手紙。前掲書 P.587.
25. Liz Schumer, "Why Mentoring Matters and How to Get Started," *New York Times*, September 30, 2018, https://www.nytimes.com/2018/09/26/smarter-living/why-mentoring-matters-how-to-get-started.html.
26. John Richardson, *A Life of Picasso: The Prodigy, 1881-1906*（New York: Alfred A. Knopf, 2007）, 45.［邦訳『ピカソ I: 神童 1881-1906』（白水社）2015 年］から引用。
27. ダグラス・ストーンによる、イェール大学 2014 年 2 月 2 日の著者の授業「天才の資質探求」での講義。
28. 初期学習の結果は、Frances H. Rauscher, Gordon L. Shaw, and Catherine N. Ky, "Music and Spatial Task Performance," *Nature* 365, no. 611（October 14, 1993）に掲載。その先の発展 "Makes you smarter" は音楽評論家の Alex Ross が "Listening to Prozac . . . Er, Mozart," New York Times, August 28, 1994 で発表 。https://www.nytimes.com/1994/08/28/arts/classical-view-listening-to-prozac-er-mozart.html.
29. Tamar Levin, "No Einstein in Your Crib? Get a Refund," *New York Times*, October 23, 2009, https://www.nytimes.com/2009/10/24/education/24baby.html.
30. Winner, *Gifted Children*, 280-81.［邦訳『才能を開花させる子供たち』（日本放送出版協会）1998 年］
31. Hulbert, *Off the Charts*, 291.「神童の後悔」については、Quart, *Hothouse Kids*, 210 を参照。

Lesson 4：子どものように世界を想像してみよう

1. この夜の描写は、Mary Shelley, *History of a Six Weeks' Tour Through a Part of France, Switzerland, Germany and Holland, with Letters . . .*（London: T. Hookham and C. and J. Ollier, 1817）, https://archive.org/details/sixweekhistoryof00shelrich/page/98/mode/2up, 99-100 より。日付の特定は、Fiona Sampson, *In Search of Mary Shelley*（New York: Pegasus, 2018）, 124 より。
2.『フランケンシュタイン』および大衆文化については、*Frankenstein: How a Monster Became an Icon*, edited by Signey Perkowitz and Eddy von Mueller（New York: Pegasus, 2018）を参照。
3. たとえば、Kathryn Harkup, *Making the Monster: The Science Behind Mary Shelley's Frankenstein*（London: Bloomsbury, 2018）などを参照。
4. Mary Shelley, *Frankenstein: Annotated for Scientists, Engineers, and Creators of All Kinds*, edited by David H. Guston, Ed Finn, and Jason Scott Robert（Cambridge, MA: MIT Press, 2017）, 84.
5. 序文は、*Frankenstein*, Romantic Circles, https://www.rc.umd.edu/editions/frankenstein/1831v1/intro.html. に再掲。一部意訳している。［邦訳『フランケンシュタイン』（光文社古典新訳文庫）2010 年］
6. 出版の歴史および『フランケンシュタイン』の受け入れられ方については、Harkup, *Making the Monster*, 253-55 を参照。
7. "Harry Potter and Me," BBC Christmas Special, British Version, December 28, 2001, transcribed by "Marvelous Marvolo" and Jimmi Thøgersen, http://www.accio-quote.org/articles/2001/1201-bbc-hpandme.htm.
8. Ibid.
9. たとえば、Arianna Stassinopoulos Huffington, *Picasso: Maker and Destroyer*（New York: Simon & Schuster, 1988）, 379 などを参照。［邦訳『ピカソ 偽りの伝説』（草思社）1991 年］
10. Ann Hulburt, *Off the Charts: The Hidden Lives and Lessons of American Child Prodigies*（New York: Alfred A. Knopf, 2018）, 260 から引用。
11. Howard Gardner, *Creating Minds: An Anatomy of Creativity*（New York: Basic Books, 1993）, 145 から引用。
12. Natasha Staller, "Early Picasso and the Origins of Cubism," *Arts Magazine* 61（1986）: 80-90 および Gertrude Stein, *Gertrude Stein on Picasso*, edited by Edward Burns（New York: Liveright, 1970）.
13. フランソワーズ・ジローに語った話。Françoise Gilot and Carlton Lake, *Life with Picasso*（New York: McGraw-Hill, 1990［1964］）, 113.［邦訳『ピカソとの日々』（白水社）2019 年］から引用。
14. Max Wertheimer, *Productive Thinking*（New York: Harper & Row, 1959）, 213 から引用。

原注

15. Albert Einstein, *Autobiographical Notes*, translated and edited by Paul Schlipp（La Salle, IL: Open Court, 1979）, 6-7.
16. Ibid., 49 や Walter Isaacson, *Einstein: His Life and Universe*（New York: Simon & Schuster, 2007）, 26［邦訳『アインシュタイン その生涯と宇宙』（武田ランダムハウスジャパン）2019 年］ならびに Peter A. Bucky, *The Private Albert Einstein*（Kansas City, MO: Universal Press, 1992）, 26.
17. Isaacson, *Einstein*, 196 から引用。［邦訳 前掲書］
18. J. Robert Oppenheimer, *Robert Oppenheimer: Letters and Recollections*, edited by Alice Kimball Smith and Charles Weiner（Cambridge, MA: Harvard University Press, 1980）, 190.
19. Justin Gammill, "10 ACTUAL Quotes from Albert Einstein," October 22, 2015, I Heart Intelligence, https://iheartintelligence.com/2015/10/22/quotes-from-albert-einstein/.
20. 1942 年 9 月 29 日にアインシュタインがオットー・ジュリアスバーガーに宛てた手紙。Albert Einstein Archives, Hebrew University, Jerusalem, folder 38, document 238.
21. J. Randy Taraborelli, *Michael Jackson: The Magic, the Madness, the Whole Story, 1958-2009*（New York: Grand Central Publishing, 2009）, 201.
22. Goodreads, https://www.goodreads.com/quotes/130291-the-secret-of-genius-is-to-carry-the-spirit-of.
23. Dann Hazel and Josh Fippen, *A Walt Disney World Resort Outing: The Only Vacation Planning Guide Exclusively for Gay and Lesbian Travelers*（San Jose: Writers Club Press, 2002）, 211.
24. "The Birth of a Mouse," referencing Walt Disney's essay "What Mickey Means to Me," Walt Disney Family Museum, November 18, 2012, https://www.waltdisney.org/blog/birth-mouse.
25. Otto Erich Deutsch, *Mozart: A Documentary Biography*, translated by Eric Blom, Peter Branscombe, and Jeremy Noble（Stanford, CA: Stanford University Press, 1965）, 462.
26. 1777 年 11 月 5 日に、モーツァルトからマリア・アンナ・テークラ・モーツァルトに宛てた手紙。Wolfgang Amadeus Mozart, *The Letters of Mozart and His Family*, edited by Emily Anderson（London: Macmillan, 1985）, 358
27. M. J. Coren, "John Cleese.How to Be Creative," Vimeo, https://vimeo.com/176474304.
28. Frida Kahlo, *The Diary of Frida Kahlo: An Intimate Self-Portrait*（New York: Abrams, 2005）, 245-47.
29. Deutsch, *Mozart*, 493.
30. 1787 年 1 月 15 日に、モーツァルトから家族に宛てた手紙。Mozart, *The Letters of Mozart and His Family*, 904.
31. Jeff Bezos, *First Mover: Jeff Bezos in His Own Words*, edited by Helena Hunt（Chicago: Agate Publishing, 2018）, 93.
32. Amihud Gilead, "Neoteny and the Playground of Pure Possibilities," *International Journal of Humanities and Social Sciences* 5, no. 2（February 2015）: 30-39, http://www.ijhssnet.com/journals/Vol_5_No_2_February_2015/4.pdf.
33. Stephen Jay Gould, "A Biological Homage to Mickey Mouse," https://faculty.uca.edu/benw/biol4415/papers/Mickey.pdf.
34. George Sylvester Viereck, "What Life Means to Einstein," *Saturday Evening Post*（October 26, 1929）, http://www.saturdayeveningpost.com/wp-content/uploads/satevepost/einstein.pdf, 117.
35. 著者が以下から翻訳。 Charles Baudelaire, *Le Peintre de la vie moderne*（Paris: FB Editions, 2014［1863］）, 13.

Lesson 5：強い学習意欲を育てよ

1. Frank A. Mumby and R. S. Rait, *The Girlhood of Queen Elizabeth*（Whitefish, MT: Kessinger, 2006）, 69-72.
2. "Queen Elizabeth I of England," Luminarium: Anthology of English Literature, http://www.luminarium.org/renlit/elizlet1544.htm.
3. Elizabeth I, *Elizabeth I: Collected Works*, edited by Leah S. Marcus, Janel Mueller, and Mary Beth Rose（Chicago: University of Chicago Press, 2002）, 182.

4. William Camden, *The Historie of the Most Renowned and Victorious Princess Elizabeth, Late Queen of England*（London: Benjamin Fisher, 1630）, 6.
5. Elizabeth I, *Elizabeth I: Collected Works*, 332-35. Folger Library, Washington, D.C., V.a.321, fol. 36. 同じく、*Modern History Sourcebook: Queen Elizabeth I of England*（b. 1533, r. 1558-1603）ならびに *Selected Writing and Speeches*, https://sourcebooks.fordham.edu/mod/elizabeth1.asp も参照。
6. Susan Engel, *The Hungry Mind: The Origins of Curiosity in Childhood*（Cambridge, MA: Harvard University Press, 2015）, 17 and chap. 4.
7. Kenneth Clark, "The Renaissance," in *Civilisation: A Personal View*, 1969, http://www.historyaccess.com/therenaissanceby.html.（現在閲覧不可）［邦訳『芸術と文明』（法政大学出版局）1975 年］
8. Drawn from *Leonardo's Codex Atlanticus*, fol. 611, quoted in Ian Leslie, *Curious: The Desire to Know and Why Your Future Depends on It*（New York: Basic Books, 2014）, 16.
9. Fritjof Capra, *The Science of Leonardo: Inside the Mind of the Great Genius of the Renaissance*（New York: Random House, 2007）, 2.
10. Sigmund Freud, *Leonardo da Vinci and a Memory of His Childhood*, edited and translated by Alan Tyson（New York: W. W. Norton, 1964）, 85.
11. 左利きが確認されている、あるいは左利きと思われる偉人のリストは、Dean Keith Simonton, *Greatness: Who Makes History and Why*（New York: Guilford Press, 1994）, 22-24 に記載。
12. Sherwin B. Nuland, *Leonardo da Vinci: A Life*（New York: Penguin, 2000）, 17.［邦訳『レオナルド・ダ・ヴィンチ』（岩波書店）2013 年］
13. ibid., 18 から引用。［邦訳 前掲書］
14. Amelia Noor, Chew Chee, and Asina Ahmed, "Is There a Gay Advantage in Creativity?" *The International Journal of Psychological Studies 5*, no. 2（2013）, ccsenet.org/journal/index.php/ijps/article/view/24643.
15. Giorgio Vasari, "Life of Leonardo da Vinci," in Vasari, *Lives of the Most Eminent Painters, Sculptors, and Architects, translated by Lulia Conaway Bondanella and Peter Bondanella*（Oxford, UK: Oxford University Press, 1991）, 284, 294, 298.
16. Walter Isaacson, *Leonardo da Vinci*（New York: Simon & Schuster, 2017）, 397.［邦訳『レオナルド・ダ・ヴィンチ』（文藝春秋）2019 年］
17. Leonardo da Vinci, *The Notebooks of Leonardo da Vinci*, edited by Edward MacCurdy（New York: George Braziller, 1939）, 166.
18. J. B. Bellhouse and F. H. Bellhouse, "Mechanism of Closure of the Aortic Valve," *Nature* 217（1968）, https://www.nature.com/articles/217086b0, 86-87.
19. Alastair Sooke, "Leonardo da Vinci.The Anatomist," *The Culture Show at Edinburgh*, BBC, December 31, 2013, https://www.youtube.com/watch?v=-J6MdN_fucUu&t=9s.
20. Isaacson, *Leonardo da Vinci*, 412.［邦訳『レオナルド・ダ・ヴィンチ』（文藝春秋）2019 年］
21. "Blurring the Lines," *National Geographic*（May 2019）: 68-69.
22. Marilyn Johnson, "A Life in Books," *Life*（September 1997）: 47 から引用。
23. Ibid., 53.
24. Ibid., 60.
25. Oprah Winfrey, *Own It: Oprah Winfrey in Her Own Words*, edited by Anjali Becker and Jeanne Engelmann（Chicago: Agate, 2017）, 77.
26. Benjamin Franklin, *Benjamin Franklin: The Autobiography and Other Writings*, edited by L. Jesse Lemisch（New York: Penguin, 2014）, 15.
27. Richard Bell の、シカゴにあるノースウェスタン大学ロースクールでの 2019 年 9 月 28 日の講演 "The Genius of Benjamin Franklin" より。
28. Franklin, Autobiography, 18.
29. Bill Gates, *Impatient Optimist: Bill Gates in His Own Words*, edited by Lisa Rogak（Chicago: Agate, 2012）, 107 から引用。

原注

30. Franklin, *Autobiography*, 112.
31. 主に参照した文献は、J. Bernard Cohen, *Benjamin Franklin's Experiments*（Cambridge, MA: Harvard University Press, 1941）, 49 ff.
32. *The Papers of Benjamin Franklin*, March 28, 1747, https://franklinpapers.org/framedVolumes.jsp, 3, 115.
33. Ibid., 1750 年 12 月 25 日、https://franklinpapers.org/framedVolumes.jsp, 4, 82-83.
34. Peter Dray, *Stealing God's Thunder*（New York: Random House, 2005）, 97.
35. フランクリンからジョナサン・シプリーへの 1786 年 2 月 24 日の手紙、Franklin, *Autobiography*, 290.
36. Nikola Tesla, *My Inventions: An Autobiography*, edited by David Major（San Bernardino, CA: Philovox, 2013）, 15.［邦訳『ニコラ・テスラ 秘密の告白』（成甲書房刊）2013 年］
37. テスラの読んでいる書から推測すると、ロウアーマンハッタンのヒューストン通り 46-48 の彼の実験室で、1899 年に撮影された、よく似たテスラの写真が想起される。
38. W. Bernard Carlson, *Tesla: Inventor of the Electrical Age*（Princeton, NJ: Princeton University Press, 2013）, 191.
39. Ibid., 282.
40. いずれの引用も、Ashlee Vance, *Elon Musk: Tesla, SpaceX, and the Quest for a Fantastic Future*（New York: HarperCollins, 2015）, 33 より。［邦訳『イーロン・マスク 未来を創る男』（講談社）2015 年］
41. shazmosushi, "Elon Musk Profiled: Bloomberg Risk Takers," January 3, 2013, YouTube, https://www.youtube.com/watch?v=CTJt547--AM, at 4:02.
42. Ibid., at 17:00.
43. Engel, *The Hungry Mind*, 33, 38.
44. Mary-Catherine McClain and Steven Pfeiffer, "Identification of Gifted Students in the United States Today: A Look at State Definitions, Policies, and Practices," *Journal of Applied School Psychology* 28, no. 1（2012）: 59.88, https://eric.ed.gov/?id=EJ956579.
45. "Eleanor Roosevelt: Curiosity Is the Greatest Gift," Big Think, December 23, 2014, *Today's Health*（October 1966）, https://bigthink.com/words-of-wisdom/eleanor-roosevelt-curiosity-is-the-greatest-gift に引用。
46. Scott Kaufman, "Schools Are Missing What Matters About Learning," *The Atlantic*（July 24, 2017）, https://www.theatlantic.com/education/archive/2017/07/the-underrated-gift-of-curiosity/534573/.
47. Henry Blodget, "I Asked Jeff Bezos the Tough Questions--No Profits, the Book Controversies, the Phone Flop--and He Showed Why Amazon Is Such a Huge Success," Business Insider, December 13, 2014, https://www.businessinsider.com/amazons-jeff-bezos-on-profits-failure-succession-big-bets-2014-12.
48. たとえば、Engel, The Hungry Mind, 17-18 や、Amihud Gilead, "Neoteny and the Playground of Pure Possibilities," *International Journal of Humanities and Social Sciences* 5, no. 2（February 2015）: 30-33, http://www.ijhssnet.com/journals/Vol_5_No_2_February_2015/4.pdf および Cameron J. Camp, James R. Rodrigue, and Kenneth R. Olson, "Curiosity in Young, Middle-Aged, and Older Adults," *Educational Gerontology* 10, no. 5（1984）: 387-400, https://www.tandfonline.com/doi/abs/10.1080/0380127840100504?journalCode=uedg20 などを参照。
49. アルベルト・アインシュタインからカル・ゼーリッヒへの 1952 年 3 月 11 日の手紙、Einstein, *The New Quotable Einstein*, edited by Alice Calaprice（Princeton, NJ: Princeton University Press, 2005）, 14.［邦訳『アインシュタインは語る』（大月書店）2006 年］
50. Albert Einstein, *Autobiographical Notes*, edited and translated by Paul Schlipp（La Salle, IL: Open Court, 1979）, 9.
51. Walter Isaacson, *Einstein: His Life and Universe*（New York: Simon & Schuster, 2007）, 18.［邦訳『アインシュタイン その生涯と宇宙』（武田ランダムハウスジャパン）2011 年］
52. Max Talmey, *The Relativity Theory Simplified and the Formative Period of Its Inventor*（New York: Falcon Press, 1932）, 164.
53. Einstein, *Autobiographical Notes*, 17.

54. Albert Einstein, *Ideas and Opinions*, edited by Cal Seelig（New York: Random House, 1982）, 63.
55. ラテン語研究科のティム・ロビンソンの助けを借りて、著者が翻訳。
56. アシモフの言葉については以下を参照。Quote Investigator, https://quoteinvestigator.com/2016/07/07/self-education/.

Lesson 6：足りないピースを見つける

1. Vincent van Gogh, letter to Theo, Cuesmes, July 1880, http://www.webexhibits.org/vangogh/letter/8/133.htm.
2. Alan C. Elms, "Apocryphal Freud: Sigmund Freud's Most Famous Quotations and Their Actual Sources," *in Annual of Psychoanalysis* 29（2001）: 83-104, https://elms.faculty.ucdavis.edu/wp-content/uploads/sites/98/2014/07/20011Apocryphal-Freud-July-17-2000.pdf.
3. Jon Interviews, "Gabe Polsky Talks About 'In Search of Greatness,'" October 26, 2018, https://www.youtube.com/watch?v=fP8baSEK7HY, at 14:16.
4. Jean F. Mercier, "Shel Silverstein," *Publishers Weekly*（February 24, 1975）, http://shelsilverstein.tripod.com/ShelPW.html.
5. Andrew Robinson, *Sudden Genius?: The Gradual Path to Creative Breakthroughs*（Oxford, UK: Oxford University Press, 2010）, 164.
6. Marie Curie, "Autobiographical Notes," in Curie, *Pierre Curie*, translated by Charlotte and Vernon Kellogg（New York: Dover, 2012［1923］）, 84.
7. Ibid., 92.
8. Eve Curie, *Madame Curie: A Biography by Eve Curie*, translated by Vincent Sheean（New York: Dover, 2001 [1937]）, 157.［邦訳『キュリー夫人伝』（白水社）2014 年］
9. This and the following quote are drawn from Marie Curie, "Autobiographical Notes," 92.
10. Eve Curie, *Madame Curie*, 174.［邦訳『キュリー夫人伝』（白水社）2014 年］
11. Curie, "Autobiographical Notes," 92.
12. https://www.quotetab.com/quote/by-frida-kahlo/passion-is-the-bridge-that-takes-you-from-pain-to-change#GOQJ7pxSyyEPUTYw.97. オリジナルの出典は見つけられなかった。
13. John Stuart Mill, *Autobiography*（New York: H. Holt, 1873）, chap. 5 で、Eric Weiner, The Geography of Bliss（New York: Hachette, 2008）, 74 にパラフレーズされたもの。［邦訳『ミル自伝』（岩波文庫）1960 年］
14. Arthur Schopenhauer, *The World as Will and Idea*, translated by R. B. Haldane and J. Kemp（London: Kegan Paul, 1909）, vol. 1, http://www.gutenberg.org/files/38427/38427-h/38427-h.html#pglicense, 240.［邦訳『意志と表象としての世界』（中公クラシックス）2004 年］
15. Harriet Reisen, *Louisa May Alcott: The Woman Behind Little Women*（New York: Henry Holt, 2009）, 216.
16. Louisa May Alcott, *Little Women*, pt. 2, chap. 27, http://www.literaturepage.com/read/littlewomen-296.html.［邦訳『続・若草物語』（角川文庫）2012 年］
17. Mason Currey, *Daily Rituals: Women at Work*（New York: Knopf, 2019）, 52.［邦訳『天才たちの日課 女性編』（フィルムアート社）2019 年］
18. John Maynard Keynes, "Newton, the Man," July 1946, http://www-groups.dcs.st-and.ac.uk/history/Extras/Keynes_Newton.html.
19. ニュートンの召使いハンフリー・ニュートンによる、この種の逸話は Cambridge, King's College Library, Keynes MS 135 に保管されており、"The Newton Project," http://www.newtonproject.ox.ac.uk/view/texts/normalized/THEM00033. に再掲。
20. "Newton Beats Einstein in Polls of Scientists and Public," The Royal Society, November 23, 2005, https://royalsociety.org/news/2012/newton-einstein/ を参照。
21. "Newton's Dark Secrets," *Nova*, PBS, https://www.youtube.com/watch?v=sdmhPfGo3fE&t=105s.
22. John Henry, "Newton, Matter, and Magic," *in Let Newton Be!: A New Perspective on his Life and*

原注

Works, edited by John Fauvel, Raymond Flood, Michael Shortland, and Robin Wilson (Oxford, UK: Oxford University Press, 1988), 142.［邦訳『ニュートン復活』(現代数学社) 1996年］

23. Jan Golinski, "The Secret Life of an Alchemist," in *Let Newton Be!*, 147-67［邦訳『ニュートン復活』(現代数学社) 1996年］

24. アイザック・ニュートンからジョン・ロックへの1692年7月7日の手紙。以下に掲載。*The Correspondence of Isaac Newton*, vol. 3, edited by H. W. Turnbull (Cambridge, UK: Cambridge University Press, 1961), 215.

25. Thomas Levenson, *Newton and the Counterfeiter: The Unknown Detective Career of the World's Greatest Scientist* (Boston: Houghton Mifflin Harcourt, 2009), 223-32 参照。

26. James Gleick, *Isaac Newton* (New York: Random House, 2003), 190 をパラフレーズ。

27. Charles Darwin, *The Autobiography of Charles Darwin*, edited by Nora Barlow (New York: W. W. Norton, 2005), 53.［邦訳『ダーウィン自伝』(ちくま学芸文庫) 2000年］

28. Janet Browne, *Charles Darwin: Voyaging* (Princeton, NJ: Princeton University Press, 1995), 102.

29. Darwin, *Autobiography*, 53.［邦訳『ダーウィン自伝』(ちくま学芸文庫) 2000年］

30. Browne, *Charles Darwin*, 88-116.

31. American Museum of Natural History, Twitter, February 12, 2018, https://twitter.com/AMNH/status/963159916792963073.

32. Darwin, *Autobiography*, 115.［邦訳『ダーウィン自伝』(ちくま学芸文庫) 2000年］

33. Abigail Elise, "Orson Welles Quotes: 10 of the Filmmaker's Funniest and Best Sayings," International Business Times, May 6, 2015, https://www.ibtimes.com/orson-welles-quotes-10-filmmakers-funniest-best-sayings-1910921.

34. *Harper's Magazine* (September 1932 cited in Thomas Alva Edison, *The Quotable Edison*, edited by Michele Albion (Gainesville: University Press of Florida, 2011), 82.

35. Randall Stross, *The Wizard of Menlo Park: How Thomas Alva Edison Invented the Modern World* (New York: Random House, 2007), 66.

36. Ibid., 229. また、"Edison at 75 Still a Two-Shift Man," *New York Times*, February 12, 1922, https://www.nytimes.com/1922/02/12/archives/edison-at-75-still-a-twoshift-man-submits-to-birthday-questionnaire.html. も参照。

37. "Mr. Edison's Use of Electricity," *New York Tribune*, September 28, 1878, Thomas A. Edison Papers, Rutgers University, http://edison.rutgers.edu/digital.htm, SB032142a.

38. *Ladies' Home Journal* (April 1898) cited in Edison, *The Quotable Edison*, 101.

39. "I Have Gotten a Lot of Results. I Know of Several Thousand Things that Won't Work," Quote Investigator, July 31, 2012, https://quoteinvestigator.com/2012/07/31/edison-lot-results/.

40. Jim Clash, "Elon Musk Interview," AskMen, 2014, https://www.askmen.com/entertainment/right-stuff/elon-musk-interview-4.html.

41. Dana Gioia, "Work, for the Night Is Coming," *Los Angeles Times*, January 23, 1994, https://www.latimes.com/archives/la-xpm-1994-01-23-bk-14382-story.html.

Lesson 7：他人との違いを活用せよ

1. 最近になって、フランスの片田舎の医者フェリックス・レイの手紙が見つかり、ゴッホがどの程度耳を切り落としたかが判明。この発見については、Bernadette Murphy, *Van Gogh's Ear* (New York: Farrar, Straus and Giroux, 2016), chap. 14 に記載。

2. プラトンが以下で4種類の狂気について議論している。*Phaedrus* (c. 360 b.c.), translated by Benjamin Jowett, The Internet Classics Archive, http://classics.mit.edu/Plato/phaedrus.html.［邦訳『パイドロス』(岩波文庫) 1967年］

3. Aristotle, *Problems*: Books 32-38, translated by W. S. Hett and H. Rackham (Cambridge, MA: Harvard University Press, 1936), problem 30.1.［邦訳『新版 アリストテレス全集 13』(岩波書店) 2014年］

4. John Dryden, "Absalom and Achitophel," Poetry Foundation, https://www.poetryfoundation.org/poems/44172/absalom-and-achitophel.
5. Edgar Allan Poe, "Eleonora,"、Scott Barry Kaufman and Carolyn Gregoire, *Wired to Create: Unraveling the Mysteries of the Creative Mind* (New York: Random House, 2016), 36. [邦訳『FUTURE INTELLIGENCE ～これからの時代に求められる「クリエイティブ思考」が身につく10の習慣』(大和書房) 2018年] から引用。
6. "Quotes from Alice in Wonderland. by Lewis Caroll," Book Edition, January 31, 2013, https://booksedition.wordpress.com/2013/01/31/quotes-from-alice-in-wonderland-by-lewis-caroll/. [邦訳『不思議の国のアリス』角川文庫(2010年)]
7. "Live at the Roxy," HBO (1978), https://www.youtube.com/watch?v=aTRtH1uJh0g.
8. Cesare Lombroso, *The Man of Genius*, 3rd ed. (London: Walter Scott, 1895), 66-99.
9. Kay R. Jamison, *Touched with Fire: Manic-Depressive Illness and the Artistic Temperament* (New York: Simon & Schuster, 1993), 特に chap. 3, "Could It Be Madness.This?" また Nancy C. Andreasen, "Creativity and Mental Illness: Prevalence Rates in Writers and Their First-Degree Relatives," *American Journal of Psychiatry* 144 (1987): 1288-92 および Andreasen の *The Creating Brain: The Neuroscience of Genius* (New York: Dana Press, 2005), 特に chap. 4, "Genius and Insanity." も参照。
10. Kay Redfield Jamison, "Mood Disorders and Patterns of Creativity in British Writers and Artists," *Psychiatry* 52, no. 2 (1989): 125-34 および Jamison, *Touched with Fire*, 72-73.
11. François Martin Mai, "Illness and Creativity," in Mai, *Diagnosing Genius: The Life and Death of Beethoven* (Montreal: McGill-Queens University Press, 2007), 187 および Andrew Robinson, *Sudden Genius?: The Gradual Path to Creative Breakthroughs* (Oxford, UK: Oxford University Press, 2010), 58-61. および Jamison, *Touched with Fire*, 58-75.
12. Christopher Zara, *Tortured Artists: From Picasso and Monroe to Warhol and Winehouse, the Twisted Secrets of the World's Most Creative Minds* (Avon, MA: Adams Media, 2012)の裏表紙から引用。
13. Roger Dobson, "Creative Minds: The Links Between Mental Illness and Creativity," LewRockwell.com, May 22, 2009, https://www.lewrockwell.com/2009/05/roger-dobson/creative-minds-the-links-between-mentalillness-andcreativity/.
14. M. Schneider, "Great Minds in Economics: An Interview with John Nash," *Yale Economic Review* 4, no. 2 (Summer 2008): 26-31, http://www.markschneideresi.com/articles/Nash_Interview.pdf.
15. Sylvia Nasar, *A Beautiful Mind* (New York: Simon & Schuster, 2011) の裏表紙。
16. たとえば、Anna Greuner, "Vincent van Gogh's Yellow Vision," *British Journal of General Practice* 63, no. 612 (July 2013): 370-71, https://bjgp.org/content/63/612/370 などを参照。
17. Derek Fell, *Van Gogh's Women: Vincent's Love Affairs and Journey into Madness* (New York: Da Capo Press, 2004), 242-43, 248.
18. フィンセント・ファン・ゴッホからテオに宛てた1889年1月28日の手紙。Vincent van Gogh: The Letters, http://vangoghletters.org/vg/letters/let743/letter.html.
19. Alastair Sooke, "The Mystery of Van Gogh's Madness," BBC, July 25, 2016, YouTube, https://www.youtube.com/watch?v=AgMBRQLhgFE 参照。
20. たとえば、フィンセント・ファン・ゴッホからテオに宛てた1886年1月28日の手紙の中ほどあたり、Vincent van Gogh: The Letters, http://vangoghletters.org/vg/letters/let555/letter.html. などを参照。
21. たとえば、Marije Vellekoop, *Van Gogh at Work* (New Haven, CT: Yale University Press, 2013) や Nina Siegal, "Van Gogh's True Palette Revealed," *New York Times*, April 30, 2013, https://www.nytimes.com/2013/04/30/arts/30iht-vangogh30.html などを参照。
22. フィンセント・ファン・ゴッホからテオに宛てた1882年7月1日の手紙。Vincent van Gogh: The Letters, http://vangoghletters.org/vg/letters/let241/letter.html.
23. フィンセント・ファン・ゴッホからテオに宛てた1882年7月7月6日の手紙。Vincent van Gogh: The Letters, http://vangoghletters.org/vg/letters/let244/letter.html.
24. フィンセント・ファン・ゴッホからテオに宛てた1883年7月22日の手紙。Vincent van Gogh: The

原注

Letters, http://vangoghletters.org/vg/letters/let364/letter.html.
25. Gordon Claridge, "Creativity and Madness: Clues from Modern Psychiatric Diagnosis," in *Genius and the Mind*, edited by Andrew Steptoe (Oxford, UK: Oxford University Press, 1998), 238-40.
26. Thomas C. Caramagno, *The Flight of the Mind: Virginia Woolf's Art and Manic-Depressive Illness* (Berkeley: University of California Press, 1991), 48 から引用。
27. Leonard Woolf, *Beginning Again: An Autobiography of the Years 1911 to 1918* (Orlando, FL: Harcourt Brace Jovanovich, 1963), 79.
28. Caramagno, *The Flight of the Mind*, 75.
29. Virginia Woolf, *Virginia Woolf: Women and Writing*, edited by Michele Barrett (Orlando, FL: Harcourt Brace Jovanovich, 1979), 58-60.
30. *The Diary of Virginia Woolf*, vol. 3: 1925-30, edited by Anne Olivier Bell (Orlando, FL: Harcourt Brace & Company, 1981), 111.
31. *The Diary of Virginia Woolf*, vol. 4: 1931-35, edited by Anne Olivier Bell (San Diego: Harcourt Brace & Company, 1982), 161.
32. Yayoi Kusama, *Infinity Net: The Autobiography of Yayoi Kusama* (London: Tate Publishing, 2011), 205. [『無限の網　草間彌生自伝』(新潮文庫) 2012 年]
33. Ibid., 57, 191. [前掲書]
34. Ibid., 20. [前掲書]
35. Natalie Frank, "Does Yayoi Kusama Have a Mental Disorder?," Quora, January 29, 2016, https://www.quora.com/Does-Yayoi-Kusama-have-a-mental-disorder.
36. Kusama, *Infinity Net*, 66. [『無限の網　草間彌生自伝』(新潮文庫) 2012 年]
37. フィンセント・ファン・ゴッホからテオに宛てた 1883 年 7 月 8 日もしくは 9 日の手紙。http://vangoghletters.org/vg/letters/let637。ウルフ：Woolf, *The Diary of Virginia Woolf*, vol. 3, 287. 草間：Natalie Frank, "Does Yayoi Kusama Have a Mental Disorder?"。ピカソ：Jack Flam, *Matisse and Picasso* (Cambridge, MA: Westview Press, 2003), 34 から引用。セクストン：Kaufman and Gregoire, *Wired to Create*, 150. [邦訳『FUTURE INTELLIGENCE ～これからの時代に求められる「クリエイティブ思考」が身につく 10 の習慣』(大和書房) 2018 年]。チャーチル：彼自身の 1921 年のエッセイ "Painting as a Pastime" から引用。グラハム：彼女自身の *Blood Memory: An Autobiography* (New York: Doubleday, 1991) から引用。ローウェル：Patricia Bosworth, "A Poet's Pathologies: Inside Robert Lowell's Restless Mind," *New York Times*, March 1, 2017。クロース：Society for Neuroscience, "My Life as a Rolling Neurological Clinic," Dialogues between Neuroscience and Society, New Orleans, October 17, 2012, YouTube, https://www.youtube.com/watch?v=qWadil0W5GU, at 11:35。ワインハウス：interview with Spin (2007)、Zara, *Tortured Artists*, 200 から引用。
38. Ludwig van Beethoven, "Heiligenstadt Testament," October 6, 1802, in Maynard Solomon, *Beethoven*, 2nd rev. ed. (New York: Schirmer Books, 1998), 152。同文書の写しについては 144 も参照。[邦訳『ベートーヴェン』(岩波書店) 1992 年]
39. Paul Scudo, "Une Sonate de Beethoven," *Revue des Deux Mondes*, new series 15, no. 8 (1850): 94 から著者が翻訳。
40. Mai, *Diagnosing Genius* および D. Jablow Hershman and Julian Lieb, "Beethoven," in *The Key to Genius: Manic-Depression and the Creative Life* (Buffalo, NY: Prometheus Books, 1988), 59-92 および Solomon, *Beethoven*, 索引の "mood swings" と "alcohol excesses" の該当箇所を参照。および *Beethoven's Concertos: History, Style, Performance* (1999) の著者 Leon Plantinga と、著者との 2017 年 3 月 7 日の対話。
41. Beethoven, letter to Franz Wegeler, June 29, 1801, reproduced in Ludwig van Beethoven, *Beethoven: Letters, Journals and Conversations*, edited and translated by Michael Hamburger (Garden City, NY: Doubleday, 1960), 24.
42. Solomon, *Beethoven*, 158. [邦訳『ベートーヴェン』(岩波書店) 1992 年]
43. ベートーヴェン研究者のレオン・プランティンガが 2019 年 12 月 11 日の著者との会話で強調。
44. Solomon, *Beethoven*, 161. [邦訳『ベートーヴェン』(岩波書店) 1992 年]

45. この問題については、ダートマス大学のキャロライン・ロバートソン教授に気づかせてもらった。

46. Caroline Robertson, "Creativity in the Brain: The Neurobiology of Autism and Prosopagnosia"、2015年3月4日のイェール大学での講義。

47. Close, "My Life as a Rolling Neurological Clinic," at 46:00. また、Eric Kandel, *The Disordered Mind: What Unusual Brains Tell Us About Ourselves*（New York: Farrar, Straus and Giroux, 2018）, 131も参照。

48. Close, "My Life as a Rolling Neurological Clinic," at 28:20.

49. 自閉症サヴァンの問題の概要については以下を参照。Joseph Straus, "Idiots Savants, Retarded Savants, Talented Aments, Mono-Savants, Autistic Savants, Just Plain Savants, People with Savant Syndrome, and Autistic People Who Are Good at Things: A View from Disability Studies," in *Disability Studies Quarterly* 34, no. 3（2014）, http://dsq-sds.org/article/view/3407/3640を参照。

50. Oliver Sacks, *The River of Consciousness*（New York: Alfred A. Knopf, 2019）, 142.［邦訳『意識の川をゆく：脳神経科医が探る「心」の起源』（早川書房）2018年］。また、Oliver Sacks, *An Anthropologist on Mars: Seven Paradoxical Tales*（New York: Vintage, 1995）, 197-206およびKandel, *The Disordered Mind*, 152およびEric Kandel, *The Age of Insight: The Quest to Understand the Unconscious in Art, Mind, and Brain, from Vienna 1900 to the Present*（New York: Random House, 2012）, 492-94も参照。

51. Hans Asperger, "'Autistic Psychopathy' in Childhood," in *Autism and Asperger Syndrome*, edited by Ute Firth（Cambridge, UK: Cambridge University Press, 1991）, 37-92。このテーマ全般については、Ioan James, *Asperger's Syndrome and High Achievement: Some Very Remarkable People*（London: Jessica Kingsley, 2006）およびMichael Fitzgerald, *Autism and Creativity: Is There a Link Between Autism in Men and Exceptional Ability?*（London: Routledge, 2004）を参照。

52. Many Things, *Robin Williams: Live on Broadway*, HBO, 2002, YouTube, www.youtube.com/watch?v=FS376sohiXc.

53. ロビン・ウィリアムズへのインタビュー。James Lipton, *Inside the Actors Studio*: 2001, www.dailymotion.com/video/x64ojf8.

54. Zoë Kessler, "Robin Williams' Death Shocking? Yes and No," PsychCentral, August 28, 2014, https://blogs.psychcentral.com/adhd-zoe/2014/08/robin-williams-death-shocking-yes-and-no/.

55. Dave Itzkoff, *Robin*（New York: Henry Holt, 2018）, 41.

56. たとえば、johanna-khristina, "Celebrities with a History of ADHD or ADD," IMDb, March 27, 2012, https://www.imdb.com/list/ls004079795/およびKessler, "Robin Williams' Death Shocking?"などを参照。

57. Leonard Mlodinow, "In Praise of A.D.H.D," *New York Times*, March 17, 2018, https://www.nytimes.com/2018/03/17/opinion/sunday/praise-adhd-attention-hyperactivity.html および Scott Kaufman, "The Creative Gifts of ADHD," Scientific American（October 21, 2014）, blogs.scientificamerican.com/beautiful-minds/2014/10/21/the-creative-gifts-of-adhd.

58. A. Golimstok, J. I. Rojas, M. Romano, et al., "Previous Adult Attention-Deficit and Hyperactivity Disorder Symptoms and Risk of Dementia with Lewy Bodies: A Case-Control Study," *European Journal of Neurology* 18, no. 1（January 2011）: 78-84, https://www.ncbi.nlm.nih.gov/pubmed/20491888. また、Susan Schneider Williams, "The Terrorist Inside My Husband's Brain," *Neurology* 87（2016）: 1308-11, https://demystifyingmedicine.od.nih.gov/DM19/m04d30/reading02.pdfも参照。

59. Jamison, *Touched with Fire*, 43.

60. Lisa Powell, "10 Things You Should Know About Jonathan Winters, the Area's Beloved Comic Genius," *Springfield News-Sun*, November 10, 2018, https://www.springfieldnewssun.com/news/local/things-you-should-know-about-jonathan-winters-the-area-beloved-comedic-genius/Dp5hazcCY9z2sBpVDfaQGI/.

61. Dick Cavett, "Falling Stars," in *Time: Robin Williams*（November 2014）: 28-30から引用。

62. *Robin Williams: Live on Broadway*, 2002, YouTube, www.youtube.com/watch?v=FS376sohiXc.

63. YouTube Movies, *Robin Williams: Come Inside My Mind*, HBO, January 20, 2019, YouTube, https://www.youtube.com/watch?v=6xrZBgP6NZo, at 1:08 and 1:53.

64. "The Hawking Paradox," *Horizon*, BBC, 2005, https://www.dailymotion.com/video/x226awj, at 10:35.

原注

65. Simon Baron-Cohen, Lizzie Buchen, "Scientists and Autism: When Geeks Meet," *Nature* (November 2, 2011), https://www.nature.com/news/2011/111102/full/479025a.html に引用。Judith Gould、Vanessa Thorpe, "Was Autism the Secret of Warhol's Art?," Guardian, March 13, 1999, https://www.theguardian.com/uk/1999/mar/14/vanessathorpe.theobserver. から引用。
66. これは、スコットランドの精神科医R・D・レインが提示した疑問で以下を参照。Bob Mullan, *Mad to Be Normal: Conversations with J. D. Laing* (London: Free Association Books, 1995).
67. Martin Luther King, Jr., "1966 Ware Lecture: Don't Sleep Through the Revolution," https://www.uua.org/ga/past/1966/ware. フロリダ州ハリウッドのユニテリアン・ユニヴァーサリスト協会総会で1966年5月18日に行ったスピーチ。
68. Motoko Rich, "Yayoi Kusama, Queen of Polka Dots, Opens Museum in Tokyo," *New York Times*, September 26, 2017, https://www.nytimes.com/2017/09/26/arts/design/yayoi-kusama-queen-of-polka-dots-museum-tokyo.html?mcubz=3&_r=0.
69. Itzkoff, *Robin*, 221-22.
70. Lewina O. Lee, Peter James, Emily S. Zevon, et al., "Optimism Is Associated with Exceptional Longevity in 2 Epidemiologic Cohorts of Men and Women," *Proceedings of the National Academy of Sciences of the United States of America* 116, no. 37 (August 26, 2019): 18357-62, https://www.pnas.org/content/116/37/18357.
71. "New Evidence That Optimists Live Longer," Harvard T. H. Chan School of Public Health, August 27, 2019, https://www.hsph.harvard.edu/news/features/new-evidence-that-optimists-live-longer/?utm_source=SilverpopMailing&utm_medium=email&utm_campaign=Daily%20Gazette%2020190830(2)%20(1).
72. Catherine Clifford, "This Favorite Saying of Mark Zuckerberg Reveals the Way the Facebook Billionaire Thinks About Life," CNBC Make It, November 30, 2017, https://cnbc/207/11/30/why-facebook-ceo-mark-zuckerberg-thinks-the-optimists-are-successful.html.

Lesson 8：反逆、不適応、そしてトラブルメーカー

1. John Waller, *Einstein's Luck: The Truth Behind Some of the Greatest Scientific Discoveries* (Oxford, UK: Oxford University Press, 2002), 161.
2. David Wootton, *Galileo: Watcher of the Skies* (New Haven, CT: Yale University Press, 2010), 259.
3. Dennis Overbye, "Peering into Light's Graveyard: The First Image of a Black Hole," *New York Times*, April 11, 2019, https://www.nytimes.com/2019/04/10/science/black-hole-picture.html.
4. Jonathan Swift, *Essay on the Fates of Clergymen*, Forbes Quotes, https://www.forbes.com/quotes/5566/.
5. この点に関する最近の研究結果は、Jennifer S. Mueller, Shimul Melwani, and Jack A. Goncalo, "The Bias Against Creativity: Why People Desire but Reject Creative Ideas," *Psychological Science* 23, no. 1 (November 2011): 13-17, https://digitalcommons.ilr.cornell.edu/cgi/viewcontent.cgi?article=1457&context=articles にまとめられている。
6. Erik L. Wesby and V. L. Dawson, "Creativity: Asset or Burden in the Classroom?," *Creativity Research Journal* 8, no. 1 (1995): 1-10, https://www.tandfonline.com/doi/abs/10.1207/s15326934crj0801_1.
7. Amanda Ripley, "Gifted and Talented and Complicated," *New York Times*, January 17, 2018, https://www.nytimes.com/2018/01/17/books/review/off-the-charts-ann-hulbert.html.
8. Wootton, *Galileo*, 218.
9. Ibid., 145-47.
10. Ibid., 222-23.
11. Printed with English translations in Eric Metaxas, *Martin Luther: The Man Who Rediscovered God and Changed the World* (New York: Viking, 2017), 115-22.
12. Ibid., 104.
13. アウクスブルクおよびヴォルムスからのルターの逃亡については、ibid., 231-36 を参照。
14. Ibid., 113.

15. Martin Luther, *Luther's Works*, vol. 32, edited by George W. Forell（Philadelphia and St. Louis: Concordia Publishing House, 1957）, 113.
16. ダーウィンと神の冒涜については、Janet Browne, *Charles Darwin: Voyaging*（Princeton, NJ: Princeton University Press, 1995）, 324-27を参照。
17. Walter Isaacson, *Albert Einstein: His Life and Universe*（New York: Simon & Schuster, 2007）, 527から引用。［邦訳『アインシュタイン その生涯と宇宙』（武田ランダムハウスジャパン）2011年］
18. Steve Jobs, *I, Steve: Steve Jobs in His Own Words*, edited by George Beahm（Chicago: Agate, 2012）, 75.［邦訳『スティーブ・ジョブズ 愛と命のメッセージ』（三笠書房　知的生き方文庫）2011年］
19. The Art Channel, *Andy Warhol: A Documentary Film*, pt. 2, directed by Ric Burns, PBS, 2006, YouTube, https://www.youtube.com/watch?v=r47Nk4o08pI&t=5904s.
20. Bob Colacello, *Holy Terror: Andy Warhol Close Up*, 2nd ed.（New York: Random House, 2014）, xxiv.
21. Ibid., xiii.
22. Cameron M. Ford and Dennis A. Gioia, eds., *Creative Action in Organizations: Ivory Tower Visions and Real World Voices*（Thousand Oaks, CA: Sage Publications, 1995）, 162から引用。
23. Ryan Riddle, "Steve Jobs and NeXT: You've Got to Be Willing to Crash and Burn," Zurb, February 10, 2012, https://zurb.com/blog/steve-jobs-and-next-you-ve-got-to-be-will.
24. ハリエット・タブマンの伝記、*Scenes in the Life of Harriet Tubman*は、1869年にすでにサラ・ホプキンス・ブラッドフォードによって出版されている。研究者が書いた最近の伝記は、Kate Clifford Larson, *Bound for the Promised Land: Harriet Tubman: Portrait of an American Hero*（New York: Random House, 2004）。
25. 死亡記事は、Becket Adams, "103 Years Later, Harriet Tubman Gets Her Due from the New York Times," *Washington Examiner*（April 20, 2016）, https://www.washingtonexaminer.com/103-years-later-harriet-tubman-gets-her-due-from-the-new-york-timesに掲載。
26. Jennifer Schuessler, Binyamin Appelbaum, and Wesley Morris, "Tubman's In. Jackson's Out. What's It Mean?," *New York Times*, April 20, 2016, https://www.nytimes.com/2016/04/21/arts/design/tubmans-in-jacksons-out-whats-it-mean.html?mtrref=query.nytimes.comを参照。
27. Will Ellsworth-Jones, *Banksy: The Man Behind the Wall*（New York: St. Martin's Press, 2012）, 14-16およびBanksy, Wall and Piece（London: Random House, 2005）, 178-79.
28. Hermione Sylvester and Ashleigh Kane, "Five of Banksy's Most Infamous Pranks," Dazed, October 9, 2018, https://www.dazeddigital.com/art-photography/article/41743/1/banksy-girl-with-balloon-painting-pranks-sotherbys-london.
29. Christina Burrus, "The Life of Frida Kahlo," in *Frida Kahlo*, edited by Emma Dexter and Tanya Barson（London: Tate, 2005）, 200-201.
30. Andrea Kettenmann, *Kahlo*（Cologne: Taschen, 2016）, 85.
31. Christina Burrus, *Frida Kahlo: I Paint My Reality*（London: Thames and Hudson, 2008）, 206.
32. Frida Kahlo, *Pocket Frida Kahlo Wisdom*（London: Hardie Grant, 2018）, 78.
33. Nikki Martinez, "90 Frida Kahlo Quotes for Strength and Inspiration," Everyday Power, https://everydaypower.com/frida-kahlo-quotes/.
34. Oprah Winfrey, *Own It: Oprah Winfrey in Her Own Words*, edited by Anjali Becker and Jeanne Engelmann（Chicago: Agate, 2017）, 35.
35. Randall Stross, *The Wizard of Menlo Park: How Thomas Alva Edison Invented the Modern World*（New York: Random House, 2007）, 28.
36. "Edison's New Phonograph," *Scientific American*（October 29, 1887）, 273. およびreproduced in Thomas Edison, The Quotable Edison, edited by Michele Wehrwein Albion（Gainesville: University of Florida Press, 2011）, 7.
37. Rich Winley, "Entrepreneurs: 5 Things We Can Learn from Elon Musk," Forbes（October 8, 2015）, https://www.forbes.com/sites/richwinley/2015/10/08/entrepreneurs-5-things-we-can-learn-from-elon-musk/#24b3688c4098.

38. Jeff Bezos, "Read Jeff Bezos's 2018 Letter to Amazon Shareholders," *Entrepreneur*（April 11, 2019）, https://www.entrepreneur.com/article/332101.
39. Jobs, *I, Steve*, 63.［邦訳『スティーブ・ジョブズ　夢と命のメッセージ』（三笠書房 知的生き方文庫）2011年］
40. J. K. Rowling, *Very Good Lives: The Fringe Benefits of Failure and the Importance of Imagination*（New York: Little, Brown, 2015）, 9［邦訳『とても良い人生のために 失敗の思いがけない恩恵と想像力の大切さ』（静山社）2017年］
41. Ibid., 32, 37［邦訳 前掲書］
42. Sean Smith, *J. K. Rowling: A Biography: The Genius Behind Harry Potter*（London: Michael O'Mara Books, 2001）, 122.［邦訳『J.K. ローリングその魔法と真実 ハリー・ポッター誕生の光と影』（メディアファクトリー）2001年］
43. Alex Carter, "17 Famous Authors and Their Rejections," Mental Floss, May 16, 2017, http://mentalfloss.com/article/91169/16-famous-authors-and-their-rejections.
44. 学友ヴィクター・ヘイグマンの証言、Louis Pierard, *La Vie tragique de Vincent van Gogh*（Paris: Correa & Cie, 1939）, 155-59, http://www.webexhibits.org/vangogh/data/letters/16/etc-458a.htm. に記載。
45. たとえば、Andrea Petersen, "The Overprotected American Child," *Wall Street Journal*, June 2.3, 2018, https://www.wsj.com/articles/the-overprotected-american-child-1527865038. などを参照。
46. 前掲サイト。アメリカン・カレッジ・ヘルス・アソシエーションが大学生を対象に実施した調査によると、21.6%の学生が、調査前年（2017）に不安症と診断された、もしくは不安問題で治療を受けたことがあるという。2008年の調査時の10.4%より増加している。
47. Christopher Ingraham, "There Has Never Been a Safer Time to Be a Kid in America," *Washington Post*, April 14, 2015, https://www.washingtonpost.com/news/wonk/wp/2015/04/14/theres-never-been-a-safer-time-to-be-a-kid-in-america/ および "Homicide Trends in the United States, 1980-2008," U.S. Department of Justice, November 2011, https://www.bjs.gov/content/pub/pdf/htus8008.pdf および Swapna Venugopal Ramaswamy, "Schools Take on Helicopter Parenting with Free-Range Program Taken from 'World's Worst Mom,'" *Rockland/Westchester Journal News*, September 4, 2018, https://www.usatoday.com/story/life/allthemoms/2018/09/04/schools-adopt-let-grow-free-range-program-combat-helicopter-parenting/1191482002/.
48. Libby Copeland, "The Criminalization of Parenthood," *New York Times*, August 26, 2018, https://www.nytimes.com/2018/08/22/books/review/small-animals-kim-brooks.html.
49. Nim Tottenham, Mor Shapiro, Jessica Flannery, et al., "Parental Presence Switches Avoidance to Attraction Learning in Children," *Nature Human Behaviour* 3, no. 7（2019）: 1070-77.
50. Hanna Rosin, "The Overprotected Kid," *The Atlantic*（April 2014）, https://www.theatlantic.com/magazine/archive/2014/04/hey-parents-leave-those-kids-alone/358631/ を参照。

Lesson 9：キツネになれ

1. Samuel Johnson, *The Works of Samuel Johnson*, vol. 2, edited by Arthur Murray（New York: Oxford University Press, 1842）, 3.
2. Leonardo da Vinci, *A Treatise on Painting*, translated by John Francis Rigaud（London: George Bell, 2005［1887］）, 10.
3. アルベルト・アインシュタインからダビット・ヒルベルトに宛てた1915年11月12日の手紙。Walter Isaacson, *Einstein: His Life and Universe*（New York: Simon & Schuster, 2007）, 217.［邦訳『アインシュタイン その生涯と宇宙』（武田ランダムハウスジャパン）2011年］から引用。
4. Carl Swanson and Katie Van Syckle, "Lady Gaga: The Young Artist Award Is the Most Meaningful of Her Life," *New York*（October 20, 2015）, http://www.vulture.com/2015/10/read-lady-gagas-speech-about-art.html.
5.『*Entertainment Weekly*』誌のインタビュー、Helia Phoenix, *Lady Gaga: Just Dance: The Biography*（London: Orion, 2010）, 19から引用。

6. Kevin Zimmerman, "Lady Gaga Delivers Dynamic Dance-Pop," BMI, December 10, 2008, https://www.bmi.com/news/entry/lady_gaga_delivers_dynamic_dance_pop.
7. Jessica Iredale, "Lady Gaga: 'I'm Every Icon,'" *WWD*, July 28, 2013, https://wwd.com/eye/other/lady-gaga-im-every-icon-7068388/.
8. Benjamin Franklin, "Proposals Relating to the Education of Youth in Pennsylvania," September 13, 1749, reprinted in Franklin, *The Papers of Benjamin Franklin*, vol. 3, 404, https://franklinpapers.org/framedVolumes.jsp. 続きはこの出典の 401-17 を参照。また、1743 年 5 月 14 日のフランクリンのブロードサイド "A Proposal for Promoting Useful Knowledge" も参照。
9. C. Custer, "Jack Ma: 'What I Told My Son About Education,'" Tech in Asia, May 13, 2015, https://www.techinasia.com/jack-ma-what-told-son-education.
10. Abby Jackson, "Cuban: Don't Go to School for Finance--Liberal Arts Is the Future," Business Insider, February 17, 2017, https://www.businessinsider.com/mark-cuban-liberal-arts-is-the-future-2017-2.
11. Rebecca Mead, "All About the Hamiltons," *The New Yorker*（February 9, 2015）, https://www.newyorker.com/magazine/2015/02/09/hamiltons.
12. Todd Haselton, "Here's Jeff Bezos's Annual Shareholder Letter," CNBC, April 11, 2019, https://www.cnbc.com/2019/04/11/jeff-bezos-annual-shareholder-letter.html.
13. ティム・バーナーズ＝リーのインタビュー、Academy of Achievement, June 22, 2007、Walter Isaacson, *The Innovators: How a Group of Hackers, Geniuses, and Geeks Created the Digital Revolution*（New York: Simon & Schuster, 2014）, 408［邦訳『イノベーターズ　天才、ハッカー、ギークがおりなすデジタル革命史』（講談社）2019 年］から引用。
14. Isaacson, *Einstein*, 67.［邦訳『アインシュタイン その生涯と宇宙』（武田ランダムハウスジャパン）2011 年］
15. ナボコフの 1974 年の小説より。Quote Investigator, May 11, 2018, https://quoteinvestigator.com/2018/05/11/on-genius/ から引用。［邦訳『見てごらん道化師を！』（作品社）2016 年］
16. Gary Wolf, "Steve Jobs: The Next Insanely Great Thing," *Wired*（February 1, 1996）, https://www.wired.com/1996/02/jobs-2/.［邦訳『Wired』1996 年 5 月号］
17. Matt Rosoff, "The Only Reason the Mac Looks like It Does," Business Insider, March 8, 2016, https://www.businessinsider.sg/robert-palladino-calligraphy-class-inspired-steve-jobs-2016-3/.
18. Walter Isaacson, *Steve Jobs*（New York: Simon & Schuster, 2011）, 64-65.［邦訳『スティーブ・ジョブズ』（講談社）2011 年］
19. Aristotle, *The Poetics of Aristotle*, XXII, translated by S. H. Butcher, Project Gutenberg, https://www.gutenberg.org/files/1974/1974-h/1974-h.htm.［邦訳『詩学』（光文社古典新訳文庫）］
20. David Epstein, *Range: Why Generalists Triumph in a Specialized World*（New York: Random House, 2019）, 103 から引用。［邦訳『RANGE　知識の「幅」が最強の武器になる』（日経 BP）2020 年］
21. たとえば、Leah Barbour, "MSU Research: Effective Arts Integration Improves Test Scores," Mississippi State Newsroom, 2013, https://www.newsarchive.msstate.edu/newsroom/article/2013/10/msu-research-effective-arts-integration-improves-test-scores および Brian Kisida and Daniel H. Bowen, "New Evidence of the Benefits of Arts Education," *Brookings*, February 12, 2019, https://www.brookings.edu/blog/brown-center-chalkboard/2019/02/12/new-evidence-of-the-benefits-of-arts-education/ や Tom Jacobs, "New Evidence of Mental Benefits from Music Training," Pacific Standard, June 14, 2017, https://psmag.com/social-justice/new-evidence-brain-benefits-music-training-83761 などを参照。
22. Samuel G. B. Johnson and Stefan Steinerberger, "Intuitions About Mathematical Beauty: A Case Study in the Aesthetic Experience of Ideas," *Cognition* 189（August 2019）: 242-59, https://www.ncbi.nlm.nih.gov/pubmed/31015078.
23. Barry Parker, *Einstein: The Passions of a Scientist*（Amherst, NY: Prometheus Books, 2003）, 13.
24. この話題に関する記事の完全版については、著者のウェブサイトに掲載されている、Wright, "Mozart and Math" を参照。
25. Friedrich Schlichtegroll, *Necrolog auf das Jahr* 1791, in Franz Xaver Niemetschek, *Vie de W. A.*

原注

Mozart, edited and translated by Georges Favier (Paris: CIERCE, 1976), 126. ナンネルからの確かな情報。

26. Peter Bucky, *The Private Albert Einstein* (Kansas City, MO: Andrews McMeel, 1992), 156.

27. Donald W. MacKinnon, "Creativity: A Multi-faceted Phenomenon," paper presented at Gustavus Adolphus College, 1970, https://webspace.ringling.edu/~ccjones/curricula/01-02/sophcd/readings/creativity.html.

28. Jack Flam, *Matisse and Picasso: The Story of Their Rivalry and Friendship* (Cambridge, MA: Westview Press, 2018), 33-39.

29. Ibid., 34.

30. "Copyright, Permissions, and Fair Use in the Visual Arts Communities: An Issues Report," Center for Media and Social Impact, February 2015, https://cmsimpact.org/resource/copyright-permissions-fair-use-visual-arts-communities-issues-report/ および "Fair Use," in *Copyright & Fair Use*, Stanford University Libraries, 2019, https://fairuse.stanford.edu/overview/fair-use/.

31. ダーウィン以前の人間の進化に関する考え方については、特に、Janet Browne, *Darwin: Voyaging* (Princeton, NJ: Princeton University Press, 1995), chap. 16 を参照。

32. この点については、Steven Johnson, *Where Good Ideas Come From* (New York: Riverhead, 2010), 80-82 を参照。

33. Charles Darwin, *The Autobiography of Charles Darwin*, edited by Nora Barlow (New York: W. W. Norton, 2005), 98. [邦訳『ダーウィン自伝』(ちくま学芸文庫) 2020 年]

34. Charles Darwin, *On the Origin of Species by Means of Natural Selection* (London: Taylor and Francis, 1859), introduction. [邦訳『種の起源』(岩波文庫) 1990 年]

35. Browne, *Darwin*, 227.

36. このエピソードについては、さまざまな著述があるが、"Thomas Edison: 'The Wizard of Menlo Park,'" chap. 3 in Jill Jonnes, *Empires of Light: Edison, Tesla, Westinghouse, and The Race to Electrify the World* (New York: Random House, 2003) を参照。

37. Paul Israel, *Edison: A Life of Invention* (New York: John Wiley & Sons, 1999), 208-11.

38. David Robson, *The Intelligence Trap: Why Smart People Make Dumb Mistakes* (New York: W. W. Norton, 2019), 75. [邦訳『The Intelligence Trap なぜ、賢い人ほど愚かな決断を下すのか』(日本経済新聞出版) 2020 年]

39. Donald W. MacKinnon, "Creativity: A Multi-faceted Phenomenon," paper presented at Gustavus Augustus College, 1970, https://webspace.ringling.edu/~ccjones/curricula/01-02/sophcd/readings/creativity.html.

40. Margaret Cheney, *Tesla: Man Out of Time* (Mattituck, NY: Amereon House, 1981), 268 から引用。[邦訳『テスラ―発明王エジソンを超えた偉才』(工作舎) 1997 年]

41. Daniel Kahneman, *Thinking, Fast and Slow* (New York: Farrar, Straus and Giroux, 2011), 216-20. [邦訳『ファスト&スロー』(ハヤカワ・ノンフィクション文庫) 2014 年]

42. 調査は以下にまとめられている。Epstein, *Range*, 107-9. [邦訳『RANGE 知識の「幅」が最強の武器になる』(日経 BP) 2020 年]

43. これと、このあとの記述については、Robert Root-Bernstein, Lindsay Allen, Leighanna Beach, et al., "Arts Foster Scientific Success: Avocations of Nobel, National Academy, Royal Society, and Sigma Xi Members," *Journal of Psychology of Science and Technology* 1, no. 2 (2008): 51-63, https://www.researchgate.net/publication/247857346_Arts_Foster_Scientific_Success_Avocations_of_Nobel_National_Academy_Royal_Society_and_Sigma_Xi_Members および Robert S. Root-Bernstein, Maurine Bernstein, and Helen Garnier, "Correlations Between Avocations, Scientific Style, Work Habits, and Professional Impact of Scientists," *Creativity Research Journal* 8, no. 2 (1995): 115-37, https://www.tandfonline.com/doi/abs/10.1207/s15326934crj0802_2 を参照。

44. Patricia Cohen, "A Rising Call to Promote STEM Education and Cut Liberal Arts Funding," *New York Times*, February 21, 2016, https://www.nytimes.com/2016/02/22/business/a-rising-call-to-promote-stem-education-and-cut-liberal-arts-funding.html また、Adam Harris, "The Liberal Arts May Not Survive

the 21st Century," *The Atlantic*（December 13, 2018）, https://www.theatlantic.com/education/archive/2018/12/the-liberal-arts-may-not-survive-the-21st-century/577876/ および "New Rules for Student Loans: Matching a Career to Debt Repayment," LendKey, September 1, 2015, https://www.lendkey.com/blog/paying-for-school/new-rules-for-student-loans-matching-a-career-to-debt-repayment/ も参照。

45. Frank Bruni, "Aristotle's Wrongful Death," *New York Times*, May 26, 2018, https://www.nytimes.com/2018/05/26/opinion/sunday/college-majors-liberal-arts.html.

46. Scott Jaschik, "Obama vs. Art History," Inside Higher Ed, January 31, 2014, https://www.insidehighered.com/news/2014/01/31/obama-becomes-latest-politician-criticize-liberal-arts-discipline.

47. Tad Friend, "Why Ageism Never Gets Old," *The New Yorker*（November 20, 2017）, https://www.newyorker.com/magazine/2017/11/20/why-ageism-never-gets-old.

48. Alina Tugent, "Endless School," *New York Times*, October 13, 2019, https://www.nytimes.com/2019/10/10/education/learning/60-year-curriculum-higher-education.html. 著者と2Uの戦略的パートナーシップ・ディレクター、クリストファー・ライトとの2019年12月17日の会話。

49. Steve Jobs, *I, Steve: Steve Jobs in His Own Words*, edited by George Beahm（Agate: Chicago, 2011）, 73.［邦訳『スティーブ・ジョブズ 夢と命のメッセージ』（三笠書房 知的生き方文庫）2011年］

50. Albert Einstein, *Ideas and Opinions*（New York: Crown, 1982）, 69.

Lesson 10：逆転の発想をせよ

1. "NASA Announces Launch Date and Milestones for SpaceX Flight," December 9, 2011, https://www.nasa.gov/home/hqnews/2011/dec/HQ_11-413_SpaceX_ISS_Flight.html.

2. Mariella Moon, "SpaceX Is Saving a Ton of Money by Re-using Falcon 9 Rockets," Engadget, April 6, 2017, https://www.engadget.com/2017/04/06/spacex-is-saving-a-ton-of-money-by-re-using-falcon-9-rockets/.

3. Elon Musk, *Rocket Man: Elon Musk in His Own Words*, edited by Jessica Easto（Chicago: Agate, 2017）, 16から引用。

4. 左利きと創造性の議論については、Dean Keith Simonton, *Greatness: Who Makes History and Why*（New York: Guilford Press, 1994）, 20-24を参照。

5. レオナルドの描画の多くに鏡像が存在することは、故デビッド・ローザンドに教えもらった。彼の *Drawing Acts: Studies in Graphic Representation and Expression*（Cambridge, UK: Cambridge University Press, 2002）を参照。

6. Bronwyn Hemus, "Understanding the Essentials of Writing a Murder Mystery," Standout Books, May 5, 2014, https://www.standoutbooks.com/essentials-writing-murder-mystery/.

7. Bruce Hale, "Writing Tip: Plotting Backwards," Booker's Blog, March 24, 2012, https://talltalestogo.wordpress.com/2012/03/24/writing_tip_plotting_backwards/.

8. Kip Thorne, *Black Holes and Time Warps: Einstein's Outrageous Legacy*（New York: W. W. Norton, 1994）, 147.

9. David M. Harrison, "Complementarity and the Copenhagen Interpretation of Quantum Mechanics," *UPSCALE*, October 7, 2002, https://www.scribd.com/document/166550158/Physics-Complementarity-and-Copenhagen-Interpretation-of-Quantum-Mechanics から引用。

10. *Albert Rothenberg, Creativity and Madness: New Findings and Old Stereotypes*（Baltimore: Johns Hopkins University Press, 1990）, 14.

11. Albert Einstein, *The Collected Papers of Albert Einstein*, vol. 7: *The Berlin Years: Writings, 1918-1921*, edited by Michael Janssen, Robert Schulmann, Jozsef Illy, et al., document 31: "Fundamental Ideas and Methods of the Theory of Relativity, Presented in Their Development," II: "The Theory of General Relativity," https://einsteinpapers.press.princeton.edu/vol7-doc/293, 245より著者が翻訳。

12. Albert Rothenberg, *Flight from Wonder: An Investigation of Scientific Creativity*（Oxford, UK: Oxford University Press, 2015）, 28-29.

13. Cade Metz, "Google Claims a Quantum Breakthrough That Could Change Computing," *New York*

原注

Times, October 23, 2019, https://www.nytimes.com/2019/10/23/technology/quantum-computing-google.html.

14. Elon Musk, "The Secret Tesla Motors Master Plan (Just Between You and Me)," Tesla, August 2, 2006, https:/www.tesla.com/blog/secret-tesla-motors-master-plan-just-between-you-and-me.

15. Franklin Foer, "Jeff Bezos's Master Plan," *The Atlantic* (November 2019), https://www.theatlantic.com/magazine/archive/2019/11/what-jeff-bezos-wants/598363/.

16. Jeff Bezos, *First Mover: Jeff Bezos in His Own Words*, edited by Helena Hunt (Chicago: Agate, 2018), 95.

17. Foer, "Jeff Bezos's Master Plan." から引用。

18. Rothenberg, *Creativity and Madness*, 25.

19. Martin Luther King, Jr., "I Have a Dream," "Great Speeches of the Twentieth Century," *Guardian*, April 27, 2007, https://www.theguardian.com/theguardian/2007/apr/28/greatspeeches.

20. Bradley J. Adame, "Training in the Mitigation of Anchoring Bias: A Test of the Consider-the-Opposite Strategy," *Learning and Motivation* 53 (February 2016): 36-48, https://www.sciencedirect.com/science/article/abs/pii/S0023969015000739?via%3Dihub.

Lesson 11：運をつかめ

1. 初掲載は*Harper's Magazine* (December 1904): 10. 再掲載 は John Cooley, ed., *How Nancy Jackson Married Kate Wilson and Other Tales of Rebellious Girls and Daring Young Women* (Lincoln, NE: University of Nebraska Press, 2001), 209.

2. "The Harder I Practice, the Luckier I Get," Quote Investigator, https://quoteinvestigator.com/2010/07/14/luck/. 私はこのサイトから知識を得ているので、クラーク・バクスターに感謝。

3. Frances Wood, "Why Does China Love Shakespeare?," *Guardian*, June 28, 2011, https://www.theguardian.com/commentisfree/2011/jun/28/china-shakespeare-wen-jiabao-visit.

4. Noah Charney, *The Thefts of the Mona Lisa: On Stealing the World's Most Famous Painting* (Columbia, SC: ARCA Publications, 2011) から引用。

5. Evan Andrews, "The Heist That Made the Mona Lisa Famous," History, November 30, 2018, https://www.history.com/news/the-heist-that-made-the-mona-lisa-famous.

6. Charney, *The Thefts of the Mona Lisa*, 74.

7. 以下の序文から引用。James D. Watson and Francis Crick, "Molecular Structure of Nucleic Acids: A Structure for Deoxyribose Nucleic Acid," *Nature* 171, no. 4356 (April 25, 1953): 737-38, in The Francis Crick Papers, U.S. National Library of Medicine, https://profiles.nlm.nih.gov/spotlight/sc/catalog/nlm:nlmuid-101584582X381-doc.

8. 画像を添えて、James D. Watson, *The Double Helix: A Personal Account of the Discovery of the Structure of DNA*, edited by Gunther S. Stent (New York: W. W. Norton, 1980), 237-41 に再掲。

9. ポーリングの間違いについては、Linus Pauling, "The Molecular Basis of Biological Specificity," reproduced in ibid., 152 を参照。

10. Ibid., 105 および Robert Olby, *The Path to the Double Helix: The Discovery of DNA* (New York: Dover, 1994), 402-3.

11. Watson, *The Double Helix*, 14.

12. "Statutes of the Nobel Foundation," The Nobel Prize, https://www.nobelprize.org/about/statutes-of-the-nobel-foundation/.

13. CRISPR の発見に関してノーベル賞が授与される可能性（本書刊行当時）については、Amy Dockser Marcus, "Science Prizes Add Intrigue to the Race for the Nobel," *Wall Street Journal*, June 1, 2018, https://www.wsj.com/articles/science-prizes-add-intrigue-to-the-race-for-the-nobel-1527870861. を参照。

14. ルイ・パスツールの 1854 年 12 月 7 日のリール大学理学部長就任演説、Gallica Bibliothèque Numérique, https://upload.wikimedia.org/wikipedia/commons/6/62/Louis_Pasteur_Universit%C3%A9_de_Lille_1854-1857_dans_les_champs_de_l%27observation_le_hasard_ne_favorise_que_les_esprits_